Philosophie der Gefühle
Von Achtung bis Zorn

Christoph Demmerling
Hilge Landweer

Verlag J. B. Metzler Stuttgart · Weimar

Bibliografische Information der Deutschen Nationalbibliothek
Die Deutsche Nationalbibliothek verzeichnet diese Publikation in der
Deutschen Nationalbibliografie; detaillierte bibliografische Daten sind im Internet
über http://dnb.d-nb.de abrufbar.

ISBN 978-3-476-01767-3
ISBN 978-3-476-05200-1 (eBook)
DOI 10.1007/978-3-476-05200-1

Dieses Werk einschließlich aller seiner Teile ist urheberrechtlich geschützt. Jede
Verwertung außerhalb der engen Grenzen des Urheberrechtsgesetzes ist ohne Zustimmung des Verlages unzulässig und strafbar. Das gilt insbesondere für Vervielfältigungen, Übersetzungen, Mikroverfilmungen und die Einspeicherung und Verarbeitung in elektronischen Systemen.

© 2007 Springer-Verlag GmbH Deutschland
Ursprünglich erschienen bei J. B. Metzler'sche Verlagsbuchhandlung
und Carl Ernst Poeschel Verlag GmbH in Stuttgart 2007
www.metzlerverlag.de
info@metzlerverlag.de

Für Valentina
Für Julian

Inhalt

Vorwort XI

Philosophie der Gefühle – Ansätze, Probleme, Perspektiven.
Zur Einleitung 1
    1. Das Andere der Vernunft oder ein erweiterter Rationalitätsbegriff? .. 2
    2. Jon Elster und die Rationalität der Emotionen 7
    3. Martha Nussbaum und die Individuation von Gefühlen 11
    4. Richard Wollheims Konzeption von Emotionen als Dispositionen ... 15
    5. Peter Goldie, Robert Musil und der Prozesscharakter der Gefühle ... 17
    6. Die leibliche Fundierung von Gefühlen 20
    7. Der Zugang zu Gefühlen und ihre Beschreibung 24
    8. Phänomenologische und analytische Perspektiven.
       Gemeinsamkeiten und Sachdifferenzen 30

Achtung und Anerkennung 35
    1. Ist Achtung ein Gefühl? 36
    2. Achtung als Gefühl des Vergleichs bei David Hume 38
    3. Kants Konzeption der Achtung als Gefühl und Haltung 42
    4. Die leibliche Basis der Hochachtung 48
    5. Achtung als akutes Gefühl und als Gefühlsdisposition 51
    6. Gefühlsdisposition und leibliche Disposition 55
    7. Der moralische Wert der Achtung 57

Angst 63
    1. Leiblichkeit und intentionaler Gehalt 64
    2. Krankhafte und gesunde Angst 69
    3. Verwandte Phänomene: Schreck, Grauen, Panik 73
    4. Angst und Hoffnung 76
    5. Angst und Furcht 80

Ekel 93
    1. Gehalt und Erleben des Ekels 94
    2. Typen und Formen des Ekels 96
    3. Vom Gefühl des Ekels zur Einstellung. Nietzsche und Sartre .. 103
    4. Ekel und seine Beziehungen zu Wut, Hass, Zorn,
       Verachtung und Scham 107

Glück und Freude 111
   1. Der Phänomenbereich der Glücksgefühle: Vergnügen, Freude, Glück 112
   2. Die Beziehung der Glücksgefühle zum Leben im Ganzen 117
   3. Glücksgefühle, Zufriedenheit, Dankbarkeit 122

Liebe 127
   1. Ist Liebe ein Gefühl? 127
   2. Liebe zu Personen und Liebe zu Sachen 130
   3. Muss Liebe wechselseitig sein? Glückliche und unglückliche Liebe 135
   4. Sympathie, Wohlwollen und Zuneigung im Verhältnis zu Liebe 140
   5. Freundschaft, Liebe und Verliebtheit 144
   6. Elternliebe und Liebe zu Gott 150
   7. Diskurs und Ideologie der Liebe 157
   8. Echtheit der Liebe .. Echtheit der Gefühle 160

Mitgefühle 167
   1. Mitleid in der Geschichte der Philosophie 168
   2. Bedingungen für Mitgefühle 181
   3. Mitleid als akutes Gefühl und als Disposition 184
   4. Zugang zu den Gefühlen anderer 186
   5. Stellvertretende Gefühle 188
   6. Mitleid im Verhältnis zu Schadenfreude, Neid, Verachtung und Liebe 190

Neid und Eifersucht 195
   1. Gehalt und Erleben des Neides 196
   2. Zur Entstehung des Neides 199
   3. Neid, verwandte Gefühle und moralische Bewertungen 203
   4. Eifersucht 211
   5. Wie ist Eifersucht zu bewerten? 214

Scham und Schuldgefühl 219
   1. Gehalt und Erleben der Scham und verwandter Gefühle 219
   2. Scham in der Philosophiegeschichte 223
   3. Normverstöße und Schamzeugen 228
   4. Scham, Peinlichkeit, Ehre 232
   5. Scham, Schuldgefühl und Empörung in der Moral 236
   6. Schamhaftigkeit und Schüchternheit als Dispositionen 242

Stolz 245
    1. Stolz und Minderwertigkeitsgefühle 246
    2. Stolz in der Geschichte der Philosophie 252
    3. Stolz und seine Beziehungen zu Eitelkeit, Scham und Neid 256

Traurigkeit und Melancholie 259
    1. Gehalt und Erleben von Traurigkeit und Trauer 260
    2. Traurigkeit, Depression und Erkenntnis 266
    3. Traurigkeit, Melancholie und Acedia in der Geschichte
       des Denkens 269
    4. Gefühlsüberlagerungen ...Trauer, Traurigkeit, Aggressionsgefühle
       und Schuld 282

Zorn und andere Aggressionsaffekte 287
    1. Zorn und Ärger 287
    2. Der Aggressionsbegriff 290
    3. Die aggressive, gereizte Stimmung 292
    4. Welterschließung durch Hass 295
    5. Moralisierung und Ideologisierung der Aggressionsaffekte 299
    6. Zorn, Empörung und Moral 301
    7. Von Ärger, Wut und Hass über Neid und Eifersucht zu Zorn
       und Empörung. Die Entwicklungsthese 306

Literatur 311

Personenregister 329

Sachregister 333

Vorwort

Dieses Buch enthält vorwiegend Analysen zu einzelnen Gefühlen wie Angst, Neid oder Zorn. Deren Ziel besteht darin, möglichst genaue Beschreibungen von Emotionen zu liefern und ihre Beziehungen untereinander zu erläutern. Nur anhand solcher Analysen lässt sich prüfen, ob Phänomene wie beispielsweise Dankbarkeit, Achtung oder Scham überhaupt genügend Familienähnlichkeiten aufweisen, um gemeinsam unter Begriffen wie »Gefühl« oder »Emotion« subsumiert werden zu können. Im Verlauf unserer langjährigen Beschäftigung mit der Philosophie der Gefühle stellte sich der Verdacht ein, dass die Suche nach einer allgemeinen Theorie der Gefühle oder nach einer allgemeinen Antwort auf die Frage nach ihrer Funktion ein verfrühtes, vielleicht auch ein irreführendes Projekt sei. Wir sahen eine Gefahr darin, auf der Grundlage vorschneller Verallgemeinerungen eine Theorie der Gefühle mit dem Anspruch zu formulieren, den gesamten Gegenstandsbereich zu erfassen. Im Ergebnis schien uns diese Strategie darauf hinauszulaufen, derartige Theorien am Beispiel von ein oder zwei Gefühlen zu explizieren und deren Übertragbarkeit auf andere Gefühle einfach vorauszusetzen, ohne die betreffenden Phänomene genauer in Betracht zu ziehen.

Unser Philosophieverständnis weiß sich der Tradition der Phänomenologie ebenso verpflichtet wie dem Geist der Philosophie Wittgensteins. Man denke etwa an dessen Bemerkung, dass in der Philosophie alle Erklärung fort müsse und Beschreibung an ihre Stelle zu treten habe. Es geht darum, eine Übersicht über das Gebiet der affektiven Phänomene zu gewinnen und zur Formulierung einer Grammatik der Gefühle zu gelangen, wie Wittgenstein es möglicherweise genannt hätte. Wir lassen uns von der Auffassung leiten, dass die philosophische Erschließung eines Gebietes erst einmal eine genaue Sichtung der Phänomene vornehmen muss. Diese Sichtung sollte sich ihre Perspektive ...soweit dies überhaupt möglich ist ... nicht ausschließlich durch etablierte Theorien, das scheinbar Approbierte oder das Gerede des Wissenschafts- und Kulturbetriebs vorgeben lassen. Philosophische Überlegungen, die größere theoretische Ansprüche stellen, als eine Beschreibung zu sein, sind allein auf der Grundlage ausführlicher Beschreibungen möglich. Andernfalls gerät man in die Gefahr, bloße Konstrukte zum Ausgangspunkt des Philosophierens zu machen und über Dinge zu reden, von denen unklar bleibt, ob sie außerhalb von Theorien und des Betriebes, der sie produziert, überhaupt eine Relevanz besitzen.

Alle Beschreibungen in diesem Buch orientieren sich an der Gestalt der beschriebenen Phänomene. Statt sich vorschnell die im engeren Sinne (natur-)wissenschaftliche Perspektive der kausalen Erklärung eines Phänomens zu eigen zu machen, die ohne Zweifel ihre Berechtigung hat, wurde darauf geachtet, Gefühle immer auch im Lichte der Erfahrungen zu thematisieren, welche die von ihnen Betroffenen im Lebensvollzug mit ihnen machen. Die Berücksichtigung des subjektiven Standpunkts erfolgt nicht deshalb, weil er der allein maßgebliche ist, sondern weil er in den Wissenschaften und in einer an wissenschaftlichen Methodenidealen orientierten Philosophie häufig zu Unrecht in den Hintergrund gedrängt wird. Philosophische Analysen sollten zwar nicht bei der Schilderung der alltäglichen Erfahrung und der Vorverständnisse, die sich in der alltäglichen Erfahrung ablagern, stehen bleiben, aber diese Perspektive mit berücksichtigen, da sich in ihr begriffliche Zusammenhänge artikulieren, die für ein Verständnis der Phänomene von Belang sind.

Im Zusammenhang mit unseren Analysen zu einzelnen Gefühlen setzen wir uns immer wieder auch mit der philosophischen Tradition auseinander. Aristoteles, Thomas von Aquin, Descartes oder Spinoza, um nur wenige zu nennen, haben Gefühlsanalysen vorgelegt, die das Nachdenken über Emotionen bis heute prägen. Sie artikulieren ebenfalls begriffliche Zusammenhänge, die für ein Verständnis der betreffenden Phänomene unerlässlich sind. Unsere Überlegungen zu den Klassikern erheben dabei nicht den Anspruch, deren Analysen erschöpfend zu rekonstruieren. Der Versuch, so etwas zu leisten, hätte den Umfang der einzelnen Kapitel gesprengt und für fast jedes Gefühl einen Text vom Umfang eines Buches erforderlich gemacht.

Die Thematik der Gefühle wirft in besonderer Weise die Frage auf, ob sich die Mittel der Philosophie überhaupt eignen, Wesentliches darüber zu sagen, oder ob nicht vielmehr andere Medien …man denke an die Literatur oder den Film …der Flüchtigkeit und Nunaciertheit, welche diese Phänomene gelegentlich annehmen, besser Rechnung zu tragen vermögen. Sind Gefühle nicht viel zu feinkörnig, um mit den Mitteln einer philosophischen Begrifflichkeit erfasst werden zu können? Wir sind der Auffassung, dass Gefühle jedenfalls im Prinzip keine größeren Schwierigkeiten für die philosophische Analyse aufwerfen als andere Gegenstände . Die Beiträge zur Diskussion über Darstellungsprobleme in der Philosophie sind Legion; erinnert sei …um nur zwei Beispiele zu nennen …an Kierkegaards Theorie der indirekten Mitteilung oder an Wittgensteins Differenzierung zwischen Sagen und Zeigen. Wir sprechen auf direkte Weise über die betreffenden Phänomene und sagen, was sich unserer Auffassung zufolge sagen lässt. Manchen Leserinnen und Lesern mag die Form unseres Redens über Gefühle daher manchmal zu schroff erscheinen. Deshalb sei eigens gesagt: Ziel des Buches ist die begriffliche Analyse, nicht die literarische Vergegenwärtigung oder gar die Evokation von Gefühlen.

Beide Autoren zeichnen für den gesamten Text gemeinsam verantwortlich. Bei der Erstellung der Rohentwürfe für die einzelnen Kapitel waren die Arbeiten verteilt. Die Rohentwürfe des einen Autors wurden vom jeweils anderen Autor eingehend kommentiert, überarbeitet und ergänzt, bevor der endgültige Text in mehreren Arbeitsgängen gemeinsam erstellt wurde. Da beide Autoren aus verschiedenen philosophischen Milieus stammen, zum Teil unterschiedliche philosophische Methoden und ein jeweils anderes philosophisches Vokabular favorisierten und auch in vielen inhaltlichen Fragen erst nach längeren Gesprächen eine gemeinsame Linie finden konnten, war dies ein recht aufwendiges, jedoch überaus fruchtbares Verfahren. Der Text ist in einem sehr wörtlichen Sinne Ergebnis eines Dialogs: In der Auseinandersetzung miteinander fanden die Autoren häufiger zu einer neuen Sicht der Dinge, die zuvor in dieser Form keiner von ihnen vertreten und formuliert hatte. In den Fällen, in denen keine endgültige Übereinstimmung im Ergebnis erzielt werden konnte, wurde eine Exposition der Problemlage und der theoretischen Alternativen, die zur Diskussion standen, vorgenommen. Sehr kontrovers verliefen zum Beispiel unsere Diskussionen zum Verhältnis von Gefühl und Moral und zur Frage, ob sich moralische Normen auf Gefühle wie Schuld, Scham und Empörung zurückführen lassen.

Die Analysen dieses Buches zeigen außerdem, welchen inhaltlichen und methodischen Gewinn die gegenwärtig häufig nur in Aussicht gestellte Annäherung von phänomenologischen Ansätzen und solchen der analytischen Philosophie in einem weiteren Sinne einbringt: Gehalt und Gestalt der Emotionen werden mit phänomenologischer Genauigkeit ausgekundschaftet, mit Hilfe präziser Begriffe diskutiert und auf Unterscheidungen und Argumente aus der neueren analytischen Philosophie bezogen, um zu einer Sicht auf die affektiven Phänomene zu gelangen, die deren Komplexität gerecht wird.

Autorin und Autor hatten Gelegenheit, ihre Überlegungen über Jahre hinweg zu verschiedenen Anlässen und in unterschiedlicher Form mit einer Reihe von Personen zu diskutieren. Wir danken allen denjenigen, die im Anschluss an Vorträge und in Lehrveranstaltungen an den Universitäten in Berlin, Dortmund, Dresden, Frankfurt, Hildesheim, Innsbruck, Jena, Leipzig, Marburg, Osnabrück, Pisa, Potsdam, Rostock und Wien wichtige Hinweise gaben oder uns zu Präzisierungen zwangen. Dank auch an die Teilnehmerinnen und Teilnehmer zweier Tagungen zur Philosophie der Gefühle, die im Frühjahr 2004 und 2005 am *Inter-University-Centre* in Dubrovnik stattfanden. Auch auf die Gefahr hin, jemanden vergessen zu haben, gilt unser namentlicher Dank für Kommentare zu einzelnen Unterscheidungen und Argumenten, die in dieses Buch Eingang gefunden haben, aber auch für ...zum Teil glücklicherweise äußerst kontroverse ...Gespräche und Diskussionen über die Philosophie im Allgemeinen sowie zur Philosophie der Gefühle im Besonderen Sidonia Blättler, Günter Burkart, Rita Demmerling, Jürgen Frese•, Gottfried Gabriel, Gunter Gebauer, Heiner Hastedt, Brigitte Hirner, Axel Honneth, Matthias Kettner, Heiner F. Klemme, Frauke A. Kurbacher, Anton Leist, Barbara Merker, Romano Pocai, Theda Rehbock, Thomas Rentsch, Ursula Renz, Hermann Schmitz, Jan Slaby, Achim Stephan, Matthias Vogel, Christiane Voss, Andreas Wildt und Rüdiger Zill. Ein Dank anderer Art gebührt Johannes Rohbeck: Er hat die Autoren dieses Buches vor vielen Jahren miteinander bekannt gemacht. So geriet ein Stein ins Rollen. Für Hilfe bei der Korrektur des Textes danken wir Jana Beuter, Marianne Ewert, Barbara Heise und Ina-Maria Gumbel.

Berlin und Bonn, im März 2007   *Christoph Demmerling und*
                                              Hilge Landweer

Philosophie der Gefühle – Ansätze, Probleme, Perspektiven. Zur Einleitung*

Gefühle nehmen im Leben von Menschen einen wichtigen Platz ein. Meistens hat man sie einfach, aber oft genug werden sie auch herbeigesehnt oder gefürchtet. Sie werden zuweilen eingefordert und gelegentlich verbietet man sie sich. Manchmal werden Gefühle inszeniert und vorgetäuscht, ein anderes Mal verdrängt. Gefühle spielen in den Dramen des individuellen, sozialen und politischen Lebens eine wichtige Rolle, und auch in weniger bewegten Situationen kommen wir nie ganz ohne Stimmungen und Gefühle aus. In den vergangenen Jahren wurden sie in verschiedenen Disziplinen immer wieder aufs Neue auf den Seziertisch der Wissenschaften gelegt. Die wissenschaftliche Forschung wird weder die Macht der Gefühle eindämmen, noch auch die Ohnmacht verringern, die man hin und wieder erfährt, wenn man seinen Gefühlen ausgesetzt ist. Aber Aufklärung und Klarheit über diesen in einem wörtlichen Sinne erregenden Bereich des Lebens wird man sich erhoffen dürfen.

In den letzten Jahrzehnten hat auch die Philosophie die Gefühle (wieder) entdeckt. Während die Gefühlstheorie in Anthony Kennys Buch *Action, Emotion, and Will* aus dem Jahr 1963 noch nicht auf besondere Weise zur Kenntnis genommen wurde, eröffnete Robert Solomon mit seiner 1976 erschienenen Untersuchung *The Passions. Emotions and the Meaning of Life* eine Diskussion, die 1980 unter anderem durch den von Amélie Oksenberg Rorty herausgegebenen Sammelband *Explaining Emotions* auf eine breitere Basis gestellt wurde und ihre Fortsetzung in zahlreichen Aufsätzen, Monographien und Sammelbänden fand. Diese Debatte erreichte Ende der 80er Jahre Deutschland und verband sich hier für kurze Zeit mit philosophiehistorischen und phänomenologischen Untersuchungen .. so erschien beispielsweise 1993 der von Hinrich Fink-Eitel und Georg Lohmann herausgegebene Band *Zur Philosophie der Gefühle*.

Erst in den letzten Jahren aber hat sich dieser Gegenstandsbereich zu einem eigenen, ständig anwachsenden Forschungsfeld entwickelt; im angloamerikanischen Kontext erscheinen ständig neue Monographien, in den philosophischen Fachzeitschriften finden spezialisierte Debatten von Teilaspekten statt, und im deutschen Sprachraum erscheinen ebenfalls zahlreiche Arbeiten auf diesem Gebiet. Dieser Befund wirft die Frage auf, ob es sich bei den Gefühlen nur um einen bisher in der Geschichte der Philosophie vernachlässigten Bereich handelt, der dem gesicherten Bestand anerkannter philosophischer Fragen als Ergänzung hinzuzufügen wäre, oder ob sich von diesem frisch bestellten Feld aus neue Perspektiven auf die alten Themen der Philosophie eröffnen.

---

* Wir haben für diese Einleitung einzelne Abschnitte aus Hilge Landweer, »Phänomenologie und die Grenzen des Kognitivismus«, in: *Deutsche Zeitschrift für Philosophie*, 52. Jg. Heft 3/2004, 467.486 übernommen.

Wie bei so vielen philosophischen Entdeckungen handelt es sich auch bei der Entdeckung der Gefühle um eine Wiederentdeckung ...und zwar um eine, die bereits Jahre zuvor in anderen Disziplinen wie Soziologie und Psychologie vorbereitet wurde und neuerdings auch in der Biologie und den Neurowissenschaften eine maßgebliche Rolle spielt. Die Diskussion innerhalb der Philosophie fängt inzwischen an, die anderen fachlichen Zugänge zu berücksichtigen und entdeckt zögerlich ihre eigene Geschichte. Gefühle standen von Beginn an im Zentrum philosophischen Fragens. Die literarischen Figuren Homers sahen sich der Macht der Gefühle noch weitgehend schutzlos ausgeliefert. Entsprechend wird in der abendländischen Philosophie seit ihren Anfängen vor allem die menschliche Verfügungsmacht über die eigenen Gefühle zum Thema gemacht und auch angestrebt. Man denke etwa an Platons Gleichnis von den Seelenrossen im *Phaidros* oder an die Diskussion um das stoische Ideal der Apathie. Die Frage, wie die eigenen Gefühle kontrolliert werden können, ist praktisch und geistesgeschichtlich überaus relevant, da unbeherrschte Affekte die Autonomie der Vernunft bedrohen. Die philosophischen Affektenlehren von Aristoteles über Descartes und Spinoza bis hin zu Hume thematisieren Gefühle als eigenständigen Phänomenbereich, der nicht nur für die Rhetorik als Überzeugungskunst, sondern auch für Moralphilosophie und Moral zentral ist, gilt es doch, die guten von den schlechten Leidenschaften zu unterscheiden und beide richtig zu lenken.

Im 19. Jahrhundert werden in der Philosophie Gefühle nicht mehr mit dem Anspruch thematisiert, die einzelnen Gefühle in ein System zu bringen wie in den älteren Affektenlehren. Am Anfang des 20. Jahrhunderts entstehen im Umkreis der Phänomenologie etliche Gefühlsanalysen, so etwa von Martin Heidegger, Alexander Pfänder, Max Scheler und Edith Stein.

1. Das ›Andere der Vernunft‹ oder ein erweiterter Rationalitätsbegriff?

Die aktuelle Diskussion um die Rationalität der Gefühle, die vor allem innerhalb der analytischen Philosophie geführt wird, ist ähnlich wie die traditionellen Affektenlehren motiviert durch die Frage, was der angemessene Umgang mit den Affekten ist. Dahinter steht noch immer das alte Problem, in welchem Maße Menschen Gefühlen unterworfen und wie deren Auswirkungen auf das menschliche Handeln zu bewerten sind. Dabei wird zumeist entweder ...ganz im Sinne der dominanten Tradition der Aufklärung und gegenwärtig zumeist eher implizit ...auf einen Zugewinn an Rationalität durch Gefühlskontrolle gesetzt oder aber den Gefühlen wird ein Beitrag zur Rationalität oder gar eine rationale Struktur zugeschrieben. Durch die philosophische Auseinandersetzung mit der praktischen Funktion der Gefühle im menschlichen Leben soll der traditionelle Rationalitätsbegriff erweitert werden und das, was herkömmlich als das Andere der Vernunft angesehen worden war, soll jetzt in ein neues Vernunftkonzept integriert werden. Im weitesten Sinne schließt die derzeitige Auseinandersetzung mit Gefühlen in der Philosophie damit an die Tradition der kritischen Theorie, insbesondere an die *Dialektik der Aufklärung* an, wenn auch zumeist ohne expliziten Bezug.[1]

Aber das neue Forschungsgebiet »Philosophie der Gefühle« ist nicht nur auf dem Gebiet der Rationalitäts- und Vernunftkritik mit den alten Fragen der Philosophie verknüpft. Auch auf dem Gebiet der Moralphilosophie verspricht es, neuen Aufschluss geben zu können. So wird in der Philosophie der Neuzeit seit Hume und Kant immer wieder die Frage diskutiert, was uns zum Handeln überhaupt und insbesondere zu moralischem Handeln motiviert. Humes Antwort, dass für jegliche Motivation zum Handeln Gefühle oder Bedürfnisse notwendig seien, wurde von Kant mit dem ambivalenten Begriff des intelligiblen Gefühls der Achtung ein wenig halbherzig revidiert.[2] In der neueren moralphilosophischen Diskussion räumen Philosophen wie Peter Strawson und John Rawls, um lediglich zwei zu nennen, Gefühlen wie Scham und Schuld eine wichtige Rolle für die Moral ein – übrigens ähnlich wie der Phänomenologe Hermann Schmitz in seiner praktischen Philosophie. Während die philosophischen Untersuchungen von Schmitz erst seit wenigen Jahren mehr und mehr zur Kenntnis genommen werden, sind Strawsons und Rawls' Überlegungen zu moralischen Gefühlen längst etablierter Bestandteil der Moralphilosophie.

Die praktische Philosophie war denn auch lange Zeit derjenige Bereich der Philosophie, in dem die philosophische Relevanz von Gefühlen zwar umstritten, als Frage jedoch längst anerkannt war. Innerhalb der theoretischen Philosophie hingegen ist diese Entwicklung mit einer gewissen Verzögerung eingetreten. Erst in neuerer Zeit lässt sich eine Verschiebung der philosophischen Diskussion über Gefühle von moralischen hin zu ontologischen, erkenntnistheoretischen und sprach- bzw. bewusstseinsphilosophischen Fragen im weitesten Sinne feststellen. Denn das Problem, welche Rolle Gefühle in der Moral und allgemeiner: in unserem Handeln und unserem Leben insgesamt spielen, lässt sich sinnvoll nur untersuchen, wenn man genauer darüber Auskunft geben kann, was ein Gefühl eigentlich ist und mit Hilfe welcher Begrifflichkeit sich Gefühle zum Gegenstand der philosophischen Reflexion machen lassen.

Mit der Verschiebung und Intensivierung der Debatte während der letzten Jahre ist zudem deutlich geworden, dass der lange dominante Kognitivismus, der im Rahmen der philosophischen Diskussion über Gefühle häufig vertreten wurde, an seine Grenzen stößt. Kognitivistische Gefühlstheorien gehen davon aus, dass es bestimmter Überzeugungen, Wünsche oder Werturteile über einzelne Sachverhalte oder Objekte in einer Situation bedarf, damit ein Gefühl entstehen kann. Manche kognitivistische Theorien behaupten darüber hinaus, dass Gefühle Urteile sind, die sich durch eine jeweils emotionsspezifische Kombination von propositionalen Einstellungen wie Überzeugungen und Wünschen rekonstruieren lassen. Eine abgeschwächte Version des Kognitivismus betrachtet die Urteilskomponente im Gefühl als den für die jeweilige Emotion konstitutiven Aspekt, zu dem weitere Aspekte hin-

---

1 Explizit als »kritische« Theorie verstehen sich beispielsweise die Analysen von Gernot Böhme, *Leibsein als Aufgabe. Leibphilosophie in pragmatischer Hinsicht*, Kusterdingen 2003.
2 Ausführliche Überlegungen zu dieser Thematik enthält das Kapitel zur Achtung; vgl. ferner: Hilge Landweer, »Achtung, Anerkennung und der Nötigungscharakter der Moral«, in: Thomas Rentsch (Hg.), *Anthropologie, Ethik, Politik. Grundfragen der praktischen Philosophie der Gegenwart*, Dresden 2004 (Dresdner Hefte für Philosophie 6), 34..67.

zukommen können. Über die Beziehung der einzelnen Komponenten zueinander ist damit noch keine Aussage getroffen. Behauptet wird lediglich, dass die kognitive Komponente genetisch oder ontologisch Priorität vor möglichen anderen Aspekten (wie vor der physiologischen Erregung, vor dem Gefühlsausdruck und vor möglichen Handlungsimpulsen) hat. Gemeinsam ist den verschiedenen kognitivistischen Richtungen die Annahme, dass es die mit Gefühlen verbundenen Urteile und Überzeugungen sind, die es erlauben, die verschiedenen Gefühle voneinander zu unterscheiden. Man kann dies als »Individuationsthese« bezeichnen.

Während Solomon Sartres in den 30er Jahren skizzierte phänomenologische und existentialistische Theorie der Emotionen[3] noch ungebrochen kognitivistisch interpretierte und behauptete, Gefühle seien Urteile und wer sie habe, sei für sie verantwortlich, wird diese schlichte Sichtweise inzwischen von differenzierteren Modellen abgelöst. So problematisiert etwa Jon Elster[4] die Auffassung, der intentionale Gehalt (das heißt der Gegenstand oder Sachverhalt, auf den sich Gefühle beziehen) sei eine notwendige Bedingung dafür, dass Gefühle voneinander unterschieden und als jeweils bestimmte identifiziert werden können, Richard Wollheim[5] versucht, unbewusste Anteile von Emotionen begrifflich in die Gefühlstheorie zu integrieren, Peter Goldie und Martha Nussbaum[6] erweitern einfache kognitivistische Ansätze zu verschiedenen Narrationstheorien, und auch Aaron Ben-Ze'ev[7] berücksichtigt in seiner Mehrkomponententheorie der Emotionen die entsprechenden Einwände.

Neben der Relativierung kognitivistischer Annahmen über Emotionen kann die zweite auffälligste Veränderung in der gefühlstheoretischen Debatte durch die Frage zum Ausdruck gebracht werden, ob die alltagssprachlich mit dem Begriff »Gefühl« bezeichneten, oft aber recht heterogenen Phänomene überhaupt hinreichend viele gemeinsame Merkmale oder mit einem Begriff Wittgensteins: genügend Familienähnlichkeiten aufweisen, um begrifflich verknüpft werden zu können. Welche Phänomene gehören überhaupt zur Gattung »Gefühl«? Warum gehören sie dazu? Dies sind Fragen, die in den Affekttheorien von der Antike bis ins 18. Jahrhundert und von den heutigen phänomenologischen Gefühlstheorien in jeweils eigener Weise beantwortet werden. In der aktuellen, eher von sprachanalytischen Strömungen ausgehenden Debatte sind sie verhältnismäßig neu.

Die gängigen Mehrkomponententheorien, wonach Gefühle zumeist als aus somatischen, kognitiven und voluntativen »Anteilen« bestehend aufgefasst werden[8], können dieses Problem nicht befriedigend klären, solange sie nicht notwendige und hinreichende Bedingungen für das Vorliegen einer Emotion anzugeben und diese auf das gesamte Feld dessen, was ihnen als Emotion gilt, zu beziehen vermögen. Die Bestimmung solcher Bedingungen für das Vorliegen von Gefühlen führt zumeist

---

3 Jean-Paul Sartre, »Skizze einer Theorie der Emotionen« (EA 1939), in: ders., *Die Transzendenz des Ego. Philosophische Essays 1931–1939*, Reinbek bei Hamburg 1982, 255.318.
4 Jon Elster, *Alchemies of the Mind. Rationality and the Emotions*, Cambridge 1999.
5 Richard Wollheim, *Emotionen. Eine Philosophie der Gefühle*, München 2001.
6 Martha Nussbaum, *Upheavals of Thought. The Intelligence of Emotions*, Cambridge 2001; Peter Goldie, *The Emotions. A Philosophical Exploration*, Oxford 2000.
7 Aaron Ben-Ze'ev, *The Subtlety of Emotions*, Cambridge 2000.
8 So zum Beispiel bereits Anthony Kenny, *Action, Emotion, and Will*, London 1963.

zum Ausschluss von Phänomenen, die man doch eigentlich aus guten Gründen als Emotion klassifizieren möchte, und erscheint willkürlich. Viele Gefühlstheorien unternehmen deshalb inzwischen mehr oder weniger ausführliche Detailanalysen von einzelnen Emotionen, um daran ihre allgemeine Konzeption überprüfen und gegebenenfalls weiter differenzieren zu können.[9]

Ein Wort zur Terminologie. Den Ausdruck »Gefühl« verwenden wir in diesem Buch in zwei Bedeutungen. Zum einen beziehen wir uns mit diesem Begriff auf die gesamte Klasse der affektiven Phänomene: auf Empfindungen, auf Stimmungen, auf Emotionen. Zum anderen gebrauchen wir den Begriff des Gefühls auch in einem engeren Sinne und beziehen uns auf diejenigen Phänomene, die in der philosophischen und wissenschaftlichen Diskussion häufig auch mit dem Ausdruck »Emotion« bezeichnet werden. Gefühle in diesem engeren Sinn haben Objekte und sind in spezifischer Weise auf die Welt bezogen, wie beispielsweise Scham, Neid oder Trauer. Die Analyse solcher Gefühle im engeren Sinn steht im Zentrum dieses Buches. Als »Empfindungen« bezeichnen wir körperliche Empfindungen wie eine Hitze- oder Kälteempfindung oder Lust und Schmerz. In Bezug auf Emotionen bzw. Gefühle und Stimmungen kursieren unterschiedliche Unterscheidungsvorschläge. Einer verbreiteten Auffassung zufolge haben Stimmungen keine intentionalen Objekte.[10] Außerdem gelten Stimmungen als Phänomene, die ...jedenfalls in der Regel...länger andauern als Gefühle. Wir schließen uns diesem Wortgebrauch teilweise an. Wir gehen davon aus, dass der Weltbezug von Stimmungen weniger spezifisch ist als derjenige von Gefühlen bzw. Emotionen, dass aber im Übrigen keine deutlichen Grenzen zwischen Gefühlen im engeren Sinne (Emotionen) und Stimmungen gezogen werden können und häufig Übergangsphänomene zu beobachten sind.

Ein weiterer Begriff, welcher im Kontext der Gefühlsanalyse Relevanz besitzt und insbesondere auch auf den Begriff der Stimmung zu beziehen ist, ist derjenige der Haltung.[11] Auf den ersten Blick scheinen Haltungen und Gefühle einander ent-

---

9 Eine Ausnahme innerhalb der ein wenig älteren Literatur stellt Solomon dar, der bereits 1976 seine Urteilstheorie mit Einzelanalysen von Emotionen zu plausibilisieren versucht, die immerhin fast ein Viertel des Gesamtumfangs seiner Untersuchung ausmachen. Symptomatisch für die derzeitige Konjunktur der Diskussion über Gefühle ist sicherlich, dass Solomons Buch nach fast 25 Jahren ins Deutsche übersetzt wurde: Robert C. Solomon, *Gefühle und der Sinn des Lebens*, Frankfurt a. M. 2000. Ben-Ze'ev widmet immerhin etwa die Hälfte seines sechshundert Seiten umfassenden Werks *The Subtlety of Emotions* der Analyse einzelner Emotionen und Emotionsgruppen. Er untersucht jeweils allgemeine Charakteristika, gegebenenfalls Grenzfälle, in jedem Fall aber die Verbindung zu anderen Emotionen, Variationen in der Intensität und den moralischen Wert. Nussbaum thematisiert nach einem ausführlichen Theorieteil Mitgefühl im zweiten und Liebe im dritten und letzten Teil ihres Buches. Goldie analysiert paradigmatisch Neid und Eifersucht, Elster eher beiläufig Scham und ebenfalls Neid als soziale Emotionen, fundiert aber zusätzlich seine gesamte Diskussion in konkreten Fallunterscheidungen.
10 Vgl. etwa Ernst Tugendhat, *Selbstbewußtsein und Selbstbestimmung. Sprachanalytische Interpretationen*, Frankfurt a. M. 1979, 204 ff., der an Heidegger anschließt.
11 Vgl. dazu auch die konzisen Bemerkungen bei Jan Slaby, *Gefühl und Weltbezug. Die menschliche Affektivität im Kontext einer (provisorischen) Konzeption der personalen Existenz*, unveröffentlichte Dissertation der Universität Osnabrück 2006, 166..171; vgl. auch Otto Friedrich Bollnow, *Das Wesen der Stimmungen*, Frankfurt a. M. [7]1988 (EA 1956), vor allem die Bemerkungen zu »Stimmung und Haltung«, 154..161.

gegen zu stehen. Während Gefühle und auch Stimmungen uns widerfahren, gelten die Haltungen eines Menschen als Ergebnisse der Arbeit an der eigenen Person, wie selbst- oder fremdbestimmt diese auch immer sein mag. Haltungen nimmt man ein, man erwirbt sie oder eignet sie sich an. Bereits die Rede davon, dass man Haltung »bewahren« oder »verlieren« kann, zeigt aber, dass Haltungen in vielfältiger Weise auf Gefühle und Stimmungen bezogen sind. Mit bzw. durch eine Haltung kann eine Person Stellung zu ihren Gefühlen beziehen. Eine Haltung kann dazu führen, dass jemand seinen Gefühlen freien Lauf lässt, sie auf eine bestimmte Weise moduliert oder unterdrückt. Gefühle und Stimmungen werden auf diese Weise durch Haltungen überformt und dadurch gelenkt. Man sollte dies aber nicht einfach im Sinne eines Entgegenstehens von Haltung und Gefühl verstehen. Gefühle können zu Bestandteilen einer Haltung werden bzw. sich zu einer Haltung verstetigen oder auswachsen , sie können einer Haltung ihr besonderes Gepräge verleihen.

Ausdrücke, die wir zur Bezeichnung von Gefühlen im engeren Sinne oder Stimmungen verwenden, dienen häufig auch zur Bezeichnung von Haltungen. Die Rede davon, dass eine Person aggressiv ist, kann sich auf deren Gefühl des Zorns beziehen, sie kann aber auch darauf aufmerksam machen, dass die betreffende Person zu einer aggressiven Haltung neigt, was heißt, dass sie eine charakterliche Disposition dazu besitzt, unter bestimmten Voraussetzungen auf aggressive Weise zu handeln und zu fühlen. Die Rede von der Traurigkeit einer Person kann sich auf deren Gefühl der Traurigkeit beziehen, wodurch es auch immer ausgelöst sein mag. Sie kann sich aber auch darauf beziehen, dass eine Person Traurigkeit in Form einer Haltung der Welt und dem eigenen Leben gegenüber besitzt. Zurück zu den Gefühlen im engeren Sinne.

Während zu Beginn der neueren Emotionsdebatte die mit den Begriffen der Kognition, der Intentionalität und der Propositionalität bezeichneten Eigenschaften wenig voneinander getrennt und beinahe unterschiedslos als Garanten oder Bedingungen für die mögliche Rationalität von Emotionen behandelt wurden, werden diese drei Begriffe inzwischen stark voneinander abgegrenzt. Der Begriff der Kognition wird häufig überaus allgemein verwendet, bedeutet aber im Kontext der Gefühlstheorie in der Regel soviel wie irgendwie mit Gedanken verbunden . Mit dem Begriff der Intentionalität bezieht man sich auf den Umstand, dass Gefühle auf Tatsachen oder Sachverhalte bezogen sind, der Begriff der Propositionalität soll akzentuieren, dass es sich bei Gefühlen um aussageförmig strukturierte Gebilde handelt.

Im Folgenden soll zunächst die Frage diskutiert werden, ob Emotionen rational sind, eine Frage, die durch die neueren Untersuchungen zur Intelligenz der Emotionen angeregt und von Jon Elster mit Hilfe präziser Fallunterscheidungen untersucht wurde (2). Dann geht es um die Frage nach dem Verhältnis zwischen Intentionalität und Propositionalität bei den Gefühlen. Zentral sind die Überlegungen von Martha Nussbaum, die eine weitgehende Revision der kognitivistischen Position vornimmt (3). Schließlich gehen wir auf Wollheims Konzeption von Gefühlen als Dispositionen (4) und auf Musils Beschreibung des Prozesscharakters der Gefühle ein (5). Der Befund, dass sich kognitivistische Gefühlstheorien der Sache nach phänomenologischen Überlegungen stark angenähert haben, führt zu einer Auseinandersetzung mit Grundbegriffen der phänomenologischen Gefühlsanalyse wie dem Begriff des Leibes (6). Um den Besonderheiten von Gefühlsbeschreibungen Rechnung tragen zu können, ist die Unterscheidung von der Perspektive der ersten Person und der Perspektive der dritten Person unverzichtbar (7). Der letzte Abschnitt diskutiert Gemeinsamkeiten und Sachdifferenzen von phänomenologischen und analytischen Zugängen (8).

2. Jon Elster und die Rationalität der Emotionen

In *Alchemies of the Mind* betrachtet Jon Elster das Verhältnis von Gefühl und Vernunft, von Emotion und Rationalität von beiden Richtungen möglicher Einflussnahme aus.[12] Die Vernunft kann auf die Gefühle wirken und umgekehrt können Emotionen einen Einfluss auf die Rationalität haben. Die Ausrichtung der Rationalität auf das Gefühl lässt sich als schwache oder starke These formulieren. Die schwache Version lautet: Mit rationalen Mitteln kann auf Gefühle eingewirkt werden (bloße Einflussnahme). Die starke Version lautet: Rationales Handeln kann erwünschte Gefühle hervorrufen und unerwünschte (irrationale) verhindern. Dass wir Gefühle wählen können, hatte bereits Solomon im Anschluss an Sartres existentialistische Theorie der Emotionen behauptet. Die entgegengesetzte Bewegungsrichtung besteht darin, dass Gefühle rationale Entscheidungen positiv beeinflussen können. Auch hier bezeichnet der vage Ausdruck »Einfluss« die schwache Version dieser These; die starke Version behauptet, dass Gefühle rationale Entscheidungen herbeiführen können, könnte also als eine Kausalitätsannahme verstanden werden, wie sie zum Beispiel von Autoren wie Ronald de Sousa[13] und Antonio Damasio[14] vertreten wird.

Als Argument für diese These werden häufig empirische Fälle genannt, in denen eine im engeren Sinne als kognitiv verstandene Rationalität allein nicht weiterführt und auch nicht weiterführen kann. Deshalb gestehen de Sousa und Damasio Gefühlen eine spezifische Form von Rationalität zu, etwa bei Lebensentscheidungen, bei denen die Optionen für die Zukunft nicht geprüft werden können (zum Beispiel anlässlich der Frage »Soll ich diesen Mann heiraten?«) oder in Situationen, in denen man zwar theoretisch mehr Informationen sammeln könnte, dies aber zu aufwendig wäre oder zumindest vermutet werden kann, dass die Kosten dafür zu hoch wären. In solchen Fällen sind rationale Gründe im engeren Sinne prinzipiell nicht zu bekommen und die Emotionen gleichen den Mangel an Informationen aus. Dieses Phänomen wird üblicherweise so interpretiert, dass die Spontaneität der Emotionen zusammen mit ihrer Dringlichkeit zu Entscheidungen verhilft; Gefühle sind in solchen Fällen ...so eine verbreitete Auffassung ...einfach schneller als der Verstand und werden deshalb als eine Art von Lückenfüller angesehen.

Dies ist aber irreführend, da man aus dem bloßen Vorkommnis solcher Situationen lediglich schließen kann, dass Gefühle als funktionales Äquivalent dienen,

---

12 Vgl. Jon Elster, *Alchemies of the Mind*, a. a. O., vor allem 283 ff.
13 Ronald de Sousa, *The Rationality of Emotion*, Cambridge 1987.
14 Antonio R. Damasio, *Descartes' Irrtum. Fühlen, Denken und das menschliche Gehirn*, München/Leipzig 1995.

wenn die rationalen Fähigkeiten suspendiert sind. Zu Recht hat Jon Elster in der Diskussion solcher Positionen wie der von Damasio und de Sousa darauf hingewiesen, dass dann, wenn Emotionen Rationalität ergänzen können, sie ebenso Rationalität unterlaufen können. Elsters zweite These über die Einwirkungsmöglichkeit von Gefühlen auf rationale Entscheidungen muss also um die negative Einflussmöglichkeit erweitert werden und kann dann ...entgegen de Sousas Absichten ...nichts mehr aussagen über einen intrinsisch rationalen Charakter der Affekte.

Peter Goldie spricht deutlicher als Elster von der »kognitiven Undurchdringlichkeit« der Emotionen.[15] Wenn etwa jemand wegen Höhenangst nicht an den Rand einer Klippe treten mag, wohl wissend, dass es keine echte Absturzgefahr gibt, so lässt sich diese Disposition in Grenzen durch das Verhalten und den Angstausdruck kontrollieren; die »kognitive Undurchdringlichkeit« ist als eine graduelle anzusehen; sie kann stärker oder schwächer sein. Goldie betrachtet sie als den evolutionären Preis, der für die Geschwindigkeit der emotionalen Antwort auf herausfordernde Situationen gezahlt werden muss; die Verantwortung für die eigenen Gefühle ist dadurch eingeschränkt. Goldie schließt an den Befund der »kognitiven Undurchdringlichkeit« eine Diskussion des Phänomens der Willensschwäche an, die systematisch durch diese Eigenschaft der Gefühle ermöglicht wird. Hier wie an anderen Stellen zeigt sich, dass genaue Emotionsanalysen ein erhellendes Licht auf viele philosophische Probleme werfen, in diesem Fall darauf, dass wir uns selbst eben nicht in dem Maße durchsichtig sind und sein können, wie wir oft meinen oder wünschen.

Möglicherweise könnte trotz der angeführten Vorbehalte Emotionen dennoch Rationalität zugesprochen werden, wenn sich nachweisen ließe, dass sie einen Einfluss auf die Wahrnehmungsfähigkeit ausüben, da diese sicherlich eine Voraussetzung für die Fähigkeit zu rationalem Handeln ist. Elster diskutiert die gängige Alltagsannahme, dass es eine Art von kognitivem Grundstadium gibt, das gefühlsmäßig neutral ist und deshalb von motivationalen Vorurteilen nicht berührt wird. Danach tendiert man erst auf der Grundlage extremer Gefühle zu Verzerrungen der Wahrnehmung in die eine oder andere Richtung. Man glaubt etwa, dass Depressive zu einer negativen Sicht der Wirklichkeit neigen, während Überschwängliche die Wirklichkeit positiver sehen, als sie ist. Empirische Untersuchungen zeigen aber eindeutig, so Elster, dass nur die zweite Hälfte dieser Alltagsannahme zutrifft. Depressive sehen die Welt und ihre eigenen Möglichkeiten und Fähigkeiten erstaunlicherweise realistisch, während Personen im Mittelfeld der konstitutionellen Gestimmtheit zu einer Kontrollillusion neigen: Sie schreiben sich positive Ereignisse selbst zu, während sie negative als durch andere veranlasst ansehen.

Jon Elster interpretiert diesen Befund so, dass eine kognitive Rationalität im engeren Sinne, die am deutlichsten unter den Depressiven verbreitet ist, im Extremfall dazu führen kann, dass man nicht mehr weiß, in Bezug worauf man rational sein soll. Das kognitive Grundstadium stimmt also mit dem motivationalen gerade nicht überein. Man könnte diese empirischen Untersuchungen etwas provokativ dahingehend interpretieren, dass man die Welt und sich selbst immer schon ein wenig positiver sehen muss, als sie sind, um überhaupt handeln zu können. Der in der Literatur so genannte *Sadder-but-wiser*-Befund gibt einen wichtigen Hinweis darauf,

---

15 Peter Goldie, *The Emotions*, a. a. O., zum Beispiel 76.

dass der Charakter von Gefühlen als Widerfahrnissen, von denen man betroffen wird und die man nicht wählen kann, für die Handlungsfähigkeit der Person ebenso zentral ist wie die Möglichkeit, sich von Gefühlen kritisch distanzieren zu können. Denn nur anhand der Gefühle können wir mit Evidenz erkennen, was uns wirklich wichtig ist.

Elster bezieht sich auch auf Theorien der rationalen Wahl. Er diskutiert, ob Emotionen in irgendeinem Sinne als psychische Kosten oder Nutzen verrechnet werden können. Nach recht feingliedrigen Analysen verschiedener Positionen und Denkmöglichkeiten kommt er zu dem Ergebnis, dass kurzlebige Emotionen wie Zorn die Vorstellung vom Menschen als einem Wesen, das rational handelt, unterminieren; die langlebigen wie Liebe, Hass und Verachtung dagegen (in Elsters Worten: die Vorurteilsemotionen) stellen die Idee des Menschen als eines *homo oeconomicus* in Frage: Diese andauernden Emotionen können so fundamental sein, dass dem alle anderen Handlungsziele untergeordnet sind. Jemand, der von Herzen hasst, kann diesen Hass zu seinem Lebensinhalt machen. Dabei kann er rational sein im Hinblick auf alles, was diesen Hass schürt, obwohl es insgesamt weder nützlich noch rational zu sein scheint, sich von einem solchen Hass dirigieren zu lassen.

Die subtilen Fallunterscheidungen bezogen auf das Verhältnis von Rationalität und Gefühlen lassen den Schluss zu, dass jedenfalls nicht die Gefühle als solche bereits einen rationalen Charakter besitzen. Zwar können wir mit rationalen Mitteln in einem begrenzten Sinn auf unsere Gefühle einwirken, nämlich in dem Sinne, dass wir Anlässe für unerwünschte Gefühle meiden können, indem wir die Situationen umgehen, in denen mit ihnen zu rechnen ist, und dass wir umgekehrt solche Situationen herbeizuführen versuchen, in denen Anlässe für die erwünschten Gefühle wahrscheinlich auftreten werden. Aber das berührt im engeren Sinn nicht die Gefühle, sondern lediglich ihre Einbettung in Situationen. Eine genauere Antwort auf die Frage, ob und inwieweit Menschen auf ihre Emotionen rational einwirken können, muss die Unterscheidung zwischen Gefühlsdispositionen (*dispositions*) und akuten oder episodischen Emotionen (*current* oder *episodic emotions*) berücksichtigen. Die akuten Emotionen sind nach Elster als Widerfahrnisse aufzufassen, die uns zustoßen, nicht verfügbar und deshalb nicht unmittelbar zu verändern sind. Auf die Dispositionen hingegen kann unter bestimmten Umständen und mit bestimmten Mitteln, wie zum Beispiel durch Psychotherapie, eingewirkt werden.

In detaillierten Analysen zeigt Elster die falschen Verallgemeinerungen bestimmter gefühlstheoretischer Annahmen auf und argumentiert dafür, dass es keine systematische Theorie der Gefühle geben kann. Seine Argumentation gegen kognitivistische Theorien ist insbesondere gegen die Annahme gerichtet, dass der intentionale Gehalt eines Gefühls im Sinne einer notwendigen Bedingung für das Gefühl zu verstehen sei. Dabei sind für Elster, ähnlich wie auch für Nussbaum, die ästhetischen Gefühle ein zentraler Testfall für die Gefühlstheorie überhaupt, da eine Teilklasse von ihnen ein Merkmal nicht aufweist, welches in kognitivistischen Emotionstheorien für zentral gehalten wird, nämlich ein intentionales Objekt zu haben.

Mit dem Begriff der ästhetischen Gefühle beziehen wir uns auf jene Gefühle, die durch Kunstwerke ausgelöst werden können, wie etwa Freude, Traurigkeit oder Verzweiflung beim Hören eines Musikstücks. Auf den ersten Blick scheint es so zu sein, dass diese Emotionen ...anders als in dem Fall, wo wir sie im Alltag erfahren ...

keinen intentionalen Gegenstand im üblichen Sinne haben müssen, denn sie werden nicht als Freude oder Traurigkeit über ein bestimmtes Vorkommnis, über einen beschreibbaren Sachverhalt, erlebt, sondern lediglich durch ein Musikstück ausgelöst. Diese Auslösung ist nicht assoziativ zu verstehen im Sinne einer bestimmten Stimmung, die wiederum bestimmte Gedanken und möglicherweise Erinnerungen an affektiv bedeutsame Situationen provozieren würde. Vielmehr bezieht sich Elster auf Musikstücke oder sogar auf bestimmte Passagen, die beim Hörer beispielsweise eindeutig als Freude oder Traurigkeit identifizierbare Gefühle unmittelbar auslösen, und zwar ohne vermittelnde Gedanken, die als intentionaler Gehalt aufgefasst werden könnten.

Die Frage ist, ob diese Beschreibung richtig ist, und wenn ja, wie man einen derartigen Befund deuten sollte? Wenn man Elster folgt und nicht bestreiten will, dass solche Gefühle überhaupt erfahrbar sind, wenn man zugesteht, dass sie genügend Ähnlichkeit mit den uns alltäglich vertrauten Phänomenen von Freude oder Traurigkeit aufweisen und als Freude oder Traurigkeit erfahren werden, so muss man anerkennen, dass die Bezogenheit auf ein intentionales Objekt keine notwendige Bedingung für Emotionen, jedenfalls auf gar keinen Fall für alle Emotionen darstellt. Unter der Voraussetzung, dass erstens das Kognitive als propositional verfasst angesehen wird[16] und dass zweitens der Begriff »Emotion« auch alle ästhetischen Gefühle umfassen soll, wären damit bereits all jene Positionen widerlegt, die Gefühle prinzipiell als kognitive Bewertungen von Situationen auffassen.

Die mit Kunstwerken verbundenen bzw. durch sie ausgelösten Gefühle stellen sicherlich eine Herausforderung für jede philosophische Gefühlsanalyse dar. Vorschnelle Schlüsse sind aus der Analyse dieser Gruppe von Gefühlen jedoch nicht zu ziehen. Anders als von Elster wird beispielsweise von anderen Autoren die These vertreten, dass auch die im angeführten Sinne ästhetischen Gefühle einen Gehalt haben und ihnen so eine bestimmte Art von ...dann freilich näher zu explizierender ...Intentionalität zukommt.[17] Inzwischen mehren sich die Versuche, zu einem differenzierten Bild von Intentionalität zu gelangen. Danach sollen geistige (kognitive) Gehalte nicht notwendigerweise an sprachliche Artikulationsformen im engeren Sinne gebunden sein; sie müssen nicht propositional strukturiert sein und können durchaus auch im Kontext ästhetischer Erfahrungen bzw. der mit solchen Erfahrungen verbundenen Erlebnisse aufgefunden werden.[18]

Neben der Frage nach basalen Formen von Intentionalität wäre auch die Beziehung zwischen den im Alltag erfahrenen Gefühlen und jenen, die durch eine Konfrontation mit Kunstwerken ausgelöst werden, näher in Augenschein zu nehmen ...zum Beispiel das Verhältnis zwischen der durch ein Ereignis des Lebens ausgelösten und der durch das Hören eines Musikstücks bedingten Trauer. Hat letztere einen Gehalt, welcher der Intentionalität der im Alltag erfahrenen Trauer vergleich-

---

16 Diese Identifikation von Kognition und propositional strukturiertem Denken wird inzwischen allerdings mehr und mehr in Frage gestellt. Vgl. Martha Nussbaum, *Upheavals of Thought*, a. a. O., zum Beispiel 127 ff.
17 In diese Richtung weisen die Überlegungen von Martha Nussbaum, *Upheavals of Thought*, a. a. O., 249.294.
18 Vgl. zum Beispiel Matthias Vogel, *Medien der Vernunft. Eine Theorie des Geistes und der Rationalität auf Grundlage einer Theorie der Medien*, Frankfurt a. M. 2001, vor allem 276 ff.

bar ist, oder ergeben sich die Beziehungen zwischen der musikalisch ausgelösten und der im Alltag ausgelösten Trauer auf der Grundlage des gleichen leiblichen Spürens? Fragen wie die angeführten zeigen, dass einfache und geradlinige Antworten in jedem Fall mit Vorsicht zu genießen sind.

3. Martha Nussbaum und die Individuation von Gefühlen

Mit der definierenden Rolle der Intentionalität für die Emotionen wird innerhalb der kognitivistischen Diskussion oft die These verbunden, dass allein auf deren Grundlage Gefühle voneinander unterschieden werden können. Einer der interessantesten Versuche in diesem Feld ist Martha Nussbaums Untersuchung *Upheavals of Thought*, in der sie eine erhebliche Erweiterung ihrer bisherigen These über den narrativen Charakter von Emotionen entwickelt. In älteren Schriften hatte Nussbaum bereits in behutsamen philosophischen Interpretationen literarischer Texte gezeigt, in welch hohem Maß Gefühle auf Narrationen beruhen und wie stark sie in die jeweils spezifischen kulturellen Traditionen eingebunden sind, so etwa an einer eindrucksvollen Analyse der Verbindung von Liebe und Schuldgefühl in der christlichen Tradition, die sie unter anderem an Texten von Samuel Beckett verdeutlicht.[19] In ihrem neuen Buch nun erweitert Nussbaum das Spektrum der von ihr analysierten Gefühle und verallgemeinert und modifiziert dabei zugleich ihre kognitivistische Ausgangsthese.

Nussbaum benutzt das Bild geologischer Hebungen in der Landschaft, um zu veranschaulichen, dass Gefühle in vergleichbarer Weise die Landschaft unseres mentalen und sozialen Lebens formen. Sie weisen darauf hin, dass unser Leben nur in bestimmten Aspekten berechenbar und kontrollierbar und ebenso uneben, ungewiss und anfällig für Erschütterungen und unerwartete »Verwerfungen« ist wie die Erde. Emotionen stehen in enger Verbindung zu unseren Gedanken, ja, sie sind zentraler Bestandteil unserer Intelligenz und nicht etwa lediglich eine Energiequelle oder bloße Unterstützung für diese. Dass Nussbaum Emotionen als Werturteile auffasst, welche die Wichtigkeit bestimmter Objekte für unser Wohlergehen markieren, scheint auf den ersten Blick nichts Neues zu sein, vertrat doch bereits William Lyons in der älteren Diskussion zwei Jahrzehnte vorher eine ähnliche These.[20] Neu ist allerdings Nussbaums Spezifikation dieser Urteile: Emotionen als Einschätzungen und Wertquelle führen dazu, unsere eigene Bedürftigkeit und Unvollständigkeit anzuerkennen, da sie Dingen und Personen, die außerhalb der Kontrolle des Subjekts stehen, Wichtigkeit für die Entfaltung der Person zuschreiben.

Damit formuliert Nussbaum einen Gedanken, der als eine Art narzisstische Kränkung für das Selbstverständnis vieler moderner Intellektueller angesehen wer-

---

19 Vgl. Martha Nussbaum, »Narrative Emotions: Beckett's Genealogy of Love«, in: dies., *Love's Knowledge*, Oxford 1990, 286..313 sowie Nussbaums titelgebenden Aufsatz in demselben Band, 261..285.
20 William Lyons, *Emotion*, Cambridge 1980.

den kann und abendländische anthropologische Entwürfe wie den des *homo faber*, des *homo oeconomicus* und des *animal rationale* in Frage stellt: nämlich den Gedanken, dass der Mensch mit der Vernunft ein Mittel in der Hand hat, alles zu überwinden, was sich ihm entgegenstellt und so seine Selbstbehauptung einschränkt oder gefährdet. Trotz aller Autonomie sind wir immer noch bestimmten »Widerfahrnissen« ausgeliefert, das heißt Geschehnissen, die uns in unverfügbarer Weise einfach zustoßen. Widerfahrnisse, das zeigt Nussbaums Emotionsanalyse, haben jedoch nicht ausschließlich eine negative Bedeutung für uns. Sie schränken zwar unsere Autonomie ein, insofern sie uns daran hindern, unsere Pläne zu verfolgen. Aber gleichzeitig macht gerade unsere emotionale Reaktion auf das, was wir nicht ändern können, deutlich, was uns wirklich wichtig ist.

Aber Widerfahrnisse haben nicht nur wegen ihres prinzipiell unkontrollierbaren Charakters für die Entfaltung der Person eine hervorgehobene Bedeutung; neu an Nussbaums Emotionstheorie ist, dass sie den Widerfahrnischarakter der Gefühle akzentuiert. Sie betont, dass selbst die Stoiker, deren Theorie auf Gefühlskontrolle abzielt, das Überwältigende mancher Emotionen ausdrücklich hervorheben, kennzeichnet ihre eigene Position folgerichtig als Neo-Stoizismus und legt die Vereinbarkeit dieser Auffassung mit ihrer Urteilstheorie dar.[21] Dass Gefühle Werturteile enthalten, macht sie vor allem daran fest, dass sie ein Objekt haben, und zwar ein intentionales Objekt. Gefühle sind auf etwas gerichtet, beziehen sich auf eine Sache oder einen Sachverhalt. Intentionalität expliziert Nussbaum so, dass jedes Gefühl eine aktive Weise des Sehens beinhaltet. Wenn wir ein Gefühl haben, werden wir nicht bloß neutral durch äußere Objekte affiziert, sondern wir sehen sie aus unserer subjektiven Perspektive, die ihnen Wert und Wichtigkeit gibt, und genau das macht den Urteilscharakter der Gefühle aus.

Die starke Betonung des Kognitiven durch Nussbaum wird allerdings durch ihren Hinweis relativiert, dass sie den Begriff des Kognitiven lediglich »bezogen auf das Erhalten und Verarbeiten von Informationen«[22] verwenden möchte und jegliche sprachlich-propositionale Verengung der Intentionalitäts- wie auch des Kognitionsbegriffs vermeiden will. Diese Absicht ist einleuchtend, doch die Durchführung nicht ganz überzeugend, scheint doch das Problem damit lediglich auf den Informationsbegriff verschoben zu werden. Jegliches »sehen als« wird damit bereits zu einer Kognition ...es subsumiert, so könnte man sagen (was Nussbaum nicht tut), einzelne Gegenstände oder Dinge unter Gattungen; bevor Einzelnes überhaupt als etwas erkannt werden kann, wird der Sachverhalt des »Fallseins« von der jeweiligen Gattung wahrgenommen ...und erst auf diesem Hintergrund kann der Gegenstand als einer dieser Art erkannt werden.[23]

Sicherlich kann man die Anwendung des Individuationsprinzips (ich sehe X als Y, zum Beispiel die schwarzen Druckspuren in diesem Buch als Buchstaben und Wörter) als »Erhalten und Verarbeiten von Informationen« im weitesten Sinne auffassen. Aber im Fall der Emotionen geht es ja nicht wie bei der Wahrnehmung darum, etwas als etwas zu erkennen, sondern eher färbt die Emotion eine komplexe

---

21 Martha Nussbaum, *Upheavals of Thought*, a.a.O., 26 f.
22 Vgl. ebd., 23.
23 Diese Auffassung des Individuationsprinzips vertritt Hermann Schmitz, *Der Spielraum der Gegenwart*, Bonn 1999.

Situationswahrnehmung in einer bestimmten Weise. Wenn Nussbaum über den Tod ihrer Mutter trauert, so muss der Sachverhalt, dass ihre Mutter gestorben ist, als von der Trauernden gewusst unterstellt werden. Es kann aber nicht dieses Urteil sein, worauf es in dieser Emotion ankommt. Eher scheint Nussbaum die Intentionalität ihrer Trauer damit erläutern zu wollen, dass sie darin ihre verstorbene Mutter als geliebte Person, als jemand, der ihr wichtig ist, erkennt. Zudem erhält die gesamte Wahrnehmung ihrer Umgebung durch die Trauer ihr spezifisches Gepräge, wie aus Nussbaums Beschreibungen hervorgeht.

Nussbaum betont immer wieder, dass Emotionen uns unsere Bedürftigkeit vergegenwärtigen und stets in irgendeiner Weise auf unser Wohlergehen bezogen sind. Diesen Aspekt von Emotionen nennt sie »eudaimonisch«. Dieser eudaimonische Aspekt hängt sehr eng mit dem Umstand zusammen, dass wir es sind, die dieses Gefühl erleben; er bezieht sich auf unsere subjektive Betroffenheit von diesem Gefühl und darauf, wie wir das jeweilige Gefühl erleben. Diese Eigenschaft der Subjektivität einer Emotion wird in verschiedenen neueren Theorien häufig als *feeling* bezeichnet. In seiner Hauptbedeutung bezieht sich der in der angelsächsischen Diskussion verwendete Begriff des *feeling* im Kontext von Emotionstheorien vorrangig auf die Erlebnisqualität eines Gefühls.[24] Nussbaum allerdings fasst *feeling* im Wesentlichen als ein körperliches Geschehen auf, das nur sekundär zur Emotion hinzukommt und auch nicht alle Emotionen begleiten muss. Die subjektive Qualität des *feeling*, das heißt, wie es ist, dieses Gefühl zu erleben, wird dabei zumeist unterschlagen.[25] In ihrer Rede von einem eudaimonischen Aspekt der Emotionen kehrt die Subjektivität jedoch zurück, ohne allerdings in ihrer Analyse als Erlebnisqualität aufgefasst zu werden.

Während Nussbaum auf der einen Seite das subjektive Spüren des Gefühls, das stets leiblich ist, als kontingent behandelt, löst sie auf der anderen Seite ihren Urteilsbegriff von propositionalen Strukturen ab. Nicht alle Emotionen haben sprachlich artikulierbare Inhalte[26]; vielmehr lassen sich Stufungen von Explizierbarkeit unterscheiden, nicht zuletzt deshalb, weil wir aus guten Gründen nicht-sprachfähigen Kleinkindern und vielen Säugetieren Emotionen zuschreiben. Auch diese implizieren kognitive Beurteilungen, doch bedeutet dies

> »selbstverständlich nicht, dass deren Gehalt überhaupt von sprachlichen Symbolen Gebrauch macht oder ohne Verzerrung sprachlich formuliert werden kann. Es bedeutet auch nicht, dass deren Gehalt, sei es auch auf verzerrte Weise, vom Subjekt der Emotion formuliert werden kann.«[27]

---

24 Vgl. dazu zum Beispiel schon Gilbert Ryle, *Der Begriff des Geistes*, Stuttgart 1969 (EA 1949). Die deutsche Übersetzung verwendet »Gefühl« für *feeling*, gemeint ist jedoch mit dem »Stechen, Beißen, Bohren, Reißen, Jucken, Prickeln, Schaudern, Glühen, Drücken« (108) die Erlebnisqualität von Gefühlen. Wenn Ryle im Englischen den Begriff der *emotions* verwendet, wird das in der deutschen Übersetzung mit »Gemütsbewegungen« wiedergegeben. Vgl. auch Aaron Ben-Ze'ev, *The Subtlety of Emotions*, a.a.O., 49 ff.
25 Nussbaum verwendet zwar verschiedene Begriffe bzw. Wendungen wie *feeling*, *bodily sensation* und *phenomenology of emotion*, hält diese aber nicht eindeutig auseinander; gelegentlich klingt es so, als würde sie sich mit allen diesen Wendungen auf denselben Aspekt eines Gefühls beziehen wollen. Vgl. *Upheavals of Thought*, a.a.O., 61 ff. und 76 ff.
26 Vgl. Martha Nussbaum, *Upheavals of Thought*, a.a.O., 79.
27 Ebd., 127 [übersetzt von C.D./H.L.].

Wie sind in unserem Erleben die einzelnen Gefühle voneinander unterschieden? Nussbaum betont mehrfach, dass Körperempfindungen (*feelings*) nicht diese Funktion haben können: erstens seien nicht alle Emotionen von Körperempfindungen begleitet und zweitens seien sie nicht spezifisch genug, um die einzelnen Gefühle voneinander zu unterscheiden. Vielmehr sei es der intentionale Gehalt, der allein geeignet sei, Gefühle zu individuieren. Es sei »ihr Handeln-von-etwas, ihre Intentionalität, ihre Beziehung zu Überzeugungen, ihre Verbindung mit Bewertungen«[28]. Diese Auffassung hat sprachphilosophisch eine lange Tradition, aber problematisch ist sie dennoch. Denn hier werden zwei Annahmen vermischt: Erstens die selbstverständliche Unterstellung der konstituierenden Rolle des intentionalen Gehalts für die Gefühle, wobei zunächst geklärt werden müsste, ob alle Emotionen einen intentionalen Gehalt haben, und zweitens die Frage, wodurch sich Emotionen voneinander unterscheiden lassen. Beide Fragen sind logisch unabhängig voneinander. Selbst wenn tatsächlich alle Gefühle einen intentionalen Gehalt aufweisen, so ist es durchaus denkbar, dass sie nicht ausschließlich auf seiner Grundlage voneinander unterscheidbar sind. Im Bereich der Körperempfindungen können wir durchaus Einzelnes unterscheiden, ohne dass wir den Körperempfindungen deshalb schon einen intentionalen Gehalt zuschreiben müssten; normalerweise können wir sagen, ob das, was wir spüren, ein Zwicken, ein Schmerz oder ein Lustgefühl, Hunger, Durst oder Kälte ist. Entsprechendes gilt für die Stimmungen, die wir ebenfalls klar voneinander unterscheiden können, ohne dass sie einen spezifischen intentionalen Gehalt haben müssen.

Für die Emotionen ist der Bezug auf Körperempfindungen im Sinne von etwas, das von der Emotion isolierbar sein soll, aber von vornherein irreführend. Die so genannte *Feeling*-Komponente ist ein genuiner Bestandteil des Gefühls als Ganzem und kann …ebenso wie die Strukturiertheit der Emotion im Sinne von Nussbaums nicht-propositionaler Intentionalitätsauffassung …nur analytisch von dem Gefühl unterschieden werden. Zudem liegt hier eine Verwechslung des leiblichen Spürens mit objektivierbaren, von außen beobachtbaren Körperprozessen nahe. Auch wenn man wie Elster die Auffassung vertritt, die spezifische Qualität des Fühlens sei das einzige intrinsische Merkmal von Emotionen, so heißt dies keinesfalls, dass diesem Spüren oder *feeling* notwendigerweise physiologisch nachweisbare Körperprozesse entsprechen, vielmehr müssen beide Aspekte von Emotionen, wie Elsters detaillierte Fallunterscheidungen zeigen, getrennt voneinander analysiert werden. Die spezifische Qualität des jeweiligen Fühlens ist ihm zufolge die einzige notwendige Bedingung dafür, dass dieses Gefühl vorliegt; alle anderen Aspekte, die Elster nennt, können bei einzelnen Emotionen fehlen: die kognitive Vorgeschichte (Emotionen können sich auch ohne Vorgeschichte ereignen), der intentionale Gegenstand (bei den ästhetischen Emotionen), die physiologische Erregung (kann bei Gefühlen wie Dankbarkeit ganz fehlen), der physiologische Ausdruck (kann ganz fehlen oder kontrolliert werden: Verstellung) und die Wertigkeit in der Lust-Unlust-Dimension (bei Achtung) sowie charakteristische Handlungstendenzen (fehlen zum Beispiel bei stiller Freude).

---

28 Ebd., 33 [übersetzt von C. D./H. L.]; ähnlich 29 und 34.

Ist es also doch das leiblich-affektive Spüren des Gefühls, das die Individuation erst ermöglicht? Entscheidet man sich hierfür, so schließt man damit zwar Problemfälle für intentionale Theorien, wie sie möglicherweise die ästhetischen Gefühle darstellen, in die Gesamtklasse der Emotionen noch mit ein, unbewusste oder »Proto-Emotionen« (Elster) aber sind dann nicht mehr als Gefühle klassifizierbar, da sie gerade nicht gespürt werden, jedenfalls nicht in der für die entsprechenden bewussten Emotionen typischen Weise. Elster entwickelt den Begriff der »Protoemotionen« für nicht-bewusste Gefühle. Bei diesen sind die körperlichen Eigenschaften aus der Perspektive dritter Personen klar gegeben, wie zum Beispiel ein bestimmtes Ausdrucksverhalten, der entsprechende Erregungszustand und die für die jeweilige (Haupt-)Emotion charakteristischen Verhaltensweisen. Dennoch sind solche Gefühle nicht bewusst, wie beispielsweise mancher Ärger oder Neid, wenn sie von dem, der sie hat, verleugnet werden. Das wirft die Frage nach dem ontologischen Status dieser Protoemotionen auf, denn bei ihnen kann das qualitative Erleben *per definitionem* kein Merkmal der Emotion sein.

Das begriffliche Dilemma wird durch das Phänomen einer möglichen Selbsttäuschung über Gefühle ausgelöst. Denn im Fall von Proto-Emotionen kann das Gefühl nur aus der Perspektive der dritten Person klassifiziert werden. Die terminologische Unterscheidung von »Emotion« und »Protoemotion« löst das begriffliche Problem allenfalls vordergründig; ein Gefühlsirrtum über Emotionen ist aufgrund des intrinsischen Kriteriums ausgeschlossen, über Proto-Emotionen aber durchaus möglich. Eine endgültige Antwort auf die Frage, ob das leiblich-affektive Spüren des Gefühls bereits eine Identifikation des Gefühls und damit seine Klassifikation ermöglicht, muss vorläufig offen bleiben, vielleicht kann sie gar nicht erbracht werden. Aber bereits die angezeigte Problemlage macht deutlich, wie behutsam man bei der Formulierung allgemeiner Thesen über die konstituierenden Aspekte von Gefühlen vorgehen sollte. In den Einzelanalysen dieses Buches wird sich zeigen, dass es sinnvoll ist, die leibliche Basis des jeweiligen Gefühls immer in enger Verbindung mit dem intentionalen Gehalt zu beschreiben.

4. Richard Wollheims Konzeption von Emotionen als Dispositionen

Für Wollheim stellen nicht-bewusste Gefühle keine Ausnahme, sondern die Regel dar; für ihn ist die Erlebensqualität kein definierendes Merkmal von Emotionen. Ungewöhnlich im Feld der eher analytisch orientierten Emotionstheorien ist die Untersuchung von Wollheim, weil er nicht nur literarische Beispiele und analytische Schärfe zu vereinen trachtet, sondern darüber hinaus das begriffliche Instrumentarium der Psychoanalyse in seine systematischen Überlegungen integriert. Wollheims Buch mutet dem Leser zunächst einmal zwei lange Kapitel zu, die von Wünschen handeln, und er diskutiert sorgfältig bei jedem Detailschritt der Argumentation mögliche Gegeneinwände, so dass der komplexe systematische Aufbau bei flüchtigem Lesen leicht aus dem Blick geraten kann. Die Botschaft ist aber eindeutig: Emotionen sind irreduzible Phänomene; sie sollen weder auf Kognitionen noch auf physiologische Prozesse zurückgeführt werden und sie sind klar von Überzeugungen einerseits und Wünschen andererseits abzugrenzen. Allerdings wird die Entstehung einer Emotion an die Erfüllung oder Nichterfüllung eines Wunsches gekoppelt, wobei sich Erfüllung und Nichterfüllung auch auf die bloße Vorstellung davon und auf die in Zukunft mögliche oder erwartete Erfüllung oder Nichterfüllung beziehen können.

Deutlicher noch als Goldie, Elster oder Nussbaum vertritt Wollheim das Programm einer Repsychologisierung des Geistes, ein Programm, das vor allem die psychologische Realität von Wünschen, aber auch allgemeiner: von Dispositionen überhaupt ins Zentrum stellt. Anders als Gilbert Ryle will Wollheim in Dispositionen mehr und anderes sehen als bloße Handlungsmuster. Sie sind dauerhafte Prägungen des Geistes, auf deren Basis sich mentale Zustände herauskristallisieren. Beispiele für Dispositionen sind Wissen, Überzeugungen und Wünsche, aber auch Fähigkeiten und Gewohnheiten, Laster, Tugenden und Erinnerungen. Mentale Zustände dagegen sind zeitlich eng begrenzte Ereignisse wie Sinneswahrnehmungen, das Empfinden von Schmerzen und Gedanken.[29]

Irritierend an Wollheims Emotionstheorie ist sicherlich, dass er Emotionen vor allem als Dispositionen auffasst. Episodische Emotionen behandelt Wollheim als mentale Zustände, die mit den Dispositionen in einem komplexen Interaktionsverhältnis stehen. Es sind aber eindeutig die Dispositionen, die er philosophisch und psychologisch für interessanter hält; er definiert Emotionen geradezu als mentale Dispositionen und behandelt akute Gefühle als Sonderfall. Da mentale Zustände nicht bloße Folge von Dispositionen sind, sondern manchmal auch zum Ausgangspunkt einer mentalen Disposition werden können[30], kann man nicht sagen, dass Wollheims Dispositionen lediglich die Bedingung der Möglichkeit für bestimmte intentionale Gefühle sind, etwa in der Weise, wie die Ansprechbarkeit für Bedrohlichkeit nach Heidegger eine Voraussetzung dafür ist, dass wir uns fürchten können. Interessant ist vor allem, dass Wollheim seine begriffliche Vorentscheidung für Emotionen als Dispositionen nicht begründet, während er bei fast allen anderen Überlegungen argumentativ höchst sorgfältig vorgeht.

Die Gründe dafür dürften vor allem darin liegen, dass die Dispositionsauffassung der Emotionen einen leichteren Anschluss an den psychoanalytischen Diskurs ermöglicht: Erstens kann nur bei einer Disposition eine graduelle Stufung von unbewusst, vorbewusst und bewusst konstatiert werden, was bei akuten Gefühlen ausgeschlossen ist. Das hängt zweitens damit zusammen, dass bei episodischen Emotionen oder, in Wollheims Terminologie, bei mentalen Zuständen das intrinsische Kriterium zentral ist, dass sie sich subjektiv irgendwie anfühlen, dass sie gespürt und damit gewusst werden, was bei Dispositionen nicht der Fall ist, sondern nur, wenn sie sich in mentalen Zuständen manifestieren. Und drittens sind die Dispositionen in unserem Leben deutlich wirkungsvoller als episodische Gefühle ...man könnte sogar sagen: Dispositionen sind wesentlich mächtiger, gerade weil sie zu nicht unerheblichen Teilen unbewusst sind und deshalb gerade solche akuten Emo-

---

29 Richard Wollheim, *Emotionen. Eine Philosophie der Gefühle*, a. a. O., 15.
30 Vgl. ebd., 16.

tionen generieren, die uns irrational oder zumindest rätselhaft erscheinen (zum Beispiel warum man manchmal nicht unbedingt liebenswerte Personen liebt und nicht hassenswerte oder gar liebenswürdige hasst).

Geht man von Elsters Untersuchung des Verhältnisses von Rationalität und Emotionen aus, so könnte man zu der Vermutung gelangen, Wollheim fasse Emotionen deshalb als Dispositionen auf, weil diese rationaler Veränderung zugänglich sind, episodische Gefühle als Widerfahrnisse jedoch nicht. Ein solcher Rationalisierungsversuch liegt Wollheim jedoch tatsächlich fern; im Gegenteil, er bemerkt beiläufig, dass die meisten Emotionen ...und damit sind definitionsgemäß die Dispositionen gemeint .. keiner rationalen Beeinflussung zugänglich sind, und zwar behauptet er das explizit »im Gegensatz zu dem Großteil der Arbeiten im Bereich der Philosophie des Geistes«.[31] Überhaupt wendet Wollheim sich an vielen Stellen gegen kognitive Emotionstheorien, welche Emotionen in irgendeiner Weise auf Gedanken, Überzeugungen oder Bewertungen reduzieren wollen. Wohl aber betont er, dass Emotionen sich in Gedanken, Wünschen und Phantasien manifestieren können. Ähnlich wie Nussbaum in ihrer Intentionalitätskritik konstatiert Wollheim, dass Gedanken nicht notwendigerweise komplett und logisch abgeschlossen und auch nicht in Form von ganzen Sätzen oder Propositionen formuliert sein müssen. Zudem sind nicht alle Gedanken aktiv produziert, sondern manche haben eher eine Art Widerfahrnischarakter; sie tauchen ungefragt im Bewusstsein auf wie bei einem Tagtraum oder in Assoziationen.

Es geht bei Wollheims Begriff von Emotionen als Dispositionen eben nicht um die mehr oder weniger abstrakte Fähigkeit oder Gestimmtheit, ein bestimmtes Gefühl zu entwickeln, sondern die Dispositionen sind individuelle: Ihre Entstehungsgeschichte, die wesentlich durch das »Schicksal« der Wünsche geprägt ist, durch ihre tatsächliche oder vorgestellte Erfüllung oder Nichterfüllung, strukturiert zugleich die Lebensgeschichte der Person. Emotionen sind nach Wollheim gerade nicht Folge von Überzeugungen oder Wertungen, sondern umgekehrt sind sie die Grundlage für Überzeugungen und Wertungen. Damit ist Wollheims Theorie von den hier diskutierten Arbeiten sicherlich diejenige, die am deutlichsten auf der Irreduzibilität der Emotionen insistiert und in kleinteiligen Schritten verdeutlicht, in welch massiver Weise diese unsere Wertungen, Überzeugungen und unseren Lebensinhalt insgesamt bestimmen.

5. Peter Goldie, Robert Musil und der Prozesscharakter der Gefühle

Abgesehen von Elster interpretieren alle hier einleitend behandelten Autoren und Autorinnen Emotionen holistisch in hermeneutischer Tradition auf der Grundlage unseres In-der-Welt-seins und als unsere wesentliche Beziehung zur Welt. Dies gilt auch für Peter Goldies Kritik an der philosophischen »Überintellektualisierung« von

---

31 Ebd., 147.

Gefühlen. Seine Theorie richtet sich insofern gegen kognitivistische Engführungen, als er beispielsweise das spezifische Fühlen (*feeling*), die Empfindungsqualität im Sinne des subjektiven Spürens also, als selbstverständlichen Bestandteil der intentionalen Struktur auffasst, nicht als etwas, das als Komponente oder ähnliches isolierbar wäre. Unausgesprochen folgt er damit der Husserlschen Tradition.

Goldie betont überdies die Unumgehbarkeit der Selbstauslegung des Menschen im Anschluss an Charles Taylors Auffassung des Menschen als eines Tieres, das sich selbst deutet, und interpretiert deshalb ...hier implizit in Heideggerscher Tradition ...Gefühle im Kontext des menschlichen In-der-Welt-seins, und nur aus diesem Kontext heraus können sie verständlich und einer philosophischen Analyse zugänglich werden. Für Goldie sind Emotionen Bestandteil größerer Erzählungen, wobei die jeweilige Erzählung nicht einfach ein Interpretationsrahmen ist, sondern »das Leben selbst«: Wenn wir denn nicht umhin können, uns selbst in irgendeiner Weise zu verstehen, so ist die Form dieser Selbstauslegung notwendigerweise narrativ: Wir geben uns eine Lebens-Geschichte, eine Biographie, und unsere Sicht darauf ist nicht zu trennen von unserem »Leben selbst«. Sie bestimmt so von dieser narrativen Ganzheit her die Bedeutung ihrer einzelnen Teile ...eben auch die der Emotionen.[32] Diese haben selbst eine narrative Struktur, die aus Gedanken, dem Fühlen, der körperlichen Veränderung und dem Gefühlsausdruck besteht. Während Nussbaums Narrationsthese unterstreicht, dass unsere Emotionen durch das bestimmt sind, was wir an Erzählungen in unserer jeweiligen Kultur vorfinden, betont Goldie eher umgekehrt den Aspekt, dass über Gefühle in einer ihnen angemessenen Weise nur in Form von Erzählungen gesprochen werden kann.

Anders als klassische Mehrkomponententheorien scheint Goldie nicht so sehr an einer Analyse der genauen Relationen der verschiedenen Elemente innerhalb der Struktur interessiert zu sein, etwa Kausalität oder Emergenz, also all jener Relationskategorien, die hinlänglich aus der Philosophie des Geistes bekannt sind. Er ist vielmehr vorrangig an der Alltagspsychologie interessiert, die nicht ohne Grund an vielen Stellen begrifflich unscharf ist, nämlich genau dort, wo das, worauf der philosophische Begriff abzielen will, als Phänomen nicht isolierbar ist. Dieser methodische Zugang bereichert die derzeitige Diskussion um die Philosophie der Gefühle vor allem in der Analyse des Verhältnisses von Gefühlen und Stimmungen, eine Aufgabe, die trotz der Breite der derzeitigen Diskussion noch wenig in Angriff genommen wurde, wohl deshalb, weil hier genau das, woran sich der analytisch gebildete philosophische Gedanke orientiert, nämlich die propositionale Struktur der Emotionen, *per definitionem* von vornherein fehlt. Wie aber kann eine narrative Gefühlstheorie die objektlosen Gefühle beschreiben? Goldies Lösung dieses Problems liegt in seiner Anknüpfung an Musils Gefühlstheorie, die dieser im Nachlassband zum *Mann ohne Eigenschaften* entwickelt hat.

Musils Ausgangspunkt ist die Flüchtigkeit der Gefühle sowie ihr Prozesscharakter: Sie sind ständigen Veränderungen unterworfen und gehen enge Verbindungen mit dem Handeln ein, in dem und durch das sie ständig modifiziert werden. Deshalb konzipiert Musil Gefühle ausdrücklich nicht als »Zustand«. Er versucht, Ge-

---

32 Vgl. Peter Goldie, *The Emotions*, a. a. O., vor allem 11.49.

fühle als jene komplexen Prozesse, als die sie in unserem Leben vorkommen, theoretisch zu erfassen. Bei einem Prozess oder, in Musils Worten, einem »Vorgang« stellt sich aber sofort die Frage der Abgrenzbarkeit: Was gibt ihm Einheit, was markiert seinen Anfang und sein Ende? Was gehört zu seinen Ursachen, Folgen und was zu seinem »begleitenden Gefolge«?[33] Auf dieses Problem antwortet Musil mit zwei Überlegungen: Erstens untersucht er das Binnenverhältnis der Emotion, nämlich wie andere Teilprozesse in es integriert werden und auf es zurückwirken. Zweitens meint Musil, grundsätzlich zwei Entwicklungstendenzen in einem Gefühl festmachen zu können, nämlich eine in Richtung zunehmender Bestimmtheit und eine in die entgegengesetzte Richtung, die für Stimmungen oder Dispositionen charakteristisch sind.

Den ersten Aspekt beschreibt Musil als ein Verhältnis der gegenseitigen »Verstärkung« und der »Resonanz« von Verhalten und Gefühl,

> »ein schwellendes Ineinanderfassen, wobei freilich beide Teile auch gemeinsam verändert werden. Das Gefühl wird in die Sprache der Handlung übersetzt, und die Handlung in die Sprache des Gefühls, wodurch, wie bei jeder Übersetzung, einiges neu hinzukommt und einiges verloren geht«.[34]

Durch dieses Übersetzungsmodell ...das eigentlich reichhaltiger ist als ein schlichtes Narrationsmodell ...wird etwas deutlich, was in der Auffassung von Gefühlen als »Zuständen« verloren geht: der Prozesscharakter des Gefühls, der es ebenso charakterisiert wie seine strukturierte Ganzheit. Das Gefühl integriert in seinem Verlauf ihm zunächst heterogene Elemente wie »Gedanken, Wünsche und Antriebe aller Art«.[35]

Es ist wohl gerade die Verschiedenartigkeit des Ineinandergreifenden, die letztlich den ständigen Übergang von Gefühlen zu Stimmungen und von diesen zu Gefühlen ermöglicht. Nach Musil übernehmen die einzelnen Elemente ..oder vielleicht besser »Stimmen« in dieser Gesamtpartitur, als die man das Gefühl auffassen kann[36] ...abwechselnd die melodische Führung, und zwar so, dass alle Teile in eine gemeinsame Richtung streben. Wenn aber das Gefühl und die Handlung in einem wechselseitigen Resonanzverhältnis stehen, muss es sich dann nicht kontinuierlich verfestigen und erstarren? Musils Antwort darauf ist, dass Gefühle nie »rein« vorkommen, sie sind nie so hermetisch, dass sie keinerlei äußere Elemente mehr aufzunehmen vermöchten, die ihre Umformung in etwas anderes ermöglichen.

---

33 Robert Musil, *Der Mann ohne Eigenschaften Bd. II: Aus dem Nachlaß*, Reinbek bei Hamburg 1981, 1140.
34 Ebd., 1166.
35 Ebd. Bei Musil erinnert der Begriff des Gefühls, das die seinem eigenen Sein fremden Gedanken, Wünsche und Handlungsimpulse in sich aufnehmen soll, ein wenig an Foucaults Begriff des Dispositivs, das ebenfalls dadurch gekennzeichnet ist, dass es die in seinem Umfeld auftauchenden diskursiven und nicht-diskursiven Elemente an sich zieht und seiner eigenen Logik unterwirft, wobei Aspekte von Heterogenität erhalten bleiben.
36 Die Metaphorik von verschiedenen »Stimmen« des Gefühls, das sich als Opernpartitur beschreiben lässt, verfolgt Jürgen Frese in methodisch kontrollierter Weise in seinem Text »Gefühls-Partituren«, in: Michael Großheim (Hg.), *Leib und Gefühl. Beiträge zur Anthropologie*, Berlin 1995, 45..70.

Nach Musil kommt der Vorgang der Ausgestaltung und Verfestigung eines bestimmten Gefühls niemals ganz zu seinem Ende, und auch eine vollkommene Unbestimmtheit ist kaum vorstellbar, denn auch dies führte, sogar schneller und deutlicher noch als bei den bestimmten Gefühlen, zu einem Stillstand ohne jede Veränderungsmöglichkeit. Wenn beide Extreme von der Eigendynamik ihrer Verlaufsgestalten her ausgeschlossen sind, so wird es sich faktisch stets um Mischungen beider Tendenzen handeln, in denen entweder das unbestimmte oder das bestimmte Moment vorherrscht. Musil schreibt:

> »Es gibt keine Stimmung , die nicht auch bestimmte Gefühle enthielte, die sich in ihr bilden und wieder auf lösen; und es gibt kein bestimmtes Gefühl, das nicht wenigstens dort, wo sich von ihm sagen läßt, daß es ausstrahle , erfasse , aus sich selbst wirke , sich ausdehne oder unmittelbar , ohne eine äußere Bewegung, auf die Welt einwirke, die Eigenart des unbestimmten durchblicken ließe. Wohl aber gibt es Gefühle, die mit großer Annäherung dem einen oder dem anderen entsprechen.«[37]

Mit dieser Beschreibung bewegt sich Musil bereits auf phänomenologische Beschreibungen der Räumlichkeit und Verlaufsgestalt von Gefühlen zu, wie sie in den letzten Jahrzehnten vor allem Hermann Schmitz ausgearbeitet hat.[38] Dessen Überlegungen sind Gegenstand des folgenden Abschnitts.

6. Die leibliche Fundierung von Gefühlen

Selbst die stark modifizierten kognitivistischen Theorien bleiben trotz aller Erweiterungen und Korrekturen deshalb in einem problematischen Sinne kognitivistisch, weil sie für die Beschreibung der Struktur der Gefühle lediglich die Alternative sehen, entweder den »Körper« oder den »Geist« (der dann mit Hilfe von Begriffen wie »intentionaler Gehalt«, »mentaler Zustand« usw. thematisiert wird) als vorrangig zu beschreiben und sich dann für den Geist entscheiden. Sie gehen in der Regel nicht auf phänomenologische Theorien ein, die häufig mit der Unterscheidung zwischen Körper und Leib beginnen. Ohne diese Unterscheidung aber dürften sich Gefühle nicht adäquat und vor allem nicht vollständig beschreiben lassen.

Die meisten Versuche, das Wechselverhältnis von Körperlichem und Geistigem, von Physis und Kognition hinsichtlich der Gefühle begrifflich genauer zu erfassen,

---

37 Robert Musil, a. a. O., 1199.
38 Hermann Schmitz, *System der Philosophie* in 5 Bänden. (10 Teilbände), Bonn, 1964..1980. Ausführliche Erörterungen zur Thematik Leiblichkeit und Gefühle finden sich in verschiedenen Bänden von Schmitz' *System der Philosophie*: *Die Gegenwart* (Band 1), Bonn 1969; *Der Leib* (Band 2.1), Bonn 1965; *Der leibliche Raum* (Band 3.1), Bonn 1967; *Der Gefühlsraum* (Band 3.2), Bonn ²1981. Kurzfassungen davon bieten die Bände Hermann Schmitz, *Der unerschöpfliche Gegenstand. Grundzüge der Philosophie*, Bonn 1990 sowie ders., *Der Spielraum der Gegenwart*, Bonn 1999 und das Bändchen *Der Leib, der Raum und die Gefühle*, Stuttgart 1998.

sind mit zwei Problemen behaftet: Zum einen wechseln sie notgedrungen zwischen zwei Beschreibungsebenen: der subpersonalen (der physiologischen oder neuronalen) und der personalen. Zum anderen ist bezüglich der Gefühle phänomenal von der Gleichzeitigkeit von Physis und Kognition auszugehen, und nicht etwa von einem Nacheinander zweier Prozesse. Das Gefühl wird ganzheitlich erfahren, nicht als Summe oder Dynamik von Einzelprozessen. Deshalb ist es missverständlich, wenn man sich fragt, wie körperliche Prozesse und Kognitionen bei Gefühlen »zusammenwirken«, so als handele es sich ontologisch um abgrenzbare Phänomene und nicht nur um eine analytische Unterscheidung. Daraus, dass eine ontologische Trennung phänomenal nicht möglich ist, ergibt sich ..phänomenologisch gesprochen.. die besondere Beschreibungsaufgabe, die sich in Bezug auf die Gefühle stellt.

Kein Philosoph hat das Projekt einer philosophischen Beschreibung der Leiblichkeit und der Gefühle so weit vorangetrieben wie Hermann Schmitz. Er bedient sich neben philosophischen und wissenschaftlichen Beschreibungen von Gefühlen oft literarischer Belege oder benutzt Aufzeichnungen aus der klinischen Literatur und versucht, diese philosophisch fruchtbar zu machen und auf die Lebenswirklichkeit zu beziehen. Unter einem Phänomen versteht Schmitz etwas, das von jemandem zu einer Zeit nicht in seiner Tatsächlichkeit bestritten werden kann.[39] Phänomene sind ...folgt man Schmitz ...für Subjekte in einem unbestreitbaren Sinne wirklich, und Schmitz geht von eben dieser subjektiven Erfahrung aus. Auch wenn immer noch manche Philosophen der philosophischen Methode von Schmitz und seiner eigenwilligen Terminologie mit Skepsis begegnen, so lässt sich der Gewinn, den seine Überlegungen auf dem Feld der Philosophie der Gefühle einbringen, kaum hoch genug veranschlagen. Erschließt er der philosophischen Diskussion doch einen Bereich, der weitgehend vernachlässigt geblieben ist und der auch gegenwärtig noch zu den Stiefkindern der philosophischen Diskussion gehört.[40] Dies mag daran liegen, dass wissenschaftliche Darstellungsformen in Anbetracht der Thematisierung von Gefühlsqualitäten, sofern sich diese leiblich manifestieren, schnell an ihre Grenzen geraten. Äußerungen von Subjektivität in ihrer komplexen Nuanciertheit erweisen sich gegenüber der Begrifflichkeit von Wissenschaft und Philosophie zunächst einmal als sperrig. Literarische Darstellungen hingegen gelten als bloß subjektiv und werden häufig nicht als in einem philosophischen Sinne seriöse Quellen angesehen.

Die Phänomenologie von Hermann Schmitz beginnt mit der Frage, wie das Gefühl erfahren wird. Zentral ist in diesem Zusammenhang der Begriff des Leibes, weil die Betroffenheit von einem Gefühl immer eine leibliche ist.[41] Der Begriff des Leibes bezeichnet den erlebten und gespürten Körper, das, was aus der Perspektive der

---

39 Zu dieser Formulierung vgl. Hermann Schmitz, *Der unerschöpfliche Gegenstand*, a. a. O., 34.
40 Auch wenn Schmitz den eigenen Ansatz als »naiv« bezeichnet, um sich von anderen Strömungen der Phänomenologie ...etwa derjenigen Husserls ...abzugrenzen, so sind seine Überlegungen alles andere als naiv. Im Gegenteil: Reichweite und Grenzen seiner phänomenologischen Methode werden von Schmitz immer wieder reflektiert und gegen mögliche Einwände verteidigt. Vgl. zum Beispiel Hermann Schmitz, *Die Gegenwart*, a. a. O., 135..142. Zur Methode und zum Philosophieverständnis siehe auch Hermann Schmitz, *Der unerschöpfliche Gegenstand*, a. a. O., 5..34.
41 Schmitz unterscheidet zwischen »Gefühl« und affektivem »Betroffensein« (»Fühlen«) einerseits und »leiblichen Regungen« andererseits. Vgl. Hermann Schmitz, *Der Gefühlsraum*, a. a. O., 134 ff. und 150 ff.

ersten Person ganzheitlich, das heißt ohne Zuhilfenahme einzelner Sinnesorgane oder der Hände, erfahren wird. Der Begriff des Körpers bleibt bei Schmitz ...und dem schließen wir uns an ...nur noch dem vorbehalten, was aus der Perspektive der dritten Person am Körper wahrgenommen und vorgefunden werden kann; »Körper« ist der reduzierte, der vergegenständlichte, seiner Subjektivität entkleidete Leib ...also zum Beispiel das, was am Schmerz gemessen werden kann. Zum Körper gehören das äußerlich beobachtbare Verhalten und der gestische Ausdruck ebenso wie medizinische Daten, kurz das, was man an sich selbst oder an anderen optisch, taktil oder akustisch wahrnehmen kann.[42]

Schmitz benutzt Begriffe wie die der Engung und Weitung bzw. Spannung und Schwellung, um das leibliche Spüren von Gefühlen zu beschreiben. Eine kurze Betrachtung von Beispielen mag an dieser Stelle dienlich sein. Um eine Emotion wie die Angst zu beschreiben, lassen sich Begriffe wie »Engung« und »Spannung« verwenden.[43] Im Angstgefühl spürt man den eigenen Leib als eng und verkrampft, etwas zieht sich zusammen und man spricht ja auch davon, dass einem ist, als wäre der Hals zugeschnürt. Die Triftigkeit solcher Beobachtungen lässt sich weiter belegen, wenn man sich das plötzliche und unerwartete Auftreten dieses Gefühls vor Augen führt und sich darauf besinnt, was in solchen Zusammenhängen leiblich gespürt werden kann.

Denken wir an eine Situation plötzlich auftretender Angst oder des Schrecks. Jemand geht gedankenverloren durch das dunkle Treppenhaus nach oben, jemand anderes will sich einen Spaß mit ihm machen, springt plötzlich aus dem Dunkel hervor und schreit »Buh«. Ist ihm der Spaß gelungen, zuckt die Person zusammen und spürt den Schreck am Leib als sofort einsetzende Engung und Spannung, die ihn nachgerade erstarren lässt. Andere Beispiele: In der Freude erfahren wir uns als federleicht, ohne Gewicht, und alles scheint ganz mühelos vonstatten zu gehen. Man hüpft vor Freude oder hat zumindest einen Hüpfimpuls. Leiblich spüren wir eine Weitung; und auch das lässt sich möglicherweise an der plötzlich auftretenden Freude besonders gut studieren.

An den verschiedenen Kategorien, die Schmitz zur Beschreibung der Leiblichkeit entwickelt, kann man im Einzelnen sicherlich Kritik üben, doch erscheint uns

---

42 Die Erläuterung der Leib-Körper-Unterscheidung von Schmitz durch die Perspektive der ersten und dritten Person ist ein Übersetzungsversuch und stellt eine leichte Verschiebung gegenüber der Terminologie vom Schmitz dar. Es wäre auch verfehlt, die Unterscheidung zwischen Körper und Leib vollständig im Rückgriff auf die Unterscheidung zwischen der Perspektive der ersten und der dritten Person zu explizieren. Die Charakterisierung des Leibes als aus der Perspektive der ersten Person erlebter Körper stellt lediglich einen Aspekt der Leiblichkeit dar. Leiblichkeit ist ein intersubjektives Phänomen. Streng genommen bedarf die Charakterisierung, Leib sei dasjenige, was man von sich spüre und sich in der Perspektive der ersten Person erschließe, einer Ergänzung. Als Leib kann der Körper auch in der Interaktion, aus der Perspektive eines Du, der zweiten Person, erfahren werden. Im vorliegenden Zusammenhang interessiert zunächst allerdings lediglich die Unterscheidung zwischen der Perspektive der ersten und der dritten Person.
43 Angst (und Furcht) thematisiert Schmitz ausführlich in *Die Gegenwart*, a.a.O., 169.239; vgl. auch die kurze Darstellung »Die Angst: Atmosphäre und leibliches Befinden«, in: Hermann Schmitz, *Leib und Gefühl. Materialien zu einer philosophischen Therapeutik*, Paderborn 1989, 135..152; vgl. dazu auch in diesem Buch das Kapitel über »Angst«.

der Begriff des »Leibes« zur Analyse des menschlichen Selbstverhältnisses unverzichtbar, da er die Unreduzierbarkeit der Subjektivität betont. Ein typisches leibliches Phänomen ist beispielsweise auch der Blick: Er hat zwar eine klare physikalische und physiologische Basis ...wie etwa das Auftreffen von Lichtstrahlen auf der Netzhaut und das, was bei der Verarbeitung dieser Reize im Auge geschieht. Aber der Blick ist nicht auf das Auge beschränkt; er geht in die Weite. Schreck dagegen wird leiblich als extreme Engung erlebt.

Als Beispiel für leibliche Phänomene bei den Gefühlen seien der Stolz mit seinen Weitungstendenzen oder auch, als leiblich entgegengesetztes Gefühl, noch einmal die Angst angeführt. In der Angst fühlt man sich beengt und hat den Impuls zu fliehen, während man gleichzeitig in der Situation wie gebannt ist. Auch wenn diese Engungsempfindungen mit Herzklopfen verbunden sind, sitzt die Angst nicht im Herzen: Man hat sie (und entsprechend andere Gefühle) nicht als einen rein körperlichen Vorgang, und auch nicht primär als geistigen Prozess, sondern als ein an die Körperlichkeit gebundenes subjektives Erleben. Es gehört zur Angst (wie zu allen anderen episodischen Gefühlen auch), leiblich verspürt zu werden. Ein weiterer Begriff, der im Zusammenhang mit der Leiblichkeit bei Schmitz relevant ist, ist derjenige der Richtung. Mit diesem Begriff bezeichnet Schmitz die Bewegungstendenz von der Enge in die Weite oder umgekehrt die Engung als Ausgerichtet-Sein auf die Enge hin. Richtungen lassen sich häufig spüren, ohne dass es um eine Bewegung im wörtlichen Sinne gehen würde.

An dieser Stelle sei angemerkt, dass die verbreitete und gebräuchliche Rede von »Körperempfindungen« nicht mit dem Begriff des leiblichen Betroffenseins von Gefühlen übereinstimmt. Dass ich beispielsweise bei manchen Emotionen schwitze, spüre ich mit der Haut wie all jene anderen Körperprozesse auch, die mit Hilfe der Sinnesorgane wahrgenommen werden können. Dies ist zwar auch ein Erleben aus der Perspektive der ersten Person, aber die so genannten »Körperempfindungen« sind nicht identisch mit der jeweils spezifischen leiblichen Qualität des Spürens eines Gefühls. Mit der Bezeichnung »Körperempfindung« wird zumeist auf Wahrnehmungen von Körperprozessen abgezielt, die gerade nicht genuin zu dem jeweiligen Gefühlsphänomen dazugehören, sondern es lediglich begleiten. Herzklopfen kann Emotionen begleiten, aber auch einfach nur Folge einer sportlichen Anstrengung sein. Die leibliche Betroffenheit von einem Gefühl dagegen ist in dem Sinne als intrinsische Qualität dieses Gefühls zu verstehen, als sie von vornherein fest mit dem Gefühl verbunden ist. Diese spezifische Betroffenheit ist ..anders als das Herzklopfen ...nicht anderweitig auslösbar.

Dabei ist das Gefühl jedoch nicht als identisch mit der leiblichen Betroffenheit von ihm anzusehen. Es ist eine in sich strukturierte Ganzheit, die mehrere Elemente oder »Teilstimmen« ...Wahrnehmungen, Imaginationen, Suggestionen und anderes ..umfasst und parallelisiert, wie Jürgen Frese vorgeschlagen hat.[44] Frese stützt diese Explikation des Gefühlsbegriffs darauf, dass Husserl die Intentionalität des Gefühls nicht als besondere Weise der Verwiesenheit zwischen fühlendem Subjekt und einem davon eindeutig trennbaren gefühlten Objekt auffasse. So erscheine beispiels-

---

44 Jürgen Frese, »Gefühls-Partituren«, in: Michael Großheim (Hg.), *Leib und Gefühl*, a. a. O., 50 ff.

weise in der Trauer das traurige Ereignis »als mit der Färbung der Trauer umkleidet«.[45] Schon bei Husserl seien Gefühle damit nicht in derselben Weise wie Wahrnehmungen intentional gerichtet; sie zeigten nicht fühlend auf ihr Gefühltes. Frese beschreibt Husserls Auffassung von der Verwiesenheit des Gefühls als die eines Kontextes, der aus einem vorverstehbaren Gesamtsinn seinen Teiltexten Sinn zuweist. In diesem Sinn soll hier das Erleben des Gefühls als Leibseite des einheitlichen Gefühlsprozesses aufgefasst werden.

7. Der Zugang zu Gefühlen und ihre Beschreibung

Gefühle sind analytisch unterscheidbar von den körperlichen Vorgängen, die sie begleiten, einschließlich ihres objektiven Ausdrucks in Mimik und Gestik einerseits sowie den mit ihnen verbundenen bildlich-szenischen Vorstellungen, gleichzeitigen Situationswahrnehmungen und von mehr oder weniger flüchtig assoziierten Gedanken andererseits. Analytisch unterscheidbar sind sie auch von den sprachlichen Gefühlsbeschreibungen. Wir haben zu den Gefühlen anderer Personen in direkter Interaktion Zugang zunächst dadurch, dass wir ihren Gefühlsausdruck interpretieren, ihr Verhalten, ihren Gesichtsausdruck und ihre unwillkürlichen Körperbewegungen beobachten. Aber wir können ihre Gefühle nicht unmittelbar wahrnehmen; außerhalb direkter Interaktionen sind wir darauf verwiesen, dass die anderen ihre Gefühle beschreiben. Auch unsere eigenen Gefühle sind dann, wenn wir ihnen unsere Aufmerksamkeit zuwenden und sie als diese bestimmten identifizieren, immer schon vorinterpretiert. Die Beschreibung eines Gefühls hängt eng mit dem Erleben dieses Gefühls zusammen. Gerade deshalb ist es wichtig, beides zu unterscheiden, da es nahe liegt, die Beschreibung und das Fühlen vorschnell zu identifizieren und durch diese Verwechslung zu falschen Schlüssen zu gelangen.[46] Dieses Argument lässt sich mit Nussbaums These verbinden, dass der intentionale Gehalt eines Gefühls nicht propositional verfasst sein muss, nur weil er (im Nachhinein oder in einer theoretischen Perspektive) sprachlich artikuliert werden kann.

Bezogen auf das Verhältnis zwischen Gefühl und Beschreibungen von Gefühlen lassen sich viele Fragen stellen: Sind Beschreibungen immer sekundär gegenüber dem Gefühl oder kann eine gelungene, gegebenenfalls auch literarische Beschreibung oder ein »Diskurs« Menschen Gefühle quasi aufpfropfen oder diese gar erzeugen? Manche Varianten der Narrationsthese scheinen dies nahe zu legen. Wenn sie damit unterstellen, dass Gefühle beliebig formbar, veränderbar oder erzeugbar sind, ist die Behauptung mit Sicherheit zu stark. Die hier vertretene These lautet dagegen, dass kulturelle oder individuelle Veränderungen oder Modifikatio-

---

45 Edmund Husserl, *Logische Untersuchungen*. Gesammelte Schriften 3, hg. von Elisabeth Ströker, Hamburg 1992 (EA 1900/1901), 409.
46 Diesen Fehlschluss begeht Errol Bedford, »Emotionen«, in: Gerd Kahle (Hg.), *Logik des Herzens. Die soziale Dimension der Gefühle*, Frankfurt a. M. 1981, 34..57. Kritisch dazu: Moreland Perkins, »Emotion und Gefühl«, in: ebd., 58..81.

nen von Gefühlsdispositionen immer darauf angewiesen sind, in einer anderen, gegenläufigen Stimmung oder einem anderen gerichteten Gefühl fundiert zu sein ... andernfalls können sie nicht greifen; es ist keine leiblich-affektive Betroffenheit von ihnen möglich.[47] Von einer beliebigen Formbarkeit kann also nicht die Rede sein. So gesehen, setzt jede kulturelle Modifikation einen gemeinsamen Boden voraus, eine Art Netz von ineinander greifenden und zueinander passenden Stimmungen, Emotionen und Bedeutungen, innerhalb dessen dann die entsprechenden Veränderungen vorgenommen werden. Gefühle sind zwar kulturell veränderbar, aber sie sind es nicht in einem beliebigen Ausmaß.

In diesem Zusammenhang ist die Unterscheidung von akutem Gefühl und Gefühlsdisposition unabdingbar. Ein akutes Gefühl liegt immer dann vor, wenn jemand leiblich-affektiv betroffen ist. Die Disposition dagegen bezeichnet eine Wahrscheinlichkeit, aufgrund vorhergegangener Erfahrungen von einem bestimmten Gefühl betroffen werden zu können. Im Unterschied zu Gefühlsdispositionen können episodische oder akute Gefühle aufgrund ihres Widerfahrnischarakters nicht in der Situation selbst verändert werden; sie stoßen einem zu. Ihr erneutes Auftreten hingegen kann durch Veränderungen in der persönlichen Situation und in der Disposition willentlich beeinflusst werden. Modifikationen und Veränderungen sind also weniger auf der Seite des Gefühls zu suchen und erwartbar, sondern sie betreffen die Situationen und Umstände, in oder unter denen sich die Gefühle einstellen. Dies gilt auch für kulturhistorische Differenzen. Ein Beispiel mag zur Erläuterung dieses Gedankens dienlich sein. Was in der einen Kultur einen Anlass zu starken Neidgefühlen gibt, kann in einer anderen Kultur gänzlich unproblematisch sein. In einer stark der Idee des Besitzes äußerer Güter verpflichteten Kultur beispielsweise wird der Besitz herausragender äußerer Güter Neid erregen, während in einer spirituell orientierten Kultur ...wenn überhaupt ...wahrscheinlich andere Werte geneidet werden. Zurück zur Thematik der Leiblichkeit.

Da das spürbare leibliche Befinden in sich dialogisch ist, zwischen Weitungs- und Engungstendenzen oszilliert, kann es von außen affiziert werden, und für diese Art der Auseinandersetzung mit Wahrgenommenem entwickelt Schmitz den Begriff der leiblichen Kommunikation. Leibliche Kommunikation findet immer dann statt, wenn etwas in der Wahrnehmung auf uns eindringt oder anderweitig unsere Aufmerksamkeit auf sich zieht.[48] Der Begriff der leiblichen Kommunikation ist bei Schmitz nicht auf die Interaktion von Personen beschränkt. Er beschreibt die Subjektivität der Wahrnehmung als einen leiblichen Prozess zwischen einem empfindungsfähigen Subjekt und seinem personalen oder gegenständlichen Gegenüber. Weil der Leib in sich dialogisch strukturiert ist, können die leiblichen Tendenzen im Raum ohne Änderung

---

47 Vgl. Martin Heidegger, *Sein und Zeit*, Tübingen [15]1979 (EA 1927), der in § 29 bemerkt: »Herr werden wir der Stimmung nie stimmungslos, sondern je aus einer Gegenstimmung« (136).
48 Schmitz differenziert bei der »leiblichen Kommunikation« zwischen »Einleibung« und »Ausleibung«. Vgl. Hermann Schmitz, *Der unerschöpfliche Gegenstand*, a. a. O., 314 sowie ders., »Leibliche Kommunikation ohne und mit Wort«, in: Manfred Bauschulte/Volkhard Krech/Hilge Landweer (Hg.), *Wege, Bilder, Spiele. Festschrift zum 60. Geburtstag von Jürgen Frese*, Bielefeld 1999, 251.259. Diese Unterscheidung kann für unsere Zwecke vernachlässigt werden.

ihrer Struktur auf Partner oder Pole verteilt werden, die diese Tendenzen gegeneinander ausspielen. Wie bei einem Ringkampf dominiert mal der eine, mal der andere Part in der Weitungstendenz, während der jeweils andere Part solange die Engungstendenz übernimmt, bis er wieder die Oberhand gewinnt. In Prozessen dieser Art bilden sich spontan übergreifende quasi-leibliche Einheiten, die wie der Leib selbst strukturiert sind. Dieses Sich-Einspielen oder Eingespielt-Sein der leiblichen Kommunikation ist für unser Alltagsleben fundamental. Ein Beispiel dafür ist das Sich-Anblicken auch dann, wenn es ganz flüchtig ist, etwa bei Passanten, die selbst bei großer Dichte auf dem Gehsteig ihre Bewegungen ungeplant perfekt miteinander koordinieren, so dass Zusammenstöße selten sind. Besonders gut beobachtbar ist dieses Koagieren ohne Reaktionszeit in gut eingespielter Kooperation bei gemeinsamer Handwerksarbeit, bei gemeinsamem Musizieren oder im Mannschaftssport.

Die normale Wahrnehmung vollzieht sich Schmitz zufolge ebenfalls nach diesem Muster des Sich-Einspielens. Schmitz richtet sich damit gegen die informationstheoretische und häufig kausal gedeutete Annahme, dass die Wahrnehmung in einer bloßen Aufnahme und Verarbeitung von Signalen bestehe. Er zeigt die Begrenztheit einer solch summativen Vorstellung am Beispiel des Sehens von einem bedrohlichen Gegenstand, der auf einen zukommt. Man ist normalerweise, das heißt wenn man nicht daran gehindert wird, in der Lage auszuweichen, und zwar ganz ohne Überlegung. Der Grund dafür kann nicht darin bestehen, dass man den bedrohten eigenen Körper wie auch den sich nähernden Gegenstand sieht und sich auf der Grundlage dieser Information Rechenschaft über Lage und Abstände dieser Dinge geben könnte. Der eigene Leib wird vielmehr mit wahrgenommen, ohne gesehen zu werden, während der Blick auf den bedrohlichen Gegenstand gerichtet ist. Dabei ist das Sehen ein aktiver Prozess, eine eigenleibliche Aktivität statt bloß passiver Aufnahme von schnell hintereinander geschalteten Reizen; es ermöglicht ein Koagieren mit dem sich nähernden Objekt ohne Reaktionszeit.

Schmitz ist sich der Schwierigkeiten, eine verständliche Terminologie für das leibliche Spüren zu entwickeln, durchaus bewusst. Die Begrifflichkeit, mit Hilfe derer der Körper und Leib historisch wechselnd terminologisch gefasst werden, ist in die jeweiligen Weltbilder, mit denen sie verbunden ist, eingebettet und damit selbstverständlich kulturell variabel. Die abendländische Tradition könnte zudem verantwortlich dafür sein, dass sich der intentionale Gehalt der Gefühle in dieser Tradition leichter beschreiben lässt als ihre leibliche Basis, da im Rahmen unserer Kultur zumeist der Dualismus von Geist und Körper vorausgesetzt und hierarchisiert wurde. Das Vokabular zur Beschreibung des Geistigen ist hier in der Regel differenzierter als das zur Beschreibung des leiblichen Spürens. Wir sind gewohnt, den Körper nur aus der Perspektive der dritten Person zu thematisieren, und zwar hauptsächlich mit einem quasi-naturwissenschaftlichem Interesse an dem, was am Körper messbar ist. Wir haben uns, so ließe sich etwas vereinfachend sagen, die Artikulation und damit auch die Wahrnehmung unseres leiblichen Spürens durch unsere Geistes- und Wissenschaftsgeschichte erschwert, auch wenn diese Geschichte in anderer Hinsicht durchaus erfolgreich war.

Die heuristische Unterstellung, welche phänomenologische Untersuchungen leitet, ist die, dass wir keinen naiven, selbstverständlichen Zugang zu der leiblichen Basis unserer Gefühle haben, aber dennoch eine solche Basis freizulegen vermögen, wenn wir unsere ontologischen Alltagsannahmen auf Distanz bringen und uns an Erfahrungen orientieren, die im Idealfall für alle potentiellen Leser und Leserinnen evident sind. Dass die Sprache, in der solche Erfahrungen artikuliert werden, in ihrer Metaphorik und Begrifflichkeit kulturspezifisch ist, tut dem universellen Anspruch einer Strukturbeschreibung der jeweiligen Leiblichkeit keinen Abbruch.[49]

Zusammenfassend lässt sich sagen, dass der Begriff des Leibes in mehreren Hinsichten für die Gefühlstheorie unabdingbar ist. Er ist unabdingbar

> dafür, dass die Subjektivität der Gefühle beschreibbar wird. Ich bin von einem Gefühl notwendigerweise leiblich betroffen (sonst habe ich dieses Gefühl nicht);
> dafür, dass Gefühle »objektiv« sind, insofern sie im Richtungsraum (Engung und Weitung als leibliche Richtungen) vorkommen.
> Die Betroffenheit von einem Gefühl kann auf diese Weise von dem Gefühl als solchem unterschieden werden, da auch die Gefühle anderer mehr oder weniger distanziert wahrgenommen werden können, ohne dass sie von demjenigen, der sie wahrnimmt, als eigene verspürt werden müssten oder könnten. Durch die Rekonstruktion der Richtungsräumlichkeit der Gefühle kann außerdem
> die Intersubjektivität von Gefühlsphänomenen phänomenal und begrifflich leichter erfasst werden.

Mit der Unterscheidung zwischen der Perspektive der ersten und der dritten Person kann die Individuationsthese noch einmal neu in den Blick genommen werden. Gemäß der kognitivistischen Theorie lassen sich die Gefühle in erster Linie aufgrund des intentionalen Gehalts voneinander differenzieren. Dies ist die These, angesichts derer sich phänomenologische und kognitivistische Gefühlstheorien am deutlichsten unterscheiden. Der Begriff der Individuation bezieht sich darauf, dass die einzelnen Gefühle (Trauer, Ärger, Zorn, Scham, etc.) voneinander unterscheidbar sind. Man muss jedoch fragen, wer hier unterscheidet? Gefühle lassen sich entweder aus der Perspektive der dritten oder aus der Perspektive der ersten Person voneinander unterscheiden. Wenn man einmal unterstellt, dass die Zustände des Geistes, um die es in den (in ihrer Tendenz) kognitivistischen Ansätzen geht, mentale Zustände sind, die aus der Perspektive der dritten Person bzw. von außen nicht wahrgenommen werden können, dann kann der Kognitivismus nicht bei der Unterscheidung bzw. Zuschreibung eines Gefühls aus der Perspektive der dritten Person ansetzen.

Um nur einige der in diesem Zusammenhang einschlägigen Problemlagen anzudeuten: Das Ausdrucksverhalten, das typischerweise zu bestimmten Gefühlen gehört, könnte auch gespielt sein (das ist die Bedingung der anthropologischen Möglichkeit des Schau- und Rollenspiels), oder der Ausdruck eines Gefühls könnte unterdrückt werden. In beiden Fällen würde die Erschließung eines Gefühls über den Ausdruck kein verlässliches Kriterium für die Identifikation einer Emotion darstellen können. Dies alles widerspricht freilich nicht der Annahme, dass vor dem Schauspiel oder der Täuschung Gefühl und Ausdruck ursprünglich zusammengehören: Verstellung setzt eine ursprüngliche Einheit von Gefühl und Ausdruck voraus.

---

49 Zur Geschichte der Verdeckung und Entdeckung des Leibes vgl. vor allem Hermann Schmitz, *Der Leib*, Bonn ²1982 (zuerst 1965), 365..601.

Wenn es dagegen bei der Frage nach der Individuation um die Perspektive der ersten Person geht, so müsste damit wesentlich das Erleben (eines Gefühls) gemeint sein. Das aber wiederum ist in erster Linie davon geprägt, wie das jeweilige Gefühl in qualitativer Hinsicht erfahren wird. Ohne diese Seite des Spürens wäre da nicht das Erlebnis eines Gefühls. Man würde gar nicht merken, dass das, was man gerade empfindet, wahrnimmt, erlebt oder hat , ein Gefühl ist. Mit anderen Worten: Wenn man ein Gefühl als intentionales Erlebnis auffasst, das heißt als ein durch eine spezifische Art von Weltbezug strukturiertes Erleben, und wenn man überdies unterstellt, die verschiedenen Seiten dieses intentionalen Erlebens seien voneinander trennbar, dann kann es eigentlich nur das leibliche Spüren sein, das für den von einem Gefühl Betroffenen indiziert, dass er ein Gefühl hat, und welches Gefühl er gerade hat. Das aber wäre tautologisch: Das leibliche Spüren des Gefühls bezeichnet doch letztlich genau die subjektive Art und Weise, wie es erlebt wird. Wenn man hingegen den Gehalt des Gefühls im engeren Sinne (seinen Objekt- oder Sachbezug) als denjenigen Faktor ansieht, welcher die verschiedenen Gefühle voneinander zu unterscheiden erlaubt, verlässt man dann nicht erneut die Perspektive der ersten Person?

Dies alles sind Fragen, die im Rahmen feingliedriger Analysen zu einzelnen Gefühlen diskutiert werden müssen und sich unabhängig von konkreten Untersuchungen zu verschiedenen Gefühlen keiner Antwort zuführen lassen. Eines jedoch sei mit Blick auf die phänomenologischen Analysen, soweit sie in diesem Abschnitt zur Sprache gekommen sind, festgehalten: Wenn das leibliche Spüren nicht mit demselben Differenzierungsgrad expliziert werden kann wie die Situationen, in und anlässlich derer Gefühle sich einstellen, was sehr feinkörnige Beschreibungen der in diesen Zusammenhängen relevanten intentionalen Gehalte ermöglicht, dann sind die Gründe dafür nicht unbedingt in der Sache zu suchen, sondern verdanken sich historischen (genauer: geistesgeschichtlichen) Weichenstellungen, die dazu geführt haben, die Ausbildung einer Sprache zur Erfassung des leiblichen Spürens von phänomenalen Qualitäten zu vernachlässigen.

Die Schwierigkeit, eine angemessene Sprache zu finden, stellt sich nicht nur im Zusammenhang mit Gefühlsbeschreibungen ein, sie entsteht bereits im Zusammenhang mit dem Versuch einer Beschreibung einfacherer Empfindungsqualitäten: man denke an Körper- und Geschmacksempfindungen sowie an Gestaltwahrnehmungen. Möglicherweise gibt es mehr Qualitäten und Nuancierungen in den Empfindungen, als wir sie je beschreiben können. Einfacher als Gefühle im Vollsinn mögen Schmerzen und Geschmacksqualitäten zu beschreiben sein. Man denke an den Zahnschmerz oder den Geschmack eines trockenen Rotweins. Man kann versuchen, den Zahnschmerz und den Weingeschmack zu beschreiben. Ein spitzes Ziehen im Zahn, welches vom ganzen Kopf Besitz zu ergreifen scheint; ein dumpfes Pochen, welches wellenartig immer wieder angerollt kommt und Teile der gesamten Kieferlandschaft in Mitleidenschaft zieht. Der Wein: Ein bräunliches Rot, das Aroma gekochter Früchte, eine leicht würzige Note. Im Mund sehr warm, mit Schmelz, geschmeidig und glatt, fleischig im Abgang. Oder mit einem Satz: Der liebe Gott, der einem in roten Samtpantoffeln die Kehle herunterspaziert.

Das sind ...mal mehr, mal weniger gelungene ...Versuche, Empfindungsqualitäten zu beschreiben. Häufig ist man genötigt, von Bildern oder Metaphern Gebrauch zu machen oder ein Vokabular zu verwenden, welches zwischen Begriff und Metapher angesiedelt ist, weil eine buchstäbliche, wörtliche Sprache fehlt, um die entsprechenden Qualitäten zum Ausdruck zu bringen. Vor die Aufgabe gestellt, Empfindungsqualitäten zu beschreiben, scheint insbesondere die Sprache der Wissenschaften zu versagen. Was bereits im Bereich der vergleichsweise einfachen Empfindungsqualitäten gilt, gilt um so mehr für Gefühle, die kompliziertere Gebilde darstellen. In der Literatur finden sich häufig eindrucksvolle Versuche, Gefühle in ihrer gesamten Komplexität und vor allem auch aus der Perspektive desjenigen, der sie hat, zu beschreiben.[50] Die nunmehr bereits skizzierte Phänomenologie von Hermann Schmitz und verschiedener Autoren, die an ihn anschließen, muss ebenfalls als Maßnahme zur Entwicklung eines Vokabulars begriffen werden, welches einen ...zumindest von den Wissenschaften im herkömmlichen Sinn ...lange vernachlässigten Bereich erschließen möchte.

Die Phänomenologie von Hermann Schmitz bietet nicht nur vielfältige Unterscheidungen und Begriffe zur Beschreibung der Leiblichkeit und Subjektivität von Gefühlen an, eine weitere wichtige Differenzierung betrifft ein Problem, welches sich immer wieder in der philosophischen Diskussion über Gefühle findet. Es geht um den Sinn der Rede von der Intentionalität, der Gerichtetheit oder dem Gegenstandsbezug eines Gefühls. Worauf genau sind die Gefühle gerichtet? In den bisherigen Ausführungen und auch in den erwähnten Beispielen war von der Ausrichtung auf Sachverhalte oder Gegenstände bzw. Personen die Rede. Lässt sich die Rede von der Richtung, die ein Gefühl nimmt, näher spezifizieren? Lassen sich die Sachverhalte, auf welche ein Gefühl gerichtet ist, noch weiter ausdifferenzieren?

Im Rückgriff auf eine gestaltpsychologische Terminologie hat Schmitz vorgeschlagen, mit Blick auf die intentionalen Gefühle zwischen dem Verdichtungsbereich und dem Verankerungspunkt zu unterscheiden.[51] Als Verdichtungsbereich einer Gestalt gilt die Stelle, wo sich ihr Gepräge anschaulich sammelt, als Verankerungspunkt die Stelle, von wo die Gestalt sich anschaulich aufbaut. Übertragen auf die Beschreibung eines Gefühls lassen sich diese Begriffe zu weiteren Differenzierungen nutzen. Schmitz spricht davon, dass das Zentrum vieler intentionaler Gefühle »von zweierlei Gegenständen gebildet wird«[52] und erläutert dies am Beispiel der Angst vor dem Zahnarzt. Als Verdichtungsbereich der Angst vor dem Zahnarzt gelten der Arzt, seine Geräte, Bohrer, Spritzen oder Klemmen. Kurz: das gesamte Personal und Arsenal, welches in einer zahnärztlichen Praxis im Blickfeld des Patienten anzutreffen ist. Als Verankerungspunkt gilt jedoch der Schmerz, den sich der Patient von der zahnärztlichen Untersuchung erwartet. Der Patient hat Angst vor dem Zahnarzt, weil er von ihm, seinen Handlungen und Geräten, Schmerz erwartet.

---

50 Zur Relevanz literarischer Beschreibungen von Gefühlen vgl. Romano Pocai, »Philosophische Deutung literarischer Beschreibungen von Gefühlen«, in: *Studia Philosophica* 59 (2000), 155..173.
51 Am Beispiel der Angst u. a. in Schmitz, »Angst: Atmosphäre und leibliches Befinden«, a. a. O., 150; allgemeine Ausführungen zu dieser Thematik finden sich bei Schmitz, *Der Gefühlsraum*, a. a. O., 314..320.
52 Ebd., 150.

Die Unterscheidung zwischen Verankerungspunkt und Verdichtungsbereich bringt nicht nur einen Differenzierungsgewinn mit sich, indem sie die unterschiedlichen Aspekte einer Situation, mit denen ein Gefühl jeweils zu tun hat, voneinander differenziert, sie ist auch deshalb hilfreich, weil sie einer Verwechslung vorbeugt, die im Zusammenhang mit der Charakterisierung von Gefühlen als intentionalen Gebilden häufiger unterläuft. Man könnte sich fragen, ob nicht dasjenige, worauf ein Gefühl gerichtet ist, genau dasjenige ist, wodurch dieses Gefühl in einem kausalen Sinne verursacht wird. Bleiben wir bei dem Beispiel der Angst vor dem Zahnarzt in Erwartung des Schmerzes.

Würde man die undifferenzierte Redeweise von der Richtung eines Gefühls beibehalten und den Besuch beim Zahnarzt als die Gesamtsituation begreifen, auf welche das Gefühl gerichtet ist, könnte man sagen: Die Angst bzw. Furcht ist auf den Zahnarztbesuch gerichtet, und sie wird auch durch den Zahnarztbesuch verursacht. Richtungssinn und Ursache des Gefühls würden dieser Analyse zufolge zusammenfallen. Aber es ist eher die Erwartung zukünftiger Schmerzen, welche die Angst auslöst, als die Person des Zahnarztes, in dessen Gestalt, Tätigkeiten und Instrumenten sich das Gefühl des Patienten anschaulich verdichtet. Dass dasjenige, worauf ein Gefühl gerichtet ist, häufig mit demjenigen, wodurch das entsprechende Gefühl hervorgerufen wird, zusammenfällt, ist nicht zu bestreiten. Allerdings ist es nicht notwendigerweise der Fall, dass die Ursache eines Gefühls mit demjenigen, worauf das Gefühl gerichtet ist, identifiziert werden müsste oder könnte. Nicht immer ist dasjenige, was den Gehalt eines Gefühls ausmacht, zugleich auch dasjenige, wodurch das Gefühl ausgelöst wird.

Unterscheidungen wie diejenige zwischen dem Verdichtungsbereich und dem Verankerungspunkt zeigen, dass ein feinkörnigeres Differenzierungsinstrumentarium die durch die allgemeine Rede vom Gehalt bzw. der Intentionalität der Gefühle nahe gelegten Missverständnisse vermeiden kann. Auf den ersten Blick erinnert die Unterscheidung von Hermann Schmitz an David Humes Differenzierung zwischen »Ursache« und »Objekt« eines Gefühls.[53] Der Verankerungspunkt ist jedoch nicht mit dem Begriff der Ursache zu identifizieren, da er anders als dieser nicht den Aspekt kausaler Notwendigkeit mit sich führt.

8. Phänomenologische und analytische Perspektiven. Gemeinsamkeiten und Sachdifferenzen

Wie lassen sich die neueren Beiträge, die auf dem Forschungsfeld einer Philosophie der Gefühle formuliert worden sind, in ein produktives Gespräch miteinander verwickeln? Aus der phänomenologischen Tradition liegen ausgearbeitete Analysen des komplexen Interaktionsverhältnisses von physisch-psychischem Erleben einerseits und dessen sprachlich-kultureller Transformation andererseits vor (neben Hermann

---

53 David Hume, *Ein Traktat über die menschliche Natur, II. Buch: Über die Affekte*, übersetzt von Theodor Lipps und hg. von Reinhard Brandt, Hamburg 1978 (EA 1739/1740), 5 ff.

Schmitz ist auch Maurice Merleau-Ponty zu erwähnen).[54] Die Phänomenologie teilt in vielen ihrer Spielarten aber auch zentrale sprachanalytische Einsichten, wenn sie zugesteht, dass es keine Erlebnisse gibt, die durch phänomenologische Reduktion oder »Epoché« in ein von der Beschreibung unabhängiges »Wesen« überführt werden könnten. Dies gilt selbstverständlich auch für die Gefühle.

Die neuere Philosophie der Gefühle kann von der Phänomenologie profitieren, zumal diese ...wie der Blick in die neuere Literatur unschwer zu erkennen gegeben hat ..in vielen Beiträgen zu Unrecht vernachlässigt wird. Die Phänomenologie verfügt über einen Begriff der Subjektivität und der Person, in dem Widerfahrnisse nicht nur einen Ort haben, sondern für den Personenbegriff von unmittelbarer Bedeutung sind. Die phänomenologische Erkenntnistheorie ist nicht sprachzentriert und berücksichtigt neben der Sprache zum Beispiel auch bildlich-szenische sowie prozessuale Gestaltelemente und nicht-propositionales Wissen an zentraler Stelle. Für die phänomenologische Gefühlstheorie ist zudem die Unterscheidung von Körper und Leib zentral. Sie erfasst mit dem Begriff der leiblichen Kommunikation auch intersubjektive Gefühlsphänomene und verfügt zudem über einen interessanten Situationsbegriff. Die Phänomenologie ihrerseits könnte von der begrifflichen Schärfe und argumentativen Präzision der neueren analytischen Philosophie profitieren.

Ohne einer vorschnellen Harmonisierung zwischen verschiedenen theoretischen Traditionen das Wort zu reden, die häufig genug nur pauschale Perspektiven aufwirft, verstehen sich die Analysen des vorliegenden Buches als Versuche, den größten gemeinsamen Nenner von ...auch wenn dies ein wenig plakativ klingen mag.. analytischen (häufig kognitivistisch orientierten) Ansätzen und phänomenologischen Gefühlstheorien zu finden. Selbstverständlich gibt es weder die analytische, die kognitivistische oder die phänomenologische Position in Reinform. Eine derartige Optik verdankt sich zumeist theoriepolitischen bzw. -strategischen Erwägungen. Da es uns um eine weitestmögliche Annäherung verschiedener philosophischer Zugänge zu Gefühlen geht, sollen begriffliche Mittel aus verschiedenen Traditionen verwendet und auf ihre Verträglichkeit hin geprüft werden. Eine Form von Kognitivismus, wie er mitunter von verschiedenen analytischen Philosophen vertreten wird, der mit bestimmten Einsichten der Phänomenologie verträglich wäre, würde die folgenden Thesen formulieren:

Akute Gefühle sind Widerfahrnisse in dem Sinne, dass sie uns ohne unser Zutun leiblich ergreifen.
Emotionen sind nicht auf andere Arten von mentalen, körperlichen oder leiblichen Zuständen reduzierbar.

---

54 Inzwischen sind auch eine ganze Reihe neuerer Arbeiten in dieser Richtung erschienen: Anna Blume, *Scham und Selbstbewusstsein. Zur Phänomenologie konkreter Subjektivität bei Hermann Schmitz*, Freiburg/München 2003; Gernot Böhme, *Leibsein als Aufgabe*, a. a. O.; Thomas Fuchs, *Leib – Raum – Person. Entwurf einer phänomenologischen Anthropologie*, Stuttgart 2000; Hilge Landweer, *Scham und Macht. Phänomenologische Untersuchungen zur Sozialität eines Gefühls*, Tübingen 1999; Jens Soentgen, *Die verdeckte Wirklichkeit. Einführung in die Neue Phänomenologie von Hermann Schmitz*, Bonn 1998; Philipp Thomas, *Selbst-Natur-sein. Leibphänomenologie als Naturphilosophie*, Berlin 1996. Von einem anderen phänomenologischen Hintergrund aus argumentiert Bernhard Waldenfels, *Bruchlinien der Erfahrung. Phänomenologie – Psychoanalyse – Phänomenotechnik*, Frankfurt a. M. 2002.

Emotionen sind in sich geschlossene Prozesse ganzheitlicher Natur, die nach unterschiedlichen Aspekten analysiert, aber nicht ontologisch in verschiedene »Teile« zerlegt werden können. Statt eine Philosophie der Gefühle als Komponententheorie zu entwickeln (als Beispiel für eine vergleichsweise elaborierte und ausgefeilte Komponententheorie sei noch einmal auf die Arbeit Ben-Ze'evs verwiesen[55]), ist es sinnvoll, die begrifflichen Grundlagen für eine »holistische« Position zu schaffen, die deutlich zu machen versucht, auf welche Weise die verschiedenen Aspekte, welche sich in der Beschreibung eines Gefühls auseinander halten lassen, ineinander greifen, miteinander verzahnt und gleichursprünglich gegeben sind.

Bei der Beschreibung und Konzeption von Gefühlen muss die Perspektive der ersten Person von derjenigen der dritten Person unterschieden werden.

Der intentionale Gehalt muss nicht propositional verfasst sein. Das faktische Unterscheiden ist nicht identisch mit dem sprachlichen oder auf andere Weise expliziten Treffen von Unterscheidungen. Viele Lebewesen können in praktischer Hinsicht auch bei mangelnder Artikulationsfähigkeit Unterschiede machen, ohne sprachliche Unterscheidungen zu treffen.[56]

Emotionen sind strukturiert und aufgrund dieser Struktur in Situationen eines bestimmten Typs eingepasst. Sie sind zugleich Bestandteil der »persönlichen Situation« dessen, der sie hat .. sie haben eine Vorgeschichte. Diese Vorgeschichte (Elsters »antecedents«, de Sousas »Schlüsselszenarien«) ist immer idiosynkratisch und kann im Fall von Traumatisierung dazu führen, dass diese Gefühle anderen als nicht zu der jeweils aktuellen Situation passend und schlimmstenfalls als »irrational« erscheinen. Das heißt aber nicht, dass ihre Entstehungsgeschichte nicht »rational« (hier im Sinne von nachvollziehbar, da das Gefühl notwendigerweise in die jeweiligen Erfahrungen dieser Person sinnvoll eingepasst ist) rekonstruierbar wäre ...zumindest im Prinzip. Unter dem Begriff einer intrinsischen »Rationalität« von Emotionen ist sinnvoll nur das Abgestimmt-Sein von der Struktur der Situation und der Struktur des Gefühls zu verstehen. Dies ist ein sehr schwacher und sehr weiter Rationalitätsbegriff.

Das leibliche Spüren ...oder die intrinsische Qualität des Fühlens ...kann bislang nicht in theoretisch befriedigender Weise für sämtliche Gefühlsphänomene expliziert werden, jedenfalls nicht so, dass diese Explikation so differenziert wäre, dass sie mit der Artikulation der Situationsstruktur oder des intentionalen Gehalts des Gefühls konkurrieren könnte. Dies anzustreben ...und das heißt, hierfür die angemessene Theoriesprache zu finden .. ist eines der Ziele der Phänomenologie. Sie strebt dies mit Hilfe einer feinkörnigen Beschreibung von Synästhesien, Bewegungssuggestionen und Verlaufsgestalten an.

---

55 Aaron Ben-Ze'ev, *The Subtlety of Emotions*, a. a. O.; eine narrative Version der Komponententheorie formuliert Christiane Voss, *Narrative Emotionen. Eine Untersuchung über Möglichkeiten und Grenzen philosophischer Emotionstheorien*, Berlin 2004.
56 In diesem Zusammenhang ist auch an die inzwischen weit verzweigte Debatte über Unterschiede zwischen dem propositionalen und dem nichtpropositionalen Wissen zu erinnern. Vgl. zu dieser Thematik Christiane Schildknecht, *Aspekte des Nichtpropositionalen*, Bonn 1999.

Viele Vertreter der Phänomenologie teilen folgende Auffassungen, die aber in der gesamten neueren Diskussion strittig sein dürften und deshalb im Folgenden an einzelnen Gefühlsphänomenen überprüft werden sollen:

Es ist sinnvoll, einen allgemeinen Begriff des Gefühls für Stimmungen ebenso wie für die Gefühle im engeren Sinne zu haben, da beide nicht ontologisch scharf getrennt sind, sondern Stimmungen leicht in »gerichtete« Gefühle übergehen können und umgekehrt. Zudem gibt es einzelne Emotionen wie die ästhetischen, die klar als bestimmte, also eigentlich intentionale, »gerichtete« Gefühle erkannt und identifiziert werden können, aber keinen intentionalen Gehalt haben.
Man ist von Gefühlen subjektiv betroffen, das heißt, dass sie einen leiblich-affektiv ergreifen. Die Innen-Außen-Metaphorik ist ungeeignet, um Gefühle zu beschreiben. Durch die leibliche Ergriffenheit von Gefühlen sind sie zugleich mit ihrer Subjektivität auch sozial-objektiv, insofern Gefühle durch die leiblichen Richtungen mit den Gefühlen anderer interagieren können. Die Auffassung von Gefühlen als Bewusstseinsphänomenen muss im Grunde dualistische Vorstellungen voraussetzen und wiederholt die problematische Geist-Körper-Hierarchie.
Gefühle sind Ganzheiten, die zwar mit Gedanken und Wünschen zusammenhängen bzw. zusammenhängen können, aber nicht auf letztere reduzierbar sind; Gefühle haben eine jeweils spezifische Verlaufsgestalt und damit einen prozessualen Charakter.

Das vorliegende Buch enthält vorwiegend Analysen zu einzelnen Gefühlen bzw. zu einzelnen Gruppen miteinander verwandter Gefühle. Da es sich von der Auffassung leiten lässt, dass unsere Gefühlswelt eine strukturierte Ganzheit bildet und die unterschiedlichen Gefühle aufeinander bezogen sind, ließen sich Wiederholungen nicht immer vermeiden. So musste beispielsweise der Neid eine Erwähnung in der Gruppe der Aggressionsaffekte finden, auch wenn ihm gemeinsam mit der Eifersucht ein eigenes Kapitel gewidmet ist.

Neben einer genauen Beschreibung und systematischen Untersuchung der Gefühle war uns auch an einer Verortung der jeweiligen Affekte in der Geschichte der Philosophie gelegen: Die Philosophiegeschichte weist aufschlussreiche Kontinuitäten und Brüche in der Thematisierung der einzelnen Affekte auf und kann so in vielen Fällen neue Perspektiven für die aktuelle Diskussion eröffnen. Ergebnisse aus anderen wissenschaftlichen Disziplinen wurden nur dort hinzugezogen, wo sie für die Beantwortung der Frage nach der philosophischen Relevanz des betreffenden Affekts erforderlich schienen.

Mit den Einzelanalysen versuchen wir eine Lücke zu schließen, welche trotz der Vielzahl der in den letzten Jahren zum Thema erschienenen Texte immer noch besteht. Viele Ansätze sind dem Versuch gewidmet, eine allgemeine Theorie zur Beschaffenheit und zur Rolle von Gefühlen zu formulieren. Vielfach wird über Gefühle im Allgemeinen geredet, wobei einzelne Gefühle wie zum Beispiel Angst oder Scham allenfalls die Rolle von Beispielen übernehmen, welche dann dazu dienen, Überlegungen zu illustrieren, die für Gefühle insgesamt gelten sollen. Dieses Buch schlägt den umgekehrten Weg ein: Ausgangspunkt sind die einzelnen Gefühle, Thema sind ihre gemeinsamen Merkmale, aber auch die jeweils spezifischen Unterschiede, die sie aufweisen.

Dieses Vorgehen ist motiviert durch eine gewisse Einseitigkeit in der Forschungsliteratur. Bei manchen Gefühlstheorien ist deutlich ersichtlich, dass sie paradigmatisch anhand eines bestimmten Gefühls (oder mehrerer) gewonnen sind, ohne das gesamte Spektrum der Gefühle zu berücksichtigen. So scheinen beispielsweise manche Narrationstheorien sich vor allem auf Analysen von Liebe zu stützen und für dieses Gefühl eine hohe Plausibilität zu haben, für einfachere Affekte wie Freude oder Ärger aber weniger zutreffend zu sein. Zudem ist oft unklar, welche Phänomene zur Gattung der Gefühle gehören sollen, wie etwa im Fall von Achtung oder Missachtung: Können sie als akute Gefühle oder auch als Gefühlsdispositionen auftreten oder handelt es sich um rein mentale Einstellungen ohne eine affektive Komponente? Solche Fragen werden in den bisher vorliegenden gefühlstheoretischen Untersuchungen eher selten diskutiert. Sie sollen in diesem Buch nicht vorab definitorisch entschieden, sondern in gründlichen Auseinandersetzungen mit den einzelnen Gefühlen oder gefühlsähnlichen Phänomenen untersucht werden. Allgemeine theoretische Überlegungen sind für uns dort von Interesse, wo sie durch die Einzelanalyse vorgegeben werden. Entstanden ist auf diese Weise ein Alphabet der Gefühle, dessen verschiedene Kapitel sich wie die Stichworte eines Nachschlagewerkes in unterschiedlicher Reihenfolge und unabhängig voneinander lesen lassen.

Achtung und Anerkennung*

Im Fall von Achtung sind beinahe alle mit ihr zusammenhängenden Aspekte umstritten: Ob sie sich nur auf Personen beziehen kann oder auch auf unpersönliche Gegenstände (dies betrifft die Frage nach dem intentionalen Gehalt), ob sie sich nur auf bestimmte oder auf alle Personen richtet, ob sie eine leibliche Basis hat, ob sie ein rein »intelligibles« (durch Vernunft bewirktes) Gefühl ist und schließlich die prinzipielle Frage, ob sie überhaupt eine Emotion ist. Damit scheint Achtung schon auf den ersten Blick nicht eben typisch für jene Gruppe von Phänomenen zu sein, die üblicherweise mit dem Begriff der Gefühle angesprochen werden. So kann es nicht überraschen, dass in der einschlägigen neueren Literatur zur Philosophie der Gefühle die Achtung als Gefühl kaum vorkommt, obwohl der Achtungsbegriff in der moralphilosophischen Diskussion eine wichtige Rolle spielt.[1] Dies wirft die Frage auf, ob es sich bei der Achtung nicht eher um eine Haltung oder eine Einstellung handelt, und zwar um eine Einstellung, die allen Menschen und jeder Person entgegengebracht werden sollte?

Der erste Abschnitt dieses Kapitels geht der Frage nach, ob und in welchem Sinne Achtung ein Gefühl ist (1). Mit einer Rekonstruktion der Überlegungen von Hume (2) und Kant (3) stehen zwei traditionelle Analysen zum Begriff der Achtung im Zentrum dieses Kapitels, bevor am Beispiel der Hochachtung die Frage nach der leiblichen Basis von Achtungsgefühlen diskutiert wird (4). Analysen zu Achtung als akutem Gefühl und als Gefühlsdisposition schließen sich an (5), die mit Hilfe der

---

* In diesem Kapitel wurden einzelne Abschnitte aus Hilge Landweer, »Achtung, Anerkennung und der Nötigungscharakter der Moral«, in: Thomas Rentsch (Hg.), *Anthropologie, Ethik, Politik. Grundfragen der praktischen Philosophie der Gegenwart* (Dresdner Hefte für Philosophie 6), Dresden 2004, 34.-67 übernommen und stark überarbeitet.

1 So kommen etwa bei Rorty, Elster, Wollheim, Goldie und bei Nussbaum, die alle auch mindestens einige einzelne Emotionen untersuchen, weder Achtung noch Verachtung bzw. *respect* oder *contempt* vor. Vgl. Amélie Oksenberg Rorty (Hg.), *Explaining Emotions*, Berkeley 1980; Jon Elster, *Alchemies of the Mind: Rationality and the Emotions*, Cambridge 1999; Richard Wollheim, *Emotionen. Eine Philosophie der Gefühle*, München 2001; Peter Goldie, *The Emotions. A philosophical Exploration*, Oxford 2000; Martha Nussbaum, *Upheavals of Thought. The Intelligence of Emotions*, Cambridge 2001. Verachtung (*contempt*) wird von Ben-Ze'ev thematisiert, der eine Vielzahl von Einzelanalysen zu verschiedenen Gefühlen durchgeführt hat; ähnlich ist Solomon vorgegangen, der bereits 1976 einzelne Gefühle und dabei auch Verachtung (*contempt*) und Achtung bzw. Respekt (*respect*) beschrieben hat, wenn auch nicht sehr ausführlich. Vgl. Aaron Ben-Ze'ev, *The Subtlety of Emotions*, Cambridge 2000, 379 ff.; Robert C. Solomon, *Gefühle und der Sinn des Lebens*, Frankfurt a. M. 2000, 370 f., 349 f. Unter moralphilosophischen Aspekten wird die Achtung hingegen häufig thematisiert. Den größten Einfluss auf die heutige Diskussion dürfte Kants Konzeption der Achtung als moralisches Gefühl und Motiv für das moralische Handeln haben. Vgl. dazu zum Beispiel Ming-Huei Lee, *Das Problem des moralischen Gefühls in der Entwicklung der Kantischen Ethik*, Bonn 1987; Avishai Margalit, *Politik der Würde. Über Achtung und Verachtung*, Frankfurt a. M. 1999.

Unterscheidung von Gefühlsdispositionen und leiblichen Dispositionen ergänzt und vertieft werden (6). Den Abschluss dieses Kapitels bildet eine Auseinandersetzung mit der Frage nach dem moralischen Wert der Achtung (7).

1. Ist Achtung ein Gefühl?

Wenn man die Achtung als eine Haltung begreift, zu der jemand anderen Personen gegenüber verpflichtet ist, rekurriert man auf eine Disposition, nicht aber auf ein akutes Gefühl. Denn episodische Gefühle stoßen uns zu und unterliegen nicht der Kontrolle unseres Willens. Deshalb können sie auch nicht von uns gefordert werden.

Die philosophische Tradition hat die Frage, ob Achtung überhaupt ein Gefühl ist, im Großen und Ganzen positiv beantwortet. Neben René Descartes[2], David Hume[3] und fast der gesamten Tradition der Affektenlehren ...eine Ausnahme stellt Baruch Spinoza dar[4] ...bezeichnet auch Kant die »Achtung« als ein Gefühl. In der Philosophie des deutschen Idealismus, zu denken ist in erster Linie an Fichte und Hegel, ist es der Begriff der Anerkennung, der einen Platz einnimmt, welcher der Achtung bei Kant vergleichbar ist. In verschiedenen neueren Debatten ersetzt der Begriff der Anerkennung den der Achtung nahezu vollständig.[5] Axel Honneth zum Beispiel stellt ausdrücklich eine Beziehung zwischen Anerkennung und Achtung im Sinne Kants her.[6] Man kann sich fragen, ob die in Kantischer Tradition thematisierte Achtung im Sinne von personaler Anerkennung überhaupt Gemeinsamkeiten mit der Achtung als einem Gefühl hat, wie es zum Beispiel David Hume in seiner Affektenlehre beschreibt.

In diesem Kapitel sollen verschiedene Konzeptionen von Achtung vorgestellt werden. Um sie vergleichen zu können, wird im Folgenden zwischen der Achtung als akutem Gefühl, der Achtung als einer Disposition zu diesem akuten Gefühl und Achtung oder Anerkennung als einer habitualisierten Einstellung unterschieden.

---

2 René Descartes, *Les passions de l'âme/Die Leidenschaften der Seele*, frz.-dt. Ausgabe, hg. von Klaus Hammacher, Hamburg 1984 (EA 1649), Art. 54 (95 f.).
3 David Hume, *A Treatise of Human Nature. Book II: Of the Passions*, Part. II, Sect. X. »Of Respect and Contempt«, London 1977; dtsch.: *Ein Traktat über die menschliche Natur, Buch II: Über die Affekte*, übersetzt von Theodor Lipps und hg. von Reinhard Brandt, Hamburg 1978 (EA 1739/1740), 126 ff.
4 Baruch de Spinoza, *Ethik*, hg. von Konrad Blumenstock, Darmstadt 1967 (EA 1677), III, def. 5 (357) schreibt, nachdem er die Verachtung (*contemptus*) definiert hat: »Die Definitionen von Hochachtung und Geringschätzung übergehe ich hier, da meines Wissens keine Affecte die Benennungen von ihnen erhalten.«
5 Diese Ersetzung wird schon bei Hegel und Fichte vollzogen; vgl. dazu Andreas Wildt, »Recht und Selbstachtung im Anschluß an die Anerkennungslehren von Fichte und Hegel«, in: Michael Kahlo, Ernst A. Wolff und Rainer Zaczyk (Hg.), *Fichtes Lehre vom Rechtsverhältnis. Die Deduktion der §§ 1–4 der* Grundlage des Naturrechts *und ihre Stellung in der Rechtsphilosophie*, Frankfurt a. M. 1992.
6 Axel Honneth, »Unsichtbarkeit. Über die moralische Epistemologie von Anerkennung«, in: ders., *Unsichtbarkeit. Studien zu einer Theorie der Intersubjektivität*, Frankfurt a. M. 2003, vgl. 21 ff.

Weitere Differenzierungen werden in der Auseinandersetzung mit klassischen Texten der Philosophie entwickelt. Akute Gefühle müssen notwendig eine erlebbare und deshalb auch beschreibbare leibliche Basis haben, damit sie von Bewusstseinszuständen wie Überzeugungen oder Gedanken unterscheidbar sind. Von der Achtung im Sinne eines akuten Gefühls muss sich sagen lassen, wie sie sich leiblich manifestiert.

Ein weiteres Problem besteht darin, dass die verschiedenen Achtungsbegriffe sich in ihrem intentionalen Gehalt unterscheiden. Folgt man dem im Alltag, zum Teil auch in der Philosophie verbreiteten Sprachgebrauch, scheint der Begriff der Achtung ein personales Objekt zu verlangen: Man achtet stets jemanden wegen etwas. Eine in der Geschichte der Philosophie prominente Abweichung von dieser Verwendung deutet sich bei Kant an. Er gebraucht den Achtungsbegriff, um damit ein Gefühl bzw. eine Haltung des Menschen gegenüber dem moralischen Gesetz, und lediglich vermittelt über das Gesetz auch gegenüber Personen, zu bezeichnen. Achtung wird häufig als ein Korrelat der Würde verstanden. Dann aber verlangt der Würdebegriff weitere Explikation, denn es ist nicht selbstverständlich, dass Würde nur Personen zukommen kann. Einige Autoren wie zum Beispiel Hermann Schmitz möchten Würde nicht nur Personen zusprechen, sondern auch Elementen der belebten und unbelebten Natur sowie manchen Kunstgegenständen. Selbst bei jenen Positionen, die Achtung ausschließlich auf personale Objekte beziehen, besteht eine große Differenz hinsichtlich der Frage, ob das Gefühl auf bestimmte Personen in ihrer Besonderheit zielt, oder ob es von bestimmten Personen abgelöst und generell als Haltung verstanden wird, die gegenüber allen Personen gerade unter Absehung von ihrer jeweiligen Besonderheit eingenommen werden soll, wie die Kantische Achtung oder Honneths daran anschließende Konzeption von Anerkennung.

Ein Begriff, der sich für die Benennung der personalen Achtung anbietet, ist zumindest in einer seiner Bedeutungen derjenige des Respekts. Im deutschen Alltagssprachgebrauch gibt es wohl keine klare Unterscheidung zwischen Respekt und Achtung; die Begriffe scheinen fast gleichbedeutend verwendet zu werden. Man könnte allenfalls erwägen, ob der Begriff des Respekts möglicherweise nur Dispositionen und kein akutes Gefühl bezeichnet, während der Begriff der Achtung beides umfassen kann. Das ist aber nicht ganz eindeutig und auch der Eindruck, dass der Ausdruck »Respekt« für unbelebte Gegenstände nur im metaphorischen Sinne verwendet werden kann, um das Gefühl des Erhabenen zu bezeichnen, scheint keine klare Distinktion zwischen Respekt und Achtung rechtfertigen zu können. Allenfalls könnte man »Respekt« als eine besondere Form der Achtung auffassen. Wegen der breiten Überschneidung beider Begriffe wird diese Unterscheidungsmöglichkeit im Folgenden aber ganz vernachlässigt.

Eine weitere offene Frage besteht darin, in welchem Verhältnis die habitualisierte Einstellung, die Gefühlsdisposition und das akute Gefühl der Achtung zur Moral und Moralphilosophie stehen. Moralisch gefordert werden kann allenfalls, zumindest auf den ersten Blick, die habitualisierte Einstellung und vielleicht noch die Auseinandersetzung mit einer Gefühlsdisposition. Zu diskutieren ist dann, ob und wenn ja, welche Verbindung zwischen dieser habitualisierten Einstellung und akuten Gefühlen sowie Gefühlsdispositionen besteht, und welche Bedeutung solche

Verbindungen für den Begriff der Moral und für die Moralphilosophie haben. Erst im Anschluss daran lässt sich auf der Basis ihrer anthropologische Funktion der moralische Wert der Achtung genauer bestimmen.

2. Achtung als Gefühl des Vergleichs bei David Hume

Im Alltagssprachgebrauch wird der Begriff der Achtung in der Regel personal verwendet: Man hat vor jemandem (in Humes Terminologie: dem Objekt des Gefühls[7]; bei Schmitz: Verdichtungsbereich[8]) wegen etwas (in Humes Worten: der Ursache des Gefühls; bei Schmitz: Verankerungspunkt) Achtung. Der Verankerungspunkt der Achtung muss nicht notwendig mit moralischen Gesichtspunkten zusammenhängen. Achtung empfinden wir zwar in vielen Fällen durchaus wegen der moralischen Haltung von jemandem, ebenso aber vor außerordentlichen Leistungen, die wir entweder gar nicht moralisch beurteilen wie sportliche oder intellektuelle Erfolge, oder aber wegen besonderer Fähigkeiten, die wir im Extremfall sogar als unmoralisch ansehen können.[9] Ob die Achtung allerdings ein Gefühl ist, bleibt oft unklar.

Für David Hume ist Achtung zweifelsfrei ein Affekt. Hume diskutiert mit der Achtung zusammenhängende Phänomene in einer aufschlussreichen Konstellation: nämlich nicht nur ausgehend von der Person, die jemand anderen achtet, sondern auch aus der Perspektive des Geachteten ...als das Streben, geachtet zu werden. Auch wenn im englischen Original der entsprechende Abschnitt lautet »On the love of fame« und Hume damit ein anderes Wort benutzt als »respect« oder »to be respected«, so wird der systematische Zusammenhang beider Perspektiven doch sehr schnell deutlich. Humes Theorie geht von der grundlegenden Bedeutung der Sozialität für die Ausbildung der einzelnen Affekte aus und deshalb sind es die Beziehungen der Menschen untereinander, die er für eine Vielzahl von Affekten als konstitutiv ansieht. Einen zentralen Ort weist Hume in diesem Zusammenhang dem Mitgefühl (»sympathy«) zu. Der Begriff »Mitgefühl« wird im Deutschen häufig so verstanden, als ginge es darum, sich in das Gefühl anderer unter Absehung von der eigenen akuten Gefühlsverfassung hineinzuversetzen. Hume verwendet den Begriff der *sympathy* jedoch in einem anderen Sinne. Er bezeichnet damit die Effekte, welche die Gefühle anderer auf die eigenen Gefühle haben können; sei es, dass diese als eine Art Verstärker für die eigenen Gefühle fungieren oder dass sie im Gegenteil zu deren Abschwächung führen. Von dieser Voraussetzung ausgehend, stellt Hume Liebe, Niedergedrücktheit und Achtung in eine Reihe.

---

7 Vgl. David Hume, *Ein Traktat über die menschliche Natur. Buch II: Über die Affekte*, a. a. O., 6.
8 Vgl. Hermann Schmitz, *Der unerschöpfliche Gegenstand*, Bonn 1990, 301 f.
9 Hermann Schmitz spricht zum Beispiel von der »Achtung vor dem Format großer Bösewichter«. Hermann Schmitz, *Der Gefühlsraum*, Bonn ²1981, 181. ...Sein Beispiel ist die Achtung, die Goethe mit Bezug auf Napoleon bezeuge. Danach sei Napoleon von einem Achtung und Furcht gebietenden Nimbus umgeben.

Wenn wir die Eigenschaften und die Lage anderer betrachten, so können wir dabei von unterschiedlichen Gesichtspunkten ausgehen. Wir können sie daraufhin ansehen, wie sie für sich genommen sind, oder aber wir können sie mit unseren Lebensverhältnissen und Eigenschaften vergleichen, und schließlich können beide Perspektiven verbunden werden. Hume nimmt nun an, dass die guten Eigenschaften für sich betrachtet Liebe hervorrufen, vom zweiten Gesichtspunkt aus Minderwertigkeitsgefühle und vom letzten Achtung, so dass er Achtung als eine Mischung aus Liebe und Minderwertigkeitsgefühl konzipiert. Wenn schlechte Eigenschaften aus den genannten drei Perspektiven betrachtet werden, so erzeugen sie Hass, Stolz oder Verachtung. Hume geht davon aus, dass Achtung mit Minderwertigkeitsgefühlen verbunden ist und Verachtung mit Stolz, und dass diese Mischung aus einem stillschweigenden Vergleich der geachteten oder verachteten Person mit uns selber hervorgeht. Derselbe Mensch könne vermöge seiner Stellung und Begabung entweder Achtung, Liebe oder Verachtung erwecken, je nachdem, ob derjenige, der das Gefühl hat, unter, neben oder über ihm stehe.

An dieser Stelle impliziert der Vergleich keine soziale Hierarchie. Entscheidend ist vielmehr, dass in Bezug auf die betrachtete Eigenschaft der andere mir gleichgestellt, über- oder unterlegen ist. Dabei ist das Prinzip des Vergleichens eine natürliche Eigenschaft unseres Geistes. Wir beurteilen Dinge und Eigenschaften nicht nach ihrem absoluten Wert, sondern durch Relationen. Wir halten Dinge für klein, wenn sie in Gegensatz zu größeren von derselben Art treten. Da wir uns aber notwendigerweise selbst am wichtigsten sind, liegt uns der Vergleich mit uns selbst, mit unserer eigenen Situation besonders nahe, und das ist der Grund, warum nach Hume viele Affekte durch solche Vergleiche strukturiert sind. Zu dieser Gruppe gehören für Hume unter anderem Stolz, Minderwertigkeitsgefühle und Achtung.

Erklärungsbedürftig ist innerhalb der Humeschen Affekttheorie, warum das Vergleichsprinzip unter bestimmten Umständen andere natürliche Affekte außer Kraft setzen oder stark abschwächen kann. So ist es fraglich, warum eine gute Eigenschaft von jemandem, zum Beispiel seine große Leistungsfähigkeit, in uns Minderwertigkeitsgefühle oder Neid hervorrufen kann, obwohl die Eigenschaft in sich angenehm ist und deshalb auch aus unserer Perspektive eigentlich zu Liebe führen müsste. Wenn aber unsere eigenen Eigenschaften im Vergleich zu denjenigen des anderen deutlich schlechter sind und wenn wir zugleich aufgrund gewisser äußerer Ähnlichkeiten wie gleicher Herkunft überhaupt Anlass zu einem Vergleich haben, so kann dies der Liebe und dem natürlichen Mitgefühl entgegenwirken, aufgrund dessen wir mit dem Stolz des anderen sympathisieren und ihn entsprechend darin bestätigen müssten. Der innertheoretische Grund dafür ist, dass wir mit uns selbst durch die stärksten Eindrücke verbunden sind, mit den Gefühlen des anderen aber immer nur vermittelt über die Vorstellung von seinen Affekten.

Unter einem Eindruck versteht Hume alles, was uns durch die sinnliche Wahrnehmung gegeben wird, wobei er zwischen äußeren und inneren Eindrücken unterscheidet. Auch körperliche Lust- und Unlustempfindungen sind zu den Eindrücken zu zählen. Als Vorstellung oder Idee bezeichnet Hume in der Regel abgeschwächte Bilder der Eindrücke, die sich in der Erinnerung sowie in Gedanken an Eindrücke einstellen oder auch dann, wenn einfache Eindrücke zusammengesetzt werden zu Gebilden, die sich so in der Erfahrung nicht wahrnehmen lassen. Vorstellungen bzw.

Ideen können zwar in bestimmten Konstellationen bei uns auch Gefühle hervorrufen, etwa über diejenigen Eigenschaften des anderen, die in sich Lust erzeugen, aber sie bedürfen noch einer besonderen Verbindung zu uns, um wirklich entstehen zu können. Wenn diese Relation in einem Kontrast besteht, so wird das Mitgefühl dadurch blockiert, und statt seiner werden wir von Minderwertigkeitsgefühlen oder von Achtung ergriffen.

Auch wenn die gegensätzliche Wirkung des Vergleichsprinzips und des Mitgefühls in Humes Theorie einleuchtet, ist zu prüfen, ob Humes Gedanke, dass für die Entstehung von Achtung der Vergleich mit anderen konstitutiv sei, überhaupt zutrifft. Auf den ersten Blick scheint in der Zuschreibung der achtenswerten Eigenschaft tatsächlich zumeist ein Vergleich zwischen mir und dem anderen stattzufinden. Dies kann in direkter Form geschehen, wenn man glaubt, diese Eigenschaft nicht im selben Maß zu haben. Es kann auf indirekte Weise geschehen, wenn man spezifische Handlungen oder Anstrengungen des anderen achtet, indem man sie gerade auf dessen Fähigkeiten bezieht. Wenn ich einen Beinamputierten hoch achte, der sich durch seine Behinderung in seiner Bewegungsfreiheit kaum einschränken lässt und viel unternimmt, um sie zu kompensieren, so selbstverständlich nicht, weil seine Beweglichkeit größer wäre als meine, wohl aber, weil ich die Anstrengung bewundere oder achte. Darin kann durchaus ein Vergleich zu meinen eigenen Fähigkeiten und der eigenen Bereitschaft zu einer Anstrengung liegen, muss aber nicht. Konstitutiv für das Gefühl der Achtung scheint der Vergleich mit uns selbst daher nicht zu sein ...ganz anders als bei Gefühlen wie Neid und Eifersucht.

Andererseits ließe sich zugunsten eines konstitutiven Vergleichs argumentieren, dass auch dann, wenn man nicht direkt vergleicht, die Achtung einer besonderen Leistung oder Eigenschaft egal welcher Art doch immer zumindest in lockerer Form mit unseren Leistungsmöglichkeiten korrelieren muss. Konstruieren wir als Extremfall die Achtung eines Erwachsenen vor dem Lernerfolg eines Jugendlichen, dem das Lernen schwer fällt, und setzen dabei voraus, dass der Erwachsene bereits als Jugendlicher viel leichter lernen konnte als der Jugendliche, den er wegen dessen erfolgreicher Anstrengung achtet. Diese spezielle Achtung setzt ein Wissen darum voraus, welche Mühe das Lernen diesen Jugendlichen kostet. Sie setzt voraus, dass dessen Anderssein in Bezug auf das Lernen anerkannt wird. Aber wenn in diesem Fall echte Achtung aufgrund einer Leistung, die man selbst viel besser erbringen kann und auch immer schon besser erbracht hat, möglich sein soll, so impliziert dies zwar als Maßstab zur Beurteilung der geachteten Eigenschaft die besonders geringe Lernfähigkeiten des Jugendlichen im Verhältnis zu seiner tatsächlichen Anstrengung. Aber kann man nicht sagen, dass der Achtende dieses Verhältnis dann doch wieder auf das Verhältnis seiner eigenen guten Lernfähigkeit zu der auf dieser Basis eigenen geringen Mühe bezieht? Müsste man nicht vermuten, dass andernfalls, wenn diese beiden Relationen nicht noch einmal miteinander verglichen würden, eher ein Gefühl wie Mitleid oder allenfalls Verlegenheit angesichts der Anstrengung des Jugendlichen wahrscheinlicher wäre als Achtung?

Diese Fragen sind auf der Basis fiktiver Beispiele kaum zweifelsfrei zu beantworten. Wohl aber lässt sich anhand der Struktur solcher Gegenbeispiele diskutieren, wie stark die Bestimmung des intentionalen Gehalts eines Gefühls von Interpretationen und Verallgemeinerungen von Einzelfällen abhängig ist. Selbst wenn der Vergleich in den meisten Fällen von Achtung gegeben sein sollte, so reicht schon ein einziges Beispiel, in dem jemand glaubhaft versichern kann, ohne allen Bezug zu eigenen Fähigkeiten und zur eigenen Situation einen anderen zu achten, damit Humes These von der konstitutiven Rolle des Vergleichs zurückgenommen werden muss.

Humes eindrückliche Analyse von Achtung und Verachtung unterstellt aber nicht nur einen Vergleich. Die Wahl seiner Beispiele legt zudem das Missverständnis nahe, als ziele er ausschließlich auf soziale Unterschiede ab, so als ob diese mit den Gefühlen von Achtung und Verachtung konstitutiv verbunden wären. Es mag zwar richtig sein, dass in Feudalgesellschaften tendenziell Angehörige der oberen Schichten die der niedrigen verachten, während den höher Gestellten von den anderen eher Achtung entgegengebracht wird. Das ist aber keineswegs zwangsläufig so. Zudem ändert es sich, wenn eine Gesellschaft zunehmend funktional differenziert wird. Verachtet wird dann auch derjenige, der nicht die Leistung erbringt, die von jemandem mit dieser Funktion erwartet werden kann.

Anstatt den sozialen Status von sich aus mit Achtung oder Verachtung verknüpft zu sehen, scheint für moderne Gesellschaften umgekehrt zutreffender zu sein, dass durch Achtung und Verachtung sozialer Status oft erst hergestellt wird: Dadurch werden Personen in bestimmte Sub-Systeme und Gruppen ein- und ausgeschlossen, ähnlich wie durch Beschämung und Scham. Dennoch werden sicherlich immer noch bestimmte Gruppen mit einer Art Achtungsvorschuss[10] bedacht, früher Priester und Fürsten, heute Professoren und Ärzte. Aber auch deren Ansehen scheint zu schwinden, so dass heute immer weniger Berufe oder Tätigkeiten identifiziert werden können, die unter modernen Bedingungen noch per se Achtung heischen. Achtung scheint etwas zu sein, das immer mehr erworben, aber auch verloren werden kann.

Die enge Verbindung von gesellschaftlichem Status und Achtung, die Humes Analyse durchzieht, weist auf Übergänge von akuten Gefühlen und Dispositionen hin. Im Kontext des Strebens, geachtet zu werden, spricht Hume der Sache nach über Phänomene wie gesellschaftlichen Status, Ruf und, wie man heute sagen würde, Prestige, die möglicherweise zu Humes Zeiten offenbar weniger fragil und gefährdet waren als heute und fester mit der sozialen Stellung verbunden waren. All dies sind weniger Gefühle als Dispositionen oder Haltungen, die allerdings nur mit Hilfe akuter Gefühle in Erscheinung treten können. Hume trifft keine explizite Unterscheidung zwischen akuten Affekten und Dispositionen. Da in seiner Theorie Gefühle als sekundäre Eindrücke aber immer auf die primären Lust- und Unlustempfindungen verweisen, gehören sie eindeutig zur sinnlichen Ausstattung; sie müssen gefühlt werden. Gemäß unserer Begriffsbestimmung, wonach akute Gefühle stets eine leibliche Seite haben, gehören Humes Gefühle eindeutig in diese Kategorie.

Aufschlussreich für diesen Zusammenhang ist, dass nach Hume die Achtung aus einer Mischung von Liebe und »Niedergedrücktheit« (in unseren Worten: Minderwertigkeitsgefühlen) besteht, Verachtung dagegen aus Hass und Stolz. Damit beschreibt Hume mehr als bloß ein strukturelles Verhältnis von Relationen wie oben

---

10 Neckel etwa thematisiert den Zusammenhang von Achtungsverlust und Scham. Vgl. Sighard Neckel, »Achtungsverlust und Scham. Die soziale Gestalt eines existentiellen Gefühls«, in: Hinrich Fink-Eitel/Georg Lohmann (Hg.), *Zur Philosophie der Gefühle*, Frankfurt a. M. 1993, 244.265.

skizziert; es handelt sich um eine empirische Behauptung, die sich auch auf das Erleben dieser Gefühle und damit auf ihre Leiblichkeit beziehen lässt. Hume geht davon aus, dass Menschen ihrer Natur nach mehr zum Stolz als zur »Niedergedrücktheit« neigen.[11] Diese Anlage bewirke, dass das der Verachtung beigemengte Maß an Stolz größer sei als das mit der Achtung verbundene Quantum an Minderwertigkeitsgefühl. Dies bezeichnet er als den Grund dafür, dass wir uns mehr gehoben fühlen beim Anblick von jemandem, der tiefer steht als wir selbst, als niedergedrückt durch die Gegenwart eines Höherstehenden.[12] Während Verachtung einen überaus deutlichen Beigeschmack von Stolz habe, sei die Beimischung von Minderwertigkeitsgefühl in der Achtung weniger offensichtlich, da hier die Liebe einen wesentlich größeren Bestandteil ausmache als das negative Selbstgefühl.

Humes Beschreibung des Sich-gehoben-Fühlens bei sozialer Überlegenheit und des wesentlich schwächeren Sich-niedergedrückt-Fühlens in der Achtung können als Beschreibungen des leiblichen Spürens gelesen werden: die Achtung besteht in einer schnellen Abfolge von Druck nach unten und hebenden leiblichen Richtungen. In diesen Richtungen stimmt Humes Beschreibung der Achtung auffällig mit der von Kant überein, auch wenn Kant die niederdrückenden Richtungen als »Demütigung« der sinnlichen Natur des Menschen interpretiert und die dem entgegenstehende Richtung der »Erhebung« des Menschen zu reiner praktischer Vernunft als das einzige Motiv für moralisches Handeln versteht.

Für Hume dagegen besteht Achtung aus einer Mischung von Liebe und Niedergedrücktheit. In Humes Werk kann »humility« an vielen Stellen durchaus auch mit »Demut«, »Demütigung« oder »Sich-gedemütigt-Fühlen« übersetzt werden, wenn dieser Begriff auch nirgendwo eine Demütigung der sinnlichen Natur meint, sondern sich stets auf das Selbstgefühl bezieht. Gerade weil die Humesche Achtung als sinnliches Gefühl wenig mit der Kantischen Achtung gemeinsam hat, ist die Übereinstimmung in der Analyse von Gedrücktheit und Erhebung um so erstaunlicher. Sie gibt einen Hinweis darauf, dass auch bei Kant die Achtung vielleicht doch sinnlicher ist, als sie zunächst erscheint. Sie ist zwar von der Vernunft bewirkt, aber dann gegebenenfalls doch ein Erleben in der Sinnenwelt, damit sie das Handeln motivieren kann. Wenn dieser Zusammenhang zutrifft, dann hätte Kant mit seiner Beschreibung der Achtung als einer Mischung aus »Demütigung« und »Erhebung« auch leibliche Dimensionen in den Blick bekommen.

3. Kants Konzeption der Achtung als Gefühl und Haltung

Kant verwendet den Ausdruck »Achtung« in einer für seine Zeit nicht ganz gewöhnlichen Bedeutung. Kants Gebrauch sollte jedoch für die weitere philosophische Diskussion prägend werden. »Achtung« ist Kant zufolge ein intelligibles Gefühl, wäh-

---

11 Vgl. das Kapitel über »Stolz« in diesem Buch.
12 Vgl. David Hume, *Ein Traktat über die menschliche Natur. Buch II: Über die Affekte*, a. a. O., 127.

rend er alle anderen Gefühle als »Neigungen« auffasst, die ausschließlich der menschlichen Sinnennatur zugehören. Die Achtung ist aus der Gruppe der Gefühlsphänomene hervorgehoben, da sie in einem unmittelbaren Zusammenhang mit der Vernunft steht. Ungewöhnlich ist auch, dass die Achtung bei Kant in erster Linie auf das moralische Gesetz bezogen ist. Dem üblichen Sprachgebrauch zufolge würde man den Begriff der Achtung wohl eher auf Personen beziehen.[13] Nun ist der Begriff zwar auch bei Kant auf Personen bezogen, jedoch nur vermittelt über das Gesetz. So schreibt er in der *Grundlegung zur Metaphysik der Sitten*: »Alle Achtung für eine Person ist eigentlich nur Achtung fürs Gesetz [ ] wovon jene [die Person; C. D./ H. L.] uns das Beispiel gibt.«[14] Wie sich Achtung vor dem Gesetz und Achtung vor einer Person genau zueinander verhalten, ist eine kontrovers diskutierte Frage.[15]

Strittig ist auch die Frage, inwieweit und in welchem Ausmaß Kant der Achtung eine kausale Wirksamkeit zubilligt. Jeder, der nach dem Sittengesetz handelt, empfindet nach Kant notwendig Achtung vor diesem Gesetz. Kant erkennt dem Gefühl der Achtung einen zentralen Stellenwert zu, da es eine für das moralische Handeln unerlässliche »Triebfeder« ist. Unsere Einsichten und guten Gründe für sich genommen stellen noch kein Motiv dafür dar, im Sinne moralischer Gesetze zu handeln.[16] Es bedarf zusätzlicher Faktoren.

Den Begriff der Triebfeder verwendet Kant für Motive, die auf die Subjektivität des Menschen bezogen sind. Er unterscheidet zwischen zwei verschiedenen Arten von Triebfedern: sinnlichen Triebfedern auf der einen Seite und einer besonderen, durch Vernunft bewirkten Triebfeder auf der anderen Seite. Eine Triebfeder, die auf unseren gewöhnlichen (in Kants Terminologie: pathologischen) Gefühlen beruht, nennt Kant »Triebfeder a posteriori«.[17] Das Gefühl der Achtung hingegen ist eine Triebfeder, die a priori erkannt wird.[18] Diese Triebfeder stellt die subjektive Wirkung dar, welche die reine Vernunft als objektiver Bewegungsgrund auf das Gemüt des Menschen hat. Hier ist die »Triebfeder (elater animi) der subjektive Bestimmungsgrund des Willens eines Wesens [ ], dessen Vernunft nicht, schon vermöge seiner Natur, dem objektiven Gesetze notwendig gemäß ist«.[19] Es stellt sich

---

13 Vgl. dazu Manfred Kühn, »Einleitung«, in: Immanuel Kant, *Vorlesung zur Moralphilosophie*, hg. von Werner Stark, Berlin 2004, XIIf.
14 Immanuel Kant, *Grundlegung zur Metaphysik der Sitten*. Werkausgabe Band VII, hg. von Wilhelm Weischedel, Frankfurt a. M. 1968 (EA 1785/1786), BA 17, Anm. (im Folgenden GMS).
15 Harald Köhl versucht beispielsweise den Achtungsbegriff Kants unmittelbar auf Personen zu beziehen; vgl. Harald Köhl, »Die Theorie des moralischen Gefühls bei Kant und Schopenhauer«, in: Hinrich Fink-Eitel/Georg Lohmann (Hg.), *Zur Philosophie der Gefühle*, a. a. O., 136..156, 154.
16 Zentral sind die Überlegungen im dritten Hauptstück von Kants *Kritik der praktischen Vernunft*. Werkausgabe Band VII (EA 1788), a. a. O., A 127 ff. (im Folgenden KpV; zur Interpretation vgl. Lewis White Beck, *Kants »Kritik der praktischen Vernunft«*, München ²1985, 206 ff.; ferner: Nico Scarano, »Moralisches Handeln. Zum dritten Hauptstück von Kants *Kritik der praktischen Vernunft*«, in: Otfried Höffe (Hg.), *Immanuel Kant. Kritik der praktischen Vernunft*, Berlin 2002, 135..152.
17 Vgl. GMS, BA 14.
18 Vgl. KpV, A 129.
19 KpV, A 127. Unsere Rekonstruktion folgt an dieser Stelle Heiner F. Klemme, »Praktische Gründe und moralische Motivation. Eine deontologische Perspektive«, in: Heiner F. Klemme/

die Frage, wie diese Rede von der Achtung als einem subjektiven Bestimmungsgrund und in diesem Sinne als einem Gefühl bei Kant genau zu verstehen ist.

Mit dem Achtungsbegriff versucht Kant eine Lücke zu schließen, die sich im Zusammenhang mit der Frage auftut, ob bzw. wie weit vernünftige Einsichten zu moralischem Handeln motivieren können. Die rationalistische Tradition in der praktischen Philosophie hat diese Frage immer ein wenig leichtfertig bejaht und so den Vorwurf eines moralphilosophischen Intellektualismus auf sich gezogen; die empiristische Tradition hingegen hat die Frage entschieden verneint und darauf aufmerksam gemacht, dass jedes Handeln Wünsche und Bedürfnisse voraussetzt, da allein diesen motivationale Kraft zugebilligt werden kann. Mit der Konzeption der Achtung als einem intelligiblen Gefühl versucht Kant Einsichten beider Traditionen zu bewahren und gleichwohl einen ganz neuen Weg einzuschlagen, indem er das Motiv für ein Handeln im Sinne der Moral (des kategorischen Imperativs) als gemeinsames Produkt von Vernunft und Sinnlichkeit begreift.

Es ist jedoch nicht eindeutig, ob Kant zufolge Achtung willentlich erzeugt werden kann. Einerseits kann man sagen, dass die Einsicht in das Sittengesetz Willensfreiheit voraussetzt und damit eine Entscheidung verlangt. Freie Wesen müssen auch böse handeln können. Andererseits betont Kant mit seiner Analyse der Achtung den Nötigungscharakter der Moral. Wie sich uns Schlussfolgerungen der theoretischen Vernunft aufzwingen, ohne dass wir die Wahl haben, ob wir ihnen zustimmen oder nicht, genauso zwingend ist nach Kant der Zusammenhang zwischen der praktischen Einsicht in das Sittengesetz und dem Gefühl der Achtung. Wäre dieser Zusammenhang nicht gegeben, müsste sich Kant von der Vorstellung verabschieden, dass es allgemeingültige moralische Verbindlichkeiten gibt. Er versucht die Idee menschlicher Freiheit mit der Vorstellung der allgemeinen Verbindlichkeit moralischer Normen zu verbinden. Die Frage, ob und inwieweit diese Konstruktion in einem systematischen Sinne tragfähig ist, muss moralphilosophischen Untersuchungen vorbehalten bleiben.

Die im Zusammenhang mit einer Philosophie der Gefühle wichtigste Frage lautet: Wie lässt sich Kants Begriff der Achtung in das Tableau von akutem Gefühl, Disposition und habitualisierter Einstellung bzw. Haltung einordnen? Nimmt man Kants Rede von der Achtung als einem Gefühl ernst, müssen sich entsprechende Einordnungen vornehmen lassen. Andernfalls müsste man die Rede von der Achtung als einem Gefühl als bloße *façon de parler* ansehen, die möglicherweise Kants Versuch geschuldet ist, zu einer ihn befriedigenden Lösung bezüglich des Verhältnisses von Gefühl und Vernunft in der Moral zu gelangen.[20]

Als akutes Gefühl lässt sich die Achtung auch bei Kant verstehen, wenn man sie im Zusammenhang mit dem Gefühl des Erhabenen betrachtet. Kant fasst dieses als ein mit der Achtung verwandtes, wenn nicht sogar mit ihr fast deckungsgleiches Gefühl auf, das sich auf die Größe eines erhabenen Gegenstandes bezieht, die der

---

Manfred Kühn/Dieter Schönecker (Hg.): *Moralische Motivation. Kant und die Alternativen*, Hamburg 2006, 113..153.

20 Inwieweit dies ein Problem war, das Kant immer wieder beschäftigt hat, darüber informiert Manfred Kühn, »Einleitung«, in: Immanuel Kant, *Vorlesungen zur Moralphilosophie*, a. a. O., XIff.

menschlichen Vorstellungskraft nicht zugänglich ist. Objekt dieses Gefühls kann beispielsweise die Unendlichkeit des Meeres oder die Weite einer Berg- oder Wüstenlandschaft sein. Beide Gefühle, das der Achtung und das des Erhabenen, beschreibt Kant, indem er betont, dass diese Gefühle eine »Demütigung« in ihrem Verweis auf die Begrenzung oder Behinderung unserer sinnlichen Natur enthalten. Beim Erhabenen geht es in erster Linie um eine Demütigung unseres Wahrnehmens und Vorstellens (wir können das Unendliche nicht anschaulich erfassen), bei der Achtung um eine Demütigung unseres Selbstgefühls (der nötigende Charakter des Sittengesetzes zwingt uns, gegen unsere Neigungen zu handeln).

Der Begriff der Demütigung mag in den heutigen Ohren ein wenig zu stark klingen. Wichtig ist für Kant, dass man sich mit dem Gefühl des Erhabenen und der Achtung im eigenen Wahrnehmen und Vorstellen sowie im Selbstgefühl als begrenzt erfährt. Der Begriff der Demütigung ist in erster Linie auf diese Begrenzungserfahrung zu beziehen. Die Gefühle der Achtung und des Erhabenen gehen mit schmerzhaften Empfindungen einher, die sich einstellen, wenn wir etwas erfahren, das größer ist als wir.[21] Die Demütigung auf der sinnlichen Seite wird Kant zufolge allerdings ausgeglichen durch eine Erhebung auf der moralischen Seite.[22] Folgt man Kant, macht genau dieses Ineinander von Demütigung und Erhebung die für die Achtung (und auch das Gefühl des Erhabenen) spezifische Qualität des Erlebens aus … eine Qualität, die Kant zufolge durch das moralische Gesetz bewirkt werden kann, aber auch durch den »bestirnten Himmel über mir«. Die Achtung vor dem moralischen Gesetz ist ein Gefühl der Demütigung anlässlich des Umstands, dass wir sinnliche Wesen sind, die Gefühle und Neigungen haben, an deren Erfüllung uns in erster Linie gelegen ist; gleichzeitig aber erhebt uns die Achtung, indem sie uns vor Augen führt, dass wir auch vernünftige Wesen sind und uns selbst Gesetze auferlegen können, denen zu folgen wichtiger ist, als unseren Neigungen nachzugehen.

Kant diskutiert unter anderem das Beispiel eines Menschen, der anderen wegen seiner Rechtschaffenheit Achtung abnötigt. Vor einer solchen Person, so schreibt Kant, »*bückt sich mein Geist*, ich mag wollen oder nicht [ ]. Sein Beispiel hält mir ein Gesetz vor, das meinen Eigendünkel niederschlägt« und »durch ein solches Beispiel« widerfährt uns eine »Demütigung«.[23] Insgesamt lässt sich festhalten, dass Kant sich die phänomenale Dimension der Achtung nicht eigentlich zum Problem gemacht hat, auch wenn einige seiner Beschreibungen etwas über die qualitativen Aspekte dieses Gefühls sagen. Sieht man von diesen Beschreibungen ab, um sich an der Funktion zu orientieren, die der Achtung bei Kant seinem eigenen Selbstverständnis gemäß zukommt, muss man konstatieren, dass es letztlich .. anders als bei

---

21 Diese Rekonstruktion folgt Lewis White Beck, *Kants »Kritik der praktischen Vernunft«*, a. a. O., 207 f.
22 Vgl. zum Beispiel KpV, A 140: Die Wirkung des moralischen Gesetzes auf das Gefühl ist »bloß Demütigung [ ]. Weil aber dasselbe Gesetz objektiv, d. i. in der Vorstellung der reinen Vernunft, ein unmittelbarer Bestimmungsgrund des Willens ist, folglich diese Demütigung nur relativ auf die Reinigkeit des Gesetzes stattfindet, so ist die Herabsetzung der Ansprüche der moralischen Selbstschätzung, d. i. die Demütigung auf der sinnlichen Seite eine Erhebung der moralischen [ ].«
23 KpV, A 136 f.

Hume ...nicht um ein Gefühl geht, sofern dieses akut verspürt wird, sondern um ein Gefühl im Sinne einer Haltung, welche durch die Einsicht in das Sittengesetz hervorgerufen wird und dann dazu dient, die Empfänglichkeit für die Belange der Moral auch in der Sinnlichkeit des Menschen zu verankern.

Die Schwierigkeit, die Kantische Achtung in dem skizzierten Tableau von akutem Gefühl, Disposition und habitualisierter Einstellung einzuordnen, bleibt jedoch weiterhin bestehen. Manchmal wird die Spannung zwischen der Achtung als Gefühl und ihrem normativen Charakter durch Bezugnahme auf das faktische Handeln zu mildern versucht. Es wird darauf hingewiesen, dass viele Handlungen, die im Alltagsverständnis moralisch genannt werden würden, nicht notwendig von Achtung begleitet sein müssen. Solche Hinweise werden häufig im Rahmen von Positionen formuliert, die von einem psychologischen oder soziologischen Verständnis von Moral ausgehen und von der Kantischen Position weit entfernt sind. Hinweise dieser Art übersehen, dass Handlungen, die nicht von Achtung begleitet werden, nach Kants strikten Kriterien nicht als »moralisch« gelten können; das Moralische im engen Sinne ist dadurch gekennzeichnet, frei von allen empirischen Bestimmungsgründen und in diesem Sinne durch »reine« Vernunft begründet zu sein. Würde man aber auf Kants Begriff der »Reinheit« der praktischen Vernunft verzichten, auf den apriorischen Charakter der Moral also, so könnte man zwar empirische Handlungen in den Blick nehmen, die einem Vorbegriff von Moral entsprechen, und überlegen, ob solche Handlungen faktisch von Achtung vor dem Sittengesetz begleitet sind. Aber mit einer solchen Erweiterung hätte man Kants Auffassung von der Reinheit der Moral unterlaufen.

Mit einer habitualisierten Einstellung hat die Kantische Achtung das unpersönliche intentionale Objekt gemeinsam: »Der Gegenstand der Achtung ist also lediglich das Gesetz und zwar dasjenige, das wir uns selbst und doch als an sich notwendig auferlegen«, sagt Kant in einer Anmerkung zur *Grundlegung zur Metaphysik der Sitten*.[24] Da, wo wir Personen achten, achten wir sie nach Kant bloß deshalb, weil sie sich dem moralischen Gesetz unterwerfen, welches sie sich selbst gegeben haben. Wir achten den kategorischen Imperativ durch die Person hindurch. Während in der *Grundlegung* und in der *Kritik der praktischen Vernunft* Achtung eindeutig unbedingt ist, das heißt nicht auf bestimmten Eigenschaften beruhen kann, da sie in erster Linie dem Sittengesetz gilt, weist der Wortgebrauch in der *Metaphysik der Sitten* auf verbreitete Bedeutungen des Alltagssprachgebrauchs hin. Zur Veranschaulichung der Unterscheidbarkeit von Liebe und Achtung schreibt Kant hier: »Liebe des Nächsten, ob dieser gleich wenig Achtung verdienen möchte; imgleichen notwendige Achtung für jeden Menschen, unerachtet er kaum der Liebe wert zu sein beurteilt würde.«[25]

Mit dieser Bemerkung räumt Kant ein, dass Liebe und Achtung jeweils für sich genommen betrachtet werden können und sich insofern voneinander loslösen lassen: Liebe setzt nicht notwendig Achtung voraus, und ebenso wenig muss Achtung mit Liebe verbunden sein. Darüber hinaus wird in diesen Formulierungen deutlich,

---

24 GMS, BA 17.
25 Immanuel Kant, *Die Metaphysik der Sitten*. Werkausgabe Band VIII, hg. von Wilhelm Weischedel, Frankfurt a. M. 1968 (EA 1797), § 23 (584).

dass Kant den alltäglichen Achtungsbegriff, der sich auf Personen aufgrund besonderer Verdienste bezieht, durchaus kennt und gebraucht, auch wenn er an dieser Stelle nicht auf die Spannung eingeht, in der dieser Begriff zu seinem eigenen steht, nämlich der »Achtung für jeden Menschen«, die unpersönlich ist in dem Sinne, dass sie dem Menschen als »Zweck an sich selbst« gilt.

Ein Grund für die Aufnahme des alltäglichen, persönlichen Achtungsbegriffs könnte sein, dass es sich bei der *Metaphysik der Sitten* in Kants Verständnis nicht mehr um »reine« Philosophie handelt, sondern eher um philosophische Reflexionen auf die Alltagspraxis. Und in dieser, so könnte man Kants Überlegungen veranschaulichen, würde zum Beispiel der Verbrecher als diese bestimmte Person keine Achtung verdienen, ja, vielleicht sogar verachtenswürdig sein. Als Mensch ist er jedoch Zweck an sich selbst und kann von jedem insofern (aber auch nur insofern) Achtung fordern ...und diese unpersönliche Achtung, so könnte man Kants Auffassung weiterführen, verlangt zum Beispiel, dass Folter jedenfalls abzulehnen ist, unabhängig von der Grausamkeit des begangenen Verbrechens und von der Verächtlichkeit der Tat. Es führt hier zu weit, Kants Argumentation gegen Folter darzustellen und zu diskutieren. Verwiesen sei an dieser Stelle jedoch ausdrücklich darauf, dass der Kantische unpersönliche Achtungsbegriff in der aktuellen Diskussion um Menschenrechte und Menschenwürde sehr breit eingesetzt wird.

Auch die unpersönliche Achtung will Kant ausdrücklich als Gefühl, und zwar als intelligibles Gefühl, verstanden wissen. Bezieht sich Kant mit der Rede von einem intelligiblen Gefühl überhaupt noch auf das, was normalerweise unter »Emotion« verstanden wird? Man kann in seinen Überlegungen eine Verschiebung des intentionalen Objekts in der Beschreibung des Gefühls diagnostizieren: Zunächst behauptet Kant, jedes Gefühl der Achtung vor jemandem sei letztlich aus der Achtung vor dem Sittengesetz abgeleitet, habe also gar kein echtes personales Objekt. Es handelt sich um eine moralisch geforderte Einstellung, die wir allen Personen gegenüber einnehmen müssen, also gerade nicht um ein Gefühl, das wir aufgrund besonderer Eigenschaften oder Handlungen des Gegenübers haben. Bei Kant beginnt damit die Ausarbeitung eines neuen, unpersönlichen Achtungsbegriffs, der in der Philosophie des 19. und 20. Jahrhunderts ...zu Beginn von Fichte und Hegel, im Anschluss an deren Denkfiguren später von Jürgen Habermas, Axel Honneth, Ludwig Siep und Andreas Wildt ...weiterentwickelt wird, nämlich der Achtung als einer normativ geforderten Anerkennungshaltung gegenüber allen Menschen oder zumindest gegenüber allen Personen.

Dieser Achtungsbegriff hat sich von der Auffassung eines akuten Gefühls, welches uns zustößt und widerfährt, weit entfernt und ist damit nicht vereinbar. Denn die leiblich-affektive Betroffenheit ist das, was ein episodisches Gefühl charakterisiert. Es ist gerade darin keiner willentlichen Kontrolle zugänglich und kann nicht durch Vernunfteinsicht oder Willensfreiheit erzeugt werden. Etwas, das prinzipiell nicht kontrollierbar ist, kann auch nicht gefordert werden. Allerdings ist es möglich, die Achtung im Sinne einer Disposition oder Einstellung im Rahmen von sozialen Prozessen zu kultivieren. Wir werden auf die Frage zurückkommen, ob die Kantische Achtung als Aufforderung zur Auseinandersetzung mit einer Gefühlsdisposition verstanden werden kann. Hier sei zunächst festgehalten, dass sich die Kantische Achtung den eingangs genannten drei Alternativen ...akutes Gefühl, Disposition und habitualisierte Einstellung ...zu entziehen scheint, da Begriff und Sache bei Kant ganz unterschiedliche Facetten aufweisen.

Nachdem in diesem Kapitel zwei klassische Analysen zum Gefühl der Achtung ausführlich zur Sprache gekommen sind, die in manchen Belangen unterschiedlicher nicht sein könnten, soll es in den folgenden Abschnitten um die Vielzahl der systematischen Probleme und Fragen gehen, welche sich mit dem Achtungsbegriff verbinden. Da die leiblich-affektive Betroffenheit dasjenige ist, was ein akutes Gefühl im Unterschied zu einer Disposition bestimmt und damit für die weitere Analyse von Achtung entscheidend ist, sei zunächst sie untersucht.

4. Die leibliche Basis der Hochachtung

Wie wird Achtung erlebt? Stellt sich bei der Frage nach der leiblichen Basis eines Gefühls kein evidenter Eindruck ein, empfiehlt es sich, zunächst extreme Manifestationen der jeweiligen Gefühle in den Blick zu nehmen, um dann zu untersuchen, ob die abgeschwächten Formen dieser Gefühle eine entsprechende leibliche Basis haben. Dieses Vorgehen wird von der heuristischen Unterstellung geleitet, dass die extremen Manifestationen von Gefühlen als eine Art Vergrößerungsglas fungieren. Wendet man diese Überlegungen auf die Analyse der Achtung an, so kann man sich an der Extremform von Achtung orientieren, für den die deutsche Sprache treffend den Ausdruck »Hochachtung« bereit hält. Hier scheint eine Identifikation und Beschreibung der leiblichen Basis leichter zu sein als bei dem allgemeineren und oft normativ verstandenen Begriff der Achtung.

Für die Hochachtung ist der leibliche Impuls des Zurücktretens vor dem Geachteten charakteristisch; eine Anmutung des Zurückweichens strahlt von demjenigen aus, vor dem der von dem Gefühl Betroffene Hochachtung empfindet: Man tritt dem Geachteten nicht zu nahe. Hochachtung und Achtung lassen sich in der leiblichen Richtung als zwischen Furcht und Ehrfurcht liegend beschreiben. Bei heftiger Furcht hat man den Impuls, die Flucht zu ergreifen, große Ehrfurcht dagegen wird in literarischen Texten zumeist durch die Bewegungsanmutung beschrieben, in den Staub zu sinken, den Kopf zu senken, sich womöglich im Kniewurf buchstäblich möglichst klein zu machen und so zu verharren. Auch wenn solche Bewegungsimpulse nicht ausgeführt werden, so zeichnen sie doch die leiblichen Richtungen vor, die das Spüren des Gefühls charakterisieren. Hochachtung und Achtung liegen mit dem für sie typischen Einen-Schritt-Zurückweichen zwischen der in der Furcht vorgezeichneten Fluchttendenz nach hinten und dem für die Ehrfurcht charakteristischen gebeugten Verharren.[26] Während beim ehrfürchtigen Verharren der Ehrfürchtige zumeist den Blick senkt, ist für die Hochachtung eher der achtungsvolle Blick charakteristisch.

Achtung ist auch zu unterscheiden von einer schwärmerischen Bewunderung, die durchaus zudringlich sein kann, während mit der für die Hochachtung bezeich-

26 Hermann Schmitz, *Der Gefühlsraum*, a.a.O., 182.

nenden Zurückhaltung gerade ein tieferes Gefühl ausgedrückt werden kann. Schmitz beispielsweise betont die »Anmutung zu mäßigem Zurückweichen«[27] und die Verwandtschaft der Achtung mit dem Ernst und der Ehrfurcht, wobei für Achtung und Ehrfurcht eher der Bewegungsimpuls des Zurücktretens und für den Ernst eher die »beharrliche und dispositionelle Zurück*haltung*« typisch seien. Schmitz beschreibt die Achtung darüber hinaus durch einen Impuls zur Öffnung im Sinne der Bereitschaft, auf einen gewichtigen Aufforderungscharakter hin auf das Geachtete einzugehen. Dies kann im Sinne einer hebenden Richtung verstanden werden, die auf die Anmutung zum Zurücktreten folgt, eine leibliche Richtung, die auch dem achtungsvollen Blick eigentümlich ist. Auch alltägliche Redewendungen wie »Hut ab!«, »Respekt, Respekt!« oder »Alle Achtung!« betonen oder untermalen den Impuls des Abstandnehmens von demjenigen, der eine besondere Leistung erbracht hat. Dessen gesamte Person, nicht nur ein einzelner Sachverhalt, wird anerkannt, und diese auf ihn in seiner Besonderheit bezogene Anerkennung umgibt den Achtenden mit einem besonderen, Abstand heischenden Nimbus .. eben demjenigen der Achtung. Der frühere Rechtsausdruck »in Acht und Bann« ebenso wie die »Ächtung« beinhalten noch diese durchaus räumliche Bedeutung.

An dieser Stelle sei auf ein häufiges Missverständnis in der Rezeption leibphänomenologischer Kategorien, insbesondere derjenigen von Hermann Schmitz, verwiesen. Wenn Schmitz die Richtungen von Gefühlen beschreibt, behauptet er nicht, dass tatsächlich Bewegungen ausgeführt werden, im Fall der Achtung etwa ein tatsächliches Zurücktreten stattfindet. Vielmehr spricht er von der Anmutung dazu. Solche Anmutungen oder Impulse zu einer Bewegung sind wörtlich und keinesfalls metaphorisch zu verstehen. Sie gelten Schmitz als Charakteristika der leiblichen Betroffenheit, und diesem Verständnis schließen wir uns an.

Ist die Achtung ein Gefühl, welches wegen der innewohnenden Tendenz zu Abstand und Distanz Hierarchien erzeugt und festigt? Dies wäre eine These, aufgrund derer sich die Beschreibung der leiblichen Basis der Achtung mit der Vergleichsthese von Hume verbinden ließe, aber auch mit Kants Rede von einer Demütigung unserer sinnlichen Natur. Setzt dieses Gefühl den Achtenden gegenüber dem Geachteten herab? Und wenn dies für die Achtung gilt, muss es dann nicht in einem noch größeren Ausmaß für die Hochachtung gelten? Die Hochachtung enthält zwar eine intensiv empfundene Achtungsdistanz, aber es handelt sich nicht um eine (Selbst-)Herabsetzung desjenigen, der die Achtung verspürt, wie dies etwa bei der Ehrfurcht der Fall ist.[28] Diese Behauptung ist zumindest begrifflich durchaus vereinbar mit der Auffassung, dass die Achtung wohl in den meisten Fällen impliziert, dass derjenige, der sie wegen einer bestimmten Eigenschaft oder Tat des Geachteten empfindet, sich selbst die entsprechenden Eigenschaften nicht zuschreibt oder sich die entsprechenden Handlungen nicht zutraut. Dies lässt sich auf Humes These

---

27 Ebd.
28 Schiller ordnet die Achtung der Hochachtung unter, da letztere auf die Erfüllung des Sittengesetzes ziele. Er nennt sie das freiere Gefühl, weil in ihr ein Ingrediens der Liebe enthalten sei. Hochachtung hat nach Schiller vor allem die Verbindung von Würde mit Anmut zum Inhalt und Anmut verhindert, dass aus Achtung Furcht wird. Vgl. Friedrich Schiller, *Kallias oder über die Schönheit/Über Anmut und Würde*, hg. von Klaus L. Berghahn, Stuttgart 1994 (EA 1793), 129, 131.

beziehen, wonach Achtung immer einen Vergleich zwischen dem Achtenden und dem Geachteten beinhaltet. Die Anerkennung von Differenzen zwischen den eigenen Fähigkeiten und denen eines anderen muss keineswegs zu sozialen Hierarchien führen und diese festigen.

Ehrfurcht dagegen impliziert immer eine klare hierarchische Relation zwischen Subjekt und Objekt des Gefühls. Sie sammelt sich in dieser Beziehung und ist auf beide Pole gleichermaßen fokussiert, eben auch auf die ganze Person desjenigen, der Ehrfurcht empfindet, während Achtung fast ausschließlich auf den anderen zentriert ist. Zwar achte ich ...und das heißt selbstverständlich: ich als Person ...den anderen als ganze Person aufgrund einer Eigenschaft oder eines Verhaltens, welche bzw. welches ich mir zumeist nicht in gleicher Weise zuschreibe, aber das Gefühl der Achtung verdichtet sich nicht in derselben Weise um die achtende Person wie um die geachtete. Der Achtende hat den Impuls des Abrückens und des Sich-Zurücknehmens, so dass das Gefühl sich um den Geachteten »sammelt«, von ihm ausstrahlt. Achtung und Ehrfurcht lassen sich demnach sowohl durch unterschiedliche Bewegungsimpulse in der leiblichen Betroffenheit als auch durch ihren jeweils anderen Verdichtungsbereich unterscheiden.

Eine entsprechende Differenzierung ist bei Achtung und Hochachtung nicht möglich, die bisher lediglich implizit analogisiert wurden. Wie eingangs skizziert, ist der Sprachgebrauch nicht eindeutig, aber am deutschen Begriff der »Hochachtung« lässt sich verdeutlichen, dass mindestens diese Variante der Achtungsaffekte wirklich als ein akutes Gefühl auftreten kann. Das Merkmal dafür ist, dass der Affekt spontan entstehen und sich einem aufnötigen kann. Dieser Ereignis- und Widerfahrnischarakter unterscheidet das akute Gefühl von der entsprechenden Disposition. Der Sache nach liegen aber Achtung und Hochachtung dicht beieinander, sind kaum unterscheidbar: Sie sind wegen positiv bewerteter Eigenschaften auf Personen gerichtet und haben damit den gleichen intentionalen Gehalt. Die Distinktion von »Achtung« und »Hochachtung« kann nur eine graduelle sein, da auch die leibliche Basis bei beiden nicht qualitativ verschieden ist. Der Bewegungsimpuls des Zurücktretens nimmt in beiden Fällen die gleiche Richtung, hat aber unterschiedliche Intensität und kann manchmal auch bei einem akuten Gefühl bloß minimal sein. Da sich Achtung und Hochachtung nicht in der Struktur des intentionalen Gehalts unterscheiden, so können sie allenfalls Punkte auf einem Intensitäts-Kontinuum markieren und es erscheint wenig sinnvoll, hier von zwei akuten Phänomenen auszugehen.[29]

Dies gilt nicht für das Verhältnis zwischen dem Gefühl des Erhabenen und der Achtung. Folgt man Kants Charakterisierungen des ersteren und liest sie als Beschreibungen des leiblichen Spürens, so ergibt sich in diesem Punkt keine Differenz zur Achtung: Beide Affekte werden von Kant durch eine »Demütigung« und eine ihr gegenläufige »Erhebung« beschrieben. Auch wenn man das Unterscheidungskriterium zwischen Ehrfurcht und Achtung hinzuzieht, wonach sich das Gefühl nicht um den Fühlenden sammelt, sondern um das Objekt, die geachtete Person oder das Erhabene (Verdichtungsbereich), so scheinen sich das Gefühl des Erhabenen und die Ach-

---

29 Ebd., 129 scheint Schiller von zwei Achtungsphänomenen auszugehen, wenn er die Hochachtung über die Achtung stellt und den intentionalen Gehalt der ersteren für die wirkliche Erfüllung des Gesetzes reservieren will. Dies erscheint uns aber phänomenal nicht gerechtfertigt, wie im Folgenden gezeigt werden soll.

tung hierin zu gleichen. Die Differenz zwischen diesen beiden besteht allerdings in dem Gegenstand selbst, auf den das Gefühl gerichtet ist, denn das Gefühl des Erhabenen kann sich definitiv nicht auf Personen beziehen. So lässt sich denn eine große Verwandtschaft zwischen beiden Gefühlen beobachten, aber sie unterscheiden sich in dem entscheidenden Punkt, dass durch das Gefühl des Erhabenen anders als bei der auf Personen bezogenen Achtung keine soziale Beziehung angesprochen wird.

Es dürfte deutlich geworden sein, dass mit dem Begriff der »Achtung« auf ein ganzes Spektrum untereinander mehr oder weniger benachbarter Gefühle verwiesen wird: Während Achtung und Hochachtung lediglich graduell unterschieden sind, lässt sich das Gefühl des Erhabenen in dieser Reihe weniger eindeutig zuordnen, und Ehrfurcht und Bewunderung wiederum müssen sicherlich als eigenständige Phänomene aufgefasst werden. Für alle weiteren Abgrenzungen innerhalb des Spektrums »Achtung« ist die Unterscheidung von akutem Gefühl und Disposition eine wichtige Voraussetzung, die der nächste Abschnitt eingehend thematisiert.

5. Achtung als akutes Gefühl und als Gefühlsdisposition

Es ist durchaus möglich, gegenüber jemandem zu Achtung disponiert zu sein, ohne dass in jeder konkreten Begegnung mit ihm das entsprechende Gefühl akut verspürt wird. Und in anderen Fällen kann umgekehrt Achtung als akutes Gefühl auftreten, ohne dass damit notwendig eine anhaltende Disposition zu Achtung dieser Person gegenüber verbunden sein muss, denn Achtung kann auch auf einzelne Eigenschaften oder Verhaltensweisen bezogen sein. Zwar wird es in den allermeisten Fällen so sein, dass akute Achtungsgefühle bei Wiederholung langfristig in eine Disposition zu Achtung gegenüber dieser Person übergehen, aber beispielsweise kann ein akutes Achtungsgefühl auch von episodischer Verachtung derselben Person gegenüber abgelöst werden.

Die Unterscheidung von akutem Gefühl und Disposition ergänzt den bisherigen philosophischen Sprachgebrauch, wonach Achtung diejenige Haltung ist, die moralische Subjekte einander entgegenbringen. Denn damit kann in dieser Allgemeinheit nur eine Disposition gemeint sein. Wir empfinden selbstverständlich faktisch nicht allen anderen gegenüber, die uns begegnen, ständig das akute Gefühl der Achtung, wohl aber agieren wir in den allermeisten Fällen aus einer habitualisierten Einstellung der Achtung heraus. Wir wahren einen gewissen Abstand gegenüber anderen (Achtungsdistanz), wir fassen keine fremden Personen ohne Not an.[30]

Aber handelt es sich bei dieser Form von habitualisierter Achtung um eine Gefühlsdisposition? Dann müsste sie wenigstens prinzipiell auch jedem gegenüber aktualisierbar sein. Zu der habitualisierten Einstellung gehört es sicherlich, beach-

---

30 Die bezeichnende Ausnahme bilden leider oft Kinder und Alte, die offenbar nicht immer und selbstverständlich als Personen geachtet und entsprechend behandelt werden, wenn beispielsweise Körpergrenzen nicht eingehalten werden.

tet zu werden, beispielsweise gegrüßt zu werden. Wir fühlen uns missachtet und reagieren auf das Ausbleiben dieser Höflichkeiten mit Enttäuschung, Kränkung, Wut und Zorn. Aber daraus, dass wir die Einstellung der habitualisierten Achtung mit Gefühlen sanktionieren, wenn sie entzogen wird, kann nicht geschlossen werden, dass sie selbst eine Gefühlsdisposition ist.

Achtung als Haltung, die wir den allermeisten unserer Mitmenschen entgegenbringen, ist faktisch in vielen Fällen wahrscheinlich nichts anderes als die Abwesenheit von negativen Haltungen wie zum Beispiel von Verachtung und die Bereitschaft, im Falle eines Kontakts bzw. der Einladung dazu höflich auf den anderen einzugehen. Eine neutrale Einstellung zu jemandem einzunehmen heißt eine gewisse Distanz einzuhalten, den virtuellen Raum, den eine Person mit ihrem Leib um sich schafft, zu akzeptieren und dessen Grenzen nicht zu überschreiten. Diese leibliche Achtungshaltung kann als Bestandteil dessen, was »Anstand«, »Taktgefühl« oder auch einfach »Höflichkeit« genannt wird, aufgefasst werden. Als akutes Gefühl dagegen beinhaltet Achtung mehr, nämlich den Impuls zum Zurückweichen vor jemandem, der uns aufgrund eines bestimmten Verhaltens oder einer Eigenschaft, die wir in einer Situation wahrnehmen, Achtung abnötigt.

Die leibliche Achtungshaltung kann als eine Praxis beschrieben werden, eine Art, sich zu bewegen, die erlernt werden kann, ein Verhaltenstraining, das so eingeübt wird, dass es zumeist ohne bewusste Kontrolle vollzogen wird und in höchstem Maße kulturspezifisch verläuft. Mit einer solchen körperlichen Haltung oder Einstellung muss keine Gefühlsdisposition verbunden sein. Im Extremfall ist es sogar denkbar, eine sehr distanzierte höfliche Haltung jemandem gegenüber einzunehmen, den man verachtet. Diese Haltung ist im Unterschied zu einer Gefühlsdisposition unpersönlich; sie zielt gerade nicht auf die Besonderheit des Gegenübers. Achtungsgefühle aber .. und zwar sowohl die akuten wie die dispositionellen .. sind immer auf bestimmte Eigenschaften, Handlungen und Charaktere gerichtet. Dies ist ein weiterer Grund, warum es problematisch erscheint, Kants Achtung als eine Gefühlsdisposition aufzufassen. Die Achtung von Menschen als Zweck an sich selbst, unabhängig von ihren persönlichen Eigenschaften, kann kaum als ein akutes Gefühl vorgestellt werden, weil sie sich an jedem beliebigen personalen Objekt bewähren können müsste, um dem kategorischen Imperativ zu gehorchen. Ein solch abstraktes Objekt ist aber für ein akutes Gefühl als Widerfahrnis nicht denkbar.

Deshalb sei eine andere Rekonstruktion für die Auffassung von Kants Begriff der Achtung als Disposition vorgestellt und diskutiert. Wenn keine personale Achtung verlangt werden kann, so ließe sich immerhin eine neutrale Haltung allen Menschen gegenüber fordern, die noch durch die Bereitschaft, im Bedarfsfall auf diese Menschen zuzugehen, positiv getönt sein könnte. Diese Neutralität könnte man vorläufig als Abwesenheit von Verachtung interpretieren. Damit würde man die Achtung von Menschen als Zweck an sich selbst, die unpersönliche Achtung also, als eine Haltung interpretieren, die darauf zielt, die Verachtung bestimmter einzelner Menschen einzudämmen, durch die sie gefährdet ist.

Ein positives akutes Gefühl kann nicht von jedem einzelnen Menschen gefordert werden. Was aber gefordert werden kann, ist die Auseinandersetzung mit einer Gefühlsdisposition, die als moralisch problematisch beurteilt wird, weil sie die verlangte Neutralität aufhebt: mit der Verachtung. Sicherlich ist Verachtung als akutes

Gefühl eine Sanktion von bestimmten Verhaltensweisen anderer, die in manchen Fällen durchaus gerechtfertigt sein kann. Verdichtet sie sich dagegen zu einer Disposition gegenüber jemandem, den man auf diese Weise ausschließlich verachtet, so schottet man sich gegen gegenläufige Evidenzen ab, da man den anderen gar nicht mehr wahrnimmt (»beachtet«). Er hat keine Chance mehr, achtenswerte Seiten von sich zu zeigen. Menschen müssen nicht dauerhaft verachtenswerte Eigenschaften behalten; sie können prinzipiell ihre Selbstsicht ändern, haben die Möglichkeit zu Reue und sogar zu einem ganz neuen Lebensentwurf. Wenn man anthropologisch davon ausgeht, dass Menschen Wesen sind, die sich selbst zum Problem werden und deshalb ändern wollen können,[31] so bedeutet dies, jedem die Möglichkeit dazu zuzugestehen...auch demjenigen, den man partiell verachtet.

Verachtung hat ein besonders starkes destruktives Potential; ihre Wirkungen scheinen oft schwerwiegender als die von Hass. Denn Hass beruht zumeist auf Gegenseitigkeit und braucht das Selbstbild der gehassten Person nicht zu berühren. Wegen der mit ihr verbundenen vollständigen Abwendung ist die Verachtung indessen etwas, wogegen man sich nur schwer wehren kann, und sie führt direkt zu sozialen Ausschlüssen. In der Verachtung hält man sich eindeutig für überlegen in Bezug auf den verachteten Sachverhalt und insofern ist sie anders als der Hass ein Gefühl, das die eigene moralische oder sonstige Potenz gegenüber anderen in Szene setzt. Selbst wenn sie in manchen Fällen ein moralisch problematisches Verhalten eines anderen sanktionieren mag, so kann sie selbst wegen der in ihr enthaltenen eigenen moralischen Überlegenheit nicht ein moralisches Gefühl sein, da die Verachtung damit der Selbstaufwertung oder, wie Kant es ausdrücken würde, dem Eigendünkel dient und insofern nicht mit einer moralischen Gesinnung vereinbar ist.

Lässt sich die Kantische Achtung auf diese Weise als »Imperativ« zu einer Auseinandersetzung mit jeder Disposition zu Verachtung deuten und damit als Scharnierstelle zur Sinnenwelt retten? Die universell geforderte Achtung wäre dann interpretiert als neutrale Einstellung, als Abwesenheit von Verachtung. Diese Disposition wäre noch intelligibel, da sie Willensfreiheit voraussetzt, und gleichzeitig würde sie langfristig zu einer Modifikation eines problematischen akuten sinnlichen Gefühls, der Verachtung, und damit zu einer moralischen Gesinnung beitragen. Die innere Widersprüchlichkeit des Kantischen Konzepts würde in einer solchen Deutung in eine Art Imperativ zur Vermeidung dispositioneller Verachtung aufgelöst. Dabei würde weder die Intelligibilität noch der Bezug zu einem sinnlichen Gefühl aufgegeben, der hier aber nicht in der Achtung, sondern in der Bekämpfung der Verachtung liegt. Der anfängliche Eindruck, dass die Kantische Achtung kaum eine Beziehung zu tatsächlichen Gefühlsphänomenen aufweist, würde auf diese Weise relativiert: Aus dem kategorischen Imperativ lässt sich zwar weder Achtung als akutes Gefühl noch als Gefühlsdisposition ableiten, wohl aber die Forderung, sich mit eigenen Dispositionen zur Verachtung anderer kritisch auseinanderzusetzen.

---

31 Dass Menschen sich selbst zum Problem werden können und dies grundlegende Revisionen in der Selbstsicht und im Lebensentwurf ermöglicht, erörtert zum Beispiel Jürgen Frese, »Philosophisch-biographisches Interview mit Jürgen Frese von Thomas Schäfer«, in: Manfred Bauschulte/Volkhard Krech/Hilge Landweer (Hg.), *Wege, Bilder, Spiele. Festschrift zum 60. Geburtstag von Jürgen Frese*, Bielefeld 1999, 15.36.

Gegen diesen Rettungsversuch lassen sich mindestens zwei gravierende Einwände erheben. Zunächst setzt er voraus, dass Achtung und Verachtung kontradiktorische Gegensätze sind, das heißt, dass alles, was keine Achtung ist, als Verachtung zu verstehen ist, und alles, was nicht als Verachtung angesehen werden kann, als Achtung. Es scheint aber der Grundbedeutung von Achtung zu widersprechen, dass sie nichts anderes sein soll als die Abwesenheit von Verachtung. Zumindest die Kantische Achtung ist keine neutrale Einstellung, sondern eine, aus der bestimmte positive Verpflichtungen Menschen gegenüber (zum Beispiel das Hilfegebot) und negativ gewisse Verbote (zum Beispiel das Folterverbot) folgen. Die persönliche Achtung, die auf die Anerkennung besonderer Eigenschaften und Leistungen abzielt, ist eindeutig ein akutes Gefühl mit den oben beschriebenen positiven Bestimmungen und deshalb nicht mit der bloßen Abwesenheit von Verachtung zu verwechseln.

Der zweite gravierende Einwand gegen den Rettungsversuch ist ein moralkritischer. Wenn die Auseinandersetzung mit Dispositionen zu Verachtung gefordert wird, so liegt dem eine Bewertung von Verachtung als einem prinzipiell negativen Gefühl, mindestens als einer grundsätzlich abzulehnenden Gefühlsdisposition zugrunde. Das ist nicht nur deshalb problematisch, weil dies zu einer Tabuisierung von bestimmten Gefühlen und damit zu Selbsttäuschung führen kann, sondern vor allem, weil damit die anthropologische Funktion von Verachtung verkannt wird. Die heuristische Annahme, dass auch die kulturell negativ bewerteten Emotionen eine wichtige soziale Funktion haben, dürfte auch in diesem Fall nicht von vornherein ausgeschlossen werden; sie bestätigt sich zum Beispiel bei der Untersuchung von Hass.[32] Wenn in Fällen, wo jemand durch das Verhalten eines anderen durchgängig geschädigt, gekränkt und verletzt worden ist, der Geschädigte vermittelt über wiederholte akute Gefühle von Verachtung eine Disposition zu diesem Gefühl ausbildet, so hat dies wahrscheinlich eine wichtige Schutzfunktion für ihn, da die Disposition zu einer Vermeidung von Kontakt mit dem Verachteten führt.

Kant selbst wäre die Auffassung, einen Imperativ wie »Verachte nie!« aus dem Sittengesetz abzuleiten, sicher fremd; in seinen Schriften findet sich kein Hinweis auf eine prinzipielle Ablehnung von Verachtung. Seine Überlegungen in diesem Sinne zu deuten, bringt jedoch einen Vorteil. Die unpersönliche Achtung, die dem Menschen als Zweck an sich selbst gilt, kann nicht als eine Gefühlsdisposition gefordert werden, die gegenüber beliebigen Menschen als akutes Gefühl zu realisieren wäre. Wenn man aber den Bedeutungsgehalt der Achtung zu einer fast neutralen Haltung mit leicht positiver Tönung abschwächt, lässt sie sich als eine Einstellung verstehen, auf deren Basis vereinzelte Verachtungsgefühle, die eine solche Einstellung verhindern, bekämpft werden können. Aber eine solche Reduktion des Sinngehalts der Achtung ist ebenso problematisch wie der Versuch, bestimmte Gefühle moralisch auf- oder abzuwerten. Dies wird in den Analysen zu Neid und Stolz deutlich, aber auch in den Überlegungen zu den oft negativ bewerteten Aggressionsgefühlen insgesamt. Die Kantische Achtung, so das Fazit, das sich aus den bisher vorgestellten Rekonstruktionen ergibt, erweist sich als sperrig gegenüber den affekttheoretischen Unterscheidungen von akutem Gefühl und Gefühlsdisposition.

---

32 Vgl. zu diesen Überlegungen das Kapitel über »Zorn und andere Aggressionsaffekte«.

Als Ergebnis haben sich fünf verschiedene Bedeutungsnuancen von Achtung ergeben, die zwar untereinander vielfältige Bezüge aufweisen, aber nicht aufeinander reduzierbar sind. Mit Hilfe dieser fünf Achtungsbegriffe soll abschließend die praktische Bedeutung von Anerkennung und Achtung für die Moral (vgl. Abschnitt 7) diskutiert werden. Es handelt sich um:

1. Achtung als akutes Gefühl, das sich auf bestimmte Personen bezieht;
2. das Gefühl des Erhabenen als akutes unpersönliches Gefühl;
3. Achtung als Gefühlsdisposition gegenüber bestimmten Personen oder bestimmten Gegenständen;
4. eine unpersönliche habitualisierte Achtungshaltung (Höflichkeit) und
5. Achtung als geforderte Anerkennungshaltung, die sich auf alle Menschen beziehen soll (moralische Einstellung oder Gesinnung).

Die vierte und die fünfte Bedeutungsvariante unterscheiden sich, weil die vierte entweder gar keinen moralischen Inhalt hat oder allenfalls als eine Forderung der Höflichkeit betrachtet werden kann, also eine Art supererogatorische Verpflichtung darstellt. Die fünfte Variante dagegen wird zu einer universell geforderten moralischen Gesinnung. Während die ersten vier Bedeutungsnuancen sicherlich reale Phänomene bezeichnen, ist der Status des fünften Begriffs von Achtung immer noch unklar. Handelt es sich um eine rein kognitive Einstellung oder um eine, die auch als Gefühl mit- oder nachvollzogen wird? Wenn diese Haltung auch gefühlsmäßig fundiert sein soll, ist ihre leibliche Basis dann identisch mit dem akuten Gefühl (1 und 2) und mit der Achtungsdisposition (3)? Oder heißt es nur, dass Verstöße gegen diese normativ geforderte Anerkennungshaltung, zum Beispiel Menschenrechtsverletzungen, mit Gefühlen sanktioniert werden? Dann wäre aber die Achtung oder die Anerkennung nicht notwendigerweise ein Gefühl oder eine Gefühlsdisposition, sondern eine Norm, die dann, wenn sie für jemanden gilt, von dieser Person durch sanktionierende Gefühle in Kraft gesetzt wird.[33] Im Folgenden soll zunächst der Unterschied zwischen einer leiblichen Disposition und einer Gefühlsdisposition untersucht werden, bevor die Frage nach dem Verhältnis von Achtung, Anerkennung und Moral noch einmal vertieft wird.

6. Gefühlsdisposition und leibliche Disposition

Bisher war die Kategorie des Leibes vor allem im Zusammenhang mit akuten Gefühlen von Belang, sofern es zu diesen gehört, verspürt zu werden. Der Bereich des Leiblichen umfasst selbstverständlich noch mehr als die Betroffenheit von Gefühlen, beispielsweise Hunger und Durst, Wärmempfinden und das Spüren eigener Kör-

---

33 Vgl. dazu Hilge Landweer, *Scham und Macht. Phänomenologische Untersuchungen zur Moralität eines Gefühls*, Tübingen 1999; dies., »Differenzierungen im Begriff Scham« in: *Ethik und Sozialwissenschaften*, Jg. 12, Heft 3/2001, 285.296; dies., »Leiblichkeit, Kognition und Norm bei akuter Scham. Replik auf Kritiken«, in: *Ethik und Sozialwissenschaften* Jg. 12, Heft 3/2001, 338.348.

perbewegungen usw. Man kann sich nun fragen, ob es sinnvoll ist, mit dem Begriff des Leibes auch auf der Ebene der Rede von Dispositionen zu operieren, und so zwischen leiblicher Disposition (die keinen intentionalen Gehalt hat) und Gefühlsdisposition zu differenzieren. Am Phänomen der Achtungsgefühle zeigt sich der Gewinn dieser Unterscheidung, steht doch damit ein Beschreibungsinstrument zur Verfügung, mit Hilfe dessen es erklärlich wird, warum Achtung oft gar nicht als ein akutes Gefühl wahrgenommen wird.

Im Normalfall führt eine Reihung verschiedener Achtungssituationen einer Person gegenüber bei dem Achtenden zu einer Disposition der Achtung. In unserer Kultur wird die Einhaltung von Achtungsdistanz zumindest gesunden, sprachfähigen Erwachsenen gegenüber als zu achtenden Personen gefordert. Sie wird entsprechend habitualisiert und darüber zu einer selbstverständlichen und deshalb weitgehend nicht bemerkten Verhaltensweise. Bereits leiblich sind wir dazu disponiert, einen entsprechenden Abstand zu anderen einzuhalten. Im Unterschied zum unzureichenden oder fehlenden Abstand, der unmittelbar gespürt werden kann, macht sich der richtige Abstand nicht weiter bemerkbar. Wir können hier von einer Parallelisierung der leiblichen Disposition (Achtungsdistanz) mit der des Gefühls sprechen. Achtung kann dann in schwacher Form als akutes Gefühl auftreten, ohne dass sie überhaupt bemerkt wird, weil sie sich leiblich nicht von dem vorherigen Befinden unterscheidet. Gerade das starke Eingeschliffensein der neutralen, rein leiblichen Achtungsdistanz kann aufgrund ihrer selbstverständlichen Einhaltung den Eindruck hervorrufen, Achtung habe gar keine leibliche Basis, oder zumindest manche Typen von Achtung seien »kognitiv« und deshalb keine wirklichen Gefühle.

Zu diesem Missverständnis führt die ungenaue und letztlich irreführende Bestimmung von Affekten als Zustandveränderungen, die mit dem im Alltag häufig anzutreffenden Verständnis der Heftigkeit der Affekte zusammenhängt. Ebenso, wie die Lust-Unlust-Skala zur Beschreibung sehr vieler Gefühle, unter anderem auch der Achtung, ungeeignet ist[34], so ist es die Vorstellung von substantiellen, das Gefühl erst identifizierbar machenden Intensitäten. Gerade weil Gefühle unterschiedlich intensiv sein können, ist auch die Achtung auf einem Kontinuum angesiedelt, das auf der einen Seite zu Neutralität und dann zu einer Gleichgültigkeit übergehen kann, die von der mit dieser Gefühlsdisposition bedachten Person bereits als Verachtung registriert wird.

Die völlige Abwesenheit von Achtung als akutem Gefühl wäre dann für den Achtenden eine neutrale Einstellung; er wird überzeugt sein, mit der habitualisierten Achtungsdistanz dem moralisch Geforderten Genüge getan zu haben. Dagegen kann sich die in dieser Einstellung gar nicht erst direkt begegnende andere Person (da sie ja gar nicht wahrgenommen wird) bei einer solchen Behandlung aber durchaus missachtet, wenn nicht gar verachtet fühlen. Diese Asymmetrien in den Erwartungshaltungen brauchen nicht auf die Subjektivität der Beteiligten zurückgeführt zu werden: Es gehört zur sozialen Realität von habitualisierter Achtung, dass das von ihr unabhängige akute Gefühl der Achtung ungleich verteilt ist, und zur sozialen Objektivität von Missachtungssituationen, dass sie systematisch von den sich missachtet Fühlenden

---

34 Zur Kritik an dieser Vorstellung vgl. Hermann Schmitz, *Der Gefühlsraum*, a. a. O.:, v. a. 180..183, 348, 353.

anders interpretiert werden als von demjenigen, der lediglich eine neutrale, habitualisierte Achtungsdistanz aufbringt, nicht aber Achtung als akutes Gefühl entwickelt.

An dieser Stelle wird deutlich, dass »Achtung« und »Beachtung« nicht nur eine zufällige Äquivokation bilden, sondern auch einen Sachzusammenhang aufweisen: Ein gewisses Maß an Beachtung ist selbst für die Haltung bzw. für die Disposition der Achtung erforderlich, damit sie überzeugend ist; eine völlige Ignoranz desjenigen, der vorgeblich geachtet wird, ist kaum damit zu vereinbaren, wobei nicht notwendig Achtung als akutes Gefühl spürbar sein muss. Achtung und Verachtung bilden keinen kontradiktorischen Gegensatz: Auch bei Abwesenheit von Verachtung als Gefühl kann sich jemand achtlos und missachtend verhalten. Wer etwa andere Personen gar nicht erst wahrnimmt, wer sie zumindest nicht als Personen wahrnimmt und das Menschliche an ihnen nicht sieht oder sehen möchte, legt damit bereits ein Verhalten an den Tag, für das Margalit im Zusammenhang mit seiner Analyse der Verachtung den treffenden Ausdruck »Menschenblindheit« gefunden hat.[35] Der letzte Abschnitt greift die Frage nach dem moralischen Wert der Achtung noch einmal explizit auf und skizziert das Verhältnis zwischen Achtung und Anerkennung in der neueren moralphilosophischen Diskussion.

7. Der moralische Wert der Achtung

Welch starke Bedeutung Kant der Achtung beimisst als dem einzigen Gefühl, das er auf dem Gebiet der Moral für zentral hält, dürfte in den vorangegangenen Abschnitten bereits deutlich geworden sein. Um Kants Texte nicht einseitig zu interpretieren, musste der Status der Kantischen Achtung offen bleiben: Handelt es sich wirklich um ein Gefühl oder wenigstens um eine Gefühlsdisposition, oder nicht doch um eine eher emotionsfreie kognitive Haltung? Die neuere moralphilosophische Diskussion, in der neben dem Begriff der Achtung vor allem auch der Begriff der Anerkennung eine Rolle spielt, beschäftigt sich kaum mit dieser Frage. Die Begriffe der Achtung und Anerkennung scheinen in diesem Kontext ganz und gar im Sinne primär kognitiver Haltungen und Einstellungen verstanden zu werden. Das Gespür für die im weiteren Sinne sinnliche Dimension von Achtung und Anerkennung scheint verloren zu sein und wird erst langsam wieder entdeckt.[36] Eine Ausnahme stellen die Überlegungen von Hermann Schmitz dar, der einen Achtungsbegriff entwickelt, welcher auf einer eindeutig affekttheoretischen Grundlage einen expliziten Bezug zu Moral und Recht enthält.

Hermann Schmitz spricht von Achtung als einem Rechtsgefühl. Dieser Ausdruck schließt die Auffassung von Achtung als einem möglichen moralischen Ge-

---

35 Avishai Margalit, *Politik der Würde. Über Achtung und Verachtung*, a. a. O. 121 ff.
36 Zwar werden Achtung und Anerkennung zumeist nicht als Gefühle thematisiert, aber in der neueren Debatte um den Begriff der Anerkennung beginnt die Sinnlichkeit in Form der Wahrnehmung bzw. des Sehens eine Rolle zu spielen: vgl. Avishai Margalit, *Politik der Würde*, a. a. O., zum Beispiel 118 ff; Axel Honneth, *Unsichtbarkeit*, a. a. O., 10 ff.

fühl mit ein, denn Schmitz fasst die Moral als einen Spezial- oder Grenzfall des Rechts auf.[37] Er bezeichnet Achtung als »Vorgefühl« von Zorn und Scham, die er als die »Hauptgefühle« des Rechts und der Moral ansieht.[38] Achtung leitet dazu an, dem Ausbruch von Gefühlen wie Zorn und Scham vorzubeugen und leistet einen Beitrag zur Wahrung von Rechtszuständen. Schmitz versteht das, was wir »Disposition« genannt haben und als unpersönlich auffassen, insofern hierbei nicht auf die Besonderheit des Gegenübers gezielt wird, als die Atmosphäre eines Gefühls, das den Menschen bei entsprechender Gelegenheit ergreift und nicht intentional oder zentriert ist. Achtung als Disposition in diesem Sinne sieht Schmitz als eine Atmosphäre an, die verhältnismäßig stabil zu einem Menschen gehört und stets bereit ist, sein affektives Betroffensein zu wecken. Sie ergreift aber leiblich nicht nur mit der Anmutung der Zurückhaltung oder des Zurücktretens, sondern auch mit einem Impuls zur Öffnung im Sinne der Bereitschaft, auf das Geachtete einzugehen. Die Achtung als rechtliches Vorgefühl weist demjenigen, der davon betroffen ist, bei entsprechender Feinfühligkeit den Weg, wie Rechtsstörungen und die daraus hervorgehende Empörung zu meiden sind, und hat so eine zentrale Funktion darin, das labile Gleichgewicht des Rechtszustands zu wahren.

Schmitz weist darauf hin, dass gerade im bürgerlichen Recht diese Leistung des Rechtsgefühls, dem Unrecht vorzubeugen, im Vordergrund steht. Dafür sei aber ein Vorgefühl drohenden Unrechts erforderlich, das nicht darauf angewiesen ist, dass das Unrecht eintreffen muss, um gespürt werden zu können, und das nicht erst dann reagiert. Scheler identifizierte dieses warnende Rechtsgefühl mit dem Gewissen. Schmitz hält dagegen die Achtung für phänomenologisch bestimmter und deshalb treffender. Dabei ist zunächst von dem Rechtsgefühl als der Achtung vor dem subjektiven Recht des anderen auszugehen, das heißt dem gefühlsmäßigen Respekt vor den Ansprüchen, die der fremden Person in einem Gegenseitigkeitsverhältnis zustehen. Über die Unterscheidung zwischen einem Vorgefühl und Hauptgefühlen des Rechts ließe sich eine kontroverse Diskussion führen ebenso wie über die Frage, wie sinnvoll eine Charakterisierung des Rechts mit Hilfe darauf bezogener Gefühle ist. Unabhängig von solchen Fragen ...und dies ist das in diesem Zusammenhang Entscheidende ...wirft die Beziehung zu Zorn und Empörung erhellendes Licht auf die Achtung.

Im obigen Abschnitt über die leibliche Basis der Achtung wurde die Achtung als eine Art Zwang zum Distanzhalten beschrieben, als ein mäßig rückwärts gerichtetes Gefühl, das eine gewisse Zurückhaltung, ein Zurücktreten in Distanz, gebietet. Stellen wir uns jemanden vor, der Achtung einflößt, der vielleicht aufmerksam und liebenswürdig sein kann, aber eben mit jener Zurückhaltung und Bestimmtheit, die normalerweise jede Zudringlichkeit abhält. Wenn dieser Person jemand in respektloser Aufdringlichkeit begegnen und damit zu nahe treten würde, so würden beliebige Beobachter dieses Verhalten wahrscheinlich als unverschämt, schamlos, empörend oder dreist bezeichnen. Genauer gesagt: Empörend ist, dass die Achtung und Schamhaftigkeit den Dreisten nicht davon abhalten, zudringlich zu werden.

---

37 Eine Auffassung, die hier nicht weiter diskutiert werden kann. Vgl. zum Beispiel Hermann Schmitz, *Der unerschöpfliche Gegenstand*, a. a. O., 382 ff.
38 Vgl. das Kapitel über »Zorn und andere Aggressionsaffekte«.

Dieses Beispiel veranschaulicht, dass Empörung und Zorn diejenigen Gefühle sind, die auszubrechen drohen, wenn die von der Achtung gesetzten Schranken niedergerissen werden. Dabei geht es in der Achtung selbstverständlich nicht um ein strategisches Verhalten, das den erwartbaren Zorn bestimmter Anwesender abhalten soll. Schmitz verwahrt sich ausdrücklich gegen eine solche Personalisierung der Unrechtsgefühle und will die leibliche Betroffenheit von solchen Gefühlen sorgsam von dem Gefühl selbst unterschieden wissen. Er schreibt:

> »Wenn ich Achtung als Vorgefühl von Zorn bestimme, will ich nicht sagen, die Ergriffenheit einzelner Menschen durch Zorn und deren davon diktiertes Benehmen sei im Zustand der Achtung antizipiert. Vielmehr ist es die Zornmacht selbst als ruhende, überpersönliche Atmosphäre, die den von Achtung vor jemand Ergriffenen durch diese hindurch mittelbar ergreift und zurückhält; wenn die von Achtung vorgezeichnete Schranke frech und respektlos durchbrochen wird, geschieht etwas Empörendes, das den ruhenden Zorn weckt, der dann geneigt und fähig ist, Menschen, die in seinen Bann geraten, zu ergreifen.«[39]

In diesem Sinne ist die Achtung als Ankündigung dieser ruhenden, überpersönlichen Atmosphäre zu verstehen, deren Ausbruch der vom Rechtsgefühl Ergriffene dank dieser Warnung, die im Gefühl der Achtung selbst liegt, verhüten kann. Schmitz verweist auf eine häufige Redeweise im Zusammenhang mit einem katastrophalen Unrecht, das den Rechtszustand zerbricht. Wir sagen dann »Das ist empörend!« und meinen damit nicht, das betreffende Ereignis empöre diesen oder jenen, sondern es sei schlechthin empörend. Das Rechtsgefühl bezeichnet Schmitz als die Gabe, dem auf diese Weise Empörenden zuvorzukommen. Es teile mit der Achtung das Talent der Dosierung, des Abwägens und Ausbalancierens, das für solche Vorbeugung nötig sei, da Achtung mäßige Zurückhaltung gebiete und deshalb das Maß des jeweils Angemessenen mit sich bringe.

Schmitz bestimmt den Wert der Achtung demnach durch die Kombination von persönlichen und unpersönlichen Elementen, von akuten Gefühlen und Dispositionen. Seine Atmosphärentheorie ermöglicht die Verbindung dieser unterschiedlichen Begriffe. Als objektive Atmosphäre kann das Gefühl zunächst noch »ruhen« und ungerichtet, das heißt noch unentschieden hinsichtlich des späteren Verdichtungsbereichs sein. Wird Achtung aber akut verspürt, wenn jemand leiblich-affektiv davon betroffen ist, so kann sie sich auf Sachverhalte oder bestimmte Personen beziehen und zugleich die Funktion einnehmen, die Störung des Rechtszustandes zu verhindern.

Oben wurde dafür argumentiert, dass Achtung sich als Gefühl und als Disposition stets auf eine andere Person und zwar wegen einer bestimmten, achtenswerten Handlung oder Eigenschaft bezieht. Deshalb ist die Achtung notwendigerweise ungleich verteilt. In dieser Weise achtet man verschiedene Personen in deutlich unterschiedlichem Maße und eindeutig nie alle gleich. Diese Achtung ist deshalb mit der Kantischen Rede von Achtung unvereinbar. Andererseits kann die Kantische Achtung aber auch nicht die lediglich habitualisierte Höflichkeitsdistanz meinen, denn diese ist konventionell und hat keinen im engeren Sinne moralischen Inhalt.

---

39 Hermann Schmitz, *Der Rechtsraum*, Bonn 1973, 72.

Bei der Anerkennung als Rechtssubjekt, die Honneth beschreibt[40], handelt es sich lediglich um eine formale Anerkennung, die nicht die Person in ihrer Besonderheit meint. Bei der Kantischen Achtung soll es sich definitionsgemäß um ein genuin moralisches Gebot und ein Gefühl handeln. Dies führte zu dem Widerspruch, dass etwas entweder ein Gefühl sein und dann nicht geboten werden kann, oder aber ein Gebot ist, und das wiederum kann kein Widerfahrnis zum Inhalt haben.

Die Frage nach dem moralischen Wert der Achtung wurde bisher allenfalls negativ mit dem Unwert der Verachtung beantwortet; Verachtung indiziert oft eine moralisch problematische Haltung zu jemandem, der das in den seltensten Fällen verdient hat. Versteht man die Achtung als Abwesenheit von Verachtung, so weicht man damit den Achtungsbegriff ins Konturlose auf, zudem ist es höchst fragwürdig, ob Verachtung wirklich ein in allen Kontexten negativ zu bewertendes Gefühl ist. Aber lässt sich nicht doch der moralische Wert der Achtung auf andere Weise und positiv bestimmen?

In der neueren moralphilosophischen Diskussion ist an die Stelle des Kantischen Begriffs der Achtung mehr und mehr der Begriff der Anerkennung getreten, der seine Karriere bereits in der Rechtsphilosophie Fichtes und der praktischen Philosophie Hegels begonnen hatte.[41] Anders als der Begriff der Achtung bezieht sich der Begriff der Anerkennung von vornherein auf eine Haltung und Einstellung, die keinen unmittelbaren Bezug zu einem Gefühl zu haben scheint. Er ist aber ausschließlich auf die Achtung im Sinne einer Haltung zu beziehen, die sich auf alle Menschen richten soll (Achtung als moralische Einstellung; die oben als fünfte genannte Bedeutungsvariante des Achtungsbegriffs). Es handelt sich um eine Haltung, die man Menschen gegenüber aufbringt, wenn man sie als Personen achtet. Das Konzept der Anerkennung kann man als Nachfolger des Achtungsbegriffes ansehen, welches zunächst auf jegliche Art von affekttheoretischer Einkleidung verzichtet. Moralische Signifikanz erhält der Anerkennungsbegriff, sofern in der neueren Diskussion davon ausgegangen wird, dass Anerkennungsverhältnisse für die Identität menschlicher Individuen bzw. in politischen Kontexten für die Identität von Gruppen von Individuen konstitutiv sind.[42]

Axel Honneth beispielsweise interpretiert Verhältnisse der Anerkennung als intersubjektive Voraussetzungen, die »erfüllt sein müssen, damit die Subjekte sich in den Bedingungen ihrer Selbstverwirklichung geschützt wissen können«.[43] Er unterscheidet grundsätzlich zwischen drei verschiedenen Formen der Anerkennung, die gegeben sein müssen, damit Individuen eine gelungene Identität ausbilden können:

---

40 Vgl. Axel Honneth, *Kampf um Anerkennung. Zur moralischen Grammatik sozialer Konflikte*, Frankfurt a. M. 1992, bes. Kap. II.5, 148 ff.
41 Eine detaillierte Rekonstruktion dieser Entwicklung findet sich bei Ludwig Siep, *Anerkennung als Prinzip der praktischen Philosophie. Untersuchungen zur Hegels Jenaer Philosophie des Geistes*, Freiburg/München 1979 und bei Andreas Wildt, *Autonomie und Anerkennung. Hegels Moralitätskritik im Lichte seiner Fichte-Rezeption*. Stuttgart 1982.
42 Neben Axel Honneth, *Kampf um Anerkennung*, a. a. O., haben Charles Taylor, »Die Politik der Anerkennung«, in: ders., *Multikulturalismus und die Politik der Anerkennung*, Frankfurt a. M. 1993, 13..78 und Avishai Margalit, *Politik der Würde*, a. a. O., wichtige Überlegungen formuliert.
43 Axel Honneth, *Kampf um Anerkennung*, a. a. O., 275.

Liebe, Recht und Solidarität.[44] Die von Honneth thematisierten Muster intersubjektiver Anerkennung sind im Rahmen von unterschiedlichen Arten intersubjektiver Bindungen anzusiedeln. In der Liebe geht es um die Anerkennung einer Person in ihrer Einmaligkeit und Einzigartigkeit als Individuum. Das Recht zielt auf die (formale) Anerkennung eines Individuums, welches als Person die gleichen Rechte wie alle anderen Personen hat. Die Solidarität schließlich nimmt eine mittlere Stellung zwischen Liebe und Recht ein. In ihr geht es darum, ein Individuum als Person mit einer bestimmten Art von Wert für eine bestimmte Gemeinschaft anzuerkennen.

Bereits diese flüchtige Orientierung über die verschiedenen Arten von Anerkennungsverhältnissen, die in den Blick genommen werden, macht deutlich, dass in deren Kontexten auch jeweils unterschiedliche Bindungen eine Rolle spielen. Man kann diese Formen intersubjektiver Anerkennung geradezu auf der Grundlage der unterschiedlich intensiven Bindungen, die mit ihnen eingegangen werden, unterscheiden. Es liegt auf der Hand, dass Liebe und Solidarität nicht ohne Gefühle auskommen, und auch für rechtliche Anerkennungsverhältnisse lässt sich die Frage nach einem möglichen Zusammenhang mit Gefühlen stellen. Dies sollte jedoch nicht darüber hinwegtäuschen, dass die Anerkennungsverhältnisse dem Selbstverständnis dieser Theorie nach ihre normative Dimension unabhängig von Gefühlen entfalten können. Aus diesem Grund wird mit dem Anerkennungsbegriff nur eine der in diesem Kapitel erörterten Bedeutungen des Begriffs der Achtung erfasst, nämlich Achtung als eine in ihrer Tendenz kognitive Haltung.

Kommen wir nach diesen Überlegungen zurück zu der Frage nach dem moralischen Wert der Achtung als Gefühl. Eingangs wurde gesagt, dass sich Achtung auf moralische wie auf nicht-moralische Sachverhalte beziehen lässt; darin ähnelt sie der Scham. Was auch immer in der Achtung thematisch ist, jedenfalls handelt es sich um ein Ideal, während es bei Scham und Empörung nicht um Ideale, sondern um Normen geht. An der Achtung lässt sich ablesen, welche Eigenschaften wir ganz besonders hochschätzen. Wenn sie auf die Gesinnung des anderen gerichtet ist, handelt es sich um moralische Achtung. Zu einer Disposition entwickelt sich Achtung nur, wenn sie in der ganzen Person und nicht nur in einer einzelnen Handlung verkörpert ist. Achtung stellt sich immer dann ein, wenn wir jemandes Gesinnung für makellos halten und wenn er oder sie insgesamt als Person überzeugend ist. Jemanden, der einen Preis für seinen Einsatz für die Menschenrechte erhält, aber als Vater seine Kinder vernachlässigt, würde niemand wirklich achten, für den die Erfüllung von Vaterpflichten ein moralisches Gebot ist. Deswegen sind hochgeachtete öffentliche Personen so gefährdet durch Enthüllungen: Sie zerstören das Ideal, zu dem die Achtenden die Geachteten stilisiert haben.

Das Gefühl der Achtung sagt uns wenig über die Geachteten, aber sehr viel über die Ideale der Achtenden. Da diese Ideale nicht notwendigerweise moralische zu sein brauchen oder nur in sehr versteckter Weise auf moralische Inhalte hinweisen[45], kann Achtung .. anders als Empörung .. kein moralischer Indikator in dem Sinne

---

44 Ebd., 148 ff.
45 So kann zum Beispiel ein bestimmtes Leistungsideal, das jemand repräsentiert, der von mir hoch geachtet wird, selbst einen moralischen Inhalt haben. Auch die Bewunderung sportlicher Anstrengung beruht auf dem Ideal der Selbstüberwindung.

sein, dass sie zeigen könnte, durch welche moralischen Normen eine Person sich ernsthaft gebunden fühlt, welche Normen für sie Gewissensautorität besitzen.[46]

Allerdings kann Achtung in einem anderen Sinne moralrelevant sein. Man denke etwa an einen großen Künstler, der aufgrund seiner Kunst geachtet wird. Die Kunst selbst, der Inhalt der Achtung, ist sicherlich für die allermeisten nichts Moralisches, denn sie ist ein subjektives Ideal. Nur Kunstliebhaber haben Achtung vor großer Kunst. Die Möglichkeit aber, sich überhaupt an Idealen orientieren und Differenzen zwischen sich und anderen zu Ungunsten von sich selbst wahrnehmen zu können, ist eine notwendige Bedingung für Moralität. Selbst eine Achtung ohne moralische Inhalte könnte, so betrachtet, eine genuin moralische Bedeutung haben.

Für Kant ist Achtung auch deshalb ein intelligibles Gefühl, weil sie als Achtung vor dem Sittengesetz die Neigungen niederhält und »den hindernden Einfluß der Neigungen durch Demütigung des Eigendünkels schwächt«[47], und dieser Demütigung auf der sinnlichen Seite entspreche eine Erhebung der moralischen.[48] Er spricht davon, dass uns Achtung

> »die Erhabenheit unserer Natur (ihrer Bestimmung nach) vor Augen stellt, indem sie uns zugleich den Mangel der Angemessenheit unseres Verhaltens in Ansehung derselben bemerken lässt, und dadurch den Eigendünkel niederschlägt«.[49]

Selbst wenn man Kants strikte Trennung von intelligibler und sinnlicher Welt nicht teilt und die Beschränkung des intentionalen Gehalts der Achtung auf das Sittengesetz für verzichtbar hält, kann seine Beschreibung der Diskrepanz zwischen dem geachteten Ideal und dem eigenen Ungenügen sowie der Selbstbildung durch dieses Ideal als zutreffend angesehen werden.

---

46 Die Frage nach dem Verhältnis von Gefühl und Moral wird im 5. Abschnitt des Kapitels über »Scham und Schuldgefühl« sowie im 6. Abschnitt des Kapitels über »Zorn und andere Aggressionsaffekte« aufgegriffen und vertieft.
47 KpV, A 140.
48 Ebd.
49 KpV, A 157.

Angst

Angst und Furcht gehören zu denjenigen Gefühlen, die in allen menschlichen Kulturen auftreten und zu allen Zeiten bekannt waren. In den mythischen und religiösen Traditionen, dies gilt vor allem für das Christentum, wurden sie immer wieder zur Sprache gebracht und auch in der Geschichte der Philosophie finden sich eine Reihe von Abhandlungen, die .. man denke an Augustinus oder an Schelling .. ihren Gehalt und ihre Funktion vergegenwärtigen und auf den Begriff zu bringen versuchen. So gehört die Angst zu den wenigen Gefühlen, denen die Philosophie seit jeher größere Aufmerksamkeit geschenkt hat.

In der Moderne wird die Angst zu einem philosophisch besonders prominenten Gefühl, indem sich in der an Kierkegaard anschließenden Existenzphilosophie der Gedanke Ausdruck verschafft, die Angst bringe den Menschen auf eine ganz ausgezeichnete Weise vor sich und zu sich selbst. Im philosophischen Denken, aber auch in Teilen der psychologischen Literatur findet sich häufig eine terminologische Differenzierung zwischen Angst und Furcht. Am meisten verbreitet ist die Unterscheidung zwischen der Angst als einem ungerichteten, frei flutenden Gefühl und der Furcht als einer Emotion, die als auf bestimmte Gegenstände oder Sachverhalte bezogen gilt. Auch wenn im folgenden Text einige der relevanten Unterscheidungsvorschläge Erwähnung finden, werden die Begriffe der Angst bzw. der Furcht zunächst nicht in einem terminologischen Sinn verwendet, sondern bedeutungsgleich gebraucht, zumal sie auch in der Alltagssprache häufig synonym verwendet werden und die wissenschaftliche Literatur ebenfalls keine einheitliche Unterscheidungspraxis kennt.[1]

Obwohl die verschiedenen Umgangsweisen mit der Angst, ihre unterschiedlichen Arten, die Begebenheiten und Situationen, welche jeweils einen Anlass zur Angst geben, sie auslösen und zu ihrem Gegenstand werden können, von Kultur zu Kultur innerhalb eines gewissen Spielraums variieren mögen, lässt sich der Kern von Gefühlen wie Angst oder Furcht als anthropologisch konstant auffassen. Angst ist zudem ein Grundgefühl, das der Mensch mit den höher entwickelten Tieren teilt. Der Angst kommt biologisch eine wichtige Funktion zu. Sie warnt vor möglichen Gefahren und setzt Kräfte zur Verteidigung oder Flucht frei. Die Angst lässt sich als ein Warnsystem verstehen, welches dem Überleben dienlich ist. Sie weist einen deutlichen

---

1 Vgl. u. a. Hinrich Fink-Eitel, »Angst und Freiheit. Überlegungen zur philosophischen Anthropologie«, in: Hinrich Fink-Eitel/Georg Lohmann (Hg.), *Philosophie der Gefühle*, Frankfurt a. M. 1993, 57..88; Henning Bergenholtz, *Das Wortfeld »Angst«: eine lexikographische Untersuchung mit Vorschlägen für ein großes interdisziplinäres Wörterbuch der deutschen Sprache*, Stuttgart 1980; Gion Condrau, »Zur Phänomenologie der Angst«, in: Hermann Lang/Hermann Faller (Hg.), *Das Phänomen Angst. Pathologie, Genese und Therapie*, Frankfurt a. M. 1996, 32..42.

64 *Angst*

Bezug zu Gefahrensituationen oder doch zumindest zu Situationen auf, die in irgendeiner Weise bedrohlich sind.[2]

Dieses Kapitel beginnt mit Überlegungen zur leiblichen Basis der Angst und skizziert ihren intentionalen Gehalt (1). Im zweiten Abschnitt lassen wir die philosophische Perspektive ein Stück weit hinter uns, um das Spektrum von Ängsten zu vergegenwärtigen, insbesondere auch deren psychopathologische Formen, und mit Angst und Furcht enger verwandte Gefühle zu diskutieren (2). Rekonstruktionen zu philosophisch bedeutungsvollen Angstanalysen, welche die in der Tradition leitenden Überlegungen zur Komplementarität von Angst und Hoffnung betreffen (3), aber auch die zentrale Stellung der Angst zum Beispiel bei Kierkegaard, Heidegger und anderen (4) sollen die systematische Beschreibung von Angstphänomenen untermauern und bereichern sowie deutlich machen, dass sich Angst neben ihrer biologischen Funktion auch als eine Sinngestalt des menschlichen Lebens begreifen lässt.

1. Leiblichkeit und intentionaler Gehalt

Bezogen auf die Angst sei die Unterscheidung von »Leib« und »Körper« anhand eines Beispiels vergegenwärtigt. Maria ist ziemlich aufgeregt vor ihrem Examen. Wahrscheinlich hat sie Angst durchzufallen, irgend etwas nicht zu wissen, eine schlechte Note zu erhalten. Marias Angst nun lässt sich aus mindestens zwei Perspektiven betrachten. Wir können sie von außen beschreiben und das bleiche Gesicht erwähnen, die geweiteten Augen, den leicht zitternden Körper. Ein Mediziner könnte sie an bestimmte Geräte anschließen. Er könnte den Blutdruck und den Puls messen und etwas über die neuronalen Prozesse sagen, die sich in ihrem Nervensystem und Gehirn abspielen. Das ist die Außenperspektive auf Marias Angst, die Perspektive der dritten Person. Für Maria selbst aber ist die Angst zunächst einmal keine Frage der Pulsfrequenz oder neuronaler Prozesse. Es fühlt sich für sie auf eine bestimmte Weise an, diese Angst zu haben.

Um diesen Aspekt zu charakterisieren, bieten sich ein Begriff wie derjenige des phänomenalen Erlebens und die Rede von der Subjektivität der Gefühle an. Die Empfindungsqualität, welche der Angst für denjenigen zukommt, der sie hat, geht nicht auf in der Beschreibung physiologischer oder sonstiger körperlich messbarer Eigenschaften. Alles wirkt eng und bedrohlich. Maria möchte fliehen, fühlt sich unfähig, einen klaren Gedanken zu fassen und ihre Bewegungen ordnungsgemäß zu

---

2 Zur Biologie der Angst vgl. Florian Holsboer, »Die Biologie der Angst«, in: *Große Gefühle. Bausteine menschlichen Verhaltens*, Frankfurt a. M. 2000, 179..192, 179; Gerhard Roth, *Denken, Fühlen, Handeln. Wie das Gehirn unser Verhalten steuert*, Frankfurt a. M. 2001, 290 ff.; Joseph LeDoux, *Das Netz der Gefühle. Wie Emotionen entstehen*, München 2001, v. a. 155 ff.; zu LeDoux vgl. auch Claudia Wassmann, *Die Macht der Emotionen. Wie Gefühle unser Denken und Handeln beeinflussen*, Darmstadt 2002, 62..74. Zur Angst im Tierreich mit Bezügen zum Menschen vgl. Günter Tembrock, *Angst. Naturgeschichte eines psychobiologischen Phänomens*, Darmstadt 2000.

koordinieren. Wie man das Angstempfinden aus der Perspektive desjenigen, der es hat, im Einzelnen phänomenologisch genau beschreibt, mag erst einmal dahingestellt bleiben. Als Ergebnis der bisherigen Überlegung lässt sich festhalten: An Gefühlen ist der Körper auf mindestens zwei Weisen beteiligt, als Körper und als Leib. Gefühle wurzeln in physiologischen und neuronalen Prozessen, aber sie besitzen eine begrifflich davon zu unterscheidende Empfindungsqualität, eine phänomenale Qualität, die an die Perspektive der ersten Person gebunden ist und sich nicht auf physiologische Komponenten reduzieren lässt.[3]

Hermann Schmitz benutzt Begriffe wie »Engung« und »Weitung« bzw. »Spannung« und »Schwellung«, um das leibliche Spüren von Gefühlen zu beschreiben. Für die phänomenale Dimension, das eigentliche Fühlen der Angst, ist ein Engegefühl charakteristisch, man fühlt sich, als werde man zusammengezogen, was außer in der Etymologie der Angst (von »Enge«) auch in den teilweise metaphorischen Wendungen der Alltagssprache zum Ausdruck kommt, wenn wie im erwähnten Beispiel von einem zugeschnürten Hals die Rede ist, oder davon, dass einem ist, als würde der Boden unter den Füßen weggerissen werden. Das Verspüren einer leiblichen Enge ist oft mit dem Eindruck verbunden, keine Handlungsmöglichkeiten mehr zu besitzen. Häufig scheint man gerade in der Angst gar nicht mehr sinnvoll reagieren zu können, sondern steht wie gelähmt da. Das gilt umso mehr, je stärker die Angst ist. Für verwandte Phänomene wie Panik, Entsetzen und Grauen, die in einem bestimmten Sinne jeweils besondere Steigerungsformen der Angst bezeichnen, sind Gefühle der Lähmung und ganz und gar unkoordinierte Handlungsabläufe charakteristisch. Was wir erleben, wie uns zumute ist, wenn wir Angst verspüren, steht auf den ersten Blick in einem Widerspruch zur biologischen Funktion dieses Gefühls, da sinnvolle Reaktionen auf eine bedrohliche Situation oft unmöglich werden.

Schmitz hat die Angst deshalb als gehemmten Fluchtdrang, als »gehindertes Weg!: als ein[en] Impuls, zu entkommen, der gleichsam abprallt«,[4] bezeichnet und dieses Moment eindringlich am Beispiel von Träumen und Szenen vergegenwärtigt, wo man in einer Fluchtbewegung nicht mehr von der Stelle kommt, sei es, weil alle Wege versperrt sind, sei es, weil man plötzlich zur Bewegungsunfähigkeit erstarrt. So gelangt Schmitz dazu, die als Enge verspürte Angst als Enge des Leibes aufzufassen, die mit einer aufgestauten Tendenz einhergeht, in die Weite auszubrechen. Was die Tendenz zu einem Ausbruch in die Weite betrifft, so führt Schmitz zwei

---

3 In der neueren philosophischen Diskussion wird die Frage nach den phänomenalen Qualitäten in erster Linie von Wahrnehmungen und körperlichen Empfindungen wie Schmerzen, Geschmäckern und Gerüchen unter dem Titel Qualia diskutiert. Wichtige Beiträge zu dieser Debatte sind gesammelt in Heinz-Dieter Heckmann/Sven Walter (Hg.), *Qualia. Ausgewählte Beiträge*, Paderborn 2001; vgl. auch die Beiträge in Michael Pauen/Achim Stephan (Hg.), *Phänomenales Bewußtsein – Rückkehr zur Identitätstheorie?*, Paderborn 2002. Ohne diese nunmehr seit gut 30 Jahren anhaltende Debatte im Zusammenhang mit einer Philosophie der Gefühle im Einzelnen würdigen zu können, sei lediglich angemerkt, dass viele der Argumente, die in diesem Zusammenhang für das Eigenrecht des phänomenalen Bewusstseins angeführt werden, sich in modifizierter Form auch als Argumente für die Rolle der Leiblichkeit verstehen lassen. Leiblichkeit freilich ist eine Kategorie, die in der Qualia-Debatte erstaunlicherweise kaum eine Rolle spielt.
4 Hermann Schmitz, *Die Gegenwart*, Bonn 1964, 175.

weitere Begriffe an: »Spannung« und »Schwellung«, um die Nuancen des leiblichen Spürens eindringlicher zu skizzieren. »Leibliche Engung, die sich in der Auseinandersetzung mit konkurrierender Weitung befindet, bezeichne ich als Spannung, umgekehrt die mit solcher Spannung konkurrierende Weitung als Schwellung.«[5] Nach den bisherigen Ausführungen liegt es nahe, den gehinderten Bewegungsimpuls in der Angst leiblich als eine Engung, die mit einer Weitung konkurriert, also als Spannung aufzufassen. Als ein ...wie Schmitz sich ausdrückt ...»Ringen um Weite, das aber wegen der Übermacht engender und stauender Hemmung zu einem vergeblichen Sichaufbäumen gegen diese wird.«[6]

Gegen die Darstellung von Schmitz lassen sich verschiedene Einwände erheben. Man könnte diese Beschreibung in Zweifel ziehen und kritisieren, dass nicht nur die Angst, sondern auch andere Gefühle sich leiblich als ein »Ringen um Weite« (zum Beispiel Ärger) oder als gehinderte Bewegungsimpulse (zum Beispiel Scham) kennzeichnen lassen. Schmitz würde dies nicht bestreiten, zumal es zunächst lediglich darum geht zu beschreiben, wie Angst leiblich erlebt wird, nicht aber um deren vollständige Charakterisierung. Die leiblichen Manifestationen verschiedener Gefühle können sich in bestimmten Hinsichten ähneln, ohne dass darum die entsprechenden Gefühle als identisch gelten müssten. Schmitz diskutiert Schmerz und Ärger als Phänomene, die sich ebenfalls als gehinderter Drang analysieren lassen.[7] Man könnte auch die Brauchbarkeit von Begriffen wie »Enge« und »Weite« zur Charakterisierung des leiblichen Spürens bezweifeln. Als »eng« oder »weit« in einem wörtlichen Sinne werden zunächst einmal räumliche Verhältnisse bezeichnet. Was geschieht, wenn solche Begriffe zur Beschreibung leiblichen Spürens herangezogen werden? Handelt es sich nicht, so könnte man einwenden, lediglich um metaphorische Redeweisen, deren systematische Brauchbarkeit fragwürdig ist?

Der Hinweis auf den metaphorischen Charakter von Kennzeichnungen wie Enge und Weite, sofern diese einer Erfassung des leiblichen Spürens dienen sollen, stellt an und für sich kein Problem dar. Metaphern haben mitunter eine größere Erschließungskraft als Begriffe, zumal dort, wo es darum geht, in Philosophie und Wissenschaft vernachlässigte Perspektiven zur Geltung zu bringen. Die Frage lautet, ob der Umstand, dass wir zur Charakterisierung der Leiblichkeit eines Gefühls auf metaphorische Redeweisen angewiesen sind, die sich in der Regel jeweils kulturspezifisch ausprägen, nicht als ein Indiz dafür angesehen werden kann, dass dasjenige, was jeweils als Leiblichkeit eines Gefühls erfahren wird, Ergebnis kulturabhängiger Selbstverständnisse und Deutungsleistungen ist?

Welche spezifische Leiblichkeit einem Gefühl zukommt, dies könnte sich ...wie die Gesten und das Ausdrucksverhalten, mit denen bzw. dem Gefühle begleitet werden ...von Kultur zu Kultur unterscheiden. Ausdrücke aus anderen Sprachen und Kulturen deuten allerdings darauf hin, dass sich beispielsweise das Moment der Enge im Zusammenhang mit der Angst immer wieder artikuliert: Das griechische Verb

---

5 Hermann Schmitz, »Die Angst: Atmosphäre und leibliches Befinden«, in: ders., *Leib und Gefühl. Materialien zu einer philosophischen Therapeutik*, Paderborn 1989, 135..152, a. a. O., 144.
6 Ebd., 145.
7 Hermann Schmitz, *Die Gegenwart*, a. a. O., 177 ff., 183 ff.

agchein bedeutet soviel wie würgen, drosseln, sich ängstigen. Gleiches gilt für das entsprechende Feld der lateinischen Wörter: *angor* (Würgen, Beklemmung, Angst), *anxietas* (Ängstlichkeit), *angustia* (Enge), *angere* (die Kehle zuschnüren, das Herz beklemmen). Die Vermutung, Erfahrungen der Angst und Furcht würden kulturübergreifend mit Bildern der Enge assoziiert, wird gestützt, wenn man Zeugnisse aus anderen Epochen heranzieht. Thomas von Aquin beispielsweise weist im Anschluss an Johannes von Damaskus darauf hin, dass die Furcht eine Systole, eine Zusammenziehung sei.[8]

Ob man das Vokabular von Engung und Weitung überhaupt als metaphorisch auffasst, wird am Ende davon abhängen, ob und inwieweit man der bei Schmitz mit der Verwendung dieses Vokabulars verbundenen Auffassung von der Räumlichkeit des Leibes zu folgen bereit ist.[9] Ohne diese Auffassung hier im Einzelnen rekonstruieren und kommentieren zu können, sei lediglich angemerkt, dass Schmitz den Leib als »elementare[n], ursprüngliche[n] Raum [begreift], ohne den es keinen Zugang zu erfahrbarer Räumlichkeit in irgendeinem Sinn gibt.«[10] Vollzieht man diese Überlegungen nach, dann müssen Begriffe wie Enge und Weite als in der ursprünglichen Lebenserfahrung am Leib gewonnen gelten, die dann erst im Nachhinein auf räumliche Verhältnisse im gewöhnlichen Sinne übertragen werden. So gesehen würde es sich gerade nicht um Metaphern im klassischen Sinne handeln.

Wer Angst hat oder sich fürchtet, der ängstigt sich in der Regel vor etwas. Es kann ein einzelnes Ding (zum Beispiel ein Hund), eine Person (ein bestimmter Mann), ein Ereignis (etwa ein Erdbeben), eine Handlung (das Bohren des Zahnarztes) oder ein Sachverhalt (dass ich vor einem Abgrund stehe und springen soll) sein. Ein guter Test für die Intentionalität eines Gefühls besteht darin, zu fragen, womit das Gefühl zu tun hat, worauf es gerichtet ist. Ausdrücken lassen sich die Gehalte von Gefühlen in der Regel mit Hilfe propositional strukturierter dass-Sätze . Beispiele: »Ich habe Angst davor, dass der Hund mich beißt.«; »Ich habe Angst davor, dass der Zahnarzt bohrt.« Die Frage nach dem Gehalt lässt sich anlässlich fast aller Gefühle stellen. Ein weiteres Beispiel: die Wut. Auch hier kann man immer fragen, worauf die Wut gerichtet ist. Man ist in der Regel nicht einfach nur wütend, sondern wütend ist man auf jemanden wegen etwas. Wichtig ist, dass die Objekte oder Sachverhalte, auf welche ein Gefühl bezogen ist, nicht unbedingt existieren müssen. So kann man Angst vor Vampiren haben, obwohl sich deren Existenz mit Fug und Recht bestreiten lässt. Nur derjenige, der das Gefühl hat, muss den auslösenden Gegenstand für real oder mindestens für möglich halten.

Dass Gefühle mit Urteilen verbunden sind bzw. mit ihnen verbunden sein können, ist ein Umstand, auf welchen bereits Aristoteles aufmerksam gemacht hat. Er bemerkt:

»Es sei also die Furcht eine gewisse Empfindung von Unlust und ein beunruhigendes Gefühl, hervorgegangen aus der Vorstellung eines bevorstehenden Übels,

---

8 Thomas von Aquin, *Summa Theologica*, I..II, quaestio 41, art. 1.
9 Analysen zu dieser Thematik finden sich bei Hermann Schmitz, *Der Leib*, Bonn 1965 und ders., *Der leibliche Raum*, Bonn 1967; eine straffe Darstellung gibt Schmitz in *Der Leib im Spiegel der Kunst*, Bonn ²1987, 7.36.
10 Hermann Schmitz, *Der Leib, der Raum und die Gefühle*, Stuttgart 1998, 51.

das entweder verderblich oder doch schmerzhaft ist.«[11] Und etwas später heißt es: »Folglich müssen nun notwendig die Furcht empfinden, die glauben, etwas zu erleiden, und zwar von bestimmten Personen eine bestimmte Sache und zu einem bestimmten Zeitpunkt.«[12]

Welche Arten von Übeln werden gefürchtet? Lassen sich weitere Differenzierungen gewinnen? Alle möglichen Gegenstände, Situationen oder Sachverhalte können angstrelevant sein. Im Reich der Tiere mag man zunächst an Feinde, Nebenbuhler oder andere Gefahren für Leib und Leben denken. Was die Angst des Menschen betrifft, so sind ihre Erscheinungsformen vielfältig. Unter dem Begriff der Angst werden eine ganze Reihe verschiedener, obgleich verwandter Phänomene versammelt: Furcht, Scheu, Schreck, Grauen, Entsetzen, Horror, Panik, um nur einige der in diesem Zusammenhang relevanten Begriffe zu nennen.

Neben den auf konkrete Gegenstände oder Sachverhalte gerichteten Ängsten gibt es ferner eine Art von Angst, die wohl nur unter Menschen, nicht aber unter Tieren, verbreitet ist: Die Angst, welche damit zusammenhängt, dass der Mensch ein auf seine Zukunft gerichtetes Wesen ist und sich um sein Leben sorgt. Unter Menschen sind neben konkreten und auf die unmittelbare Gegenwart bezogenen Ängsten auch Ängste vor antizipierten Gefahren, vor etwas, was in der Zukunft immerhin geschehen könnte, verbreitet: Angst vor Krankheit und Verletzung, vor Krieg und Hunger, Vereinsamung, Trennung, Armut usw. Und gelegentlich nimmt diese Angst nicht die Form der Angst vor einem besonderen, eindeutig bestimmbaren Ereignis in der Zukunft an, sondern ist eine Angst vor der Zukunft oder dem eigenen Leben im Ganzen. Anders als die meisten nichtmenschlichen Lebewesen hat der Mensch eine Vorstellung von seiner Zukunft. Das heißt, er weiß um seine Zukunft und versucht, entsprechend sein Leben nach einem Entwurf oder zumindest nach Plänen zu führen. Dazu muss nicht unbedingt ein auf das Leben im Ganzen bezogener Entwurf gehören, auch die Planung von Terminen und Verabredungen zum Beispiel für die nächsten Tage und Wochen gehört dazu. Und die Zukunft ist ein ganz besonderer Gegenstand der Angst. Nicht unbedingt im Sinne der verbreiteten Rede von den Zukunftsängsten, sondern als eine Angst, die mit der Frage zusammenhängt, ob das jeweils eigene Leben wohl im Ganzen gelingen wird.

In der Psychologie wird in diesem Zusammenhang häufig zwischen so genannten Realängsten, in denen man auf ein bestimmtes Objekt oder einen Sachverhalt in der Welt gerichtet ist, und der Existenzangst unterschieden, die mit der Zukünftigkeit zu tun hat. Diese ist auf das Leben im Ganzen gerichtet und um die Frage bekümmert, ob die eigene Zukunft gestaltet werden kann.[13] Die Unterscheidung zwischen Real- und Lebensangst geht auf die existenzphilosophische Unterschei-

---

11 Aristoteles, *Rhetorik*, übersetzt mit einer Bibliographie, Erläuterungen und einem Nachwort von Franz G. Sievecke, München 1980, 1382 a (98).
12 Ebd., 1382 b (100).
13 Psychologische Erläuterungen finden sich bei Thomas Hülshoff, *Emotionen. Eine Einführung für beratende, therapeutische, pädagogische und soziale Berufe*, München 1999, 60... 88; mit philosophischem Hintergrund argumentieren Eugen Biser, »Gesichter und Wurzeln der Lebensangst. Zur Diagnose und Ätiologie einer Zeitkrankheit«, in: Hermann Lang/Hermann Faller (Hg.), *Das Phänomen Angst*, a. a. O., 18..31; vgl. auch Wolfgang Blankenburg, »Vitale und existentielle Angst«, in: ebd., 43..73.

dung zwischen Angst und Furcht zurück, ist aber nicht unbedingt mit dieser zu identifizieren. Angst gilt vielfach als ein ungerichtetes, unbestimmtes, in der Regel tief in der existentiellen Selbsterfahrung eines Menschen verwurzeltes Gefühl (»Lebensangst«), wohingegen die Furcht als ein auf konkrete Gegenstände oder Sachverhalte gerichtetes Gefühl gilt (»Realangst«).

Was die Gerichtetheit der Angst betrifft, so erlaubt die Vielfalt möglicher Angstanlässe keine verbindliche Klassifizierung. Lassen sich im Zusammenhang mit der Gerichtetheit der Angst weitere Unterscheidungen treffen? Worauf genau sind Gefühle wie die Angst gerichtet? In den bisher erwähnten Beispielen war von der Ausrichtung auf Sachverhalte oder Gegenstände bzw. Personen die Rede. In diesem Zusammenhang ist noch einmal an die Unterscheidung von Verdichtungsbereich und Verankerungspunkt zu erinnern, die Hermann Schmitz am Beispiel der Angst bei einem Zahnarztbesuch erläutert. In seiner phänomenologischen Beschreibung führt er dazu aus:

> »Die Furcht vor dem Zahnarzt ist eine zentrierte Atmosphäre mit Verdichtungsbereich und Verankerungspunkt. Sie ruht zwar als organische Gestalt auf ihrem Verankerungspunkt, der Aussicht auf den Schmerz, aber dieser tritt in der Furcht hinter den Verdichtungsbereich phänomenal zurück, so daß man nicht von Furcht vor dem Schmerz, sondern von Furcht vor dem Zahnarzt spricht. In den kritischen Sekunden, in denen der Patient, der sich gerade niedergelassen hat, die Szenerie mit Arzt und Bohrgerät in nervös flackernder Unruhe mustert, ist seine Furcht vielleicht lebhafter als nachher, wenn die Behandlung und damit der Schmerz begonnen hat; gerade in jener kritischen Phase tritt der Verankerungspunkt aber oft phänomenal zurück, und davor sammeln sich vage Erregungen der Bedrohlichkeit im Verdichtungsbereich, dem sie ein feindseliges, aggressives Gepräge aufdrücken.«[14]

Eine ganze Reihe von intentionalen Gefühlen, so muss man die Unterscheidung verstehen, ist auf zweierlei Arten von Gegenständen oder Sachverhalten zu beziehen. So sind der Arzt und seine Geräte Verdichtungsbereich der Angst, während die Aussicht auf Schmerz ihren Verankerungspunkt bildet. Vergegenwärtigt man sich das große Spektrum von Ängsten, die den Menschen heimsuchen können, sind weitere Unterscheidungen erforderlich, um den relevanten Phänomenbereich in seinen Grundzügen zu erfassen.

2. ›Krankhafte‹ und ›gesunde‹ Angst

»Angst kennt ein jeder, der Gesunde wie der Kranke«[15] …Gefühle der Angst sind jedem vertraut. Geht man davon aus, dass eine der wesentlichen biologischen Funktionen darin besteht, Leben zu erhalten, dann muss ein Mangel an Angst ebenso ver-

---

14 Hermann Schmitz, »Angst: Atmosphäre und leibliches Befinden«, a. a. O., 151.
15 Hermann Lang/Hermann Faller, »Einleitung: Angst …ein paradoxes Phänomen«, in: Hermann Lang/Hermann Faller (Hg.), *Das Phänomen Angst*, a. a. O., 7.

fehlt erscheinen wie die Ausbildung von Angst im Übermaß. Angsterkrankungen besitzen überdies in der zivilisierten Welt, wo die unmittelbare Erfahrung möglicher Bedrohungen zu schwinden scheint, einen durchaus hohen Verbreitungsgrad. So kann es nicht überraschen, dass die Angst und Störungen des Angsterlebens im Zentrum vieler medizinisch-therapeutischer und psychotherapeutischer Diskurse stehen.

Eine große Schwierigkeit wirft die Beantwortung der Frage auf, unter welchen Umständen und auf der Grundlage welcher Kriterien Angstreaktionen als krankhaft klassifiziert werden können. Erschwerend tritt hinzu, dass der Begriff der Krankheit seinerseits eine inzwischen weit verzweigte Debatte nach sich gezogen hat. Seine Verwendung ist in vielen Fällen alles andere als unstrittig. Es soll für die Zwecke in diesem Abschnitt genügen, Krankheit, insbesondere auch psychische Krankheit, als eine in der Regel objektiv feststellbare, intersubjektiv akzeptierte und subjektiv erlebte Störung der Funktionsfähigkeit eines Individuums zu begreifen.[16]

Was die Thematik der Angststörungen betrifft, so ist an Freud zu erinnern. Er hat eine zwar umstrittene und häufig modifizierte Typologie vorgelegt, trotz aller Revisionen bildet diese allerdings nach wie vor eine wichtige Grundlage für die Klassifizierung von Angsterkrankungen. Der Fokus der Beiträge zur Psychopathologie der Angst konzentriert sich tendenziell auf das Erleben zu starker und situationsunangemessener Ängste; ein Übermaß von Angst ist offenbar eher krankheitsverdächtig als ihr Mangel. Über mögliche Gründe für diesen Umstand lässt sich allenfalls spekulieren.[17]

Es sind im Großen und Ganzen drei Typen krankhafter Angst, die bei Freud voneinander unterschieden werden. Er spricht zunächst von einer »allgemeinen Ängstlichkeit«, die als »eine sozusagen frei flottierende Angst« aufgefasst wird, welche bereit ist,

> »sich an jeden irgendwie passenden Vorstellungsinhalt anzuhängen, die das Urteil beeinflußt, die Erwartungen auswählt, auf jede Gelegenheit lauert, um sich rechtfertigen zu lassen. Wir heißen diesen Zustand Erwartungsangst oder ängstliche Erwartung . Personen, die von dieser Art Angst geplagt werden, sehen von allen Möglichkeiten immer die schrecklichste voraus, deuten jeden Zufall als Anzeige eines Unheils, nützen jede Unsicherheit im schlimmen Sinne aus.«[18]

In diesem Zusammenhang gebraucht Freud auch den Begriff der »Angstneurose.« Einen weiteren Typus pathologischer Ängste stellen die so genannten Phobien dar. Im Unterschied zur frei flottierenden Angst, die in beliebigen Situationen aufzutreten vermag, sind Phobien an bestimmte Vorstellungsinhalte oder an bestimmte Situationen, Sachverhalte und Objekte gebunden. Freud differenziert zwischen verschiedenen Formen phobischer Erkrankungen, je nachdem, wie ausgeprägt der Bezug zu

---

16 Dies ist eine vergleichsweise allgemeine, fast formale Auffassung von Krankheit. Zur Debatte um den Krankheitsbegriff und zu näheren Bestimmungen vgl. Thomas Schramme, *Patienten und Personen. Zum Begriff der psychischen Krankheit*, Frankfurt a. M. 2000, v. a. 114 ff.
17 Vgl. Horst-Eberhard Richter, *Umgang mit Angst*, Hamburg 1992, 19 ff., der mit Blick auf die Wohlstandsgesellschaften eine »Okay-Moral« und eine »Pflicht zur Unbekümmertheit« diagnostiziert.
18 Vgl. Sigmund Freud, *Vorlesungen zur Einführung in die Psychoanalyse*. Studienausgabe Band I, Frankfurt a. M. 1969 (EA 1917), 384 f.

einer realen Gefahr ist, den sie aufweisen. Das Spektrum reicht von Phobien, die mit einer an und für sich realen Bedrohung zusammenhängen, aber eine übertriebene Form der Angstreaktion darstellen, bis hin zu solchen, bei welchen sich der Bezug zu potentiellen Gefahren allenfalls noch auf einer symbolischen Ebene ausmachen lässt.[19]

Von der Angstneurose und den Phobien unterscheidet Freud einen dritten Typ krankhafter Angst, der ...wie er einräumt ..»vor das Rätsel« stellt, »daß wir den Zusammenhang zwischen Angst und drohender Gefahr völlig aus den Augen verlieren«.[20] Es soll sich um eine Angst handeln, die zwar in Situationen der Erregung auftrete, so dass zwar ein Affektausdruck zu erwarten sei, aber am wenigsten sei die Angst zu erwarten, und in der Regel handele es sich um einen von allen Situationsbedingungen losgelösten, für den Beobachter ebenso wie für den Betroffenen unverständlichen Angstanfall. Freud bringt diese Art von Angst in Verbindung mit dem ohnehin unklaren Krankheitsbild der Hysterie.

Innerhalb der neueren Psychologie und Psychiatrie werden auch weiterhin drei Gruppen von Angststörungen unterschieden, obgleich sich die Voraussetzungen der Klassifikation im Vergleich zu den Unterscheidungen psychoanalytischer Herkunft geändert haben. Das *Diagnostic and Statistic Manual IV* der *American Psychiatric Association* unterscheidet zwischen generalisierten Ängsten, Panikattacken und Phobien[21], eine Einteilung, hinter der sich unschwer Elemente der Klassifikation von Freud erkennen lassen. Der Begriff der generalisierten Ängste lässt sich auf Freuds Rede von einer allgemeinen Angst beziehen. Von generalisierter Angst spricht man, wenn das Angstgefühl zu einem alles beherrschenden Grundton im Leben eines Individuums geworden ist, ohne dass sich Anlässe finden würden, die eine Angstreaktion rechtfertigen könnten. Typisch für diejenigen, die an einer generalisierten Angst leiden, ist, dass sie sich für ihre Angst jeweils einen Grund suchen.

Nahezu alles kann zum Gegenstand und Anlass der Angst werden: das morgendliche Aufstehen, der Gang aus dem Haus, jede Art von Aktivität oder Sozialkontakt. Körperlich geht die generalisierte Angst mit den typischen Angstsymptomen (Herzrasen, Schweißausbrüche, Atemnot usw.) einher, die häufig sogar in einer gesteigerten Form auftreten. Ob sich in diesem Zusammenhang auch sinnvoll der Begriff der Angstneurose verwenden lässt, ist umstritten.[22] Bezogen auf das Phänomen

---

19 Vgl. ebd., 385 ff.
20 Ebd., 387.
21 American Psychiatric Association, *Diagnostic and Statistic Manual of Mental Disorders*, Washington ⁴1994.
22 Vgl. dazu Hermann Lang, »Zur Pathologie der Angst und Angstverarbeitung«, in: Hermann Lang/Hermann Faller (Hg.), *Das Phänomen Angst*, a. a. O., 122..145, der für eine Beibehaltung des Begriffs der Angstneurose plädiert, diesen allerdings umdefiniert im Sinne eines Krankheitsbildes, welches Angst zum Leitsymptom hat und sich auf dem Boden einer neurotischen Struktur entwickelt. Die verbreitete psychopathologische Unterscheidung von Angstneurose im Sinne einer ungerichteten Angst und Phobien als gerichteten Ängsten lehnt er ab, da sie ihm zufolge die unausgewiesene philosophische Differenz von Angst und Furcht auf das Gebiet der Psychopathologien transportiere. Vgl. dazu auch Wolfgang Blankenburg, »Angst und Hoffnung ...Grundperspektiven der Welt- und Selbstauslegung psychisch Kranker«, in: Günter Eifler (Hg.), *Angst und Hoffnung. Grundperspektiven der Weltauslegung*, Mainz 1984, 1..32, 11 ff.

generalisierter Ängste würde man gegebenenfalls dann von einer Angstneurose sprechen können, wenn die allgemeine Angst als Ausdruck eines unbewussten, nicht zureichend verarbeiteten innerpsychischen Konflikts angesehen werden kann.

Als Panikattacke hingegen gilt das plötzliche und akute Auftreten intensiver Angst. Zumeist handelt es sich um anfallartige Angstzustände, die von ihrer Symptomatik her mit hochgradigen Erregungszuständen einhergehen: Herzrasen, Beklemmungsgefühle, Atemnot und Zittern stellen sich ein. Viele Menschen empfinden anlässlich einer Panikattacke Todesangst. Feingliedriger wird häufig noch zwischen spontanen, angstbedingten und situationsbedingten Panikattacken unterschieden. Zumindest die spontanen Anfälle, die sich ohne Vorwarnung und erkennbaren Anlass einstellen, sowie die situationsbedingten Panikanfälle (die mit einer Phobie gekoppelt sein können) lassen sich mit Einschränkung auf den von Freud aufgewiesenen dritten Angsttypus beziehen. Im Zusammenhang mit Panikerkrankungen stellt sich zudem häufig eine auf die Panikattacke selbst gerichtete Angst ein. Dies erinnert zwar an Freuds Rede von der »Erwartungsangst«, aber anders als diese hat die »angstbedingte Panik« ein klares Objekt: den schwer zu ertragenden Panikanfall selbst.

Phobien schließlich als dritte Gruppe der heute noch diagnostisch und therapeutisch relevanten Angsterkrankungen, sind ...so hatte bereits Freud den Begriff verwendet.. Ängste, die sich auf bestimmte Situationen oder Objekte beziehen. Um Angststörungen handelt es sich, da je nach Phobie die Angstreaktion entweder übertrieben oder aber gänzlich grundlos ist. Verbreitet sind soziale Phobien, die sich beispielsweise als Redeangst manifestieren können, Klaustrophobien und verschiedene Arten von Tierphobien. Man geht davon aus, dass Phobien einen Stellvertretercharakter haben, das heißt, ihnen liegen innerpsychische Konflikte zugrunde, die den Betroffenen zumeist nicht bewusst sind. Anders als generalisierte Angststörungen oder Panikattacken wirken sich Phobien nicht unbedingt als starke Beeinträchtigungen der eigenen Lebensmöglichkeiten aus. Die Objekte oder Sachverhalte, auf welche sie bezogen sind, brauchen im eigenen Lebenszusammenhang so gut wie nie vorzukommen. In den Fällen, wo sie aber doch vorkommen, führen sie zu einer nachhaltigen Störung des Lebens, indem sie ein intensives Vermeidungsverhalten nach sich ziehen, etwa wenn jemand, der unter Reiseangst leidet, sich nur in einem Radius von maximal zwanzig Kilometern bewegen kann.

Nicht jede Art von Angst muss als eine Störung aufgefasst werden. Trotz aller Versuche, geeignete Kriterien dafür bereit zu stellen, pathologische von normalen Ängsten zu unterscheiden, wird man der Tatsache Rechnung tragen müssen, dass die Grenzen zwischen der Angst des Gesunden und der Angst des Kranken fließend sind. Angstanlass, Dauer und Intensität des Angstzustandes, subjektiv erlebter Leidensdruck, alles dies sind Kriterien, die zwar eine erste Einteilung ermöglichen, am Ende allerdings keine definitive Grenzziehung zwischen pathologischer und normaler Angst erlauben. Denn für all diese Anhaltspunkte spielen Angemessenheitsvorstellungen eine Rolle, für die es keine objektiven Kriterien, sondern allenfalls Übereinkünfte gibt.

Gleiches gilt für die Unterscheidung zwischen der Angst, sofern es sich um ein akut verspürtes Gefühl handelt, und der Angst, sofern es sich um ein Gefühl handelt, zu welchem ein Individuum disponiert ist. Von einem akut verspürten oder einem episodischen Gefühl kann man sprechen, wenn sich das Gefühl plötzlich aus irgendeinem Anlass aufnötigt, wenn es uns ergreift, eine bestimmte Zeitspanne andauert und anschließend wieder verebbt. Als Disposition hingegen lässt sich ein Gefühl verstehen, wenn mindestens zwei Kriterien erfüllt sind: 1.) Die Empfänglichkeit für ein bestimmtes Gefühl hat sich im Charakter einer Person verankert. Der in einem dispositionellen Sinne Ängstliche neigt beispielsweise dazu, häufiger und gegebenenfalls auch schon bei niedrigeren Reizschwellen Angst zu empfinden, anders als der nicht zu Angst Disponierte. Wenn man von jemandem sagt, er sei ein ängstlicher Mensch, zielt diese Redeweise auf die Angst als Disposition. 2.) Damit beginnt das Gefühl das Welt- und Selbstverhältnis einer Person zu prägen und in ihrem Verhalten eine mehr oder weniger maßgebliche Rolle zu spielen. Auf den ersten Blick läge es nahe, die Angst im Sinne einer Disposition, als Eigenschaft des Charakters eines Individuums, unter Pathologieverdacht zu stellen.

Ohne eine allgemeine Theorie pathologischer Ängste formulieren zu können, seien noch einmal die Überlegungen zum intentionalen bzw. semantischen Gehalt von Gefühlen in Erinnerung gerufen. Gefühle wie die Angst sind, jedenfalls im Prinzip, so wurde behauptet, intentional. Sie sind auf Sachverhalte und Objekte gerichtet, was sich in der Regel durch ein Urteil zum Ausdruck bringen lässt. Man könnte es nun als ein Charakteristikum pathologischer Fälle von Angst (und dies mag dann auch für Gefühle im Allgemeinen gelten) auffassen, dass in ihnen dieses Gerichtet-Sein wegbricht und das Gefühl den für es jeweils spezifischen Gehalt verliert. Es verselbständigt sich und wird unabhängig von den Gehalten, die es normalerweise aufweist und den Situationen, in denen man es normalerweise verspürt. Genau darin, so lässt sich nun vermuten, liegt die Störung, dass das Gefühl richtungslos umherirrt und nicht mehr sinnvoll in das Gesamterleben und die Lebenssituation integriert werden kann. Aber die Frage nach einem Kriterium der Unterscheidung von normaler und pathologischer Angst ist damit noch immer nicht beantwortet, sondern lediglich verschoben. Es bedarf genauerer Bestimmungen, um die Frage zu beantworten, wann ein Gefühl nicht mehr in das Gesamterleben integriert werden kann.

Es ist zu vermuten, dass diesem Integrationsideal eine Vorstellung von Stimmigkeit zugrunde liegt, für die es ähnlich wie bei der »Angemessenheit« bestimmter Angstintensitäten für bestimmte Gefahrensituationen keine objektivierbaren Kriterien gibt. Denn so hinderlich und schwer erträglich Phobien und andere problematische Angstformen sein mögen, so scheinen sie doch zumindest zu Beginn ihres Entstehens funktional für die Psyche gewesen zu sein, indem sie noch schlimmere Bedrohungen für die betroffene Person bzw. deren Ich abzuwehren halfen.

3. Verwandte Phänomene: Schreck, Grauen, Panik

Die deutsche Sprache kennt eine ganze Reihe von Wörtern, um einzelne Elemente innerhalb eines Spektrums von Gefühlszuständen zu kennzeichnen, die in der einen oder anderen Weise mit Angst bzw. Furcht zusammenhängen. Sie sind bereits teilweise zur Sprache gekommen: »Scheu«, »Schreck«, »Grauen«, »Gruseln«, »Entsetzen«, »Horror«, »Panik«, um nur einige Ausdrücke aus dem relevanten Wortfeld zu nennen.[23] Im Alltag werden die genannten Begriffe selten einheitlich verwendet. Als »scheu« gilt häufig der Schüchterne, der ein eher größeres Maß an Angstbereitschaft im Sinne einer Disposition an den Tag legt, eine Angstbereitschaft, die sich in erster Linie mit sozialen Situationen und Aufgaben verbindet und als Angst anzusehen ist, sich in irgendeiner Weise zu exponieren. Damit stehen die Haltungen von Scheu und Schüchternheit in engem Zusammenhang mit Scham, aber als Angst vor beschämenden Situationen müssen sie auch als Angstdispositionen bezeichnet werden.

Der Begriff des Schreckens dagegen bezieht sich alltagssprachlich oft gar nicht auf ein Gefühl, sondern auf die leibliche Reaktion auf ein plötzliches und unerwartetes Ereignis, etwa wenn man bei einem unerwarteten lauten Geräusch vor Schreck zusammenzuckt, ohne dass dies notwendig mit einer Angst vor dem durch das Geräusch Angezeigten verbunden sein müsste. Der Ausdruck »Schrecken« kann aber auch eine plötzlich und akut auftretende Angst bezeichnen, die sich in einer Situation unerwarteter, heftiger Bedrohung einstellen kann. Auch Grauen, Entsetzen, Horror oder Panik sind Begriffe, die vornehmlich zur Bezeichnung von besonderen Steigerungsformen der Angst dienen und häufig auch die Größe der Gegenstände betonen, auf welche sich die jeweilige Form von Angst richtet. Auch wenn die angeführten Wörter heute manchmal ein wenig inflationär verwendet werden und bereits ein Abend, den man glaubt mit den falschen Leuten verbracht zu haben, zu Adjektiven wie »grauenhaft« oder »entsetzlich« herausfordern kann, dürfte es den genuinen Sinn der genannten Begriffe ausmachen, dass wir sie in Zusammenhängen verwenden, in denen die Gegenstände, welche Grauen oder Entsetzen auslösen, unser Fassungsvermögen zu übersteigen drohen: die verheerenden Folgen kriegerischer Anschläge, Massenvernichtung, Folter, Terroranschläge, Naturkatastrophen ... Ereignisse dieser Art können zum Anlass von Grauen und Entsetzen werden.

Nicht die Größe der Gegenstände, die zum Anlass der Angst werden, sondern die Intensität der Angst scheint im Vordergrund zu stehen, wo Begriffe wie »Horror« oder »Panik« gebraucht werden. Der Begriff der Panik ist bereits im Zusammenhang mit psychopathologischen Formen der Angst erläutert worden und wird auch in seiner vorklinischen Bedeutung für besonders intensive Zustände von Angst, gepaart mit einer bestimmten Art von Kopflosigkeit, gebraucht. Der Begriff des Horrors hingegen kennt wohl keine einheitliche Verwendung. Auch er bezeichnet als eingedeutschter Anglizismus häufig intensive Angstzustände, dient im Deutschen allerdings auch zur Charakterisierung von Zuständen der Furcht, die durch besonders unvorstellbare Situationen und Zusammenhänge hervorgerufen werden. Dieser Aspekt wird mit der literarischen und filmischen Genrebezeichnung »Horror« transportiert. Ein wenig eingehender sei der Begriff des Gruselns betrachtet, der vordergründig eine ähnliche Art von Angst zu bezeichnen scheint wie derjenige des Horrors, aber deutlicher noch als dieser eine besondere Nähe zu einem weiteren, ebenfalls in die Reihe der Angstphänomene gehörenden Gefühl aufweist, das paradox erscheint: Angstlust.

---

23 Henning Bergenholtz, *Das Wortfeld »Angst«*, a. a. O., 58 ff. führt vor Augen, wie groß das betreffende Wortfeld ist.

Im Gruseln sind angstbedingte Unlustempfindungen häufig mit Faszination und einer gewissen Behaglichkeit verbunden. Als behagliches Gruseln lassen sich zum Beispiel schon die Gefühle beschreiben, welche sich beim Kind anlässlich der Begebenheiten in einem Märchen einstellen können. Man denke an »Hänsel und Gretel« und die Gestalt der bösen Hexe oder an die Figur des Teufels im Kasperle-Theater. Andere Beispiele wären die Geisterbahnfahrt auf dem Jahrmarkt oder der Besuch eines Horrorfilms bzw. Thrillers, und auch das Lesen von Kriminalromanen ist durch diese Angstlust motiviert. Dies alles sind Fälle, in denen man die Angst in einer distanzierten Perspektive erlebt: Man ist nicht wirklich in Gefahr, setzt sich aber Angst- und Spannungsgefühlen zu Unterhaltungszwecken aus und sucht den Effekt des *Thrills*;[24] Ziel ist der Nervenkitzel. Derartige Fälle verweisen bereits auf den paradoxen Charakter der Angstlust: Während die Angst unter normalen Umständen ein Gefühl ist, welches man nicht gerne hat, ist dies bei der Angstlust offensichtlich anders.

Angstbehaftete Situationen werden in der Regel unter allen Umständen gemieden. Situationen, die Angstlust versprechen, werden hingegen gezielt aufgesucht, sogar dann, wenn sie reale und nicht nur simulierte oder angedeutete Gefahren bereithalten. Man denke an Sportarten wie das Autorennen, das Gleitschirmfliegen, Fallschirmspringen oder Extrembergsteigen. Anders als der Besuch eines Horrorfilms halten die genannten sportlichen Aktivitäten reale Gefahren bereit und können zu einer Bedrohung für Leib und Leben werden. Man begibt sich in der Regel freiwillig in die genannten Situationen, so dass von einer positiven Einstellung gegenüber der Situation des Abenteuers ausgegangen werden muss.

Möglicherweise besteht die Lustkomponente im Fall der angeführten Beispiele gerade darin, ein großes Maß an Angst zu überwinden. Im psychoanalytischen Jargon werden Menschen, die sich gezielt in Gefahr begeben, gelegentlich als risikosüchtige Kontraphobiker bezeichnet, verwendet wird auch der Begriff des Philobaten.[25] Diese Personen haben damit zu wenig Angst, während die meisten pathologischen Fälle eher auf einem Zuviel an Angst beruhen. Der Typus des Philobaten findet erst dann zu innerer Ausgeglichenheit, wenn er alle Sicherheiten hinter sich lassen und sich ganz in eine bedrohliche Situation hineinbegeben kann.

Interviews mit Personen, die extrem gefährliche Sportarten betreiben oder betrieben haben, lassen erkennen, dass die erhöhte Risikobereitschaft, die Lust am Nervenkitzel durch andere, häufig in vergleichsweise banalen Bereichen des Lebens auftretende Ängste bedingt sein kann. So berichtet der ehemalige Rennfahrer Niki Lauda von einer unerträglichen Angst vor dem Dunkel. Und Reinhold Messner, der mehrere Achttausender bezwungen hat, spricht von einer Angst davor, beim Herumsitzen im eigenen Zimmer verrückt zu werden.[26] Solche Auskünfte sollten jedoch nicht dazu verleiten, das Phänomen der Angstlust vorschnell unter Pathologieverdacht zu stellen. Wie für jede andere Art der Angst, lassen sich auch bezüglich der

---

24 Michael Balint, Autor der thematisch einschlägigen Monographie *Angstlust und Regression*, Stuttgart 1960, 5 f. bedenkt die Schwierigkeiten, das deutsche Wort »Angstlust« als Übersetzung des englischen *thrill* zu verwenden.
25 Ebd., 23 ff.
26 Siehe die Diskussion bei Horst-Eberhard Richter, *Umgang mit Angst*, a. a. O., 125 ff.

Angstlust verschiedene Formen unterscheiden und die Abgrenzung zwischen normalen und pathologischen Fällen dürfte ebenso schwierig sein wie bei den anderen Ängsten.

Die Überlegungen dieses Abschnitts haben gezeigt, welche vielfältigen Ausprägungen Angst und Furcht annehmen können. Anlässe des Gefühls, Dauer und Intensität, das Verhältnis zu anderen Gefühlen, die Integration des Gefühls in das psychische Gesamterleben einer Person ...alles dieses sind Faktoren, auf deren Grundlage Typen von Angst voneinander differenziert werden können. Die beiden folgenden Abschnitte dieses Kapitels werfen einen Blick in die Geschichte der Philosophie und des abendländischen Denkens.

4. Angst und Hoffnung

In der klassischen Periode der antiken Philosophie ist von einer Angst im Sinne der Lebens- oder Existenzangst nicht die Rede. Erst in der Spätantike und mit dem Christentum rückt die Auseinandersetzung mit der Angst als einem Phänomen, das nicht in spezifischer Weise auf gefahrenvolle Situationen und Bedrohungen gerichtet ist, mehr und mehr in den Vordergrund, bevor diese Existenzangst dann vor allem im Anschluss an Kierkegaard das philosophische Denken gänzlich zu dominieren beginnt. Die antiken Autoren sprechen in erster Linie über die konkrete Angst, welche im Anschluss an die Existenzphilosophie terminologisch zumeist als Furcht bezeichnet wurde. Es ist ein auffälliges Merkmal der Tradition, dass die Furcht selten isoliert betrachtet wird, sondern in ihrem Zusammenhang mit anderen Einstellungen und Charakterzügen von Personen zur Darstellung gelangt. Der Furcht vor konkreten Dingen wird als Tugend der Mut bzw. die Tapferkeit entgegengesetzt, als Gefühl die Hoffnung. Hatte Aristoteles zum Beispiel den semantischen Gehalt der Furcht bestimmt als »Vorstellung eines bevorstehenden Übels, das entweder verderblich oder doch schmerzhaft« ist, so charakterisiert er das Gegenteil der Furcht als »mit der Vorstellung verbundene Hoffnung, daß die Rettung bevorstehe, das Furchterregende entweder gar nicht vorhanden oder doch weit entfernt sei«.[27]

Angst und Hoffnung sind in der philosophischen Tradition oft als Phänomene angesehen worden, die einen ausgeprägten Bezug zueinander aufweisen. Der Grund für diese Sicht der Dinge tritt bereits bei Aristoteles zutage. Angst und Hoffnung scheinen komplementäre Arten von Urteilen zu implizieren und beide einen Zukunftsbezug aufzuweisen: Ängste und Befürchtungen sind mit Urteilen verbunden, die sich darauf beziehen, dass Übel und Unheil drohen, die Hoffnung indessen impliziert Urteile, denen zufolge das Gute sich auch gegen Widerstrebendes durchset-

---

[27] Aristoteles, *Rhetorik*, a. a. O., 1383 a (101); einen Überblick über die antike Auseinandersetzung mit der Thematik der Angst gibt Andreas Spira, »Angst und Hoffnung in der Antike«, in: Günter Eifler (Hg.), *Angst und Hoffnung. Grundperspektiven der Weltauslegung*, a. a. O., 203..270.

zen wird, auf die eigenen Kräfte oder die Kräfte anderer vertraut werden kann, die Anforderungen einer Situation sich bewältigen lassen und ..wie Aristoteles bemerkt ...»Rettung bevorsteht«.

In diesem Sinne lassen sich Angst und Hoffnung als komplementäre Phänomene begreifen, obgleich ihre Beziehung zueinander nicht unbedingt geradlinig ist. Denkt man doch, nach dem direkten Gegenteil der Angst gefragt, eher an die Furchtlosigkeit oder Tapferkeit, nach dem unmittelbaren Gegenteil der Hoffnung gefragt, dagegen an Verzagtheit oder Verzweiflung.[28] Aber Hoffnung scheint nicht nur von ihrem intentionalen Gehalt, sondern auch durch die Art und Weise, in der wir sie leiblich erleben, der Angst entgegengesetzt zu sein. Denn Hoffnung wird erlebt als eine befreiende Weitung gegenüber vorhergehender Engungserfahrung in Angst oder Verzweiflung; die Intensität der Hoffnung ist leiblich umso stärker, je mehr sie sich gegen eine vorhergegangene Angst durchsetzt und diese ablöst. Heute verwenden wir den Begriff der Hoffnung oft für Haltungen, die nicht notwendigerweise von einem akuten Gefühl begleitet sein müssen oder deren emotionale Färbung sehr schwach sein kann, zum Beispiel in Sätzen des Typs:»Ich hoffe, dass ich rechtzeitig da sein werde«, auch wenn es der betreffenden Person nicht besonders wichtig sein mag. Die philosophische Tradition dagegen ist sich durchgängig über den affektiven Charakter der Hoffnung einig gewesen.

Gerade Begriffe, die zur Bezeichnung von Einstellungen und komplexen psychischen Zuständen verwendet werden, lassen sich zumal dann, wenn sie nicht eindeutig mit einer spezifischen Form des Erlebens, d. h. mit einer für sie charakteristischen Leiblichkeit in Verbindung gebracht werden können, nicht ohne Schwierigkeiten in eine andere Sprache oder einen anderen kulturellen Kontext übertragen. Dies gilt insbesondere auch für den griechischen Begriff *elpis*, der zwar wie das deutsche Wort »Hoffnung« bei den klassischen Autoren der griechischen Philosophie ...bei Platon und Aristoteles ...als Bedeutungskomponente die optimistische Bezogenheit des Menschen auf Zukünftiges enthält und so zumindest tendenziell in den Bereich dessen verweist, was auch durch das deutsche Wort bezeichnet werden kann. Allerdings finden sich bei den meisten antiken Autoren nicht nur die positiven Konnotationen, welche der deutsche Begriff hat. In der vorklassischen, archaischen Dichtung etwa bei Hesiod oder Pindar ...und auch in manchen Strömungen der spätantiken Philosophie, besonders deutlich bei den Stoikern ...wird die *elpis* immer wieder auch negativ als eine trügerische Macht und Gefährtin gewertet, die täuscht und das Herz in Unruhe versetzt.

Erst im Rahmen der religiösen Traditionen des Judentums und des Christentums gewinnen die als »Hoffnung« bezeichneten Einstellungen einen durch und durch positiven Stellenwert.[29] Als ein wichtiges Dokument der Umdeutung von dem

---

28 Vgl. Wolfgang Blankenburg, »Angst und Hoffnung ...Grundperspektiven der Welt- und Selbstauslegung psychisch Kranker«, in: Günter Eifler (Hg.), *Angst und Hoffnung*, a. a. O., 1..32, 2 ff.
29 Einen straffen Überblick geben Andreas Spira, »Angst und Hoffnung in der Antike«, in: Günter Eifler (Hg.), *Angst und Hoffnung. Grundperspektiven der Weltauslegung*, a. a. O., 203..270, v. a. 244 ff. und H.-G. Link, »Hoffnung«, in: *Historisches Wörterbuch der Philosophie* 3, hg. von Joachim Ritter, Basel 1974, 1157..1166, deren Darstellungen wir hier folgen.

in der Antike verbreiteten Verständnis der Hoffnung als trügerischer Kraft in einen positiven, auf das Heilsgeschehen gerichteten ganzheitlichen Lebensvollzug kann die paulinische Epektasis gelten. »Eins aber gilt: ich vergesse, was hinter mir liegt, und strecke mich aus nach dem, was vor mir liegt, dem Ziele jage ich nach, dem Siegespreis der himmlischen Berufung Gottes in Christus Jesus.«[30]

Im Verlauf der weiteren Entwicklung des Christentums schließlich wird die Hoffnung ...neben Glaube und Liebe ...in den Rang einer zentralen Tugend erhoben, sie gewinnt den Stellenwert einer christlichen Kardinaltugend. Und es ist kein Zufall, dass dies im Rahmen einer kultur- und geistesgeschichtlichen Konstellation geschieht, in dem auch die Problematik einer allgemeinen, mit Welt und Leben im Ganzen verbundenen Angst virulent wird. So werden bei den Kirchenvätern, insbesondere bei Augustinus, im Anschluss an das *Neue Testament* Hoffnung und Angst als Affekte angesehen, die sich auf das Leben nach dem Tod bzw. auf das jüngste Gericht und Segen oder Strafe Gottes beziehen.

Thomas von Aquin beschäftigt sich in seiner *Summa Theologica* in zwei verschiedenen Kontexten mit der Hoffnung, im Zusammenhang seiner Auseinandersetzung mit den menschlichen Leidenschaften und im Kontext der christlichen Tugendlehre.[31] Er unterscheidet der Sache nach eine natürliche und eine übernatürliche, an Gott heranreichende Art von Hoffnung, die beide im Kontrast zu Verzweiflung und Furcht diskutiert werden. Im Zusammenhang mit seinen Überlegungen zur Hoffnung als christlicher Tugend greift Thomas Überlegungen von Aristoteles auf, wenn er sie als Tugend im Sinne einer richtigen Mitte zwischen Hochmut und Resignation bzw. Verzweiflung begreift. Hoffnung lässt sich bezogen auf ganz verschiedene Dinge und Sachverhalte hegen: auf konkrete Güter, auf ein Gutsein des eigenen Existierens und auf die Glückseligkeit in Gott lässt sich hoffen.

Hoffnung und Furcht können sich zwar auch auf irdische Angelegenheiten beziehen, die Hoffnung gewinnt ihren besonderen Stellenwert aber dadurch, dass sie sich übernatürlich auf etwas richten kann, was der Verfügungsgewalt des Menschen gänzlich entrissen ist. Recht verstanden operiert die Hoffnung in einem Bereich, in welchem der Verstand seine Begriffe nicht mehr zur Anwendung bringen kann. Eben deshalb ist eine Kritik des Hoffens aus der Perspektive weltlicher Klugheit verfehlt. In den Gefühlstheorien der Neuzeit wird ...wohl unter dem Gesichtspunkt eines zumindest in Philosophie und Wissenschaft dominierenden Rückgangs auf die eher säkularen Rationalitätsideale der Antike ...das ausgemacht positive Verständnis der Hoffnung allerdings erneut ein wenig zurückgenommen, bestehen bleibt jedoch die Vorstellung, dass Hoffnung und Furcht Affekte sind, die eine enge Beziehung zueinander aufweisen. Descartes zum Beispiel rückt in seiner späten Schrift *Die Leidenschaften der Seele* Angst und Hoffnung in die Nähe von Selbstsuggestion:

---

30 *Philipperbrief* 3, 13..14; als eine innerweltliche Variante des Sich-Streckens nach demjenigen, was vor einem liegt, lässt sich Ernst Blochs *Prinzip Hoffnung* verstehen, wo der Hoffnung der Stellenwert eines philosophischen Grundsatzes verliehen wird; als Affekttheorie wird Blochs Philosophie gedeutet von Hinrich Fink-Eitel, »Das rote Fenster. Fragen nach dem Prinzip der Philosophie von Ernst Bloch«, in: *Philosophisches Jahrbuch* 95 (1988), 320..337.
31 Thomas von Aquin, *Summa Theologica*, I..II, quaestio 40; II..II, quaestio 17.

4. Angst und Hoffnung

»Die Hoffnung ist eine Veranlassung der Seele, sich zu überreden, daß das, was sie begehrt, eintreffen wird [ ]. Die Furcht aber ist eine solche Veranlagung der Seele, welche sie überredet, daß so etwas nicht eintrifft. Es muß aber sogleich bemerkt werden, daß man sie nichtsdestoweniger zugleich haben kann, obgleich diese beiden Leidenschaften entgegengesetzt sind. So wenn man sich zur gleichen Zeit verschiedene Gründe vorstellt, von denen die einen zu dem Urteil verleiten, die Erfüllung des Verlangens sei leicht, während die anderen dies schwer erscheinen lassen.«[32]

Die Idee einer Komplementarität von Furcht und Hoffnung bzw. der mit diesen Affekten einhergehenden Vorstellungen tritt in der angeführten Passage sehr ausdrücklich hervor. Deutlich wird aber auch, dass Descartes nicht davon ausgeht, Hoffnung und Furcht seien in dem Sinne einander entgegengesetzt, dass man jeweils nur eines dieser beiden Gefühle haben könnte, da sie sich ausschließen würden. Hoffnung und Furcht stellen sich ein, wenn ein Individuum seine Urteile unter Unsicherheit fällt und keine sichere Kenntnis und Erkenntnis der Lage vorliegt. Gerade deshalb lassen sich Hoffnung und Furcht gleichzeitig, genauer: in einem ständigen Wechselspiel, erleben. Eine Zukunft, die ungewiss ist, kann sowohl Gegenstand von Befürchtungen wie auch von Hoffnungen sein. Das ist ein Gedanke, den ebenfalls Spinoza artikuliert, wenn er schreibt:

»Die Hoffnung nämlich ist nichts Anderes als unbeständige Lust, entsprungen aus dem Phantasiegebilde eines künftigen oder vergangenen Dinges, über dessen Ausgang wir zweifelhaft sind. Die Furcht hingegen ist unbeständige Unlust, ebenfalls entsprungen aus dem Phantasiegebilde eines zweifelhaften Dinges.«[33]

Vergegenwärtigt man sich diese Definitionen, so fällt auf, dass es sich bei den Auffassungen der neuzeitlichen Autoren im Grunde genommen um Variationen der aristotelischen Position zu handeln scheint. Wie bereits in der vorchristlichen Zeit kommen in der Neuzeit erneut die mit der Hoffnung auch verbundenen Aspekte des Trügerischen und des Illusionären zur Sprache. Spinoza beispielsweise begreift die Affekte der Furcht und Hoffnung als »Mangel an Erkenntniss und ein Unvermögen des Geistes«, weshalb sie »an sich nicht gut seyn können«.[34] Sofern einem daran gelegen sei, nach der Leitung der Vernunft zu leben, müsse man sich ...so lautet Spinozas Konsequenz ...von Furcht und Hoffnung befreien. Trotz solcher Bemerkungen, welche dem Geist des neuzeitlichen Rationalismus geschuldet sind und noch einmal Motive der Stoa variieren, bleiben seine Überlegungen realistisch, indem sie den Kontakt zu anthropologischen Beobachtungen wahren und so zu einer gewissermaßen pragmatischen Rechtfertigung der Affekte Hoffnung und Furcht gelangen: »Weil die Menschen selten nach dem Gebote der Vernunft leben, so bringen [ ] Hoffnung und Furcht mehr Nutzen als Schaden.«[35]

---

32 René Descartes, *Les passions de l'âme/Die Leidenschaften der Seele*, frz.-dt. Ausgabe, hg. von Klaus Hammacher, Hamburg 1984 (EA 1649), Art. 165 (261).
33 Baruch de Spinoza, *Ethik*, hg. von Konrad Blumenstock, Darmstadt 1967 (EA 1677), III, prop. 18, scholium II (289); vgl. auch die def. 12 und 13 (359).
34 Ebd., IV, prop. 47, scholium (453).
35 Ebd., IV, prop. 54, scholium (459).

Einen engen Zusammenhang zwischen Hoffnung und Furcht akzentuiert unter anderen philosophischen Voraussetzungen auch Hume. Er begreift Hoffnung und Furcht als direkte Affekte, die unmittelbar aus einem Gut oder einem Übel bzw. der Vorstellung eines Gutes oder eines Übels entspringen. Anders als Spinoza hält er sich mit Bewertungen der betreffenden Affekte zurück. Einer Leidenschaft zu erliegen, ein Gefühl zu haben, ist für Hume kein Anlass zu einer Bewertung von philosophischer Seite, es ist schlicht eine Tatsache des menschlichen Geistes. Er bemerkt:

> »Hoffnung oder Furcht wird gewöhnlich durch die Wahrscheinlichkeit eines Gutes oder eines Übels hervorgerufen; Wahrscheinlichkeit ist eine schwankende und unstete Art einen Gegenstand aufzufassen. Sie erzeugt darum eine entsprechende Mischung und Unsicherheit des Affektes.«[36]

In seiner Analyse macht Hume deutlich, dass es geradezu konstitutiv für die Hoffnung ist und in einem besonderen Maß auch für die Furcht, dass sie sich bei Unsicherheit und Ungewissheit einstellen. Indizien für seine Sicht der Dinge sieht er unter anderem darin, dass zum Beispiel auch Überraschung, das Treffen auf Unbekanntes und Fremdes, anlässlich dessen wir nicht oder nicht mehr wissen, was uns erwartet, in Furcht umschlagen kann. Unsicherheit gehört also, folgt man Hume, strukturell zu den Gefühlen Hoffnung und Furcht, ohne dass sie deshalb in einer erkenntnistheoretischen Hinsicht abgewertet werden müssten. Besteht Gewissheit bezüglich der Ereignisse, die im Fall einer Ungewissheit zu Auslösern von Hoffnung und Furcht werden können, stellen sich Freude und Kummer bzw. Schmerz ein.[37] Hume bezieht unterschiedliche Gefühle aufeinander und trägt sie in ein affektives Koordinatensystem ein, wenn die Furcht in Verbindung mit einem zukünftigen, ungewissen Übel, die Hoffnung in Verbindung mit einem zukünftigen, ungewissen Gut, der Kummer in Verbindung mit einem gegenwärtigen (oder zukünftigen), in jedem Fall aber gewissen Übel und schließlich die Freude in Verbindung mit einem gegenwärtigen (oder zukünftigen), auf jeden Fall jedoch gewissen Gut gebracht wird. Bis heute werden ähnliche Einteilungsversuche unternommen.[38]

5. Angst und Furcht

In der christlichen Denktradition, dies gilt für das frühe Christentum ebenso wie für die mittelalterlich-scholastischen Traditionen, kam es immer wieder zur Auseinandersetzung mit einer Art von Angst, die weniger auf konkrete, vorstellbare Übel ge-

---

36 David Hume, *Ein Traktat über die menschliche Natur. Buch II: Über die Affekte*, übersetzt von Theodor Lipps und hg. von Reinhard Brandt, Hamburg 1978 (EA 1739/1740), 184.
37 Ebd., 179.
38 Vgl. Aaron Ben-Ze'ev, *The Subtlety of Emotions*, Cambridge/Mass. 2000, 449 ff., der von *happiness* und *sadness* als *caring about oneself* spricht, und 473 ff. von *hope* und *fear* als *caring about our future*, wobei er sich sowohl auf neuere (zum Teil psychologische) Untersuchungen als auch auf die klassischen Affekttheorien bezieht.

richtet war, sondern eine allgemeine Reichweite zu besitzen schien. Weltangst, und in diesem Zusammenhang die Furcht vor Gott, vor der Sünde, und schließlich der Befreiung von der Angst durch den Glauben, das sind einige der zentralen Themen und Motive. Man darf vermuten, dass dualistische Weltbilder im Kontext des frühen Christentums und der Gnosis, welche das irdische Leben als Reich der Finsternis betrachten und den Weg des Heils in einer Abkehr von der diesseitigen Welt erblicken, zu den kulturellen Voraussetzungen dafür gehören, dass ein Gefühl wie eine allgemeine Angst überhaupt erfahrbar wird. »In der Welt habt ihr Angst, aber seid getrost, ich habe die Welt überwunden« ...so heißt es im Johannesevangelium.[39]

In der im weitesten Sinne christlichen Tradition finden sich ebenfalls die ersten Versuche, die Angst ...wie später in der Existenzphilosophie ...mit der Freiheit des Menschen in einem Zusammenhang zu sehen. Schon Jakob Böhme hatte die Angst als Ausdruck des Begehrens der menschlichen Freiheit begreifen wollen.[40] Eine wirkungsgeschichtlich außerordentlich weit reichende Explikation dieses Gedankens sollte jedoch erst Kierkegaard gelingen, der in diesem Zusammenhang einige der Gedanken Schellings aufgreifen und weiterführen konnte, Gedanken, die sich offenbar Schellings Auseinandersetzung mit Böhme verdanken. Einschlägig ist Schellings häufig als dunkel charakterisierte Schrift *Vom Wesen der menschlichen Freiheit* (1809). In einem überaus expressiven Duktus wird der Gedanke artikuliert, dass es ...anders als es dem Weltbild der klassischen Aufklärer entsprach ...in der Welt nicht nur Fortschritt und Vernunft gibt, sondern dass das Schreckliche und das Chaos als Grundstoffe des Lebens begriffen werden müssen. Walter Schulz hat mit Blick auf Schellings Spätwerk auf »das tiefe Erschrecken« aufmerksam gemacht, »das sich seiner [Schellings, C. D./H. L.] bemächtigt hat, als er begriff, daß die Vernunft nicht allmächtig ist. Schelling spricht in diesem Zusammenhang von der Angst des Lebens. Er meint mit diesem Ausdruck die Angst davor, daß das Dunkel-Chaotische hervorbrechen könne«.[41]

In der Freiheitsschrift ist es jedoch nicht allein die Angst vor dem Hervorbrechen eines dem Menschen fremden Dunkel-Chaotischen, die zur Diskussion steht, sondern die Angst wird in einem unmittelbaren Zusammenhang mit der menschlichen Freiheit thematisiert, die ihrerseits in einer Auseinandersetzung mit und einer Abkehr von der idealistischen Freiheitsdiskussion als Freiheit zum Bösen begriffen wird.[42] Man könnte, wenn man Schellings Begrifflichkeit aufgreifen möchte, von einer Angst sprechen, die aus dem Dunkel-Chaotischen im Menschen selbst resultiert.

Eine Voraussetzung dafür, dass Schelling die Angst in eine Verbindung mit der Freiheit des Menschen zum Bösen bringen kann, liegt in seiner Auffassung vom menschlichen Selbst begründet. Das Selbst oder der menschliche Geist ist bei Schelling zerrissen, entzweit und zerrüttet, eine Form des Daseins, in welcher ...wie es in

---

39 Joh., 16,33.
40 Vgl. Jakob Böhme, *Von der Menschwerdung Christi*. Sämtliche Schriften, hg. von Will-Erich Peuckert, vierter Band, Stuttgart 1957 (ND der Ausgabe 1730) II, 4, 131 ff.
41 Walter Schulz, »Freiheit und Geschichte in Schellings Philosophie«, in: F. W. J. Schelling, *Über das Wesen der menschlichen Freiheit*, Frankfurt a. M. 1984 (EA 1809), 7. 26, 21.
42 F. W. J. Schelling, *Über das Wesen der menschlichen Freiheit*, a. a. O., 76 f., 80 f.

seiner Terminologie heißt ..»Grund« und »Existenz« auseinander getreten sind.[43] Hinter solchen Unterscheidungen verbirgt sich bei Schelling die Vorstellung von einem aus unterschiedlichen Momenten bestehenden Kraftfeld, welches auch als Urwille bezeichnet wird, als dessen Bestandteile ein Eigenwille, ein Universalwille und als drittes Moment schließlich der als Geist bezeichnete voluntative Impuls gelten, der ein Verhältnis zwischen den beiden zuvor genannten Momenten herstellen möchte.

Schelling ist der Auffassung, die Kräfte des Willens seien zunächst undifferenziert ineinander gewoben, und er versucht, den Prozess zu analysieren, in welchem die Verhältnisstruktur des Willens zu ihrem Begriff findet und der Mensch ein Selbst ausbildet. Anders als im Fall Gottes geht er auf den Menschen bezogen von einer zunächst gegebenen Gleichgewichtsstörung zwischen den unterschiedlichen Willensimpulsen aus. Die Selbstwerdung des Menschen wird als ein Kampf der verschiedenen Willensimpulse rekonstruiert, als ständiger Versuch einer Erhebung des Eigenwillens über den Universalwillen. In Gott hingegen fallen Eigenwille und Universalwille zusammen. Beim Menschen vermag der Eigenwille zu dominieren und sich alle anderen Impulse unterzuordnen. Und eben dieser Umstand, anders zu sein und auch anders wollen zu können als Gott, wird von Schelling als Freiheit zum Bösen bezeichnet.

> »Wäre nun im Geist des Menschen die Identität beider Prinzipien ebenso unauflöslich als in Gott, so wäre kein Unterschied, [ ]. Diejenige Einheit, die in Gott unzertrennlich ist, muß also im Menschen zertrennlich sein, ..und dieses ist die Möglichkeit des Guten und des Bösen.«[44]

Der Wille des Grundes, der alles partikularisieren und natürlich machen möchte, weckt in der Freiheit des Menschen ..so lautet eine der zentralen Stellen in Schellings Schrift ...

> »die Lust zum Kreatürlichen, wie den, welchen auf einem hohen und jähen Gipfel Schwindel erfaßt, gleichsam eine geheime Stimme zu rufen scheint, daß er hinabstürze, oder wie nach der alten Fabel unwiderstehlicher Sirenengesang aus der Tiefe erschallt, um den Hindurchschiffenden in den Strudel hinabzuziehen. Schon an sich scheint die Verbindung des allgemeinen Willens mit einem besonderen Willen im Menschen ein Widerspruch, dessen Vereinigung schwer, wenn nicht unmöglich ist. Die Angst des Lebens selbst treibt den Menschen aus dem Zentrum, in das er erschaffen worden.«[45]

---

43 Zu den Begriffen Grund und Existenz bei Schelling vgl. Jochem Hennigfeld, *F. W. J. Schellings Über das Wesen der menschlichen Freiheit«*, Darmstadt 2001, 56 ff.; zu den uns leitenden Interpretamenten vgl. Annemarie Pieper, »Zum Problem der Herkunft des Bösen I: Die Wurzel des Bösen im Selbst«, in: Otfried Höffe/dies, (Hg.), *F. W. J. Schelling: Über das Wesen der menschlichen Freiheit*, Berlin 1995, 91..110; ferner die Rekonstruktion bei Romano Pocai, »Der Schwindel der Freiheit. Zum Verhältnis von Kierkegaards Angsttheorie zu Schellings Freiheitsbegriff«, in: Istvan M. Feher/Wilhelm G. Jacobs (Hg.), *Zeit und Freiheit. Schelling – Schopenhauer – Kierkegaard – Heidegger*, Budapest 1999, 95..106.
44 F. W. J. Schelling, *Über das Wesen der menschlichen Freiheit*, a. a. O., 58.
45 Ebd., 74.

Eigenwille, bloße Sucht oder Begierde, Lust zum Kreatürlichen .. dies sind Wendungen, welche Schelling immer wieder benutzt, um die dunkle Seite der Natur des Menschen zu charakterisieren, zu der auf der anderen Seite aber ebenfalls Elemente gehören, die mit Wörtern wie Licht, Verstand und allgemeiner Wille evoziert werden. Die »Angst des Lebens« scheint nun geradewegs mit einer Selbstverfehlung zusammenzuhängen: einer Verfehlung, die darin besteht, zwischen den Elementen des Willens kein Verhältnis herstellen zu können, sondern die dunkle Seite der menschlichen Natur auf Kosten der Lichtseite des Menschen zu verabsolutieren und sich so in seiner menschlichen Bestimmung zu verfehlen.

Indem Schelling sich der Metaphern des Dunklen und des Hellen bedient, um die verschiedenen Zweige der menschlichen Natur zu bezeichnen, ruft er Wertungen auf, die in der platonischen und auch christlichen Anthropologie eine Rolle spielen. Schelling hingegen möchte die dualistische Vorstellung vom Menschen überwinden und verlegt die Lösung der Widersprüche in eine Tat des Menschen, in seine Freiheit. Und gleichursprünglich mit dem Verständnis der Freiheit als einer zu vollbringenden Tat ist die Angst als »Angst des Lebens« gegeben. Es ist von besonderem Interesse, dass Schelling neben dem Bild von dem aus der Tiefe erschallenden Sirenengesang die Höhenangst verwendet, um die Angst des Lebens paradigmatisch zu exemplifizieren, und damit ein Bild vorgibt, dessen sich auch Kierkegaard bedienen sollte. Kierkegaard behält ebenfalls die Bezüge zur Konstitution des Selbst und zur Thematik der Selbstverfehlung bei und führt sie fort. Man kann seine Überlegungen zum Begriff der Angst als Antwort auf die von Schelling diskutierten Probleme verstehen.[46] Wohin das Bild des Schwindels und der Verweis auf die Sirenen, denen Odysseus so listenreich begegnet, im Kontext der menschlichen Selbstbildung führen, wird noch zu bedenken sein.

Kierkegaard behandelt die Angstthematik in ihrem Verhältnis zur Sünde bzw. zum Sündenbewusstsein des Menschen. Die von Schelling akzentuierte Beziehung zwischen der Angst und dem Bösen wird von Kierkegaard im Rahmen einer großflächigen Auseinandersetzung mit der Problematik der Erbsünde entfaltet. Kierkegaards Schrift bietet vielfältige Anknüpfungsmöglichkeiten für Theologie, Psychologie und Philosophie und weist eine großes Maß an Deutungsoffenheit auf. Dies ist wohl in erster Linie auf Kierkegaards erklärtes Selbstverständnis als »subjektiver Denker« zurückzuführen, der sich zwar einer philosophischen, an Hegel geschulten Begrifflichkeit bedient, sich aber gleichzeitig dagegen wehrt, seine Ausführungen mit allgemeinen Geltungsansprüchen zu versehen. So kann es nicht überraschen, dass die Auseinandersetzung mit Kierkegaard häufig Zuflucht zu den Vorgaben der einschlägigen und wirkungsmächtigen Rezeptionslinien sucht, zu erinnern ist in erster Linie an die spätere Entwicklung der Existenzphilosophie.

Kierkegaard gilt gemeinhin als Urheber der Unterscheidung zwischen der Angst als einem ungerichteten, gegenstandslosen Gefühl und der Furcht, die sich stets auf bestimmte Gegenstände oder Sachverhalte beziehen soll. Nun finden sich zwar Formulierungen, die eine solche Sicht der Dinge nahe legen, wenn es etwa heißt, dass

---

46 Zu dieser Interpretation und zum Bild der Höhenangst bei Schelling und Kierkegaard vgl. Romano Pocai, »Der Schwindel der Freiheit«, a. a. O.; ferner: Hinrich Fink-Eitel, »Angst und Freiheit. Überlegungen zur philosophischen Anthropologie«, a. a. O., 73 ff.

der Begriff der Angst »ganz und gar verschieden ist von Furcht und ähnlichen Begriffen, die sich auf etwas Bestimmtes beziehen«, wohingegen der »Gegenstand der Angst [ ] Nichts« sei.[47] Die Frage ist, ob sich die Deutung solcher Stellen im Sinne des angeführten Verständnisses der Unterscheidung zwischen Angst und Furcht zwangsläufig ergibt? Nicht unbedingt, und es kann gerade als ein zentrales Motiv der Schrift Kierkegaards angesehen werden, das zunächst nicht weiter bestimmte Nichts, von welchem im Zusammenhang mit der Angst die Rede ist, näher zu qualifizieren.[48] Die folgende Rekonstruktion bedenkt die Bezüge zur Thematik der Sünde und des Sündenfalls nur insoweit mit, als sie anthropologische Relevanz beanspruchen können.

In seinen einleitenden Überlegungen thematisiert Kierkegaard die Angst zunächst als Angst, »welche in der Unschuld gesetzt ist.«[49] Mit dem Begriff der Unschuld wird der Zustand des Menschen vor dem Sündenfall bezeichnet, gleichzeitig jedoch begreift Kierkegaard das Stadium der Unschuld als Chiffre für ein Entwicklungsstadium, in welchem der Mensch noch nicht zur vollen Ausbildung seiner Kräfte und insbesondere seiner geistigen Vermögen gelangt ist. Das Stadium der Unschuld wird als ein Zustand gekennzeichnet, in welchem der Mensch sich in »Friede und Ruhe« sowie »unmittelbarer Einheit mit seiner Natürlichkeit« findet.[50] Es ist ein Zustand, der besteht, bevor der Mensch seine Subjektivität in vollem Umfang ausgebildet hat. Zur ausgebildeten Subjektivität gehören Kierkegaard zufolge drei Momente: das Seelische und das Leibliche, die in einem Dritten oder durch ein Drittes ...Kierkegaard nennt es Geist ...miteinander vereinigt werden müssen.

Im Unterschied zu den in der Tradition der abendländischen Philosophie vielfach leitenden Vorstellungen von einem anthropologischen Geist-Körper-Dualismus macht sich Kierkegaard für eine triadische Konzeption stark. Zum Menschen im Sinne einer voll ausgebildeten Subjektivität gehört der Geist, der als Grund der Unterscheidung, aber auch der Beziehung zwischen dem Leiblichen und dem Seelischen gedacht wird. Ein Verhältnis zwischen Leiblichem und Seelischem kann, so meint Kierkegaard, nur durch ein Drittes zustande kommen, welches sich zu diesem Verhältnis verhält. Der Begriff des Geistes bezeichnet nun genau dasjenige Verhältnis zu sich, durch welches Leibliches und Seelisches überhaupt erst in ein Verhältnis zueinander gesetzt werden.[51]

Neben der anthropologisch intendierten Rede von einer Synthese des Leiblichen und Seelischen, die im Rahmen des Lebensvollzuges angestrebt werden soll,

---

47 Sören Kierkegaard, *Der Begriff Angst*. Gesammelte Werke, hg. und übersetzt von Emanuel Hirsch, Gütersloh 1981 (EA 1844), 40, 99; Henning Bergenholtz, *Das Wortfeld »Angst«*, a. a. O., 66 macht auf einen kleinen Bedeutungsunterschied zwischen dem deutschen Wort »Angst« und dem dänischen Ausdruck »Angest« aufmerksam, der häufiger als das deutsche Wort auch in der Alltagssprache zur Bezeichnung intensiver Angstzustände benutzt wird, deren Ursache unklar ist.
48 Vgl. auch Hinrich Fink-Eitel, »Angst und Freiheit. Überlegungen zur philosophischen Anthropologie«, a. a. O., 74 f.
49 Sören Kierkegaard, *Der Begriff Angst*, a. a. O., 40.
50 Ebd., 39.
51 In Kierkegaards an der Begrifflichkeit Hegels geschulter Terminologie klingt das so: »Der Mensch ist eine Synthese des Seelischen und des Leiblichen. Aber eine Synthese ist nicht denkbar, wenn die Zwei nicht in einem Dritten vereinigt werden. Dies Dritte ist der Geist« (*Der Begriff Angst*, a. a. O., 41).

bringt Kierkegaard weitere Begriffspaare zur Sprache, welche die anthropologische Dimension seiner Überlegungen auch existenzphilosophisch, zeittheoretisch und theologisch verankern: Leib und Seele, Notwendigkeit und Freiheit, Zeit und Ewigkeit, Endlichkeit und Unendlichkeit .. so lauten weitere Begriffe zur Markierung unterschiedlicher Pole, deren Synthese dem Menschen im Rahmen seines Lebensvollzugs aufgegeben sein soll.[52]

Obwohl Kierkegaard seine Überlegungen vorrangig auf den Sündenfall bezieht, den er als theologische Erzählung vom Beginn der eigentlichen Menschwerdung begreift, lassen sich seine Bemerkungen auch in einer phylogenetischen und ontogenetischen Perspektive lesen. Thematisiert wird die Rolle der Angst in denjenigen Prozessen, die dazu führen, dass der Mensch sowohl als Gattungswesen als auch in seiner individuellen Genese aus einem unmittelbaren Verhältnis zu sich heraustritt, sich zu sich verhält und so ein Selbstverhältnis ausbildet.

Im Stadium der Unschuld allerdings, so formuliert Kierkegaard, sei nicht nur Ruhe, sondern »noch etwas Anderes«, da der Geist bereits als ein träumender Geist anwesend sei, dessen »Wirklichkeit sich fort und fort als eine Gestalt [zeigt], die seine Möglichkeit lockt, [ ] jedoch entschwebt [ist], sobald diese danach greift und [ ] ein Nichts [ist], das nichts als ängsten kann«.[53] Bereits in diesem Kontext erfolgt eine der wirkungsmächtigen Definitionen der Angst, wonach sie »die Wirklichkeit der Freiheit als Möglichkeit für die Möglichkeit ist«.[54] Und Angst in diesem Sinne vermag allein der Mensch zu verspüren, eben weil er .. im Unterschied zum Tier .. Geist, ganz gleich, ob träumend oder bewusst, ist. Man muss Kierkegaard wohl so verstehen, dass der Mensch als ein Wesen aufgefasst wird, in welchem schon vor der Ausbildung eines expliziten Selbstverhältnisses vorbewusst und ahnend die weiteren Bestimmungen eingezeichnet sind. Schon im Zustand der Unschuld, der ja *per definitionem* als ein vormoralischer Zustand gilt, in welchem Unterscheidungen wie die von Gut und Böse unbekannt sind, ahnt der Geist seine Möglichkeiten, und diese sind es, welche ihn ängstigen. Dass die eigenen Möglichkeiten bereits im Modus der Ahnung erfahren werden können, sich ein Bewusstsein der Unschuld ausbilden kann, bestätigt sich auch, wenn man Kierkegaards ebenfalls in diesem Kontext getroffene Unterscheidung zwischen schlafendem und träumendem Geist ernst nimmt. Der Zustand des Schlafs ist ein Zustand gänzlicher Bewusstlosigkeit, der Geist ist suspendiert, träumend hingegen erfährt sich der Geist bereits in Andeutungen.

Es ist nun interessant, dass Kierkegaard die Angst der Unschuld .. besser wäre es vielleicht, von der Angst zu sprechen, die Unschuld zu verlieren .. nicht ausschließlich als eine negative und belastende Stimmung thematisiert. Von vornherein, und dies gilt auch für alle weiteren Ausführungen, stellt sie sich als ein ambivalentes Gefühl dar, dem durchaus eine ihm eigene Art von Anziehungskraft innewohnt. So kann er die Angst als eine »sympathetische Antipathie und eine antipathetische Sympathie«[55] bestimmen, um ihren Doppelcharakter zu markieren. Die gerade zitierte

---

52 Vgl. dazu Annemarie Pieper, *Sören Kierkegaard*, München 2000, v. a. 56 ff.
53 Sören Kierkegaard, *Der Begriff Angst*, a. a. O., 40.
54 Ebd., 40.
55 Ebd., 40.

Formulierung weist die Angst als ein gehemmtes Streben aus, man wird von etwas angezogen, wovor man gleichzeitig zurückschreckt. Exemplifiziert wird der phänomenale Gehalt der Angst des träumenden Geistes, des Menschen im Stadium von Unschuld und Unwissenheit, am Beispiel der Kinderangst[56], die Kierkegaard als ein »Trachten nach dem Abenteuerlichen, dem Ungeheuerlichen, dem Rätselhaften« bestimmt, und er bemerkt: »Diese Angst ist dem Kinde so wesentlich eigen, daß es sie nicht entbehren mag; ob sie gleich es ängstigt, sie verstrickt es doch in ihre süße Beängstigung.«[57] Der Bewegungsimpuls der Angst im Zusammenhang mit der Selbstwerdung ist also nicht allein als ein Weg-von, sondern zumindest in manchen Fällen gleichfalls als ein Hin-zu anzusehen.

Dies gilt auch für die weiteren Explikationen des Gehalts der Angst, die Kierkegaard im Kontext späterer Entwicklungsstadien des Geistes und des Menschen mit voll ausgebildeter Subjektivität unternimmt. Etwa, wenn er Schellings Bild von der Höhenangst aufgreift und die Angst als den Schwindel der Freiheit bezeichnet, oder wenn er Grimms Märchen vom Burschen, der auszog, um das Gruseln zu lernen, in Erinnerung ruft. Wer das Gruseln gelernt hat, hat gelernt, »sich zu ängstigen nach Gebühr, er hat das Höchste gelernt«.[58]

Der von Kierkegaard beschriebenen Angst wohnt ... nimmt man seine Erläuterungen ernst ... immer auch eine Faszination inne, was sie auslöst, ist nicht allein Furcht einflößend, sondern stets auch attraktiv. Angst ist nicht ausschließlich eine Last, die beschwert, sondern eine, die ebenfalls als Befreiung erfahren werden kann. In der Angst können Menschen sich als frei gegenüber ihren natürlichen und vitalen Impulsen sowie emotionalen Bestimmungen begreifen. Gleichwohl ist diese Befreiungserfahrung belastend, weil ein trotz aller Störungen harmonischer Zustand unwiederbringlich verlassen wurde und die Möglichkeiten, sich selbst bzw. sein Leben zu gestalten, als lebenslange Aufgabe immer in der Gefahr stehen, zu scheitern.[59]

Dadurch, dass der Mensch in eine Angst versank, »welche er dennoch liebte, indem er sie fürchtete«, gerät er durch einen »qualitativen Sprung« in einen Zustand der Schuld.[60] Man muss Kierkegaard wohl so verstehen, dass er mit dem Schuldbegriff zunächst die Verantwortung des Menschen für die Selbstwahl thematisiert. Verantwortlich ist er, sofern er den Verlockungen der Angst erliegt und »Geist« wird. Das mit der Selbstwahl verbundene Freiheitsbewusstsein lastet in der Folge auf allen weiteren Vollzügen des Menschen und manifestiert sich als durchgängiges Schuldbewusstsein bzw. als Schuldangst.[61] Dass sich das Freiheitsbewusstsein als Schuldbewusstsein bzw. Schuldangst manifestiert, bedeutet jedoch nicht, eine durchgängige Selbstbestimmtheit des Menschen in jenem Übergang anzunehmen, durch welchen der Mensch in einen Zustand der Schuld gerät, ein »Sprung«, den im Übrigen »keine

---

56 Vgl. dazu auch Romano Pocai, »Der Schwindel der Freiheit«, a. a. O., 97 f.
57 Sören Kierkegaard, *Der Begriff Angst*, a. a. O., 40.
58 Ebd., 161; zur Angst als Schwindel der Freiheit vgl. ebd., 60 f.
59 Vgl. auch Romano Pocai, »Der Schwindel der Freiheit«, a. a. O., 98 ff.
60 Sören Kierkegaard, *Der Begriff Angst*, a. a. O., 41.
61 Romano Pocai, »Der Schwindel der Freiheit«, a. a. O., 99 unterscheidet dementsprechend zwei Schuldbegriffe: die Schuld als Zustand nach dem Sprung und die Schuld am Sprung als Verantwortung für den Sprung.

Wissenschaft erklärt hat oder erklären kann«. Im Gegenteil: Kierkegaard verschafft sich Klarheit darüber, dass dieser Sprung »stets in Ohnmacht« und nicht in vollem Umfang selbstbestimmt vollzogen wird, und er bemerkt: »Wer in der Angst schuldig wird, er wird so zweideutig schuldig wie nur möglich.«[62]

Das Drama der Selbstwerdung besteht aufgrund der maßgeblichen Rolle der Angst gerade darin, Momente der Ohnmacht und Passivität in der Freiheit aufzuspüren, und eben deshalb kann Kierkegaard von »zweideutiger Schuld« sprechen. Zur Freiheit eines endlichen Wesens gehört Unverfügbarkeit. Die Zustandsveränderungen, welche die Subjektivität im Rahmen ihrer Genese durchläuft, sind mitnichten solche, die zur Disposition stünden. Mit solchen Überlegungen richtet sich Kierkegaard gegen Vorstellungen von der absoluten Freiheit menschlicher Subjekte, die zum Teil innerhalb der idealistischen Philosophie kultiviert wurden. Wir sind zwar in einer bestimmten Hinsicht frei, aber in unserer Freiheit immer auch durch etwas anderes bedingt. Es ist die Idee einer bedingten Freiheit, der Kierkegaard nachgeht.

Kierkegaard hatte an verschiedenen Stellen seiner Angstabhandlung bemerkt, dass der Gegenstand der Angst das Nichts sei. Folgen wir den Überlegungen zur Angst in ihrem Verhältnis zu Unschuld und Schuld, so lässt sich dieser Wendung in erster Linie ein temporaler Sinn abgewinnen und keiner, der entlang der Linie von der Unterscheidung zwischen intentionalen und nicht-intentionalen Gefühlen verläuft: Gegenstand der Angst ist jeweils etwas, was noch nicht ist. Kierkegaard selbst macht darauf aufmerksam, wenn er bemerkt: »[D]as Nichts, welches der Gegenstand der Angst ist, [wird] gleichsam mehr und mehr zu einem Etwas.«[63] Dementsprechend unterscheidet sich der Gegenstand der Angst im Stadium der Unschuld von demjenigen im Stadium der Schuld.

In der Unschuld ängstigt sich der Mensch vor dem Geist, welcher die heitere Ruhe der unmittelbaren Einheit des leiblich-seelischen Befindens stört, im Stadium der Schuld ist es hingegen umgekehrt der Geist, der sich vor seiner eigenen Gebundenheit an das Natürliche ängstigt. Nur so wird verständlich, warum Kierkegaard im Rahmen seiner Explikation des phänomenalen Gehalts der Angst im Stadium der Schuld immer wieder auf die Thematik der Sinnlichkeit, auf Sexual- und Schamangst zu sprechen kommt. Sexualität wird zur Metapher, in der sich die Naturgebundenheit des Geistes verdichtet. Im Kontext der Sinnlichkeit äußert sich die Angst als Scham, die als Ergebnis einer Fremdheitserfahrung gedeutet wird, welche der Geist im Geschlechtlichen macht. »[D]er Geist [kann] auf dem Gipfelpunkt des Erotischen nicht mit dabei sein«, er fühlt sich fremd.[64]

Bei Kierkegaard ist die Angst also mitnichten ein gegenstandsloses Gefühl, auch wenn es aus der Perspektive der von Angst Betroffenen gelegentlich so erscheinen mag, sondern die Sachverhalte, mit welchen die Angst jeweils zu tun hat, lassen sich vergleichsweise genau spezifizieren. Man kann es geradezu als Ziel der Angstabhandlung Kierkegaards ansehen, eine Bestimmung dieser den betroffenen Individuen zunächst verborgenen Sachverhalte leisten zu wollen. Die einzelnen Bestimmungen vom Geist als Gegenstand der Angst im Zustand von Unschuld und

---

62 Sören Kierkegaard, *Der Begriff Angst*, a.a.O., alle Zitate 61.
63 Ebd., 61.
64 Vgl. ebd., 72, 69.

Unwissenheit, aber auch von der Sinnlichkeit als Gegenstand der Angst, die im Stadium der Schuld zu Scham geworden ist, bleiben auf die allgemeine Bestimmung der Möglichkeit der Freiheit bezogen, auf die »ängstigende Möglichkeit zu *können*«.[65]

Angst ist bei Kierkegaard im Kern Freiheitsangst, wie es sich auch in deren phänomenalen Charakterisierungen im Rückgriff auf Kinderangst, Höhenangst und Gruseln ausspricht. Sie ist ein ambivalentes Gefühl, in welchem sich Lust und Last der Selbstwerdung und die korrespondierenden Erfahrungen von Macht bzw. Können und Ohnmacht bzw. Müssen verdichten. Nimmt man die zur Charakterisierung der Angst im Kontext der Selbstwerdung herangezogenen Angsterfahrungen ernst, dann muss man sagen, dass Kierkegaard in erster Linie die existentielle Dimension einer Gefühlslage thematisiert, deren schwacher Abglanz auf dem Jahrmarkt, im Kino oder intensiver bei der Ausübung einer Extremsportart als Nervenkitzel oder *Thrill* erfahren werden kann. Sie wird von ihm als eine genuine Sinngestalt des menschlichen Lebens begriffen, sofern sie dem Menschen entscheidende Impulse auf dem Weg zu sich selber gibt und zur Ausbildung eines Selbstverhältnisses führt.

Von einer Unterscheidung zwischen Angst und Furcht im Sinne eines ungerichteten Gefühls und eines emotionalen Zustands, welcher in klarer Form auf Gegenstände oder Sachverhalte gerichtet ist, kann bei Kierkegaard allenfalls insofern die Rede sein, als dass die Angst in den Prozess der Selbstwerdung verlagert ist und in diesem Sinne keines externen Impulses bedarf, um ausgelöst zu werden. Außerdem bleiben für das Subjekt der Angst, anders als bei der Furcht, die involvierten Sachverhalte bzw. Gegenstände zunächst nebulös, sie werden nicht durchschaut. Gerichtetheit oder Ungerichtetheit als Kriterien anzuführen, um Kierkegaards Unterscheidung zu erläutern, geht jedoch an den Evidenzen vorbei, welche sein Text bietet. Wirkungsgeschichtlich dürfte der Blick auf Kierkegaard im Wesentlichen durch Martin Heidegger geprägt worden sein, auf den die strikte Unterscheidung zwischen Furcht und Angst auf der Grundlage des Kriteriums der Gerichtetheit zurückzuführen ist.

Heidegger hat der Analyse von Furcht und Angst in *Sein und Zeit* jeweils einen eigenen Paragraphen gewidmet. Die Furcht wird im Paragraphen 30 des ersten Abschnitts von *Sein und Zeit* als ein »Modus der Befindlichkeit« behandelt, die Angst im Paragraphen 40 als »ausgezeichnete Erschlossenheit des Daseins«. Gefühle bzw. Stimmungen nehmen in der Daseinsanalyse Heideggers einen ganz besonderen Stellenwert ein. Er lässt sich von der Auffassung leiten, dass der Mensch, sofern er überhaupt nur »da« ist, gar nicht umhin kommt, immer schon gestimmt zu sein. Stimmungen begleiten uns in unserem Verhältnis zur Welt und zu uns selbst, ob wir dies nun wollen oder nicht. In den Stimmungen offenbart sich die Faktizität und Geworfenheit unseres Lebens, ein Umstand, den Heidegger gelegentlich mit den Worten dass wir sind und zu sein haben zum Ausdruck bringt.[66] Auch wenn man in seinem Leben vieles verändern kann ...Berufe, Partner, Freunde, Wohnorte, Lebensstile können ausgetauscht werden ..„ lässt sich an der Tatsache, dass man leben

---

65 Ebd., 43.
66 Vgl. Martin Heidegger, *Sein und Zeit*, Tübingen [15]1979 (EA 1927), 134 f.

muss und diesem Leben eine bestimmte Gestalt verleihen muss, nichts ändern. Dies meint Heidegger, wenn er von der Geworfenheit spricht, die sich in den Stimmungen auf besondere Weise offenbart.

Ein weiterer Aspekt seiner Befindlichkeits- und Stimmungsanalyse ist darin zu sehen, dass man in den bzw. durch die Stimmungen von etwas betroffen wird und diese sich somit als tragender Grund eines primär praktischen Selbst- und Weltverhältnisses begreifen lassen, indem sie eine Möglichkeitsbedingung dessen darstellen, was einen angeht und worauf das eigene Streben als »Sorge« gerichtet ist. Heideggers Überlegungen zu Furcht haben Beispielcharakter; mit den Mitteln einer konkreten Befindlichkeitsanalyse soll verdeutlicht werden, worauf die Rede von der Gestimmtheit des Daseins abzielt.

Im Unterschied zur Angst, die erst im Paragraphen 40 eingehender betrachtet wird und auch in den Todes- und Gewissensanalysen des zweiten Abschnitts von *Sein und Zeit* einen zentralen Stellenwert einnimmt, bestimmt Heidegger die Furcht als einen auf Gegenstände oder Sachverhalte gerichteten Modus der Befindlichkeit, wenn er als eine zentrale Hinsicht, unter welcher die Furcht betrachtet werden kann, das »Wovor der Furcht« neben dem »Fürchten selbst« und dem »Worum der Furcht« betrachtet.[67] Als dasjenige, wovor man sich fürchtet, werden Gegenstände oder Sachverhalte natürlicher oder auch sozialer Art angesehen, die einem als bedrohlich erscheinen und die von Heidegger als abträglich charakterisiert werden. Das Furchtbare kommt jeweils aus einer bestimmten Gegend in der Welt, und es wird in dem Augenblick gefürchtet, wo es sich naht. So kann man sich vor einem Unwetter, einer Aufgabe, die man zu erledigen hat, oder einem Tier, welches im Umkreis erscheint, fürchten.

Das Fürchten selbst unterscheidet Heidegger von der Konstatierung eines irgendwie bedrohlichen Sachverhalts, in Bezug auf den es sich dann möglicherweise einstellt. Fürchten ist von vornherein das Betroffen-werden durch etwas Bedrohliches oder Abträgliches. Die jeweils relevanten Sachverhalte stellen sich bereits als durch die Stimmung gefilterte dar. Er stellt fest: »Nicht etwa wird zunächst ein zukünftiges Übel (*malum futurum*) festgestellt und dann gefürchtet [ ]. Die Umsicht sieht das Furchtbare, weil sie in der Befindlichkeit der Furcht ist.«[68] Als »Worum der Furcht« schließlich benennt Heidegger das menschliche Dasein selbst, denjenigen also, der sich fürchtet. Indem man sich vor einem bedrohlichen Sachverhalt fürchtet, fürchtet man sich um sich selbst. Überlegungen zur Furcht für andere und zu verschiedenen Varianten der Furcht wie Erschrecken, Grauen und Entsetzen beschließen seine kurzen Ausführungen. Wenn sich das Bedrohliche plötzlich nähert, spricht Heidegger von »Erschrecken«, wo es unvertraut ist, spricht er von »Grauen«, nähert es sich plötzlich und ist unvertraut, gebraucht er den Begriff des Entsetzens. In ähnlicher Weise begreift er Schüchternheit und Scheu, Bangigkeit und Stutzigwerden als weitere Modifikationen der Furcht.[69]

Heidegger zufolge geht es in der Angst anders als bei der Furcht um das Ganze des Daseins. »Das Wovor der Angst« ...so notiert Heidegger ...»ist das In-der-Welt-

---

67 Vgl. ebd., 140.
68 Ebd., 141.
69 Vgl. ebd., 142.

sein als solches«, »ist die Welt als solche.«[70] In der Angst oder durch die Angst werden die Dinge in der Welt, aber auch die anderen Menschen, dasjenige, was Heidegger das innerweltlich Zuhandene und das Mitdasein nennt, wertlos. Der Mensch wird auf sich zurückgeworfen und vereinzelt sich, was aber auch heißt, dass er in ein besonderes Verhältnis zu sich tritt, womit ein Motiv der Analysen Kierkegaards aufgegriffen wird. Der Paragraph 40 enthält denn auch eine, wiewohl kurze Anmerkung zu den Angstanalysen Kierkegaards. Und ebenfalls wie Kierkegaard bringt Heidegger die Angst mit der Freiheit des Daseins in eine Verbindung:

>»Die Angst offenbart im Dasein das *Sein zum* eigensten Seinkönnen, das heißt das *Freisein für* die Freiheit des Sich-selbst-wählens und -ergreifens. Die Angst bringt das Dasein vor sein *Freisein für* [ ] die Eigentlichkeit seines Seins als Möglichkeit, die es immer schon ist. Dieses Sein aber ist es zugleich, dem das Dasein als In-der-Welt-sein überantwortet ist.«[71]

Gerade weil das Wovor der Angst im Gegensatz zur Furcht unbestimmt ist und bleibt, führt die Angst ..folgt man Heidegger .. dazu, dass man sich nicht mehr bei den Selbstverständlichkeiten des gewöhnlichen Dahinlebens beruhigt, sondern sich auf eigene Möglichkeiten besinnt. Die Angst erschließt »das Dasein als *Möglichsein*«.[72] In der Analyse Heideggers wird so erneut unterstrichen, dass die Angst in erster Linie als eine Sinngestalt des menschlichen Lebens zu begreifen ist, die den Menschen auf eine besondere Weise mit sich selbst konfrontiert.

Auf eine bestimmte Weise haben Heideggers Analysen zur Angst jedoch nur einen vorbereitenden Charakter. Sie dienen dazu, die »Sorge«-Struktur und damit das Ganze des menschlichen Daseins in seiner Einheit in den Blick zu bekommen. Im Anschluss an die These, dass die Angst das Dasein vor sein Freisein für etwas bringt, fragt Heidegger nach der Möglichkeit dieses Freiseins für etwas. In der Lage zu sein, Angst zu haben und für etwas frei sein zu können, heißt, dass der Mensch jeweils nicht nur in einem Augenblick lebt, sondern sich jeweils schon vorweg ist. Heidegger spricht vom »Sich-vorweg-sein« des Daseins. Sich-vorweg-sein, dies impliziert aber auch, dass das Dasein jeweils schon irgendwo ist. Mit dieser Differenz zwischen dem Zukunftsbezug in der Angst und dem, wovon das Dasein ausgeht, ist bereits ein Bezug auf Vergangenheit gegeben. Da das Dasein mit seinen Verrichtungen aber auch immer schon in der Gegenwart ist, kann Heidegger von der Angst als Grundbefindlichkeit ausgehend die gesamte Sorgestruktur entwickeln und sich davon direkt zur Zeitlichkeit des menschlichen Daseins führen lassen. Alle Lebensvollzüge sind mit unterschiedlicher Gewichtung auf Zukunft, Vergangenheit und Gegenwart ausgerichtet. Es ist vor allem die auf das Leben als Ganzes bezogene Angst, welche die Zeitlichkeit als existentiale Bedingung des Daseins erschließt. Heideggers Analyse von Angst und Furcht ist damit deutlich mehr als bloß ein Beispiel für seine Befindlichkeitsanalyse; sie markiert einen systematisch zentralen Kern seiner Daseinsanalyse.

Sieht man einmal ab von der systematischen Einbettung der Überlegungen zur Angstthematik innerhalb von Heideggers hermeneutischer Phänomenologie des

---

70 Ebd., 186 f.
71 Ebd., 188.
72 Ebd., 188.

Daseins, lassen sich die Typen von Angst, welche er zur Sprache bringt, auf drei Begriffe bringen: Weltangst, Daseinsangst, Freiheitsangst.[73] Von einer Unbestimmtheit des Wovor der Angst kann im eigentlichen Sinne nicht die Rede sein, auch wenn Heidegger dies durch den Versuch einer Abgrenzung zwischen Angst und Furcht immer wieder suggeriert. Richtig ist, dass die Gegenstände der Angst ungleich weniger spezifisch sind als jene der Furcht, so dass es angemessen wäre, davon zu sprechen, die Furcht sei auf konkrete Gegenstände bzw. Sachverhalte gerichtet, während die Angst auf Welt und Leben im Ganzen gerichtet sei und sich hier keine konkreten Umstände benennen lassen, die jeweils Anlass zur Angst geben. Man kann die Begriffe so verwenden, wie Heidegger dies tut. Der Sache nach bringen solche Differenzierungen einen Gewinn ein, auch wenn es nicht unbedingt einleuchten muss, die einmal gewonnenen Differenzierungen auf eine strikte Weise auch terminologisch zu belegen, zumal dann, wenn sich im alltäglichen und auch wissenschaftlichen Sprachgebrauch keine eindeutigen Vorgaben finden.

Als Fazit der Überlegungen zu Angst und Furcht sei festgehalten, dass ein Gefühl wie dasjenige der Angst eine Vielzahl an Perspektiven erfordert, um in seiner Komplexität erschlossen werden zu können. Welche der Perspektiven man auch immer bevorzugt: die Angst bleibt ein Phänomen, welches in der ihm eigentümlichen Spannung begriffen werden muss. Reichen ihre Wurzeln auch weit in unsere Naturgeschichte hinein, konnte sie unter den Voraussetzungen der abendländischen Geistesgeschichte gleichwohl immer wieder auch als eine Sinngestalt des menschlichen Lebens erfahren werden.

---

73 Vgl. auch Hinrich Fink-Eitel, »Angst und Freiheit«, a. a. O., 81 f.

Ekel

Auf den ersten Blick scheint es, als gehe der Ekel mit so heftigen leiblichen Reaktionen einher, dass sich die Frage stellt, ob er sich von einem bloßen Würgereflex oder von anderen Empfindungen wie Hunger, Durst, Wärmeempfindungen, Lust und Schmerz unterscheidet. Ist es überhaupt gerechtfertigt, ihn als Gefühl oder Emotion zu bezeichnen? Gefühle sind im Unterschied zu Empfindungen auf etwas gerichtet; sie weisen einen Verdichtungsbereich und einen Verankerungspunkt auf. Emotionen haben einen intentionalen Gehalt, der sich meistens adäquat explizieren lässt (in diesem Sinne können sie propositional verfasst sein), während dies für das leibliche Spüren wie auch für die Empfindungen nicht im gleichen Ausmaß gilt. Der Frage nach dem intentionalen Gehalt des Ekels wird in diesem Kapitel besondere Aufmerksamkeit gewidmet, damit deutlich wird, warum Ekel als Gefühl angesehen werden muss und nicht lediglich eine Empfindung darstellt.[1]

Ekel ist ein Gefühl, welches in allen menschlichen Kulturen verbreitet ist, auch wenn Anlässe und Auslöser des Ekels von Kultur zu Kultur variieren können. Dass Ekel sich in verschiedenen Kulturen auf Grund unterschiedlicher Anlässe einstellen kann, sollte nicht über die Universalität des Ekelgefühls hinweg täuschen. Die Art und Weise, in der sich der Ekel den Personen aufdrängt, welche von ihm betroffen sind, weist darauf hin, dass dieses Gefühl biologische Wurzeln hat. Ekel ist ein fest in der menschlichen Natur verankertes Grundgefühl, von dem man unmittelbar betroffen wird. Ähnlich wie Angst ergreift der Ekel diejenigen, die er befällt, plötzlich und deutlich spürbar. Er lässt keinen oder kaum Raum für eine Distanzierung.

In der funktionalen Perspektive evolutionärer Erklärungen kann man den Ekel ... und unter diesem Gesichtspunkt betrachtet ist er ebenfalls mit der Angst vergleichbar ...als ein Warnsystem auffassen: Organismen werden davor bewahrt, sich schädliche Substanzen einzuverleiben oder sich Dingen anzunähern, die Schwächung, Krankheit oder gar den Tod bedeuten könnten. In phänomenologischer Terminologie lassen sich die Objekte, die den Ekel auslösen, als dessen jeweiliger Verdichtungsbereich bezeichnen (um sie sammelt sich das Gefühl), während die aufdringliche Präsenz dieser Objekte, deren Nähe zum eigenen Körper bzw. der eigenen Person, denkbare Berührungen sowie die Schäden, die von diesen Objekten manchmal ausgehen können, als Verankerungspunkte des Ekels anzusehen sind.

Es wäre ein Fehler, den Ekel allein deshalb, weil er starke biologische Wurzeln hat, ausschließlich als ein einfaches oder gar primitives Gefühl anzusehen. Er kann ganz unterschiedliche Formen annehmen. Jede Art von Ekel setzt Kultur voraus, und es gibt darüber hinaus Arten von Ekel, die sogar vielfältige kulturelle Ausdif-

---

1 Vgl. zu dieser Thematik auch Edward B. Royzman/John Sabini, »Something it Takes to be an Emotion: The Interesting Case of Disgust«, in: *Journal for the Theory of Social Behaviour* 31/1 (2001), 29..59.

ferenzierungen voraussetzen und nicht einfach eine primitive und unmittelbare emotionale Reaktion auf Gegenstände darstellen, die uns durch äußere Wahrnehmung (Sehen, Riechen oder Tasten) gegeben werden. Man denke an die verschiedenen Formen des moralischen Ekels, an den Abscheu, den man gegenüber Personen und ihren Taten empfinden kann. Man denke an die mannigfaltigen Arten des Überdrusses und der Langeweile, die ebenfalls häufig ...so vor allem in der existenzphilosophischen Literatur .. als Ekel angesprochen werden. Schließlich denke man an den Ekel, der sich auf Grund besonderer ästhetischer Abneigungen einstellen kann.

Wie viele andere Gefühle, Eigenschaften und Fähigkeiten, die in der menschlichen Natur verankert sind, benötigt auch der Ekel Sozialisationsprozesse, um in Gang gesetzt zu werden. Ähnlich wie bei vielen Tieren kommt es unter Menschen in den ersten Lebensjahren zwar vor, dass Dinge abgelehnt und zurückgewiesen werden, aber es gibt in diesem Alter noch nicht die spezifische Art von Ablehnung, die genau dem Ekel entspricht. Folgt man den Vorschlägen der Psychologie, sind es wohl vor allem Maßnahmen im Bereich der Sauberkeitserziehung, des so genannten *toilet training*, welche eine Voraussetzung dafür darstellen, dass unter den Ablehnungseinstellungen und -gefühlen die spezifische Form des Ekels herausgebildet werden kann.[2]

Dieses Kapitel beginnt mit Überlegungen zu Gehalt und Erleben des Ekels (1), bevor die Klassifikation verschiedener Typen und Formen dieses Gefühls zur Diskussion steht (2). Im dritten Abschnitt werden einige in der Geschichte von Philosophie und Literatur diskutierte Vorschläge zum Verständnis des Ekels untersucht, die von demjenigen, was gewöhnlich unter Ekel verstanden wird, abweichen. Sie thematisieren den Ekel als generelle Haltung oder Einstellung und erweitern damit die Bedeutung dieses Begriffs (3). Ein abschließender Teil skizziert Beziehungen des Ekels zu anderen Gefühlen, insbesondere zu Verachtung und Scham (4).

1. Gehalt und Erleben des Ekels

Fäkalien, Erbrochenes, Schweiß, Speichel, Eiter, Sperma, Wunden, verwesende Leichen, verwesendes Fleisch, entstellte Menschen, abgeschnittene Zehennägel, Maden, Schleim, Läuse, der Verzehr menschlichen Fleisches ...das Spektrum von Dingen, vor denen Menschen sich ekeln oder ekeln können, ist sehr breit. Empfindet man Ekel, beispielsweise beim Reinigen eines Schuhs nach einem Tritt in einen Hundehaufen, kann sich als körperliche Reaktion ein Würgereflex einstellen. Starke Empfindungen von Ekel können auch direkt zum Erbrechen führen. Derart heftige Reaktionen zeigen einmal mehr, dass der Ekel ein fest mit der Natur (des Menschen)

---

2   Vgl. dazu Martha Nussbaum, *Upheavals of Thought. The Intelligence of Emotions*, Cambridge 2001, 200 f.; ferner: Paul Rozin/Jonathan Haidt/Clark R. McCauley, »Disgust«, in: *Handbook of Emotions*, hg. von Michael Lewis/Jeannette M. Haviland-Jones, New York ²2004, 637..653, 645 f.

verwobenes Gefühl ist, auch wenn sich bei vielen Ekelanlässen weder Erbrechen noch ein Würgereflex einstellen. Deshalb ist keines dieser physischen Ereignisse als notwendige Bedingung für das Vorliegen eines Ekelgefühls anzusehen.

Körperliche Reaktionen irgendeiner Art werden sich allerdings immer zeigen, auch wenn sie gelegentlich nur sehr schwach ausgeprägt sind. Selbst in der Geste des Naserümpfens, welches häufig dem Ausdruck einer Missbilligung in einem sehr weiten Sinne dient, zeigen sich noch die Spuren stärkerer Ekelreaktionen wie beispielsweise des Würgens. So gibt es Arten von Missbilligung, die sich anlässlich vergleichsweise harmloser Vorfälle einstellen können und den Ekel lediglich in Spurenelementen enthalten: So, wenn Opernbesucher, die sich fein gemacht haben, die Nase rümpfen über Besucher, die in gewöhnlicher Straßenkleidung erschienen sind. Die für das Naserümpfen typische körperliche Bewegung, ein Heben der Oberlippe und der Nasenflügel, verrät die Nähe zum Ekel im Wortsinn. Durch die Bewegung der Nase verringert sich der Luftstrom, schlechte Gerüche können auf diese Weise zwar nicht abgewehrt werden, aber ihr Eindruck lässt sich abschwächen, die Gerüche lassen sich ein wenig filtern. Auch wenn es sich beim Ekel um ein vergleichsweise körpernahes Gefühl handelt, ist dieses Gefühl nicht mit seinem körperlichen Ausdruck zu identifizieren. Vielmehr ist eine notwendige Bedingung für ein Ekelgefühl darin zu sehen, dass man leiblich davon betroffen ist; Übelkeit wird verspürt, und sei es auch nur in einem äußerst schwachen Sinne.

Obwohl Ekel in der Regel mit starken körperlichen Anwandlungen verbunden ist, die deutlich zum Ausdruck gelangen, sind im Zusammenhang mit diesem Gefühl durchaus auch kognitive Elemente im engeren Sinne wie Gedanken und Überzeugungen von Belang. Das Wissen um die Beschaffenheit oder Ursache eines sinnlichen Eindrucks kann die Entstehung oder das Verfliegen eines Ekelgefühls bedingen. So ergibt es einen Unterschied, ob man eine bestimmte Art von Geruch oder Konsistenz einem Objekt zuordnet, welches Ekel erregt oder einer delikaten Speise. Die klebrig-glitschige Beschaffenheit und den Geruch einer Auster kann man schätzen, während andere Objekte von vergleichbarer Beschaffenheit oder von vergleichbarem Geruch Ekelgefühle provozieren. Die Überlegung zeigt, dass selbst ein mit ganz bestimmten körperlichen Reaktionsformen verbundenes Gefühl wie der Ekel immerhin so komplex ist, dass es sich nicht ausschließlich auf körperliche Reaktionen reduzieren lässt, sondern auch Gedanken und Überzeugungen eine Rolle spielen können.

Versucht man in allgemeiner Weise zu beschreiben, was genau Ekel erregt, kann man sagen, dass Ekel immer dort relevant wird, wo aus der Perspektive dessen, der sich ekelt, Grenzüberschreitungen stattfinden bzw. Grenzen verletzt werden, die den eigenen Körper oder den Körper anderer Menschen betreffen. Diese Grenzüberschreitung kann in unterschiedliche Richtungen verlaufen. Etwas, das von außen kommt, droht einen zu durchdringen bzw. durchdringt einen; etwas, das von innen kommt, sucht oder nimmt einen Weg nach außen. Ein Beispielbereich für die erste Richtung der Grenzüberschreitung findet sich im Nahrungsmittelekel und im Ekel vor Gerüchen, von denen man durchdrungen zu werden droht. Man ekelt sich vor etwas, vor manchen Speisen, die man in sich aufnehmen kann, vor bestimmten Gerüchen, die einen umfangen, ohne dass es möglich wäre, sich vor dem Geruch gänzlich zu verschließen. Hier steht vorrangig der eigene Körper im

Mittelpunkt. Speise und Geruch dringen in den eigenen Körper ein. Man kann sich allerdings auch dann ekeln, wenn andere sich Substanzen einverleiben oder dazu gezwungen sind, sich Substanzen einzuverleiben, vor denen man Abscheu empfindet.

Auch für die zweite Richtung der Grenzüberschreitung, für die Überschreitung der Grenze von Innen nach Außen, lassen sich viele Beispiele finden. Hier steht vorrangig der Körper anderer im Mittelpunkt, wobei es durchaus möglich ist, sich auch dann zu ekeln, wenn der eigene Körper betroffen ist. Man denke an den häufiger in Schlachtszenen von Kriegsfilmen vorkommenden Fall, wo jemandem aufgrund einer Verletzung die Gedärme aus dem Inneren quellen. Aber auch harmlosere Formen des Übertretens der Körpergrenze können einen Anlass für Ekel bilden: Speichel, Schweiß, die Substanzen in der Nase und in den Ohren, das Ausdrücken eines Pickels, Ausscheidungen, Erbrochenes. Angesichts derartiger Substanzen scheint es so etwas wie eine allgemeine Disposition zum Ekel zu geben; eine Disposition, die zwar überwunden werden kann, aber erst einmal da ist.

Mit dem Motiv, dass etwas aus dem Inneren des Körpers nach außen tritt, spielt häufig auch der Horrorfilm. Prominentes Beispiel ist die Science-Fiction-Saga *Alien*. Vielen dürfte die markante Szene aus dem ersten Alien-Film (1979) von Ridley Scott in Erinnerung sein, wo das »unheimliche Wesen aus einer fremden Welt« seinen ersten Auftritt hat. In einem Gewölbe stößt ein Protagonist des Films (es handelt sich um Kane, Mitglied der Crew eines Raumschiffs) auf eine Reihe eiförmiger Gebilde. Eines dieser Gebilde öffnet sich, das Alien schießt heraus, springt Kane in das Gesicht und umklammert seinen Kopf mit spinnenartigen Greifarmen. Der Fremdkörper fällt jedoch schon einen Tag später tot von seinem Opfer ab, und Kane scheint gesund und munter wie zuvor. Kurz darauf jedoch bricht ein kleines Alien aus dem Brustkorb des Wirts (Kanes) hervor. Aus dem Inneren eines menschlichen Körpers wird etwas ganz und gar Fremdes geboren . Eine inzwischen klassische Ekelszene. ...Was den Ekel im Allgemeinen betrifft, so wird noch zu untersuchen sein, wie das Merkmal der Grenzüberschreitung bei jenen möglichen Objekten für Ekel zu bestimmen ist, die nicht unmittelbar und vielleicht noch nicht einmal mittelbar mit Nahrungsaufnahme oder Körpergrenzen zusammenhängen.

2. Typen und Formen des Ekels

Die Klassifikation von verschiedenen Typen oder Formen des Ekels kann auf der Grundlage unterschiedlicher Kriterien stattfinden: Zum einen lassen sich Formen des Ekels voneinander differenzieren je nach Sinnesorgan, mit Hilfe dessen die Objekte des Ekels wahrgenommen werden; zum anderen können mit Blick auf die Objekte, welche den Ekel hervorrufen, Typen des Ekels voneinander differenziert werden. Lässt sich anlässlich des Ekels eine Hierarchie der Sinne bezüglich ihrer Relevanz für den Ekel ausmachen?

Geruch und Geschmack scheinen über Tast- und Gesichtssinn zu dominieren, was die Empfänglichkeit dieser Sinne für den Ekel betrifft. Das Gehör indessen scheint kaum eine oder gar keine Rolle zu spielen. So bemerkt bereits Aurel Kolnai, Autor einer umfangreicheren phänomenologischen Studie über den Ekel, dass »der Geruchssinn [ ] der eigentliche Stammesort des Ekels« ist[3] und die anderen Sinne dominiert. Auf dem Hintergrund der These von der Durchdringung leuchtet dies unmittelbar ein. Im Geruchssinn sind wir unserer Umgebung mehr oder weniger schutzlos ausgesetzt, von Gerüchen werden wir durchdrungen. Kolnai stellt fest:

> »Durch den Geruch [ ] wird der obere Digestivtrakt am unmittelbarsten affiziert, Brechreiz am meisten hervorgerufen, das Motiv der Nähe am stärksten erfüllt. Durch den Geruch werden auch Partikelchen des Gegenstandes in das Subjekt hineingetragen, wird intime Erfassung des fremden Soseins ermöglicht. In der Intimität dieser Sinnesmodalität gründet ihre primäre Bedeutung für den Ekel.«[4]

Die Dominanz des Geruchssinns ist aber nicht nur darauf zurückzuführen, dass wir Gerüchen schutzlos preisgegeben sind, denn Geräuschen sind wir durch das Gehör ebenfalls schutzlos ausgeliefert. Die besondere Bedeutung des Geruchssinns für den Ekel hängt vermutlich mit der Nähe von Geruch und Geschmack zusammen, genauer mit der Beziehung, welche nicht nur der Geschmacks-, sondern auch der Geruchssinn zum Kontext von Nahrung und Ernährung hat. Diese Beziehung zwischen Geruch, Geschmack und Ernährung dürfte erklären, warum diese beiden Sinne ekelrelevanter sind als Tast- und Gesichtssinn, während das Gehör dem Ekel besonders fremd zu sein scheint. Dies gilt für die Häufigkeit, in der durch diese Sinne aufgenommene Objekte ein Ekelgefühl vermitteln, und es gilt auch für die Intensität der jeweiligen Ekelgefühle.

Selbstverständlich kann Ekel durch Tasten oder Sehen hervorgerufen werden. Was den Gesichtssinn betrifft, so genügt bereits der Verweis auf das (geruchs- und geschmacksfreie) Medium des Films, um deutlich zu machen, inwiefern allein der Anblick von etwas, was Ekel erregt, Ekel zu erzeugen vermag. Noch einmal sei an den Horrorfilm erinnert, der eben nicht nur Angst und Entsetzen beim Zuschauer hervorrufen kann, sondern auch Ekel. Beim Tastsinn kann man sich fragen, ob er allein, ohne Beteiligung eines oder mehrerer anderer Sinne, Ekel evozieren kann. Dass die Berührung von bereits als ekelhaft klassifizierten Objekten ebenfalls mit Ekel verbunden ist, man denke an die Berührung von Fäkalien, Kadavern usw., ist unstrittig.. insofern kann der Tastsinn zumindest synästhetisch und in Verbindung mit den anderen Sinnen als Ekelsinn fungieren.

Strittig ist aber die Frage, ob Ekelgefühle durch bloßes Tasten von etwas ausgelöst werden können, ob zum Beispiel die Berührung von etwas Schwabbeligem, Breiigem oder Schleimigem bereits ausreicht, um ein Ekelgefühl zu evozieren, wenn die anderen Sinne ausgeschaltet sind. Einerseits kann man sagen, dass bei einem durch Tasten hervorgerufenen Ekel Assoziationen an bereits als ekelhaft bekannte Dinge oder eben das Wissen darum, dass das Ertastete ekelhaft ist, eine Rolle zu

---

3 Aurel Kolnai, »Der Ekel«, in: *Jahrbuch für Philosophie und phänomenologische Forschung* Band X (1929), 516..569 (ND Tübingen 1974, 119..173), 137.
4 Ebd., 137.

spielen scheinen. Der Tastsinn als solcher und losgelöst von den anderen Sinnen scheint auf den ersten Blick keine ausgemachte Ekelrelevanz zu besitzen.[5] Andererseits kann bereits der ertastete Übergang von Festem zu Flüssigem und vom Flüssigem ins Feste eine Ekel erregende Wirkung haben. So wäre es vorstellbar, dass jemand vor einer zähen, zerlaufenden Masse Ekel empfindet, zumal dann, wenn man überhaupt nicht weiß, um was es sich handelt. Ist eine solche Konsistenz zwischen Breiigem und stockender Flüssigkeit zudem mit starken Gerüchen verbunden, so kann die Gestaltlosigkeit der Masse, ihr Zwischenstadium, den Ekel steigern. Dies kann zum Beispiel bei der Haut der Fall sein, die sich auf abkühlender Milch gebildet hat, bei zu flüssig geratenem Brei oder bei stockenden Saucen, besonders dann, wenn sie mit unregelmäßigen, ausflockenden Verdickungen einhergehen.

In diesen Fällen scheint die Form, die Gestalt- und Konturlosigkeit der Masse, Einfluss auf die Ausbildung des Ekelgefühls zu haben. Zwar ist es faktisch häufig der Fall, dass in derartigen Fällen eine Verbindung zum Bereich von Nahrung und Ernährung besteht (Haut auf der Milch, Sauce, Brei) und somit Geschmack und Geruch zumindest assoziiert werden auch dort, wo etwas nur ertastet oder aber bloß gesehen wird. Da aber die Anlässe für Ekel kulturell und individuell hochgradig variieren, ist es nicht ausgeschlossen, dass der Ekel ganz ablösbar ist von solchen Nahrungskontexten und sich ausschließlich auf Grund von taktilen oder visuellen Erfahrungen einstellen kann.

Ob es einen Ekel des Gehörs gibt, ist ebenfalls eine strittige Frage. Häufig wird bestritten, dass man sich vor Geräuschen oder Tönen ekeln kann. So ist es sicher möglich, eine bestimmte Art von Musik zu verabscheuen und diesen Abscheu mit Wendungen wie die, man finde diese Musik zum Kotzen, zum Ausdruck zu bringen.[6] Allerdings ist wohl nicht davon auszugehen, dass sich ein Brechreiz im Sinne einer unmittelbaren physischen Regung einstellt, sondern eben in einem übertragenen Sinne. Anders als in dem Fall, wo jemand gezwungen ist, sich eine Ekel erregende Substanz einzuverleiben, führt das Hören der Musik nicht unmittelbar dazu, dass man sich übergibt. Man verspürt keinen Brechreiz in einem wörtlichen, sondern allenfalls in einem übertragenen Sinne. Es ist jedoch zu bezweifeln, ob hier überhaupt sinnvoll von Ekel gesprochen werden sollte und ob es sich nicht eher um eine Abneigung allgemeiner Art gegen diese Musik handelt.

Möglicherweise handelt es sich bei dieser letztlich metaphorischen Rede vom »Ekel« vor dieser Musik um eine Verwechslung mit jenen Arten von Ekel, die wegen einer mangelnden physischen Stimulanz als »körperferner« oder »vermittelter« Ekel bezeichnet werden können. Darauf wird zurückzukommen sein. Diese Art von Ekel zu empfinden ist nicht möglich, ohne differenzierte Überzeugungen zu hegen oder komplexere Urteile zu fällen, die auf den Gegenstand des Ekels bezogen sind .. anders

---

[5] Wenn man den Ekel ganz allgemein als ein Gefühl der Abneigung begreift, wie beispielsweise Paul Ekman, fällt es nicht schwer, alle Sinne als gleichrangig zu betrachten und zuzubilligen, dass auch Anblick und Klang, und nicht nur Geschmack und Geruch, dieses Gefühl hervorrufen können. Vgl. Paul Ekman, *Gefühle lesen. Wie Sie Emotionen erkennen und richtig interpretieren*, Darmstadt 2004, 238 ff.

[6] Vgl. Harald Eggebrecht, »Ekeltöne«, in: *Ekel und Allergie*. Kursbuch 129, Berlin 1997, 145... 151.

als beim Ekel vor Kot und Ähnlichem, beim physischen Ekel, der eine pauschale Art von Abscheu darstellt.

Ekelgefühle lassen sich nicht allein im Rückgriff auf die Sinnesorgane voneinander unterscheiden, welche den Ekel vermitteln, sondern möglich ist auch eine Klassifizierung verschiedener Ekeltypen auf der Grundlage der Gegenstände, Ereignisse und Begebenheiten, durch welche Ekelgefühle hervorgerufen werden. Den Gegenständen entsprechen bestimmte Formen des Ekels, wie wir bereits am Beispiel der Musik und der Unterscheidung von körpernahen und körperfernen Formen des Ekels gesehen haben.

Aurel Kolnai, dessen Überlegungen im Folgenden eingehender berücksichtigt werden, unterscheidet in diesem Zusammenhang zwischen dem »physisch Ekelhaften« und dem »moralisch Ekelhaften«,[7] wobei der Ausdruck »moralisch« hier im weiten Sinne von »nicht körperlich« oder »geistig« verwendet wird. Physischer Ekel wird durch physische Objekte ausgelöst, während moralischer Ekel durch Handlungen, Ereignisse oder Gedanken, ausgelöst werden kann. Als physisch ekelhaft gilt der gesamte Bereich der Fäulnis, wozu Prozesse der Verwesung, Zersetzung, Erweichung, Auflösung, Verfärbung, des Übergangs vom Lebenden ins Tote sowie der Auflösung der Materie gezählt werden. Ganz im Sinn der Bemerkungen zum Ekel als Gefühl, welches mit der Überschreitung von Körpergrenzen einhergeht, werden Exkremente als Zersetzungsprodukte, die vom Körper ausgestoßen werden, alle Arten von Ausscheidungen und Sekreten sowie das »Klebrige, Halbflüssige, [ ] zudringlich Anhaftende«[8] als physisch ekelhaft angeführt.

Schließlich lässt sich Schmutz und Dreck im Allgemeinen als etwas, das kleben oder anhaften kann, als Objekt des Ekels auffassen. Kolnai erläutert den Umstand, dass man sich vor Schmutz ekeln kann, mit dem Hinweis, dass sich Schmutz als Spur des Lebens auffassen lässt und auch das in einem ausgemachten Sinne Lebendige Gegenstand des Ekels sein kann: Tiere, menschliche Leiber. Auf die Tiere und das Vitale in einem allgemeinen Sinn (Kolnai nennt beispielsweise auch »quellende Brüste« und die »wimmelnde Brut« als mögliche Objekte des Ekels) wird noch zurückzukommen sein.

Was das so genannte moralisch Ekelhafte betrifft, so verweist Kolnai zunächst auf den Überdrussekel, der sich anlässlich von Sachen einstellen kann, die im Grunde lustvoll sind, aber zum Überdruss führen können, wenn sie lange oder sogar immer währen. Im Zusammenhang mit dem Überdrussekel stehe auch der Ekel vor übermäßigem Genuss, insbesondere der Ekel vor Völlerei und Versumpfen.[9]

Im Kontext des von Kolnai moralisch genannten Ekels ist der Ekel vor dem Lebendigen und Vitalen ebenfalls Thema. Er nennt den Ekel vor übermäßiger oder am falschen Ort entfalteter Vitalität: der hochtrainierte Sportler wirke im Eindruck seiner überschäumenden Vitalität zu lebensvoll, ungeordnete Sexualität, aber auch zu großes Bemühen um Geistiges am falschen Ort seien ekelhaft. Ekelhaft könne auch »das unfruchtbar Selbstzweckhafte eines ewigen Gedankengeknisters«, die »zweck-

---

7 Aurel Kolnai, »Der Ekel«, a. a. O., 140 ff., 149 ff.
8 Vgl. ebd., 141.
9 Im Zusammenhang damit spricht Kolnai auch von der Blutschande als »einknickender Lebensstrom-Verdickung« (ebd., 150).

los-subtile, subjektivistisch-schwelgerische, im Herzensgrund gegenstandsgleichgültige Überverfeinerung oder Schwulstigkeit« sein sowie die »Geilheit des Geistes«.[10] Schließlich geht es auch noch um Verhaltensweisen und Eigenschaften, die Gegenstand der Moral im engeren Sinne sind: Lüge und Verlogenheit, Falschheit, moralische Weichheit, Haltlosigkeit und Rückgratlosigkeit.

Gesteht man zu, dass zumindest von einem Teil dieser Beispiele echte Ekelphänomene erfasst werden, so drängt sich der Eindruck auf, dass die Gemeinsamkeit der ersten Beispielserie in einer Art von Unordnung in dem Sinne besteht, dass etwas nicht an dem Platz ist, an den es gehört, und zwar Verhaltensweisen oder Eigenschaften, die in anderem Kontext nicht notwendigerweise Ekel erregend wären, während sich bei den anderen Beispielen die Unordnung auf eine Art von moralischer Gestalt- und Konturlosigkeit bezieht.

Rechtfertigt der Umstand, dass viele Menschen auf verschiedene Arten von moralischem Fehlverhalten mit Ekel und Abscheu reagieren, den Ekel, zumindest eine bestimmte Art des Ekels, als moralisches Gefühl anzusehen? Worin würde unter dieser Voraussetzung der Unterschied zwischen Ekel und Empörung bestehen? Es gibt eine Reihe von Übergangsphänomenen, die sich nicht deutlich voneinander abgrenzen lassen. Man könnte versucht sein zu argumentieren, dass sich Ekel und Abscheu anlässlich besonders gravierender Normverstöße einstellen (Massenmorde, um nur ein Beispiel zu nennen), während Empörung ein im Kontext von üblichen und im Großen und Ganzen nachvollziehbaren Normverstößen verbreitetes Gefühl ist. Dann müsste man Ekel und Abscheu vor einer in einem moralischen Sinne verfehlten Handlung als besondere Steigerungsform der Empörung begreifen. Oder man könnte geltend machen, die Empörung beziehe sich auf den Normverstoß, während sich Ekel und Abscheu eher auf die Personen beziehen, welche den Normverstoß begehen.

Beide Vorschläge erscheinen ein wenig künstlich, weil man auch von vergleichsweise harmlosen Normverstößen angeekelt sein und sich auch angesichts gravierender Normverstöße empören kann. Außerdem kann Ekel sich auch auf Handlungen beziehen .. im Bereich der Moral ebenso wie in anderen Bereichen .., er muss sich nicht unbedingt auf Personen beziehen. Ekeln kann man sich auch vor übertriebener Höflichkeit oder aalglatter Freundlichkeit, das heißt vor letztlich eher harmlosen Normverstößen. Die Frage nach der Handlung oder der Person als demjenigen, dem der Ekel gilt, wird von Fall zu Fall zu entscheiden sein. Die Vielzahl denkbarer Einzelfälle erlaubt keine allgemeingültige Klassifizierung.

Interessant ist, dass nicht nur im Kontext des moralischen Ekels, sondern auch dort, wo im Zusammenhang mit Normverstößen das Gefühl des Ekels noch gar keine Rolle spielt, die Sprache des Ekels im physischen Sinne verwendet werden kann und häufig auch verwendet wird. So ist die Rede vom Sauberen und vom Schmutzigen verbreitet. Man denke an Wendungen wie die, dass man seine Hände in Unschuld wäscht , schmutzige oder reine Absichten hat usw. Auffällig ist auch, dass ein Fehlverhalten, sei es eine moralische Normverletzung oder ein Verstoß gegen die Etikette, häufig mit Ausdrücken quittiert wird, die unmittelbar in den Kon-

---

10 Ebd., 153.

text des Ekels gehören: Ausrufe wie »Igitt« oder »Pfui« sind durchaus üblich, wenn man ein aus eigener Perspektive verfehltes Verhalten kommentieren und missbilligen möchte. Gleiches gilt für das nichtverbale Verhaltensrepertoire: das Rümpfen der Nase, das Aufsetzen eines Ekelgesichts sind eben auch dort üblich, wo gar kein Ekel im direkten und unmittelbar physischen Sinne verspürt wird, sondern wo es sich um Kommentare zu einem Fehlverhalten ...ganz gleich welcher Art ...handelt.

Kommen wir noch einmal auf Kolnais Gedanken zurück, das Lebendige sei unter bestimmten Umständen einer der bevorzugten Gegenstände des Ekels. Der Ekel vor dem Lebendigen wird häufig mit dem Hinweis erläutert, dass man sich vor demjenigen ekele, was an die eigene Kreatürlichkeit erinnere. Die schon angesprochene Überschreitung von Körpergrenzen (ob von außen nach innen oder von innen nach außen) lässt sich mit diesem Gedanken verbinden, da sie auf die Kreatürlichkeit hinweist. Im Ekel werde die Erinnerung an die Tiernatur verdrängt.[11]

Dies ist ein Gedanke, der zumindest implizit zunächst einmal im Rahmen psychoanalytischer Theorien des Ekels formuliert worden ist. So hatte Freud die Entstehung des Ekels mit dem aufrechten Gang des Menschen in Verbindung gebracht, da beim Menschen durch seine aufrechte Haltung die für den Ekel besonders relevanten Sinne (der Geschmacks- und Geruchssinn) von seinen Ausscheidungs- und Sexualorganen entfernt sind und die kreatürlichen Merkmale seines Körpers damit in einem vergleichsweise direkten Sinn aus dem Blick geraten.[12]

Kreatürlichkeits- und Sexualitätsverdrängung, Ekel-Entstehung und Ausbildung der Kultur lassen sich so als eng miteinander verwobene Prozesse verstehen. Man kann verschiedene Indizien nennen, welche für die These sprechen, der Ekel hänge mit der Zurückweisung der Tierähnlichkeit (und Kreatürlichkeit) des Menschen zusammen. Zunächst fällt auf, dass Tiere keinen Ekel empfinden, und dies obwohl der Ekel ein basales Gefühl ist. Viele der fest mit der Natur des Menschen verbundenen Gefühle finden sich jedoch zumindest in bestimmten, weniger komplexen Variationen auch bei machen Tieren. Außerdem unterscheiden wohl auch die meisten Tiere zwischen Nahrungsmitteln, die ihnen zu- und solchen, die ihnen abträglich sind. Mit Ekelgefühlen würde man dies aber nicht in Verbindung bringen.

Ein weiteres Indiz ist darin zu sehen, dass Abscheu und Ekel häufig mit Prozessen und Vorgängen verbunden sind, in denen Kreatürlichkeit auf deutliche Weise sichtbar wird, wie das zum Beispiel im Verlauf einer Krankheit der Fall sein kann. So kann es nicht überraschen, dass sich gerade aus der Perspektive Pflegender eine Vielzahl von Ekelbeispielen anführen lassen.[13] Weitere Hinweise auf die Berechtigung der Annahme, es sei die Distanzierung von der Tierähnlichkeit, die im Ekel eine Rolle spiele, lassen sich im Hinblick auf die Verbindungen erhärten, welche zwischen den Tieren und paradigmatischen Ekel-Objekten bestehen: zu denken ist

---

11 Häufig wird verwiesen auf Andras Angyal, »Disgust and related Aversions«, in: *Journal of Abnormal and Social Psychology* 36 (1941), 393..412; vgl. Martha Nussbaum, *Upheavals of Thought*, a. a. O., 203 ff; Paul Rozin/Jonathan Haidt/Clark R. McCauley, »Disgust«, in: *Handbook of Emotions*, a. a. O., 637..653.

12 Vgl. zum Beispiel Sigmund Freud, *Briefe an Wilhelm Fließ 1887–1904*, Frankfurt a. M. 1986, 301..305.

13 Vgl. insbesondere Christine Pernlochner-Kübler, *Körperscham und Ekel – wesentlich menschliche Gefühle*, Münster 2004.

an den Bereich dessen, was man die Abfälle des Lebendigen nennen könnte, zu denken ist auch an die Sexualität sowie an Prozesse der Nahrungsaufnahme. Anders als Menschen pflegen die meisten Tiere ein vergleichsweise entspanntes Verhältnis zu den Abfällen des Lebendigen wie beispielsweise zu ihren Ausscheidungen. Sie suhlen sich darin, schnuppern daran und anderes mehr. Auf diese Weise sind ihre Verhaltensweisen direkt und offensiv auf einen Bereich bezogen, angesichts dessen Menschen extrem ekelanfällig sind.

Gleiches gilt für den Bereich der Sexualität. Man könnte sagen: Lustvolle Sexualität setze die Suspension der sonst häufig mit der allzu großen Nähe fremder Körper verbundenen Ekelgrenzen voraus: Andere Menschen unbeabsichtigt bei dem Vollzug sexueller Praktiken zu beobachten oder zu sehen, wie andere Menschen sich in schamloser Weise entblößen, kann Ekel auslösen. Ungewollte und erzwungene Sexualität ist sogar immer mit intensiven Ekelgefühlen verbunden. Werden Situationen mit sexuellen Inhalten freiwillig aufgesucht (der Voyeur oder der Konsument pornographischer Materialien möchte anderen zuschauen) oder kommt es auf einvernehmliche Weise zu sexuellen Kontakten, sind die Ekelschwellen herabgesetzt bzw. von vornherein nicht vorhanden. Diejenigen Bereiche des menschlichen Körpers und insbesondere Gerüche und Berührungen, die sonst mit Ekel behaftet sind, werden im Gegenteil als positiv und lustvoll empfunden. Bezieht man den Ekel, der sich anlässlich der Konfrontation mit fremden oder gar befremdlichen sexuellen Inhalten einstellen kann, auf den Umstand, dass sich in der Sexualität menschliche Kreatürlichkeit auf besondere Weise zeigt, lässt sich die lustvoll erlebte Sexualität als besondere Art der Zustimmung zu menschlicher Kreatürlichkeit interpretieren.

Dass im Bereich der Kreatürlichkeit die Nahrungsaufnahme für den Ekel eine besondere Rolle spielt, ist bereits mehrfach hervorgehoben worden. Aufschlussreich ist, dass sich der Ekel bei pflanzlicher Nahrung vor allem auf Fäulnisprozesse bezieht, während er sich bei tierischer Nahrung über Verwesungsprozesse hinaus auch auf frische rohe Fleischstücke, auf bestimmte Organe oder auf bestimmte Tierarten beziehen kann. Dass tierische anders als pflanzliche Nahrung für Menschen in den meisten Kulturen mit einer größeren Zahl von Ernährungsgeboten und -verboten versehen zu sein scheint, könnte ebenfalls mit der im Ekel verdrängten Tierähnlichkeit des Menschen zusammenhängen. Manche Tiere werden wegen ihrer Schmackhaftigkeit oder ihres Ernährungswertes gepriesen, bestimmte andere Arten zu essen dagegen erfüllt mit Ekel und Abscheu.

Während Insekten in europäischen Kulturen nicht auf dem Speiseplan zu finden sind und allenfalls versehentlich beispielsweise als Blattläuse im Salat oder Apfelwicklerlarven im Obst auf den Teller gelangen und ihr Verzehr als außerordentlich ekelhaft gilt, ist in anderen Kulturen die Entomophagie so üblich wie der Verzehr von Schweine- oder Rindfleisch in den meisten Gebieten Europas. Bei den Ureinwohnern in den Gebieten des Amazonas und Orinoko gilt das Ausschlürfen noch lebender Riesenspinnen als eine Delikatesse. In Thailand bekommt man Schaben und Wasserkäfer im Schnellrestaurant, und unter den australischen *Aborigines* ist die Bogong-Motte eine verbreitete und beliebte Speise.

Diese Überlegungen stellen sicherlich keine unabweisbaren Argumente dafür bereit, die These in einem starken Sinne zu begründen, der Ekel hänge mit der

Zurückweisung der Tierähnlichkeit des Menschen zusammen. Aber sie enthalten eine Reihe plausibler Hinweise, welche diese These untermauern. Walter Benjamin geht so weit, den Ekel vor Tieren mit Angst in Verbindung zu bringen, einer Angst vor der Ähnlichkeit zwischen Mensch und Tier:

> »Beim Ekel vor Tieren ist die beherrschende Empfindung die Angst, in der Berührung von ihnen erkannt zu werden. Was sich tief im Menschen entsetzt, ist das dunkle Bewusstsein, in ihm sei etwas am Leben, was dem ekelerregenden Tiere so wenig fremd sei, daß es von ihm erkannt werden könne.«[14]

Wir haben bereits darauf hingewiesen, dass im Ekelgefühl Vorstellungen des Durchdrungen-Werdens von etwas eine Rolle spielen, oder ...wie es in der Literatur gelegentlich auch heißt ...die Idee der Kontamination, welche den Ekel mit einer ihm eigenen Art von Magie ausstattet.[15] War ein Gegenstand oder eine Person einmal mit einer Sache in Berührung, die Ekel erregt überträgt sich der Ekel auf den durch diese Sache berührten Gegenstand oder die berührte Person. Magisch ist diese Relation, da sich die Ekelgefühle auch dann einstellen, wenn nachweislich keine Verbindung mehr zwischen dem Objekt des Ekels und demjenigen, was von diesem Objekt berührt wurde, besteht. So würde niemand, jedenfalls nicht ohne Not, aus einer Bettpfanne essen, selbst dann nicht, wenn diese mehrfach gesäubert und sterilisiert wurde. Der einmalige Kontakt mit einer Substanz verunreinigt den betreffenden Gegenstand in der Perspektive desjenigen, der den Ekel verspürt, auf immer und ewig. Objekte des Ekels scheinen alles, was mit ihnen in Berührung kommt, anzustecken und für alle Zeit unbrauchbar zu machen. Kommt ein Gegenstand des alltäglichen Gebrauchs mit einem ekligen Gegenstand in Berührung, so kann auch der (bisher unter Umständen vielleicht sogar geliebte Gegenstand) zum Anlass für Ekel werden. Man denke an ein Kleidungsstück, welches mit ekligen Substanzen in Berührung kam oder von einer Person getragen wurde, die man nicht mag. Hier eignet dem Ekel eine Magie, die sich jeder Art von Erklärung verschließt.

3. Vom Gefühl des Ekels zur Einstellung. Nietzsche und Sartre

Der Ekel im Sinne eines Gefühls, welches akut auftritt und episodisch verläuft, lässt sich als Ekel im engeren Sinne bezeichnen. Mit dem Ausdruck »Ekel« wird allerdings in bestimmten Fällen auch eine Haltung bzw. Einstellung benannt. Der Gehalt dieser Einstellung weicht mitunter erheblich ab vom Ekel, sofern man ihn im Sinne eines episodischen Gefühls versteht, welches einen Anfang hat, einen Verlauf nimmt und ein Ende findet. Bezüge des Ekels im Sinne einer Haltung zum Ekel im

---

14 Walter Benjamin, *Einbahnstraße*, in: ders., Gesammelte Schriften, Band IV-1, Frankfurt a. M. 1991, 90 f.
15 Vgl. zur empirischen Erforschung dieser Eigenheit u. a. Paul Rozin/Linda Millman/Carol Nemeroff, »Operation of the Laws of sympathetic Magic in Disgust and other Domains«, in: *Journal of Personality and Social Psychology* 50 (1986), 703..712.

Sinne eines episodischen Gefühls ergeben sich dadurch, dass im Zusammenhang mit dem Ekel als Haltung bzw. Einstellung Beschreibungen kursieren, die sich genau derselben Bilder bedienen, wie man sie im Zusammenhang mit dem Ekel als Gefühl im engeren Sinne verwendet.[16] In der Geschichte der Philosophie und Literatur des Abendlandes gibt es eine Reihe von Zeugnissen, welche den Ekel im Sinne einer Haltung thematisieren.[17] Bei der in diesem Zusammenhang zur Diskussion stehenden Art des Ekels handelt es sich um einen existenziellen Ekel, der das Leben oder die Welt im Ganzen betreffen kann. Zwei in diesem Zusammenhang einschlägige Autoren, deren Überlegungen in wirkungsgeschichtlicher Hinsicht besonders bedeutsam waren, sind Friedrich Nietzsche und Jean-Paul Sartre.

Nietzsche beschreibt den Ekel zwar immer wieder mit Hilfe von Phänomenen, die in den Umkreis von Ekelgefühlen im wörtlichen Sinn gehören, aber letztlich geht es ihm nicht um die Erfassung des Ekels als episodisches Gefühl, sondern er skizziert eine Haltung, die in allererster Linie das Leben im Ganzen betrifft. Diese Haltung des Ekels dokumentiert sich für Nietzsche zunächst in der Leib- und Lebensfeindschaft des Platonismus sowie Christentums, wo sie damit beginnt, einer bestimmten Art von Moral den Boden zu bereiten. Bereits in seiner frühen Schrift *Über die Geburt der Tragödie* bemerkte Nietzsche: »Christentum war von Anfang an, wesentlich und gründlich, Ekel und Ueberdruss des Lebens am Leben, welcher sich unter dem Glauben an ein anderes oder besseres Leben nur verkleidete, nur versteckte, nur aufputzte.«[18] Die von Nietzsche als Ekel am Leben apostrophierte Einstellung ist im Grunde eine feindselige Haltung gegenüber den vitalen und sinnlichen Impulsen des menschlichen Lebens als solchen, nicht nur gegenüber Formen, die Anlass für Ekelgefühle im engeren Sinne werden können, wie Ausscheidungsvorgänge oder sexuelle Vollzüge.[19] Weil sich der von Nietzsche diagnostizierte Ekel auf das Leben im Ganzen richtet, ist er auch nicht als episodisches Gefühl aufzufassen, welches sich hier oder dort einstellt, sondern es handelt sich um eine Grundeinstellung, welche immer präsent ist und alle Phänomene des Lebens in gleicher Weise betrifft.

In der zitierten Bemerkung ist nicht nur vom Ekel, sondern auch vom Überdruss die Rede. Fraglich ist, wie die Formulierung vom »Ekel und Ueberdruss des Lebens am Leben« gedeutet werden muss. Man könnte die Bemerkung so verste-

---

16 So bemerkt Konrad Paul Liessmann, » Ekel! Ekel! Ekel! ...Wehe mir! Eine kleine Philosophie des Abscheus«, in: *Ekel und Allergie*. Kursbuch 129, a. a. O., 101..110, 102: »Kein Affekt kommt im wörtlichen Sinn so aus den Tiefen der Eingeweide des Menschen wie der Ekel; und kein Affekt wird, metaphorisch gewendet, so sehr zum Indiz einer metaphysischen Misere wie der Ekel.«
17 Vgl. dazu die Studie von Winfried Menninghaus, *Ekel. Theorie und Geschichte einer starken Empfindung*, Frankfurt a. M. 1999.
18 Friedrich Nietzsche, *Die Geburt der Tragödie aus dem Geiste des Musik*. Kritische Studienausgabe Band 1, hg. von Giorgio Colli und Mazzino Montinari, München 1988 (EA 1872), 18.
19 Nietzsche lässt sich von der Perspektive leiten, dass das Christentum den Ekel vor bestimmten Erscheinungsformen von Vitalität zu einer Einstellung verallgemeinert, die das Leben ganz generell betrifft. Der so verstandene Ekel konnte für ihn zu einem Schrittmacher der Moral werden, einer Moral, die von ihm an anderer Stelle als Sklavenmoral und Moral der Schwäche bezeichnet wird. Zu Nietzsches Moralkritik vgl. Winfried Schröder, *Moralischer Nihilismus. Radikale Moralkritik von den Sophisten bis Nietzsche*, Stuttgart 2005, insbesondere Kapitel II.

hen, dass Ekel und Überdruss miteinander identifiziert werden, dass die Ausdrücke »Ekel« und »Überdruss« synonym verwendet werden. Nietzsches Sprachgebrauch tendiert in diese Richtung. Plausibler ist es, den Ekel als Ergebnis des Überdrusses anzusehen und den Überdrusekel als eine spezifische Form von Ekel aufzufassen, die sich von anderen Formen des Ekels auf Grund bestimmter Merkmale unterscheidet. Einer Sache überdrüssig sein, das heißt, genug von dieser Sache zu haben, ihrer satt zu sein, sie nicht mehr sehen zu können. Überdruss stellt sich anlässlich einer Fülle ein, nicht anlässlich eines Mangels, er stellt sich angesichts von Dingen ein, von denen man genug, mehr als genug hat. Diese Spezifikation entspricht einer gängigen Auffassung, die zum Beispiel auch Kolnai vertritt.

Ein weiterer Unterschied zu anderen Arten des Ekels wird mitunter darin gesehen, dass Überdrusekel an ein Begehren oder ein Bedürfnis geknüpft zu sein scheint. Überdrusekel werde empfunden, wenn ein Bedürfnis im Übermaß befriedigt werde: plötzlich mag man bestimmte Speisen nicht mehr, wenn man sie zu häufig und in zu großer Menge genossen hat; plötzlich verliert man das Interesse an Menschen, wenn man zu häufig und zu intensiv mit ihnen Umgang hatte. Ist das Begehrte oder dasjenige, dessen man bedarf bzw. bedurfte, auch nach dem Genuss noch vorhanden, werde seine Gegenwart aufdringlich und eben dies führe zu der spezifischen Form des Ekels, welche der Überdruss darstelle.[20] Richtig an dieser Überlegung ist, dass sich der Überdruss auf Dinge beziehen kann und faktisch häufig auf Dinge bezieht, die man eigentlich will. Trotzdem wäre es falsch, das Wollen als eine Voraussetzung dafür anzusehen, einer Sache überdrüssig werden zu können. Überdruss kann man auch anlässlich einer Sache empfinden, die man nicht will und niemals gewollt hat. Man denke beispielsweise an eine Krankheit, die einen seit Monaten oder gar Jahren begleitet. Auch ohne dass man diese Krankheit gewollt oder sie zu irgendeinem Zeitpunkt als Befriedigung eines Bedürfnisses erlebt hätte, kann man ihrer ständigen und aufdringlichen Anwesenheit überdrüssig sein.

Wie andere Formen des Ekels kann der Überdruss als episodisches Gefühl auftreten, welches kommt und wieder geht. Dass der Überdruss sich auf die Welt und das Leben im Ganzen zu beziehen vermag, ist allerdings eine Voraussetzung dafür, dass er sich zu einer Haltung oder Einstellung versteigen kann und seinen episodischen Charakter verliert. Da sich der Überdruss auf Welt und Leben beziehen kann, handelt es sich bei ihm um diejenige Form des Ekels, die in eine Haltung oder Einstellung transformiert und so kultiviert werden kann. Folgt man der Perspektive Nietzsches, pflegten Platonismus und Christentum eine Ekelhaltung vor dem Leben.

Nietzsche ist daran gelegen, diesem Lebensekel einen Ekel vor dem Lebensekel, einen Ekel zweiter Stufe entgegen zu stellen. Damit zielt er ebenfalls auf die Kultivierung des Ekels als Haltung; eine Haltung, die von ihm gelegentlich als »intellektueller Ekel« bezeichnet wird. »Wir müssen es dahin bringen, das Unmögliche Unnatürliche Gänzlich-Phantastische in dem Ideale Gottes Christi und der christlichen Heiligen mit intellektuellem Ekel zu empfinden«[21] ...so eine Notiz aus dem Nachlass. Als Reaktion auf den christlichen Lebensekel, auf die mit dem Christentum

---

20 So auch Konrad Paul Liessmann, Ekel! Ekel! Ekel! ...Wehe mir! , a.a.O., 102.
21 Friedrich Nietzsche, *Nachgelassene Fragmente 1880–1882*. Kritische Studienausgabe Band 9, hg. von Giorgio Colli und Mazzino Montinari, München 1988, 265.

verbundene Moral der Schwäche, des Mitleids und der Nächstenliebe lässt Nietzsche Zarathustra einen anderen, einen großen Ekel verkünden und empfinden :

> »Und nun erst kommt der grosse Schrecken, das grosse Um-sich-sehn, die grosse Krankheit, der grosse Ekel, die grosse See-Krankheit. Falsche Küsten und falsche Sicherheiten lehrten euch die Guten; in Lügen der Guten wart ihr geboren und geborgen. Alles ist in den Grund hinein verlogen und verbogen durch die Guten.«[22]

Nietzsche entfaltet ein reichhaltiges Panorama des Ekels als Haltung und seiner möglichen Anlässe und Gegenstände, welches hier nicht im Einzelnen rekonstruiert werden soll, da es als Beitrag zu einer systematischen Analyse des Ekelgefühls keine weiterreichenden Überlegungen liefert.[23]

Als Fazit lässt sich festhalten: Nietzsches Ekel lässt sich als Zeichen einer Krise und des Zusammenbruchs vertrauter und eingespielter Muster der Selbst- und Welterfahrung des Menschen auffassen. So konnte der intellektuelle Ekel im Sinne eines allgemeinen Überdrusses zu einer Signatur in der Philosophie des 19. und 20. Jahrhunderts werden, aber letztlich und genau genommen nicht im Sinne einer starken Empfindung [24], da kein eigentliches Gefühl zur Debatte steht, sondern eine Haltung gegenüber der Welt und dem Leben. Dabei wird die Ekelempfindung im engeren Sinne als Reservoir verwendet, um Bilder für die Charakterisierung dieser Haltung zu finden. Inwiefern man sich des Ekels im engeren Sinne bedient, um den Ekel im allgemeinen Sinne zu charakterisieren, zeigt sich nicht nur bei Nietzsche, der immer wieder den Ekel im engeren Sinne heraufbeschwört: Sumpfboden, Würmer, Vereiterung, Speichel, um nur einige der Objekte und Ereignisse zu nennen, die er verwendet, um den Ekel als Haltung (!) zu charakterisieren. Ein eindrucksvolles Zeugnis der Beziehungen, die zwischen dem Ekel im Sinne einer Haltung und dem Ekel im Sinne des episodischen Gefühls, welches in einer besonderen Relation zu unseren Wahrnehmungsorganen steht, findet sich bei Kierkegaard.

> »Mein Leben ist bis zum Äußersten gebracht; es ekelt mich des Daseins, welches unschmackhaft ist, ohne Salz und Sinn. [ ] Man steckt den Finger in die Erde, um zu riechen, in welch einem Lande man ist ...ich stecke den Finger ins Dasein, es riecht nach nichts.«[25]

Aufschlussreich ist diese Bemerkung, da mit dem Ekel vor dem Dasein der Ekel als eine auf das Ganze des Lebens zielende Haltung zur Sprache gebracht wird, durch den Verweis auf Geschmacks- und Geruchssinn aber ein direkter Bezug zum Ekel im engeren Sinn des episodischen Gefühls hergestellt wird. Fehlt dem Leben der Sinn, so ist es, als fehle der Nahrung das Salz ...und diese Fadheit ist für Kierkegaard offenbar ekelhaft.

---

22 Friedrich Nietzsche, *Also sprach Zarathustra*. Kritische Studienausgabe Band 4, hg. von Giorgio Colli und Mazzino Montinari, München 1988 (EA 1883), 267.
23 Vgl. dazu die Darstellung bei Winfried Menninghaus, *Ekel*, a. a. O., vor allem 228 ff.
24 So bereits der Untertitel des Buches von Menninghaus: »Theorie und Geschichte einer starken Empfindung.«
25 Sören Kierkegaard, *Die Wiederholung*. Gesammelte Werke, hg. und übersetzt von Emanuel Hirsch, Gütersloh 1980 (EA 1843), 70 f.

Solche Bezüge sollten nicht darüber hinwegtäuschen, dass Ekel als Gefühl und Ekel als Haltung deutlich voneinander zu unterscheiden sind. Ähnlich wie Nietzsche und Kierkegaard thematisiert auch Jean-Paul Sartre den Ekel als Haltung. Wie kaum ein anderer Philosoph wurde er zu einem Anwalt des Ekels gemacht. Ekel ist Sartre zufolge eine Haltung, die sich einstellt, wenn uns der Sinn, besser: die Sinnhaftigkeit des Lebens entgleitet, wenn alles ...Welt und Leben im Ganzen ...als sinnlos und kontingent erscheint.

> »Kein notwendiges Sein aber kann die Existenz erklären: die Zufälligkeit ist nicht ein falsches Scheinen, eine äußere Erscheinungsform, die man verscheuchen kann..sie ist das Absolute und mithin das vollkommen Zwecklose. Alles ist zwecklos..der Park, die Stadt, ich selbst. Wenn man sich darüber klar wird, dreht es einem das Herz im Leibe um, und alles beginnt zu schwimmen.«[26]

Mit diesen Worten skizziert Sartre den Ekel im Sinne einer Haltung. Es fällt auf, dass Sartres Ekel sich ebenfalls anlässlich der Erfahrung einer Konturlosigkeit einstellt (»Alles beginnt zu schwimmen.«). Dieser Ekel kann als Ausdruck bzw. als Ergebnis eines metaphysischen Verlustes verstanden werden. Angesichts der Absurdität allen Seins, allen Lebens, brechen die vertrauten Sinnhorizonte weg, alles erscheint grundlos und ohne Ziel. Genau das ist die Erfahrung, welche Antoine Roquentin, der Protagonist von Sartres Roman *Der Ekel* (*La Nausée*), durchlebt, und welche im Roman immer wieder thematisiert wird. Kommen wir zum Abschluss dieses Kapitels noch einmal auf den Ekel als episodisches Gefühl zurück, um seine Beziehungen zu anderen Gefühlen eingehender zu thematisieren und eine Frage erneut aufzunehmen, die bereits im Zusammenhang mit der Überlegung, wie sich eine bestimmte Form des Ekels zur Gruppe der moralischen Gefühle verhält, aufgeworfen worden war.

4. Ekel und seine Beziehungen zu Wut, Hass, Zorn, Verachtung und Scham

Ganz gleich, ob es sich um Ekel vor einem Nahrungsmittel handelt, um den Ekel vor einer Handlung oder vor einer anderen Person ...allen Formen des Ekels ist es gemeinsam, dass die Personen, die ihn hegen, den Gegenständen, vor denen sie sich ekeln, mit Ablehnung begegnen. Der Ekel impliziert eine Kontra-Einstellung gegenüber seinen Objekten, auch wenn diese Einstellung nicht immer explizit artikuliert werden muss. Würde der Ekel allezeit Begriffe voraussetzen, ließe er sich als ein Negativurteil über die Gegenstände, die den Ekel auslösen, rekonstruieren. Diese Eigenschaft teilt sich das Gefühl des Ekels mit anderen negativen Gefühlen, in denen man eine ablehnende Haltung gegenüber einer Situation, Sache oder Person einnimmt: zu denken ist an Gefühle wie Wut, Hass und Verachtung.[27] Auch

---

26 Jean Paul Sartre, *Der Ekel*, Reinbek bei Hamburg 1963, 139.
27 Vgl. dazu Aaron Ben-Ze'ev, *The Subtlety of Emotions*, Cambridge 2000, 379 ff., 387 ff.

wenn zweifellos Gemeinsamkeiten mit und Verbindungen des Ekels zu den genannten Gefühlen bestehen, sind gewisse charakteristische Unterschiede zu beachten.

Anders als Wut oder Hass ist der Ekel kein aggressives Gefühl. Er zieht in der Regel keine Verhaltensweisen nach sich, die darauf zielen, andere zu schädigen oder gar zu zerstören. Es fehlen auch die für aggressive Gefühle wie Wut oder Hass charakteristischen Absichten bzw. Phantasien, die Gewalt gegenüber dem Objekt der Wut oder des Hasses implizieren; mit dem Ekel müssen nicht einmal Impulse von Aktivität und Aktion einhergehen, wie sie für die Gruppe der Aggressionsaffekte in der Regel charakteristisch sind.[28] Im Ekel erfährt man sich eher als passiv und schutzlos, als geschwächt, ohne Gegenwehr den Eindrücken der Sinne ausgeliefert: noch einmal sei an das Moment des Durchdrungen-Werdens von etwas oder des Kontaminiert-Werdens mit etwas erinnert. Anders als die Aggressionsaffekte beinhaltet der Ekel eine massive Abkehr von seinem Objekt; im Ekel sucht man Distanz zu dem, was ihn auslöst.

Größer als die Ähnlichkeit zwischen Ekel auf der einen, Wut, Zorn und Hass auf der anderen Seite sind die Gemeinsamkeiten, die sich zwischen Ekel und Verachtung ergeben können. Erinnert sei an die Unterscheidung zwischen dem Ekel im körpernahen und dem Ekel im körperfernen Sinne, der moralische Belange im engeren Sinne, aber auch ästhetische Fragen zu betreffen vermag. Bleiben wir für den Augenblick bei den moralischen Belangen im engeren Sinne. Vergegenwärtigen wir uns Beispiele für einen Ekel, welcher diese Belange betrifft.

Gegenstand dieser Art von Ekel können im Prinzip ganz unterschiedliche Arten des Fehlverhaltens (nicht nur besonders gravierende Normverstöße) sein: heuchlerisches Verhalten, Lüge und Betrug, aber auch Vergewaltigung, Massenmord, um nur einige Beispiele zu nennen. Vor Verhaltensweisen und Handlungen der angeführten Art kann man sich ekeln. Auf den Heuchler, den Lügner und Betrüger reagiert man häufig mit denselben motorischen, gestischen, mimischen und auch verbalen Verhaltensweisen wie auf klassische Ekelobjekte, beispielsweise verdorbene Speisen oder Tierkadaver. Der moralische Ekel kann mit Verachtung einhergehen, muss dies aber nicht notwendigerweise. Vor dem Heuchler kann man sich ekeln, man kann ihn zudem verachten; vor dem Lügner kann man sich ekeln, man kann ihn auch verachten.[29] Moralischer Ekel und Verachtung liegen dicht beieinander, sie gehen häufig und schnell ineinander über. Klare Grenzlinien lassen sich nur schwerlich ziehen. Ekel kann zu Verachtung führen, Verachtung kann zu Ekel führen, schließlich können Ekel und Verachtung von vornherein miteinander verbunden sein. Lassen sich überhaupt Unterschiede benennen?

Ekel und Verachtung unterscheiden sich hinsichtlich ihrer Intensität: Verachtung ist das stärkere Ablehnungsgefühl, sie reicht weiter und ist von größerer Härte als der Ekel, beständiger und mit dem Eindruck eigener Überlegenheit gepaart. Zudem ist Verachtung ausschließlich ein Gefühl gegenüber Personen.[30] Der Vergleich beider Gefühle wirft die Frage auf, ob auch körpernaher Ekel zur Verachtung gegen-

---

28 Vgl. das Kapitel »Zorn und andere Aggressionsaffekte« in diesem Buch.
29 In Fällen dieses Typs können natürlich auch Zorn und Empörung als moralische Gefühle ausgelöst werden.
30 Dies wird in dem Kapitel über »Achtung und Anerkennung« deutlich.

über einer Person führen kann. Oder ist es nur der Ekel im körperfernen Sinne, beispielsweise der Ekel angesichts des moralischen Fehlverhaltens einer Person, der zu Verachtung führen kann?

Denken wir einmal an Eigenschaften und Merkmale von Personen, die genuin physischen Ekel auslösen können: Verletzungen oder Krankheiten, die mit schweren Entstellungen des Körpers einhergehen, verschiedene Arten von Behinderungen, aber auch gesundheitsbedingte Verhaltensweisen, die sich aufgrund körperlicher Gebrechen (Inkontinenz) oder psychischer Störungen (Suchtkrankheiten, Demenz) einstellen können. Aus dem Krankenhausalltag lassen sich eine Fülle von Beispielen anführen.[31] Ekel kann in solchen Fällen in Verachtung umschlagen, beispielsweise dann, wenn man die Verantwortung für die Krankheit oder Störung, die als Ursache der jeweiligen Entstellungen und Verhaltensweisen angesehen wird, der betreffenden Person zuschreibt. Dann kann der Ekel vor ihren Gebrechen und den Verhaltensweisen, die damit einhergehen, in Verachtung umschlagen, da man sich den betreffenden Personen überlegen fühlt. Sie werden dann als Menschen zweiter Klasse betrachtet, wie dies in Gesellschaften oder Gruppen, in denen Kranke und Behinderte stigmatisiert werden, durchaus geschehen kann und geschieht.

Auf der Grenzlinie von Ekel und Verachtung liegen auch diejenigen Fälle, wo man Menschen beobachtet, die natürliche und kreatürliche Prozesse vollziehen, sei es, dass sie urinieren, sexuell aktiv sind oder sich der Nahrungsaufnahme widmen, wobei die Nahrungsaufnahme nur dann zu einem Auslöser von Ekel werden kann, wenn sie bestimmten kulturellen Standards nicht entspricht. Gieriges Herunterschlingen oder Schmatzen sind einschlägige Beispiele. Wer tierische Verhaltensweisen an den Tag legt, kann Ekel, Entsetzen, Abscheu und Verachtung hervorrufen. Hier zeigt sich ein weiteres Mal, inwiefern im Ekel die Erinnerung an die Tierähnlichkeit des Menschen bzw. die Verdrängung derselben eine Rolle spielen kann.

Inwieweit Ekel im physischen Sinne, Ekel im körperfernen Sinn und Verachtung als Mischphänomene auftreten können, lässt sich am Stereotyp des Schurken veranschaulichen, wie es gelegentlich in (Trivial-) Literatur und (trivialem) Film verwendet wird. Der typische Schurke ist häufig bereits in äußerlicher Hinsicht abstoßend, ungepflegt, pockennarbig und mit Blattern im Gesicht, er legt anstößige Verhaltensweisen an den Tag, kann sich nicht benehmen , indem er rülpst, speit, mit den Fingern isst, unflätig redet usw. Diese Figuren sind so gestaltet, dass sie Ekel in seinen unterschiedlichen Formen hervorrufen können, Ekel in einem physischen Sinn oder einen moralischen Ekel, der jederzeit auch in Verachtung umschlagen kann.

Vielfältige Beziehungen, allerdings solche ganz anderer Art, bestehen zwischen Ekel und Scham. In einem bestimmten Sinne können beide Gefühle als komplementäre Gefühle betrachtet werden: Man ekelt sich vor manchen Eigenschaften und Ver-

---

31 Vgl. dazu Pernlochner-Kübler, *Körperscham und Ekel*, a. a. O., zum Beispiel 144 ff. Die Autorin führt eine Vielzahl von Ekel-Stimuli aus diesem Kontext an: Urin und Kot, wenn sie sich nicht an den dafür vorgesehenen Stellen befinden, der Umgang mit Wunden und Eitergewebe, Verunreinigungen des Mundes, wenn beispielsweise Demenzkranke ihre Ausscheidungen nicht mehr als solche erkennen und ihren Kot essen.

haltensweisen, wenn man sie bei anderen Personen sieht, aufgrund derer man sich schämen würde, wenn man sie selbst an den Tag legen würde. Dies gilt insbesondere im Bereich aller derjenigen Phänomene, die mit der Körperscham zusammenhängen, gilt aber auch für die moralische Scham. Man schämt sich seiner Nacktheit, wenn man bei seinen kreatürlichen Vollzügen beobachtet wird, man kann sich entstellender Verletzungen schämen. Die gleichen Verhaltensweisen und Merkmale können, sofern sie bei anderen Personen beobachtet werden, zu Gegenständen des Ekels werden.[32] Moralrelevante Verhaltensweisen, für die ich mich schäme, eine Lüge, ein Verrat, heuchlerisches Benehmen, können zu Auslösern des Ekels werden, sobald sie von anderen Personen ausgeführt werden.

So stellt sich noch einmal die Frage, ob nicht bestimmte Formen des Ekels in die Gruppe der moralischen Gefühle gehören. Es würde dem Sprachgebrauch entsprechen ...übrigens nicht nur in der deutschen Sprache; Äquivalente finden sich in vielen Sprachen, so im Französischen mit *dégoût*, im Russischen mit *otvraschenie*, im Spanischen mit *asco*, um nur einige Beispiele zu nennen, da der Ausdruck »Ekel« vielfach in einem sehr weiten Sinne verwendet wird und (faktisch) auch dort, wo Gefühle wie Indignation und Empörung zum Ausdruck gebracht werden sollen.

Wie auch immer man die Bezüge des Ekels, zumindest bestimmter Formen des Ekels, zu den moralischen Gefühlen erläutert, fest steht, dass ihm in diesen Zusammenhängen, wie auch der Scham, die Funktion eines Türstehers oder Stoppschildes zukommt.[33] Dieses Bild ist möglicherweise noch zu harmlos, denn mit Ekel reagiert man dann, wenn die Kontamination mit dem Ekelerregenden die menschlichen Sinne bereits erreicht hat. Deshalb ist wohl auch der unmittelbare Ekel vor allem Kreatürlichen der stärkste. Dies gilt vor allem dann, wenn in irgendeiner Weise Grenzüberschreitungen, Gestalt- und Konturlosigkeit sowie Unordnung eine Rolle spielen.

---

32 Zu den vielfältigen Bezügen zwischen Körperscham und Ekel vgl. das Buch von Pernlochner-Kügler, a.a.O.
33 Dies bestätigt bereits der Titel eines Buches. Vgl. Susan B. Miller, *Disgust: The Gatekeeper Emotion*, Hillsdale 2004.

Glück und Freude

Obwohl die Freude im Alltagsleben sicherlich eine große Rolle spielt, ist sie in der Geschichte der Philosophie nur selten zum Gegenstand ernsthafter Analysen geworden. Das mag darin begründet liegen, dass sie auf den ersten Blick von einfacher Struktur zu sein scheint: Man freut sich über oder auf etwas, beispielsweise auf einen Besuch oder auf einen Urlaub, man kann sich an seinen Kindern oder an seiner Arbeit freuen. Der intentionale Gehalt der Freude ist eine positiv bewertete Sache oder ein entsprechender Sachverhalt. Leiblich wird Freude als Weitung erfahren mit einer Tendenz nach allen Richtungen. Insbesondere fühlt man sich durch die Freude gehoben.

Im Unterschied zum Gefühl der Freude ist das Glück ein genuin philosophischer Gegenstand, der seit der Antike immer wieder thematisiert wurde.[1] Dabei ist aber zu beachten, dass mit der Rede vom »Glück« durchaus nicht immer Gefühle gemeint sein müssen. In der Philosophie bezieht sich der Ausdruck »Glück« zumeist auf das Gelingen des Lebens im Ganzen, so etwa in der von Aristoteles ausgehenden Tradition. Vom Glück ist schließlich auch dort die Rede, wo der Zufall günstige Umstände schafft, wo man ...so die geläufige Redeweise...»Glück gehabt« hat.[2]

Dieses Kapitel widmet sich dem Versuch, den Phänomenbereich der Glücksgefühle im Umriss zu charakterisieren.[3] Das Lebensglück im Sinne des philosophischen »gelungenen Lebens« oder auch das Zufallsglück sind dabei nur insofern thematisch, als sie in einem engen Zusammenhang mit Glücksgefühlen stehen. So freut sich derjenige, der »Glück gehabt« hat, zumeist an der Gunst der Umstände, und diese Freude kann in Glücksgefühle übergehen. Und ein Leben lässt sich letztlich nur dann als »gelungen« auffassen, wenn derjenige, dessen Leben es ist, sich ...wenigstens gelegentlich...glücklich fühlt.

Freude und Glücksgefühle scheinen in einem engen Zusammenhang zu stehen, der allerdings klärungsbedürftig ist. Bezeichnen wir mit dem Ausdruck »Glücksgefühl« lediglich eine besonders intensive Freude, oder kann man Glücksgefühle und Freude wenigstens in den meisten Fällen klar unterscheiden? Ist der Grund dafür, dass die Freude in der Philosophie und ihrer Geschichte nicht gerade häufig diskutiert wurde, möglicherweise darin zu sehen, dass Freude und Glück aneinander angeglichen wurden und als dominierender Begriff derjenige des Glücks favorisiert wurde? Diese Frage ist ohne umfangreiche philosophiehistorische und begriffsge-

---

1 Über wichtige Stationen des Glücksbegriffs in der Geschichte der Philosophie orientiert Maximilian Forschner, *Über das Glück des Menschen. Aristoteles, Epikur, Stoa, Thomas von Aquin, Kant,* Darmstadt 1993.
2 Zu den verschiedenen Bedeutungen des Ausdrucks »Glück« vgl. Martin Seel, *Versuch über die Form des Glücks. Studien zur Ethik,* Frankfurt a. M. 1995, 54 ff.
3 Eine ähnliche Aufgabe verfolgt Karl Duncker, »On Pleasure, Emotion, and Striving«, in: *Philosophy and Phenomenological Research* 1 (1941), 391.430.

schichtliche Untersuchungen nicht zu beantworten. Wir beschränken uns in diesem Kapitel auf die systematische Frage nach dem Verhältnis von Freude und Glücksgefühl.

Im ersten Abschnitt geben wir einen Überblick über den Phänomenbereich, der durch Vergnügen, Freude und Glücksgefühle aufgespannt wird (1). Der zweite Teil untersucht, ob alle Glücksgefühle einen Bezug zum Leben im Ganzen aufweisen. Am Rande befragen wir hier die Aristotelische Tradition der *eudaimonia* (Glück, Glückseligkeit) auf ihren Affektbezug hin (2). Im dritten Teil werden wir die Beziehungen zwischen Glücksgefühlen und anderen Emotionen analysieren und gehen dem Zusammenhang der verschiedenen Glücksbegriffe nach (3).

1. Der Phänomenbereich der Glücksgefühle: Vergnügen, Freude, Glück

So allgegenwärtig Glücksgefühle zumindest als Ziel alltäglichen Strebens sein mögen, einfach zu charakterisieren und zu erfassen ist dieser Phänomenbereich nicht. Dies hängt damit zusammen, dass Glücksgefühle sich nicht ohne weiteres der üblichen philosophischen Terminologie zur Beschreibung von Gefühlen fügen. So scheinen viele Glücksgefühle körpernah zu sein, wie etwa diejenigen Gefühle, welche sexuelle Lust begleiten können, während andere wiederum eher den Charakteristika einer Stimmung zu entsprechen scheinen. So können beispielsweise das Eintreffen eines lang ersehnten Besuchs, die entspannte Reise zum Urlaubsort oder auch der Erfolg in einer Sache nicht nur Glücksgefühle auslösen, die sich direkt auf die glücklich machenden Umstände beziehen, sondern sie können auch insgesamt für eine gehobene oder sogar euphorische Stimmung sorgen, die alle anderen Regungen und Wahrnehmungen durchtönt. Im Glück fühlt man sich stark, man ist offen für eine Vielzahl von Anregungen, alles geht leicht von der Hand und auch plötzlich eintretende Probleme lassen sich mühelos meistern. Wie breit ist das Spektrum dessen, was als »Glücksgefühl« bezeichnet werden kann und soll? Wie lassen sich Glücksgefühle von körperlicher Lust einerseits und von Stimmungen andererseits abgrenzen?

Zunächst einmal scheinen (manche) Glücksgefühle eine besondere Nähe zur Lust zu haben, zumindest dann, wenn man auch eher flüchtige Empfindungen des Glücks mit einbeziehen will. Man denke an das beglückende Wohlbefinden, das sich beim Essen und Trinken, bei einem Bad im Wasser oder in der Sonne, beim Tanzen oder im Liebesspiel einstellen kann.[4] Doch scheint hier die Rede von »Empfindungen« irreführend zu sein, da nicht die physischen Wahrnehmungen allein das möglicherweise entstehende Glücksgefühl ausmachen, sondern stets ist es das Zelebrieren der Lust, das Genießen, von dem aus sich das Glücksgefühl entfalten und

---

4 Überlegungen zum Verhältnis von Glück und Lust bzw. *happiness*, *pleasure* und *pleasure sensation* finden sich zum Beispiel bei Wayne Davies, »Pleasure and Happiness«, in: *Philosophical Studies* 39 (1981), 305.317.

1. Der Phänomenbereich der Glücksgefühle: Vergnügen, Freude, Glück

aufbauen kann. Die Erfüllung einer beliebigen körperlichen Lust ist keineswegs notwendig mit Glücksgefühlen verbunden, denn die Erfüllung der Lust führt schlicht zur Befriedigung oder zur Sättigung, nicht aber unbedingt zu einer Freude am Sinnengenuss oder gar zu Glücksgefühlen. Bereits zur Freude am Essen scheint mehr zu gehören als lediglich Nahrung aufzunehmen. Was in diesem Zusammenhang zur bloßen Nahrungsaufnahme hinzutreten muss, ist nicht ohne weiteres begrifflich zu fassen. Wer Essen gierig in sich hineinschlingt, scheint nicht eben Freude am Essen zu haben, sondern er ist hungrig. Wer gedankenverloren sein Essen zu sich nimmt, hat vermutlich ebenfalls keine Freude daran. Noch schwieriger dürfte es sein, in solchen Fällen etwaige Kriterien für Glücksgefühle zu bestimmen. Muss nicht noch etwas Besonderes, vielleicht etwas Atmosphärisches, zu der Situation hinzukommen, damit diese körperlichen Lüste Glücksgefühle auslösen können? Steht das Glücksgefühl möglicherweise doch nicht in einer besonderen Verbindung zu Lust?

Vielleicht lässt sich diese Frage eher durch eine Auseinandersetzung mit dem Gegenteil der Lust klären. Denn wenn Glücksgefühle mit Unlustempfindungen prinzipiell unvereinbar wären, dann würde dies die Annahme stützen, dass eine Verknüpfung von Lust und Glück besteht. Es scheint auf der Hand zu liegen, dass alle Formen von Vergnügen, Freude und Glücksgefühlen, unabhängig davon, worauf sie sich beziehen, mit Unlust in Bezug auf dieselben Sachverhalte unvereinbar sind. So kann ich beispielsweise an heftigen Schmerzen leiden und mich dennoch gleichzeitig über einen beruflichen Erfolg freuen, ja, er kann mich sogar beglücken. Aber der berufliche Erfolg selbst kann nicht in demselben Moment mit Unlust verbunden sein, in welchem ich mich darüber freue.

An dieser Stelle ist jedoch zu beachten, dass die Bewertung eines Sachverhalts nicht mit Lust und Unlust im körperlichen Sinne identifiziert werden sollte. Zwar spricht einiges dafür, dass körperliche Lust- und Unlustempfindungen generell für Menschen die Matrix ihrer positiven und negativen Bewertungen abgeben, die Basis, auf die letztlich alles auf einer Skala von gut bis schlecht von seiner Genese her zurückführbar ist.[5] Aber das bedeutet umgekehrt nicht, dass eine positive Bewertung notwendig von körperlicher Lust begleitet sein muss. Wenn also alle Gefühle von Freude und Glück mit einer positiven Bewertung des Gegenstandes oder Sachverhalts, auf den sich diese Gefühle beziehen, einhergehen, so impliziert dies nicht, dass sie notwendig eine körperliche Dimension im Sinne eines sinnlichen Lusterlebens haben müssen.[6]

Die Nähe von Lust und Glücksgefühlen besteht darin, dass beide mit positiven Bewertungen einhergehen, und dass die Kultivierung von Lust eine Quelle für eine

---

5 Jan Slaby beispielsweise spricht von einer hedonischen Valenz aller Gefühle. Seine Überlegungen implizieren, dass alle Zustände, in denen sich Personen befinden (also nicht nur Gefühle) hedonisch getönt sind; vgl. Jan Slaby, *Gefühl und Weltbezug. Die menschliche Affektivität im Kontext einer (provisorischen) Konzeption der personalen Existenz*. Dissertation im Fachbereich Humanwissenschaften der Universität Osnabrück, Osnabrück 2006, 63 ff., 106.
6 So argumentiert Daniel, M. Haybron, »Happiness and Pleasure«, in: *Philosophy and Phenomenological Research* 62/3 (2001), 501.528 dafür, strikt zwischen *happiness* und *pleasure* zu unterscheiden, da erstere dispositional sei, während es sich bei letzterer immer um ein episodisches Phänomen handele.

besondere Art körpernaher Glücksgefühle ist. Vielleicht ist die Rede von »Kultivierung« missverständlich, denn auch ohne spezifisches Zelebrieren können selbstverständlich Glücksgefühle entstehen. Aber dafür scheint dann ein besonderer Kontext erforderlich zu sein. Die Lust als solche kann erfüllt werden oder nicht, um in Glücksgefühle transformiert werden zu können, bedarf sie eines »Mehr«, eines Zusatzes, der über ihre bloße Befriedigung hinausreicht. Mit anderen Worten: Glücksgefühle in Bezug auf körperliche Lust ...sei es als Lust am Essen oder am Sex ...sind nur durch eine besondere Kontextualisierung der entsprechenden Situationen oder durch eine besondere Atmosphäre denkbar, und auch dann stellen sie sich nicht automatisch ein. Es dürfte nicht ganz zufällig sein, dass die Bilder, die sich für die Veranschaulichung der entsprechenden Gefühle etwa beim Essen aufdrängen, fast immer mit Geselligkeit verbunden sind. In dem Fall ist das, worauf das Glücksgefühl in diesem Fall gerichtet ist, nicht die Lust an der Nahrungsaufnahme, sondern die Freude an der gemeinsamen Situation.

Damit wären Glücksgefühle von physischen Empfindungen generell und insbesondere von sinnlicher Lust abgegrenzt. Wie steht es nun mit dem Unterschied von einem Glücksgefühl als Emotion und Glücksgefühlen als Stimmungen? Die Beantwortung der Frage hängt davon ab, ob ...und wenn ja, wie ...der intentionale Gehalt des Glücksgefühls bestimmt werden kann. Glücksgefühle implizieren eine positive Bewertung bestimmter Umstände oder Situationen oder auch des eigenen Lebens im Ganzen. Geht man vom Alltagssprachgebrauch aus, so scheint die Rede vom »Glücklichsein« zu bedeuten, dass das eigene Leben insgesamt oder doch relevante Teilaspekte davon positiv bewertet werden. Die Übergänge zwischen dem Glück als einem Gefühl mit deutlichem Bezug und dem Glück im Sinne einer Stimmung sind fließend. Erinnern wir uns an das Beispiel vom Erfolg in einer Sache. Er kann zu Glücksgefühlen führen, aber auch für eine gute und gehobene Stimmung sorgen, die in allen anderen Regungen und Wahrnehmungen ihre Tönung bewahrt.

Wenn man in banalen Alltagssituationen beispielsweise sagt, man sei glücklich, dass die Nachbarin die Blumen im Urlaub gießen wird, so wird niemand sich dabei echte Glücksgefühle vorstellen ...es sei denn, man denkt sich eine Geschichte dazu aus, nach der es tatsächlich ein großes Unglück gewesen wäre, falls die Nachbarin nicht zur Verfügung gestanden hätte. Die intendierte Aussage hätte im ersten Fall auch weniger emphatisch lauten können, dass man froh über die nachbarliche Hilfe sei. Glücksgefühle umfassen mehr als bloßes Frohsein oder Freude; sie müssen sich auf Sachverhalte beziehen, die für das eigene Leben eine nicht-triviale Bedeutung und Wichtigkeit haben. Das schließt nicht aus, dass sich mitunter diese Bedeutung erst im Moment des Auftretens des Gefühls erschließt. So mag jemand beim Betrachten einer Landschaft durch ein Glücksgefühl überwältigt werden, ein anderer beim Hören von Musik oder durch einen anderen besonderen Kunstgenuss. Auch das Zusammensein mit Freunden oder den eigenen Kindern kann zu unerwartet auftretenden Glücksgefühlen führen. In allen diesen Fällen hebt das Gefühl die besondere Bedeutung dessen, worauf es sich bezieht, für unser Leben in unmissverständlicher und oft überwältigender Weise hervor.

Wie genau ist nun der Zusammenhang zwischen einem bloßen Frohsein, einer Freude und einem Glücksgefühl zu fassen? Handelt es sich lediglich um Intensitätsunterschiede oder lassen sich auch Differenzen im intentionalen Gehalt ausmachen?

1. Der Phänomenbereich der Glücksgefühle: Vergnügen, Freude, Glück

Diese Frage lässt sich eher beantworten, wenn man noch das Vergnügen als ein weiteres, der Freude und dem Glücksgefühl benachbartes Phänomen mit hinzuzieht. Wir sprechen im Deutschen vom Vergnügen an bestimmten Tätigkeiten oder von dem Vergnügen, das von Witzigem und Komischem ausgelöst werden kann. Vergnügen scheint oft von Lachen begleitet zu sein, aber dieser Zusammenhang ist keinesfalls zwingend.[7] Wir können bestimmte sportliche Aktivitäten mit Vergnügen ausüben oder mit Vergnügen musizieren. Wenn wir in dieser Weise sprechen, ist damit in manchen Fällen oft lediglich gemeint, dass wir diese Tätigkeiten gern ausüben, eine Formulierung, die wiederum eine gewisse Nähe zu Lust herstellt ...man könnte auch sagen: Sport wird von vielen als lustvoll erlebt; sie betreiben gerne Sport ..„ und es erscheint wiederum fraglich, ob es sich dabei um ein gerichtetes Gefühl handelt oder um eine Lust, die eine bestimmte Tätigkeit als ein relativ eigenständiges Phänomen begleitet.

Andererseits kann konstatiert werden, dass es sich eindeutig um ein Vergnügen an der bestimmten Tätigkeit handelt, dass das Vergnügen also intentional auf diese Tätigkeit gerichtet ist. Genauer ließe sich sagen, dass der Verdichtungsbereich des Vergnügens eine bestimmte Tätigkeit (Laufen, Musizieren) ist und sein Verankerungspunkt im Fall des Sports das eigene (leibliche) Wohlbefinden und die eigene Kraft, im Fall des Musizierens der Sachverhalt, dass man in der Lage ist, diese Musik hervorzubringen.

Die Präposition in dem Satz »Jemand hat Vergnügen an dieser Musik« besagt genau, dass das Vergnügen sich an etwas verdichtet. Aber was ist der Verankerungspunkt des Vergnügens? Denkt man etwa an das Vergnügen an Witzigem oder Komischem, so scheint das, was das Vergnügen auslöst, der Witz oder die Komik zu sein. Andererseits können offenbar aber nicht beliebige Gegenstände zu Verankerungspunkten für Vergnügen werden. Man denke etwa an Dinge, beispielsweise an schöne Dinge, die zwar Anlass zu Freude und vielleicht sogar für manche Auslöser für Glücksgefühle sein mögen, aber doch nicht im eigentlichen Sinne des Wortes vergnüglich sind oder Vergnügen hervorrufen können. Der Verankerungspunkt für das Vergnügen im Falle von Witz und Komik könnte die geistige Tätigkeit des schnellen Verstehens von Paradoxien oder Wortspielen sein. Ein Witz, den man nicht oder erst nach Erklärungen versteht, vergnügt bekanntlich kaum. Als Humor bezeichnet man einen Sinn für das Komische und für komische Aspekte auch der eigenen Situation unter der Bedingung, dass das soziale Wahrnehmungsvermögen solche komischen Momente zu erfassen vermag und dass die humorvolle Person immerhin so viel Abstand hat, um über sich selbst lachen zu können. Mit Gefühlen verbunden ist Humor also insofern, als er ein Vergnügen an Komik voraussetzt, das durch ein kleines, aber unverzichtbares Maß an Selbstdistanzierung kultiviert wird.

Was aber wäre der Verdichtungsbereich des Vergnügens an Komischem? Beim Vergnügen am Sport und dem an der Musik war es jeweils die Tätigkeit, beim Hören ebenso wie beim Erzeugen von Musik ist es die Musik selbst, worin sich das Ver-

---

7 Vgl. Lenz Prütting, »Und auf Vernichtung läuft's hinaus. Über Gelächter und Scham«, in: Hilge Landweer/Hartwig Schmidt (Hg.), *Scham und Macht. Berliner Debatte Initial* 17 (2006), 123..136.

gnügen verdichtet. Kann der Verdichtungsbereich des Vergnügens an Komischem analog charakterisiert werden? Ist es sinnvoll zu sagen, dieses Vergnügen verdichte sich im Witz selbst oder am (verstandenen) Witz ...oder ist es eher die Person, welche witzig ist, an der sich das Vergnügen sammelt? Das könnte dann auch die eigene Person sein. Möglicherweise fallen aber auch Verankerungspunkt und Verdichtungsbereich bei vielen Formen des Vergnügens zusammen.

Fragt man nach den systematischen Bezügen des Vergnügens zur Freude, so scheinen viele der Anlässe für Vergnügen auch als Anlass zu Freude geeignet. Allerdings könnte vermutet werden, dass manche Anlässe für Vergnügen möglicherweise nicht unbedingt tiefe Freude bewirken können. Diese Einschränkung könnte beispielsweise für Situationskomik gelten, die zwar vergnüglich sein kann, aber wohl nur äußerst selten eine tiefe Freude hervorzurufen vermag. Gerade die eigenen Tätigkeiten, die etwas hervorbringen ...sei es der blühende Garten, der abgeschlossene Text oder das gelungene Festmahl ..., scheinen aber auch zum Anlass für intensivere Gefühle der Freude werden zu können. Allerdings lässt sich mit gutem Grund behaupten: Auf alles das, was jemandem Vergnügen bereitet, kann er sich auch freuen, mit anderen Worten: Das erwartete Vergnügen an der jeweiligen Tätigkeit, das Verstehen von Komik eingeschlossen, kann zum Gegenstand von Vorfreude werden (zum Beispiel der Besuch eines Kabaretts).

Die Tatsache, dass zwar viele, aber eben nicht alle Anlässe für Vergnügen unter bestimmten Bedingungen auch zu Anlässen für tiefe Freude werden können, ist bereits als ein Hinweis auf die Mittelstellung der Freude zwischen Vergnügen und Glücksgefühlen zu sehen. Denn wenn auch vieles, das für jemanden zum Auslöser für Freude werden kann, ebenfalls geeignet ist, in manchen Situationen Glücksgefühle zu bewirken, so würde man doch auch hier annehmen, dass Glücksgefühle sich im Vergleich zur Freude auf einen besonders ausgezeichneten Gegenstandsbereich beziehen, mit anderen Worten: Glücksgefühle scheinen besonderen Situationen vorbehalten zu sein, und sie sind wohl für die meisten Personen seltener als Freude. Andererseits wird man den Übergang von tiefer Freude zu Glücksgefühlen als einen minimal graduellen ansehen müssen, wenn man nicht sogar sagen muss, dass tiefe Freude und Glücksgefühle identisch sind. Jedenfalls sind Glücksgefühle, die nicht zugleich auch als tiefe Freude beschrieben werden können, ebenso schwer konstruierbar wie eine tiefe Freude, die nicht auch zugleich als ein Glücksgefühl aufgefasst werden kann.

Damit haben wir Vergnügen, Freude und Glücksgefühl als ein Kontinuum beschrieben, das der Sache nach vor allem als durch Intensitätsunterschiede gekennzeichnet aufgefasst werden kann, und auch in der Alltagssprache verwendet man diese Begriffe mit wenigen Ausnahmen entsprechend. Insgesamt wurde der intentionale Gehalt dieses Spektrums als Sachverhalt gekennzeichnet, der von der Person, die das jeweilige Gefühl hat, positiv bewertet wird. Allenfalls im Falle des Vergnügens ließ sich der Verdichtungsbereich etwas spezifischer als eine positiv bewertete Tätigkeit beschreiben, während der Verankerungspunkt als etwas charakterisiert werden kann, was sich auf das Produkt dieser Tätigkeit bezieht, sofern es eines gibt. Sonst können Verdichtungsbereich und Verankerungspunkt bei der Freude auch zusammenfallen. Dies zeigt sich im Deutschen an der Verwendung der Präposition »an« in dem Ausdruck »sich an etwas freuen«.

2. Die Beziehung der Glücksgefühle zum Leben im Ganzen

Wir haben bereits angedeutet, dass sich Glücksgefühle auf das Leben im Ganzen oder doch auf für die Person besonders wichtige Aspekte ihres Lebens beziehen. Das lässt sich von der Freude und erst recht von dem Vergnügen nicht in dieser Absolutheit behaupten. Denn jemand kann an verschiedenen Tätigkeiten Vergnügen haben, ohne dass sie für sein Leben wirklich wichtig wären. Ich kann am Klavierspielen Vergnügen haben, ohne dass ich mein Leben als ärmer empfinden würde, wenn mir kein Klavier zur Verfügung stünde. Jemand kann begeisterter Reiter sein, aber dennoch in der Lage sein, diese Begeisterung und das Vergnügen daran auf eine andere, neu entdeckte Sportart zu verlegen, wenn er aus medizinischen Gründen nicht mehr reiten darf.

Mit gewissen Einschränkungen gilt Entsprechendes auch für die Freude. Jemand kann sich herzlich über einen Blumenstrauß freuen, ohne dass Blumensträuße für seinen Lebensentwurf eine besondere Bedeutung hätten …und auch ohne Geschenke dieses Typs besonders wichtig zu finden. Eines allerdings muss hervorgehoben werden: Ob ich mir selbst einen Blumenstrauß kaufe und mich daran freue, oder ob ich einen geschenkt bekomme, in beiden Fällen lässt sich die Situation in einer Weise verallgemeinern, welche die Freude auf mein Leben als Ganzes zu beziehen erlaubt. Denn im ersten Fall kann es mir wichtig sein, meine Umgebung schön zu gestalten oder mir selbst gelegentlich kleine Freuden zu verschaffen, und im zweiten weiß ich entweder die Geste zu schätzen oder die Schönheit der Blumen zu bewundern. Die Freude an aufmerksamen Gesten oder die an Schönem wird für mein Leben eine gewisse Bedeutung haben, wenn ich überhaupt freudige Gefühle anlässlich derartiger Dinge empfinden kann.

Entsprechend lassen sich auch, so unsere These, alle anderen »kleinen« Freuden auf allgemeine Werte für die Person beziehen.[8] Insofern, so lässt sich sagen, stehen auch diese »kleinen« Freuden in einem Bezug zum Leben im Ganzen. Damit wiederum ist eine enge sachliche Verbindung der »kleinen« Freuden zu Glücksgefühlen hergestellt, die auf positiv bewertete Sachverhalte bezogen sind, welche für mein Leben im Ganzen wichtig sind. Zwar spricht man nicht ohne Grund von »kleinen« Freuden, da das, was damit gemeint ist, eben nicht mit starken Glücksgefühlen einhergeht. Aber dennoch wird ein insgesamt glückliches Leben oder auch nur ein starkes momentanes Glücksgefühl nicht möglich sein, wenn man nicht wenigstens prinzipiell auch in der Lage ist, solche »kleinen« Freuden zu erleben.

Wenn sich aber von Glücksgefühlen …im Unterschied zu den so genannten »kleinen« Freuden …sagen lässt, dass sie sich auf das Leben im Ganzen oder wichtige Aspekte davon beziehen, ist diese Bestimmung des intentionalen Gehalts dann nicht viel zu allgemein, um das episodische Glücksgefühl noch hinreichend von einer glücklichen Stimmung abzugrenzen? Ja und nein. Die Frage muss für die Fälle verneint werden, in denen das glückliche Gefühl klar und eindeutig auf einen bestimm-

---

[8] Zum Verhältnis von Freude und Werten vgl. auch Philippa Foot, *Die Natur des Guten*, Frankfurt a. M. 2004, 112 ff.

ten Sachverhalt oder eine bestimmte Sache gerichtet ist. Wenn beispielsweise jemand Glücksgefühle angesichts des Zusammenseins mit seinem Partner hat und das Gefühl sich im Bild dieser Situation verdichtet, so handelt es sich eindeutig um ein intentionales Gefühl. Das gilt auch dann, wenn Beziehung und Liebe für den Lebensentwurf dieser Person von grundlegender Bedeutung sind.

Aber Glücksgefühle können auch sehr unspezifisch sein und spontan auftreten, ohne dass die von ihnen betroffene Person sagen könnte, auf welche Aspekte der Situation sie sich beziehen. Dann handelt es sich leiblich um das für alle Glücksgefühle charakteristische Weitungsgefühl, oft so, als ob man der üblichen Erdenschwere entzogen wäre. Dieses leibliche Erleben kennzeichnet aber auch das Glücksgefühl als Stimmung. Man fühlt sich leicht und unbeschwert und dadurch oft auch stark und kraftvoll, wobei es durchaus auch leisere Glücksgefühle gibt. Je größer und intensiver das Glück, das erfahren wird, umso großräumiger wird die Weitung erlebt. Hindernisse, die sich einem möglicherweise in den Weg stellen, werden nicht als Bedrohungen oder Hemmnisse, sondern eher als Herausforderungen begriffen. Die Realität wird insgesamt im Glücksgefühl nicht mehr wie in neutraleren Befindlichkeiten als etwas erfahren, das einem Widerstände bietet, sondern tendenziell als etwas, das sich nach dem eigenen Willen formen lässt. Alles scheint einem leicht von der Hand zu gehen. Negative Erfahrungen rücken in den Hintergrund oder werden uminterpretiert; entscheidend ist die Gegenwart, die als so erfüllend erlebt wird, dass selbst mögliche oder wahrscheinliche Probleme in der Zukunft verblassen und unwichtig erscheinen. Was im Glücksgefühl zählt, ist das erfüllte Hier und Jetzt.[9]

Diese Beschreibungen des Glücksgefühls gelten sowohl für intentionale Glücksgefühle, welche auf die eigene Situation insgesamt ausstrahlen, als auch für Glücksgefühle als Stimmungen. In der glücklichen Gestimmtheit wird diese Befindlichkeit noch stärker als bei Glücksgefühlen, die auf bestimmte Situationen oder Sachverhalte gerichtet sind, alle anderen Wahrnehmungen, Überzeugungen und Emotionen durchtönen und einfärben . Dass der Übergang von gerichteten zu ungerichteten Glücksgefühlen fließend ist, zeigt sich in der allen Glücksgefühlen eigenen Tendenz, sich leiblich gehoben zu fühlen, da diese Befindlichkeit auch bei gerichteten Gefühlen stark auf andere Erfahrungen ausstrahlt. Solange das Gefühl einen identifizierbaren Verankerungspunkt hat, kann terminologisch von einem intentionalen Gefühl gesprochen werden. Der Verdichtungsbereich kann aber auch bei den in bestimmten Anlässen oder gar Gründen verankerten Glücksgefühlen derartig unspezifisch werden, dass der Übergang zu einer Stimmung nahezu vorprogrammiert erscheint, sobald der Verankerungspunkt verblasst.

Aber lässt sich nicht doch etwas mehr über den Verdichtungsbereich von Glücksgefühlen sagen? Dies können die Personen, Sachen oder Sachverhalte sein, welche das Glücksgefühl ausgelöst haben ...oft also das, was auch den Verankerungspunkt bildete. Beides muss aber nicht zusammenfallen. Dann steht im Verdichtungsbereich des gerichteten Gefühls oft die ganze Welt, wie sie dem Glücklichen erscheint, mit ihm selbst als einem harmonischen Teil von ihr. Bei der »ganzen

---

9 Otto Friedrich Bollnow, *Das Wesen der Stimmungen*, Frankfurt a. M. [7]1988, 176 spricht von der »Zeitlosigkeit des Glückserlebens«.

Welt« wird es sich dann vornehmlich um das eigene Leben der Person in dieser Welt handeln mit allem, was ihr wichtig ist. Dass dieser Verdichtungsbereich so weit ist und so vieles im Gefühl umschließt, legt der Übergang zu einer alles umfassenden Stimmung nahe.

Wegen dieses umfassenden Charakters des Glücksgefühls könnte man versucht sein, es als ein Gefühl zweiter Ordnung aufzufassen, als ein Gefühl, das spezifischere Gefühle, »kleine« und »große« Freuden, quasi verallgemeinert und mit einem Gefühl kommentiert, das sich auf das eigene Leben im Ganzen bezieht. Dafür würde auch sprechen, dass in allem Vergnügen ...bei Gefühlen, die mit Freude und Glücksgefühlen ein Kontinuum bilden ...dasjenige, was Vergnügen bereitet, positiv bewertet wird und damit auf den Wertekanon der Person bezogen ist. Die spezifischen Anlässe für Freude können sogar, wie oben bereits gezeigt, stets direkt auf positive Werte des eigenen Lebens bezogen werden. Das gilt sogar noch für solch schwierige Formen wie die Schadenfreude, welche darauf aufmerksam macht, wem man Schlechtes wünscht und dadurch auf negative Bewertungen und Werte verweist. Aufgrund dieses stets herstellbaren Bezugs der einzelnen Anlässe für das Gefühl zu den Werten einer Person könnte man geneigt sein, Glücksgefühle als eine Art »Metagefühl« aufzufassen. Dagegen spricht aber, dass spontane, an eine bestimmte Situation gebundene Glücksgefühle auch dann möglich sind, wenn man sich eigentlich im Unglück sieht.

Ein Beispiel für die Kultivierung einer solchen Aufmerksamkeit auf das kleine Glück, um nicht im Unglück unterzugehen, finden sich in Rosa Luxemburgs Briefen aus der Gefangenschaft.[10] Zwar verweisen auch die von Luxemburg geschilderten Anlässe für Glücksgefühle auf ihre Werte insgesamt, aber ihre Beschreibungen verdeutlichen in eindrücklicher Weise, dass Glücksgefühle eben nicht nur in einem insgesamt glücklichen Leben möglich sind ..sie stellen also keinen faktischen Kommentar zum eigenen Leben im Ganzen dar. Zudem, so könnte ein weiterer Einwand gegen die These vom Glücksgefühl als einem Gefühl zweiter Ordnung lauten, ist der Hinweis auf Bewertungen und Werte als Argument zu unspezifisch, da auch alle anderen Gefühle zumindest indirekt über die Werte einer Person Auskunft geben. Das gilt für Scham, Schuldgefühl und Empörung ebenso wie für Trauer, Hassgefühl und Verzweiflung.

Dennoch steckt in der These vom Glück als einem Gefühl zweiter Ordnung ein Körnchen Wahrheit, auch wenn diese Wahrheit anders artikuliert werden sollte. Denn wir nennen wohl nicht ohne Grund ein Leben nur dann »glücklich«, wenn die Person, um deren Leben es sich handelt, wenigstens manchmal auch Glücksgefühle hat und sich freut. Ihre Lebensumstände sollten nicht nur insgesamt von außen als angenehm beschrieben werden können, sondern es kommt darauf an, dass die betreffende Person selbst ihr Leben auch emotional als glücklich bewertet, und das ...so könnte man meinen ...habe eine gewisse Ähnlichkeit mit einem Gefühl zweiter Ordnung. In diesem Zusammenhang sei, wenn auch nur sehr skizzenhaft, auf die Aristotelische Tradition der philosophischen Auseinandersetzung um den Begriff eines »gelungenen Lebens« verwiesen.

---

10 Vgl. Rosa Luxemburg, *Briefe aus dem Gefängnis*, Berlin [16]2000.

Für Aristoteles geht es in der Ethik um die *eudaimonia* als Ziel des guten Lebens.[11] Dieser Begriff bezieht sich im Altgriechischen auf das gelingende Leben und wird zumeist mit »Glückseligkeit« oder »Glück« übersetzt. Nach Aristoteles ist in der *eudaimonia* das oberste Ziel allen menschlichen Handelns zu sehen, das nur durch den richtigen Umgang mit den eigenen Fähigkeiten und Affekten und der daraus gebildeten Haltung oder Einstellung *(hexis)* zu erreichen ist. Die spezifische Ausformung der *eudaimonia* bezieht sich bei ihm immer auf das je besondere Leben; die Inhalte sind nicht für alle gleich. Aristoteles fragt nach den strukturellen Voraussetzungen dieser *eudaimonia*. Deshalb untersucht er das spezifisch menschliche Gutsein, das, was der Mensch als Mensch besonders gut kann, die menschliche *aretē* (zumeist übersetzt mit »Tugend« oder »Vortrefflichkeit«), in ihrem Verhältnis zur *eudaimonia*.

Das höchste Gut, die *eudaimonia*, ist nur durch ein Leben zu erreichen, in dem man die *aretē* ausübt.[12] Dass die *eudaimonia* als oberstes Ziel im Leben bestimmt wird, ist darin begründet, dass einzig sie um ihrer selbst willen angestrebt wird, während andere Güter, etwa Lust oder Vernunft, zwar auch um ihrer selbst willen wünschenswert sein können, aber außerdem auch um der *eudaimonia* willen. Damit können sie sozusagen zusätzlich um eines Zieles außerhalb ihrer selbst willen angestrebt werden; sie sind für etwas anderes nützlich. Die *eudaimonia* dagegen ist nur um ihrer selbst willen erstrebenswert; sie ist, wie Ursula Wolf schreibt, »zielhafter« als beispielsweise die Lust, weil sie selbst ausschließlich Ziel ist und nie wegen etwas anderem angestrebt wird, während man die Lust zwar auch um ihrer selbst willen, aber auch wegen der von ihr erhofften *eudaimonia* suchen kann.[13]

Die *eudaimonia* steht unter der Bedingung der Selbstgenügsamkeit (*autarkeia*). Das Selbstgenügsame bezeichnet Aristoteles als das, was für sich allein das Leben lebenswert macht und keinerlei Ergänzung bedarf. Wenn der *eudaimonia* nun doch etwas fehlte, oder wenn sie durch etwas anderes vollkommener gemacht werden könnte, so gälte diese Autarkie-Bedingung nicht mehr für sie. Dies muss auch für episodische Gefühle gelten; sie können die *eudaimonia* nicht vollständiger machen, sondern sind deren genuiner Bestandteil. Doch da für Aristoteles die beste *aretē* im richtigen Umgang mit den eigenen Affekten besteht und nur diese *aretē* zur *eudaimonia* führt, kommt es darauf an, das richtige Maß der Gefühle, der Einstellungen und Haltungen zu kultivieren. Ein gelungenes Leben ist sicherlich nicht eines, das aus einem ununterbrochenen glückhaften Rausch besteht, sondern eines, in dem man sich in angemessener Weise und aus den in Aristoteles' Sinne

---

11 Eine breite Perspektive in der Frage nach dem Glück als Endziel des menschlichen Lebens, die über Aristoteles hinausgeht, entfaltet Shane Walton, »The Nature and the Pursuit of Happiness«, in: *Practical Philosophy* 5.1 (2002), 40..54.
12 Ein so genanntes »tugendhaftes« Leben …aber »Tugend« ist eben nicht nur in einem rein moralischen Sinn zu verstehen.
13 Ursula Wolf, *Aristoteles' ›Nikomachische Ethik‹*, Darmstadt 2002, 34. …Aus diesen Überlegungen von Aristoteles, dies sei nur am Rande bemerkt, lässt sich ein weiterer Einwand gegen die Verwechslung von körperlichen Lust- mit Glücksgefühlen gewinnen. Denn die Lust kann immer auch wegen anderer Ziele angestrebt werden und sie ist in gewissen Grenzen willentlich erreichbar, etwa als Lust am Essen, während Glücksgefühle als Widerfahrnisse nicht willkürlich erzeugt werden können.

2. Die Beziehung der Glücksgefühle zum Leben im Ganzen

richtigen Gründen freut und zu anderen Anlässen die passenden negativen Gefühle entwickelt. Entscheidend dafür, dass die *eudaimonia* erreicht werden kann, ist dabei vor allem das richtige Maß der Affekte, das ihrem Anlass angepasst und niemals unkontrolliert sein sollte.

Lösen wir uns von diesen spezifisch Aristotelischen Vorstellungen über die richtige »Mitte«, das rechte Maß bei den Affekten, so genügt bereits ein wenig Lebenserfahrung, um zu wissen, dass ein auf Dauer gestelltes Glücksgefühl prinzipiell nicht denkbar ist. Denn als Dauerzustand würde sich das Glücksgefühl nicht mehr von einer neutralen Stimmung abheben; es wäre nicht herausgehoben aus der Vielzahl der positiven, negativen und neutralen Affekte. Deswegen gehen die allermeisten Philosophen wie Nicht-Philosophen davon aus, dass zu einem erfüllten Leben das Erleben von Höhen ebenso wie von Tiefen gehört; wichtig für ein gelungenes Leben ist, so könnte man sagen, die Spannweite zwischen den Extremen. Auch wenn die Auseinandersetzung mit katastrophalen Erfahrungen sicherlich nicht glücklich macht, so lehrt sie doch, den Alltag und sein Gleichmaß zu schätzen.

Für Aristoteles folgt aus seinen ethischen Überlegungen, dass die Besonnenheit, die *sophrosynē*, das richtige Maßhalten vor allem auch in Bezug auf die Affekte, die entscheidende Tugend ist. Manche Stoiker zogen den radikalen Schluss, man müsse sich möglichst ganz von allem Bewegtwerden durch Affekte lösen, ihr Ideal für ein gelungenes Leben bestand darin, sich möglichst von gar nichts affizieren zu lassen. Das andere Extrem der Vorstellungen besteht zweifellos darin, möglichst häufig Glücksgefühle zu haben, möglichst häufig euphorischer und rauschhafter Stimmung zu sein; Zustände, die man sich zum Beispiel mit Hilfe von Drogen künstlich beschaffen kann.

Bevor wir näher auf den Zusammenhang von Glücksgefühlen mit biochemischen Prozessen im Körper eingehen, sei noch einmal zu der These Stellung genommen, Glücksgefühle könne man als eine Art Metagefühl, als Kommentar zum Leben insgesamt verstehen. Auch wenn wir dafür argumentiert haben, dass die Glücksgefühle sicherlich nicht ausschließlich als ein solcher Metakommentar aufgefasst werden können, so weisen sie doch in deutlicher Weise auf dasjenige hin, was für unser Leben insgesamt von zentraler Bedeutung ist. Sie tun dies im Modus des für alle Gefühle charakteristischen Widerfahrnischarakters, da sie unwillkürlich auftreten und nicht willentlich erzeugt werden können. Damit ein Leben in irgendeinem Sinne als gelungen beschrieben werden kann, sind neben den objektiv feststellbaren so genannten Glücksgütern, die zum Teil durch eigene Tätigkeit erworben, zum Teil auf glückliche Umstände wie die Abwesenheit von Katastrophen rückführbar sind, auch jene subjektiven Glücksgefühle erforderlich. Das Klischee vom Millionär, der sich alles leisten kann und eine glückliche Familien- und Partnerschaftsgeschichte aufzuweisen hat, zudem gesund ist, aber dennoch, vielleicht unter dem Eindruck großer Sinnlosigkeit, in Depressionen verfällt, ist nicht nur abwegig. Was ihm fehlt, sind die unwillkürlich und unkontrolliert auftretenden Glücksgefühle, welche die Bedeutung seines Lebens ihm selbst erst erschließen könnten.

Der Zusammenhang von Glücksgefühlen mit biochemischen Prozessen lässt sich am Beispiel rauschhaft gesteigerter Formen des Glückserlebens besonders gut erläutern. Man denke an Euphorie, Begeisterung und verschiedene Formen von Rausch. So können Menschen durch Höchstleistungen in einen rauschhaften Glückszustand versetzt werden, wie der Marathonläufer, der erschöpft sein Ziel erreicht oder der Alpinist, der einen schwierigen Gipfel bezwingt. Euphorisch stimmen können auch besondere und für einen selbst mit großer Wichtigkeit versehene Ereignisse des eigenen Lebens, so kann die Geburt eines Kindes die Eltern in Euphorie versetzen, der Verliebte, dessen Werben erfolgreich war, kann euphorisch werden. Euphorisierend wirken auch bestimmte Drogen insbesondere aus der Amphetamin-Reihe, welche das Wohlbefinden steigern, Konzentrationsfähigkeit und Wachheit nach sich ziehen. Dass Drogen das Wohlbefinden steigern, zeigt, dass auch Glück und Freude von körperlichen und biologischen Prozessen begleitet werden. So spielen Endorphine, die große Wohlgefühle hervorrufen können, eine herausragende Rolle. Im Normalfall produziert der Körper diese Stoffe selbst, während sie in Ausnahmesituationen (Drogen und Medikamente) dem Körper von außen zugeführt werden. Amphetamin zum Beispiel unterstützt die Neurotransmitter Dopamin und Noradrenalin, denen eine erregende Wirkung zugesprochen wird.

Dass körperliche Prozesse mit dem Glück einhergehen, sollte ...wie dies ja auch bereits im Fall der anderen Gefühle deutlich geworden ist ...nicht dazu führen, Glück und Freude auf die Biochemie, welche mit diesen Gefühlen verbunden ist, zu reduzieren. Auch die Steigerung des Glückserlebens ist nicht einfach mit einem Verweis auf biochemische Prozesse zu erklären. Es ist jeweils das In-der-Welt-sein der Person, das den einen in die glückliche Lage versetzt, sich auf die körpereigenen Substanzen stützen zu können, während der andere das eigene Leben nur dann erträgt, wenn er sich die genannten Stoffe nicht nur gelegentlich, sondern ständig von außen zuführt. Es ist hier nicht der Ort, ethisch dafür zu argumentieren, wie man sich zu bestimmten oder zu allen Drogen stellen sollte oder klassifikatorische Überlegungen dazu anzustellen, was genau als Droge zu gelten hat und wie der gelegentliche Konsum von Drogen wie Alkohol oder Kokain von Suchtphänomenen zu unterscheiden ist. Für unseren Zusammenhang ist lediglich entscheidend, dass gerade das Vermissen von Glücksgefühlen dazu führen kann, die entsprechenden biochemischen Prozesse künstlich in Gang zu setzen und so unter Umständen zu riskieren, süchtig zu werden. Eine im gefühlstheoretischen Zusammenhang interessante Frage, der wir hier nicht weiter nachgehen können, lautet: Sind künstlich erzeugte Gefühle ...beispielsweise durch Drogen oder Psychopharmaka ...echte Gefühle?[14]

3. Glücksgefühle, Zufriedenheit, Dankbarkeit

In enger Nachbarschaft zu Glücksgefühlen steht das Gefühl der Zufriedenheit. Zufriedenheit kann sich auf kleinere Tätigkeiten oder Begebenheiten beziehen, aber sie kann ebenso wie Glücksgefühle auf das Leben im Ganzen gerichtet sein. Wer zufrieden ist, sieht keinen Anlass, seine Situation zu ändern, er erfährt seine Lage

---

14 Die Frage nach der Echtheit der Gefühle thematisieren wir ausführlicher im 8. Abschnitt des Kapitels über »Liebe«.

als stimmig. Diese passivierende Tendenz mag vielleicht den deutlichsten Unterschied zu Glücksgefühlen ausmachen, mit denen Zufriedenheit oft einhergeht, obwohl sie nicht notwendigerweise von diesen begleitet sein muss. Im Glücksgefühl fühlt man sich herausgehoben aus dem Alltag; man hat sicherlich keinen Grund, an dieser Befindlichkeit etwas zu ändern, aber dem Glücksgefühl wohnt oft die Tendenz inne, es erhalten zu wollen und deshalb die eigenen Lebensbedingungen entsprechend einzurichten. Insofern könnte man es als eher aktivierend bezeichnen. Glücksgefühle enthalten zudem die Handlungstendenz, die ganze Welt zu umarmen, sie gehen oft mit einer großen Offenheit für die Welt und die Belange anderer einher. Das ist in der Zufriedenheit tendenziell anders. Wer zufrieden ist, empfindet die eigenen Lebensbedingungen ...zumindest unter dem Aspekt, worauf das Gefühl der Zufriedenheit gerichtet ist ...als bereits gut eingerichtet; die Zufriedenheit zeichnet sich durch die vollständige Abwesenheit von Handlungsimpulsen aus. Leiblich lässt sich Zufriedenheit als ein Gefühl der Erfülltheit, des auf gute Weise Sattseins (im Unterschied zur Übersättigung!) im übertragenen Sinne beschreiben. Es ist dem Gefühl der Leere, der absoluten Langeweile oder der *Acedia*[15] genau entgegengesetzt.

Zweifellos gehen viele Glücksgefühle mit Zufriedenheit einher, aber dieser Zusammenhang ist nicht zwingend. Das Gefühl der Zufriedenheit mit einem sorgenfreien bürgerlichen Leben muss nicht mit Glücksgefühlen verbunden sein, und das überwältigende Glücksgefühl, das durch das Betrachten einer eindrucksvollen Landschaft oder einer besonders schönen Abendstimmung entstehen kann, braucht in keiner Weise von Gefühlen der Zufriedenheit mit dem eigenen Leben begleitet zu werden. Die häufige alltägliche Verwechslung beider Gefühle liegt allerdings dadurch nahe, dass zum Glücksgefühl zu gehören scheint, dass man in dem Moment zufrieden ist, wo man von ihm betroffen ist, und sich mit der Welt und mit sich im Einklang befindet. Im Gefühl der Zufriedenheit ist man aber viel stärker durchdrungen von dem Gedanken, dass die eigenen Belange so, wie sie sind, gut sind. Das ist im Glücksgefühl anders. Die Zufriedenheit ist von jeder Form von Euphorie und Begeisterung weit entfernt. Sie ruht auch im leiblichen Spüren gewissermaßen in sich selbst; es ist ein leichtes, wohliges Weitungsgefühl, das vor allem aber durch jenes bereits erwähnte Angefülltsein zu kennzeichnen ist.

Möglicherweise wird die Verwechslung von Zufriedenheit und Glücksgefühlen zusätzlich dadurch unterstützt, dass sowohl Glücksgefühle als auch Zufriedenheit oft mit einem Gefühl tiefer Dankbarkeit einhergehen. Normalerweise ist Dankbarkeit ein auf Personen gerichtetes Gefühl; sein Verankerungspunkt liegt darin, dass jemand uns Gutes tut, uns beispielsweise etwas schenkt oder einen Gefallen tut. Der Verdichtungsbereich dieses Gefühls ist fokussiert auf die Person, die in dieser Weise handelt. Auch Dankbarkeit als akutes Gefühl wird leiblich als eine auf den anderen gerichtete Weitung erfahren, man öffnet sich ihm, möchte ihm danken, was zumeist heißt, die gute Tat mit Entsprechendem zu beantworten. Dankbarkeit ist mit einem starken Handlungsimpuls verbunden. Wo der nicht umgesetzt werden kann, bleibt das Gefühl bestehen. Der Dank, den man abgestattet hat, wird oft ver-

---

15 Vgl. das Kapitel über »Traurigkeit und Melancholie« in diesem Buch.

gessen, er hat sich gewissermaßen erledigt , die Beziehung ist sozial wieder ausgeglichen. Was sich die allermeisten Menschen aber merken ist der Dank, der nicht ausgedrückt werden konnte, der seinen Adressaten entweder gar nicht erreichte oder nur symbolisch in nicht ganz befriedigender Weise möglich war.

Wer Glücksgefühle oder ein Gefühl tiefer Zufriedenheit erlebt, empfindet oft auch ein Gefühl der Dankbarkeit. In monotheistischen Religionen ist dieses Gefühl auf Gott gerichtet; man dankt im Gebet für all das, was Gott den Menschen schenkt und insbesondere für das Schöne und Gute im Leben dessen, der betet. An wen oder was aber ist diese Art einer gewissermaßen existentiellen Dankbarkeit in säkularen Kulturen und bei Atheisten gerichtet? Dass diese Frage nicht eindeutig beantwortet werden kann, ist sicherlich ein Grund, warum die Betreffenden zögern mögen, jenes Gefühl, das sich mit Glück und Zufriedenheit verbinden kann, Dankbarkeit zu nennen. Denn dem Schicksal kann man schlecht dankbar sein, ohne es zu personalisieren. Müssen wir also von einer unpersönlichen, nicht adressierbaren Dankbarkeit ausgehen?

Diese Frage ist nicht leicht zu beantworten. Was ist der Verdichtungsbereich einer Dankbarkeit, die sich als Folge von Glücksgefühlen einstellt? Wir vermuten, dass der Verdichtungsbereich tatsächlich unbestimmt bleibt; man kann sagen, warum man dankbar ist (zum Beispiel für ein wunderbares Naturerlebnis), nicht aber, wem der Dank gilt. Das Gefühl geht oft unmerklich über in Vorsätze, künftig solche Augenblicke mehr aufzusuchen, nicht weiter so falsch zu leben. Fast könnte man sagen, es nimmt die Gestalt leichter Schuldgefühle mit den ihnen entsprechenden Wiedergutmachungsimpulsen an[16], als hätte man sich am Leben selbst vergangen und müsse ihm dankbar sein für das, was man trotzdem geschenkt bekommt. Aber auch der Rückgriff auf das Leben ist nur eine Hilfskonstruktion; das nicht persönlich auf jemanden gerichtete Gefühl der Dankbarkeit findet keinen rechten Verdichtungsbereich. Hier handelt es sich um ein säkularisiertes, ursprünglich tief religiöses Gefühl, das seinen religiösen Gehalt im engeren Sinn zwar für viele verloren hat, aber nach wie vor eine entsprechende Struktur besitzt.

Dankbarkeit kann in allen ihren Formen ...sei es in der religiösen, der säkularisierten oder in der alltäglichen Variante ...eine enge Verbindung zu Schuldgefühlen eingehen. Entweder vermittelt über Dankbarkeit oder auf direkte Weise gibt es auch eine entsprechende Verbindung von Glücks- und Schuldgefühlen. Dabei ist allerdings der Begriff der Schuld von seinen rechtlich-moralischen Ursprüngen abzulösen und eher so zu verstehen, dass der Dankbare oder der Glückliche das Gefühl haben können, etwas in einem symbolischen Sinne schuldig zu sein oder zu bleiben.

Glücksgefühle beziehen sich auf Sachverhalte, die nicht vorhersehbar oder erwartbar waren; sie tragen einen Überschwang, ein gewisses Übermaß in sich. Die Formulierung, dass jemand sein Glück nicht zu fassen vermag, drückt diesen Überhang gegenüber dem auf normale Weise Erfreulichen aus. Deshalb ist es nicht sehr erstaunlich, dass sich gerade mit Glücksgefühlen oft auch Dankbarkeit verbindet, eine Dankbarkeit, die oft aber niemandem rückerstattet werden kann, wenn sich keine Person als Ursache des Glücksgefühls findet. In Fällen, in denen man emo-

---

16 Vgl. das Kapitel über »Scham und Schuldgefühl« in diesem Buch.

tional nichts schuldig bleiben will, können Glücksgefühle wegen ihres Übermaßes und ihrer überwältigenden Kraft oft unmittelbar in leichte Schuldgefühle übergehen, welche der so genannten Privilegienschuld verwandt sind. Dabei handelt es sich um Schuldgefühle, die man hat, weil man entweder privilegiert gegenüber anderen ist, weil man zum Beispiel einer Katastrophe entronnen ist, von der alle anderen ereilt worden sind, oder auch weil man in anderer Weise materiell oder symbolisch privilegiert ist. Dies kann bei großem Glück, sei es nun das Zufallsglück oder auch das Glück des so genannten gelungenen Lebens, seien es überwältigende Glücksgefühle, durchaus so erlebt werden, das Glück nicht verdient zu haben. Überaus moralische Personen mit einem notorischen Hang zu schlechtem Gewissen können dann dazu neigen, die Glücksgefühle oder auch die damit zusammenhängenden Gefühle großer Dankbarkeit mit bestimmten Schuldgefühlen wieder auszugleichen .

Mit der Zufriedenheit haben wir ein Gefühl angesprochen, das sich mit Glücksgefühlen verbinden kann, mit der Dankbarkeit eines, das auf Glücksgefühle folgen kann. Abschließend seien zwei klassische Gefühle genannt, welche in besonderer Weise geeignet sind, zur Ursache für Glücksgefühle zu werden, ihr also oft vorhergehen. Die Rede ist von Stolz und von Liebe. Wenn sich der Stolz auf das Erreichen von Zielen bezieht, die für das eigene Leben von besonderer Bedeutung sind, so werden sich besonders leicht auch Glücksgefühle auf dieses erreichte Ziel richten. Und dass eine erfüllte Liebe wohl immer Glücksgefühle auslöst, ist ein privilegierter Gegenstand der Dichtung seit Jahrtausenden und in allen Kulturen.

Wenn man sich das Spektrum der positiven Gefühle, die sich oft mit Glücksgefühlen verbinden, anschaut ...Vergnügen, Freude, Stolz, Liebe, Zufriedenheit, Dankbarkeit .., so fällt auf, dass es sich in allen diesen Fällen um Gefühle handelt, die leiblich als Weitung erlebt werden. Sie unterscheiden sich in erster Linie in ihrem Verdichtungsbereich. Es ist deshalb gerechtfertigt, diese Gefühle als unterschiedliche Phänomene zu behandeln, die zur selben Gefühls- Familie gehören.

Liebe

Auf den ersten Blick scheint Liebe das Gefühl *par excellence* zu sein, eine Leidenschaft, die Alltagskultur, Film und Literatur gleichermaßen bestimmt. Kaum ein anderes Gefühl wird in Medien und Alltag so viel besprochen, besungen, erwünscht, manchmal beschworen und gelegentlich auch gefürchtet. Wenn zum Beispiel davon die Rede ist, jemand habe Gefühle für jemand anderen, so dient diese unspezifische Wendung der Bezeichnung eines ganz bestimmten Gefühls, nämlich der romantischen Liebe. Herausgehoben aus dem Spektrum der Gefühle ist die Liebe insofern, als sie ein ganzes Kino der Gefühle in Gang setzt: Man denke an die gesamte Bandbreite von Emotionen wie Hoffnung, Enttäuschung, Verzweiflung und mitunter auch Erfüllung, welche mit Liebe verbunden sein können.

Auf der anderen Seite kann man mit guten Gründen bestreiten, dass Liebe überhaupt ein Gefühl ist. Die Gründe für diesen Zweifel thematisiert der erste Abschnitt dieses Kapitels (1). Danach geht es um die möglichen Objekte der Liebe, bevor die Liebe unter Personen zum Thema gemacht wird (2). In diesem Zusammenhang wird die Frage aufgeworfen, ob Liebe wechselseitig sein muss und wodurch sich die glückliche von der unglücklichen Liebe unterscheidet (3). Schließlich ist das Verhältnis von Sympathie, Wohlwollen und Zuneigung Thema (4), bevor die Beziehungen von Freundschaft, Liebe und Verliebtheit erörtert werden (5). In einem weiteren Abschnitt fragen wir danach, ob die verschiedenen Formen der Liebe miteinander zusammenhängen. Lassen sich zum Beispiel romantische Liebe, Elternliebe oder auch die Liebe zu Gott als unterschiedliche Gestalten eines einheitlichen Phänomens begreifen oder handelt es sich um unterschiedliche Phänomene, die lediglich in einem lockeren Zusammenhang stehen (6)? Den Abschluss dieses Kapitels bilden Überlegungen zum Zusammenhang zwischen Liebe als historisch veränderlichem Phänomen und dem Diskurs über die Liebe (7), die zu der kontroversen Frage nach der Echtheit dieses Gefühls, aber auch der Gefühle im Allgemeinen führen (8).

1. Ist Liebe ein Gefühl?

Auch wenn Liebe häufig als paradigmatische Emotion angesehen wird, lassen sich eine Reihe von Gründen anführen, welche gegen diese verbreitete Sicht der Dinge sprechen. Im Folgenden seien lediglich vier Einwände genannt: In der psychoanalytischen Theoriebildung wurde die Liebe oft mit einem allgemeinen Streben nach Erotik und Sexualität in Verbindung gebracht. Vor allem in den älteren psychoanalytischen Konzeptionen nahm die Sexual- und Triebtheorie einen zentralen Stellenwert ein.[1] Liebe wird dort auf die Libido zurückgeführt, durch welche das gesamte personale Leben den Charakter einer latenten Antriebsstruktur erhält. Diese Konzeption führt einerseits zu einer ganz unspezifischen Auffassung der Liebe im Sinne einer allgemeinen Lebenskraft, andererseits wird Liebe sehr speziell konnotiert, nämlich als kulturell überformte Gestalt eines letztlich sexuellen Strebens begriffen. Unter der Voraussetzung der Richtigkeit der psychoanalytischen Trieb- und Sexualtheorie lässt sich Liebe im Sinne einer Lebensenergie oder eines sexuellen Strebens nicht ohne weiteres als »Gefühl« oder »Emotion« ansehen.

Dass Liebe ein Gefühl ist, lässt sich auch bezweifeln, wenn man die Liebe in erster Linie als eine Institution begreift. Gefühle spielen in diesem Zusammenhang keine oder allenfalls eine untergeordnete Rolle. Liebe wird als ideologisches oder sprachliches Produkt angesehen, welches die sozialen Gebilde »Paar« und »Familie« zusammenhält. Wenn die Liebe in dieser soziologischen oder politischen Perspektive als institutionelle Praxis oder gar als reines Diskursprodukt betrachtet wird, so gerät sie leicht als Gefühl aus dem Blick. Im Vordergrund der Beschreibung stehen ihre sozialen Konstitutions- und Wirkungsmechanismen. Soziologische und ethnologische Perspektiven auf das Phänomen der Liebe vermögen deutlich zu machen, inwiefern gesellschaftliche bzw. kulturelle Praktiken Liebe zu dem machen, als was sie von uns erfahren wird. In einer soziologischen Perspektive würde man sagen: Als Liebe wird etwas im Rahmen von Diskursen und Performanzen etikettiert und auf diese Weise in ein Geflecht aus Normen, aus sozial Erwünschtem und Verbotenem, eingebettet, denen sich die Subjekte, die sich als Teilnehmer an einer Liebespraxis begreifen, unterwerfen. Gefühle mögen zwar im Zusammenhang mit diesen Praktiken eine Rolle spielen, was aber nicht heißt, dass die als institutionelle Praxis verstandene Liebe ihrerseits bereits ein Gefühl ist.[2]

Andererseits gilt es aus philosophisch-systematischer Perspektive festzuhalten, dass eine Besonderheit der Liebe als Gefühl in ihrer unausweichlich institutionellen Gegebenheit besteht. Zumindest in den Fällen erwiderter personaler Liebe wird allein dadurch, dass zwei Personen ihre Erwartungen aneinander aufeinander abstimmen müssen, ein soziales Gebilde etabliert, das im weitesten Sinne als »Insti-

---

1 Es ist hier nicht der Ort, die komplexen Entwicklungen innerhalb der psychoanalytischen Theoriebildung zu verfolgen. Aber in einer allgemeinen Perspektive lässt sich die Entwicklung des psychoanalytischen Denkens so charakterisieren, dass spätestens mit der Bindungstheorie John Bowlbys mehr und mehr affektive bzw. soziale Beziehungen an die Stelle der Sexualität treten, der noch die Generation der Gründer und ihrer unmittelbaren Nachfolger, man denke an Sigmund und Anna Freud oder an Wilhelm Reich, eine zentrale Stellung zugebilligt hatte. Im Lichte der neueren entwicklungspsychologischen Forschung werden die verschiedenen Stadien des psychoanalytischen Denkens von der Sexual- und Triebtheorie über die Objektbeziehungstheorie und Bindungstheorie bis hin zu intersubjektivitätstheoretisch abgestützten Theorien nachgezeichnet von Peter Fonagy/Mary Target, *Psychoanalyse und die Psychopathologie der Entwicklung*, Stuttgart 2006.
2 Soziologischen Perspektiven entfalten unter anderem Niklas Luhmann, *Liebe als Passion. Zur Codierung von Intimität*, Frankfurt a. M. [4]1984; Eva Illouz, *Der Konsum der Romantik. Liebe und die kulturellen Widersprüche des Kapitalismus*, Frankfurt a. M. 2003; Karl Lenz, *Soziologie der Zweierbeziehung. Eine Einführung*, Opladen 1998, zu Gefühlen und zur Liebe vor allem 255 ff.

tution« bezeichnet werden kann, insofern es sich notwendigerweise in einem Feld sozialer Regeln bewegt.

Eine dritte Überlegung, die dagegen spricht, Liebe als Gefühl anzusehen, macht sich die Vermutung zu eigen, dass es sich bei der Liebe ähnlich wie beim Glücksgefühl um eine Art Metagefühl handelt, und zwar um eines, das alle anderen Affekte steigert und zu einer Person hin kanalisiert. Dies ist durchaus vereinbar mit der auffälligen Präsenz der Liebesthematik in Film und Literatur und deren hoher Bedeutsamkeit. Liebe ist unter der genannten Voraussetzung dasjenige sekundäre Gefühl, das eine andere Person aus der persönlichen Umgebung des Liebenden heraushebt und ihr im positiven Spektrum der Gefühle eine emotionale Dichte wie kaum jemand anderem entgegenbringt. So freut man sich an der Gegenwart der Person, auf welche die Liebe gerichtet ist (Freude), deren Gefühle werden besonders stark mit vollzogen (Mitgefühl), sie ist Auslöser für gelegentliche Glücksgefühle, und wenn sie den Liebenden enttäuscht, ist er ganz besonders verletzt. Sie ist Grund und Auslöser für Eifersucht, aber auch für Wohlgefallen, Zuneigung und Stolz. Man fürchtet um den Verlust der geliebten Person (Furcht und Angst), und verliert man sie tatsächlich, so trauert man. In allen diesen Fällen ist nicht die Liebe das entscheidende episodische Gefühl, sondern sie wirkt wie eine Art Verstärker auf andere Emotionen, ohne dabei unbedingt als selbständiges akutes Gefühl fassbar zu sein.[3] Der Begriff »Liebe« würde in dieser Perspektive kein eigenständiges Gefühl bezeichnen.

Neben den angeführten Auffassungen der Liebe als Maske von Sexualität und Erotik, der Liebe als Institution und der Liebe als einem Metagefühl gibt es noch eine vierte Auffassung von Liebe, die deren affektiven Charakter zumindest relativiert, wenn nicht bestreitet. Danach wird Liebe in erster Linie als eine Verhaltensdisposition angesehen, als eine bestimmte Haltung gegenüber anderen. Dies ist etwa dann der Fall, wenn man Liebe vor allem mit Fürsorge und Sorge identifiziert.[4] Der so verstandene Begriff der Liebe bezeichnet eine Einstellung, aus der bestimmte Handlungen resultieren, aber ignoriert deren affektiven Charakter.

Obwohl die Zweifel an der Liebe als Gefühl zum Teil einleuchten, argumentieren wir dafür, dass Liebe als episodisches Gefühl auftreten kann. Zwar wird alltagssprachlich in vielen Fällen von »Liebe« gesprochen, für die wir terminologisch den Begriff der Gefühlsdisposition bevorzugen. Aber auch die mit diesem Begriff angesprochene Bereitschaft oder bloße Möglichkeit zu Liebe als akutem Gefühl setzt voraus, dass epi-

---

3 In diese Richtung tendieren auch die Überlegungen von Robert C. Roberts, »What an Emotion is: A Sketch«, in: *The Philosophical Review* XCVII (1988), 183.209, 203: »Aber wenn wir [mit dem Ausdruck »Liebe«, C.D./H.L.] die Art der Bindung meinen, die Liebende zueinander haben, Eltern zu ihren Kindern, Kinder zu ihren Eltern, gute Freunde zueinander, dann ist Liebe kein Gefühl. Die Reaktionen, die im Rahmen von solchen Bindungen charakteristisch sind, sind zu vielfältig und widersprüchlich, um als ein Gefühl angesehen werden zu können. Es kann sich um Freude handeln, wenn der Geliebte aufblüht, um Empörung, wenn er verletzt wird, um Dankbarkeit, wenn er unterstützt wird, um Furcht, wenn er bedroht wird, um Hoffnung, wenn seine Aussichten gut sind, um Trauer, wenn er stirbt und vieles mehr. Liebe in diesem Sinne ist keine Emotion. Sie ist eine Disposition zu einem ganzen Spektrum von Gefühlen« [übersetzt von C.D./H.L.].
4 Diese Auffassung hat beispielsweise Harry G. Frankfurt in verschiedenen Schriften vertreten; vgl. Gründe der Liebe, Frankfurt a. M. 2005

sodische Gefühle unter bestimmten Umständen auftreten können, ansonsten wäre die Rede von einer Gefühlsdisposition unsinnig. Für die Auffassung von Liebe als akutem Gefühl spricht vor allem ihr unbestrittener Widerfahrnischarakter; Liebe kann nicht erzwungen und nur in engen Grenzen, nämlich durch absoluten Kontaktabbruch, willentlich unterbunden werden. Wenn Liebe als eine Emotion im Sinne der anderen in diesem Band behandelten Affekte bezeichnet wird, so muss ihr intentionaler Gehalt ebenso bestimmt werden können wie auch die Art und Weise, in der sie leiblich erlebt wird.

Dies ist nicht ganz einfach, weil kaum ein anderes Gefühl so vielgestaltig ist wie die Liebe und weil durchaus die Möglichkeit zugelassen werden muss, dass die vielen verschiedenen Phänomene, die als Formen von »Liebe« bezeichnet werden, keinen gemeinsamen Kern haben und nur locker durch eine gewisse »Familienähnlichkeit« im Wittgensteinschen Sinne verbunden sind. Zudem ist Liebe wohl dasjenige Gefühl, das am stärksten durch die Diskurse gestaltet ist, in denen es beschrieben wird. Es tritt historisch in unterschiedlichen Formen auf, deren Abhängigkeit von den Weisen seiner Inszenierung in Dichtung, Musik und Kunst und den zu ihnen gehörenden Diskursen leicht aufzuzeigen ist. Da sich jede Thematisierung von Liebe im Alltag notwendigerweise auf diese historischen und medialen Vorlagen bezieht und von deren Nachahmung nicht ablösbar ist, gehört der Zweifel an der Echtheit gerade dieses fragilen Gefühls zu den Diskursen über Liebe von Beginn an dazu.

2. Liebe zu Personen und Liebe zu Sachen

Ist von Liebe als Gefühl die Rede, so wird man dabei in erster Linie an romantische und erotische Paarliebe denken: die Liebe zwischen Mann und Frau und die Liebe zwischen gleichgeschlechtlichen Erwachsenen. Mit Blick auf die Tradition, die ganz unterschiedliche Konzepte von Liebe auf den Begriff gebracht hat, man denke etwa an die bereits in der Antike diskutierten Unterscheidungen von *eros*, *philia* und *agapē*, gilt es, diese allzu selbstverständliche Gedankenverbindung zunächst einmal zu unterbrechen. Der mit dem Ausdruck *eros* bezeichnete Zustand enthält zwar jene Elemente erotischen Entzückens, der Aufregung und des Drängens, die auch im Zusammenhang mit der Paarliebe auftreten können, ist aber darum doch nicht mit dieser zu identifizieren.[5] *Philia* bezeichnet die liebevolle Zuneigung oder Freundschaft

---

5 Ursprünglich bezeichnet Eros gerade nicht das, was heute unter Erotik verstanden wird, sondern bei den Griechen bis ca. 400 v. Chr. ein unheimliches, erregendes und schwer fassbares Drängen, eine Macht, die sich auf so unterschiedliche Bereiche wie Hunger, Durst, Habsucht, Zerstörungswut, Todesverlangen, Heim- oder Fernweh, ja sogar Kleptomanie und neben all diesem auch auf das Geschlechtsleben beziehen konnte. Die Aphrodite, das eigentlich erotische Entzücken, ist zunächst nur eine Spezialform dieses vorwiegend unheimlichen Eros. Hermann Schmitz spricht in diesem Zusammenhang von einer »erotischen Verengung des Eros«. Vgl. Hermann Schmitz, *Die Liebe*, Bonn 1993, 155, aber auch 19 ff.

zu und Vertrautheit mit jemandem. Auch die *philia* ist eine Haltung, die im Kontext der Paarliebe relevant ist, aber sie ist ebenfalls nicht mit dieser zu identifizieren. Der Ausdruck *agapē* hingegen, der sich in der urchristlichen Gemeinde auf die Bindungen von deren Mitgliedern bezieht und häufig im Sinne einer allgemeinen Menschen- oder Nächstenliebe gedeutet wird, spielt im Zusammenhang mit der modernen Paarliebe keine herausragende Rolle.[6] Nicht nur wegen der vielschichtigen Zusammenhänge, in denen die traditionellen Liebesbegriffe stehen, sind vorschnelle Assoziationen an die erotische Paarliebe einzuklammern; einzuklammern sind sie auch, wenn es darum geht, Liebe als Gefühl in seiner Struktur und leiblichen Verfassung zu beschreiben.[7] Denn sexuelles Verlangen kann zwar Liebe begleiten, gehört aber nicht wesentlich zum Gefühl der Liebe dazu. Dies zeigt sich zum Beispiel an der Elternliebe. Sie unterscheidet sich zwar von dem Gefühl, welches erwachsene Paare miteinander verbindet, ist aber nicht als ein Gefühl ganz anderer Art anzusehen und mit gutem Grund als »Liebe« zu bezeichnen.

Möglicherweise muss die Gruppe der Phänomene, die im philosophischen Kontext unter den Begriff »Liebe« gefasst werden, sogar noch weiter ausgedehnt werden: Wir sprechen in der Alltagssprache zum Beispiel auch von Liebe zur Musik, Liebe zur Natur oder auch von Heimatliebe. Sind dies nur unspezifische Zuneigungen oder Vorlieben, die mit Liebe als Gefühl nichts gemeinsam haben, oder sind diese Phänomene doch der Sache nach oder gar begrifflich mit der Liebe zu Personen verbunden oder mit ihr in bestimmten Hinsichten vergleichbar?

Die Frage, ob Liebe notwendigerweise auf Personen gerichtet sein muss, mit anderen Worten: ob der intentionale Gehalt dieses Gefühls ein personales Objekt verlangt, soll hier nicht a priori entschieden und von vornherein terminologisch festgelegt werden. Vielmehr soll zunächst untersucht werden, wie sich das Gefühl charakterisieren lässt, das mit Ausdrücken wie »Liebe zur Musik«, »Liebe zur Natur« oder »Heimatliebe« gemeint ist. Kann mit diesen Ausdrücken mehr oder anderes gemeint sein, als lediglich etwas, das eher unspezifisch gefällt (etwa bei der Heimatliebe) oder was man gern tut (zum Beispiel im Fall der Naturliebe: gern wandern oder spazieren gehen)? Unstrittig dürfte sein, dass das große und bedeutsame Wort »Liebe« in der Alltagssprache oft in einem uneigentlichen Sinne benutzt wird, etwa so, dass mit »Liebe zur Musik« oder »Liebe zur Natur« nicht mehr gemeint ist, als dass jemand gerne Musik hört oder musiziert bzw. sich gerne in der Natur aufhält. Aber der Ausdruck kann darüber hinaus auch beinhalten, dass jemand unglücklich wird, der lange Zeit keine Musik hören oder musizieren bzw. wandern oder spazieren gehen kann; ihm würde dann etwas fehlen. Der Naturliebhaber, der gezwungen ist, in einem baumlosen Großstadtbezirk in einer Asphaltwüste zu wohnen, wird alles daran setzen, oft »in die Natur« zu kommen; er wird ihre Nähe suchen.

---

6 Zur Geschichte des Liebesbegriffs vgl. Helmut Kuhn, »*Liebe*«. *Geschichte eines Begriffs*, München 1975; ferner: Irving Singer: *The Nature of Love*. Volume I..III, Chicago 1984..1987. Zur Geschichte bürgerlicher Liebesvorstellungen vgl. Regina Mahlmann, *Was verstehst du unter Liebe? Ideale und Konflikte von der Frühromantik bis heute*, Darmstadt 2003.

7 Eine philosophische Verteidigung der Paarliebe als Paradigma des Liebens und als »anthropologisches Radikal« liefert indessen Ferdinand Fellmann, *Das Paar. Eine erotische Rechtfertigung des Menschen*, München 2005.

Mit der personalen Liebe teilt sich die nicht-personale Liebe drei Aspekte: erstens das Bestreben, dem Objekt der Liebe nahe zu sein, zweitens ist sie auf etwas gerichtet, das dem Liebenden fehlt und wonach er sich sehnt, und drittens ist die Wahl des Objekts in diesen Fällen nicht in einem starken Sinne begründet, auch wenn sie Ursachen oder Anlässe haben mag. Zunächst zu diesem dritten Kriterium. Bei echter Naturliebe liebt man die Natur nicht deswegen, weil es gesund ist, sich in ihr aufzuhalten, auch wenn das ein willkommener Nebeneffekt sein mag. Denn in diesem Fall könnte man auf die Natur verzichten, sobald dieselben Gesundheitswirkungen auf anderem Wege erreichbar sind, so dass die zweite Bedingung für Liebe, das Empfinden eines Mangels, dann nicht mehr gegeben wäre. Man liebt bei dem, was zu Recht als »Naturliebe« bezeichnet werden kann, die Natur, so könnte man sagen, um ihrer selbst willen. Dies zeigt sich an dem Unterschied zwischen einer affektiv neutralen Vernunfteinsicht (»es ist gesund, sich in frischer Luft aufzuhalten«) und einem echten Gefühl. Dem echten Naturliebhaber geht in der Natur »das Herz auf«, sagt man, ihm fehlt etwas, wenn er sich nicht in gewissen Abständen in freier Natur aufhalten kann, und er freut sich an ihr um ihrer selbst willen.

Nach dieser Beschreibung kann, aber muss die Naturliebe nicht begründet sein, auch wenn sie zweifellos bestimmte Funktionen hat wie unter anderem die, die Gesundheit zu erhalten. Die Unabhängigkeit von Gründen bei der Liebe zu Sachen lässt sich klarer noch am Beispiel der Heimatliebe zeigen. Sie hat eindeutig nichts mit Gründen zu tun .. so offensichtlich nicht, dass sie manchen schon deshalb als »irrational« erscheint, zumal wenn sie mit der Vaterlandsliebe zu einem Land mit einer extrem gewalttätigen Geschichte vermischt ist. Aber was in der Heimatliebe geliebt wird, ist zumeist nicht die Geschichte, sondern die Atmosphäre einer bestimmten Landschaft mit ihrer jeweiligen Gestalt und ihren charakteristischen Licht- und Windverhältnissen, ein bestimmter Dialekt oder auch nur der vertraute Tonfall.

Von der Heimatliebe unterscheidbar ist der Nationalstolz auf die Zugehörigkeit zu einer Nation mit einer heroischen oder in anderer Hinsicht bemerkenswerten Geschichte. Heimatliebe und Nationalstolz unterscheiden sich nicht etwa deshalb voneinander, weil mit »Heimat« zumeist kleinere Gebilde assoziiert werden als mit Nationen. Im Fall der Heimatliebe ist die affektive Tönung eine andere als beim Nationalstolz. Dieser bezieht sich zumeist auf die politische Geschichte, Kultur- und Geistesgeschichte und hat somit eine stärkere zeitliche Dimension, während die Heimatliebe eher einer Landschaft und den in ihr lebenden Menschen gilt. Bei der Heimat- wie bei der Vaterlandsliebe ist die Bindung an den geliebten Gegenstand kontingent; sie existiert nur, weil man an einem bestimmten Ort geboren oder aufgewachsen ist und wichtige Jahre seines Lebens dort verbracht hat. Zwar kann man sagen, dass nicht alle Menschen ein Gefühl der Heimatliebe kennen und dass das Entstehen dieses Gefühls möglicherweise von den (guten, schlechten oder belanglosen) Erfahrungen abhängig ist, die man in der entsprechenden Region gemacht hat. Aber es sind nicht in erster Linie die bestimmten Merkmale der Heimat, welche das Gefühl hervorrufen. Die Landschaft mit ihren typischen Eigenschaften, Dörfern und Städten ist weniger der Verankerungspunkt, sondern vor allem der Verdichtungsbereich dieses Gefühls.

Dies scheint bei der personalen Liebe ähnlich zu sein: zwar kann man durchaus bestimmte Charakterzüge einer Person lieben, aber man liebt die Person nicht aus diesem Grund: Die Liebe würde nicht verschwinden, wenn die Person diese bestimmte Eigenheit aufgeben würde; das Gefühl würde sich dann wahrscheinlich lediglich an anderen Eigenschaften verdichten. Während bei der personalen Liebe der Verankerungspunkt mit dem Verdichtungsbereich zumeist identisch ist „es handelt sich um die gesamte geliebte Person „, ist der Verankerungspunkt der Heimatliebe die Tatsache, dass man in dieser Gegend aufgewachsen ist, während der Verdichtungsbereich die Landschaft mit ihren Besonderheiten ist.

Offenbar kann vieles Objekt von Liebe werden. Dies wirft die Frage auf, ob es auch Einschränkungen gibt oder ob prinzipiell alles geliebt werden kann. Es ist schon deutlich geworden, dass zumindest in gewissem Sinne Liebe zu Sachen möglich ist. Allerdings, so scheint es, muss solch ein nicht-menschliches Liebesobjekt hinreichend konkret „was nicht heißt: dinghaft (Beispiel Musik) „ sein. Abstrakte Ideen dagegen werden nicht geliebt, auch wenn sie einem lieb geworden sein mögen, sondern für sie setzt man sich ein. Vielleicht liebt es jemand, sich mit Ideen, zum Beispiel mit Philosophie zu beschäftigen, aber dann ist es die konkrete Tätigkeit der Auseinandersetzung mit philosophischen Texten, die »geliebt« wird. Kann man in diesem Fall überhaupt in einem begrifflichen Sinne von »Liebe« zu dieser Tätigkeit sprechen oder wäre es angemessener, von bloßem Wohlgefallen auszugehen? Das hängt davon ab, ob sich wirklich ein als »Liebe« beschreibbares Gefühl im Erleben dieses Tuns einstellt, vor allem davon, ob der Person etwas fehlen würde, wenn sie diese Tätigkeit nicht ausüben würde. Denn daran würde sich zeigen, ob diese Tätigkeit eine echte Leidenschaft von dieser Person ist.

Wir haben allzu abstrakte Ideen als mögliche Liebesobjekte ausgeschlossen, aber Abstrakta wie Heimatliebe oder auch die Liebe zu bestimmten Tätigkeiten als zur Familie der Liebesgefühle gehörig zugelassen. Wie steht es mit der Liebe zu Dingen? Was ist damit gemeint, wenn man sagt, jemand liebt sein Auto? Zur Erläuterung drängt sich die psychoanalytische Redeweise auf, dass in solchen Fällen das jeweilige Ding »libidinös besetzt« werde. Es würde zu weit führen, an dieser Stelle die Grundannahmen der psychoanalytischen Theorie zu diskutieren. Was jedoch auch bei großer Distanz zur Theorie und Begrifflichkeit der Psychoanalyse vom Gedanken der libidinösen Besetzung übernommen werden kann, ist die Einsicht, dass in solchen Fällen nicht ein schlichter materieller Gegenstand allein Objekt des Gefühls ist, sondern dass dieser Gegenstand bei der Liebe zu Dingen stets mit einer symbolischen Bedeutung aufgeladen und oft auch personalisiert wird. Problematisch bis hin zu krankhaften Zuständen erscheinen solche dinghaften Liebeswahlen nur dann, wenn sie die Liebe zu Personen nicht etwa symbolisch ergänzen, sondern ersetzen und dabei ein realer Kontakt zu Personen nicht möglich ist.

Dies mag eine fiktive Geschichte verdeutlichen.[8] Ein professioneller Restaurator entdeckt auf dem Flohmarkt einen schäbigen Schrank, errät unter Staub und Kratzern dessen kostbare Herkunft (Venedig um 1740), kauft ihn und arbeitet über Jahre an der Wiederherstellung der ursprünglichen Gestalt. Er ist dabei immer mit Lust und Liebe an der Arbeit, mit viel Liebe zum Detail und zieht diese Arbeit allen

---

8 Dieses Beispiel hat Jürgen Frese in einem Kommentar zu einem Entwurf dieses Kapitels formuliert.

anderen Beschäftigungen vor. Er kennt jeden Riss und jede Farbnuance, jeder Unebenheit ist er schon mehrfach auf den Leib gerückt. Seinen Kollegen erscheint er bei der Arbeit völlig versunken, selbstvergessen in sein Projekt vertieft. Der Schrank wird aber nie fertig, denn der Restaurator entdeckt ständig neue, verbesserungsbedürftige Seiten. Seinen Kollegen erscheint er verrückt, besonders als er auch das Angebot einer kaum vorstellbaren Summe ablehnt und das liebevoll restaurierte Stück nicht verkaufen will. Er behält es wie ein Heiligtum im Innersten seiner Werkstatt.

In einem solchen Fall handelt es sich zweifellos um eine Art von Liebe zu einer Sache, die als krankhaft nur dann erscheinen kann, wenn der Restaurator nicht in der Lage ist, liebevolle Kontakte zu Personen einzugehen und beispielsweise beginnt, mit dem Schrank halblaut Gespräche zu führen. Doch solche Übergänge zu Pathologien sind selten eindeutig.

Ein tragikomisches Beispiel einer in anderer Weise zwielichtigen Liebe inszeniert der Regisseur Pedro Almodóvar in dem Film *Sprich mit ihr*, in dem ein Pfleger eine komatöse Patientin liebt. Benigno kümmert sich fünfzehn Jahre um seine kranke Mutter, mit der er gegenüber einer Ballettschule wohnt. Er kann den Schülerinnen beim Tanzen zusehen und verliebt sich in die Ballettschülerin Alicia. Als er nach dem Tod seiner Mutter Alicia einmal besuchen möchte, erfährt er, dass sie nach einem Verkehrsunfall im Wachkoma liegt. Er wird als ihr Pfleger engagiert und seine Beziehung zu ihr wird mehr und mehr intensiviert. Er erzählt der Bewusstlosen von Ballettaufführungen, Stummfilmen und anderen Dingen, von denen er weiß, dass sie dafür ein Interesse hegte. Schließlich wird die wachkomatöse Alicia schwanger durch Benigno.

In Bezug auf diese beiden Beispiele wird man kaum bestreiten wollen, dass es sich um Liebe im Sinne der hier entwickelten Kriterien handelt; unklar bleibt lediglich, inwieweit das Liebesobjekt personalen Charakter hat und ob die Liebe als wahnhaft zu bewerten ist. Gerade filmische und literarische Inszenierungen solcher nicht eindeutig zu bewertenden Liebes-»Beziehungen« machen deutlich, dass die Liebe in ihrer Zuwendung zum anderen »echt« sein kann unabhängig davon, wie projektiv dieses Gefühl sein mag, und unabhängig davon, ob es erwidert wird oder nicht. Auf die Frage nach der Wechselseitigkeit der Liebe werden wir im nächsten Abschnitt zurückkommen, auf das Problem der Echtheit des Gefühls im letzten Teil.

Dass die Liebe zu Dingen die Liebe zu Personen ergänzen kann und in manchen Fällen sogar muss, zeigt die Entwicklungspsychologie. Kleine Kinder brauchen für ihre Autonomieentwicklung so genannte »Übergangsobjekte« wie Teddys oder besonders geliebtes Spielzeug, das auch nur ein besonderer Stofffetzen sein kann, anhand derer sie die Eigenständigkeit gegenüber dem primären Liebesobjekt erlernen können, etwa durch Rollenspiele. Solche Übergangsobjekte gehören nach Meinung verschiedener psychologischer Theorien zu einer normalen emotionalen Entwicklung; sie relativieren nicht die Liebe zu Personen oder ersetzen sie womöglich, sondern sie ermöglichen im Gegenteil jene persönliche Selbständigkeit, welche für reifere Liebesformen als Voraussetzung gilt. Entsprechend dürfte es auch im Erwachsenenalter nicht von vornherein problematisch sein, wenn bestimmte, vielleicht mit Erinnerungen und Assoziationen aufgeladene Dinge symbolisch mit emotionaler Bedeutung versehen und so »libidinös besetzt« werden, sofern dies nicht die Liebe zu Personen vollständig kompensiert.

Damit erhält nun auch das zweite Kriterium für Liebe, wonach dasjenige geliebt wird, was einem fehlt, eine spezifischere Gestalt. Es steht in engem Verhältnis zu dem zuerst genannten, dem Wunsch nach der Nähe zum Liebesobjekt, denn Liebe setzt eine Begehrensstruktur voraus in dem Sinne, dass das Liebesobjekt einen gewissen Mangel beantwortet und die Aufhebung dieses Mangels im Gefühl angestrebt wird. Geliebt werden kann nur etwas oder jemand, dem man nahe zu sein wünscht.

Wie ist nun dieses Gefühl zu beschreiben? Liebe wird leiblich als Weitung erlebt; die Redeweise »das Herz geht einem auf« wurde bereits erwähnt, mit der das Gefühl in der Natur oder bei einer geliebten Tätigkeit beschrieben werden kann. Liebe zwischen Personen kann durch die Macht des Gefühls überwältigen. Sowohl bei der Liebe zu Sachen als auch bei der Liebe zu Personen fallen Verankerungspunkt und Verdichtungsbereich oft zusammen, zumindest weisen sie eine starke Nähe auf; das Gefühl sammelt sich um die Sache oder um die Person und besonders um diejenigen ihrer Eigenschaften, welche den Anlass zu diesem Gefühl boten. Dass Verankerungspunkt und Verdichtungsbereich in diesen Formen der Liebe ineinander übergehen, wenn nicht identisch sind, wird daraus ersichtlich, dass die Eigenschaft, welche das Gefühl auslöste, nicht von der Person oder der Sache ablösbar ist; dieselben Eigenschaften bei anderen Personen oder Dingen würden keine Liebe hervorrufen, jedenfalls nicht unbedingt.

3. Muss Liebe wechselseitig sein? Glückliche und unglückliche Liebe

Die Liebe zu Sachen unterscheidet sich dadurch von der Liebe zu Personen, dass nur Personen Liebe erwidern können, Sachen jedoch nicht. Schon Aristoteles nennt als Kriterium für die *philia* (zumeist mit »Freundschaft«, aber manchmal auch mit »Liebe« übersetzt) die Gegenseitigkeit in der berühmten Abhandlung über die Freundschaft in der *Nikomachischen Ethik* und schließt damit die Liebe zu Sachen von seiner Erörterung aus.[9] Nun geht es Aristoteles in diesem Zusammenhang zweifellos um die ..im weitesten Sinne.. institutionalisierten Aspekte der Freundschaft; er unterscheidet ausdrücklich zwischen dem Lieben (*philēsis*) als Affekt und der Freundschaft (*philia*) als einer Disposition zu bestimmten Handlungen.[10] Das Kriterium der Wechselseitigkeit gilt nur für Freundschaft als Disposition, da die Erwiderung des Gefühls und der entsprechenden Haltung unter dieser Bedingung »mit Vorsatz« (*prohairesis*)[11] erfolgt und insofern als eine Bereitschaft zu bestimmten Handlungen anzusehen ist.

---

9 »Die Liebe (*philēsis*) zu leblosen Dingen wird [ ] nicht als Freundschaft (*philia*) bezeichnet. Denn hier gibt es keine Erwiderung der Liebe (*antiphilēsis*).« Aristoteles, *Nikomachische Ethik*, übersetzt und hg. von Ursula Wolf, Reinbek bei Hamburg 2006, 1155 b 27 ff. (254).
10 Ebd. 1157 b 28 ff. (261).
11 Ebd.

Aber damit ist nur ein Teil der Probleme gelöst, denn auch wenn lediglich der Affekt unabhängig von jeder möglichen Institutionalisierung beschrieben werden soll, scheinen sich eine glückliche, erfüllte Liebe und eine unglückliche, unerwiderte Liebe als Phänomene voneinander zu unterscheiden. Dabei muss selbstverständlich auch eine unerwiderte Liebe nicht notwendigerweise als unglücklich erlebt werden. Der abendländische Diskurs über die Liebe und ihre verschiedenen Formen entzündete sich nicht zuletzt an der Frage, ob nur eine erfüllte Liebe eine wirkliche Liebe ist oder im Gegenteil gerade die unerwiderte und hoffnungslose Liebe die einzig wahre Liebe ist, da nur sie gänzlich auf eigennützige Erwartungen verzichtet. Man denke an bestimmte Formen der höfischen Liebe.

Die Geschichte des Umgangs mit solchen und ähnlichen tatsächlichen oder bloß vermeintlichen Paradoxien im abendländischen Diskurs über die Liebe ist lang und verschlungen. Nur so viel sei hier gesagt: Es mag vielleicht Idealformen der Liebe geben wie etwa die Mutterliebe, die lediglich das Wohlergehen des geliebten Kindes erstrebt, ohne von ihm irgendeine Art der Gegenleistung oder auch nur Dank und schon gar nicht Gegenliebe zu erwarten. Vorstellbar sind sogar Formen von Liebe, wo der Liebende seine Gefühle gänzlich verbirgt. Allerdings würde man in derartigen Fällen eher von Verehrung, vielleicht auch von Bewunderung oder Wohlwollen sprechen, nicht unbedingt von Liebe. Anders als Liebe bedürfen die genannten Gefühle nicht notwendigerweise der Vertrautheit oder des intensiven Kontaktes mit der Person, auf die sich das jeweilige Gefühl bezieht, vielmehr ist lediglich eine bestimmte Eigenschaft erforderlich, von der man durch Hörensagen oder Abbildung (»Dies Bildnis ist bezaubernd schön«)[12] weiß, um Bewunderung, Verehrung oder Wohlwollen auszulösen. Liebe und sogar die deutlich schwächere Zuneigung dagegen sind sehr persönliche Gefühle in dem Sinne, dass sie Begegnungen mit dem Liebesobjekt voraussetzen und im Fall der Liebe auch anstreben, bei bloßer Zuneigung ist letzteres nicht unbedingt erforderlich.

Vergegenwärtigen wir uns die Übergangsphänomene von Verehrung und Liebe, so wird deutlich, dass Liebe auf die Person des anderen um ihrer selbst willen zielt und die Person als ganze meint, während die Verehrung auf besondere, hervorgehobene Eigenschaften gerichtet ist. Anders als Liebe setzt Verehrung eine gewisse Distanz voraus, sie schließt zwar nicht aus, dem Verehrten Gutes zu wünschen, aber sie beinhaltet nicht, dem anderen Gutes zu tun; das wäre gewissermaßen ein Übergriff ins allzu Persönliche. Für die Liebe dagegen ist eine sehr persönliche Kenntnis des Geliebten unverzichtbar, da sie nur dann die ganze Person und nicht nur ein Wunschbild oder eine Projektion meinen kann. Der Wunsch, dem anderen im umfassenden Sinne Gutes zu tun, ist ausschließlich für die Liebe konstitutiv. Für die Umsetzung dieses Guten müssen aber die Bedürfnisse des Gegenübers bekannt sein. Eine Liebe, welche an dessen Bedürfnissen völlig vorbeigeht, wird man kaum als Liebe bezeichnen wollen. Die Kenntnis der Bedürfnisse des anderen muss für das Lieben als Gefühl vorausgesetzt werden, und das wiederum ist nur möglich, wenn die Person und ihre Lebensumstände gekannt werden.

An dieser Stelle ist auf die Unterscheidung von Verliebtheit und Liebe Bezug zu nehmen, denn sicherlich ist es möglich, sich bloß aufgrund eines prägnanten

---

12 So die berühmte Arie Taminos in Wolfgang Amadeus Mozarts Oper *Die Zauberflöte*.

Augenblicks oder Eindrucks zu verlieben. Für Liebe dagegen ist mehr und Persönlicheres erforderlich. Für die persönliche Kenntnis, die zum Lieben dazugehört, ist das eingangs als erstes genannte Kriterium für Liebe entscheidend, nämlich dass die Nähe zum Liebesobjekt angestrebt wird. Das ist bei Wohlwollen, Zuneigung, Bewunderung und Verehrung nicht notwendigerweise so, alle diese Gefühle können selbstverständlich ohne irgendeine Form von Begegnung vorkommen ...man denke nur an das moderne Phänomen der Verehrung oder Bewunderung von Medienstars.

Man kann zwar sicherlich zugestehen, dass auch dann von Liebe die Rede sein kann, wenn das Gefühl nicht erwidert wird. Aber wenn es an das Streben nach der Nähe des geliebten Gegenstandes gebunden ist, so scheint eine Liebe von etwas weit Entferntem, etwa einer abwesenden Person, der man nie begegnet ist, ausgeschlossen zu sein. Liebe ist unseren Überlegungen gemäß zwar nicht an faktische Gegenliebe, wohl aber an Begegnungen, zumindest an den Wunsch danach und dessen mindestens gelegentliche Realisierung gebunden. So scheint es nicht ganz selten vorzukommen, dass jemand sich lieben lässt (in dem Sinne, dass er zulässt, geliebt zu werden), ohne die Liebe zu erwidern, und der Liebende sein Gefühl dennoch als eine durchaus erfüllte Liebe ansieht. Er genießt die bloße Anwesenheit des Objekts seiner Liebe, freut sich, dass es ihm einen gewissen Grad an Kontakt gestattet und ist in seinem Gefühl zufrieden, auch wenn man in einem solchen Fall, einer Liebe ohne Gegenliebe, sicherlich nicht von einer »glücklichen« Liebe sprechen würde. Aber die Liebe kann in sich »erfüllt« sein in dem Sinne, dass sie die für dieses Gefühl typische Verlaufsgestalt nehmen und sich zu einer Disposition stabilisieren kann.

Blockiert wird das Gefühl allerdings dann, wenn der Geliebte den Kontakt ganz unterbindet, wenn er das Gefühl des anderen nicht akzeptieren kann und die Person womöglich ganz ablehnt. Insofern muss eine Liebe von dem Geliebten mindestens geduldet werden, damit sinnvoll von Liebe gesprochen werden kann. Eine vollständig abgelehnte und zurückgewiesene Liebe kann sich nicht entfalten; das Gefühl kann zwar wegen seiner großen Intensität noch eine Weile anhalten, verkümmert aber auf lange Sicht.

Dies hängt mit einer weiteren Bedingung für Liebe zusammen, die bereits angesprochen wurde. Zur Liebe gehört, dass man dem anderen Gutes wünscht.[13] Die Liebe verlangt aber, dass dieses Gut auch vom Objekt der Liebe als etwas Positives und ihm Zuträgliches angesehen wird. Ist nun das Verhalten des Liebenden der geliebten Person durchgängig lästig und erfährt sie seine Form von Zuwendung und Aufmerksamkeit als aufdringlich, so ist die kritische Grenze erreicht, an welcher der Liebende vielleicht nicht sein Gefühl, aber doch die durch es bewirkten Verhaltensweisen um der Liebe willen zurücknehmen und in andere Bahnen lenken muss. Gelingt es ihm nicht, sein Verhalten zu ändern, so gleitet das Gefühl in all jene schrecklichen Formen unglücklicher Liebe ab, welche das Bild der romantischen Liebe verzerren: die zwanghafte Fixierung auf den anderen im Denken und Handeln, ein eigensüchtiges Verhalten, das den Kontakt erzwingen will, sich völlig von den Bedürfnissen des Gegenübers entfernt und auf diese Weise Ablehnung riskiert.

---

13 So bereits Aristoteles, *Nikomachische Ethik*, a. a. O., 1155 b 28 f. (254).

Die Gefahr, ganz abgewiesen zu werden, wird oft durch Verhaltensweisen der Selbsterniedrigung wie Bitten, Betteln und Flehen gesteigert. Einige dieser Verhaltens- und Erlebensweisen wie insbesondere die Fixierung, gegen die der Liebende zumeist nichts machen kann, können selbstverständlich auch im Anfangsstadium einer erfüllten, erwiderten Liebe vorkommen. Das an und für sich positive Gefühl der Liebe erscheint aus externer wie auch aus interner Perspektive aber als krankhaft oder als Wahn, wenn bei einer klaren Ablehnung durch den Geliebten die Verhaltensweisen nicht geändert werden; die Liebe kann sich dann in eine selbstdestruktive Haltung verkehren. Erst dann kann man von einer »unglücklichen« Liebe sprechen, die durchgängig quälend und schmerzhaft ist.

Wir zeigen in diesem Buch an vielen Stellen, dass auch Gefühle, die auf den ersten Blick negativ und dysfunktional erscheinen, wie etwa Hass, Eifersucht und Neid, oft eine wichtige Rolle im menschlichen Lebenszusammenhang spielen, beispielsweise für die Selbsterkenntnis. Lässt sich eine vergleichbare Funktion für die unglückliche Liebe auffinden? Die unglückliche Liebe scheint von der ...von außen betrachtet: irrationalen ...Hoffnung zu leben, irgendwann doch noch erfüllt werden zu können. Warum kann diese Hoffnung in manchen Fällen so schwer aufgegeben werden? Das Weiterbestehen des Gefühls bei harter und eindeutiger Abweisung und das Leiden darunter können wegen der skizzierten Selbstdestruktivität dazu führen, dass jemand seine Selbstachtung aufgibt, zumal das Gefühl unglücklicher Liebe für den Liebenden oft schwer zu verstehen ist. In der unglücklichen Liebe scheint man neben dem eigenen Glück auch noch Autonomie und Selbstkontrolle zu verlieren; das Gefühl bedroht damit das Selbstverständnis vieler den Idealen der Moderne verpflichteten Menschen.

Neben diesem bohrenden Gefühl einer ungewollten Abhängigkeit weist die unglückliche Liebe aber auch auf häufig als »egoistisch« aufgefasste Aspekte dieses Gefühls hin, auf die eigenen Wünsche, die sich willkürlich an das Objekt der unglücklichen Liebe heften. Man leidet, weil man selbst geliebt werden will, und damit scheint es gerade nicht darum zu gehen, den anderen zu lieben. Die Frage, ob und wenn ja, in welchem Umfang Liebe mit Selbstliebe und ...was nicht ganz das Gleiche ist ...dem Geliebt-werden-Wollen verbunden ist, hat den abendländischen Diskurs über die verschiedenen Formen der Liebe von Beginn an bewegt.[14]

Wir können dessen Verästelungen nicht nachgehen. Es sei an dieser Stelle jedoch darauf hingewiesen, dass mit dieser Frage das systematische Problem verbunden ist, ob zu der Begehrensstruktur der Liebe das Bedürfnis, wiedergeliebt werden zu wollen, gehört. Ist dieses Bedürfnis konstitutiv für die Liebe? Wir hatten diese Frage damit beantwortet, dass jeder Liebe das Bedürfnis nach Nähe zu dem geliebten Gegenstand innewohnt und dass für die volle Entfaltung der Liebe als Gefühl deshalb zumindest die Bedingung erfüllt sein muss, dass der Kontakt zu dem geliebten Gegenstand von diesem nicht unterbunden wird.[15] Aber das sagt noch nichts

---

14 Vgl. Aristoteles, *Nikomachische Ethik*, a. a. O., 1166 a und b (290 f.), 1168 a 27..1169 b 2 (297 ff.).
15 Wenn andere, etwa das Schicksal oder böse Mächte, die Liebenden trennen, so gilt das in der Liebesliteratur des Abendlandes eher als Anlass zur Steigerung und als Beweis der wahren Liebe denn als ein Hindernis. Aber das ist etwas anderes als die eindeutige Ablehnung durch den Geliebten in der unglücklichen Liebe.

über den Wunsch nach Gegenliebe aus, sondern nur, dass bestimmte Formen der Abweisung Liebe verhindern. Zur Liebe gehört unter dieser Voraussetzung der dringliche Wunsch, wahrgenommen werden zu wollen, während das Begehren, »erhört« und im biblischen Sinne »erkannt« werden zu wollen, nicht konstitutiv für das Gefühl ist. Wir hatten anfangs von der Idealform einer Mutter- oder auch Vaterliebe, die völlig frei von Erwartungen an das geliebte Kind ist, gesprochen. Wenn man unterstellt, dass es eine derartige Form der Liebe gibt, dann ist das mit der These von der für die Liebe konstitutiven Begehrensstruktur, wiedergeliebt werden zu wollen, unvereinbar.

Vielleicht ist die Frage in dieser Form aber auch falsch gestellt, so als ob dem Gefühl bereits eine Art Vertragsstruktur innewohnte. Die These von der für die Liebe konstitutiven Erwartung von Gegenliebe oder die Gegenthese von der (im Kern) selbstlosen Elternliebe beurteilt das Gefühl von vornherein in moralisierender Weise im Rahmen einer schlechten Alternative. Danach wäre Liebe entweder ein amoralisches, wenn nicht von vornherein selbstbezogenes Gefühl, oder aber sie würde ein Ideal der Selbstlosigkeit repräsentieren, das verdächtig idealistisch, wenn nicht gar ideologisch anmutet. Zweifellos gehören zur Liebe als Gefühl Erwartungen, die gemeinsame Situationen und in den meisten Fällen wohl auch gemeinsames Handeln betreffen. Das für Liebe bestimmende Bedürfnis nach Nähe zu dem Geliebten kann auch als Erwartung interpretiert werden, in einem sozialen Raum gemeinsam zu agieren. Es ginge dann in dem Gefühl nicht bloß ...man denke an die Paarliebe ... um die Zweisamkeit, sondern um das Handeln in einem gemeinsamen Feld und damit gegenüber Dritten. In diesem Punkt scheint die Liebe der Haltung der Solidarität verwandt; in der Liebe zu Kindern ebenso wie zu Erwachsenen werden Bündnisse eingegangen, die sich nicht nur intern, sondern vor allem in der Welt bewähren sollen. Die Möglichkeit solcher Bündnisse deutet bereits auf die Verbindung zwischen der Liebe und dem Sorgen hin. Im Generationenverhältnis haben solche Bündnisse selbstverständlich eine andere Gestalt als zwischen Gleichaltrigen.

Als ein vorläufiges Ergebnis dieser Überlegungen lässt sich festhalten, dass jede Liebe zwar irgendeine Art von Erwiderung anstrebt, aber diese Erwiderung kann auch im bloßen Wahrgenommen- und Akzeptiert-Werden bestehen. Zudem sei darauf hingewiesen, dass die Vorstellung von einer Wechselseitigkeit und Einheit der gemeinsamen Liebe historisch erst allmählich entwickelt wird. In der Antike etwa war es keineswegs selbstverständlich, von einer einheitlichen Liebe auszugehen, die Liebenden und Geliebten gleichermaßen in ihren Bann schlägt.[16] In Platons *Phaidros* etwa wird die Gegenliebe lediglich als ein Reflex auf die Liebe und als schwächere Form derselben angesprochen.[17]

Liebe als akutes Gefühl ist zwar auch heute nicht notwendigerweise auf eine Gegenliebe angelegt, die Symmetrie erzeugt, wohl aber scheint für die meisten historisch wechselnden Formen der Liebe der Wunsch nach gemeinsamen Situationen, eben nach Nähe, konstitutiv zu sein. Diese Annahme wird gestützt durch das

---

16 Vgl. dazu Hermann Schmitz, *Die Liebe*, a. a. O., 27 f.
17 Vgl. Platon, *Phaidros*. Sämtliche Werke VI, nach der Übersetzung Friedrich Schleiermachers, ergänzt durch Übersetzungen von Frank Susemihl und anderen, hg. von Karlheinz Hülser, Frankfurt a. M. 1991, 255 d (83 f.).

im vorangegangenen Abschnitt erarbeitete Kriterium, dass der Gegenstand der Liebe etwas ist, das einem fehlt, dass also die Kompensation eines Mangels angestrebt wird. Die Liebe zu Personen bedarf dann der Auseinandersetzung mit ihrem Objekt, es muss erreichbar sein, damit die Liebe an ihrem Gegenstand wachsen kann.

Mit der Vorstellung vom Wachsen des Gefühls ist eine bestimmte Verlaufsgestalt angesprochen. Liebe als Gefühl ist darauf angewiesen, sich an ihrem Gegenstand zu bewähren, und dieses Bewähren ist nicht als eine einmalige Angelegenheit anzusehen. Zwar soll nicht ausgeschlossen werden, dass intensive, aber doch sich bald wieder verflüchtigende Liebesgefühle möglich sind, so etwa im Stadium der Verliebtheit. Aber von Liebe im Vollsinn wird man nur dann sprechen wollen, wenn es sich um eine verhältnismäßig stabile Gefühlsdisposition, um eine nicht leicht irritierbare Haltung zu jemandem handelt und damit um etwas, das eine andere Verlaufsgestalt hat als beispielsweise Scham, die stets kurz und heftig ist. Charakteristisch für Liebe ist darüber hinaus, dass sie über längere Phasen, wenn nicht sogar dauerhaft denselben Verdichtungsbereich, nämlich eine oder mehrere bestimmte Personen, beibehält. In der Bezogenheit auf ihren Verdichtungsbereich, auf diese bestimmte Person, nimmt sie als Gefühl immer wieder neue Gestalten an, sie verändert sich in der Auseinandersetzung mit der anderen Person, ein Prozess, der sich mit der Metapher des Wachsens charakterisieren lässt. Das gilt für die unerwiderte, aber erfüllte Liebe ebenso wie für die gegenseitige Liebe.

Eine Besonderheit der Liebe als Gefühl bestünde demnach in einer Verlaufsgestalt, die auf die gemeinsame Situation mit dem Gegenüber angewiesen ist. Das ist bei keinem anderen Gefühl in vergleichbarer Weise der Fall. Zu der spezifischen Verlaufsgestalt der Liebe gehört die Transformation des Gefühls in verschiedene Gestalten, die aber alle auf dieselbe Person bezogen sind. Dies gilt für die Liebe zwischen Erwachsenen ebenso wie für die Liebe zwischen Kindern und Erwachsenen. Bevor wir ausführlicher auf Elternliebe und Liebe zu Gott als weitere Arten der Liebe zu sprechen kommen, thematisieren die nächsten Abschnitte Gefühle, die mit Liebe einhergehen bzw. mit ihr verwandt sind.

4. Sympathie, Wohlwollen und Zuneigung im Verhältnis zu Liebe

Betrachtet man das Spektrum der positiven, auf eine andere Person gerichteten Gefühle, so sind Sympathie, Wohlwollen und Zuneigung Gefühle, die in gesteigerter Form in Freundschaft und Liebe eingehen. Der Begriff der Freundschaft bezeichnet allerdings kein Gefühl im engeren Sinne, sondern in erster Linie ein auf der Basis von Freiwilligkeit eingegangenes wechselseitiges Verhältnis, das allerdings von positiven Gefühlen geprägt wird. Bevor unterschiedliche Arten von Liebe zur Sprache kommen, seien die genannten Gefühle und Einstellungen näher betrachtet, da durch die Abgrenzung einander ähnlicher Phänomene indirekt Einblick in die Verfassung der Liebe gewonnen werden kann.

Der Begriff der Sympathie bezieht sich in der Alltagssprache häufig auf eine positive Grundstimmung gegenüber jemandem, den man zumeist nur flüchtig oder zunächst aus funktionalen Zusammenhängen beispielsweise als Kollegen, Geschäftspartner oder Tennislehrer kennt. Wenn man jemanden »sympathisch« findet, so ist einem dessen Gegenwart angenehm, man bringt ihm eine leichte Art der Zuneigung entgegen und verbindet positive Erwartungen mit seiner Person. Sympathie in diesem Sinn umfasst sowohl ein akutes, aber eher mildes Gefühl als auch eine Verhaltens- und Gefühlsdisposition. Wenn einem jemand sympathisch ist, so spürt man das episodische Gefühl als eine leichte Weitung ähnlich der Freude, man fühlt sich zu sympathischen Menschen hingezogen und sucht ihre Gegenwart. Man ist geneigt, sich mit ihnen zu freuen und, sollten sie in eine missliche Situation geraten, mit ihnen mitzufühlen. An dieser Stelle, der Bereitschaft zu Mitgefühl, zeigt sich die Verwandtschaft des umgangssprachlichen Sympathiebegriffs mit dem philosophischen Begriff, der in erster Linie zur Bezeichnung der mitgefühlten Gefühle dient.[18]

Das Nebeneinander von akuten Gefühlen und Verhaltens- und Gefühlsdispositionen im Begriff der Sympathie vergegenwärtigt auch der Kontrastbegriff der Antipathie. Ist von einer Antipathie die Rede, so ist damit zumeist ein gewisses Misstrauen verbunden. Im Verhalten drückt sich dies darin aus, dass man den Kontakt zu der betreffenden Person meidet, weil er unangenehme Gefühle und Befindlichkeiten zur Folge hat. Sympathie dagegen kann man sich ohne ein minimales Gefühl des Vertrauens zu der sympathischen Person kaum vorstellen.

Dabei ist Vertrauen durchaus als eigenes Gefühl zu verstehen, denn man kann jemandem vertrauen lediglich aufgrund seines Amtes oder seiner Funktion, etwa einem Arzt, ohne ihn zugleich sympathisch zu finden. Ebenso sind Formen der Sympathie vorstellbar, die zumindest bestimmte Formen des Vertrauens ausschließen, etwa gegenüber dem sympathischen Phantasten, dessen Geschichten und Versprechen man keinen Glauben schenkt und auf den man sich deshalb in gewissen Punkten nicht verlässt. Dass Sympathie und Vertrauen trotzdem eng benachbart sind, zeigt sich darin, dass beide Gefühle die Erwartung einschließen, mit Anstand und Fairness behandelt zu werden, Vertrauen wohl noch stärker als Sympathie. Dabei kann ein durch Erfahrung gewachsenes Vertrauen, das zumeist mit Urteilen verbunden ist, von einem spontanen, ausschließlich gefühlsmäßigen Vertrauen unterschieden werden.[19] Beide Formen beziehen sich ähnlich wie die Sympathie auf die Person des Gegenübers; sie verdichten sich in dem Eindruck, welchen diese Person hervorruft. Sie setzen aber keinen hohen Grad der Bekanntheit mit der betreffenden Person voraus.

»Zuneigung« bezeichnet im Unterschied zu Sympathie wohl vorwiegend ein akutes Gefühl, dessen mögliche Objekte aus der Menge derer, die einem bloß sympathisch sind, hervorgehoben sind; es scheint im Vergleich zur Sympathie persönlicher, stärker auf die jeweils bestimmte Person in ihrer Besonderheit gerichtet und im Erleben stärker zu sein. Was unterscheidet die Zuneigung von der Liebe? Beide Gefühle zielen auf die gesamte Person, nicht aber auf einzelne Eigenschaften ab.

---

18 Vgl. das Kapitel über »Mitgefühle« in diesem Buch.
19 Vgl. Hermann Schmitz, *Die Liebe*, a.a.O. 89f., der ebenfalls zwei Arten des Vertrauens unterscheidet: ein naives selbstverständliches und ein besonnen geprüftes, erworbenes Vertrauen.

»Liebe« bezeichnet in der Alltagssprache zumeist das exklusivere Gefühl, so dass sich eine Reihe als Stufung von Sympathie, Zuneigung und Liebe bilden lässt.

Das Wort »Wohlwollen« dagegen ist heute in der Alltagssprache nicht mehr sehr gebräuchlich, allenfalls das Adverb »wohlwollend« findet noch selbstverständliche Verwendung, manchmal mit einem paternalistischen Beigeschmack. Der Ausdruck »Wohlwollen« bezeichnet im Wortsinn eigentlich kein Gefühl, sondern lediglich eine Disposition, nämlich zu wollen, dass es dem anderen gut gehe, und ihm deshalb Gutes nicht nur zu wünschen, sondern auch entsprechend zu handeln. Wenn ich jemandem Wohlwollen entgegenbringe, versuche ich, ihm nach Kräften und nach Maßgabe des Grades der Bekanntschaft Gutes zu tun. Diese hier zunächst wörtlich genommene Disposition dürfte aber stets mit Gefühlen verbunden sein, und so wird »Wohlwollen« in der Alltagssprache ebenso wie in der philosophischen Tradition auch zumeist als ein episodisches Gefühl verstanden. Als akutes Gefühl kann Wohlwollen als etwas persönlicher als bloße Sympathie aufgefasst werden. Um jemandem mit Wohlwollen zu begegnen, bedarf es, anders als bei bloßer Sympathie, wenigstens minimaler Informationen über die Person. Im Unterschied zu »Zuneigung« setzt der Begriff des Wohlwollens voraus, dass man in der Lage ist, dem anderen etwas Gutes zu tun, und zwar etwas, das dieser andere von sich aus nicht hat. Deshalb wird Wohlwollen manchmal nicht als eine gleichrangige Beziehung beschreibend, sondern als geprägt durch eine leichte Hierarchie verstanden. Wohlwollen ist in manchem Wortgebrauch charakteristisch für die Beziehung von Älteren zu Jüngeren und von Vorgesetzten zu Untergebenen, vielleicht auch für vertikale Beziehungen in einer Ständegesellschaft.

Mit Blick auf den Gebrauch des Ausdrucks »Wohlwollen« in der Geschichte der Philosophie sind diese Überlegungen allerdings zu relativieren. Bei Aristoteles beispielsweise spielt das Wohlwollen (*eunoia*) im Rahmen der Freundschaft eine außerordentlich wichtige Rolle. Es setzt dort Reziprozität in der Einstellung zueinander voraus. In der Philosophie der Neuzeit wird das Wohlwollen häufig in einem engen Zusammenhang mit dem Mitleid diskutiert. Solche Verwendungen des Begriffs schließen keinesfalls Gleichheit aus. Dennoch gibt es Formen des Wohlwollens, die .. ähnlich wie überhebliche, anmaßende Formen des Mitleids .. als »paternalistisch« verstanden werden können.

Zuneigung dagegen geht im Gefühl in gewissem Sinne von Gleichheit (gleiche Augenhöhe) aus, sie ist ebenso wie die Liebe als Gefühl gleichgültig gegenüber der sozialen Positionierung ...was nicht ausschließt, dass Zuneigung und Liebe ebenso wie das Wohlwollen innerhalb eines Milieus wahrscheinlicher sind als zwischen Personen heterogener sozialer Herkunft.[20] Versucht man Zuneigung und Liebe zu unterscheiden, so ist der Sprachgebrauch nicht eindeutig. Man könnte sich in einem Roman den Satz vorstellen: »Er brachte diesem Schüler ein hohes Maß an Zuneigung entgegen«. Wäre hier von Liebe die Rede, wäre eine Assoziation zur Homosexualität nicht ausgeschlossen, ja beinahe angedeutet, obwohl, sieht man von erotischen Komponenten ab, die Gefühlstönung in beiden Fällen ganz gleich sein kann.

---

20 Vgl. Günter Burkart, »Auf dem Weg zu einer Soziologie der Liebe«, in: Kornelia Hahn/Günter Burkart (Hg.), *Liebe am Ende des 20. Jahrhunderts. Studien zur Soziologie intimer Beziehungen*, Opladen 1998, 15.49.

4. Sympathie, Wohlwollen und Zuneigung im Verhältnis zu Liebe 143

Zuneigung zu jemandem zu empfinden, ihn gern zu mögen oder ihn zu lieben ...in welchen Zusammenhängen mit solchen Formulierungen tatsächlich unterschiedliche Phänomene oder immerhin Nuancen in der Sache angesprochen oder lediglich bestimmte Konnotationen vermieden oder gewollt werden, das muss hier offen bleiben.

Versucht man, die drei genannten Gefühle zu vergleichen, so bezeichnet Sympathie eher ein unpersönliches Mitschwingen, ein Gefühl der Vertrauenswürdigkeit des Gegenübers, Wohlwollen ist auf das für den anderen Gute gerichtet und Zuneigung kommt dem anderen in noch deutlicherer Weise näher, kurz: ist ihm stärker »zugeneigt« und mit ihm verbunden, verdichtet sich stärker in seiner Person. Der Verdichtungsbereich in dieser Reihe verschiebt sich damit immer stärker zu der Person des anderen hin, genauer gesagt: das Gegenüber gewinnt immer deutlichere Konturen. Keines dieser Gefühle bezieht sich auf einzelne, isolierbare Eigenschaften einer Person, aber sie unterscheiden sich darin, welcher Grad an Vertrautheit und Kenntnis für denjenigen erforderlich ist, der sie spürt. Dies ist bei der Zuneigung am stärksten. Zudem enthält Zuneigung einen deutlichen Aufforderungscharakter, mit der anderen Person in Verbindung treten zu wollen, stärker als bloße Sympathie, Vertrauen oder Wohlwollen.

Liebe ist mit diesen Gefühlen nicht nur vereinbar, sondern hat sie offenbar zur Voraussetzung. Bei Antipathie kann keine Liebe entstehen (auch wenn die Antipathie sich natürlich in Sympathie und Liebe verwandeln kann), und ohne den Wunsch, dem anderen Gutes zu tun (wenn Wohlwollen in diesem Sinne gefasst wird), und vor allem ohne Zuneigung ist Liebe nicht denkbar. Zuneigung ist auf den ersten Blick ein neutralerer Begriff als Liebe, bezeichnet der Sache nach aber oft nichts anderes, wenn auch abzüglich des Exklusivitätsanspruchs und der erotischen Bezüge, die im Begriff »Liebe« häufig mitgedacht sind.

Dieser Exklusivitätsanspruch rührt aus der engen Verbindung des Liebesbegriffs mit der Idee der romantischen Liebe, ist aber keinesfalls zwingend. Bereits der Hinweis auf die Eltern- und Kinderliebe macht deutlich, dass nicht in jeder Liebe absolute Exklusivitätsansprüche gestellt werden. Denn es ist möglich, dass Eltern zugleich mehrere Kinder lieben, und dass Kinder gleichzeitig Vater, Mutter und Geschwister lieben, ohne dass die eine Liebe die andere prinzipiell stören müsste.

Der rationale Kern der mit der Liebe zumeist verbundenen Exklusivitätsvorstellungen liegt darin begründet, dass ein derart intensives und Ansprüche an gemeinsame Situationen stellendes Gefühl nicht mit gleicher Intensität beliebig vielen Menschen entgegengebracht werden kann. Da der Begriff der Liebe oft für die geschlechtliche Paarliebe reserviert und dabei mit besonderen Treueansprüchen verknüpft wird, verwendet die Alltagssprache ebenso wie die poetische Sprache den Begriff der Zuneigung häufig für alle anderen positiven persönlichen Beziehungen. Geht man aber von der gelebten Praxis aus, so zeigt sich, dass auch Zuneigung nicht beliebig vielen Personen entgegengebracht werden kann; jeder wählt sich, soweit möglich, sein persönliches Umfeld unter anderem aufgrund der Zuneigung zu diesen Personen aus und kann dieses Gefühl nicht praktisch auf seine gesamte Welt beziehen.

Der Begriff der Zuneigung wirkt dennoch neutralisierend, und zwar vor allem deshalb, weil damit weniger Beziehungsansprüche verbunden zu sein scheinen als dort, wo von »Liebe« die Rede ist. Die enge Verknüpfung von Beziehungsansprüchen mit dem Liebesbegriff ist allerdings ebenso fragwürdig wie seine Verbindung mit Exklusivitäts- und Treueansprüchen. Alle diese Konnotationen sind Ergebnis abendländischer Diskurse über die geschlechtliche Paarliebe und gelten, wie bereits gesagt, nicht ganz so selbstverständlich für die Liebe von Eltern zu Kindern und Kindern zu Eltern. Dass die Liebe zwischen Eltern und Kindern heute zumeist mit der Erwartung an lebenslangen Kontakt verknüpft wird, liegt eher an der Institutionalisierung bestimmter Beziehungs- und Versorgungsansprüche in der Form der Familie als in der Struktur dieses Gefühls begründet. Zwar haben wir dafür argumentiert, dass jeder Liebe der Wunsch nach gemeinsamen Situationen innewohnt, doch schließt dies nicht aus, dass um des anderen und seiner Entwicklung willen eine Trennung in Kauf genommen wird, ohne dass deswegen die Liebe als Gefühl aufhörte.

5. Freundschaft, Liebe und Verliebtheit

Wie lässt sich nun nach der Bestimmung der Unterschiede und Gemeinsamkeiten von Sympathie, Wohlwollen, Zuneigung und Liebe das Verhältnis von Freundschaft und Liebe bestimmen? Lassen sich diese Phänomene überhaupt deutlich voneinander abgrenzen? Die Begriffe der Freundschaft und der Liebe beziehen sich nicht ausschließlich auf affektive Phänomene, sondern auch auf bestimmte soziale Verbindungen, die als Institutionen im weitesten Sinne beschrieben werden können.

Freundschaft bezeichnet eine wechselseitige Beziehung, die freiwillig eingegangen wird. Zunächst lässt sich wie schon in Bezug auf die Liebe konstatieren, dass Sympathie, Wohlwollen und Zuneigung Bedingungen auch für die Freundschaft darstellen. Anders als beispielsweise im antiken Denken wird Freundschaft in modernen Gesellschaften zumeist einerseits von Verwandtschaftsbeziehungen abgegrenzt, welche nicht freiwillig eingegangen werden, als auch andererseits von ausschließlich funktionalen Beziehungen wie denjenigen zwischen Geschäftsleuten.[21] Sie bezieht sich auf private Verhältnisse, die zumeist nicht in einem unmittelbaren Zweck aufgehen. Damit beispielsweise von einer Freundschaft zwischen Staatsoberhäuptern wie zwischen Putin und Schröder die Rede sein kann, muss der Kontakt zwischen ihnen weder rein politisch motiviert sein noch darf er darin aufgehen, dass der eine dem anderen gute Verdienstmöglichkeiten verschafft. Dies spräche eher für eine Geschäftsbeziehung auf der Basis des gemeinsamen Nutzens,

---

[21] Stellvertretend für die Antike sei auf Aristoteles verwiesen. Er unterscheidet drei verschiedene Typen von Freundschaft (*philia*), die entweder durch Lust oder durch Nutzen oder durch Tugend motiviert sind. Geschäftsbeziehungen sind für ihn paradigmatisch für *philia* auf der Basis von Nutzen. Vgl. Ursula Wolf, *Aristoteles' ›Nikomachische Ethik‹*, Darmstadt 2002, 213.238; Katja Vogt, »Freundschaft, Unparteilichkeit und Feindschaft«, in: *Deutsche Zeitschrift für Philosophie* 49 (2001) 4, 517.532 ; Hilge Landweer, »Philosophie der Freundschaft im Anschluss an Aristoteles«, in: Meike Sophia Baader/Helga Kelle/Elke Kleinau (Hg.), *Bildungsgeschichten. Geschlecht, Religion und Pädagogik in der Moderne*, Köln 2006, 235.254.

eventuell auch für bloßes Wohlwollen. Es ist selbstverständlich nicht ausgeschlossen, dass aus funktionalen oder aus Familienbeziehungen Freundschaften entstehen können.

Die Abgrenzung von Freundschaft gegenüber funktionalen Beziehungen ist allerdings selten eindeutig zu treffen. Es mag zwar Freundschaften geben, die man ausschließlich um ihrer selbst willen eingeht, bei vielen Freundschaften hingegen handelt es sich um zweckorientierte Beziehungen. Seit der Antike ist immer wieder versucht worden, verschiedene Typen von Freundschaft voneinander zu unterscheiden. Einer der prominentesten Vorschläge ist immer noch die Aristotelische Differenzierung zwischen Freundschaften aufgrund des Guten bzw. der Tugend, Freundschaften aufgrund des Nutzens und Freundschaften aufgrund des Angenehmen.[22] Unterscheidungen dieser Art sind freilich nicht so zu verstehen, als würden sie sich auf ganz und gar distinkte Phänomene beziehen. Auch Freundschaften um ihrer selbst willen oder aufgrund des Guten enthalten in den meisten Fällen Elemente des Vergnügens und können an bestimmten Zwecken orientiert sein. Allerdings würde man nur dann von einer Freundschaft um ihrer selbst willen sprechen, wenn die Elemente des Angenehmen und des Nutzens der Zuneigung zu dem Freund untergeordnet sind. Diese Freundschaften hören nicht auf, wenn sie keinen Nutzen mehr erbringen oder in Krisen geraten und damit der Aspekt des Angenehmen zumindest zeitweilig aufgehoben ist. Auf den ersten Blick scheinen Freundschaften dieser Art nur schwer von der Liebe unterscheidbar zu sein. Lassen sich entsprechende Kriterien finden?

Ein Vorschlag, zwischen Freundschaft und Liebe zu unterscheiden, besteht darin, erstere als Beziehung anzusehen, in der ein Thema, eine Absicht, ein Interesse, eine gemeinsame Gesinnung oder Devise im Vordergrund steht, während letztere, die Liebe, keinen besonderen Anlass benötigt.[23] Das geteilte Interesse oder Thema bildet den Verankerungspunkt der Freundschaft, die Freunde sind füreinander der Verdichtungsbereich des Gefühls. Man denke an Freundschaften unter Kollegen, die ihr Interesse an der jeweiligen Arbeit teilen, unter Gartenliebhaberinnen, deren gemeinsames Thema die Gestaltung des Gartens ist, und unter leidenschaftlichen Anglern, die vor allem am schweigsamen gemeinsamen Angeln interessiert sind. Herder fasste sogar die Ehe, die spätestens seit dem 20. Jahrhundert im Allgemeinbewusstsein als Inbegriff einer institutionalisierten Liebesbeziehung gilt, als eine Form der thematischen Freundschaft auf, da die Erziehung der Kinder »der schöne leitende Zweck« der ehelichen Freundschaft sei.[24]

Hermann Schmitz hebt hervor, dass die deutliche Abhebung des Verankerungspunktes vom Verdichtungsbereich bei der an einem Thema orientierten Freundschaft scharf deren Verschiedenheit von den unterschiedlichen Formen der Paarliebe markiere. Er kontrastiert diese Form der Freundschaft mit »gefühlsbeladenen Beziehungen«, welche von den Beteiligten als Freundschaft aufgefasst werden, in denen

---

22 Vgl. zum Beispiel Harald Lemke, *Freundschaft. Ein philosophischer Essay*, Darmstadt 2000, 26.40.
23 Vgl. Hermann Schmitz, *Die Liebe*, Bonn 1993, 59 f.
24 Herders Sämmtliche Werke hg. von B. Suphahn, Band XV, Berlin 1888, 304..326: Liebe und Selbstheit, hier 310 f., zitiert nach Hermann Schmitz, *Die Liebe*, a. a. O., 60.

aber kein Verankerungspunkt zu entdecken sei. Schmitz zufolge sind die meisten Freundschaften zwischen Frauen und die empfindsamen Freundschaften des 18. Jahrhunderts als gefühlsgeladen anzusehen und von der an einem Thema orientierten Freundschaft zu unterscheiden.[25]

So »gefühlsbeladen« eine Beziehung auch immer sein mag, sie bedarf in jedem Fall gewisser Anknüpfungspunkte oder thematischer Anlässe. Ohne irgendwie geartete Gemeinsamkeiten entstehen keine Beziehungen, weder Freundschafts- noch auch Liebesbeziehungen. Ein Verankerungspunkt im Sinne eines Anlasses oder einer Motivation für das Gefühl[26] steht am Beginn jeglicher Art von Kontakt, wobei diese Verankerung sich in dessen weiterem Verlauf verändern, unwichtig werden oder vollständig wegfallen kann. Was bedeuten diese Überlegungen für die Unterscheidung von Freundschaft und Liebe? Weder lässt sich sagen, dass Freundschaft in jedem Fall einen Verankerungspunkt hat, noch kann man davon ausgehen, dass Liebe prinzipiell keines Verankerungspunktes bedarf. Zudem scheint für die Verlaufsgestalt des Gefühls der Liebe oder Zuneigung der Verankerungspunkt nicht notwendigerweise über die Zeit gleich bleiben zu müssen, während der Verdichtungsbereich stets derselbe ist. So betrachtet hilft auch der Begriff des Themas nicht weiter, wenn es darum geht, Liebe und Freundschaft voneinander zu unterscheiden.

Ein anderer Vorschlag zur Unterscheidung von Liebe und Freundschaft besteht darin, Freundschaft als eine soziale Institution aufzufassen, die, darin vergleichbar der modernen Ehe, bestimmte Gefühle wie Zuneigung und das Gefühl der Zugehörigkeit und Gemeinsamkeit kultiviert, dabei aber anders als in ehelichen und eheähnlichen Gemeinschaften Sexualität und Erotik ausschließt. Aber sind Freundschaften wirklich grundsätzlich mit Erotik unvereinbar? Historisch ist der Freundschaftsbegriff in enger Verflechtung mit dem Diskurs über die Liebe, in emphatischer Nähe

---

25 Schmitz teilt in diesem Zusammenhang die kritische Perspektive von Friedrich Heinrich Jacobi, dem diese Freundschaften als mangelhaft, da diffus im Vergleich zur thematischen Freundschaft erschienen, und kommentiert: »Was für geschlechtliche Paarliebe [ ] eine Kränkung wäre …die Spaltung oder Gabelung des Zentrums …ist für Freundschaft hiernach ein Zubehör ihrer Echtheit und Beständigkeit.« Hermann Schmitz, *Die Liebe*, a. a. O., 60 f. Ohne hier ausführlich auf solche unterschiedlichen Freundschaftsformen eingehen zu können, sei zumindest angemerkt, dass in solchen Urteilen nicht nur deutlich wird, dass Formen der Freundschaft und der ihr entsprechenden Kultivierung der Gefühle einem historischen Wandel unterliegen, sondern dass es sich hier um eine für Schmitz als Phänomenologen erstaunliche Bewertung handelt. Denn die von Schmitz so genannte »thematische« Freundschaft hat offensichtlich eine gewisse Nähe zu dem, was Aristoteles eine Freundschaft auf der Basis gemeinsamen Nutzens nennt, eben eine Freundschaft, in der es nicht um den anderen um seiner selbst willen geht, und die entsprechend gefährdet ist, wenn dieser Nutzen aufhört. Zudem ist die Langlebigkeit von unthematischen Freundschaften zwischen Frauen ein kaum bestreitbares Phänomen, wenn auch möglicherweise eines, das in androzentrischer Perspektive nicht verstanden wird und deshalb als »diffus« erscheint. Solche Freundschaften klammern nicht bereits vorab bestimmte Bereiche aus wie die thematischen Freundschaften, die Schmitz …sicher nicht ganz zu Unrecht …mit Männlichkeit in einem bestimmten kulturspezifischen Sinn assoziiert.
26 Der Begriff »Verankerungspunkt«, den wir von Hermann Schmitz zur Charakterisierung einer Gestalteigenschaft von Gefühlen übernommen haben, ist allerdings streng genommen nicht mit einer Motivation oder einem Anlass für ein Gefühl gleichzusetzen.

und kämpferischer Abgrenzung dazu, entwickelt worden. Seit Beginn der Neuzeit versteht man die Freundschaft häufig als einen erotikfreien Raum, wobei Liebe mit Erotik identifiziert wird; die Freundschaft, so argumentiert beispielsweise Montaigne, sei weniger verzehrend als die Liebe und verlässlicher als diese.[27] Dabei wird Freundschaft oft als geistige oder seelische Beziehung aufgefasst, während die Liebe als körperliches Verhältnis gilt. Solche Gegenüberstellungen laden dazu ein, Freundschaft und Liebe zu polarisieren. Nietzsche beispielsweise sieht die geschlechtliche Liebe unauflöslich mit Besitzansprüchen verknüpft[28] und setzt ihr ein idealisiertes Bild der Freundschaft entgegen.[29]

Sozialgeschichtlich muss man konstatieren, dass nach dem 18. Jahrhundert, in dem die Freundschaft literarisch kultiviert wurde und auch praktisch einen hohen Stellenwert hatte, die Bedeutung der Freundschaft durch die zunehmende Intimisierung von Familie und Ehe zurückgedrängt wurde. Interessant ist dabei, dass im Zuge dieses Prozesses der Verbürgerlichung und Individualisierung die Freundschaftsrhetorik Eingang in die Liebessemantik fand.[30] Die soziale Bedeutung von Freundschaften im Verhältnis zu Ehe und Familie nimmt, so ist zu vermuten, heute wieder in dem Maße zu, wie sich Ehe- und Familienformen destabilisieren.[31]

Unabhängig vom historischen Wandel der Freundschafts-, Liebes- und Geschlechterbeziehungen kann man sich fragen, ob Freundschaft tatsächlich so strikt

---

27 »Ihr Feuer [das der Liebe; C. D./H. L.] [ ] ist zwar heftiger, beißender und verzehrender, aber es flackert nur flüchtig auf, in ständigem Wechsel hin und her wabernd: eine Fieberhitze, die bald steigt, bald fällt und bloß einen Zipfel von uns ergreift: Bei der Freundschaft hingegen umfaßt uns eine alles durchdringende, dabei gleichmäßige und wohlige Wärme, beständig und mild, ganz Innigkeit und stiller Glanz; nichts Beißendes ist in ihr, nichts, das uns verzehrte. [ ] Der Vollzug ist ihr [das der Liebe, C. D./H. L.] Ende, weil sie auf den Körper zielt und so der Sättigung unterliegt. Umgekehrt gehen bei der Freundschaft Begehren und Genuß derart Hand in Hand, daß sie gerade durchs Vollziehen wächst und gedeiht, da sie geistig ist und die Seelen sich im Umgang miteinander immer weiter verfeinern.« Michel de Montaigne, »Über die Freundschaft« (EA 1580), in: ders.: *Essays*, Frankfurt a. M. 1998, 100.
28 »Am deutlichsten aber verräth sich die Liebe der Geschlechter als Drang nach Eigenthum: der Liebende will den unbedingten Alleinbesitz der von ihm ersehnten Person, er will eine ebenso unbedingte Macht über ihre Seele wie ihren Leib, er will allein geliebt sein und als das Höchste und Begehrenswertheste in der andern Seele wohnen und herrschen.« Friedrich Nietzsche, *Die fröhliche Wissenschaft*. Kritische Studienausgabe Band 3, hg. von Giorgio Colli und Mazzino Montinari, München 1988 (EA 1882), § 14 (386 f.).
29 »Und so ist es mit der Liebe der Freunde: ohne Mahnung, ohne Rücksicht, in aller Stille fällt sie nieder und beglückt. Sie begehrt nichts für sich und gibt alles von sich. Nun vergleiche die scheußlich-gierige Geschlechtsliebe mit der Freundschaft.« Friedrich Nietzsche an F. Rhode am 7. Okt. 1869, zitiert nach Klaus-Dieter Eichler (Hg.), *Philosophie der Freundschaft*, Leipzig 1999, 150.
30 Vgl. Harald Lemke, *Freundschaft*, a. a. O., 19 ff.
31 Zum Wandel von Ehe- und Familienformen vgl. Thomas Meyer, »Private Lebensformen im Wandel«, in: Rainer Geißler, *Die Sozialstruktur Deutschlands. Die gesellschaftliche Entwicklung vor und nach der Vereinigung*, Wiesbaden ³2002, 401.433; Rüdiger Peuckert, *Familienformen im sozialen Wandel*, Wiesbaden ⁵2004; Günter Burkart, *Lebensphasen – Liebesphasen. Vom Paar zur Ehe, zum Single und zurück?*, Opladen 1997. Es ist auffällig, dass Freundschaftsformen im Unterschied zur Familie bisher kaum soziologisch untersucht wurden.

von Sexualität und Erotik loszulösen ist. Zwar liegt es in Anbetracht der verwirrenden Vielfalt sozialer Beziehungen nahe, einfache Kriterien zur Kategorisierung unterschiedlicher Beziehungstypen anzuwenden. Es ist für Menschen erforderlich, sich in der sozialen Welt zu orientieren, ohne immer wieder gleich mit dem Spektrum sämtlicher Möglichkeiten rechnen zu müssen. Soziologen sprechen in diesem Zusammenhang von der sozial erforderlichen Reduktion von Komplexität.[32] Allerdings sei hier festgehalten, dass in der Struktur der Freundschaft nichts enthalten ist, was Erotik oder auch Sexualität von vornherein ausschließen würde.

Andererseits ist aber, wie durch den Verweis auf Eltern- und Gottesliebe bereits deutlich wurde, auch Liebe nichts, was von sich aus notwendigerweise mit Erotik und Sexualität verbunden wäre, so dass eine klare Trennung zwischen Freundschaft und Liebe noch schwieriger wird. Zu einer tiefen Liebe gehört in jedem Fall auch Freundschaft. »Freundschaft« bezeichnet so betrachtet lediglich die Wechselseitigkeit von Erwartungen, den eher institutionalisierten, auf die praktische Orientierung in der Welt bezogenen Aspekt der Liebe.

Nicht ganz unschuldig an der Identifikation von Liebe und Erotik ist ein Gefühl, welches bisher nur am Rande zur Sprache kam, aber noch eine eingehende Diskussion erfordert: die Verliebtheit. Man kann sich aufgrund eines flüchtigen, aber besonderen Eindrucks oder Augenblicks verlieben, man kann sich in Personen verlieben, die man nur vom Sehen kennt. Die Liebe hingegen erfordert einen direkten und näheren persönlichen Kontakt ... jedenfalls in der Regel. Die zentrale Differenz zwischen Verliebtheit und Liebe scheint jedoch nicht in diesem Merkmal begründet zu sein, sondern sich aus zwei weiteren Eigenschaften zu ergeben: Verliebtheit ist mit einem im weitesten Sinne erotischen Begehren verknüpft und anders als Liebe immer ein episodisches Gefühl, welches einen bestimmten Verlauf hat. Zwar kann man auch zur Verliebtheit disponiert sein, aber die Verliebtheit als solche ist darum keine Disposition, sondern stets ein akutes Gefühl. Für das phänomenale Spüren der Verliebtheit kennt der Sprachgebrauch eine Reihe von Beschreibungen, die von einem positiv erlebten Kribbeln und Prickeln bis hin zu den sprichwörtlichen Schmetterlingen im Bauch reichen.

Das Gefühl der Verliebtheit scheint ein durch und durch irrationales Gefühl zu sein, da es eine Vielzahl von Fehleinschätzungen nach sich ziehen kann, was sich auch in einem Sprichwort wie »Liebe macht blind« ausspricht. In einer bestimmten Perspektive kann die Verliebtheit als ein Wahnzustand angesehen werden. In biochemischer Hinsicht wird dem Phenylethylamin in diesem Prozess eine zentrale Rolle zuerkannt, das chemisch betrachtet eine starke Verwandtschaft mit bestimmten Drogen aus der Amphetamin-Kokainreihe aufweist. Das ist wohl eine der entscheidenden Ursachen dafür, warum die Verliebtheit mit so starken körperlichen Erregungen und gelegentlich großer Unruhe einhergeht. Feuchte Hände und Herzklopfen gehören auf körperlicher Ebene ebenso dazu wie extrem weit geöffnete Pupillen. Beim Verliebten ist das Bestreben stark ausgeprägt, möglichst häufig mit der Person, in welche er verliebt ist, zusammen zu sein. Um dies zu erreichen, wird so gut wie alles

---

32 Paradigmatisch etwa Niklas Luhmann, *Vertrauen. Ein Mechanismus der Reduktion sozialer Komplexität*, Stuttgart [4]2000.

getan und keine Mühe gescheut. Ist die betreffende Person nicht erreichbar, wird an sie gedacht und sie wird zu einer bevorzugten Figur der Phantasie. Die in ihre Verliebtheit verstrickten Personen fingieren häufig sogar ein Erlösungsgeschehen: Alle Probleme, die man bisher mit und in seinem Leben hatte, scheinen schlagartig gelöst.

Obwohl das Gefühl der Verliebtheit die Person, welche davon betroffen ist, in überaus starker Weise in Anspruch nehmen, sogar als quälend erlebt werden kann, möchte kaum jemand diesen Zustand in seinem Leben missen. Der Grund hierfür dürfte in der engen Verbindung zu sehen sein, in welcher die Verliebtheit zu einer bestimmten Form und Vorstellung von Liebe ..der romantischen .. steht. In romantisch geprägten Liebeskulturen markiert die Verliebtheit häufig den Beginn von längerfristigen Paarbeziehungen mit erotischer Komponente. Das Gefühl der Verliebtheit hört dann irgendwann auf (die Episode des Verliebtseins geht zu Ende) und hat im Idealfall ein Paar zum Ergebnis, welches sich mit der Haltung der Liebe begegnet. So betrachtet lässt sich dann auch der scheinbar verrückte Zustand des Verliebtseins rationalisieren : die Verliebtheit treibt Personen zueinander und hilft bei der anfänglichen Überwindung von Körper- und Schamgrenzen. Folgt man dieser auf das Verhältnis von Verliebtheit und Liebe bezogenen Überlegung, so wird einmal mehr deutlich, warum Liebe in romantischen Liebeskulturen mit Erotik identifiziert oder zumindest assoziiert wird.

Für die skizzierte Sicht der Dinge spricht auch die Art und Weise, in der manche Philosophen ...von den wenigen, die überhaupt auf das Thema eingehen .. den Unterschied zwischen Verliebtheit und Liebe zu explizieren versuchen. Gabriele Taylor beispielsweise macht darauf aufmerksam, dass sich die Wünsche, die ein Liebender und ein Verliebter haben, eigentlich nicht unterscheiden. Der Unterschied, so macht sie geltend, bestehe lediglich darin, dass die Wünsche des Liebenden anders begründet seien als die Wünsche des Verliebten, da die Liebe anders als die Verliebtheit Überzeugungen benötige.[33] Hier von Begründung zu sprechen, scheint problematisch. Man wird aber sagen können, der Liebende habe realistischere Überzeugungen als der Verliebte. Die Unterschiede zwischen den Überzeugungen und Wünschen des Verliebten und denjenigen des Liebenden erklären sich, wenn man die zeitliche Perspektive des Wachsens einer Liebe aus einer Verliebtheit heranzieht. Denn dieser Prozess geht damit einher, dass der Liebende den Geliebten besser kennen lernt, und deshalb sind seine Wünsche realistischer.

Mit der in den letzten beiden Abschnitten vorgenommenen Analyse der Bezüge von Sympathie, Wohlwollen und Zuneigung einerseits und Freundschaft und Liebe sowie Verliebtheit andererseits kann jetzt die Frage nach dem Verhältnis von Elternliebe, Gottesliebe und geschlechtlicher Paarliebe in den Blick genommen werden. Handelt es sich bei diesen Arten von Liebe um ein einheitliches Phänomen, um ein Gefühl, oder aber um verschiedene Gefühle, die zwar miteinander verwandt sind und gewisse Ähnlichkeiten miteinander haben, aber gleichwohl auch in ihrem Kern voneinander zu unterscheiden sind?

---

33 Gabriele Taylor, »Liebe«, in: Dieter Thomä (Hg.), *Analytische Philosophie der Liebe*, Paderborn 2000, 135..151, 142.

6. Elternliebe und Liebe zu Gott

In einer ganzen Reihe von Abschnitten dieses Kapitels trat immer wieder die Paarliebe als Modellfall des Liebens in den Blick, so zum Beispiel im Zusammenhang mit der Frage nach der Wechselseitigkeit der Liebe oder der Diskussion des Verhältnisses von Liebe und Verliebtheit. Die für die Paarliebe dem allgemeinen Ansehen nach charakteristische Verbindung von Liebe mit Sexualität und Erotik hat sich allerdings im Verlauf unserer Überlegungen als problematisch erwiesen. Gibt es andere Formen der Liebe, welche von dieser Beimischung von vornherein frei sind und sich deshalb eher eignen könnten, die Kernstruktur des Phänomens freizulegen? Betrachten wir zunächst die Liebe von Eltern zu ihren Kindern, um anschließend einen flüchtigen Blick auf die Gottesliebe zu werfen.

Für Elternliebe scheint in besonderem Maße typisch zu sein, dass sie selbstlos und frei von eigenen Interessen ist. Sie ist die paradigmatische Form einer Sorge um andere, die hilfsbedürftig sind, und fordert insbesondere aufgrund dieser asymmetrischen Struktur zu der Frage heraus, wie das Verhältnis zwischen der Sorge für andere und eigenen Bedürfnissen in der Liebe zu verstehen ist. Sozial- und geistesgeschichtlich wurde bis weit ins 20. Jahrhundert der Mutterliebe die ausschlaggebende Rolle im Rahmen des Eltern-Kind-Verhältnisses zugewiesen. Auch die Frage der Selbstlosigkeit der Liebe wurde in den europäischen und amerikanischen Diskursen über das Kindeswohl fast ausschließlich anhand der Zuwendung der Mutter zum Kind diskutiert, während Väter eher für die materielle Versorgung der Familie zuständig waren. Auf die sozialen und ideologischen Funktionen der entsprechenden Idealisierungen wird im vorletzten Abschnitt dieses Kapitels zurückzukommen sein. Im Folgenden geht es zunächst um die Struktur der Mutter-Kind-Beziehung, bevor mit Hilfe des Begriffs der Sorge das Verhältnis von Eltern und Kindern weiter beleuchtet wird.

Eine eindringliche Charakterisierung der Eltern- bzw. Mutterliebe im Rahmen einer im Großen und Ganzen sozialpsychologischen Perspektive stammt von Erich Fromm. Er fasst die Mutterliebe als Liebe in einem Verhältnis zwischen Ungleichen auf, das der erotischen Liebe oder der Nächstenliebe entgegengesetzt ist. Die zuletzt genannten Arten der Liebe betreffen Verhältnisse unter gleichgestellten Personen. Bei der Mutter-Kind-Beziehung dagegen brauche der eine die ganze Hilfe, während der andere sie gebe. Deshalb, so Fromm, gelte die Mutterliebe auf Grund ihrer uneigennützigen und selbstlosen Eigenschaften als höchste Form der Liebe, sogar als »die geheiligste emotionelle Bindung.«[34] Fromm wandelt diese Auffassung ein wenig ab. Er vertritt die These, dass nicht die Liebe der Mutter zum Säugling bewundernswert sei, sondern die Liebe zum heranwachsenden Kind. Er argumentiert dafür in zwei Schritten: Einerseits sei die Liebe der Mutter zum Säugling nicht in allen Punkten so selbstlos, wie sie erscheine. Er geht davon aus, dass die Liebe zu Säuglingen weitgehend instinkthaft gesteuert sei und eine Entsprechung im Tierreich finde. Außerdem macht er geltend, dass gerade in der Liebe von Müttern zu Säuglingen stark narzisstische Anteile enthalten seien. Denn besonders Neugebo-

---

34 Erich Fromm, *Die Kunst des Liebens*, Frankfurt/Berlin/Wien 1977 (EA 1956), 74.

rene würden von Müttern oft als Teil ihrer selbst erlebt. Viel entscheidender als solche Motive sei jedoch das menschliche Streben nach Transzendenz, das sich darin ausdrücke, sich selbst als Schöpfer fühlen zu wollen, und dieses Bedürfnis des Erschaffens werde in der Fürsorge und Liebe der Mutter zu ihrem Kind befriedigt.

Das Hauptargument für Fromms These, wonach nicht die Liebe zum Säugling das Wesentliche in der Mutterliebe sei, liegt in dem Hinweis auf das Ziel, dem sich die Mutterliebe unterstellen muss. Denn die eigentliche Herausforderung der Mutterliebe liegt nicht in der Versorgung eines hilflosen Wesens, sondern darin, dieses Wesen in die Selbständigkeit geleiten zu müssen. Das Kleinkind löst sich nicht nur vom Leib der Mutter und von ihrer Brust, es wächst heran und trennt sich ganz von der Mutter. Diesen Prozess muss die Mutter fördern und unterstützen. Die Trennung als Ziel der Liebe markiert die wesentliche Differenz zur erotischen Liebe, die Fromm prägnant formuliert: »In der erotischen Liebe vereinigen sich zwei Menschen, die bisher getrennt waren; in der Mutterliebe dagegen werden zwei Menschen, die vorher eins waren, getrennt.«[35] Deshalb muss die Mutter die Ablösung des Kindes von ihr nicht nur erdulden, sondern sie muss sie sogar wünschen und fördern. Nach Fromm wird eigentlich erst in diesem Stadium die Mutterliebe vor ihre größte Herausforderung gestellt; erst jetzt kann von Selbstlosigkeit in dem Sinne gesprochen werden, dass die Mutter alles geben muss, ohne irgendetwas zu fordern und anzustreben außer dem Glück des Kindes. Dass Fromm die Selbstlosigkeit erst dieser Phase zuschreibt, liegt wohl auch darin begründet, dass erst jetzt das Kind zu einem echten Gegenüber geworden ist, jemand, der eigenständig handelt und von dem überhaupt etwas gefordert werden kann. Fromm bezeichnet die Mutterliebe als die schwierigste Form der Liebe, aber zugleich als die am meisten für Täuschungen anfällige, und zwar täuschend wegen der Leichtigkeit, mit der eine Mutter ihr kleines Kind liebt.

In Fromms psychologischer Darstellung der Struktur der Mutterliebe sind Elemente enthalten, die sich, wenn auch in anderer Form, in einigen abstrakteren philosophischen Entwürfen finden lassen, die sich allgemein auf das Miteinandersein der Menschen beziehen, etwa in Heideggers Analyse der »Sorgestruktur«. Heidegger unterscheidet zwischen zwei Arten von »Fürsorge«, die als Haltungen große Ähnlichkeit zu Fromms Beschreibung zweier Arten von Mutterliebe haben, nämlich derjenigen, welche die Abhängigkeit des Kindes erhalten will und derjenigen, welche dessen Wachsen und Ablösung fördert. Zwar ist Heideggers Begriff der Fürsorge nicht ausdrücklich auf die Liebe oder das Verhältnis von Eltern und Kindern bezogen, doch ist er geeignet, genauer zu beschreiben, worauf der Begriff der Selbstlosigkeit der Elternliebe zielt.

Für Heidegger ist das menschliche Dasein dadurch ausgezeichnet, dass es ihm in seinem Sein um es selbst geht; es bezieht sich auf seine Welt und ist durch die Struktur der »Sorge« immer schon in die Welt eingebunden. Heidegger verwendet den Begriff der Sorge in einem strikt terminologischen Sinn, der nur bedingt etwas mit dem üblichen Verständnis von »Besorgnis«, »Sorglosigkeit« etc. zu tun hat.[36] Mit

---

35 Ebd. 76.
36 Vgl. Christoph Demmerling, »Hermeneutik der Alltäglichkeit und In-der-Welt-sein«, in: Thomas Rentsch (Hg.), *Martin Heidegger. Sein und Zeit*, Berlin, 2001, 89..116, 96 f.

dem Begriff der Sorge bezeichnet Heidegger den Umstand, dass Menschen in eine Welt eingebettet sind und es ihnen in dieser immer um etwas geht, dass ihnen Dinge und Menschen wichtig oder unwichtig sind aus dem gesamten Zusammenhang ihres Lebens heraus. Dabei liegt die Betonung auf »ihrem« Leben; in der Ausrichtung auf Sachverhalte, Dinge und Menschen ist ein Selbstbezug immer schon mitgegeben, auch in der Orientierung beispielsweise an abstrakten Idealen, und zwar dadurch, dass es eben darauf ankommt, wovon man sich ansprechen lässt, dadurch, dass man etwas zu seiner Sache macht, sich davon angehen lässt, während einem anderes gleichgültig ist und unbedeutend scheint.

Heidegger unterscheidet im Zusammenhang mit der Sorge die Modi des »Besorgens« und der »Fürsorge«, wobei auch diese Begriffe von ihm neu gefasst werden. »Besorgen« bezeichnet die charakteristische Seinsart des Daseins als In-der-Welt-sein im Rahmen von im weitesten Sinne dinglichen Zusammenhängen, während die »Fürsorge« diejenige Gestalt ist, welche die Sorge im Kontext des Mitseins annimmt, das heißt im Kontext der Bezogenheit auf andere Menschen. Heidegger führt den Terminus »Fürsorge« zunächst als einen ganz neutralen Begriff ein; er bezeichnet durchaus nicht nur positive Formen der Bezugnahme auf andere, sondern auch indifferente wie das »Aneinandervorbeigehen« und das »Einander-nichts-angehen«. Heidegger unterscheidet zwischen zwei verschiedenen Weisen der Fürsorge: der »einspringend-beherrschenden« und der »vorspringend-befreienden« Fürsorge.[37]

Die »einspringend-beherrschende« Fürsorge ist durch eine bevormundende Tendenz gekennzeichnet, die dem anderen seine Aufgaben abnimmt und ihn zu jemandem degradiert, der seine Lebensmöglichkeiten nicht selbst wahrnehmen kann. Heidegger charakterisiert die Machtverhältnisse und Asymmetrien, die dieser Art der Fürsorge innewohnen können: »In solcher Fürsorge kann der Andere zum Abhängigen und Beherrschten werden, mag diese Herrschaft auch eine stillschweigende sein und dem Beherrschten verborgen bleiben.«[38]

Die »vorspringend-befreiende« Fürsorge dagegen kann als eine Art Hilfe zur Selbsthilfe verstanden werden; sie »verhilft dem Anderen dazu, in seiner Sorge sich durchsichtig und für sie frei zu werden.«[39] Diese Art der Fürsorge erkennt den anderen in seiner Andersheit an und versucht lediglich, ihm mit seinen jeweils eigenen Anliegen auf den Weg zu helfen. Diese Haltung zum anderen entspricht in etwa dem Ideal einer selbstlosen Elternliebe, insbesondere auch jener Art der Mutterliebe zum heranwachsenden Kind, die auf dessen Ablösung von der Mutter zielt; es geht darum, das Kind frei zu geben für das Verfolgen und Erkennen seiner eigenen Pläne.

Ob die beiden von Heidegger unterschiedenen Haltungen der Fürsorge in der Praxis tatsächlich immer streng getrennt voneinander aufzufinden sind, muss hier offen bleiben, zumal die paternalistische Form der »einspringend-beherrschenden« Fürsorge nicht bloß von dem Beherrschten verkannt werden kann, sondern typischerweise gerade auch von dem »Herrschenden« in ihren bevormundenden Aspekten verleugnet wird; die Beteuerung, dass die Fürsorge »doch nur gut gemeint«, also die Absicht gut sei, reicht nicht dafür aus, dass sie für denjenigen, dem sich die

---

37 Martin Heidegger, *Sein und Zeit*, Tübingen [15]1979 (EA 1927), 122.
38 Ebd. 122.
39 Ebd.

»einspringend-beherrschende« Fürsorge zuwendet, auch tatsächlich gut ist. Heidegger beansprucht aber auch nicht, mit seiner Unterscheidung zwei Typen von Fürsorge auf den Begriff zu bringen, die in der Praxis immer getrennt voneinander aufzufinden wären. Es geht ihm um die unterschiedlichen Weisen des Sich-Beziehens auf andere, das entweder von deren Belangen oder von eigenen ausgeht und die der anderen nur insoweit berücksichtigt, als sie zu den eigenen Belangen passen. So verstanden handelt es sich um eine Unterscheidung, die sich unabhängig von nicht eindeutig einzuordnenden konkreten Fällen treffen lässt.

In ähnlicher Weise terminologisch wird der Begriff der Sorge (genauer: die Begriffe der *care* bzw. des *caring*) von Harry G. Frankfurt verwendet. Frankfurt bezieht sich zwar nicht explizit auf Heidegger, aber seine gesamten Überlegungen lassen sich in der Linie Heideggers verstehen. Frankfurt geht davon aus, dass Menschen Wesen sind, denen Dinge etwas bedeuten, Wesen, die sich um Dinge kümmern, die ihnen wichtig sind. So kann sich beispielsweise jemand dem selbstlosen Streben nach mathematischer Wahrheit widmen. Dass einem an etwas liegt, dass einem etwas wichtig ist, was immer das sein mag, bezeichnet Frankfurt als »Sorgen«.[40] Die Liebe ist seinem Verständnis zufolge eine spezifische Art des Sorgens. Dabei wird Liebe aufgefasst als »die Sorge um das Wohlergehen und Gedeihen eines geliebten Objekts [ ], die mehr oder weniger *interesselos* ist.«[41] Liebe ist eine von Interessen freie Sorge für dasjenige, was geliebt wird. Frankfurt scheint zwar zunächst offen zu lassen, wie die Gegenstände der Liebe beschaffen sein müssen. Personen, Länder, Traditionen oder Ideale können mögliche Gegenstände der Liebe sein. Schnell aber wird deutlich, dass eine paradigmatische Form der als Sorge verstandenen Liebe sich für ihn in den Beziehungen zwischen Eltern und Kindern ausdrückt. Im Zentrum der Elternliebe steht die Sorge um das Gedeihen des Kindes, und diese ist weitgehend frei von Interessen, jedenfalls frei von Interessen der Art, wie sie erwachsene Liebende einander gegenüber hegen können.

Anders als das bei Fromm anklingt, sollte man Frankfurt jedoch nicht so verstehen, als wolle er eine Art des Liebens (die Elternliebe) vor einer anderen Art des Liebens (der erotischen Paarliebe) auszeichnen. Vielmehr geht es ihm um die Frage, welche Art des Liebens die Strukturelemente der Liebe zu erhellen vermag. Was die romantische Liebe betrifft, so bemerkt er:

> »Vor allem Beziehungen, die im Wesentlichen romantisch oder sexuell sind, bieten meiner Verwendung nach keine sehr authentischen oder erhellenden Paradigmen der Liebe. Beziehungen dieser Art sind in der Regel mit einer Reihe extrem irritierender Elemente verbunden, die nicht zur wesentlichen Natur der Liebe als einem Modus interessefreier Sorge gehören.«[42]

Die Bedeutung des Liebens im Sinne des Sich-Sorgens besteht nach Frankfurt darin, dass man sich in der Liebe als jemand erfährt, der letzte Zwecke und Ziele hat. In diesem Sinne ist das Lieben oder Sorgen als solches wichtiger als die Objekte bzw.

---

40 Harry G. Frankfurt, »Vom Sorgen oder: Woran uns liegt«, in: ders.: *Freiheit und Selbstbestimmung*, Berlin 2001, 201.231, 202.
41 Ebd., 213.
42 Harry G. Frankfurt, *Gründe der Liebe*, a. a. O., 48.

die Menschen, die man liebt oder um die man sich sorgt. Lieben oder Sorgen wird als eine Form der Bindung des Willens aufgefasst, durch die das eigene Leben Bedeutung und Struktur erhält. Ein Leben ohne Liebe bzw. Sorge wäre langweilig, es wäre sinnlos. In abermals unausgesprochener Nähe zu Heidegger formuliert Frankfurt: »Das Wesen der Langeweile besteht darin, dass wir kein Interesse an den Dingen haben, die vor sich gehen. Nichts davon geht uns nahe; nichts davon ist uns wichtig.«[43] Das Sorgen ist ein Mittel gegen die Langeweile. Es wird letztlich als eine Form der Selbstfestlegung begriffen, die man willentlich eingeht, da Welt und Leben erst auf diese Weise bedeutsam werden. Aus der Liebe entspringen Werte und so verstanden übernimmt die Liebe eine für jedes menschliche Leben allererst sinnstiftende Ordnungsleistung. »Die Liebe ist der Ursprung äußerster Werte. Liebten wir nichts, dann besäße nichts einen definitiven, einen inhärenten Wert für uns.«[44] Im Rahmen des Denkens von Frankfurt ist Liebe etwas, das mit dem Willen des Menschen verbunden ist, nichts, was in erster Linie als ein Gefühl angesehen wird.

Nach Frankfurt heißt Lieben, sich freiwillig einer Sache oder Person zu unterstellen; einer Sache oder Person, durch die man gebunden sein möchte. Liebe in diesem Sinne zieht eine Schwächung der unmittelbaren subjektiven Impulse nach sich, da man sich der Macht von etwas anderem oder der Macht anderer unterstellt. Es handelt sich allerdings um eine Schwächung, aus der man gleichwohl gestärkt hervorgeht, weil Leben und Welt erst auf diese Weise als bedeutsam gegliedert erfahren werden. Wirklich relevante Ziele lassen sich auf diese Weise abheben von kurzfristigen Wünschen oder den leichtlebigen Impulsen somatischer Natur. Dieses Moment einer Markierung von Relevanz, die Identität stiftet, spielt mit Sicherheit auch in der erotischen Liebe bzw. in der Paarliebe eine Rolle, selbst wenn dieses Moment dort durch die Dominanz anderer Belange verdeckt zu werden droht. Hat man das Gemeinsame der verschiedenen Arten von Liebe erfasst, wenn man ihr die Funktion zuspricht, uns deutlich zu machen, was uns wirklich wichtig ist? Oder ist dies nicht eine überaus allgemeine Charakterisierung, die gar nicht das Spezifische der Liebe trifft? Bevor diese Frage noch einmal aufgenommen und diskutiert wird, sei mit der Gottesliebe eine weitere Art von Liebe zur Sprache gebracht.

Die Liebe der Gläubigen zu Gott erscheint vielleicht für die weitgehend atheistisch gestimmten Leser philosophischer Texte im säkularisierten Zeitalter als besonders begründungsbedürftig, gilt dieses Gefühl doch vielen als reine Fiktion, da sein Gegenstand erstens nicht als real angesehen wird und zweitens nicht personal ist. In welchem Sinne Gott aus der Sicht von Gläubigen als Person bezeichnet werden kann, ist eine theologische Frage. Der Gegenstand der Gottesliebe ist jedenfalls eher personal als sachlich, wie auch immer man diese Personalität theologisch bestimmt. Der atheistische Hinweis auf die Fiktionalität der Liebe zu Gott, das Bestreiten seiner Existenz, ist für die Frage nach der Echtheit der Liebe als Gefühl ebenfalls irrelevant. Viele Gefühle im Alltag beziehen sich auf fiktionale oder nicht existente Gegenstände, etwa die Eifersucht auf einen nicht existenten Liebhaber, und sind als Gefühle trotzdem äußerst real.

---

43 Ebd., 59.
44 Ebd., 61.

Nachdem die atheistischen Standardeinwände gegen eine Berücksichtigung der Gottesliebe zurückgewiesen worden sind, sollen die in den ersten Abschnitten erarbeiteten Strukturmerkmale der Liebe im Folgenden an der Gottesliebe überprüft werden. Diese Überlegungen sind strikt systematischer Natur und erheben nicht den Anspruch, einer komplexen theologischen Debatte Rechnung zu tragen, die ja zudem nicht nur die Liebe der Menschen zu Gott thematisiert, sondern in deren Zentrum ebenfalls die Liebe Gottes zu den Menschen steht.[45] Das im ersten Abschnitt genannte Kriterium, dass der Liebe das Bestreben eigentümlich ist, dem Objekt der Liebe nahe sein zu wollen, gilt sicherlich auch für die Liebe der Gläubigen zu Gott. Das Kriterium, dass Liebe auf etwas gerichtet ist, was dem Liebenden fehlt und wonach er sich sehnt, gilt ebenfalls für die Gottesliebe. Wie auch immer Gott theologisch verstanden werden mag, jedenfalls kann er allenfalls in Menschengestalt erscheinen, nicht aber dauerhaft im selben körperlichen Sinne Mensch sein wie wir; es bleibt eine Differenz auch bei der Menschwerdung, da es sich um eine Metamorphose handelt und Gott zum Beispiel im Christentum auch als Mensch Teil der Dreifaltigkeit ist. Begehrt wird in der Liebe der Menschen zu Gott nicht mehr und nicht weniger als die Teilhabe am Göttlichen, an dem, was den Menschen entweder ganz fehlt oder dessen sie jedenfalls nicht dauerhaft teilhaftig sein können, wonach sie sich aber sehnen.

Als ein weiteres Kriterium für die Liebe im Vollsinn hatten wir den Kontakt mit dem Objekt der Liebe, das Involviert-Sein in gemeinsame Situationen, genannt und in diesem Zusammenhang das Bedürfnis danach, mit der Liebe angenommen zu werden, während Gegenliebe von uns nicht als konstitutives Element des Gefühls aufgefasst wurde. Bei der Liebe der Gläubigen zu Gott kann man sicherlich sagen, dass mit der Nähe zu ihm auch gemeinsame Situationen angestrebt werden, dass Gläubige sich Gott etwa im Gebet nahe fühlen und hoffen, durch das Gebet erhört zu werden. Gott, so wird im Christentum in allen seinen Varianten unterstellt, nimmt die Liebe der Gläubigen an; der Gläubige kann sich sicher sein, in seiner Liebe jedenfalls nicht abgewiesen zu werden, auch wenn die spezifischen Wünsche, die er in seinen Gebeten äußert, vielleicht nicht erhört werden.

Die Liebe von Gott zu den Menschen ist keine Antwort auf deren Liebe, keine Gegenliebe in diesem Sinne, sondern von anderer Qualität. Der Gläubige weiß sich von Gott geliebt, aber auch er liebt ihn nicht deswegen, als eine Art Gegenleistung, sondern darum, weil Gott derjenige ist, der er ist ... er liebt ihn um seiner selbst willen. Das gleiche gilt für die Liebe von Gott zu den Menschen; auch diese Liebe ist im Christentum ausdrücklich nicht an bestimmte Eigenschaften oder Wohlverhalten gebunden, sondern auf die Person als ganze mit all ihren Fehlern. Damit ist ein weiteres zentrales Kriterium der Liebe erfüllt. Es lässt sich auch so erläutern, dass die Liebe keinen speziellen Grund hat; jeder Mensch, auch der Ungläubige, wird von Gott geliebt aufgrund seines bloßen Menschseins. Dies gilt umgekehrt auch für die Liebe der Gläubigen zu Gott. Sie sollen Gott nicht aufgrund seiner Allmacht lieben, denn dann handelte es sich eher um Furcht, oder wegen bestimmter Handlungen, denn dann könnte man vielleicht von Freude über Gott, aber nicht von Liebe

---

45 Vgl. zum neueren Stand der Diskussion Konrad Stock, *Gottes wahre Liebe. Theologische Phänomenologie der Liebe*, Tübingen 2000.

sprechen. Verankerungspunkt und Verdichtungsbereich fallen demnach wie bei der Elternliebe und der geschlechtlichen Paarliebe auch in der Liebe zu Gott zusammen.

Für die personale Liebe galt darüber hinaus, dass man dem anderen Gutes wünscht. Dieses Kriterium lässt sich auf die Liebe zu Gott nicht direkt übertragen, da es wegen seiner Göttlichkeit unmöglich ist, dass Gott etwas Gutes geschehen könnte, das er nicht bereits selbst geschaffen hat. Er ist in sich ganz unbedürftig, er kennt keinen Mangel, und deshalb wäre es vermessen, ihm Gutes zu wünschen. Dies verbietet die Ehrfurcht[46], jenes Gefühl, das mit der Liebe zu Gott auch im Christentum einhergeht. Das Kriterium, dass personaler Liebe am Wohlergehen des anderen gelegen ist, drückt das Interesse an seinen Belangen und an der Verwirklichung seiner Bestrebungen aus, genau das, was der Gläubige tut, wenn er Gottes Gebote befolgt. Dass der Gläubige nicht und auch niemand anderes faktisch in der Lage ist, Gott »Gutes zu tun«, kann demnach kein Einwand gegen die Strukturgleichheit der Gottesliebe mit der Elternliebe und der geschlechtlichen Paarliebe sein. Im umgekehrten Fall, der Liebe Gottes zu den Menschen, ist diese Liebe in sich selbst das höchste Gut und beinhaltet zudem alles Gute, das Menschen widerfahren kann. Damit erfüllt die Liebe Gottes zu den Menschen also auch diese Bedingung.

Die Liebe der Gläubigen zu Gott hebt sich wie bereits erwähnt von den anderen Formen personaler Liebe dadurch ab, dass diese Liebe charakteristischerweise mit Ehrfurcht verbunden ist, einem Gefühl, das hierarchischen Beziehungen vorbehalten ist.

Ein allgemeines Merkmal, welches sich die diskutierten Arten der Liebe teilen, die Paarliebe, die Elternliebe und die Gottesliebe, könnte man in dem von Frankfurt angeführten Umstand sehen, dass Liebende sich als Wesen erfahren, die letzte Ziele und Zwecke haben. In der Liebe bindet man sich mit Entschlossenheit an etwas, das Werte stiftet. Die Art und Weise, in der die Bindung an einen Partner, an die eigenen Kinder oder an eine Religion Werte erzeugt, lässt sich durchaus miteinander vergleichen. So gesehen könnte man den Umstand, dass Werte erzeugt werden, als das gemeinsame Element der verschiedenen Arten von Liebe ansehen. Allerdings handelt es sich dabei um ein Merkmal vergleichsweise allgemeiner Art, welches keineswegs nur verschiedene Arten des Liebens erfasst.

Alle Formen der Begeisterung, des Engagements oder Interesses können Werte erzeugen. Werte im weitesten Sinne erzeugt nicht nur die Liebe zum Kind oder zum Partner, sondern beispielsweise auch die Zugehörigkeit zu einem Fußballverein. Würde man alle Phänomene dieser Art noch als Liebe auffassen wollen, wären die Grenzen eines sinnvollen Gebrauchs des Liebesbegriffs gesprengt. Das bei Frankfurt eingeführte Merkmal, sich in der Liebe als jemand zu erfahren, der über letzte Zwecke verfügt, ist als Kriterium zur Charakterisierung der Gemütslage von Liebenden letztlich ungeeignet, da auf diese Weise ein viel zu weiter Begriff von Liebe etabliert zu werden droht.

Die Arten des Liebens sind vielgestaltig und die Formen, welche die Liebe zum Kind, zu einem Partner oder zu Gott im Einzelnen annehmen kann, sind es in einem noch größeren Ausmaß. Auf diesem Hintergrund müsste man sich damit zufrieden geben, den Begriff der Liebe als einen Begriff anzusehen, der sich lediglich auf der

---

46 Vgl. dazu das Kapitel über »Achtung und Anerkennung« in diesem Buch.

Grundlage von Familienähnlichkeiten erörtern lässt, zumindest dann, wenn man auch die Liebe zu Sachen oder zu Tätigkeiten als zum Begriff der Liebe gehörend behandeln will. Erschwerend kommt hinzu, dass besonders die personale Liebe ein historisch und kulturell außerordentlich wandlungsfähiges Phänomen ist und wie kein anderes Gefühl mit den Erzählungen verflochten ist, mit Hilfe derer es vergegenwärtigt wird.[47] Diese Erzählungen stiften in einem bestimmten Sinne erst dasjenige, was man als Wesen der Liebe ansieht. Die Erzählungen über die Liebe leisten einen maßgeblichen Beitrag dazu, alle Arten des Liebens, die der Partner zueinander, die der Eltern zum Kind oder die des Gläubigen zu Gott, in ein Geflecht aus Normen, aus Geboten und Verboten einzubetten, denen sich diejenigen, die sich als Liebende begreifen, unterwerfen und auch unterwerfen müssen, um als wahre Liebende gelten zu können.

Kein Gefühl ist so sehr wie die Liebe anfällig für Ideologien der unterschiedlichsten Art. So kann man nicht nur bestreiten, dass es so etwas wie ein Wesen der Liebe gibt, sondern auch bestreiten, ob es überhaupt wahre Liebe gibt. Jenseits des Zweifels könnte es aber auch so sein, dass sich der Kern zumindest der personalen Liebe gerade aus ihrer Angewiesenheit auf Erzählungen ergibt. Diese Angewiesenheit könnte zudem als ein Indiz dafür angesehen werden, dass zur personalen Liebe gemeinsame kommunikative Situationen gehören. Am Beispiel der Mutterliebe vertieft der folgende Abschnitt die Überlegungen zum Verhältnis von Liebe und Diskursen, bevor im Zusammenhang mit der Frage nach der Echtheit der Liebe und anderer Gefühle ein weiteres Mal erwogen wird, ob und inwieweit gemeinsame kommunikative Situationen als notwendige Bedingungen für die personale Liebe angesehen werden können.

7. Diskurs und Ideologie der Liebe

Die Liebe im Eltern-Kind-Verhältnis, in der Beziehung Mensch-Gott und zwischen geschlechtlichen Partnern ist nicht abzutrennen von den Diskursen und Institutionen, welche diese unterschiedlichen Formen der Liebe gestalten und kultivieren. Ob in der Institution der Familie, welche die Beziehungen zwischen den Eheleuten und den Ge-

---

47 So kann es nicht überraschen, wenn in den heutigen Debatten um die Philosophie der Gefühle die Narrationstheorien sich bevorzugt auf das Gefühl der Liebe oder auf Gefühle stützen, die mit Liebe zusammen auftreten können, wie beispielsweise Eifersucht. Da Liebe auf gemeinsame Situationen zielt und auf Mitteilung angewiesen ist, hat sie einen im weitesten Sinne institutionellen Charakter und erhebt einen starken Anspruch auf Kommunizierbarkeit. Sie gehört zu den Gefühlen, die in einem hohen Maß von Diskursen und Erzählungen durchwachsen sind, wie im siebten Abschnitt dieses Kapitels näher ausgeführt werden wird. In diesem Sinne lässt sich ein Gefühl wie die Liebe als »narrativ« auffassen, was aber nicht bedeutet, dass Gefühle im Allgemeinen eine narrative Struktur besitzen. Narrationstheorien der Emotionen vertreten beispielsweise Martha Nussbaum, »Narrative Emotions: Beckett's Genealogy of Love« in: dies.: *Love's Knowledge. Essays on Philosophy and Literature*, Oxford 1990, 286..313 und Christiane Voss, *Narrative Emotionen. Eine Untersuchung über Möglichkeiten und Grenzen philosophischer Emotionstheorien*, Berlin 2004, dort zum Beispiel zur Eifersucht als narrativ strukturiertem Drama 217 ff.

nerationen regelt und in einen normativen Rahmen des Üblichen und moralisch Wünschenswerten einbettet, ob in der Kirche oder Gemeinde oder ob in den unterschiedlichen Formen gesellschaftlich mehr oder weniger akzeptierter erotisch-sexueller Beziehungen ... für all diese Verhältnisse werden mit unterschiedlichen Diskurs-Konjunkturen in der Geschichte nicht nur Normen über die Art des Umgangs miteinander etabliert, sondern es werden auch auf die einzelnen Institutionen bezogene, immer wieder andere Formen der Liebe normativ vorgegeben; das Gefühl wird auf diese Weise immer wieder neu ausgestaltet. So unterscheidet sich die *amour fou* von der romantischen Liebe und diese wiederum von der in den Ratgebern der 80er Jahre des 20. Jahrhunderts empfohlenen Liebesform der »Partnerschaft«.[48] Auch die Mutterliebe[49] und die für die Väter als »angemessen« angesehenen Gefühle[50] unterliegen nicht nur im Diskurs, sondern auch in der gelebten Wirklichkeit moderner Familienformen einem erstaunlichen Wandel. Entsprechend wird auch die Affektivität im Verhältnis der Gläubigen zu Gott in der mystischen Tradition anders ausgestaltet als in den theologischen Schriften der Scholastik und wiederum modifiziert in den zumeist konfessionell gebundenen Diskursen späterer Jahrhunderte.

Zwischen dem Diskurs über ein bestimmtes Gefühl und dem Gefühl bestehen vielfältige Beziehungen. Diskurs und Gefühl dürfen zwar nicht vorschnell identifiziert werden. Eine neue und breite Thematisierung eines bestimmten Gefühls weist jedoch stets auf Umbrüche in dem jeweiligen Kulturzusammenhang hin, darauf, dass die entsprechenden Gefühle nicht mehr oder noch nicht als selbstverständlich gegeben betrachtet werden.

Dieser Zusammenhang sei im Folgenden paradigmatisch anhand der Mutterliebe erläutert. An ihrem Beispiel lässt sich zeigen, in welcher Weise ein Diskurs über eine bestimmte Form der Liebe tatsächlich zur Neugestaltung eines Gefühls führt. Die breite Thematisierung der Mutterliebe im 18. Jahrhundert steht in einem engen Zusammenhang damit, dass die dominante Position des Adels vom Bürgertum in Frage gestellt wurde. Einer der vielen Anlässe für die bürgerliche Kritik war die hohe Säuglingssterblichkeit in der gesamten Bevölkerung. In den besser gestellten Ständen wurden die Säuglinge und Kleinkinder von schlecht bezahlten und unzureichend ernährten Ammen, manchmal weit entfernt auf dem Land, versorgt.[51]

---

48 Vgl. Günter Burkart, *Lebensphasen – Liebesphasen*, a. a. O., besonders 13.33, sowie Regina Mahlmann, *Was verstehst du unter Liebe*, a. a. O., 159 ff.
49 Vgl. Elisabeth Badinter, *Die Mutterliebe. Geschichte eines Gefühls vom 17. Jahrhundert bis heute*, München 1984; Yvonne Schütze, *Die gute Mutter. Zur Geschichte des normativen Musters ›Mutterliebe‹*, Bielefeld ²1991; Hilge Landweer, *Das Märtyrerinnenmodell. Zur diskursiven Erzeugung weiblicher Identität*, Pfaffenweiler 1990.
50 Vgl. Pia Schmid, »Väter und Forscher. Zu Selbstdarstellungen bürgerlicher Männer um 1800 im Medium empirischer Kinderbeobachtungen«, in: *Feministische Studien* Heft 2/2000: »Männlichkeiten«, 35.48; Cornelia Behnke/Renate Liebold, »Zwischen Fraglosigkeit und Gleichheitsrhetorik. Familie und Partnerschaft aus der Sicht beruflich erfolgreicher Männer«, in: *Feministische Studien* Heft 2/2000: »Männlichkeiten«, 64 ff.
51 Vgl. zur Geschichte der Ernährung von Kindern Valerie Fildes, *Breasts, Bottles and Babies: A History of Infant Feeding*, Edinburgh 1987; zur Säuglingssterblichkeit Ines Elisabeth Kloke, *Säuglingssterblichkeit in Deutschland im 18. und 19. Jahrhundert am Beispiel von sechs ausgewählten Regionen*. Dissertation Freie Universität Berlin, Fachbereich Geschichts- und Kulturwissenschaften 1997.

Die echte Mutterliebe, und das hieß in diesem Zusammenhang: die Liebe der Mutter zu ihrem eigenen Kind, sollte dem entgegenwirken, und zwar dadurch, dass die bürgerlichen Frauen ihre Kinder selbst stillten. Erst im 18. Jahrhundert entstand ein Bewusstsein dafür, dass die Gesundheit, Erziehung und Bildung der Kinder für die Zukunft einer Gesellschaft entscheidend sind. Nicht umsonst wird diese Zeit als das »pädagogische« Jahrhundert bezeichnet.[52]

Es ist aber zugleich eine Zeit großer Transformationen im Verhältnis der Geschlechter, welche die Entstehung der modernen Kleinfamilie mit der klassischen Arbeitsteilung zwischen den Geschlechtern vorbereiten und im 19. Jahrhundert zunächst im städtischen Bürgertum, dann auch im aufkommenden Proletariat etablieren, wenn auch dort aufgrund der Erwerbstätigkeit der Arbeiterinnen in veränderter Form. Aber auch hier werden ausschließlich die Frauen als verantwortlich für die Versorgung und Erziehung der kleinen Kinder angesehen. So verbirgt sich hinter dem familiengeschichtlichen und soziologischen Begriff der »Intimisierung« des Familienlebens im 18. und 19. Jahrhundert ein überaus komplexer Prozess, in dem der Wandel der Geschlechterverhältnisse begleitet ist von einem Wandel der normativen Vorstellungen, welche Beziehung die Gatten zueinander haben sollten, welche Gefühle als für sie angemessen angesehen werden und welche Gefühle Mütter gegenüber ihren Kindern haben sollten.

Am Beispiel der Verständigung über Mutterliebe im 18. und 19. Jahrhundert, die zum Beispiel in den so genannten »Moralischen Wochenschriften«, aber auch in medizinischen und pädagogischen Schriften erfolgt, zeigt sich, wie ein Diskurs Gefühle wie Liebe und Schuld benutzt, um so das Gefühl der Mutterliebe auf neue Weise zu formen. Indem mit wissenschaftlicher Autorität ein Kausalzusammenhang zwischen dem Verhalten der Mutter und der Qualität ihres Gefühls einerseits und der Gesundheit und guten Entwicklung des Kindes andererseits behauptet wird, kann der Diskurs tatsächlich Rückwirkungen auf die Gefühle haben.

Auffällig ist, dass der Diskurs über Mutterliebe im Wesentlichen über das Selbstverhältnis von Frauen wirksam wird; er bedarf kaum äußerer Sanktionen. Da die Folgen für die Kinder im Falle eines Fehlverhaltens oder falschen Fühlens der Mutter so katastrophal sind, zumindest als höchst bedenklich angesehen werden, ist es wichtig, dass die Mutter ihre wahren Gefühle erkennt. Es ist problematisch, wenn eine Mutter Aggressionen gegen ihr forderndes Kleinkind verspürt, aber es ist fast noch schlimmer, wenn sie sich solche tabuisierten Emotionen nicht eingesteht. In Literatur, Kunst und Wissenschaft, seit dem 20. Jahrhundert auch im Film, werden wahre Idyllen der Mutterliebe erfunden, welche als unerreichbare Ideale Millionen von Müttern prägen und dafür sorgen, dass sich die Liebe zu ihren Kindern unentwirrbar mit Schuldgefühlen vermengt.

Diese Kultivierung von Mutterliebe, verbunden mit einer wenig verhüllten Nötigung zu Schuldgefühlen, ist gegenüber früheren Jahrhunderten neu. Da es bei dieser neuen Form der Mutterliebe um nicht mehr und nicht weniger als um Leben und Zukunft des Kindes geht, baut der Diskurs auf die alte, wenn man so will: rohere

---

52 Vgl. dazu auch in kritischer Perspektive Ulrich Hermann (Hg.), »*Das pädagogische Jahrhundert.*« *Volksaufklärung und Erziehung zur Armut im 18. Jahrhundert*, Weinheim/Basel 1981.

Form der Mutterliebe auf, knüpft an sie an, indem er die Befürchtung, etwas Gravierendes falsch machen zu können ..eine Perspektive, die bis dahin gar nicht möglich war ..„ mit Schuldgefühlen kombiniert.

Die Mutterliebe wurde lediglich als Beispiel betrachtet, um Elemente der Abhängigkeit des Liebesgefühls und der Liebeserfahrungen von literarischen und wissenschaftlichen Diskursen nachzuzeichnen. Zur Paarliebe und auch zur Liebe zu Gott ließen sich ähnliche Analysen durchführen.[53] Implizieren die Überlegungen zur ideologischen Anfälligkeit der Liebe, zur Überformung von Liebesgefühlen durch Diskurse, dass es keine wahre, echte und authentische Liebe gibt?

8. Echtheit der Liebe – Echtheit der Gefühle

Die Frage nach der Echtheit eines Gefühls ist nicht nur im Fall der Liebe schwierig zu beantworten. In der Alltagswelt gelten Gefühle als solche bereits häufig als authentisch, da sie auf besondere Weise mit den Personen, die sie hegen, verknüpft zu sein scheinen. Wie verbreitet diese Sicht der Dinge ist, zeigt sich am Beispiel vieler therapeutischer Kontexte, in denen gefordert wird, Gefühle zu zeigen. Derartige Forderungen lassen sich von der Unterstellung leiten, dass Gefühle auf besondere Weise Aufschluss über eine Person geben. Gefühle zeigen gilt in Kulturen, die sich für psychologisch aufgeklärt halten, als echt, während die Unterdrückung von Gefühlen als unecht, häufig sogar als ungesund gilt.

Über die Echtheit von Gefühlen zu sprechen setzt voraus, Kriterien zu haben, die eine Unterscheidung zwischen echten und unechten Gefühlen erlauben. Bereits diese einfache Überlegung macht deutlich, dass Gefühle als solche noch keine Echtheit verbürgen. Kriterien der Echtheit sind nicht leicht zu formulieren. Dabei ist durchaus nicht nur an diejenigen Fälle zu denken, in denen kulturelle Diskurse Menschen Gefühle in gewisser Weise aufzwingen, sondern auch an Fälle wie diejenigen der Erzeugung von Gefühlen durch suggestive Techniken, durch Drogen bzw. Medikamente und ähnliche Maßnahmen, aber auch an Fälle der Verdrängung, der Täuschung über ein Gefühl oder der Verdeckung eines Gefühls, welches von einem anderen überlagert wird.

Die Rede von der »Echtheit« der Gefühle beruht in vielen Fällen auf einer Entgegensetzung von »Fremdem« und »Eigenem«, besonders auf dem Gegensatz von den normativen Gefühlserwartungen anderer und dem eigenen Gefühl, das sich damit nicht deckt. Auch die Fälle von Verdrängung, Täuschung und Verdeckung von Gefühlen lassen sich auf die unterstellten Erwartungen anderer beziehen, denn solche Prozesse verlaufen nicht absichtlich, sondern sie sind eine Folge von letztlich kulturellen Tabuisierungen bestimmter Gefühle: Man verdrängt den eigenen Neid,

---

53 Zur Paarliebe vgl. zum Beispiel Eva Illousz, *Der Konsum der Romantik*, a.a.O., vor allem 1.25; vgl. auch Marie-Odile Métral, *Die Ehe. Analyse einer Institution*, Frankfurt a.M. 1981, die im nicht immer leicht rekonstruierbaren Idiom der Lacan-Schule auch die Verflechtungen von Paarliebe und christlicher Liebe in den Blick nimmt.

weil man nicht als jemand gelten will, der sich für zu kurz gekommen hält, man täuscht sich über den Hass, den man dem Nachbarn gegenüber verspürt, und deutet ihn in Mitleid mit dessen Kleinbürgerdasein um, man verleugnet die Wut, die man gegenüber dem eigenen Kind erlebt, und verdeckt sie durch besonders fürsorgliche Mutterliebe. Während Mitleid und Mutterliebe allgemein akzeptiert sind, gelten Neid, Hass und Wut als destruktiv und unreif. Aufgrund von kulturell und sozial etablierten Emotionsnormen ist man geneigt, die eigenen Gefühle des Hasses oder der Wut als Mitleid oder Mutterliebe zu identifizieren. Das ist der Grund oder zumindest einer der Gründe dafür, sich gelegentlich andere Gefühle zuzuschreiben als die, welche man tatsächlich hat. Die in einem bestimmten Sinne fälschlich zugeschriebenen Gefühle lassen sich als »unecht« ansehen.

In der Alltagssprache werden Gefühle aber auch dann als »unecht« bezeichnet, wenn diese nicht wirklich verspürt werden. Entsprechend verstehen auch wir diejenigen Gefühle als »echt«, von denen jemand leiblich-affektiv betroffen ist, mit anderen Worten: die er erlebt.[54] Das schließt nicht aus, dass solche »echten« Gefühle andere verdecken, die ebenfalls authentisch werden könnten, wenn sie zugelassen und erlebt würden. Es ist zudem möglich, sich über die eigene leiblich-affektive Betroffenheit zu täuschen, und zwar in dem doppelten Sinne, dass man die eigene Betroffenheit falsch interpretiert und sich ein anderes Gefühl zuschreibt als das, was gespürt wird, aber auch in dem Sinne, dass man ein Gefühl zu erleben meint, das man gern hätte, aber doch nicht oder zumindest nicht in der gewünschten Intensität verspürt, wie dies besonders bei der Liebe manchmal der Fall sein kann.

Solche Selbsttäuschungen sind zumeist durch Wunschdenken motiviert. Möglich sind sie einerseits aufgrund der menschlichen Fähigkeit, sich von der eigenen leiblich-affektiven Betroffenheit distanzieren und die Aufmerksamkeit auf anderes als auf das leibliche Befinden richten zu können, und andererseits aufgrund der Tatsache, dass solche Selbsttäuschungen auch gern von anderen hingenommen und deshalb von ihnen unterstützt und befördert werden, da die Verdeckung und Umdeutung insbesondere von aggressiven Gefühlen wie Neid, Hass und Wut eine wichtige soziale Funktion erfüllen.[55]

Unsere Auffassung, wonach ein Gefühl dann als »echt« oder »authentisch« zu bezeichnen ist, wenn es leiblich gespürt wird, ist mit der Möglichkeit vereinbar, sich auch über ein »echtes« Gefühl täuschen zu können, etwa indem es uminterpretiert wird und so seine Authentizität verliert. Unter dieser Voraussetzung lässt sich kein zuverlässiges Kriterium für die Authentizität einer Emotion formulieren. Wie kann dennoch sinnvoll von der Echtheit eines Gefühls gesprochen werden?

---

54 Hermann Schmitz erläutert in ähnlicher Weise die Frage nach der Echtheit von Gefühlen. Im Zentrum seiner Überlegungen steht die Ergriffenheit, das affektive Betroffensein von Gefühlen. Echt sei die Ergriffenheit nur dann, »wenn das Gefühl erst einmal von dem Ergriffenen Besitz ergreift durch eine Überwältigung, die keineswegs heftig sein muß, sondern auch in unmerklichem Einschleichen bestehen kann.« (Hermann Schmitz, *Die Liebe*, a. a. O., 65). Nur dadurch werde die Sicherheit der Ausdrucksgebärde des Betroffenen möglich, im Unterschied etwa zu bloß mitgefühlten Gefühlen anderer, welche die Mitfühlenden oft nur unsicher ausdrücken können, da ihnen die direkte Betroffenheit fehlt.
55 Vgl. zu diesem Zusammenhang Hilge Landweer, »Selbsttäuschung«, in: *Deutsche Zeitschrift für Philosophie* 2001, 209.227.

Auch wenn es keine zuverlässige Quelle für die Authentizität einzelner Gefühle gibt, lassen sich Erfahrungen des Nicht-Authentischen beschreiben. Zu denken ist an Situationen, in denen man ein Gefühl, das man sich zuschreibt, nicht als stimmig erlebt und eine andere Deutung der jeweils eigenen Befindlichkeit als passender ansieht. Ein solcher Komparativ lässt sich nur bilden, wenn man einen Begriff des Authentischen und des Nicht-Authentischen hat. Das Authentische kann als dasjenige verstanden werden, worauf es einem eigentlich ankommt, das, was einem wirklich wichtig ist. Als »nicht-authentisch« sind entsprechend alle Gefühle und Handlungen anzusehen, die zu den eigentlichen Lebenszielen im Widerspruch stehen und sie unterlaufen. Selbstverständlich kann man sich über diese Ziele ebenso täuschen wie über einzelne Gefühle; die Erfahrung eines Gefühls als nicht-authentisch kann allerdings dazu führen, dass die Person prüft, worauf es ihr wirklich ankommt. Am Ende einer solchen Prüfung wird ...möglicherweise nach Stadien der Verwirrung und Irritation .. jedenfalls ein authentischeres Gefühl in Bezug auf einen bestimmten Sachverhalt oder eine bestimmte Person stehen, nicht aber eine absolute Gewissheit, die eigenen Ziele und Orientierungen für alle Zeiten erkannt und womöglich festgelegt zu haben.

Dieser Begriff von Authentizität ist zunächst auf das Selbstverhältnis bezogen. Das schließt aber nicht aus, dass die Gefühle von jemandem auch aus der Außenperspektive, von anderen Personen, als mehr oder weniger authentisch wahrgenommen werden können. Der Eindruck der Echtheit entsteht hier ebenfalls durch ein Passungsverhältnis, und zwar als Passen der Gefühlsäußerung zu dem Gesamtbild, das man sich von der Person gemacht hat. Dabei kann das Gesamtbild falsch sein wie auch der Eindruck, den man von dem Gefühl des anderen und der Angemessenheit von dessen Ausdruck hat. Fast noch wesentlicher aber erscheint uns die Fehlerquelle, dass eine falsche Kohärenz unterstellt wird. Denn der Begriff des Authentischen muss mit der Erfahrung von Brüchen im Selbstverhältnis vereinbar bleiben; Umorientierungen in den eigenen Präferenzen müssen möglich sein, ohne gleich in den Verdacht der Unechtheit zu geraten.

Gerade in Bezug auf die Gefühle ist davor zu warnen, Authentizität mit Eindeutigkeit, Klarheit, Ambivalenzfreiheit oder einer Widerspruchsfreiheit innerhalb der eigenen Überzeugungen, Wünsche und Gefühle bzw. zwischen Überzeugungen, Wünschen und Gefühlen zu verwechseln. Komplexe Gefühlslagen können aus verschiedenen Emotionen zusammengesetzt sein, die durchaus untereinander in einem Spannungsverhältnis stehen können. Emotionale Ambivalenzen sind oft authentischer als Gefühle, die vorschnell identifiziert und als eindeutig unterstellt werden. Auch wenn der Wunsch nach Eindeutigkeit des Gefühls authentisch sein mag, da Mehrdeutigkeit die Orientierung erschwert, so kann das vieldeutige Gefühl als solches durchaus echt sein.

Neben der Verwechslung mit Eindeutigkeit wird die Echtheit des Gefühls im Alltagsverständnis oft fälschlich an seiner Spontaneität festgemacht. Auch eine spontane Gefühlsreaktion kann unecht sein, etwa wenn jemand spontan mit konventionellen Gefühlsäußerungen auf ein Ereignis reagiert, das für ihn oder sie in Wirklichkeit, nach Prüfung der konventionell veranlassten Reaktion, eine ganz andere emotionale Bedeutung hat. Umgekehrt ist es durchaus möglich, dass etwa ein Gefühl der Liebe erst nach einem inneren Konflikt und widerstrebend entsteht und wächst, aber dann auch authentisch ist. In diesem Fall ist das echte Gefühl gerade kein spontanes.

Das authentische Gefühl wird oft ebenfalls dem inszenierten, dramatisierten oder kontrollierten Gefühl entgegengesetzt. Da die Liebe auf besondere Weise von ihren Inszenierungen betroffen ist, scheint sie unter dieser Voraussetzung gar nicht in einer echten Variante vorliegen zu können. Dieser Gedanke folgt aus der Entgegensetzung der Begriffe des Echten und des Inszenierten allerdings nur dann, wenn unterstellt wird, das echte Gefühl könne quasi »pur«, ohne alle Gestaltung, vorkommen. Zwar kann man sicherlich sinnvoll davon sprechen, dass der Ausdruck eines Gefühls in Gestik, Mimik und Körperhaltung mehr oder weniger bewusst und mehr oder weniger kontrolliert sein kann. Doch ob die Emotion in ihrem Ausdruck kontrolliert ist oder nicht, sagt noch nichts über ihre Echtheit aus. Jemand kann in tiefer Trauer und dabei so kontrolliert sein, dass ihm oder ihr im Alltagshandeln die Trauer nicht anzumerken ist, und jemand kann überschwänglich seine Liebe in Szene setzen, ohne dass sein Gefühl deswegen weniger authentisch zu sein braucht. Ein in seinem Ausdruck kontrolliertes Gefühl oder eines, das mehr oder weniger spielerisch dramatisiert wird, ist nur dann unecht, wenn damit ein anderes Gefühl vorgespielt wird als das, welches erlebt wird, oder wenn die Darstellung des Gefühls gegenüber anderen eine falsche Intensität suggeriert.

Fragt man nach der Authentizität von Liebe als Gefühl, so kommt allerdings erschwerend hinzu, dass ein Gefühl, das in so unübertroffener Weise auf die Individualität des Geliebten zielt, einen besonders individuellen Ausdruck, eine besonders eigenwillige Gestaltung zu verlangen scheint. Dies ist aber gerade bei der Liebe als Gefühl fast ausgeschlossen, da kaum ein anderes Gefühl eine derartig breite literarische, filmische und künstlerische Gestaltung erfahren hat. Einen originalen Ausdruck für dieses Gefühl zu finden, erscheint fast unmöglich, alle Gestaltungsmöglichkeiten erscheinen erschöpft, alle denkbaren Liebesgeständnisse abgenutzt.

Der Literaturwissenschaftler Manfred Schneider hat in einer äußerst humorvollen Untersuchung gezeigt, dass das Stottern beim Liebesbekenntnis auf die Abnutzungserscheinungen durch die jahrhundertealten Diskurse über Liebe reagiert, dass es die Unsagbarkeit und Unausdrückbarkeit dieses Gefühls signalisiert.[56] In diesem Fall wäre das Stottern als der authentische Ausdruck der Liebe anzusehen, die mehr als jedes andere Gefühl darauf angewiesen ist, mitgeteilt zu werden. Das mehr oder weniger artikulierte, jedenfalls aber bemerkbare Werben um den Geliebten muss als Bestandteil der Verlaufsgestalt der Liebe angesehen werden. Da die Werbung aber nicht als zu bedrängend, wegen der Individualität dieses Gefühls aber auch keinesfalls als zu klischeehaft und stereotyp wirken darf, ist das zarte Gefühl der Liebe stärker als andere Emotionen dadurch gefährdet, dass der Liebende sich in einer vom Geliebten als unpassend erlebten Weise äußern könnte. Die starke Diskursabhängigkeit der Liebe erschwert damit gerade für die Phase der Werbung ihren Ausdruck. Jedes durchaus echte Gefühl der Liebe steht damit in der Gefahr, aufgrund einer von dem Geliebten als unangemessen erlebten Artikulation als »nicht-authen-

---

56 Vgl. Manfred Schneider, *Liebe und Betrug. Die Sprachen des Verlangens*, München/Wien 1992, zum Stottern 48 ff.

tisch« interpretiert zu werden. Am Ende gilt dies nicht nur für die Phase der Liebeswerbung, sondern es gilt für die Liebe im Allgemeinen und durchaus nicht nur für die Paarliebe.

Unbeantwortet ist noch die Frage nach der Echtheit von durch Drogen oder Medikamente erzeugten Gefühlen. Aus der Perspektive erster Personen, derjenigen also, die ein Gefühl beispielsweise der Liebe, des Hasses, der Traurigkeit oder Freude erleben, spricht nichts dafür, an der Echtheit der betreffenden Gefühle zu zweifeln. Die spezifische Qualität der Erfahrungen, die jemand macht, der Freude aufgrund einer bestimmten Lebenssituation verspürt, unterscheidet sich nicht notwendig von der Freude desjenigen, dem Medikamente mit stimmungsaufhellender Wirkung verabreicht wurden. Durch Drogen oder Medikamente erzeugte Gefühle können zumeist nur in einer Außenperspektive als unecht qualifiziert werden, sofern sie demjenigen, der diese Gefühle hat, nicht wirklich zugehörig zu sein scheinen, sie nicht zu ihm und seiner gesamten Situation zu passen scheinen. Dass es für die Bewertung eines zum Beispiel durch Einnahme von Medikamenten erzeugten Gefühls als »unecht« einer Außenperspektive bedarf, macht einmal mehr deutlich, inwieweit auch in diesem Zusammenhang die Erwartungen, welche andere an die Gefühle von Personen haben, eine Rolle spielen. Einmal mehr deutlich wird auch, dass es keine zuverlässigen Kriterien für eine Entscheidung in der Frage gibt, ob und wann eine Emotion authentisch ist.

Für die Liebe als Gefühl sind es jedoch weniger Drogen oder Medikamente, die ihre Echtheit in Frage stellen können, sondern eher gefährden Selbsttäuschungen die Authentizität der Liebe. Liebe ist nicht nur ein akutes Gefühl mit einer bestimmten Verlaufsgestalt, sondern auch eine Gefühls- und Verhaltensdisposition, die sich immer wieder neu bewähren muss. Dieser Prozess, den wir als Wachsen der Liebe bezeichnet haben, hängt eng mit ihrem institutionellen Charakter im weitesten Sinne zusammen. Es ist die dauerhafte Angewiesenheit auf gemeinsame Situationen, auf Mitteilung und Kommunikation, welche die personale Liebe von allen anderen Affekten unterscheidet. Diese Angewiesenheit auf Kommunikation bedingt es geradezu, dass die personale Liebe unauflöslich mit Diskursen verknüpft ist. Die Verknüpfung des Gefühls mit einem Diskurs schließlich kann auch als maßgebliche Voraussetzung dafür angesehen werden, dass Liebender und Geliebter im Rahmen einer von Wechselseitigkeit geprägten Liebe ihr Liebesgefühl als eine von beiden geteilte Einheit erfahren und nicht davon ausgehen, ein jeder habe in diesem Zusammenhang ein eigenes Gefühl.

Der Bezug Liebender auf gemeinsame Situationen und auf die Einheit des Gefühls unterscheidet die personale Liebe letztlich so stark von der Liebe zu Sachen oder zu abstrakten Gegenständen, dass die Gemeinsamkeiten beider Liebesarten demgegenüber verblassen. Zwar hatten wir gezeigt, dass alle Formen der Liebe das Bestreben beinhalten, dem Objekt der Liebe nahe zu sein, dass dieser Gegenstand etwas ist, das dem Liebenden fehlt und wonach er sich sehnt, und dass die Wahl des Objekts nicht in einem starken Sinne begründet ist. Diese abstrakten Bestimmungen des intentionalen Gehalts der Liebe übergehen aber nicht nur die signifikanten Unterschiede, welche die Gestalt der Liebe auch in ihrem Gehalt durch ihre unterschiedlichen »Objekte« gewinnt, sie sind zudem weit entfernt vom Erleben. Denn die Qualität etwa der Heimatliebe oder der Liebe zu bestimmten Tätigkeiten unterscheidet sich stark von der Liebe zu Personen. Es ist zwar nicht falsch, die Liebe als etwas anzusehen, was den auf unterschiedliche Weise Liebenden die Wichtigkeit und den Wert von Personen oder auch Dingen vergegenwärtigt, aber die spezifischen Merkmale personaler Liebe werden auf diese Weise nicht erfasst. Es ist die Angewiesenheit personaler Liebe auf gemeinsame kommunikative Situationen, welche diese Form der Liebe vor allen anderen auszeichnet.

Mitgefühle

Unter den Mitgefühlen gehört vor allem das Mitleid zu denjenigen Gefühlen, welche in der Geschichte des abendländischen Denkens immer wieder Gegenstand philosophischer Analyse gewesen sind. Ein wichtiger Grund für die anhaltende und dauerhafte Prominenz dieses Gefühls dürfte in den vielfältigen Beziehungen zu suchen sein, welche zwischen dem Mitleid und dem Gebiet der Moral, dem christlichen Menschenbild und den Werten der abendländischen Kultur bestehen. In diesem Kapitel geht es um Mitgefühle im Allgemeinen, im Vordergrund steht jedoch das Mitleid als paradigmatischer Typ eines Mitgefühls.

Diese Gefühle werfen eine Reihe von systematischen Fragen auf, die sich anlässlich von Gefühlen in eigener Sache nicht in dieser Form stellen. Was heißt es, die Gefühle anderer zu teilen? Worin unterscheidet sich das Teilen einer Einstellung oder Überzeugung vom Teilen eines Gefühls? Lassen sich die Gefühle anderer als eigene Gefühle, lässt sich das Leid des anderen als eigenes Leid spüren? So ist zu untersuchen, ob sich das Mitgefühl mit fiktiven Figuren, etwa in Romanen, im Theater oder im Film, vom Mitgefühl im Realitätsmodus unterscheidet.

Weitere Fragen lauten: Unter welchen Bedingungen entstehen Mitgefühle, unter welchen Bedingungen entsteht Mitleid? Bedarf es einer besonderen Kultivierung des Mitgefühls oder ist es ein angeborenes Grundgefühl? Fraglich ist auch, ob im Prinzip jedes Gefühl zum Anlass für ein Mitgefühl werden kann, nicht nur Freude und Leid der anderen, sondern ob beispielsweise auch Scham, Schuldgefühl oder Verachtung geteilt werden können. Angesichts des Mitleids stellt sich zudem auf besondere Weise die Frage, inwieweit zwischen dem Mitleid als einer Haltung bzw. Einstellung und dem Mitleid im Sinne eines episodischen Gefühls zu unterscheiden ist. Im Rahmen der Mitleidskultur des Abendlandes scheint das Leiden am Leid des anderen .. dies zeigt sich auch im Rahmen der vor allem in Neuzeit und Gegenwart leitenden Diskussion um eine Ethik des Mitleids .. oft eher als Einstellung und nur selten als Gefühl im engeren Sinne aufgefasst zu werden.

Nach einer kurzen Charakterisierung von Mitgefühl und Mitleid steht die Vergegenwärtigung von klassischen Überlegungen aus der Geschichte der Philosophie im Zentrum dieses Kapitels (1). Der zweite Abschnitt diskutiert die Bedingungen, welche vorliegen müssen, damit Mitgefühle entstehen können (2), bevor die Unterscheidung von Mitleid als akutem Gefühl und als Disposition im Vordergrund steht (3). Der vierte Abschnitt untersucht, wie es möglich ist, Zugang zu den Gefühlen anderer zu bekommen (4), ein Problem, für das auch das Phänomen der stellvertretenden Gefühle aufschlussreich ist (5). Schließlich geht es um Beziehungen zwischen Mitgefühlen und anderen Gefühlen. Zur Diskussion steht insbesondere das Verhältnis von Mitleid und Verachtung sowie von Mitleid und romantischer Liebe. Dabei wird auch noch einmal die Frage aufgenommen, ob es möglich ist, mit allen Gefühlen eines anderen mitzufühlen (6).

1. Mitleid in der Geschichte der Philosophie

Um die Grundstruktur des Mitleids als Mitgefühl zu verdeutlichen, sei mit einer begriffsgeschichtlichen Erinnerung begonnen. Bei dem deutschen Ausdruck »Mitleid« handelt es sich um eine Lehnübersetzung des griechischen *sympatheia* bzw. der lateinischen Begriffe *compassio* und *misericordia*. Die Rede vom Mitleid ist bzw. war vor allem in der christlichen Tradition verbreitet, und so kann es nicht überraschen, dass sich dieser Ausdruck in der deutschen Sprache im Zusammenhang mit Bibelübersetzungen des 17. Jahrhunderts durchsetzt. Im englischsprachigen Raum beginnt sich fast zeitgleich im Kontext der Moralphilosophie der schottischen Aufklärer der Ausdruck *sympathy* einzubürgern, dessen alte naturphilosophische Bedeutung zunächst auf das Gebiet des Sozialen übertragen wird und die Übereinstimmung und Anziehungskraft unter Menschen bezeichnet. Mehr und mehr nimmt der Begriff dann aber auch die Bedeutung des Ausdrucks »Mitgefühl« an.[1]

Mitleid, Mitgefühl und Sympathie werden in der Philosophie der Neuzeit häufig als Schrittmacher des moralischen Bewusstseins angesehen und als natürliche Grundlage tugendhaften Handelns und Verhaltens aufgefasst. Dies zumindest ist die Auffassung von denjenigen unter den Moralphilosophen, denen am Mitleid gelegen ist, wie beispielsweise Rousseau, Hume oder Smith. Aber auch in den Reihen der Kritiker des Mitleids (zu denken ist an Spinoza und Nietzsche) spielt diese Ansicht eine Rolle, wenngleich unter negativem Vorzeichen. Wer Mitleid oder Sympathie hegt, der vermag die Welt im Lichte der Bedürfnisse eines anderen zu sehen, und damit erfüllt er zumindest eine Voraussetzung dafür, einen moralischen Standpunkt einnehmen zu können ...wenn auch nicht alle Philosophen davon ausgehen, dass das Mitleid als solches bereits etwas Moralisches ist. Wenn man Mitleid und Sympathie als Fähigkeit begreift, einen Perspektivenwechsel vornehmen zu können, der sich zumeist mit fürsorglichen Verhaltensweisen und Handlungen verbindet, stehen in erster Linie Einstellungen und Haltungen gegenüber anderen Personen und Lebewesen zur Diskussion, und nicht so sehr Gefühle.

So kann man einerseits die Situation eines anderen Menschen bedauern und Abhilfe schaffen wollen, ohne im engeren Sinne mit ihm zu fühlen. Man nimmt ihm gegenüber eine Einstellung der Fürsorge und Hilfsbereitschaft ein. Andererseits kann man mit einem Menschen fühlen, ohne den Anlass für sein Gefühl genau zu verstehen, etwa wenn jemand, der einem nahe steht, in so tiefe Trauer versunken ist, dass er noch gar nicht berichten kann, was vorgefallen ist. Für das Verständnis eines Gefühls sind andere Begriffe als diejenigen des Mitleids oder der Sympathie im Umlauf, man denke insbesondere an den Begriff der Empathie.[2] Obwohl dies kein besonders klarer Begriff ist, reicht es für unsere Zwecke, ihn für das Erste mit

---

1 Vgl. L. Samson, »Mitleid«, in: *Historisches Wörterbuch der Philosophie*, Band 5, hg. von Joachim Ritter und Karlfried Gründer, Basel/Stuttgart 1980, 1410..1416; ferner Astrid von der Lühe, »Sympathie II«, in: *Historisches Wörterbuch der Philosophie*, Band 10, hg. von Joachim Ritter und Karlfried Gründer, Basel 1998, 756..762.
2 Vgl. zu den folgenden Überlegungen auch Martha Nussbaum, *Upheavals of Thought. The Intelligence of Emotions*, Cambridge 2001, 327 ff.

Hilfe der metaphorischen Wendung, dass man sich in jemanden hinein versetzen kann, zu erläutern.

Eine wichtige Frage im Zusammenhang mit dem Mitleid lautet, wie sich Mitleid und Empathie im Sinne eines Verstehens der Gefühle anderer zueinander verhalten. Ist Empathie eine notwendige oder gar hinreichende Bedingung für Mitleid? Wäre sie eine notwendige Bedingung, könnte man Mitleid oder Sympathie nur gegenüber Wesen an den Tag legen, in welche man sich einfühlen kann. Dass man zum Beispiel Tieren gegenüber Mitleid an den Tag legen kann, dürfte unstrittig sein. Seit Schopenhauer und bis in die aktuellen Debatten der Gegenwartsphilosophie ist der Rekurs auf das Mitleid ein wichtiges Argumentationsmuster im Rahmen tierethischer Ansätze. Ob man sich in Tiere einfühlen kann in dem Sinne, dass man fühlen kann, was oder wie sie fühlen, ist allerdings eine umstrittene Frage. Begegnet man einer positiven Antwort auf diese Frage mit Skepsis, lässt sich Empathie nicht als eine notwendige Bedingung für das Mitleid begreifen. Das Beispiel kann um zahllose weitere ergänzt werden. Man kann auch Menschen gegenüber Mitleid hegen, in die man sich nicht einfühlen kann, deren Perspektive man nicht teilt.

Würde man Empathie als eine hinreichende Bedingung auffassen, müsste Empathie auf eine bestimmte Weise automatisch Mitgefühle oder Mitleid nach sich ziehen. Das Verstehen eines anderen, der Umstand, dass man nachfühlen kann, was er fühlt, müsste dann immer mit einer Perspektive, die um das Wohl des anderen besorgt ist, einhergehen. Dass dies nicht der Fall ist, verdeutlicht der Hinweis auf einen Sadisten, der seine Empathie mit dem Opfer dafür nutzen kann, es auf eine noch perfektere Weise zu quälen. Die auf den ersten Blick so nahe liegende Identifikation von Mitleid (im Sinne einer moralrelevanten Einstellung) und Empathie (im Sinne eines geteilten und verstandenen Gefühls) erfordert eine Prüfung. Wir kommen im Zusammenhang mit einer Diskussion der Überlegungen Max Schelers auf diese Problematik zurück. Zunächst aber bedarf es einer Diskussion der Frage, was Mitleid eigentlich ist. Werfen wir zu diesem Zweck einen Blick in die Geschichte der Philosophie und vergegenwärtigen wir uns die wichtigsten Konzeptionen des Mitleids bzw. der Mitgefühle im Allgemeinen.

Eine für die Tradition der Affektenlehren maßgebliche Definition des Mitleids findet sich in der *Rhetorik* von Aristoteles. Dort heißt es, Mitleid sei ein »Schmerzgefühl über ein in die Augen fallendes, vernichtendes und schmerzbringendes Übel, das jemanden trifft, der nicht verdient, es zu erleiden, das man auch für sich selbst oder einen der unsrigen zu erleiden erwarten muß, und zwar wenn es in der Nähe zu sein scheint.«[3] Auffällig ist, dass Aristoteles zwar von einem Schmerzgefühl spricht, aber sogleich dazu übergeht, dessen Bezug, den intentionalen Gehalt zu charakterisieren. Er nennt insbesondere drei wesentliche Momente: die Deutlichkeit des Leids oder Übels, von dem jemand bedroht ist, den Umstand, dass jemand dieses Leid nicht verdient, und die Tatsache, dass man selbst ein entsprechendes Leid oder Übel für sich fürchtet ...in dem Sinne, dass man sich vorstellen kann, davon betroffen werden zu können. Für Aristoteles sind dies die Voraussetzungen, unter

---

3 Aristoteles, *Rhetorik*, übersetzt mit einer Bibliographie, Erläuterungen und einem Nachwort von Franz G. Sievecke, München 1980, 1385 b (109).

denen jemand Mitleid empfindet. Kleinere Übel, verdientes Unglück und auch der Umstand, dass man ein Unglück nicht für sich selbst fürchtet, rufen ..folgt man seiner Überlegung ..kein Mitleid hervor.

Dass die Deutlichkeit des Übels, von welchem jemand betroffen ist, eine Rolle spielt, wenn Mitgefühle erregt werden, dürfte unstrittig sein. Mitleid wird vor allem dort an den Tag gelegt, wo jemand mit gravierenden Schicksalsschlägen konfrontiert ist, wo es jemandem an Gütern und Dingen ermangelt, die im Allgemeinen als wichtige Elemente eines menschlichen Lebens angesehen werden. Ein Beispiel aus der modernen Lebens- und Alltagswelt ist die hohe Spendenbereitschaft, die sich nach Medienberichten über große Katastrophen zumeist einstellt. Wegen kleinerer Nachteile oder Unannehmlichkeiten wird niemand bemitleidet. Die anderen beiden Merkmale, die Aristoteles in seiner Charakterisierung nennt, sind, sofern es um die Frage nach den Voraussetzungen des Mitleids geht, strittiger.

Ob ein Unglück verdient ist oder nicht, ist eine Frage, die in nachchristlichen Mitleidskulturen selten, um nicht zu sagen: gar nicht, explizit thematisiert wird, da die Vorstellung von einem verdienten Unglück dieser Kultur fremd geworden ist. Implizit freilich mag die Frage des Verdienstes bei den Reaktionen auf das Unglück anderer eine Rolle spielen. Wer sich leichtfertig um Gelegenheiten bringt, Chancen vertut oder Vorteile verspielt, der wird weniger Mitleid auf sich ziehen als diejenigen, die ein Unglück ganz unverschuldet trifft. Wer ohne Not mit seinem Glück spielt und verliert, der wird möglicherweise eher Schadenfreude als Mitleid auf sich ziehen. Schadenfreude verhält sich in einer bestimmten Hinsicht komplementär zum Mitleid, da es sich um eine Freude über das Unglück, über den Schaden anderer handelt. Wer angesichts des Leidens einer anderen Person Schadenfreude empfindet, der würde sagen, die betreffende Person habe das Unglück verdient , auch wenn dieses Urteil keinesfalls moralische Implikationen haben muss. In diesem Sinne mag man Aristoteles bei näherer Betrachtung recht geben, wenn er sagt, Mitleid sei die Reaktion auf das unverdiente Leid anderer Menschen. Neben der Schadenfreude diskutiert Aristoteles den gerechten Unwillen bzw. Nemesis als eine Haltung, die dem Mitleid insofern entgegengesetzt ist, da diese Art von Unwille sich angesichts des unverdienten Glückes anderer regt.[4]

Ist es eine Voraussetzung dafür, Mitleid hegen zu können, dass man sich vorstellen kann, selbst in die Lage dessen zu geraten, der Mitleid auf sich zieht? Diese Frage erfordert eine differenzierte Antwort. Die Wesen, welche man bemitleidet, müssen eine hinreichende Ähnlichkeit mit uns aufweisen, um bemitleidet werden zu können. Menschen bemitleidet man eher als andere Wesen, uns ähnliche oder nahe Personen und solche in vergleichbarer Lebenslage eher als solche, die uns fern stehen. Man muss sich also vorstellen können, in eine vergleichbare Situation geraten zu können, was aber nicht heißt, dass man sich konkret in derselben Lage befinden muss. Als Mensch kann man Tiere bemitleiden, als Bürger reicher Industrienationen kann man Menschen bemitleiden, die in Dürregebieten leben. In diesem Sinne kann sich die Situation dessen, der Mitleid verspürt, von der Situation desjenigen Menschen oder Lebewesens, das bemitleidet wird, unterscheiden.

---

4 Vgl. das Kapitel über »Zorn und andere Aggressionsaffekte« in diesem Buch.

Bestimmte Vergleichbarkeiten müssen allerdings vorliegen. So ist beispielsweise jede Kreatur ..ganz gleich, ob Mensch oder Tier ..verletzlich; und abstrakt betrachtet kann man als Mensch immer in die Situation eines anderen Menschen kommen. Wenn man sich signifikante Fälle des Ausbleibens des Mitleids vergegenwärtigt, wie etwa das Ausbleiben von Mitgefühl gegenüber Sklaven oder verfolgten Minderheiten, so scheint dieses Aussetzen der Mitleidsreaktion damit zusammenzuhängen, dass bereits die Gemeinsamkeit mit dieser bestimmten Gruppe zuvor negiert worden ist, indem ihr beispielsweise im Rahmen bestimmter Ideologien ihr menschlicher Charakter abgesprochen wurde. Versteht man die Bemerkung von Aristoteles über die Vergleichbarkeit der Lage in diesem Sinne, kann man ihr kaum widersprechen.

Mitgefühle sind nicht nur in der *Rhetorik*, sondern auch noch an anderer Stelle im *Corpus Aristotelicum* Thema. In der *Poetik* werden sie im Zusammenhang mit der dort entwickelten Katharsiskonzeption angesprochen. Die Wirkung der Tragödie bezeichnet Aristoteles als »Katharsis«, als Reinigung von Leidenschaften einer bestimmten Art, er nennt *eleos* und *phobos*, Jammer und Schauder, wie gelegentlich übersetzt wird, oder Mitleid (auch in der *Rhetorik* lautet der betreffende Ausdruck *eleos*) und Furcht, wie man auch übersetzen kann.[5] In Anbetracht der Vorfälle, mit denen der Zuschauer der antiken Tragödie konfrontiert ist (und gleiches gilt in Bezug auf den Film), werden Jammer und Schauder, Mitleid und Furcht erregt. Der Zuschauer leidet aber nicht an seiner Angst oder an sonstigem Ungemach in eigener Sache , er fühlt mit den Figuren der Tragödie, in einem bestimmten Sinne empfindet er die Gefühle der Protagonisten nach . Diese Gefühle hält er zwar nicht für seine eigenen, gleichwohl spürt er etwas, was den Gefühlen der Protagonisten nicht unähnlich ist.

Ohne das vieldiskutierte Konzept der Katharsis im vorliegenden Zusammenhang auch nur im Ansatz erläutern zu können, verdient doch eine Beobachtung von Aristoteles Interesse. Der Zuschauer erleidet zwar mit Unlust verbundene Gefühle, erfährt aber offensichtlich in der distanzierten Perspektive des Zuschauers Lust im Nachleben dieser Gefühle und wird auf diese Weise von ihnen gereinigt . Die Beobachtung von Aristoteles ist deshalb interessant, da sie deutlich macht, dass es möglich ist, die Gefühle von jemand anderem als dessen Gefühle, eben nicht als eigene zu verspüren. Die kathartische Wirkung scheint gerade dadurch ermöglicht zu werden, dass man das Gefühl von jemand anderem im Bewusstsein der Differenz zur eigenen Lage erfährt. Auf die Frage, wie sich dieses Phänomen zu Mitgefühlen im eigentlichen Sinne, also im realen Leben verhält, wird zurückzukommen sein.

Nach Aristoteles haben sich eine Reihe von Autoren mit dem Mitleid befasst. In der christlichen Tradition war dieses Gefühl im Zusammenhang mit der Tugend der Barmherzigkeit eine besondere Verbindung mit der Nächstenliebe eingegangen. Aber

---

5 So schreibt beispielsweise Manfred Fuhrmann im Nachwort zu seiner Übersetzung der Aristotelischen *Poetik*, Stuttgart 1982, 162: »Das Begriffspaar Eleos und Phobos pflegt im Deutschen seit Lessing durch den Ausdruck Mitleid und Furcht wiedergegeben zu werden. Diese Redeweise ist irreführend oder geradezu falsch. Das Wort Eleos läßt sich am besten durch Jammer oder Rührung wiedergeben: es bezeichnete stets einen heftigen, physisch sich äußernden Affekt und wurde oft mit den Ausdrücken für Klagen, Zetern und Wehgeschrei verbunden.«

erst in der Philosophie des 17. und 18. Jahrhunderts wächst Überlegungen zum Mitleid große systematische Relevanz zu. In den Affekttheorien von Descartes und Spinoza wird es vergleichsweise kurz abgehandelt, bevor Mitgefühle ..für die nun vorrangig der Begriff der Sympathie gebraucht wird ..in der Theorie der Moral und des Geistes bei den Vertretern der schottischen Aufklärung eine wichtige Rolle zu spielen beginnen. Descartes zitiert im Grunde genommen nur Aristoteles, wenn er das Mitleid als eine Art von Traurigkeit beschreibt, welche dann erregt wird, wenn jemandem ein unverdientes Übel widerfährt.[6] Spinoza zufolge ist das Mitleid ein nutzloser Affekt, zumal für denjenigen, der nach der Leitung der Vernunft lebt.[7] Als ein mit Unlust verbundenes Gefühl ist das Mitleid grundsätzlich schlecht. Gut sind zwar, so räumt Spinoza ein, die mit dem Mitleid verbundenen Wirkungen, sofern jemand durch das Mitleid dazu veranlasst werden kann, einer in Not geratenen Person zu helfen, dieselbe Wirkung kann allerdings mit den Mitteln der Vernunft ohne die Hilfe eines Gefühls erzeugt werden, weshalb Mitleid am Ende überflüssig ist.

In ein besseres Ansehen geraten Mitgefühle bei David Hume und Adam Smith, die im Anschluss an Shaftesburys und Hutchesons Philosophie des *moral sense* Beiträge in Bezug auf das Mitleid bzw. das Mitgefühl geleistet haben, welche in der Moralphilosophie in wirkungsgeschichtlicher Hinsicht maßgeblich wurden. Hume geht davon aus, dass die Natur für eine Ähnlichkeit zwischen Menschen gesorgt hat, so dass der Mensch für jedes Gefühl, das er bei anderen beobachtet, ein Gegenstück in sich selbst auffinden kann. Diese Ähnlichkeit ist für Hume zwar kein Garant, aber immerhin ein wichtige Voraussetzung dafür, andere Wesen zu verstehen und eine Bedingung dafür, sich die Gefühle anderer zu eigen machen zu können.[8]

Eine weitere wichtige Voraussetzung ist die Einbildungskraft, die dafür sorgt, dass entsprechende Vorstellungen bezüglich der Gefühle anderer ausgebildet werden können. Die Übertragung eines Gefühls von einer auf eine andere Person beschreibt Hume als Umwandlung einer lebhaften »Vorstellung in einen Eindruck«.[9] Durch Mitgefühl (*sympathy*) leben und versetzen wir uns in jemand anderen hinein. Wir machen uns eine Vorstellung von den Gefühlen, die wir bei einer anderen Person wahrnehmen, und übersetzen diese in einen analogen Eindruck, wobei diese Möglichkeit auf der Grundlage einer Ähnlichkeit zwischen Menschen besteht. Vom Mitgefühl im allgemeinen Sinne unterscheidet Hume das Mitleid, wobei er Mitleid im Rückgriff auf seine Überlegungen zum Mitgefühl erläutert: Wenn lebhafte Vorstellungen sich in Eindrücke verwandeln können, muss dies ihm zufolge auch für Kummer und Schmerz gelten. Mitleid wird als spezieller Fall von Mitgefühlen aufgefasst.

Hume weist auf verschiedene besondere Eigentümlichkeiten des Mitleids hin. Mitleid hänge vom Anblick des bemitleideten Objekts ab.[10] Mitleid sei ein Gefühl, das eine gewisse Nähe voraussetze und ein zu großes Maß an Distanz nicht ver-

---

6 René Descartes, *Les passions de l'âme/Die Leidenschaften der Seele*, frz.-dt. Ausgabe, hg. von Klaus Hammacher, Hamburg 1984 (EA 1649), Art. 62 (102).
7 Baruch de Spinoza, *Ethik*, hg. von Konrad Blumenstock, Darmstadt 1967 (EA 1677), IV, prop. 50 (455).
8 Vgl. David Hume, *Ein Traktat über die menschliche Natur, Buch II: Über die Affekte*, übersetzt von Theodor Lipps und hg. von Reinhard Brandt, Hamburg 1978 (EA 1739/1740), 49.
9 Ebd., 52.
10 Ebd., 104.

trage. Außerdem könne man jemanden auch dann bemitleiden, wenn dieser selbst gar keinen Schmerz über sein Schicksal oder kein Leid an seinem Unglück verspüre. Ohne diesen Begriff zu verwenden, erläutert Hume den Unterschied zwischen Mitgefühlen im engeren Sinne und stellvertretenden Gefühlen. Man kann mit bzw. für jemanden leiden, der gar kein Leid empfindet, wie man sich für Personen schämen kann, die selbst »kein Gefühl für ihre Schande und nicht das geringste Bewusstsein ihrer Torheit verraten«.[11] Dass Mitgefühle als stellvertretende Gefühle auftauchen können, erklärt Hume dadurch, dass sich die Einbildungskraft von allgemeinen Regeln leiten lässt. Das heißt, in Situationen, die gemeinhin Leid hervorrufen oder einen Anlass für Scham bilden, wird unterstellt, der Betroffene leide oder schäme sich oder sollte es zumindest tun, und es wird Mitleid oder Scham verspürt, auch dann, wenn der Betroffene nicht leidet oder sich schämt.

Adam Smith greift die Überlegungen Humes auf, da auch er davon ausgeht, es sei die Natur des Menschen, durch welche die Anteilnahme am Schicksal anderer verbürgt werde. Mitleid stellt sich ein, sobald wir jemanden leiden sehen oder uns dieses Leiden auf eine lebhafte Weise geschildert wird. Smith macht allerdings darauf aufmerksam, dass dasjenige, was wir empfinden, wenn wir den Schmerz anderer sehen oder uns vorstellen, etwas anderes ist als dasjenige, was der Leidende empfindet. Wie bei Hume ist es die Einbildungskraft und Phantasie, vermöge derer wir uns in die Lage des anderen versetzen. Allerdings erkennt Smith ihr eine noch wichtigere Rolle zu als Hume. Wir können die Gefühle anderer nicht auf unmittelbare Weise erfahren, sondern uns nur ein Bild von ihnen machen. »Mag auch unser eigener Bruder auf der Folterbank liegen«, so bemerkt Smith, »solange wir selbst uns wohlbefinden, werden uns unsere Sinne niemals sagen, was er leidet«.[12] Man kann sich die Gefühle des anderen lediglich vorstellen.

Dies ist nicht nur beim Leid der Fall, sondern auch andere Gefühle können zu Gegenständen des Mitgefühls werden, weshalb Smith vorschlägt, in diesem Zusammenhang den Ausdruck »sympathy« zu gebrauchen. »Das Wort Sympathie kann [ ] dazu verwendet werden, um unser Mitgefühl [*fellow feeling* im Original, C. D./ H. L.] mit jeder Art von Affekten zu bezeichnen.«[13] Sich auf der Grundlage von Sympathie in andere hineinversetzen zu können, deren Perspektive einnehmen zu können, ist im Kontext von Smith' Theorie moralischer Billigung ein zentraler Gedanke, so dass der Sympathiebegriff zudem den Kern seiner Moralphilosophie bildet. Ähnliche Gedanken wie bei Hume und Smith finden sich auch bei Rousseau, für den ebenfalls die Einbildungskraft und die Fähigkeit, sich in andere hineinversetzen zu können, konstitutive Momente des Mitleids sind.[14] Eine ausführliche Reflexion auf das Mitleid als Grundlage der Moral, die an Rousseau anschließt, findet sich bei Schopenhauer. Zuvor sei aber noch ein Blick auf Kant geworfen, der zu Mitgefühlen im Kontext der Frage nach der Moral eine ambivalente Haltung einnimmt. Einerseits

---

11 Ebd. 105.
12 Adam Smith, *Theorie der ethischen Gefühle*, übersetzt und hg. von Walther Eckstein, Hamburg 1994 (EA 1759), 2.
13 Ebd., 4.
14 Einschlägig ist vor allem Jean-Jacques Rousseau, *Abhandlung über den Ursprung und die Grundlagen der Ungleichheit unter den Menschen* (1755). Schriften, Band 1, hg. von Henning Ritter, Frankfurt a. M. u. a. 1981, 165.302.

steht er den Autoren in der Tradition der Philosophie des *moral sense* nahe, andererseits entwickelt er einen Begriff von Moral, demzufolge Gefühle im Rahmen der als moralisch angesehenen Haltungen und Verhaltensweisen keine Rolle spielen (dürfen).

Aber auch Kant bestreitet nicht, dass eine Empfänglichkeit auf Seiten der Subjekte, ein moralisches Empfindungsvermögen erforderlich ist, um moralische Urteile fällen und moralische Handlungen ausführen zu können. In einer Vorlesung Kants finden sich zahlreiche Stellen, die um die Relevanz eines moralischen Empfindungsvermögens und eines moralischen Gefühls kreisen. Stellvertretend sei nur die folgende Passage zitiert:

> »Das moralische Gefühl ist eine Fähigkeit, durch ein moralisches Urtheil afficirt zu werden. Wenn ich durch den Verstand urtheile, daß die Handlung sittlich gut ist, so fehlt noch sehr viel, daß ich diese Handlung thue, von der ich so geurtheilt habe. Bewegt mich aber dieses Urtheil, die Handlung zu thun, so ist das das moralische Gefühl. Das kann und wird auch keiner einsehen, daß der Verstand sollte eine bewegende Krafft zu urtheilen haben. Urtheilen kann der Verstand freylich, aber diesem Verstandes-Urtheil eine Krafft zu geben, und daß es eine Triebfeder werde den Willen zu bewegen, die Handlung auszuüben, das ist der Stein der Weisen.«[15]

Zieht man diese Stelle in Betracht, der sich weitere hinzufügen ließen, so ist nicht von der Hand zu weisen, dass selbst Kant als Vertreter einer vergleichsweise rationalistischen Ethikkonzeption nicht daran vorbeikommt, Gefühlen eine wichtige Funktion im Zusammenhang mit unseren Handlungen zuzubilligen. Den Stellenwert von Mitgefühlen diskutiert er unter anderem im Zusammenhang mit der Frage nach einer Forderung zur Kultivierung der moralischen Sensibilität. Es gibt eine berühmte Passage, in der Kant die Tierquälerei ablehnt, da sie zu einer Verrohung des Menschen führe und ihn abstumpfe; an anderer Stelle spricht er von teilnehmenden Empfindungen wie Mitfreude und Mitleid als (bedingten) Pflichten »unter dem Namen der Menschlichkeit«.[16] Folgen wir Kant, lassen sich Mitgefühle als motivierende Triebfedern verstehen und als Fundament zur Ausbildung einer für die Ausführung von Handlungen unerlässlichen moralischen Sensibilität. Im Zusammenhang mit einer Rechtfertigung der Moral kommt ihnen allerdings gar keine Rolle zu.[17] Ganz anders bei Schopenhauer.

Schopenhauer ist, zumindest unter den klassischen deutschsprachigen Philosophen, der eigentliche Theoretiker des Mitleids. Dabei bezieht er sich auf Rousseau, für den das Mitleid ein Gefühl ist, das alle Menschen miteinander verbindet.

---

15 Immanuel Kant, *Vorlesung zur Moralphilosophie*, hg. von W. Stark, Berlin 2004, 68 f.; Kant soll diese Vorlesungen in den Jahren 1773 ff. gehalten haben.
16 So in der Tugendlehre von Immanuel Kant, *Die Metaphysik der Sitten*. Werkausgabe Band VIII, hg. von Wilhelm Weischedel, Frankfurt a. M. 1968 (EA 1797), § 17, § 34 f.; vgl. zu diesem Aspekt und zur Rolle der Gefühle bei Kant insgesamt: Nancy Sherman, »The Place of Emotions in Kantian Morality«, in: Owen Flanagan/Amélie Oksenberg Rorty (Hg.), *Identity, Character and Morality. Essays in Moral Psychology*, Cambridge 1990, 149..170.
17 Ausführlicher dazu vgl. Christoph Demmerling, *Gefühl und Moral. Eine philosophische Analyse*, Bonn 2004, 24..28.

Es ist ein Gefühl der Identifikation mit anderen und als solches allem Denken vorgeordnet. Von Rousseau wird das Mitleid gegenüber anderen Wesen als etwas Ursprüngliches vorausgesetzt; es gilt als der Boden einer natürlichen Moral. Schopenhauers Überlegungen knüpfen an diese Gedanken an. In ihrer Stoßrichtung richten sie sich allerdings vor allem gegen die Ethik Kants und deren Programm einer Normenbegründung auf der Grundlage der reinen Vernunft. Schopenhauer versucht das Gesamtkonzept einer deontologischen Ethik aus den Angeln zu heben, indem er darauf hinweist, dass jede Moral, die von Pflichten und Regeln ausgeht, eigentlich nicht ohne Gott oder vergleichbare externe Instanzen auskommt, die als richtende und strafende Mächte gedacht werden. In einer Schrift mit dem Titel *Über die Grundlage der Moral* (1840) findet sich die folgende Bemerkung:

> »Die Fassung der Ethik in einer imperativen Form, als Pflichtenlehre, und das Denken des moralischen Werthes oder Unwerthes menschlicher Handlungen als Erfüllung oder Verletzung von Pflichten, stammt, mit sammt dem Sollen, unleugbar nur aus der theologischen Moral und demnächst aus dem Dekalog. Demgemäß beruht sie wesentlich auf der Voraussetzung der Abhängigkeit des Menschen von einem andern, ihm gebietenden und Belohnung oder Strafe ankündigenden Willen, und ist davon nicht zu trennen.«[18]

Schopenhauer meint, dass jede Pflichtethik in diesem Sinne direkt das Erbe der Religion antritt. Insofern sei sie schlecht begründet, da sie ihre Gebote von einer externen Autorität abhängig mache (von Gott). In einer modernen und aufgeklärten Welt lasse sich die Moral aber nicht mehr mit dem Verweis auf Autoritäten, insbesondere nicht durch Verweis auf religiöse Autoritäten begründen .. ganz einfach deshalb nicht, weil nicht alle Menschen religiöse Überzeugungen teilen. Viele moderne Moralphilosophen meinen mit Schopenhauer, dass in dieser versteckten Abhängigkeit von einer Autorität das große Problem von Ethiken nach Art derjenigen Kants liegt. Sie ziehen statt dessen eine Art des Nachdenkens über Moral vor, die in ihrer Tendenz mehr mit psychologischen Begriffen operiert und die Motive zu klären versucht, aus denen heraus man im Sinne der Moral handelt. Dies ist bereits bei Schopenhauer der Fall und in diesem Zusammenhang wird das Mitleid relevant.

Mitleid ist für Schopenhauer eine ...wie er einmal bemerkt ...echte Triebfeder moralischen Handelns. Das Mitleid ist ganz allein

> »die wirkliche Basis aller freien Gerechtigkeit und aller ächten Menschenliebe. Nur sofern eine Handlung aus ihm entsprungen ist, hat sie moralischen Werth: und jede aus irgend welchen andern Motiven hervorgehende hat keinen. Sobald dieses Mitleid rege wird, liegt mir das Wohl und Wehe des Andern unmittelbar am Herzen, ganz in der selben Art, wenn auch nicht stets in dem selben Grade, wie sonst allein das meinige.«[19]

Ein Argument, das häufig als Einwand gegen Ansätze formuliert wird, welche die Moral mit Hilfe des Mitleids fundieren möchten, lautet, dass sich auf das Mitleid keine universalistische Moral gründen lasse, da es wie alle Gefühle flüchtig sei, mal

---

18 Arthur Schopenhauer, *Über die Grundlage der Moral* (1840). Werke VI, Zürich 1977, 164.
19 Ebd., 248.

komme, mal gehe.[20] Anlässlich eines derartigen Einwands stellt sich die Frage, ob Schopenhauer (gleiches würde dann auch für große Teile in der gesamten Tradition der Mitleidsethik gelten) nicht falsch verstanden wird, wenn man ihm unterstellt, er vertrete die Auffassung, Mitleid müsse akut verspürt werden, um als Triebfeder der Moral fungieren zu können. Schopenhauers Auffassung von Moral ist eher dahingehend zu interpretieren, dass Menschen, die zum Mitleid disponiert sind, die das Mitleid im Sinne einer Perspektivenübernahme als eine Haltung kultiviert haben, Motive haben, moralisch zu handeln. Das Begründungs- oder Rechtfertigungsproblem einer universalistischen Moral ist mit diesen Überlegungen nicht, jedenfalls nicht direkt berührt. Viel gravierender als die Einwände, die im Kontext der neueren moralphilosophischen Diskussion dem Mitleid gegenüber artikuliert werden, ist allerdings die Kritik, mit der Nietzsche versucht hat, das Mitleid als ein degeneratives Phänomen insbesondere in der Kultur des Abendlandes in den Blick zu nehmen.

Nietzsches Ausführungen lassen sich zum einen als direkte Antwort auf Schopenhauers Mitleidsmoral verstehen, sind aber zum anderen in ihrer Reichweite viel allgemeiner, da mit ihnen vor allem der Einfluss des Christentums als prägender Kraft in der moralischen Kultur Europas zur Disposition steht.

> »Also sprach der Teufel einst zu mir: auch Gott hat seine Hölle: das ist seine Liebe zu den Menschen. Und jüngst hörte ich ihn diess Wort sagen: Gott ist todt; an seinem Mitleiden mit den Menschen ist Gott gestorben. ...So seid mir gewarnt vor dem Mitleiden: *daher* kommt noch den Menschen eine schwere Wolke!«[21]

In übersteigerter Polemik zeichnet Nietzsche ein Bild des Mitleids, demzufolge es zu nichts anderem führt als zu einer Vermehrung des Leidens in der Welt. Wer bemitleidet werden möchte, dem ist es ...folgt man Nietzsche ...in erster Linie darum zu tun, auch andere leiden zu machen. Nietzsche versucht, das Mitleid als einen Affekt der Selbsterniedrigung zu entlarven, einer Erniedrigung, die von der Gier nach Selbsterhöhung getrieben wird. Dies gilt sowohl für denjenigen, der bemitleidet werden möchte, als auch für den, der bemitleidet. In vielen seiner Schriften versucht Nietzsche ..als Psychologe und Hermeneutiker des Verdachts ..auch den verletzenden Impulsen nachzugehen, die dem Mitleid innewohnen können. Jemandem gegenüber Mitleid zu empfinden, kann heißen, ihn nicht ernst zu nehmen, ihn nicht als ebenbürtig anzusehen und ihn zu verachten.

Nietzsche zufolge handelt es sich beim Mitleid um eine Zuneigung zu einem schwachen und in diesem Sinne kranken Leben. Mitleid ist ein Gefühl der Schwachen und Ohnmächtigen, aller derjenigen, die das Leben nur als Reaktion kennen, nicht als vitale Aktivität. Als Kontrastfolie von Nietzsches Kritik des Mitleids darf sein Plädoyer für ein starkes und grausames Leben gelten, für ein Leben der Selbststeigerung sowie ...in seinen späteren Schriften ...für eine Herrenmoral und einen

---

20 Zur Diskussion dieses und anderer Einwände vgl. Ursula Wolf, *Das Tier in der Moral*, Frankfurt a. M. 1990, 51; zur Debatte um Ethiken des Mitleids vgl. insgesamt auch Ernst Tugendhat, *Vorlesungen über Ethik*, Frankfurt a. M. 1994, 177 ff.
21 Friedrich Nietzsche, *Also sprach Zarathustra*. Kritische Studienausgabe 4, hg. von Giorgio Colli und Mazzino Montinari, München 1988 (EA 1883), 115 f.

Willen zur Macht. Nietzsches Moralkritik, sein Willensbegriff und das Motiv des Übermenschen, das seinen Versuch normativer Umorientierung leitet, sind interpretationsbedürftig. Aber jenseits der verschiedenen Lektüren, denen sich seine Texte unterziehen lassen, wird man sagen können, dass seine Kritik des Mitleids kaum zu überbieten ist, auch nicht mehr überboten wurde. Nietzsche betrachtet das Phänomen des Mitleids von einer Seite, die vor ihm kaum jemand in den Blick genommen hat.[22] Als Beitrag zu einem Verständnis dieses Gefühls sind seine Überlegungen jedoch von begrenzter Reichweite.

Überaus differenzierte Überlegungen zu Mitleid und Mitgefühlen stammen von Max Scheler, der sich kritisch auf Nietzsche sowie auf die gesamte Tradition des Mitleidsdenkens bezieht. Im Zentrum seiner Kritik steht zunächst die Sympathieethik. Scheler ist der Auffassung, dass es in der Tradition unterblieben sei, unterschiedliche Arten von Mitgefühlen voneinander zu differenzieren. Damit wurde ein sehr komplexer Phänomenbereich in zu einfacher Perspektive vergegenwärtigt. Dies gilt für Nietzsche, gilt aber auch für die Freunde des Mitleids. Scheler unterscheidet das Mitgefühl im engeren Sinne vom Auffassen der Lage eines anderen (vom Verständnis für die Lage eines anderen) und seiner Gefühle.[23] Zwar hängen diese unterschiedlichen Annäherungen an das Erleben anderer Personen eng miteinander zusammen, aber sie sind voneinander zu unterscheiden, insbesondere deshalb, weil Verständnis nicht notwendig ein Mitgefühl impliziert. Scheler macht darauf aufmerksam, dass sich die Lage eines anderen verstehen und in diesem Sinne »nachfühlen« lässt, ohne dass deshalb bereits ein eigenes Gefühl beteiligt ist.

Hier sei noch einmal an das Beispiel vom Sadisten und an die einleitend diskutierte Unterscheidung von Mitleid und Empathie (letztere entspricht dem, was Scheler mit den Ausdrücken »Auffassen«, »Verstehen« und »Nachfühlen« bezeichnet) erinnert: je besser der Sadist sein Opfer versteht, je mehr er nachfühlen kann, was das Opfer bewegt, desto besser wird er sein Opfer quälen können. Dieses Beispiel zeigt, dass »Mitfühlen« und »Nachfühlen« als getrennte Phänomene vorkommen und folglich auch als getrennte Phänomene aufzufassen sind. Scheler erläutert deren Verhältnis, indem er darauf aufmerksam macht, dass im Nachfühlen das Material für das Mitfühlen geliefert werde. Im Nachfühlen werden die Gefühle anderer lediglich wahrgenommen, während man im Mitfühlen seinerseits von den Gefühlen anderer auf eine bestimmte Weise betroffen ist.[24]

---

22 Dass sich hinter Mitleid andere Impulse, etwa eigene Interessen verbergen können, haben freilich bereits Vertreter der französischen Moralistik akzentuiert; vgl. zum Beispiel François de La Rochefoucauld, »Reflexionen oder moralische Sentenzen und Maximen« (EA 1678), in: *Die französischen Moralisten. Band 1: La Rochefoucauld, Vauvenargues, Montesquieu, Chamfort*, hg. und übersetzt von Fritz Schalk, München 1973, 70: »Oft ist Mitleid ein Gefühl unserer eigenen Leiden in den Leiden anderer. Es ist eine kluge Voraussicht der Leiden, die uns begegnen können. Wir helfen anderen, damit sie uns bei ähnlichen Gelegenheiten helfen, und die ihnen erwiesenen Dienste sind eigentlich Wohltaten, die wir uns selber auf Vorschuß leisten.«
23 Max Scheler, *Wesen und Formen der Sympathie*, Bonn 1985 (EA 1913/1923), 19.
24 Zur Kritik an der Terminologie Schelers, der das Auffassen und Verstehen der Gefühle eines anderen als Nach*fühlen* bezeichnet, obwohl das Verstehen keine wie auch immer geartete Weise des Fühlens impliziert, vgl. Hilge Landweer, *Scham und Macht. Phänomenologische Untersuchungen zur Sozialität eines Gefühls*, Tübingen 1999, 128.

Um seine Unterscheidungen zu verdeutlichen, differenziert Scheler zwischen vier verschiedenen Fällen: dem unmittelbaren Mitfühlen (1), dem Mitgefühl an etwas (2), der bloßen Gefühlsansteckung (3) sowie verschiedenen Formen der so genannten echten Einsfühlung (4).[25] Als Mitgefühl im eigentlichen Sinne ist das Mitgefühl an etwas anzusehen. Die Unterscheidungen werden deutlich, wenn man sich Schelers Beispiele vergegenwärtigt. Das unmittelbare Mitfühlen wird veranschaulicht durch ein Elternpaar, welches gemeinsam bei der Leiche des eigenen Kindes steht. Man kann davon ausgehen, dass beide dieselbe Trauer und denselben Schmerz fühlen, weshalb kein Mitgefühl im eigentlichen Sinn vorliegt. Beide fühlen zwar miteinander, und sie fühlen möglicherweise auch dasselbe. Aber jeder hat sein Gefühl in eigener Sache , ohne darum mit dem anderen im Sinne eines eigentlichen Mitgefühls zu fühlen. Das Gefühl des oder der anderen wird beim unmittelbaren Miteinanderfühlen für die Beteiligten nicht (unbedingt) gegenwärtig oder gegenständlich. Man ist in seinem Gefühl nicht notwendig auf das Gefühl des anderen bezogen.

Was das unmittelbare Mitfühlen oder Miteinanderfühlen vom Mitgefühl unterscheidet, wird deutlich, wenn man dieses Beispiel modifiziert. Man stelle sich vor, dass ein Dritter, zum Beispiel ein Freund der Eltern des verstorbenen Kindes, mit den Eltern trauert. Auch er mag zwar seine eigene Trauer verspüren, aber er kann auch mit den Eltern leiden, ohne deren Leid als eigenes zu erfassen.

Scheler möchte deutlich machen, dass das Mitgefühl auf das Fühlen von Leid (und Freude) des anderen gerichtet ist, in Husserlscher Terminologie: sein intentionaler Gehalt ist das Gefühl des anderen. Man könnte sagen: Das Leid der anderen wird in einem ersten Schritt in einem Akt des Verstehens und Nachfühlens gegenwärtig, bevor das Mitleid hinzutritt, indem es sich auf das Leid der anderen richtet. Jedoch ist phänomenal nicht von einem Nacheinander zweier verschiedener Akte auszugehen; das Mitleid ist als Gefühl eine unteilbare Ganzheit; es enthält gewissermaßen das Leid des anderen als etwas vom eigenen Gefühl Unterschiedenes. Das Mitfühlen muss als eine Antwort mit eigenen Gefühlen auf den im so genannten Nachfühlen gegebenen Tatbestand des fremden Gefühls angesehen werden.[26] Das fremde Gefühl ist …um einen Terminus der Husserlschen Phänomenologie zu verwenden …als Aktmaterie des Mitgefühls anzusehen. Was man fühlt, hat zwar mit dem Leid der anderen zu tun, ist eine Reaktion auf deren Leid, ist aber nicht mit deren Leid identisch.

Die Gefühlsansteckung ist ein auch bei einfacheren Organismen als Menschen verbreitetes Phänomen, das Scheler zufolge häufig mit dem Mitleid ..insbesondere in Theorien, die mit evolutionstheoretischen Argumentationsmustern arbeiten … verwechselt wird. Scheler nennt als Beispiel für die Gefühlsansteckung den Fall, wo man in neutraler, vielleicht sogar gedrückter Stimmung in die Lustigkeit einer Kneipen- oder Festgesellschaft hineingezogen wird. Gefühlsansteckungen dieser Art vollziehen sich häufig automatisch , ohne Wunsch und Willen der Betroffenen. Um auf das Mitleid im engeren Sinne zurückzukommen: Wo man vom Leid angesteckt wird, da ist kein Mitleid vorhanden, da ebenso wie beim Miteinanderfühlen das eigene

---

25 Max Scheler, *Wesen und Formen der Sympathie*, a. a. O., 23.
26 Ebd., 24.

Gefühl nicht auf das des anderen gerichtet ist. In der bloßen Ansteckung werden die Gefühle des oder der anderen nicht gegenständlich, was das entscheidende Kriterium zur Unterscheidung vom Mitgefühl ist. Die Differenz von Ich und Du ist konstitutiv für das Mitgefühl, nicht aber für die Gefühlsansteckung, in der dieser Unterschied unerheblich wird.

Schließlich weist Scheler auf verschiedene Fälle echter Einfühlung hin. Einfühlung kann man als gesteigerten Fall von Ansteckung begreifen, als deren Grenzfall. Als Beispiele werden unter anderem Formen religiöser Ekstase, Formen der freiwilligen Unterwerfung, Hypnose und die Liebe genannt. Wie die Gefühlsansteckung, so schließt auch die Einfühlung Nachfühlen und Mitgefühl aus. In der Ansteckung und in der Einfühlung ist das Subjekt unmittelbar von eigenen Gefühlen betroffen. Der Mangel an Distanz lässt keinen Raum dafür, sich auf die Gefühle der anderen beziehen zu können.

Wenn man sich die Unterschiede zwischen dem Mitgefühl auf der einen Seite, den Fällen des Miteinanderfühlens, der Ansteckung und des Einfühlens auf der anderen Seite vergegenwärtigt und sich klar macht, dass Mitgefühl Verstehen und Nachfühlen voraussetzt, was bei Miteinanderfühlen, Ansteckung und Einfühlen nicht der Fall ist, wird deutlich, dass Mitgefühle eine gewisse Distanz voraussetzen. Dieser Gedanke mag überraschen, gelten doch Mitgefühle, und insbesondere das Mitleid, als klassische Nähegefühle. Mitleid hat man dann, wenn man mit dem Leiden anderer unmittelbar konfrontiert ist. Der Gedanke, dass zum Mitleid Distanz gehört, wird von Scheler nicht explizit artikuliert, er wurde vor allem von Käte Hamburger akzentuiert, mit deren Position die Vergegenwärtigung verschiedener Ansätze aus der Geschichte der Philosophie abgeschlossen werden soll.

Käte Hamburger spricht von der Distanzstruktur, die ihrer Meinung nach das Mitleid hat.[27] Sie vertritt die These, dass in Beziehungen, die durch ein großes Maß an Nähe gekennzeichnet sind, Mitleid in einem Spannungsverhältnis zu anderen Gefühlen steht. Die Struktur der Distanz, die Käte Hamburger für das Mitleid konstatiert, scheint auf den ersten Blick vielen der gängigen, seit Aristoteles üblichen Analysen über die Bedingungen für das Auftreten des Mitgefühls zu widersprechen. Zu den geläufigen Einwänden gegen Mitleidsethiken gehört schließlich der Hinweis auf deren mangelnde universale Reichweite, der akzentuiert, dass Mitleid und Mitgefühl sich entweder auf unmittelbar anwesende, auf räumlich nahe Personen, auf Verwandte oder auf Menschen, die einem in einem symbolischen Sinne nahe stehen oder ähnlich sind, beziehen. Zumindest gilt, dass Mitleid und Mitgefühl von einer starken anschaulichen Gegebenheit der Situation derjenigen, auf die sich diese Gefühle beziehen, abhängig sind. Wie verhält sich diese Auffassung zu der von Käte Hamburger unterstellten Distanzstruktur des Mitleids?

Hamburger bestreitet nicht, dass Mitleid von besonderen Nähebedingungen abhängig ist und sich nicht auf etwas beziehen kann, was lediglich unanschaulich gegeben ist. Sie nimmt allerdings an, dass die größte Nähe die Möglichkeit zu Mitleid ebenso ausschließt wie eine ganz und gar unanschauliche Ferne. In der größten Nähe verspürt man kein Mitleid, sondern andere Gefühle. Das Leid des anderen erfährt man gegebenenfalls als eigenes Leid. Noch einmal sei an Schelers Beispiel von

---

27 Käte Hamburger, *Das Mitleid*, Stuttgart ²1996, vor allem 106 ff.

den Eltern an der Leiche des eigenen Kindes erinnert. Hamburger geht davon aus, dass wir denen gegenüber, die uns am nächsten stehen, nicht Mitleid, sondern andere Gefühle haben, wenn sie von Unglück betroffen sind, Kummer, Sorge, Angst, Traurigkeit und Trauer. Die Situation des anderen, der uns auf besondere Weise nahe steht, ist von unserer eigenen Situation nicht eindeutig zu trennen.

Hamburger setzt Mitleid und Liebe bzw. Freundschaft einander entgegen. Mitleid fasst sie als etwas Unpersönliches auf, während Liebe und Freundschaft personengebunden sind. Mitleid sei ein Affekt, der durch die Qualität des Unpersönlichen charakterisiert sei, ja, dass Mitleid nicht auftrete, markiere geradezu die Grenze zwischen dem Unpersönlichen und Persönlichen.[28] Wenn jemand leidet, der einem sehr nahe ist, leidet man nicht unbedingt am Leid des anderen, sondern man leidet an Kummer und Sorge um den anderen: »Ich leide nicht wie oder als er selbst, sondern trage um sein Leid Kummer und Sorge . Wobei eben Kummer und Sorge, aber nicht sein Leid, mein Leid ist.«[29]

An dieser Stelle mag eine Erinnerung an die phänomenologische Terminologie dienlich sein. Hamburgers Überlegungen zielen darauf, dass mir die Gefühle des anderen nicht »originär« gegeben sind, wie es Husserl ausgedrückt hätte: Ich empfinde sie nicht als meine Gefühle, sondern ich reagiere mit Gefühlen auf ihre Gefühle, und zwar im Falle von Menschen, die mir sehr nahe stehen, genauso wie im Falle von mir Fremden. In beiden Fällen kann ich durchaus unterscheiden, was meine und was ihre Gefühle sind, wie Hamburger vollkommen zutreffend feststellt. Im Fall des Mitleids ist das Leiden des anderen intentionaler Gegenstand meines Gefühls; es baut darauf auf, dass dem anderen Unglück zugestoßen ist und darauf, dass er daran leidet. Wenn Hamburger das Mitleid als »unpersönlich« charakterisiert, dann scheint das damit zusammenzuhängen, dass nicht die gesamte Person des anderen im Zentrum dieses Gefühls steht, sondern ihr Leiden, und zudem damit, dass keine persönliche Beziehung für Mitleid vorausgesetzt werden muss. Bei denjenigen, die mir am nächsten stehen, glaubt Hamburger nun, dass deren Unglück für mich selbst auf besondere Weise beunruhigend ist, es ist auch mein Unglück, ohne dass der Umweg über die Gefühle der anderen (ihr Leiden) genommen werden müsste. All dies führt aber nicht unbedingt zu einer Unverträglichkeit von Mitleid und Liebe.

Brechen wir die Auseinandersetzung mit wichtigen Positionen zu einer Philosophie des Mitleids an dieser Stelle ab. Thema der nächsten vier Abschnitte sind die systematischen Konsequenzen, die sich aus den Analysen, welche bisher zur Sprache gekommen sind, ziehen lassen. Nehmen wir nach dem Gang durch die Geschichte der Philosophie einige der eingangs gestellten Fragen wieder auf: Unter welchen Bedingungen entstehen Mitgefühle und wirken sich diese Bedingungen auf eine Ethik, die auf Mitleid gegründet ist, positiv oder negativ aus? Worin unterscheidet sich das Teilen einer Einstellung oder Überzeugung vom Teilen eines Gefühls? Wie sind die Unterschiede zwischen dem Mitleid als einer Haltung bzw. Einstellung und dem Mitleid im Sinne eines episodischen Gefühls zu charakterisieren? Lassen sich die Gefühle anderer als eigene Gefühle, lässt sich das Leid des anderen als eigenes Leid spüren? Wie unterscheiden sich Mitgefühle von stellvertretenden Gefühlen?

---

28 Vgl. ebd., 105.
29 Ebd., 105.

2. Bedingungen für Mitgefühle

Mitgefühle, Mitleid und Mitfreude bedürfen besonderer Bedingungen, um zu entstehen. Anders als es im Rahmen evolutionsbiologischer Ansätze zu Gefühlen häufig angenommen wird, werden Mitgefühle im Allgemeinen und das Mitleid im Besonderen nicht mechanisch ausgebildet oder hervorgerufen. Mitleid und Mitgefühle bedürfen einer Kultivierung, schließlich werden sie nur in bestimmten Kulturen und je nach Kultur in einem bestimmten Ausmaß und bei bestimmten Anlässen ausgebildet. Innerhalb der christlichen Kultur hat das Mitleid immer eine wichtige Rolle gespielt, in diesem Sinne ist sie eine Mitleidskultur. Aber es gibt auch Kulturen, in denen Mitleid keine bzw. allenfalls eine untergeordnete Rolle spielt.

Selbst in den Kulturen, in denen es eine Rolle spielt, ist der Kreis der Adressaten des Mitleids sehr unterschiedlich. Mitleid im Sinne einer generellen Einstellung ist kaum verbreitet. Mitleid betrifft zumeist den engeren Umkreis, Verwandte und Menschen, die einem in irgendeinem Sinne nahe stehen. Fremde oder Feinde sind in den seltensten Fällen Adressaten des Mitleids. Da das Mitleid anders als Angst kein unmittelbar angeborenes Gefühl ist, werden Positionen, denen zufolge Mitleid als Motiv oder gar Fundament der Moral fungieren soll, als unzureichend kritisiert. Allerdings muss eine Mitleidsethik das Mitgefühl nicht als angeboren voraussetzen, sondern kann gerade im Maß seiner Kultivierung einen Gradmesser für die Moralität einer Kultur sehen.

Ist man an einer universalistischen Mitleidsethik interessiert, so muss man sich allerdings dem Problem stellen, wovon die Ausbildung von Mitleidsdispositionen abhängt, denn niemand fühlt das Leiden aller, auch sehr entfernter Menschen nach, wenn es nicht anschaulich gegeben ist. Die Abhängigkeit des Mitleids von der sinnlichen Anschauung steht in einer Spannung zum Allgemeinheitsanspruch einer Moral, die ihre Basis im Mitleid finden soll. Wir haben jedoch bereits im Zusammenhang mit der Darstellung der Position Schopenhauers darauf hingewiesen, dass es für eine Mitleidsethik nicht unbedingt darauf ankommt, ob Mitleid als akutes Gefühl gespürt wird, sondern lediglich darauf, ob eine generelle Disposition zu Mitleid ausgebildet werden kann. Dies kann so verstanden werden, dass prinzipiell mit allen menschlichen Wesen Mitgefühl möglich ist.

Andererseits kann damit das Problem, dass faktisches Mitleid sich immer nur auf anschaulich gegebenes Leiden bezieht, nicht gelöst werden. Denn wenn dieses Gefühl moralisches Handeln motivieren soll, so bedarf es gewisser Anhaltspunkte, wem von den vielen Leidenden in der Welt vor allem geholfen werden soll. Die entsprechenden Kriterien kann man weder aus dem Gefühl des Mitleids noch aus der Disposition dazu gewinnen, sondern dafür bedarf es eines Begriffs von der Schwere oder dem Grad eines Leidens.

Mit dieser Kritik an einer fundierenden Rolle des Mitleids für die Moral ist ein weiterer, wesentlich gravierenderer Einwand verbunden, der auch bei Scheler bereits genannt ist: Das Mitleid bezieht sich unterschiedslos auf alle Leidenden, auch auf den Gewaltverbrecher, dessen Handlungsmotive oft in einer Kindheit aufgefunden werden können, in der er selbst Opfer von Gewalt war. Das ..in gewissen Grenzen durchaus berechtigte ..Mitleid mit ihm wird sich nicht mit dem Mitleid mit seinen durch ihn traumatisierten Opfern messen lassen, und zwar deshalb nicht, weil die Empörung über die Tat einen Vorbegriff von Unrecht voraussetzt, der die beiden Mitleidsphänomene zu trennen erlaubt.

Während der Einwand gegen die Kriterienlosigkeit des Mitleids bezogen auf die Härte des Leidens noch mit dem Argument zurückgewiesen werden könnte, dass eine Mitleidsethik auch bei der Annahme einer fundierenden Rolle dieses Gefühls nicht auf weitere, externe Kriterien für seine Graduierung zu verzichten braucht, wiegt der Einwand, der sich darauf bezieht, dass auch Gewaltverbrecher Gegenstand des Mitleids werden können, schwerer. Denn erstens verlangt diese Kritik, den Begriff des Mitleids zu dem des Unrechts in eine Beziehung zu setzen. Dafür benötigt man Kriterien, welche dem Mitleid extern sind, womit die fundierende Rolle des Mitleids in Frage gestellt ist. Zweitens richtet sich dieser Einwand nicht nur gegen universelle Mitleidsethiken, sondern auch gegen solche, die von vornherein lediglich partikulare Geltung beanspruchen.

Einen weiteren Einwand gegen eine Mitleidsethik könnte man in deren anthropologischer Begrenztheit sehen, die darin liegt, dass faktisch nicht alles Leiden in der Welt in einer Weise mitgefühlt werden kann, die zu moralischem Handeln motiviert. Diese Kritik bezieht sich auf die bereits diskutierte Nähebedingung und anschauliche Gegebenheit des Bemitleideten; sie trifft eher universelle Mitleidsethiken als partikulare. Ein anderer Aspekt der anthropologischen Begrenztheit des Mitleids zeigt sich in einer bisher noch nicht genannten, aber keineswegs trivialen Voraussetzung für dieses Gefühl, die darin besteht, dass der Bemitleidende sich in einer tendenziell besseren sozioökonomischen oder psychischen Lage befindet als derjenige, der bemitleidet wird ...anderenfalls ist für dieses Gefühl kein Platz.

Ob und inwieweit das Ausmaß, in welchem Mitleid kultiviert werden kann, von sozioökonomischen Faktoren abhängig ist, ist eine Frage, die am Ende einer empirischen Beantwortung bedarf. Es scheint jedoch so zu sein, dass sozioökonomische Faktoren nicht ohne Einfluss auf die Ausbildung von Mitleid bleiben. Ethnologische Studien belegen dies auf eindrucksvolle Weise und enthalten überdies Hinweise auf die kulturelle Relativität des Mitleids.[30] Wo Menschen in überaus basaler Weise mit der Sicherung ihrer Existenz befasst sind, bleibt nur wenig Raum für Mitgefühle. In diesem Sinne sind Mitgefühle ein sozialer Luxus. Man muss sie sich auf eine bestimmte Weise leisten können. In Krisensituationen und in Situationen des Überlebenskampfes treten Mitleid und Mitgefühl seltener in Erscheinung als in Kontexten existentieller Sattheit.

Zwei Einwände mögen sich angesichts der These von der Kulturabhängigkeit des Mitleids aufdrängen, welche diese Behauptung mit Befunden aus Verhaltensforschung und Neurobiologie konfrontieren. Mitgefühle, vorsichtiger formuliert: funktionale Äquivalente für das Mitgefühl, scheinen auch im Tierreich verbreitet zu sein. Daraus könnte man den Schluss ziehen, dass Mitgefühle in der Natur verankert sind, sich biologischen Impulsen verdanken und dass es keiner besonderen kulturellen Bedingungen bedarf, um Mitgefühle auszubilden. Zwar finden sich Verhaltensweisen,

---

30 Vgl. zum Beispiel die Studie von Colin Turnbull, *Das Volk ohne Liebe. Der soziale Untergang der Ik,* Reinbek bei Hamburg 1973.

die sich als mitleidig beschreiben lassen, nicht bei allen Tieren, aber zumindest bei den großen Meeressäugern und einigen Primaten konnten wiederholt Arten des Verhaltens beobachtet werden, für welche sich Begriffe wie »Mitleid« oder »Mitgefühl« geradezu aufdrängen. Dies betrifft beispielsweise Verhaltensweisen der Hilfe oder des Schutzes, welche der Wahrnehmung der Not oder des Leidens eines anderen Wesens geschuldet sind, so wenn Wale sich zwischen die Boote der Walfänger und verletzte Artgenossen drängen, um diese zu schützen. Die Bereitschaft zu Hilfe und Fürsorge sollte jedoch nicht mit Mitleid verwechselt werden. Hilfsbereitschaft ist oft mit Mitleid verbunden, muss dies jedoch nicht unbedingt sein. Jedenfalls ist der Hinweis auf die Fürsorglichkeit und Hilfsbereitschaft, die manche Tiere gegenüber ihren Artgenossen an den Tag legen, nicht als Argument dafür zu werten, dass Mitgefühle keiner Kultivierung bedürfen.[31]

In der Neurobiologie, so ein weiterer Befund, der die These von der Natürlichkeit des Mitgefühls stützen könnte, kam es vor einigen Jahren zur Entdeckung der so genannten Spiegelneurone. Diese Nervenzellen in der Großhirnrinde werden, kurz bevor eine Handlung ausgeführt werden soll, aktiv. Die Zellen feuern jedoch nicht nur, wenn man selbst eine Handlung ausführen möchte, sondern offensichtlich auch dann, wenn man andere bei einer entsprechenden Handlung beobachtet oder über die betreffende Handlung spricht. Inzwischen wird der Hinweis auf Spiegelneurone dazu verwendet, eine Reihe psychologischer Phänomene zu erklären. Insbesondere gelten sie als materielle Träger von Mitleid und Mitgefühl.[32] Spiegelneurone, so heißt es, versorgen uns mit intuitivem Wissen über die Absichten von Personen, deren Handlungen wir beobachten. Sie melden uns, was Menschen in unserer Nähe fühlen, und lassen uns deren Freude oder Schmerz mitempfinden.[33]

Auch derartige Hinweise vermögen die These nicht zu erhärten, dass Mitleid und Mitgefühle vollständig durch ihre biologische Natur beschrieben oder gar dadurch erklärt werden können. Nun ist die Spiegelneuronenhypothese selbst unter Neurowissenschaftlern umstritten und nicht alle sind der Auffassung, dass die fraglichen Zellen die ihnen zugeschriebenen Funktionen aufweisen. Selbst wenn man einräumt, es gebe biologische Voraussetzungen für Mitgefühle, lässt sich die Entstehung von Mitgefühlen ausschließlich mit diesen Mitteln nicht erklären. Der Rekurs auf Spiegelneurone krankt an den Schwierigkeiten aller reduktiven Erklärungen, er benennt ...wenn überhaupt ...allenfalls notwendige, nicht aber hinreichende Bedingungen für das Entstehen von Mitgefühlen.

---

31 So vorsichtig ist auch Frans de Waal, der im Übrigen eine Vielzahl von Beispielen für fürsorgliches Verhalten unter Tieren liefert. Vgl. Frans de Waal, *Der gute Affe. Der Ursprung von Recht und Unrecht bei Menschen und anderen Tieren*, München 2000, insbesondere 56 ff.
32 Vittorio Gallese, »The Roots of Empathy: The shared Manifold Hypothesis and the Neural Basis of Intersubjectivity«, in: *Psychopathology* 36 (2003), 171..180.
33 Vgl. Joachim Bauer, *Warum ich fühle was Du fühlst. Intuitive Kommunikation und das Geheimnis der Spiegelneurone*, München 2005. Bauer bemerkt: »Durch Spiegelnervenzellen ausgelöste Resonanz bedeutet: Indem wir die Handlungsabsichten, Empfindungen und Gefühle eines Menschen selbst in uns spüren, gewinnen wir ein spontanes, intuitives Verstehen dessen, was den anderen bewegt.« (85 f.) Solche Bemerkungen zeigen, dass der Verweis auf Spiegelneurone das begriffliche Niveau der Frage verfehlt, was es heißt, mit jemandem zu fühlen.

Auch wenn man noch weiter geht und bereit ist, der Hypothese jener zu folgen, die Spiegelneurone postulieren, ist die Fähigkeit, andere zu verstehen, zu unterscheiden von Mitgefühlen im eigentlichen Sinne. Erinnert sei in diesem Zusammenhang ein weiteres Mal an die phänomenologischen Unterscheidungen von Max Scheler. Miteinanderfühlen und Einsfühlen sowie die Gefühlsansteckung, die in der nichtmenschlichen Natur durchaus vorkommen können, sind von echtem Mitgefühl, das sich auf das Gefühl des anderen richtet, zu unterscheiden. Und diese Art des Mitgefühls lässt sich nicht kulturunabhängig ausbilden. Es bedarf zu seiner begrifflichen Bestimmung mehr als bloß der Beschreibung eines biologischen Prozesses, der das Wahrnehmen der Gefühle anderer möglicherweise begleitet, nicht aber die eigene Gefühlsresonanz auf die Gefühle anderer adäquat zu erfassen vermag und auch nicht kausal als Ursache für das Auftreten von Mitleid angesehen werden kann.

3. Mitleid als akutes Gefühl und als Disposition

Ist das Teilen eines Gefühls dem Teilen einer Einstellung oder Überzeugung vergleichbar? Um diese Frage zu beantworten, mag es dienlich sein, sich zu vergegenwärtigen, was es heißt, eine Überzeugung oder einen Gedanken zu teilen. Betrachten wir eine Überzeugung wie diejenige, dass Berlin die Hauptstadt von Deutschland ist. Wenn zwei Personen diese Überzeugung teilen, beziehen sie sich auf den gleichen Sachverhalt, auf den gleichen Ausschnitt von Welt. Sie zeigen bezogen auf die Äußerung des Satzes »Berlin ist die Hauptstadt von Deutschland« das gleiche Zustimmungs- und Ablehnungsverhalten, außerdem werden sie dazu neigen, denselben Schlüssen und Folgerungen zuzustimmen, die sich aus diesem Satz ziehen lassen bzw. aus denen der betreffende Satz gefolgert werden kann. Geteilte Einstellungen können sich auf vielfache Weise manifestieren, in ähnlichen Formen des Handelns und Verhaltens, aber auch in einem Stil oder Habitus.

Geteilte Einstellungen und Überzeugungen können auch mit geteilten Gefühlen einhergehen, müssen dies aber nicht notwendigerweise. Sind zwei Bergsteiger der Meinung, nachdem eine Umkehr ausgeschlossen ist, dass es keine gute Idee war, in Anbetracht der Wetterlage die Tour zum Gipfel fortzusetzen, werden sie beide möglicherweise das gleiche ungute Gefühl in Anbetracht ihrer Lage verspüren. Jeder kann aber auch, ganz nach seinem Naturell, vollkommen unterschiedlich auf die Situation reagieren und mit ihr umgehen. Während der eine sich fürchtet, reagiert der andere einfach nur ärgerlich wegen der falschen und unklugen Entscheidung. Wenn beide ein Gefühl teilen, dann ist dies ein Prozess, der über das Teilen eines Gedankens hinausgeht. Anders als von einem Gedanken ist man von einem Gefühl leiblich betroffen. Ein Gefühl zu teilen, würde demnach bedeuten, die gleiche Weise der leiblichen Betroffenheit an den Tag zu legen und auf denselben Gegenstand bezogen zu sein. Das lässt sich durch das Beispiel der Bergsteiger veranschaulichen, man kann es auch, wie Max Scheler, durch das Beispiel zweier Eltern am Grabe des eigenen Kindes vergegenwärtigen. Bergsteiger und Eltern sind .. und hier gilt zunächst einmal gleiches wie für Überzeugungen .. in ihrem Gefühl bzw. mit ihren Gefühlen auf dieselbe Situation bezogen, auf die Gefahren, die bei schlechtem Wetter vom Berg ausgehen, auf das verlorene Kind. Das Teilen eines Gefühls unterscheidet sich darin nicht vom Teilen eines Gedankens, da in beiden Fällen der Weltbezug auf gleiche Weise zustande kommt.

Allerdings ist das Teilen eines Gefühls im skizzierten Sinne nicht gleichzusetzen mit Mitgefühl. Ein Gefühl mit jemandem in gleicher Situation zu teilen ist etwas anderes, als mit jemandem Mitgefühl zu haben. Teile ich ein Gefühl mit jemandem, bin ich in derselben Weise wie er auf die betreffende Situation bezogen. Habe ich mit jemandem Mitgefühl, bin ich hingegen auf sein Gefühl oder seine Gefühle bezogen. Mitgefühle zu haben, heißt gerade nicht, in derselben Weise wie andere auf die betreffende Situation bezogen zu sein. Selbst wenn man einräumt, dass sich das Teilen eines Gefühls, das dem »Miteinanderfühlen« von Scheler entspricht, und das Teilen einer Überzeugung miteinander vergleichen lassen, so ist beides von Mitgefühl zu unterscheiden. Im Fokus des Mitgefühls steht etwas anderes, nämlich ein Gefühl von jemand anderem. Eine zwar schon angesprochene, aber noch nicht gänzlich beantwortete Frage, auf die nun zurückzukommen ist, lautet: Ist Mitleid nicht eher als eine Einstellung oder Haltung aufzufassen und nicht so sehr als ein Gefühl?

Wir haben an verschiedenen Stellen betont, dass das Mitleid als Gefühl nicht identisch ist mit den Impulsen, anderen zu helfen, auch wenn es oft davon begleitet sein mag. Außerdem sind die entsprechenden moralischen Handlungen auch ohne Beteiligung eines akuten Mitgefühls möglich. In dem Moment, in dem ich eine Spende gebe, kann ich kühl an meine Steuererklärung denken, auch wenn der Impuls für diese Handlung ursprünglich durch die Bilder einer humanitären Katastrophe ausgelöst wurde. Ist die Handlung dann durch Mitleid motiviert? Als akutes Gefühl spüre ich kein Mitleid bei der Überweisung der Spende. In solchen Fällen kann man sicherlich davon sprechen, dass eine Disposition zu Mitleid und zu den entsprechenden Handlungen besteht, eine Gefühls- und Verhaltensdisposition also, denn wenn ich dieselben Bilder noch einmal sähe, würde ich wahrscheinlich wieder Mitleid empfinden, und das Mitleid erklärt die Handlung, sofern es als Grund das Handelns angesehen werden kann.

Aber ist es nicht auch möglich, dass ich dieselbe Handlung ohne Beteiligung jeglichen Gefühls ausführte? Könnte die Handlung nicht auch allein durch die Vorstellung des Leids der anderen ausgelöst sein, ganz ohne Beteiligung eines Gefühls, durch reine Vernunft? Man könnte diesen Vorgang wie folgt charakterisieren: Man versetzt sich in die Situation eines anderen, um per Analogieschluss eine Vorstellung, ein Bild seiner Emotion zu erhalten. Jemanden zu bemitleiden bedeutet in der Moralphilosophie wie auch im Alltag oft lediglich, ihn als bedürftig anzusehen, ihm gegenüber ein fürsorgliches Verhalten an den Tag zu legen. Ein Gefühl, welches einen bestimmten Verlauf nimmt, muss an diesen Verhaltensweisen nicht beteiligt sein. Fast überall dort, wo in der Moralphilosophie von Mitleid, Mitgefühl oder Sympathie die Rede ist, steht diese Einstellung und Haltung im Vordergrund. Es wird selten genauer diskutiert, ob bei den durch Mitleid motivierten Handlungen akute Gefühle beteiligt sind und wenn ja, welche. Zumeist wird unter Mitleid vor allem eine Verhaltensdisposition verstanden, seltener eine Einstellung, die empfänglich für Mitgefühl ist, und ganz selten steht das Mitleid als ein episodisches Gefühl zur Diskussion.

4. Zugang zu den Gefühlen anderer

Lassen sich die Gefühle anderer als eigene Gefühle, lässt sich das Leid des anderen als eigenes Leid spüren? Bevor wir auf diese Frage eingehen, wollen wir zunächst untersuchen, was es bedeutet, Mitleid oder Mitgefühle im Sinne episodischer Gefühle zu verspüren. Zu dem Gedanken, dass es jemandem schlecht geht und ihm geholfen werden muss, zu den im gegebenen Fall praktizierten Akten der Fürsorglichkeit muss noch etwas hinzutreten, damit von einem Mitgefühl im Sinne eines akuten Gefühls die Rede sein kann. Mitleid oder Mitgefühl können als Betroffensein vom Gefühl des anderen aufgefasst werden. Das Leid (oder auch die Freude) des anderen wirken auf meine eigene Gefühlswelt ein und verändern diese. Ich reagiere mit eigenen Gefühlen auf die Gefühle des anderen. Dass dies nicht nur nicht dieselben sein müssen, welche der andere verspürt, sondern letztlich gar nicht die gleichen Gefühle sein dürfen oder können, da es sonst zu einer Verwechslung und Ununterscheidbarkeit der Gefühle käme, hatte bereits die Auseinandersetzung mit Max Scheler deutlich gemacht. Ich reagiere mit einem Mitgefühl auf des Leid, den Schmerz, die Freude des anderen, ohne darum sein Leid, seinen Schmerz, seine Freude zu erfahren. Aber gleichwohl erfahre ich ein Gefühl, und zwar ein Gefühl, in dessen Zentrum das Gefühl des anderen steht.

Statt von einer ausschließlich gedanklichen Übertragung eines Gefühls auszugehen, welche mit Hilfe eines Analogieschlusses zustande kommt, erscheint es angemessener, Mitgefühle im Sinne eines Mitschwingens mit anderen aufzufassen. Im eigenen Gefühlserleben kommt es zu Resonanzen mit den Gefühlen des oder der anderen, wie man mit Hilfe musikalischer und physikalischer Metaphern erläutern kann. Leid oder Freude des anderen klingen im eigenen Gefühlserleben nach, ohne dass dieses Erleben (ganz) von Freude und Leid ausgefüllt sein müsste. Ganz andere Gefühle können im Vordergrund des eigenen Erlebens stehen. Auch wenn man mit der Trauer von jemandem mitfühlt, kann man gleichzeitig vom Stolz auf eigenen Leistungen erfüllt sein, ängstlich in die Zukunft blicken, da wichtige Prüfungen bevorstehen, usw.

Die Bilder des gedanklichen Übertragens per Analogieschluss und des Mitschwingens sind ebenfalls in den neueren Debatten über die Fähigkeit des so genannten *mindreading* verbreitet.[34] In der insbesondere in der Philosophie des Geistes und der Kognitionswissenschaft geführten Debatte wird unter *mindreading* die Fähigkeit verstanden, anderen oder uns selbst Empfindungen, Gefühle oder Überzeugungen zuzuschreiben. Es handelt sich um die Fähigkeit, andere als geistbegabte Wesen anzusehen, oder ...wie es in der Debatte manchmal heißt ...um die Fähigkeit zur Ausbildung einer *theory of mind*. Im Wesentlichen zwei Lager stehen sich hier gegenüber: Anhänger der Theorie-Theorie und Verteidiger der Simulationstheorie. Vertreter der Theorie-Theorie behaupten, dass unsere Kompetenz, anderen Gefühle und Überzeugungen zuzuschreiben, theorieartig strukturiert ist und gesetzesartige

---

[34] Vgl. zu dieser Debatte Alvin I. Goldman, Simulating Minds. *The Philosophy, Psychology, and Neuroscience of Mindreading*, Oxford 2006; ferner Shaun Nichols/Stephen P. Stich, *Mindreading. An Integrated Account of Pretence, Self-Awareness, and Understanding Other Minds*, Oxford 2003; Manuela Lenzen, In den Schuhen des anderen. *Simulation und Theorie in der Alltagspsychologie*, Paderborn 2005.

Verallgemeinerungen enthält. Das Verstehen einer anderen Person ist im Prinzip dem Verständnis vergleichbar, welches man für Vorgänge in der unbelebten Natur entwickeln kann.[35] Man schließt aus seinen Erfahrungen auf allgemeine Regeln, die man dann wieder auf Einzelfälle anwenden kann. Vertreter des Simulationsansatzes hingegen fassen das Verstehen anderer Menschen als eine besondere (nichttheoretische) Fähigkeit auf, über welche bereits das Neugeborene verfügt und die im Laufe eines Lebens lediglich weiterentwickelt wird. Unter den Simulationstheoretikern kursieren vorrangig zwei Bilder zur Beschreibung intersubjektiver Verstehensprozesse. Wir verstehen den anderen, wenn wir seine Erfahrungen durch Analogieschlüsse auf uns übertragen , oder aber wir verstehen ihn, indem wir uns in ihn hineinversetzen .[36] Unabhängig davon, welchen Ansatz man im Einzelnen favorisiert, in jedem Fall muss es als eine Voraussetzung für Mitgefühle angesehen werden, andere als geistbegabte Wesen begreifen zu können.

Im Vergleich zum Bild von der gedanklichen Übertragung ist die Schwingungsmetapher besser dazu geeignet, verschiedenartige Phänomene von Mitgefühlen zu erfassen, nicht nur die bislang diskutierten Mitgefühle im Sinne von Mitleid oder Mitfreude. Auch die Reaktion der empörten Masse im Fußballstadion auf eine Fehlentscheidung des Schiedsrichters oder ihre Begeisterung in Anbetracht eines Sturmlaufs der eigenen Mannschaft lassen sich als Resonanzphänomene auffassen, insofern sich die Gefühle der einzelnen Individuen in einer solchen Masse wechselseitig verstärken. Von Mitgefühlen im Sinne von Gefühlen, in deren Zentrum die Gefühle anderer stehen, sind derartige Reaktionen zu unterscheiden, da es sich bei ihnen um eine Art des Miteinanderfühlens, um das auf die jeweilige Situation bezogene Teilen eines Gefühls handelt, in dessen Zentrum, anders als beim Mitgefühl, nicht das Gefühl der anderen steht, sondern das, was geschieht (Schiedsrichterentscheidung, Spielverlauf). Im Unterschied zum bloßen Miteinanderfühlen sind in der Peripherie dieser Resonanzphänomene aber auch die Gefühle der anderen auf besondere Weise wichtig, sofern sie die eigene Reaktion verstärken; man wird durch sie »angesteckt«. So gesehen sind diese Fälle als Phänomene anzusehen, die zwischen Miteinanderfühlen und Gefühlsansteckung anzusiedeln sind.

Der Phänomenologe Hermann Schmitz spricht davon, dass Mitleid und Mitfreude gleichsam Ausläufer der Wellen fremden Leids oder fremder Freude seien.[37]

---

35 Um nur einen Vertreter der Theorie-Theorie zu nennen: Paul M. Churchland, »Folk Psychology and the Explanation of Human Behavior«, in: Scott M. Christensen/Dale R. Turner (Hg.), *Folk Psychology and the Philosophy of Mind*, New York 1991, 247..262.
36 Die Empathie-Auffassung von Simulation vertritt beispielsweise Robert M. Gordon, »The Simulation Theory: Objections and Misconceptions«, in: Martin Davies/Tony Stone (Hg.), *Folk Psychology: The Theory of Mind Debate*, Oxford 1995, 100..122; die Analogie-Auffassung findet sich u. a. bei Alvin I. Goldman, »Empathy, Mind and Morals«, in: ebd., 185... 208. Vgl. auch den instruktiven Überblick bei Frank Esken, »Spiegelneuronen: Die neurobiologische Antwort auf das Intersubjektivitätsproblem, die Husserl noch nicht kannte? Husserls Überlegungen zum Fremdpsychischen im Lichte der Kognitionswissenschaften«, in: Dieter Lohmar/Dirk Fonfara (Hg.), *Interdisziplinäre Perspektiven der Phänomenologie*, Berlin/New York 2006, 72..107, dem unsere Darstellung in Grundzügen folgt. Esken verfolgt die Ursprünge der Debatte über das *mindreading* zudem zurück bis zu Husserl und der Erklären-Verstehen-Kontroverse im Anschluss an Dilthey.
37 Hier und im Folgenden nach Hermann Schmitz, *Der Gefühlsraum*, Bonn ²1981, 153 ff.

Er steht damit den Theorien, welche Mitgefühle als Mitschwingen auffassen, näher als den Theorien, welche das Mitgefühl in einem Analogieschluss fundiert sehen. Für Schmitz ist ebenso wie für Scheler das Mitgefühl scharf von Gefühlsansteckung und von bloßem Nachfühlen unterschieden, doch anders als Scheler betont Schmitz das spezifische leiblich-affektive Betroffensein durch das fremde Gefühl. Dieses »rührende« oder »anstiftende« Gefühl setze sich im Mitgefühl aber nicht etwa stetig fort, sondern dieses sei vielmehr durch einen deutlichen Bruch mit dem fremden Gefühl gekennzeichnet. Das Mitgefühl hebe sich sekundär von dem Gefühl des anderen ab. So erleben beispielsweise Erwachsene, die sich an der naiven, strahlenden Weihnachtsfreude von kleinen Kindern freuen, nicht selbst genau diese Freude, können aber durchaus von der Freude der Kinder ergriffen sein, wenn auch nicht in gleicher Intensität und mit gleicher Tönung. Dieses Gefühl erlaubt dem Erwachsenen zum Beispiel kein ganz ungebrochenes, unbefangenes Mitmachen , wohl aber freudige sekundäre Anteilnahme.

Schmitz geht davon aus, dass die Sympathiegefühle wegen dieses sekundären Charakters mehr als andere Gefühle von »Unechtheit« bedroht sind; oft ist unentschieden, ob ein Mensch, der die Gefühle eines anderen wahrnimmt, wirklich affektiv betroffen ist. Dann wäre aber auch das leiblich-affektive Betroffensein gestört, eine Störung, die für Mitgefühle nicht ganz untypisch ist: Jemand, der trauert, drückt sein Gefühl unwillkürlich aus, während jemand, der diese Trauer mitfühlt, aber nicht selbst von dem entsprechenden Verlust betroffen ist, oft unsicher ist, wie er seiner Anteilnahme Ausdruck verleihen soll. Das Problem der richtigen Gebärde entstehe, so Schmitz' Beobachtung, bei primären Gefühlen nie, bei Sympathiegefühlen aber oft. Für das Mitgefühl im engeren Sinne, so ließe sich aus diesen Überlegungen von Hermann Schmitz schließen, ist also neben der Resonanz des Gefühls des anderen im eigenen Gefühl auch noch die leiblich-affektive Betroffenheit durch dessen Gefühle eine unverzichtbare Bestimmung.

5. Stellvertretende Gefühle

Wie unterscheiden sich Mitgefühle von stellvertretenden Gefühlen? Eine weitere von den bislang diskutierten Formen von Gefühlen zu unterscheidende Form von Mitgefühl liegt dort vor, wo man Gefühle an der Stelle von jemand anderem hat. Aus Gründen der terminologischen Präzision seien diese Gefühle als stellvertretende Gefühle bezeichnet. Im Fall stellvertretender Gefühle hat man ein Gefühl an der Stelle eines anderen. Der Unterschied zu Mitgefühlen im eigentlichen Sinne besteht darin, dass die Person, auf die sich das eigene Gefühl bezieht, das entsprechende Gefühl nicht hat, jedenfalls nicht notwendigerweise.[38]

---

38 Wie bereits im zweiten Abschnitt dieses Kapitels deutlich wurde, diskutiert bereits David Hume, *Traktat über die menschliche Natur*, a. a. O., 105 solche Fälle; vgl. auch Hilge Landweer, *Scham und Macht*, a. a. O., 129 ff.

In diesem Zusammenhang sind unterschiedliche Fälle denkbar. Entweder man unterstellt, ein anderer hat ein Gefühl, man unterstellt beispielsweise, dass er an einer bestimmten Situation leidet, und bildet ein entsprechendes Mitgefühl aus. Man reagiert mit bestimmten Gefühlen auf die ihm unterstellten Gefühle. Oder aber man geht von vornherein davon aus, dass der andere das betreffende Gefühl nicht hat, und hat es dann an seiner Stelle. Der erste Fall liegt relativ nahe bei den Mitgefühlen im echten Sinne, die einzige Differenz besteht darin, dass man glaubt, mit jemandem zu fühlen, ohne es zu tun, da die andere Person die ihr unterstellten Gefühle nicht hat. Man unterstellt zum Beispiel jemanden, der von einem schweren Schicksalsschlag betroffen ist, an dieser Situation zu leiden und bildet ein entsprechendes Mitgefühl aus, obwohl die betreffende Person kein Leiden verspürt. In diesem Fall liegt eine Täuschung über den Zustand des anderen vor; das Mitgefühl wird gerade durch diese Täuschung ermöglicht. Der zweite Fall ist anders gelagert. Hier wird dem anderen nicht unterstellt, ein bestimmtes Gefühl zu haben, sondern das stellvertretende Gefühl kann geradezu als Reaktion darauf verstanden werden, dass der andere das fragliche Gefühl nicht hat. Stellvertretende Gefühle in diesem Sinne hat man vor allem dann, wenn man der Überzeugung ist, der andere sollte in einer bestimmten Situation ein entsprechendes Gefühl haben.»Sollen« ist hier im Sinne von durchschnittlichen (konventionellen) oder moralischen Erwartungshaltungen zu verstehen. Jemand sollte sich in einer bestimmten Situation schämen, ohne dass er es tut. In einem derartigen Fall ist es möglich, sich stellvertretend für jemand anderen zu schämen.

Die Frage lautet, wie weit das bei anderen Gefühlen reicht. Kann man für jemanden trauern, sich für jemanden freuen, ohne dass die Person selbst trauert oder sich freut? Wie bereits gesagt, kann man dies in dem ersten der genannten Fälle, wo man nicht weiß, dass der andere das betreffende Gefühl nicht verspürt. Ob die Ausbildung von Stellvertretergefühlen der Trauer oder Freude auch in Fällen möglich ist, wo man sicher weiß, dass der andere die entsprechenden Gefühle nicht hat, ist fraglich. Die Ausbildung von stellvertretenden Gefühlen ist offensichtlich an Erwartungshaltungen gebunden, die mit Regeln und Normen zusammenhängen. Ein stellvertretendes Gefühl bildet man dann aus, wenn man aufgrund allgemeiner Situationsmerkmale glaubt, dass eine andere Person das betreffende Gefühl hat, wenn es die Regel ist, dass man in einer solchen Situation das betreffende Gefühl hat, oder aber dann, wenn man der Auffassung ist, dass man in einer bestimmten Situation ein bestimmtes Gefühl haben sollte.

Dieses Sollen ebenso wie die Regeln liegen zumeist nicht in der Form eines propositionalen Wissens vor. Denn gerade dann, wenn man zu sagen wüsste, welche Gefühle andere haben sollten, könnte man ihnen diese Gefühle nicht mehr so leicht abnehmen , könnte sie nicht stellvertretend für sie übernehmen, weil man es dann als deren Aufgabe betrachten und man sie für verantwortlich dafür halten würde. Den stellvertretenden Gefühlen haftet gewissermaßen etwas Irrationales an; ihr Entstehen ist nicht leicht zu erklären.

Hermann Schmitz' Theorie über Gefühle als Atmosphären bietet eine der wenigen nicht-psychologischen und nicht-psychodynamischen Erklärungen dieser Phänomene an. Schmitz spricht vom »überpersönlichen« Charakter der Gefühle als Atmosphären, eine Annahme, die einer ausführlichen Auseinandersetzung und Kritik bedürfte. Der ..durchaus fragwürdige ..Begriff der »überpersönlichen Atmosphäre« erweist sich aber gerade für das Phänomen der stellvertretenden Gefühle als triftig. Als Atmosphären beanspruchen Gefühle nach Schmitz Autorität; jede Situation, die ein bestimmtes Gefühl als Atmosphäre hervorbringt und verlangt, zwingt es irgend einem der Anwesenden auf. Dass dies nicht immer derjenige ist, welcher dieses Gefühl verdient hat, lässt sich gut mit den Mitteln des Atmosphärenbegriffs deutlich machen. So erklärt beispielsweise Andrea Moldzio auf verblüffende Weise im Anschluss an die Atmosphärentheorie von Hermann Schmitz das typischerweise selbstdestruktive Verhalten von Opfern sexuellen Missbrauchs.[39] Der Missbrauch bringt eine Atmosphäre von Scham und Schuldgefühlen hervor, die Autorität beansprucht und vom Täter zu übernehmen wäre, aber er hat diese ihm angemessenen Gefühle nicht. Stellvertretend übernimmt das Opfer genau diese Gefühle, während für es selbst eigentlich Zorn und Empörung angemessen wären.

Abschließend müssen wir noch einmal auf Aristoteles' Theorie der Katharsis zurückkommen, die im ersten Abschnitt über das Mitleid in der Geschichte der Philosophie erwähnt wurde. In den heutigen Debatten über die »ästhetischen« Gefühle im Sinne des Mitfühlens der Gefühle von fiktiven Figuren ...sei es auf der Bühne, sei es im Roman oder im Film ...wird die Fiktionalität der mitgefühlten Gefühle oft als in einem Spannungsverhältnis zu den so genannten »realen« Gefühlen der Zuschauer und Leser stehend betrachtet.[40] Mit Hilfe des Begriffs der stellvertretenden Gefühle lässt sich dieses Problem in einer neuen Perspektive sehen. Denn dann lässt sich konstatieren, dass Zuschauer oder Leser die Gefühle stellvertretend übernehmen, welche die Schauspieler auf der Bühne darstellen oder die Autoren beschreiben, unabhängig von der Frage, ob die Schauspieler die Gefühle, die sie darstellen, wirklich haben, und auch unabhängig davon, ob Leser die Figuren, deren Gefühle sie mitfühlen, für real halten müssen oder nicht. Der Reiz dieser ästhetischen Gefühle liegt darin, dass es sich eindeutig nicht um Gefühle in eigener Sache handelt.

6. Mitleid im Verhältnis zu Schadenfreude, Neid, Verachtung und Liebe

Obwohl bislang in erster Linie das Mitleid betrachtet wurde, sollte deutlich geworden sein, dass »Mitgefühl« ein Sammelbegriff für unterschiedliche Formen von Gefühlen ist. Außerdem können Mitgefühle in vielfältigen Beziehungen zu anderen Gefühlen stehen. Dies sei zunächst wiederum am Beispiel des Mitleids betrachtet.

---

39 Vgl. Andrea Moldzio, »Nach dem sexuellen Missbrauch. Über ein traumatisches Schamgefühl«, in: Hilge Landweer/Hartwig Schmidt (Hg.), *Scham und Macht. Berliner Debatte Initial* 17 (2006), 117..122.
40 In vorwiegend analytisch orientierten neueren Theorien zu Literatur und Kunst ist in diesem Zusammenhang zumeist von einem »Fiktionsparadox« die Rede; vgl. zum Überblick: Jerrold Levinson, »Emotion in Response to Art. A Survey of the Terrain«, in: Mette Hjort/ Sue Laver (Hg.), *Emotion and the Arts*. New York/Oxford 1997, 20..34, 22 ff.

6. Mitleid im Verhältnis zu Schadenfreude, Neid, Verachtung und Liebe

In der Geschichte der Philosophie wurde das Mitleid häufig in Beziehung zu Schadenfreude und Neid gesetzt. Beide Gefühle scheinen auf den ersten Blick nicht viel mit Mitleid zu tun haben, zumal es im Zusammenhang beider Gefühle nicht um ein wie auch immer geartetes Mitfühlen geht. Eine genauere Betrachtung enthüllt jedoch, in welchem Sinne Mitleid, Schadenfreude und Neid in einem Beziehungsgeflecht stehen.

Die Urteile, die sich als mit Neid und Schadenfreude verbundene analysieren lassen, weisen Übereinstimmung mit jenen Urteilen auf, die mit dem Mitleid einhergehen, insofern diese tendenziell auf gleiche Sachverhalte zielen. Begreift man das Mitleid als einen Schmerz über das (unverdiente) Leid anderer, lässt sich die Schadenfreude als Freude am Leid anderer auffassen, während der Neid einen Schmerz darstellt angesichts des Glücks anderer. Insofern sind Mitleid, Neid und Schadenfreude jeweils auf das Leiden bzw. das Glück anderer bezogen, und zwar im Lichte eigener Bewertungen, welche die Frage betreffen, inwieweit Leiden und Glück anderer verdient oder unverdient (nicht nur im moralischen Sinne) sind. Dass diese Gefühle in einem Geflecht von Beziehungen zueinander stehen, ist auch daran zu sehen, dass sie sich wechselseitig ausschließen. Es ist nicht möglich, bezogen auf denselben Sachverhalt gleichzeitig Mitleid und Neid, Neid und Schadenfreude oder Schadenfreude und Mitleid zu empfinden. Allenfalls Schadenfreude und Mitleid können einander abwechseln, wenn sie in ambivalenter Weise auf denselben Sachverhalt bezogen sind.

Ein weiteres Gefühl, welches einen Bezug zum Mitleid aufweist, ist die Verachtung. Die Nähe von Mitleid und Verachtung hatte ja bereits in Nietzsches Kritik des Mitleids eine Rolle gespielt. Ganz unabhängig von der kulturellen Gemengelage, auf welche die Überlegungen Nietzsches zielen, lässt sich konstatieren: Mitleid und Verachtung können ineinander übergehen, aus Mitleid kann Verachtung werden, Mitleid kann in Verachtung umschlagen. Ein Ausdrucksverhalten, welches in diesem Zusammenhang Erwähnung finden muss, ist das so genannte mitleidige Lächeln. Der mitleidig Lächelnde scheint sich dem Impuls zur Verachtung schon hingegeben zu haben, ohne bereits gänzlich zu ihr entschlossen zu sein. Die solidarische Geste des Mitleids ist in Fällen des Umschlagens gerade dabei, sich in ein Gefühl der Überlegenheit zu verkehren. Mitleidig belächelt werden jene, denen man sich überlegen fühlt, sich aber irgendwie auch noch verbunden weiß. Wer mitleidig lächelt, der verachtet noch nicht.

Als Beispiel mag man an den Fall denken, wo jemand sich bemüht, einen guten Eindruck zu hinterlassen, ihm dies aber nicht gelingt. So können die Orientierungsversuche eines soeben eingetroffenen Immigranten von einem längst assimilierten Einwanderer, der aus demselben Heimatdorf stammt wie der Neuankömmling, der also die dortigen Menschen und ihre Fehler gut kennt, mitleidig belächelt werden. Mitleid gepaart mit Verachtung mag in den Augen der ehemaligen Geliebten der zurückgewiesene Liebhaber hervorrufen, der mit Selbsterniedrigung und peinlichen Aktionen das Herz der Geliebten zurückzugewinnen versucht. Dieses Beispiel führt zu der Frage nach der Rolle, welche das Mitleid in dichten Beziehungen spielt und welcher Stellenwert ihm im Zusammenhang mit Liebe und Freundschaft zukommt.

Zu den in Liebesbeziehungen verbreiteten Gefühlen scheint Mitleid auf den ersten Blick in einer Spannung zu stehen. Jemanden aus Mitleid zu lieben oder als dominantes Gefühl zu einer geliebten Person Mitleid zu verspüren, würde jeder Liebende als Zurücksetzung der Liebe erfahren. Wer liebt, will Liebe, er will kein Mitleid. In diesem Sinne ist der These von Käte Hamburger, dass Distanz für das Mitleid charakteristisch ist, Recht zu geben.

Geht man allerdings von alltäglichen Erfahrungen aus, so zeigt sich, dass durchaus viele Formen von Mitleid und Mitgefühl in Freundschaften und auch in Liebesbeziehungen vorkommen. Nahe Beziehungen sind geradezu dadurch definiert, dass die Beteiligten wechselseitig die Gefühle des anderen mit vollziehen. Blieben meine Gefühle dem anderen völlig fremd und gleichgültig und würde er sich von ihnen nicht in irgendeiner Form betreffen lassen, so würde ich ihn oder sie nicht als nahe stehend betrachten. Was allerdings tatsächlich für eine Freundschafts- oder Liebesbeziehung problematisch werden kann, ist der Fall, dass sie vollständig und unumkehrbar durch Mitleid motiviert und bestimmt ist, wenn also einer ausschließlich bemitleidet wird, aus Mitleid geliebt wird.

Diese Problematik liegt aber nicht im Mitleid als solchem begründet, sondern darin, dass es in Fällen wie den skizzierten an die Stelle anderer Gefühle und Einstellungen wie zum Beispiel der Liebe getreten ist, auf die der Bemitleidete glaubte, sich verlassen zu können. Diese Überlegungen verdeutlichen, dass ein akutes Gefühl des Mitleids in Bezug auf einen partikularen Aspekt auch in einer Freundschafts- oder Liebesbeziehung keinesfalls problematisch sein muss, ja, im Gegenteil kann dessen Ausbleiben in bestimmten Situationen, zum Beispiel bei akuter Krankheit, in Trauerfällen oder nach anderen schmerzlichen Verlusten durchaus ein Desinteresse oder Distanzierung im Sinne einer substantiellen Veränderung der Beziehung signalisieren. Problematisch wird Mitleid in engen Beziehungen dann, wenn es zu einer lang anhaltenden, dauernden Disposition wird und so die gesamte Beziehung einfärbt und dominiert.

Wir haben in diesem Kapitel Mitgefühle vorrangig am Beispiel des Mitleids erörtert, wobei andere Arten von Mitgefühlen in verschiedener Hinsicht zur Sprache gekommen sind. Sind alle Gefühle mögliche Gegenstände des Mitgefühls, wenn man Mitgefühle als Gefühle versteht, die man hat, wenn man auf die Gefühle anderer antwortet? Im Prinzip kann man auf jedes Gefühl, nicht nur auf Freude und Leid, mit einem Gefühl reagieren. Selbstverständlich sind aber nicht alle gefühlsmäßigen Reaktionen auf Gefühle anderer als Mitgefühle anzusehen. Reagiere ich mit Wut oder Verzweiflung auf Verachtung oder mit Neid auf Freude, handelt es sich nicht um Mitgefühle. Eine einschränkende Bedingung ist daher, dass im Mitgefühl das Gefühl des anderen nachklingt. So sind freudige Reaktionen auf Freude, traurige Reaktionen auf Trauer als Mitgefühle anzusehen.

Zweifellos können wenigstens im Prinzip alle Gefühle von anderen nachvollzogen und nachgefühlt werden in dem Sinne, dass man versteht, welches Gefühl jemand in der entsprechenden Situation hat (Scheler) und dass man dann, wenn man es aus eigener Erfahrung kennt, auch weiß, wie es ist, dieses Gefühl zu haben. Kann aber auch jedes Gefühl Gegenstand des Mitgefühls werden im Sinne eines schwächeren Abglanzes oder Nachklingens des Gefühls des anderen? Neid beispielsweise wird kaum in einem starken Sinne mitgefühlt werden können, wenn nicht der Mitfühlende in eigener Sache neidisch ist, wohl aber kann er verstanden und nachvollzogen werden. Wut und Zorn aufgrund von Anlässen, die bei einem Beobachter nicht diese Gefühle auslösen, können bei ihm nur schwerlich Gegenstände des Mitgefühls im engeren Sinne werden, auch wenn man sich bei Wut und Zorn das Phänomen der Gefühlsansteckung oder des Miteinanderfühlens in Schelers Sinne leicht vorzustellen vermag.

Die bisher genannten Gefühle gehören zur Gruppe der Aggressionsgefühle, und möglicherweise hängt die Schwierigkeit, sie mitfühlen zu können, mit diesem Umstand zusammen. Eine interessante Ausnahme bildet allerdings der Hass, denn Mit-Hass ist vorstellbar auch dann, wenn nicht in eigener Sache gehasst wird: Beispielsweise kann man den Hass eines Freundes auf jemanden, der ihm geschadet hat, nicht nur nachvollziehen und nachfühlen, sondern man kann auch eine eigene Hass-Disposition dieser Person gegenüber entwickeln.

Wie lässt sich dieser Unterschied der möglichen Gegenstände im Bereich der Mitgefühle im engeren Sinne erklären? Dies könnte daran liegen, dass aggressive Gefühle oft tabuisiert und insgesamt verurteilt werden. Da Mitgefühle zumeist von einer wohlwollenden Haltung gegenüber dem anderen begleitet werden, könnte die negative Beurteilung der Aggressionsgefühle die Identifikation mit dem anderen an dieser Stelle erschweren. Selbst die Ausnahme des Hasses wäre mit dieser These vereinbar, da es einen im Einzelfall begründet scheinenden Hass geben könnte, der nicht nur nachvollziehbar ist, sondern direkt mitgefühlt werden kann. Eine andere mögliche Erklärung könnte mit den von Hermann Schmitz aufgewiesenen leiblichen Richtungen der betreffenden Gefühle zusammenhängen. Gefühle, die zentrifugal ausgerichtet sind (Wut und Zorn »sprühen in alle Richtungen«), werden möglicherweise nicht so leicht nachgefühlt wie zentripetal gerichtete (Scham, Angst und Furcht werden als »Verengung« gespürt), während diejenigen Gefühle, in deren Fokus eine andere Person steht und die leiblich direkt auf diese gerichtet sind (Liebe, Hass und Verachtung), eher Gegenstand echten Mitgefühls werden können. Aber wie auch immer man diese Unterschiede innerhalb der Gruppe der Mitgefühle erklärt oder interpretiert, die Trennung zwischen Phänomenen der Gefühlsansteckung und echten Mitgefühlen im engeren Sinne scheint gerade bei den Aggressionsgefühlen nicht ganz leicht zu sein.

Als Fazit bleibt festzuhalten, dass Mitgefühle außerordentlich vielschichtige Phänomene sind, die sich kaum einer einheitlichen Bestimmung fügen. Wesentlich ist aber insbesondere die Unterscheidung zwischen diesen Phänomenen im Sinne von Haltungen und Einstellungen und dem Mitgefühl als einem Phänomen, das akut auftritt und einen Verlauf hat. Dies gilt insbesondere für das Mitleid.

Neid und Eifersucht

Neid und Eifersucht sind Gefühle, die eng miteinander verwandt sind und viele Gemeinsamkeiten aufweisen. Aber es gibt auch eine Reihe charakteristischer Unterschiede. In beiden Fällen handelt es sich um Gefühle, die mit aggressiven Tendenzen einhergehen. Während der Neid ein Gefühl ist, welches sich darauf bezieht, dass eine andere Person ein Gut besitzt, welches wir nicht besitzen, aber gerne haben würden, ist die Eifersucht ein Zustand, der sich einstellen kann, wenn andere Personen uns von einer Person vorgezogen werden, auf deren Zuwendung und Aufmerksamkeit wir einen ganz besonderen Wert legen. Paradigmatisch sind Fälle romantischer, sexueller oder geschwisterlicher Eifersucht, obgleich dieses Gefühl auch in anderen Kontexten, zum Beispiel solchen freundschaftlicher oder beruflicher Art, auftreten kann. Alltagssprachlich ist mitunter auch dort von Eifersucht die Rede, wo eigentlich der Neid angesprochen wird. Eifersucht setzt allerdings in der Regel eine Konstellation voraus, an der mindestens drei Personen beteiligt sind, was beim Neid nicht der Fall ist.

Ob es sich bei Neid und Eifersucht um Gefühle handelt, die zu allen Zeiten in der Geschichte des Menschen und in allen menschlichen Kulturen eine Rolle spielen, ob sie als anthropologisch konstante Phänomene aufgefasst werden können, ist umstritten.[1] Oberflächlich betrachtet liegt es nahe, insbesondere den Neid als Ausdruck eines kulturellen Selbstverständnisses zu begreifen, in dessen Rahmen Konkurrenz, Prestigedenken und soziale Kälte als Grundeinstellungen dominieren. Wirft man einen Blick in die Geschichte des abendländischen Denkens und zieht literarische Zeugnisse aus unterschiedlichen Epochen heran, dann zeigt sich, dass der Neid und verwandte Gefühlslagen in verschiedenen historischen Kontexten immer wieder thematisiert worden sind. Dies kann zumindest als ein Indiz dafür angesehen werden, dass die genannten Gefühle im Kern als universal aufzufassen sind, auch wenn man gelten lässt, dass es unterschiedliche, kulturell bedingte Neidanlässe und Neidausprägungen gibt und dass Neid und Verwandtes in manchen Kulturen stärker ausgeprägt werden als in anderen.

Über Neid und Eifersucht oder funktionale Äquivalente dieser Gemütslagen im Tierreich lässt sich allenfalls spekulieren. Die geläufige Rede vom »Futterneid« verdankt sich letztlich einem Anthropozentrismus. Sowohl Neid wie auch Eifersucht setzen als Gefühle eine vergleichsweise komplexe Sicht der Welt, insbesondere eine komplexe Sicht sozialer Beziehungen voraus. Die Lebewesen, denen man mit Recht Neid oder Eifersucht zuschreiben würde, müssten in der Lage dazu sein, feinkörnige Unterscheidungen zu treffen, zwischen verschiedenen Motiven für ein aggres-

---

1 Für eine universalistische Sicht plädiert beispielsweise George M. Foster, »The Anatomy of Envy. A Study in Symbolic Behavior«, in: *Current Anthropology* 13 (2) 1972, 165..186; vgl. auch Rolf Haubl, *Neidisch sind immer nur die anderen. Über die Unfähigkeit zufrieden zu sein*, München 2001, 10 ff.

sives Verhalten zu differenzieren, und verschiedene Einstellungen zu einem Sachverhalt einnehmen zu können, was ohne die Mittel einer wie primitiven Sprache auch immer nicht gelingen dürfte. Man könnte darüber spekulieren, ob Neid und Eifersucht späte Produkte der Naturgeschichte sind, die sich erst in dem Augenblick herauszukristallisieren beginnen, in dem kulturelle Prozesse aggressives Verhalten überformen und entsprechende Ausdifferenzierungen zum Beispiel in Ärger, Zorn oder Neid nach sich ziehen.[2]

Der erste Abschnitt dieses Kapitels widmet sich einer eingehenden Beschreibung des Neides und seiner verschiedenen Gesichter (1), bevor ein weiterer Abschnitt Überlegungen zur Genese des Neides thematisiert (2). Schließlich wird die Frage nach einer Bewertung des Neides, somit auch nach dem Verhältnis von Neid und Gerechtigkeit aufgeworfen. Gemäß den in den meisten Kulturen verbreiteten Emotionsnormen wird der Neid tabuisiert. Neid ist ein Gefühl, welches sich niemand gerne zuschreibt, das häufig verdrängt wird und gemeinhin als ein großes Laster und Zeichen eines schlechten Charakters gilt.

In der christlichen Tradition gehört der Neid neben Trägheit, Geiz, Stolz, Wollust, Völlerei und Zorn zu den sieben Todsünden. Gleichwohl weist gerade der Neid auch Beziehungen zu Gefühlen wie denjenigen der Indignation oder Empörung auf, die auf besondere Weise und in einem positiven Sinne mit moralischen Wahrnehmungen und Urteilen einhergehen, so dass es nicht überraschen kann, dass der Neid und seine Verwandten ...und zwar unabhängig davon, ob dies zum Anlass für eine Begründung oder aber Entlarvung der Moral genommen wird ...auch als wichtige Schrittmacher eines moralischen Bewusstseins gelten (3). Die weiteren Abschnitte wenden sich der Eifersucht zu. Neben ihrer Beschreibung (4) erfolgt eine Auseinandersetzung mit der Frage, inwieweit Gefühle der Eifersucht berechtigt oder angemessen sein können (5).

1. Gehalt und Erleben des Neides

Die junge Anwältin entdeckt, dass ihre Kollegin einen nagelneuen Sportwagen in bester Ausstattung gekauft hat, mit dem sie nun Aufsehen erregt. Der sportliche Mittvierziger hört davon, dass sein Trainingsbegleiter die Marathonstrecke in weniger als drei Stunden gelaufen ist. Alle Mitglieder des Hobby-Sport-Clubs bewundern ihn. Der Schüler erfährt, dass sein Banknachbar mit dem hübschesten Mädchen aus der Parallelklasse geht und nun auch noch zum Klassensprecher gewählt worden ist. In solchen Situationen könnten die betreffenden Personen auf ihre Kollegin, den Trainingsbegleiter oder Mitschüler neidisch sein. Sie müssten es nicht unbedingt, aber sie könnten es immerhin. Ob und in welchem Ausmaß sie neidisch sind, wird von der Wichtigkeit abhängen, die sie den betreffenden Gütern der anderen beimessen.

Neidisch ist man auf jemanden wegen etwas. Wie die eingangs angeführten Beispiele zeigen, sind es normalerweise andere Menschen, die unseren Neid auf

---

2 Siehe dazu auch das Kapitel über »Zorn und andere Aggressionsaffekte«.

sich ziehen. Jemand wird wegen seiner Besitztümer, wegen bestimmter Fähigkeiten bzw. Kenntnisse, wegen seines sozialen Status' oder seiner Freunde, kurz: wegen bestimmter Eigenschaften oder Dinge , die er besitzt oder machen kann, beneidet. Es kann sich um Reichtum, um Aussehen, um berufliche, sexuelle oder sonstige Erfolge handeln. Auf den ersten Blick könnte man sagen: Die Urteile, die mit dem Neid einhergehen, sind darauf bezogen, dass jemand anderes etwas hat, das wir nicht haben oder nicht zu haben glauben und selber gerne hätten. Häufig hätte man nicht nur gerne, was der andere hat, sondern ist von der tiefen Überzeugung durchdrungen, dass das betreffende Gut eigentlich einem selber zustehe. Eine besonders gesteigerte Form des Neides liegt dann vor, wenn Güter anderen nicht gegönnt werden unabhängig davon, ob man sie selber gerne hätte oder nicht. Für diese Form des Neides bietet sich terminologisch der Begriff der Missgunst an.

Eine wesentliche Voraussetzung für Neid und Missgunst besteht darin, sich und andere unter dem Gesichtspunkt eines Vergleichs wahrzunehmen. Ein Indiz für die Relevanz der vergleichenden Perspektive, ohne welche sich Neidgefühle im Vollsinne nicht einstellen können, besteht darin, dass sich Neidgefühle in der Regel zwischen Personen ausbreiten, die sich, was ihren sozialen Status und ihre Lebensumwelt betrifft, zumindest ähnlich sind. Die junge Anwältin beneidet ihre Kollegin und nicht die Hollywood-Schauspielerin, welche den gleichen Sportwagen fährt. Der sportliche Mittvierziger beneidet seinen Trainingsbegleiter, nicht den Marathon-Weltmeister, der noch schneller läuft. Der Schüler beneidet seinen Mitschüler, nicht den vier Jahre älteren Abiturienten, der eine noch hübschere Freundin hat und Schülersprecher ist.

Mit der vergleichenden Perspektive ist es eine zumindest mögliche Gleichheit, die zum Neidgefühl gehört. Diese Gleichheit muss nicht ...wie die bisherigen Beispiele nahe gelegt haben ...unbedingt oder gar ausschließlich auf das soziale Prestige zielen, welches mit bestimmten Gütern oder Eigenschaften einhergeht. So kann beispielsweise der Kranke den Gesunden beneiden, auch dann, wenn beide ganz unterschiedlichen sozialen Milieus angehören und Gesundheit kein Gut darstellt, welches mit einem höheren sozialen Status als Krankheit verbunden ist. Wesentlich ist lediglich der Gesichtspunkt der Gleichheit in einer bestimmten Hinsicht.

»Der Neid folgt nämlich immer dem Vergleichen mit sich selbst: wo also kein Vergleich stattfindet, gibt es auch keinen Neid, wie Könige nur von Königen beneidet werden« ...so bemerkte bereits Francis Bacon in einem eigens dem Neid gewidmeten Essay, eine Bemerkung, die sich in neueren, zum Teil empirischen Studien vielfach bestätigt hat.[3] Die Güter, um welche man jemanden jeweils beneidet, müssen im Prinzip auch für einen selbst erreichbar sein, und die Personen, welchen sie geneidet werden, müssen einen dem eigenen Status vergleichbaren Rang besitzen. Spielt der Vergleich zwischen sich und anderen bezogen auf deren schätzenswerte Güter und Eigenschaften keine Rolle, weil man beispielsweise gar nicht auf die Idee käme, sich mit ihnen zu vergleichen, ist es nicht eigentlich Neid, der sich einstellt. Häufig sind Achtung oder Bewunderung Gemütslagen, die sich darauf beziehen,

---

3 Das Zitat findet sich bei Francis Bacon, »Über den Neid (1612)«, in: ders., *Essays*, hg. von Levin L. Schücking, Leipzig [4]1979, 31..37,34; zur Rolle des Vergleichs im Neid vgl. auch Aaron Ben-Ze'ev, *The Subtlety of Emotions*, Cambridge 2000, 282 ff.

dass jemand über Dinge verfügt, denen gegenüber man große Wertschätzung an den Tag legt, die man vielleicht auch selber gerne hätte, jedoch ohne in diesem Zusammenhang die Verstimmung und den Schmerz über den Vorteil der anderen zu verspüren, die für den Neid charakteristisch sind.

Der Umstand, dass der Vergleich im Zusammenhang mit dem Neid eine maßgebliche Rolle spielt, führt auf einen weiteren für dieses Gefühl wichtigen Aspekt, der sich auf den Begriff des Verdienstes bringen lässt. Geneidet werden die Güter und das Glück anderer besonders dann, wenn ihnen diese Güter und das Glück unverdient zugefallen sind. Aber selbst in der Perspektive des Neiders werden nicht prinzipiell alle geneideten Güter oder das Glück der anderen als unverdient wahrgenommen; denn geneidet werden kann etwas auch dann, wenn es dem anderen zwar gegönnt wird, der Neider selbst es aber auch gern hätte. Güter und Glück eines Menschen mögen in der Sicht des Neiders mehr oder weniger verdient sein und er kann einen Menschen seines glücklichen Schicksals für mehr oder weniger würdig halten. Weil der Neid häufig einen Bezug zur Kategorie des Verdienstes aufweist, handelt es sich um ein Gefühl, welches im Kontext moralphilosophischer Fragen, insbesondere solcher, die den Begriff der Gerechtigkeit betreffen, von Belang ist.

Urteile über den Wert der Güter anderer sind noch keine Neidgefühle. Neidgefühle gehen über die bisher beschriebenen Urteils- und Einstellungsgehalte hinaus, da sie sich in irgendeiner Weise auch leiblich manifestieren. Wie im Fall anderer Gefühle auch, gehört es zum Neid, dass er verspürt wird. Der bloße Wunsch danach, über ein ähnliches Gut wie jemand anderes zu verfügen, ist noch kein Neid. Zum Neidgefühl gehören leiblich spürbare Stiche und Bisse , zu ihm gehört auch eine Verfassung, die in Redewendungen wie zum Beispiel derjenigen, jemand sei grün oder starr vor Neid, zum Ausdruck kommt. Jedenfalls gilt dies, sofern der Neid als akutes Gefühl betrachtet wird und nicht lediglich als eine Disposition. Die Disposition mag sich angemessen durch die zum Neid gehörenden Urteils- und Einstellungskomplexe charakterisieren lassen, zum akuten Gefühl hingegen gehört die leibliche Betroffenheit.

Die Leiblichkeit des Neides scheint vielfältig zu sein: Neid kann leiblich stechend oder beißend sein, er kann nagen . Manchmal wird Neid damit beschrieben, dass die Zähne zusammengebissen werden und die Augen sich verengen; der Atem kann stocken vor heftigem akuten Neid. Den verschiedenen leiblichen Formen des Neides gemeinsam scheint ein Spannungsgefühl zu sein, verbunden mit einer leiblichen Engung. Die Metapher von der Giftigkeit des Neides zielt wohl leiblich auf Ähnliches wie das bereits erwähnte Nagen des Neides. Die Wirkung dieses Gefühls ist zumeist schleichend, aber insgesamt fatal auch für damit nicht in unmittelbarem Zusammenhang stehende andere Lebensäußerungen; es nagt sozusagen unbemerkt an den vitalen Impulsen eines Menschen, indem es die ursprünglich ihm zugehörige Spannung auf alles andere überträgt, damit neidisch einfärbt und so vergiftet . Wird der Neid zu einer Disposition, so kann er zu den typischen Fühl- und Verhaltensweisen des Zukurzgekommenen führen. Neid hat die Tendenz, die Person stark zu okkupieren. Auf der Ebene des körperlichen Ausdrucks wird der Neid häufig mit einem schrägen und gesenkten Blick in Verbindung gebracht, was sich auch in dem mittelalterlichen Ausdruck der »Scheelsucht« dokumentiert. Der

Neider blickt andere und ihre Güter niemals direkt an, sondern er schielt lediglich darauf und versucht, die Begehrlichkeit seiner Blicke zu verbergen.[4]

Gerade am Neid lässt sich zeigen, dass die Bewertung und Interpretation dieses Gefühls seinen Verlauf und seine Gestalt massiv beeinflusst. Wer sich Neid eingesteht, kann ihn als eine heftige leibliche Anwandlung erleben, aber eben ohne dass dieses Gefühl nagen müsste. Diese Metapher umschreibt, inwieweit man heimlich und uneingestanden durch dieses Gefühl bestimmt werden kann, und verweist damit auf seine Tabuisierung. Gerade weil Neid zumeist als ein Gefühl angesehen wird, das Ausdruck eines Souveränitätsverlustes ist und das niemand gern haben möchte, wird es besonders leicht ignoriert und wirkt uneingestanden weiter auf Wahrnehmung, Empfinden und Handeln der Person, die vom Neid ergriffen ist. Über den eigenen Neid kann man sich leicht täuschen .. leichter vermutlich als über Gefühle wie beispielsweise Freude oder Achtung.

Am Neid zeigt sich wie bei den anderen Gefühlen, dass es sinnvoll ist, zwischen Verankerungspunkt und Verdichtungsbereich zu unterscheiden. Der »Verankerungspunkt« bezeichnet zumeist einen Sachverhalt, von dem her sich ein Gefühl aufbaut, während der »Verdichtungsbereich« dasjenige bezeichnet, worin es sich sammelt: das kann ein bestimmtes Objekt sein, aber auch ein bestimmter Sachverhalt, auf den es fokussiert ist, in dem es sich im Erleben »sammelt«. Der Verankerungspunkt für jeden Neid lässt sich so charakterisieren, dass ein anderer eine Sache oder Eigenschaft besitzt, die der Neider gern hätte. Es macht einen großen Unterschied aus, ob dieser Sachverhalt moralisch bewertet wird oder nicht; beides ist beim Neid möglich, auch wenn das Moralisieren dem Neid selbst äußerlich ist. Die verschiedenen Formen des Neides lassen sich aber auch danach differenzieren, ob der Verdichtungsbereich stärker auf die Eigenschaft oder Sache fokussiert ist (klassischer Neid) oder sich das Gefühl mehr um die andere Person sammelt (Missgunst). Hier steht im Vordergrund, dass die beneidete Person diese Sache oder Eigenschaft jedenfalls nicht haben sollte; das Gefühl ist stärker auf den Vergleich zentriert.

2. Zur Entstehung des Neides

Sigmund Freud hat dem Neid einige Bemerkungen im Rahmen seiner kulturtheoretischen Schriften gewidmet. Der Ursprung des Gerechtigkeitssinnes wird von Freud auf die Gefühle von Neid und Eifersucht zurückgeführt. Sofern Neid und Gerechtigkeitssinn häufig mit dem Problem der Verteilung von Gütern zusammenhängen,

---

4 Rolf Haubl, *Neidisch sind immer nur die anderen*, a. a. O., 63 ff. diskutiert unter anderem Neiddarstellungen in der Kunst. Besonders eindrucksvoll ist der schräge Blick in der »Invidia« betitelten Neid-Szene auf dem »Tisch der sieben Todsünden« von Hieronymus Bosch zur Darstellung gelangt. Die Beziehungen (fast) aller Personen in dieser Szene scheinen geradewegs durch das Prinzip des schrägen Blicks organisiert zu sein, da keine die andere direkt anblickt, aber auch nicht in sich gekehrt ist.

sind die Beziehungen zwischen dem Neid und der Gerechtigkeit offenkundig und in der Geschichte der Philosophie wiederholt thematisiert worden (vgl. Abschnitt 3 dieses Kapitels). Von systematischer Relevanz ist in der Frühphase psychoanalytischer Theoriebildung die Rede vom Penisneid, den Freud als grundlegendes Element der weiblichen Sexualität und ihrer Bewegungskräfte ansah. Mit diesem Begriff bezeichnet er nicht nur den Wunsch der Frau, wie der Mann einen Penis zu besitzen, sondern geht den symbolischen Transformationen dieses Neides nach, die sich Freud zufolge als Kinderwunsch und Wunsch nach dem Mann artikulieren.[5] Für eine eingehende Charakterisierung des Neidgefühls und seine Entstehung im Rahmen der Ontogenese markieren Freuds Ausführungen allerdings lediglich Ausgangspunkte. Es blieb anderen Autoren vorbehalten, in psychologischer bzw. psychoanalytischer Perspektive die Frage nach den Entstehungsbedingungen neidischer Persönlichkeiten zu stellen.

Eine Modellanalyse stammt von Sartre. Im Zusammenhang mit seinem Spätwerk über Flaubert, welches am Beispiel der Person Flauberts mit den Mitteln einer existentiellen Psychoanalyse auf die Frage antworten will, was man von einem Menschen wissen kann und wie ein Mensch zu der Person geworden ist, die er ist, widmet er der »Welt des Neides« ein eigenes Kapitel.[6] Nicht geliebt und bestätigt zu werden, gehört Sartre zufolge zu den wesentlichen Entstehungsbedingungen des Neides. Wer sich als ungewolltes Kind, mithin »als Geschöpf des Zufalls« erfährt, erlebt seine eigenen Begierden und Wünsche als etwas, dem nicht das »positive Recht« zukommt, »befriedigt zu werden«.[7] Diese Einstellungen führen zur Ausbildung einer Persönlichkeit, für welche die Erfüllung von Wünschen keinen Reiz darstellt, begehrt wird lediglich, was anderen gehört. So entpuppt sich der Neid bei Sartre als das Negative der Begierde: damit Güter eine »Begehrlichkeit erregen, müssen sie den anderen gehören«, andernfalls sind sie wertlos.[8] Für den Neider ...so wie Sartre ihn sich denkt ..liegt der Wert eines Gutes also gar nicht in dem betreffenden Gut selbst, sondern primär darin, dass dieses Gut jemand anderem eigen ist.

Die soziale Dynamik des Neides wird ferner so beschrieben, dass dieser sich zunächst auf eine einzelne Person beziehen kann (im Fall Flauberts: den älteren Bruder), dann aber mehr und mehr allgemein wird, sich gegen jede Art von Glück und Gut eines jeden richtet, um schließlich in einer menschenverachtenden Bösartigkeit zu münden. Zur Struktur des Neides gehört außerdem, folgt man Sartre, eine passive Haltung zur Welt. Frühkindliche Passivitätserfahrungen, die aus Zurücksetzung und mangelnder Zuwendung resultieren, ziehen auch im späteren Leben ein passives Verhalten nach sich. Und der Neid kann in einem bestimmten Sinne als Inbegriff eines passiven Verhältnisses zu sich, zum anderen und zur Welt gelten,

---

5 Vgl. dazu vor allem Sigmund Freud, »Über Triebumsetzungen, insbesondere der Analerotik« (EA 1917), in: ders., *Zwang, Paranoia und Perversion*. Studienausgabe Bd. VII, Frankfurt a. M. 1973, 123..131.
6 Jean-Paul Sartre, *Der Idiot der Familie. Band 1: Die Konstitution*, Reinbek bei Hamburg 1986 (EA 1971/1972), 427..458.
7 Vgl. ebd., 427.
8 Ebd.

sofern er nicht unbedingt Taten in seinem Gefolge hat, sondern eine Perspektive vorgibt, aus der heraus in die Welt geblickt und über die Welt und andere Personen geurteilt wird.[9] Folgen wir Sartre, sind es eher Perspektiven und Wahrnehmungen, in welchen sich der Neid kundtut, und weniger Handlungen, die er nach sich zieht und in denen er sich ausdrückt. Sartre verkennt jedoch, dass es auch Formen des Neides gibt, die in einem bestimmten Sinne produktiv sind und Handlungen nach sich ziehen, die darauf gerichtet sind, die Anlässe für den Neid zu beseitigen.[10]

So eindringlich seine am Beispiel Flaubert entwickelten Analysen auch sind, sie thematisieren lediglich die Entstehungsbedingungen bestimmter Formen von Neid. Sartre weist im Zusammenhang mit seinen Analysen auf zwei mit dem Neid verbundene Aspekte hin, die mit Blick auf die Frage nach der Genese des Neides auch in der psychoanalytischen Theoriebildung eine Rolle gespielt haben. Zum einen macht er auf den merkwürdigen Umstand aufmerksam, dass der Neider den Besitz von Gütern gerade dann anstrebt, wenn sie anderen gehören, und ihm jene Güter, die er als die seinigen zur Verfügung hat, keine Befriedigung gewähren. Dies könnte darauf hindeuten, dass Neid mit einem verfehlten Verhältnis zu den eigenen Wünschen zusammenhängt. Zum anderen unterstreicht Sartre die Relevanz, welche Passivitätserfahrungen für die Genese des Neides besitzen.

Innerhalb der Psychoanalyse hat Melanie Klein dem Neid eine ausführlichere Untersuchung gewidmet. In einer kleinen und viel diskutierten Arbeit mit dem Titel *Neid und Dankbarkeit* versucht sie, Entstehungsbedingungen des Neides aus der frühen Mutter-Kind-Interaktion zu rekonstruieren.[11] Es ist zwar umstritten, ob kleinste Kinder überhaupt in der Lage sind, Neid zu empfinden. Es sei daran erinnert, dass Neid als Gefühl eine komplexe Sicht der Welt voraussetzt und nicht ganz ohne sprachliche bzw. sprachähnliche Strukturen auskommt. Auch muss der zentrale Stellenwert, den Klein im Kontext ihrer Arbeiten zum Seelenleben des Kleinkindes der Phantasie einräumt, mit Blick auf Ergebnisse der neueren Entwicklungspsychologie wohl relativiert werden. Ob kleinste Kinder in der Lage sind, Phantasien auszubilden oder nicht, steht dahin.[12] Die Originalität Kleins besteht darin, Freuds spätere Triebtheorie, der zufolge Lebens- und Todestrieb, Eros und Thanatos, die beiden antagonistischen Kräfte darstellen, in deren Wechselspiel sich das Drama menschlicher Selbstwerdung und -erhaltung vollzieht, bei der Analyse von Kindern, sogar Säuglingen zu verwenden.

---

9 Jahrhunderte zuvor hatte im Übrigen bereits Johannes Chrysostomus darauf hingewiesen, dass der Neid die Seele lähmt und zur Passivität verurteilt. Der Neider führe einen Krieg gegen sich selbst, da er sein eigenes Glück bekämpfe. Vgl. Theodoros Nikolaou, *Der Neid bei Johannes Chrysostomus unter Berücksichtigung der griechischen Philosophie*, Bonn 1968, 31.
10 Rolf Haubl, *Neidisch sind immer nur die anderen*, a.a.O., 18 differenziert zwischen dem Neid als Gefühl, als Motiv und als Persönlichkeitseigenschaft.
11 Melanie Klein, »Neid und Dankbarkeit« (EA 1957), in: dies., *Das Seelenleben des Kleinkindes und andere Beiträge zur Psychoanalyse*, Stuttgart [3]1989, 225..242; zur Rekonstruktion der Überlegungen Kleins im Kontext einer Philosophie der Gefühle vgl. auch Richard Wollheim, *Emotionen. Eine Philosophie der Gefühle*, München 2001, 117..121; zur kritischen Diskussion vgl. auch Verena Kast, *Neid und Eifersucht. Die Herausforderung durch unangenehme Gefühle*, München [5]2003, 93 ff.
12 Vgl. Martin Dornes, *Die frühe Kindheit. Entwicklungspsychologie der ersten Lebensjahre*, Frankfurt a.M., 1997, zur Kritik an Klein vor allem 100, 192.

Das frühe emotionale Erleben beschreibt sie als Ergebnis einer Wechselwirkung von libidinösen und aggressiven Trieben.[13] Diese Triebregungen seien im frühen Stadium besonders mit der Erfahrung der mütterlichen Brust verbunden. Die Brust sei das erste Objekt kindlichen Begehrens oder kindlicher Wünsche. Sie verkörpere Nahrung und Leben, außerdem erinnere sie zumindest innerhalb gewisser Grenzen und hinsichtlich bestimmter Aspekte an die Geborgenheit innerhalb der pränatalen Einheit, welche Mutter und Kind vor der Geburt gebildet haben. Auf die Brust seien allerdings ...und dies ist der entscheidende Gedanke im Rahmen ihrer Überlegungen ...sowohl positive Gefühle (Liebe) als auch negative Gefühle (Hass) bezogen.

Klein zufolge ergibt sich eine Spaltung der Brust in gut und böse unabhängig von den konkreten Erfahrungen des Säuglings, was letztlich darauf zurückzuführen sei, dass die Brust eine vom Kind unabhängige Nahrungsquelle sei, eine Quelle, über die das Kind selbst nicht verfügen könne. In diese früheste Beziehung zur Brust gerate unweigerlich ein Element der Versagung durch diese Brust, weil selbst eine glückliche Nährsituation die vorgeburtliche Einheit mit der Mutter nicht gänzlich ersetzen könne.[14] Welche Faktoren im Einzelnen zur Ausbildung starker, besonders intensiver Neidgefühle führen, bleibt allerdings offen und unbestimmt. Für Klein ist in erster Linie wichtig, dass die Brust als ein böses Objekt erfahren werden kann und dass starker Neid zu einer gänzlichen Vergiftung dieses Objekts führen kann. Im späteren Leben wiederhole sich im Neid das Gepräge der skizzierten Urerfahrung, sofern neidische Personen nicht in der Lage seien, gute Objekte sowie die Beziehungen zu ihnen stabil und dauerhaft aufzubauen. Als ein verfehltes Verhältnis zu den jeweils eigenen Wünschen kann der Neid im Rahmen ihrer Analysen aufgefasst werden, da er eine positive Besetzung von Objekten des Begehrens, sofern diese immer auch verloren werden bzw. sich versagen können, im Grunde genommen unmöglich macht.

Als systematisch relevanter Ertrag der Analyse Kleins ist festzuhalten, dass die Anfälligkeit für den Neid mit dem Umstand zu tun haben könnte, dass Personen auf der Grundlage von Erfahrungen der Passivität und Abhängigkeit nicht mehr in der Lage dazu sind, ein positives Verhältnis zu den jeweils begehrten Objekten aufzubauen. Güter erscheinen ihnen nicht einfach nur als ein Gut, sondern sie werden immer auch als Bedrohung erlebt.

Kleins Theorie setzt methodisch den Zugang zu Phantasien des Säuglings voraus. Dass die Brust sich dem Kind in dessen Perspektive versagt und Befriedigungen für sich zurückbehält, mag als ein abenteuerliches Konstrukt anmuten.[15] Da sich Abhängigkeit und Ohnmacht aber auch direkt und ohne die Vermittlung einer ...wie auch immer gearteten ...Phantasie erfahren lassen, können methodologische

---

13 Vgl. dazu auch Melanie Klein, »Über das Seelenleben des Kleinkindes. Einige theoretische Betrachtungen«, in: dies., *Das Seelenleben des Kleinkindes*, a. a. O., 187..234.
14 Vgl. ebd., 225.
15 Zwar stützt sich Klein auf Befunde aus ihrer Tätigkeit als Psychoanalytikerin. Aber die Phantasien, die sie den Kindern zuschreibt, stammen letztlich aus analytischen Gesprächen mit erwachsenen Patienten. Der Unterschied zwischen dem realen und dem in adulter Perspektive rekonstruierten Säugling wird vernachlässigt. Zu dieser Unterscheidung vgl. Martin Dornes, *Der kompetente Säugling. Die präverbale Entwicklung des Menschen*, Frankfurt a. M. 1993, 28..33.

Einwände gegen Kleins Psychoanalyse für unsere Zwecke vernachlässigt werden. Denn dass Erfahrungen der Abhängigkeit in bestimmten Konstellationen zu Neid disponieren können, ist eine These, die sich auch unabhängig von den spezifischen Voraussetzungen der Theorie Kleins diskutieren lässt.

Wenn man die psychoanalytische Erzählung zu den Entstehungsbedingungen des Neides ernst nehmen möchte, ist es allerdings sinnvoll, den Affekt, welchen der Säugling verspürt, wenn er die Brust im Wechsel als gut und böse erlebt, nicht als Neid im Vollsinn zu begreifen, sondern als ein Gefühl, welches man wegen seiner Rolle für die Genese des Neides als Proto-Neid bezeichnen könnte, da die feinkörnigen Differenzierungen, welche Voraussetzungen für ein Neidgefühl im Vollsinn darstellen, (noch) nicht getroffen werden können. So muss man beispielsweise sich selbst als eine Person begreifen können, die sich und andere in vergleichender Perspektive betrachten kann. Kommen wir von einer Auseinandersetzung mit den Ansätzen zur Klärung der Entstehungsbedingungen des Neides zurück zum Gefühl des Neides.

Wie eigentlich alle Gefühle unterliegt auch er kulturellen Emotionsnormen, die festlegen, ob und wann es gut oder schlecht ist, dieses Gefühl zu haben, und in welchem Ausmaß und unter welchen Situationsbedingungen es jeweils berechtigt ist, dieses Gefühl zu haben. Kulturelle Emotionsnormen regeln ebenfalls, in welchem Ansehen Gefühle stehen. Gerade der Neid wird fast immer im Lichte von negativen Bewertungen thematisiert. Geht man von den klassischen Affekttheorien aus, so kennen sie zwar den so genannten »gerechten Neid« ebenso wie den in einer moralischen Perspektive neutralen Neid. Unsere heutige Gefühlsauffassung erkennt zumeist nur eine einzige Form des Neides als legitim an ... nämlich einen ungiftigen Neid, der sich neutral zur beneideten Person verhält und dem es nur um die Anstachelung zum Erwerb der beneideten Sache geht, ein frischer, nicht nagender Neid als Handlungsmotiv, der den Beneideten durchaus achtet und ihm nichts missgönnt. »Ehrgeiz« ist der in diesem Zusammenhang häufig verwendete Begriff. Alle anderen, weniger harmlosen Formen des Neides sind aber vor allem innerhalb der christlichen Tradition als Todsünde tabuisiert worden.

3. Neid, verwandte Gefühle und moralische Bewertungen

Das schlechte Ansehen, in welchem der Neid steht, ist im Rahmen unserer Kultur in erster Linie dem Christentum geschuldet. Bereits im Kontext des frühen Christentums gelten neidische Menschen als Gefahr für die Gemeinschaft der Christen. Man erkannte den Neid als Ursprung der Feindseligkeit und des Bösen. Obwohl Neidgefühle häufig tabuisiert werden und man sie sich selbst in der Regel nicht ohne Widerstand zuschreibt, lassen sich in der Geschichte der abendländischen Kultur durchaus Tendenzen ausmachen, welche die moralische Verurteilung und das klassische Todsündenverdikt, welches über den Neid erging, relativieren. Häufig geschieht dies, indem verschiedene Formen von Neid, die dann teilweise auch mit unterschiedlichen Begriffen belegt werden, voneinander unterschieden werden.

Diese Strategie verfolgt schon Aristoteles. Sowohl seine Überlegungen zum Neid im engeren Sinn als auch seine Abgrenzungsversuche zwischen Neid und eng mit diesem verwandten Gefühlen wurden traditionsbildend und beanspruchen zum Teil bis heute Geltung. Er unterscheidet zwischen dem eigentlichen Neid (*phthonos*) und den verwandten, aber anders einzuschätzenden Gefühlen des gerechten Unwillens (*nemesis*) und des Eifers (*zēlos*). Neid wird von ihm aufgefasst als »eine gewisse Unlustempfindung [ ] über ein offenkundiges Glück [ ] bei unseresgleichen und, zwar nicht zu unserem eigenen Vorteil, sondern um jener willen; denn Neid empfinden werden solche, denen gewisse andere gleich sind oder doch erscheinen.«[16] Neid also ist ein Schmerz über das Glück eines anderen, der uns auf eine bestimmte Weise gleich oder ähnlich ist.

Ganz anders hingegen wird der gerechte Unwille eingeschätzt. Er gilt als ein »Schmerz über unverdientes Glück«.[17] Gerechter Unwille als Schmerz über das unverdiente Glück anderer ist ein Gefühl, welches Aristoteles in vielen Fällen nicht nur für gerechtfertigt, sondern sogar für geboten hält. Zum gerechten Unwillen nämlich sollen diejenigen neigen, die großer Güter würdig sind, die gut, tüchtig und ehrliebend sind. Anders als beim Neid, der an und für sich ein unangemessenes Gefühl ist, kann der gerechte Unwille zumindest ein angemessenes Gefühl sein. Gleiches gilt für den Eifer, der zwar »eine gewisse unangenehme Empfindung« darstellt, aber auf von uns geschätzte Güter bezogen ist, die andere besitzen. Der Eifer ist »etwas Edles und edlen Menschen eigentümlich«, während der Neid »etwas Niedriges und niedrigen Menschen eigen« ist.[18]

Der Unterschied, den Aristoteles zwischen Neid und Eifer machen möchte, hängt mit einer Tendenz des Neides zur Passivität zusammen, was im Text zwar nicht explizit artikuliert wird, aber durch die Bemerkung nahe gelegt wird, dass der Eifer danach strebe, die geschätzten Güter zu erlangen, während der Neid darauf aus sei, die entsprechenden Güter anderen zu missgönnen und ihm deshalb keine Strebsamkeit innewohne.[19] Innerhalb des Spektrums von Gefühlen, welche sich mit dem Urteil in Verbindung bringen lassen, dass andere über Güter verfügen, die man selber gerne hätte, werden also von Aristoteles drei Gefühle unterschieden. Zwei von ihnen, gerechter Unwille und Eifer, sind nicht nur kein Gegenstand moralischer Verurteilung, sondern gemäß den kulturellen Emotionsnormen, die Aristoteles anlegt, durchaus wünschenswerte Gefühle. Der gerechte Unwille gilt zudem als ein Affekt, welcher einen Beitrag dazu leistet, gerechte Verhältnisse innerhalb eines Staatswesens zu etablieren.[20]

Anders als Aristoteles kennen die Weisheitsschulen der späteren Antike ...zu denken ist in erster Linie an Epikur sowie an die Stoa ...keine positiven Varianten von Neidgefühlen. Der Grund dafür ist allerdings weniger in einer generellen moralischen Verurteilung des Neides zu sehen, sondern vielmehr darin, dass die mit

---

16 Aristoteles, *Rhetorik*, übersetzt mit einer Bibliographie, Erläuterungen und einem Nachwort von Franz G. Sievecke, München 1980, 1387 b (116).
17 Ebd., 1386 b (112).
18 Ebd., 1388 a (118).
19 Vgl. ebd.
20 Vgl. zu dieser Rekonstruktion insgesamt auch Ernst Milobenski, *Der Neid in der griechischen Philosophie*, Wiesbaden 1964, 77..88.

dem Neid und seinen Verwandten verbundenen Empfindungen des Schmerzes aus der Perspektive einer Philosophie, der es um das gute und gelingende Leben geht, abgelehnt werden. Das Christentum erinnert dann erneut an die moralisch verurteilenswerte Dimension, die dem Neid innewohnt. Es kennt auch den gerechten Unwillen nicht mehr als ein jedenfalls im Prinzip unter den richtigen Umständen tugendhaftes Gefühl.

So spielt bei Thomas trotz seiner Orientierung an Aristoteles, die sich bereits in der Definition des Neides als »Trauer über das Gut des anderen«[21] ausspricht, der gerechte Unwille keine herausragende Rolle mehr. Dafür werden von ihm zwei Gründe angeführt: Zeitliche, das heißt irdische Güter, die Menschen zuteil werden, die ihrer nicht würdig sind, werden gemäß der gerechten Anordnung Gottes verliehen. Sie mögen der Besserung oder auch der Verdammnis dienen. Wenn man davon ausgeht, dass Güter und auch Gaben durch Gott verliehen werden, dann können sie keinen gerechten Unwillen erregen, da man andernfalls an der Gerechtigkeit Gottes zweifeln müsste. Außerdem sind alle irdischen Güter im Vergleich zu den zukünftigen (himmlischen) Gütern ohnehin von geringem Wert, sie haben keine Bedeutung, es ermangelt ihnen zu sehr an Größe, um darüber Unwillen zu hegen.[22]

Allerdings unterscheidet auch Thomas verschiedene Weisen des Neides: Er kann sich als Schmerz artikulieren, der daraus erwächst, dass man selber Schaden nehmen kann dadurch, dass andere bestimmte Güter besitzen. Neid im eigentlichen Sinn ist für Thomas aber erst der Schmerz über etwas, worüber man sich eigentlich freuen sollte. Gerade deshalb ist der Neid ein verfehltes Gefühl. Neid im eigentlichen Sinne gehört zu den Leidenschaften, die bereits der Art nach schlecht sind. Schließlich kennt Thomas wie Aristoteles auch den Eifer und er benennt mit Missgunst, Ehrabschneidung, Schadenfreude, Hass und Ohrenbläserei verschiedene Sprösslinge des Neides.[23]

In der neuzeitlichen Philosophie wirken die aristotelischen Unterscheidungen und Bestimmungen nach, obgleich es teilweise zu unterschiedlichen, ja zu ganz anderen Bewertungen kommt. Hobbes beispielsweise knüpft an klassische Definitionen an, wenn er den Neid als »Schmerz über die Bevorzugung eines anderen [ ] verbunden aber mit dem Wunsche, den anderen zurückzudrängen« begreift.[24] Allerdings finden sich bei ihm zumindest keine eindeutigen Bewertungen dieses Gefühls. Neid gehört zur menschlichen Natur und stellt ein Grundstreben des Menschen dar. Auch Descartes räumt ein, dass der Neid in der Natur des Menschen wurzelt, anders als Hobbes sieht er in ihm allerdings ein Laster, »das in einer Pervertierung der Natur besteht und das bewirkt, daß sich manche Menschen über das Gute ärgern,

---

21 Thomas von Aquin, *Summa Theologica*, I.II, quaestio 24, art. 4; vgl. auch II.II, quaestio 36.
22 Dass Thomas den gerechten Unwillen zwar kennt, aber ihm als solchen keine Relevanz beimisst, spricht nicht nur für die kulturelle Relativität von Emotionsnormen, sondern auch für die Relativität der Gefühle. Bezogen auf die Nemesis wird dieses Problem von Hilge Landweer, *Scham und Macht. Phänomenologische Untersuchungen zur Sozialität eines Gefühls*, Tübingen 1999, 28 ff. diskutiert.
23 Vgl. Thomas von Aquin, *Summa Theologica*, II.II, quaestio 36, art. 2.
24 Thomas Hobbes, *Vom Menschen – Vom Bürger*, eingeleitet und hg. von Günther Gawlick, Hamburg ²1966 (EA 1658/1642), 35.

das sie anderen zukommen sehen«.[25] Denn der Neid, so begründet Descartes seine Auffassung, bereite nicht nur denjenigen Schaden, die davon betroffen sind und den Neid hegen, sondern trübe auch die Freuden derjenigen, die beneidet werden. Wie Aristoteles kennt er mit dem Unwillen (*indignation*) aber auch eine positive Variante des Neides: Unwillen empfindet man denjenigen gegenüber, »welche Personen, die es nicht verdient haben, Gutes oder Übles zufügen«[26], und der Unwille, der »in einer Art Traurigkeit« besteht, »die mit Haß gemischt ist und die daher kommt, daß man Gutes denen zukommen sieht, die man dessen für unwürdig hält«, sei kein Laster.[27] Descartes verfolgt also eine ähnliche Strategie wie Aristoteles, indem er verschiedene Formen von Neid unterscheidet, die dann in moralischer Perspektive unterschiedlich bewertet werden. Während der Neid im eigentlichen Sinne als unmoralisch gilt, ist der Unwille eher als Ausdruck eines moralischen Empfindens zu sehen.

Für Spinoza ist der Neid eine Art von »Hass, insofern er den Menschen so afficirt, dass er über das Glück eines Andern Unlust empfindet und über das Unglück eines Andern sich dagegen freut.«[28] In dieser Bemerkung werden Definitionen zu Neid und Schadenfreude miteinander verschmolzen. Zieht man die Umstände in Betracht, durch welche die betreffenden Empfindungen ausgelöst werden, Schmerz durch das Glück eines anderen und Freude durch den Schaden eines anderen, dann müssen beide Affekte als verfehlt gelten, zumal dann, wenn man davon ausgeht, dass Glück Freude und Schaden Schmerz auslösen sollte. Wie die anderen neuzeitlichen Autoren auch, hält Spinoza den Neid für eine Gegebenheit der menschlichen Natur, die allerdings durch Erziehung entscheidend verstärkt werden kann.[29] Im Übrigen weist auch Spinoza darauf hin, dass zum Neid der Vergleich gehört.[30]

Ein Autor, der sich mit Fragen der Bewertung von Gefühlen sehr zurückhält, ist Hume. So kann es nicht überraschen, dass auch der Neid in seinen Überlegungen zunächst einmal Gegenstand einer vergleichsweise neutralen Betrachtung ist. Der Vergleich mit anderen, ihrem Glück und Unglück, ist Hume zufolge nicht nur ein relevanter Gesichtspunkt, sondern das Prinzip, aus welchem sich die Gefühle des Neides und der Schadenfreude herleiten lassen.[31]

Was den grundsätzlichen Gehalt des Neides betrifft, stimmt Hume mit den Vorgaben der Tradition überein. Auch die Nähe zwischen Neid und Schadenfreude, die er eingehend thematisiert, wurde ebenfalls von anderen Autoren gesehen. Eigen-

---

25 René Descartes, *Les passions de l'âme/Die Leidenschaften der Seele*, frz.-dt. Ausgabe, hg. von Klaus Hammacher, Hamburg 1984 (EA 1649), III, Art. 182 (281).
26 Ebd., Art. 195 (299).
27 Ebd., Art. 182 (281).
28 Baruch de Spinoza, *Ethik*, hg. von Konrad Blumenstock, Darmstadt 1967 (EA 1677), III, def. 23 (363).
29 Vgl. ebd, prop. 32, scholium (307).
30 Vgl. ebd., prop. 55, corrolarium (341).
31 »Der Neid wird durch den gegenwärtigen Genuß eines anderen erregt, indem aufgrund des Vergleichs damit die Vorstellung unseres eigenen Genusses abnimmt. Die Schadenfreude dagegen ist der durch nichts provozierte Wunsch, einem anderen Schaden zuzufügen, nur um aus dem Vergleich damit Lust zu gewinnen.« David Hume, *Ein Traktat über die menschliche Natur. Buch II: Über die Affekte*, übersetzt von Theodor Lipps und hg. von Reinhard Brandt, Hamburg 1978 (EA 1739/1740), 112.

tümlich hingegen ist die Charakterisierung der Schadenfreude als Wunsch, anderen Schaden zuzufügen, um sich selbst zu erhöhen. Nun mag man die Schadenfreude zwar mit einer Selbsterhöhung in Verbindung bringen, allerdings ist dieses Gefühl doch eher eine Freude am Schaden des anderen und weniger der handlungsaktive Wunsch, einem anderen Schaden zuzufügen. Es ist ein auffälliges Moment der Überlegungen Humes, dass in vergleichsweise nüchterner Form, ohne moralische Bewertungen, die Gefühle des Neides und der Schadenfreude thematisiert werden. Hume sieht es als natürlich an, dass der Anblick fremden Glückes »mit unserem Schmerz verglichen« Schmerz erregt und fremder Schmerz »die Vorstellung unseres eignen Glückes« vermehrt und uns Lust verschafft.[32]

Die traditionellen Überlegungen zum Neid zeigen, dass er zumeist differenzierter beurteilt wird, als es bei einer flüchtigen Kenntnisnahme der Verdikte über den Neid erscheint. Entweder ...erinnert sei an Aristoteles oder Descartes ...werden verschiedene Arten von Neidgefühlen unterschieden, die mit unterschiedlichen Begriffen benannt werden, je nachdem, ob es sich um eine angemessene oder unangemessene emotionale Reaktion handelt, oder aber die Verurteilung des Neides erfährt an sich bereits eine Relativierung, wie sich bei Hume zeigt. Der bei näherem Hinsehen ambivalente Umgang mit dem Neid entspricht seiner Doppelgesichtigkeit: zweifellos wohnt ihm eine Tendenz zur Selbsterniedrigung und zur Vergiftung der sozialen Umgebung inne, andererseits kann er sich auch als ein Gefühl darstellen, aus welchem ein besonderer Sinn für (soziale) Gerechtigkeit erwächst. So lässt sich der Neid auch als eine Gemütslage begreifen, die ihrerseits mit der Gruppe genuin moralischer Affekte wie Empörung, Schuld oder Scham zumindest verwandt ist, was ja insbesondere in den traditionellen Charakterisierungen des Unwillens zur Sprache kommt.

In systematischer Perspektive werden gelegentlich schlechte und gute Formen des Neides voneinander unterschieden.[33] In neueren Debatten finden sich auch Ansätze, welche die Dominanz von Gerechtigkeitsidealen in modernen Gesellschaften und den Rekurs auf Moral insgesamt mit dem Gefühl des Neides in Verbindung bringen. Verbreitet hat sich dieses Motiv, welches sich bereits in der antiken Sophistik findet, vor allem im Anschluss an Nietzsches Versuch, die Herkunft der Moral generell auf das Ressentiment zurückzuführen.

Nietzsche allerdings spricht in seinen Überlegungen zur *Genealogie der Moral* nicht über den Neid im engeren Sinn, sondern sein Thema ist das Ressentiment als Ursprung moralischer Unterscheidungen. Der Begriff des Ressentiments bezeichnete zunächst einmal kein Gefühl oder keine Empfindung mit einem bestimmten Gehalt, sondern einen Modus des Fühlens. Der Begriff, der neutral dazu verwendet wurde, um nachhaltige und andauernde Empfindungen oder Gefühle zu kennzeichnen, wird von Nietzsche (der hier in der Tradition Montaignes steht) mit einer eindeutig negativen Bedeutung belegt.[34] Außerdem besitzt der Begriff des Ressentiments nunmehr einen deutlich bestimmbaren Gehalt.

---

32 Ebd., 110.
33 So diskutiert beispielsweise Daniel M. Farrell, »Über Eifersucht und Neid«, in: Philipp Balzer/Klaus Peter Rippe (Hg.), *Philosophie und Sex*, München 2000, 113..146, zum Beispiel 125 verschiedene Formen von Neid, die er als bösartig und freundlich bezeichnet.
34 Vgl. Peter Probst, »Ressentiment«, in: *Historisches Wörterbuch der Philosophie*, Band 8, hg. von Joachim Ritter und Karlfried Gründer, Basel 1992, 920..924.

Nietzsche begreift das Ressentiment als eine Art von Rachsucht, welche diejenigen, die glauben, unverdient in einer schlechten Lage zu sein, gegenüber jenen hegen, die sich als stark, erfolgreich und mächtig präsentieren. Das Ressentiment gebiert Nietzsche zufolge Unterscheidungen wie die von »gut« und »böse« im Rahmen einer von ihm so genannten »Sklaven-Moral«, die Nietzsche im Großen und Ganzen mit der Moral schlechthin identifiziert. Wenn Nietzsche den Menschen des Ressentiments als »weder aufrichtig, noch naiv« kennzeichnet und bemerkt: »Seine Seele schielt; sein Geist liebt Schlupfwinkel, Schleichwege und Hinterthüren«[35], dann stellen sich sowohl anlässlich der Metapher des Schielens (noch einmal sei an den Neid als Scheelsucht erinnert), aber auch durch die Rede von den »Schlupfwinkeln« und »Hintertüren« des Geistes starke Bezüge zum Neid ein, der aufgrund vielfältiger Tabuisierungen ein Gefühl ist, welches man verbirgt und kaschiert, und über welches man sich deshalb leicht täuscht.

»Ressentiment« verwendet Nietzsche als Begriff für schlechte und verfehlte Formen des Neides, zumal er in manchen Kontexten durchaus die von Teilen der Tradition akzentuierte Doppelgesichtigkeit des Neides gelten lässt. »Der Neidische fühlt jedes Hervorragen des Anderen über das gemeinsame Maass und will ihn bis dahin herabdrücken …oder sich bis dorthin erheben: woraus sich zwei verschiedene Handlungsweisen ergeben, welche Hesiod als die böse und die gute Eris bezeichnet hat.«[36] In psychologischer Hinsicht allerdings wird der Neid von Nietzsche gänzlich verurteilt: Er spricht von einem abscheulichen Gefühl, vom »Gipfel des Neides, welcher folgert: weil ich *Etwas* nicht haben kann, soll alle Welt *Nichts* haben! soll alle Welt *Nichts* sein.«[37] Von Nietzsches Zarathustra schließlich wird der Neid als kranke Form der Selbstsucht angesprochen, wenn es heißt: »Mit dem Auge des Diebes blickt sie [die Selbstsucht, C. D./H. L.] auf alles Glänzende; mit der Gier des Hungers misst sie Den, der reich zu essen hat; und immer schleicht sie um den Tisch der Schenkenden.«[38]

Nietzsches Beobachtungen zu Neid, Ressentiment und Moral sind im Einzelnen überaus subtil. In systematischer Perspektive stellt sich die Frage, ob und inwieweit seine Überlegungen zum Zusammenhang von Neid bzw. Ressentiment und Moral gerechtfertigt sind. Es ist sicherlich zu einfach, alle Formen von moralischem oder moralisierendem Diskurs auf Neidgefühle und deren Tabuisierung zurückzuführen. Innerhalb der heutigen Kultur drängt sich jedoch der Verdacht auf, dass die problematischen, habituell verfestigten Formen von Neiddispositionen …nämlich das Ressentiment …sehr oft eng mit der Verleugnung von schlichterem Neid und simpler Missgunst verbunden sind und erst nachträglich moralisch überfrachtet und so verbrämt werden. So haben beispielsweise andere eine beneidete Sache oder

---

35 Friedrich Nietzsche, *Jenseits von Gut und Böse/Zur Genealogie der Moral* (EA 1886). Kritische Studienausgabe, Band 5, hg. von Giorgio Colli und Mazzino Montinari, München 1988, 272.
36 Ders., *Menschliches, Allzumenschliches I und II* (EA1878). Kritische Studienausgabe, Band 2, hg. von Giorgio Colli und Mazzino Montinari, München 1988, 562.
37 Ders., *Morgenröte* (EA 1881). Kritische Studienausgabe, Band 3, hg. von Giorgio Colli und Mazzino Montinari, München 1988, 224.
38 Ders., *Also sprach Zarathustra* (EA 1883). Kritische Studienausgabe, Band 4, hg. von Giorgio Colli und Mazzino Montinari, München 1988, 98.

Eigenschaft »nicht verdient«, es wird als »ungerecht« angesehen, wenn sie zum Beispiel Prämien, Steuererleichterungen oder was auch immer erhalten. Es dürfte sich aber schwer unterscheiden lassen, welche Formen von Neid und Missgunst berechtigterweise mit einer moralischen Bewertung verknüpft sind und welche nicht: Denn für diese Bewertung müsste es seinerseits objektive Kriterien geben, oder man zeichnet einfach verbreitete Überzeugungen nach. Eine derartige Orientierung am *common sense* ist sinnvoll, wenn man kulturelle Normen, die stets auch Normen für angemessene Gefühle sind, beschreiben will. Damit sind die betreffenden Normen aber noch nicht gerechtfertigt.

Die Beziehungen zwischen dem Neid als einem psychologischen Faktor, der für fast jedes Individuum bei der Beurteilung gesellschaftlicher Verhältnisse eine Rolle spielt und einem in seiner Tendenz egalitaristischen Begriff von Gerechtigkeit (und auch zur Moral insgesamt) sind vergleichsweise komplex. Dies zeigen nicht zuletzt auch die Überlegungen von John Rawls. Rawls schließt an die Kantische Definition des Neides an, der ihn .. im Übrigen ganz traditionell .. als einen »Hang, das Wohl anderer mit Schmerz wahrzunehmen« aufgefasst hatte.[39] Rawls definiert den Neid als eine Neigung,

> »ein Mehr an Gütern bei anderen feindselig zu betrachten, auch wenn es die eigenen Güter nicht schmälert. Man beneidet Menschen, die sich in einer besseren Lage befinden [ ], und man möchte ihnen ihre größeren Vorteile wegnehmen, auch wenn man selbst noch daraufzahlen muß.«[40]

Rawls unterscheidet zwischen allgemeinem, besonderem und wohlwollendem Neid. Allgemein ist der Neid, wenn er in einer Gesellschaft eben allgemein von den weniger Begünstigten gegenüber den Bessergestellten empfunden wird. Als besonderer hingegen qualifiziert sich der Neid in Kontexten der Rivalität und Konkurrenz, also dort, wo er als ein Gefühl zwischen Personen auftritt, die schon bereits deshalb, weil sie um ein Gut oder Amt konkurrieren, sich in bestimmten Hinsichten ähnlich sein müssen.[41] Wohlwollender und nachahmender Neid sind neben der Eifersucht und der Missgunst weitere Spielarten, die zur Sprache kommen. Als im Grunde wohlwollend werden jene Varianten des Neides bezeichnet, die in so harmlosen Wendungen wie der Rede von einer beneidenswerten Ehe oder einer beneidenswerten beruflichen Lage zum Ausdruck gelangen. In solchen Zusammenhängen wird zwar den Gütern eines anderen gegenüber Wertschätzung zum Ausdruck gebracht. Diese Güter werden ihm aber nicht in einem problematischen Sinne geneidet, da die genannte Art von Wertschätzung nicht mit dem Wunsch verbunden ist, der andere möge nicht über diese Güter verfügen. Es geht darum, dass der Neider die Güter auch gern hätte, nicht um Missgunst.

Rawls' Rede vom Nachahmungs-Neid trifft sich mit den traditionellen Bestimmungen des Eifers oder des Ehrgeizes. Man selbst möchte dasjenige erreichen, was andere bereits haben. Nachdem Rawls insbesondere den von ihm so genannten all-

---

39 Vgl. Immanuel Kant, *Die Metaphysik der Sitten*. Werkausgabe Band VIII, hg. von Wilhelm Weischedel, Frankfurt a. M. 1968 (EA 1797), Teil 2, § 36 (596).
40 John Rawls, *Eine Theorie der Gerechtigkeit*, Frankfurt a. M. 1975, 577.
41 Vgl. ebd., 576 ff.

gemeinen Neid als Laster gekennzeichnet hat, findet er allerdings zu folgender Formulierung: »Ist der Neid eine Reaktion auf den Verlust der Selbstachtung unter Umständen, unter denen es unvernünftig wäre, andere Gefühle zu erwarten, dann nenne ich ihn entschuldbar.«[42]

Die alles entscheidende Frage besteht in diesem Zusammenhang darin, worin solche besonderen Umstände bestehen. Rawls nennt als psychologische Voraussetzung das Fehlen eines sicheren Selbstwertgefühls und als soziale Bedingungen zum einen die ständige sowie offenkundige Konfrontation mit Ungleichheiten, zum anderen eine Einschätzung der gesellschaftlichen Lage, die als einzigen Weg der Beseitigung von Ungleichheiten eine Benachteiligung der Bessergestellten ...koste diese, was sie wolle und sei sie auch zum eigenen Nachteil.. anerkennt.[43] Er macht geltend, dass gerade die von ihm entwickelte Konzeption der Gerechtigkeit als Fairness die Entstehung von Gefühlen des allgemeinen und besonderen Neides eher eindämmen als begünstigen. Auch wenn, so räumt er ein, hinter der Berufung auf die Gerechtigkeit faktisch häufig Neidgefühle stehen würden, sei dies kein Grund, Gerechtigkeitsforderungen und -vorstellungen von vornherein mit Neidgefühlen in Verbindung zu bringen. Das Problem derartiger Ansätze resultiere zumeist aus einer Verwechslung zwischen Neidgefühlen und gerechtigkeitsorientierter Unzufriedenheit. Die Unterscheidung zwischen Neid und Gerechtigkeitssinn entspricht der traditionellen Differenzierung zwischen Neid und gerechtem Unwillen. Das Doppelgesicht des Neides ist auch in der neueren Diskussion erhalten geblieben.

Auch in der psychologischen und zeitdiagnostischen Literatur zum Neid werden verschiedene Formen desselben unterschieden. Rolf Haubl beispielsweise differenziert zwischen vier verschiedenen Formen von Neid. Neid kann feindselig-schädigend, er kann depressiv-lähmend, aber auch ehrgeizig-stimulierend sowie empörend-rechtend sein.[44] Erneut tritt hinter dieser Typologie eine in moralischer Perspektive unterschiedliche Bewertung von Neidgefühlen zutage. Was Haubl als feindselig-schädigenden Neid bezeichnet, entspricht weithin der klassischen Neidauffassung, es handelt sich in unserem Wortgebrauch um Missgunst. Als feindselig oder schädigend gilt diese Art des Neides, weil sie ohne Ausnahme alle Güter und Personen betrifft und zu einer Vergiftung der sozialen Umgebung führt. Depressiv und lähmend wird der Neid, wenn die mit ihm verbundenen Aggressionsgefühle nicht mehr nach außen gerichtet sind.

Der auf depressive und lähmende Weise Neidische begehrt zwar auch die Güter der anderen, anders als im Fall des schädigenden Neides erkennt er allerdings die Rechtmäßigkeit von deren Besitz an, sieht sich jedoch außerstande, sich die entsprechenden Güter selbst zu verschaffen und glaubt auch nicht, diese zu verdienen. Der ehrgeizig-stimulierende Neid hingegen bezieht sich auf eine Gefühlslage, die auch mit Wörtern wie »Ehrgeiz« und »Eifer« bezeichnet wird. Der Neider diesen Typs nimmt sich die Beneideten zum Vorbild und strebt danach, es

---

42 Ebd., 579.
43 Vgl. ebd., 581.
44 Vgl. dazu Rolf Haubl, »Über Hass, Neid und Gewaltbereitschaft«, in: in: ZDF-Nachtstudio (Hg.), *Große Gefühle. Bausteine menschlichen Verhaltens*, Frankfurt a. M. 2000, 47..75, 65 ff.

ihnen gleich zu tun. Dem empörend-rechtenden Neid schließlich wohnt von vornherein eine moralische Perspektive inne. Er betrifft häufig die Unrechtmäßigkeit, mit welcher Güter oder Positionen, um die jemand beneidet wird, erworben wurden. Diese Form von Neid erinnert wie die gerechtigkeitsorientierte Unzufriedenheit von Rawls an den gerechten Unwillen bzw. die Nemesis in der Typologie von Aristoteles.

Wie auch immer man zu den Differenzierungen, welche man mit Blick auf das Gefühl des Neides treffen kann, gelangt und wie viele Spielarten des Neides man auch immer einzuräumen geneigt ist, festzustellen ist, dass eine Beurteilung des Neides als einem Begehren nach den Gütern anderer immer von weiteren Zusatzbedingungen abhängt, welche im Grunde genommen Kriterien für die Angemessenheit bzw. Unangemessenheit dieses Gefühls bereit zu stellen versuchen. Trotz der Tabuisierung des Neides durch kulturelle Emotionsnormen kommt es immer wieder zu einer Relativierung von grundsätzlichen Verurteilungen.[45] Gilt Gleiches auch für die Eifersucht?

4. Eifersucht

Man beneidet jemanden wegen etwas. Auf diesem Hintergrund lassen sich die zentralen Unterschiede zwischen Neid und Eifersucht wie folgt bestimmen: Eifersucht ist eine Relation, die nicht auf eine Sache oder Eigenschaft zielt, sondern bei der mindestens drei Personen im Spiel sind.[46] Eifersüchtig ist man nicht auf Dinge oder Eigenschaften, sondern auf Personen, und zwar wegen ihres Verhältnisses zu anderen Personen, zu denen man ebenfalls ein …jedenfalls nach eigener Einschätzung …besonderes, vielleicht sogar einzigartiges Verhältnis hat.

Die Angelegenheit, um welche sich das Verhältnis zwischen den involvierten Personen dreht, muss demjenigen, der Eifersucht empfindet, zudem in einer besonderen Weise wichtig sein. Dieser Unterschied zum Neid bedarf freilich einer näheren Spezifikation. Der zweite Unterschied besteht darin, dass Eifersucht anders als Neid mit Verlustängsten zusammenhängt. Während der Neider in der Regel die Einstellung hat, Dinge von Wert gar nicht zu besitzen, fürchtet der Eifersüchtige das-

---

45 Helmut Schoeck, *Der Neid. Eine Theorie der Gesellschaft*, Freiburg/München 1966 zum Beispiel hält den Neid für eine ganz und gar unerlässliche Voraussetzung für die Vergesellschaftung des Menschen und billigt ihm ausdrücklich eine positive Rolle im sozialen Leben zu.
46 Vgl. auch Daniel M. Farrell, »Über Eifersucht und Neid«, in: Philipp Balzer/Klaus Peter Rippe (Hg.), *Philosophie und Sex*, a. a. O., 113..146. Da Eifersucht als Gefühl auch dann auftreten kann, wenn gar keine reale dritte Person existiert, hat Peter Goldie vorgeschlagen, auf die Rede von einer Drei-Parteien-Konstellation zu verzichten, und statt dessen von einer narrativen Sequenz von Ereignissen zu sprechen, zu der verschiedene Elemente gehören müssen, wobei allerdings von der Frage nach der Realität des Rivalen abgesehen werden kann. Vgl. Peter Goldie, *The Emotions. A Philosophical Exploration*, Oxford/New York 2000, 225.

jenige, was er besitzt, bzw. diejenige Person, zu der er in einem besonderen Verhältnis steht, zu verlieren.[47]

Einige Beispiele: Der Student Martin ist eifersüchtig auf den Studenten Peter, da sich der Professor gut mit Peter zu verstehen scheint. Bisher war Martin der unangefochtene Lieblingsstudent des Professors, und nun droht Peter ihm diese Rolle streitig zu machen. Oder: Der Mitarbeiter Krause ist eifersüchtig auf den Mitarbeiter Zimmermann, da der Chef nun fast immer mit Zimmermann zum Essen geht, während zuvor Krause der unangefochtene Lieblingsmitesser des Chefs war. Paradigmatische Fälle von Eifersucht sind in unserer Kultur allerdings zweifellos Fälle von romantischer bzw. sexueller Eifersucht, daneben auch Fälle der Eifersucht unter Geschwistern bzw. in familiären Zusammenhängen.

Vergegenwärtigen wir uns die folgende Szenerie. Manfred und Rita sind bereits seit längerer Zeit ein Liebespaar. Während der letzten Monate hat es sich eingebürgert, gelegentlich die gemeinsame Freundin Maria zum Abendessen einzuladen. Die drei kennen sich bereits seit Jahren, allerdings wohnte Maria bislang in einer anderen Stadt als Manfred und Rita, so dass es nur zu gelegentlichen Besuchen kam. Seit sie in die Stadt gezogen ist, in der auch Manfred und Rita wohnen, finden häufiger gemeinsame Abendessen statt. Nach einer Weile bemerkt Rita, dass Manfreds Laune in Erwartung der gemeinsamen Abende mit Maria jedes Mal beträchtlich steigt. Außerdem macht Manfred während der gemeinsamen Abendessen stets den Eindruck, er sei wie ausgewechselt . Eben noch mürrisch und wortkarg, beginnt er fröhlich und entspannt eine lebhafte Unterhaltung. In einem größeren Maß als gewöhnlich ist er geneigt, zuzuhören und sich von seiner besten Seite zu präsentieren. So oder ähnlich ist es immer, wenn Maria zu Besuch kommt.

Dies ist eine Situation, anlässlich derer wir uns vorstellen könnten, dass Rita eifersüchtig ist. Es ist nicht so, dass sie unbedingt eifersüchtig sein müsste, aber immerhin könnte sie es sein. Wir wären nicht überrascht, wenn es hieße, Rita sei eifersüchtig auf Maria, weil Manfred dieser eine Aufmerksamkeit zuteil werden lässt, von der sie, Rita, glaubt, dass diese eigentlich ihr selbst zustünde. Außerdem wünscht sie sich schon lange, Manfred möge endlich einmal wieder aufmerksam ihr gegenüber sein, und sie fürchtet, ihn über kurz oder lang zu verlieren.

Bevor wir uns eingehender mit der Frage beschäftigen, wie die Eifersucht zu bewerten ist, mit der Frage also, ob es normal , gut oder aber schlecht ist, Eifersucht zu empfinden .. das ist eine Thematik, welche bezogen auf dieses Gefühl häufig diskutiert wird .„ soll es um die verschiedenen Aspekte der Eifersucht als Gefühl gehen. Eine Antwort auf die Frage nach dem kognitiven Gehalt der Eifersucht dürfte sich bereits aus der kleinen Erzählung ergeben. Die Geschichte vergegenwärtigt die nachgerade klassische Konstellation von drei Personen, in welcher eine Person (Rita) die Überzeugung hat, ein auf eine bestimmte Weise in seiner Besonderheit gerechtfertigtes Verhältnis zu einer anderen Person (Manfred) zu haben, welches nun durch die Anwesenheit einer dritten Person (Maria) gefährdet zu werden scheint. Rita ist eifersüchtig auf Maria, weil sie Maria als Bedrohung für ihr eigenes besonderes Ver-

---

47 Den Zusammenhang von Eifersucht und Angst thematisieren auch Jerome Neu, »Jealous Thoughts«, in: Amélie Oksenberg Rorty (Hg.), *Explaining Emotions*, Berkeley 1980, 425...463, 433; vgl. auch Verena Kast, *Neid und Eifersucht*, a. a. O., 157.

hältnis zu Manfred erfährt. Zumindest implizit müssen derartige Urteile von einer Person gefällt werden, der man berechtigterweise Eifersucht zuschreiben kann. Auf der Seite Ritas muss es ebenfalls den Wunsch geben, ihr Verhältnis zu Manfred möge in bestimmter Hinsicht exklusiv sein.

Wie bei allen anderen der diskutierten Gefühle gilt allerdings auch im Fall der Eifersucht, dass ein (explizites oder implizites) Urteil in Verbindung mit einem Wunsch noch kein Gefühl ausmacht. Eifersucht ist ein Gefühl ..und darin mag man einen weiteren Unterschied zum Neid sehen ..,. welches sich in vergleichsweise starker Form auch körperlich und leiblich manifestiert. Dies liegt in erster Linie daran, dass es sich um ein Gefühl handelt, welches mit einer für es charakteristischen Verlustangst einhergeht. Die Angst, etwas zu verlieren, gehört als eine notwendige Bedingung zur Eifersucht. Wer keine Verlustangst empfindet oder verspürt, der ist nicht eifersüchtig.

Leiblich ist die mit der Eifersucht verbundene Erregung ähnlich wie im Fall von Angst und Panik. Freilich wäre es verfehlt, die leiblich-körperliche Dimension der Eifersucht mit jener der Angst zu identifizieren. Auch auf leiblichen Ebene treten im Fall der Eifersucht weitere Momente hinzu. Neben der Angst spielen zudem, auch dies war uns bereits im Zusammenhang mit dem Neid begegnet, aggressive Faktoren eine Rolle. Der Eifersüchtige fühlt sich niedergedrückt, von Wellen der Panik durchflutet; ohnmächtig und hilflos versucht er Regisseur in einem Drama zu sein, dessen Handlungsfäden ihm längst entglitten sind. Die Eifersucht zieht meistens ein breites Spektrum potentieller Handlungen nach sich. Denken kann man an Szenen und leere Drohungen, aber auch an Elemente der Selbstzerstörung, die selbst vor der eigenen Entwürdigung nicht Halt machen.

Gerade weil die Eifersucht ein Gefühl ist, welches zum Teil mit extremen Reaktionsformen einhergeht, stellt sich die Frage nach der Berechtigung dieses Gefühls. Sollte man es überhaupt haben? Obwohl die Eifersucht gelegentlich zu außerordentlich gravierenden Handlungen führt, man denke an den extremen Fall eines Mordes aus Eifersucht, scheint es so zu sein, dass der Neid in einem viel schlechteren Ansehen steht als die Eifersucht. Neid wird im Allgemeinen verurteilt, zumindest gilt dies für eine Reihe von Formen, während das für die Eifersucht nicht unbedingt gilt. Verbreitet ist auch die Auffassung, dass Eifersucht ...sofern man sich auf den Fall der romantischen Eifersucht beschränkt ...notwendigerweise zur Liebe gehört, von daher unvermeidlich, ja sogar gut sei. Sie gilt manchmal als ein Liebesbeweis. Diese Sicht der Dinge folgt der Vorstellung: Wer nicht eifersüchtig ist, liebt auch nicht. Gegen diese Idee wird gelegentlich vorgebracht, der Eifersüchtige hege einen Besitzanspruch gegenüber seinem Partner und behandle ihn damit wie ein Sache. Eifersucht sei immer ein Zeichen von Unreife und im Grunde sei der Eifersüchtige kindisch. In beiden Positionen drücken sich sehr unterschiedliche Bewertungen der Eifersucht aus.[48]

---

[48] Viele philosophische Beiträge zum Thema unterscheiden aus diesem Grund zwischen mindestens zwei verschiedenen Formen der Eifersucht, von denen die eine als unbedenklich, die andere als verwerflich gilt. Vgl. zum Beispiel Jerome Neu, »Jealous Thoughts«, a. a. O., 452; ferner Hugh LaFollette, *Personal Relationships. Love, Identity, and Morality*, Oxford 1996, 171 ff.

5. Wie ist Eifersucht zu bewerten?

Beide Ansichten über Eifersucht scheinen etwas Richtiges zu sagen. Es kommt letztlich auf den Einzelfall an, auf den Anlass, durch welchen die Eifersucht ausgelöst wird, auf den Grad, in welchem sie ausgeprägt ist, und auf die Verhaltensweisen, welche mit ihr einhergehen. Von diesen Dingen wird es im Großen und Ganzen abhängen, ob man in der Eifersucht ein Zeichen von Unreife erblickt, die in einer moralischen Perspektive als verurteilenswert gilt, oder aber ob man ihr zubilligt, notwendig zur Liebe zu gehören. Um diesem Problem weiter nachzugehen, seien verschiedene Szenarien vorgestellt, welche die kleine Szene mit Manfred, Rita und Maria variieren.

Jeden Donnerstag um 19.00 Uhr verlässt Manfred die Wohnung, jeden Donnerstag kehrt er um 21.30 Uhr zurück. Wäre Rita geneigt schon allein deshalb eifersüchtig zu sein, weil Manfred ohne sie die Wohnung verlässt, würde man sagen können, hier mögen Besitzansprüche eine Rolle spielen. Rita, so ließe sich vielleicht diagnostizieren, leidet an einer gewissen Unreife, wenn sie ihrem Partner nicht einmal zubilligen mag, ohne sie wegzugehen. Wir würden vielleicht noch den Grad oder das Ausmaß ihres Eifersuchtsgefühls berücksichtigen. Wenn sie ein wenig unruhig ist, mag dies zwar für alle Beteiligten bedauerlich sein, aber es dürfte am Ende nicht ganz so tragisch sein. Wenn sie Manfred jedes Mal um 21.35 Uhr eine Szene macht, würde man dies möglicherweise schon als eher problematisch empfinden.

Gestalten wir die Szene noch weiter aus und stellen die Frage: Was macht Manfred donnerstags zwischen 19.00 und 21.30 Uhr? Um der Diskussion willen möchten wir drei Fälle voneinander unterscheiden. (1) Er ist mit Maria zum Joggen verabredet. Rita macht sich nämlich nichts aus Sport. (2) Er ist mit Maria zum Kino verabredet, denn sie versteht eine Menge von Filmen. (3) Er hat jeden Donnerstag sexuellen Kontakt mit Maria. Unsere Intuitionen bezüglich der Beurteilung von Ritas Eifersucht in den drei angeführten Fällen werden sich unterscheiden. Viele würden vielleicht sagen, dass eine gemeinsame und regelmäßige Verabredung zum Joggen eigentlich kein Problem darstellen sollte, weshalb Ritas Eifersucht in diesem Fall übertrieben und durch nichts gerechtfertigt sei. Bezogen auf die Verabredungen zum Kino könnte man ähnliche Intuitionen hegen, auch wenn einige darauf hinweisen würden, man könne nicht so genau wissen, was sich aus dieser Art von Freizeitgestaltung entwickelt. Wie dem auch immer sei, im Prinzip wäre die Eifersucht auch hier übertrieben und durch nichts gerechtfertigt, außer vielleicht dadurch, dass sich anlässlich eines Kinobesuchs aufgrund kulturell geprägter Wahrnehmungsmuster schneller romantische Assoziationen einstellen als bei sportlichen Aktivitäten, wobei es dafür allerdings *prima facie* keinen Grund gibt. Was nun den dritten Fall betrifft, Manfreds sexuellen Verkehr mit Maria, so handelt es sich hier um einen Fall, anlässlich dessen wohl viele Ritas Eifersucht für berechtigt halten würden. Soviel zu den Intuitionen.

Die in philosophischer Hinsicht interessante Frage lautet nun, was es mit diesen Intuitionen auf sich hat. Zieht man die skizzierten Situationen näher in Betracht, könnte man argumentieren, dass die Situation für Rita in einem bestimmten Sinne jedes Mal dieselbe sei. Manfred ist jeden Donnerstag etwa zwei bis drei Stunden nicht zu Hause. Ob er mit Maria joggt, mit ihr im Kino sitzt oder die Zeit mit ihr im

Bett verbringt, ist eigentlich irrelevant. Sicher handelt es sich in jedem Fall um unterschiedliche Aktivitäten, aber für eine Beurteilung der Eifersucht ist das ...klammern wir kulturelle Vorurteile für den Augenblick einmal ein ...unerheblich. In unserer Kultur wird es sicherlich so sein, dass die meisten Menschen anlässlich des zuletzt angeführten Falls der Eifersucht ein Recht zubilligen, während die anderen Fälle strittig sein mögen. Andererseits ist der Rückgriff auf die Art und Weise, in der Menschen faktisch urteilen, nicht unbedingt ein geeignetes Kriterium, um berechtigte von unberechtigten Fällen der Eifersucht zu unterscheiden. Schließlich gibt es Menschen, die in allen der drei genannten Fälle eifersüchtig wären und es gibt auch solche, die es in keinem der drei genannten Fälle wären. Eben deshalb kommt man in der Frage, ob und falls ja, aus welchem Anlass der Eifersucht eine Berechtigung zukommt oder ob sie von vornherein als ein Gefühl zu gelten hat, welches kindisch und unreif ist, mit bloßen Intuitionen nicht weiter.

Dem Kritiker der Eifersucht ließe sich entgegenhalten, dass für ihn Intimität offenbar kein hohes Gut sei. Bei Eifersucht gehe es gerade nicht um den Besitz einer bestimmten Beziehungsqualität, von Intimität, sei sie nun erotisch oder rein emotional, oder gar um den Besitz einer Person. Es gehe vielmehr darum, dass Intimität prinzipiell nicht teilbar sei: Intim sein im eigentlichen Wortsinn könne man nur mit sehr wenigen Personen.

Ein philosophisches Argument für die Unterscheidung zwischen berechtigten und unberechtigten Formen von Eifersucht könnte bei dem moralphilosophischen Prinzip des *Neminem laedere* (Verletze Niemanden, Schade Niemandem) ansetzen.[49] Die Berechtigung zur Eifersucht wäre dann gegeben, wenn sie eine Reaktion auf eine ihrerseits fragwürdige Verletzung darstellt. Dies wird in der Regel dann der Fall sein, wenn die Tätigkeit, die Partner oder Partnerin mit einem Dritten ausüben, von dem ausgeschlossenen Partner ebenfalls gern mit dem Partner oder der Partnerin geteilt würde. Wenn es Rita wichtig ist, mit Manfred zu joggen, ist ihre Eifersucht auf Maria berechtigt. Wenn gemeinsame Kinobesuche mit Manfred für Rita wichtig sind, ist ihre Eifersucht auf Maria berechtigt. Wenn es Rita wichtig ist, mit Manfred sexuellen Kontakt zu haben, ist ihre Eifersucht auf Maria berechtigt. Richtig an dieser Überlegung ist zwar, dass die Eifersucht häufig faktisch genau dann auftritt, wenn dem Eifersüchtigen die Aktivität, die sein jeweiliger Partner mit einem anderen ausübt, wichtig ist. Aber ein Kriterium für die Unterscheidung berechtigter und unberechtigter Fälle von Eifersucht vermag auf diese Weise dennoch nicht bereitgestellt zu werden.

Der Besitzanspruchstheoretiker der Eifersucht, für den die Eifersucht prinzipiell ein fragwürdiges Gefühl ist, könnte wie folgt argumentieren: Unterstellt Joggen, Kino und Sex mit Manfred ist wichtig für Rita. Wenn Manfred einmal in der Woche mit Maria joggt, mit ihr ins Kino geht oder mit ihr schläft, wird Rita nichts genommen. Alles ist, wie es früher war. Bis auf eine regelmäßige Abwesenheit von zwei bis drei Stunden bedeuten Manfreds Unternehmungen in keiner Weise eine Beeinträchtigung der Lebensqualität Ritas. Es zeigt sich, so der Besitzanspruchstheoretiker der Eifersucht weiter, ein unbegründetes Exklusivitätsverlangen auf der Seite

---

49 Vgl. dazu auch Wolfgang Lenzen, *Liebe, Leben, Tod. Eine moralphilosophische Studie*, Stuttgart 1999, 87 ff.

von Rita. Und eben dieses kündet von einer bestimmten Art der Unreife. Der Rekurs auf die Verletztheit als Kriterium löst das Problem nicht, er verschiebt es lediglich. Man kann immer fragen, ob die Verletztheit ihrerseits eine Berechtigung besitzt.

Muss man sich von dem Gedanken verabschieden, Eifersucht könne überhaupt ein berechtigtes Gefühl sein? Bislang hat sich die Suche nach einem Kriterium zur Unterscheidung zwischen berechtigter und unberechtigter Eifersucht als schwierig erwiesen. Das Kriterium der Verletztheit legt die Frage nach der Angemessenheit dieses Gefühls ganz in die Willkür des Eifersüchtigen. Gleiches gilt wohl auch mit Blick auf andere Kriterien, die man für die Zwecke einer Unterscheidung zwischen berechtigten und unberechtigten Formen von Eifersucht anführen mag. Wer nach dem Recht der Eifersucht fragt, thematisiert damit in der Regel eigentlich eher die Berechtigung von Handlungsweisen, welche mit ihr einhergehen, als die Frage, ob das Gefühl als solches berechtigt bzw. unberechtigt ist. Kontrollwahn, Drohgebärden und Szenen sind die typischen Verhaltensweisen, die im Fokus der Kritik stehen, wenn die Eifersucht als Gefühl auf den Prüfstand muss. Diese Verhaltensweisen sind allerdings vom Gefühl der Eifersucht zu unterscheiden, von ihm ablösbar und finden sich ebenso in anderen Kontexten.

Außerdem gilt auch im Fall der Eifersucht, dass zwischen diesem Gefühl, sofern es akut auftritt, und einer Disposition zur Eifersucht zu unterscheiden ist. Das akute Gefühl als Widerfahrnis lässt sich nicht durch eine einfache Entscheidung abstellen. Aber auch eine Disposition zur Eifersucht ist nicht durch eine bloße Auseinandersetzung mit Argumenten zu modifizieren. Der zur Eifersucht Disponierte wird nach Anlässen suchen, die geeignet sind, in ihm Eifersucht auszulösen, und er wird möglicherweise das Repertoire eifersüchtiger Verhaltensweisen immer wieder auszuspielen geneigt sein. Sofern es sich bei der Eifersucht (wie auch beim Neid) um ein Gefühl handelt, welches in einem außerordentlich hohen Ausmaß auf sozialen Beziehungen lasten kann, würde man eine stark ausgeprägte Disposition wohl immer für bedenklich halten. Eine (moralische) Bewertung der Eifersucht bleibt aber schwierig und auf die Frage nach ihrer Angemessenheit bzw. Unangemessenheit lässt sich keine allgemein befriedigende Antwort geben. Denn jede Antwort auf diese Frage bleibt notwendig den jeweils kultur- und milieuspezifischen Normen für die Angemessenheit bestimmter Verhaltensweisen und Gefühle verhaftet.

Vergegenwärtigt man sich in groben Linien, was die philosophische Tradition über Gefühle zu sagen hatte, zu denken ist zum Beispiel an die Vertreter der Stoa, so fällt auf, wie häufig es um die Frage ging, ob es überhaupt rational sei, Gefühle zu haben und ihnen nachzugehen. Die Auseinandersetzung mit einem Gefühl wie der Eifersucht zeigt, dass eine Reihe von Gefühlen zu dieser Frage einladen. Dies sollte aber nicht dazu führen, alle Gefühle in dieser Perspektive zu analysieren, denn nicht allen Gefühlen wohnt jener für die Eifersucht (und auch den Neid) charakteristische destruktive Impuls inne, der auf das eigene Selbst und die sozialen Beziehungen bezogen ist. Ein genauerer Blick auf die Tradition zeigt, dass wie beim Neid gelegentlich zwischen verschiedenen Formen der Eifersucht differenziert wurde. Descartes etwa bestimmt die Eifersucht als »eine Art Furcht, die sich auf eine Begierde bezieht, sich in dem Besitz eines Guten zu erhalten«.[50] Im Anschluss an diese Bestimmung

---

50 René Descartes, *Die Leidenschaften der Seele*, a.a.O., III, Art. 167 (263).

wirft er sogleich die Frage auf, ob die Leidenschaft der Eifersucht »ehrenhaft« sein könne oder ob sie »beschämend« sei.[51] Er liefert Gründe für die Berechtigung beider Behauptungen, indem er zwischen unterschiedlichen Situationen, in welchen die Eifersucht berechtigt sein kann und in welchen sie unberechtigt ist, differenziert. Die für die gegenwartsphilosophische Diskussion maßgebliche Unterscheidung zwischen jeweils angemessenen und unangemessenen Formen eines Gefühls ist also bereits in den klassischen Affekttheorien vorgebildet.

---

51 Vgl. ebd., III, Art. 168 und 169 (265).

Scham und Schuldgefühl*

Scham und Peinlichkeit, Schuld und Empörung sind Gefühle, die damit zusammenhängen, dass gegen Normen verstoßen wird. Scham entsteht, wenn jemand gegen eine Norm verstoßen hat, die er oder sie eigentlich anerkennt. In den meisten Fällen schämt man sich für etwas, nämlich für die Übertretung oder Missachtung einer Norm. Wer es für falsch hält, das Tagebuch eines anderen ohne dessen Einwilligung zu lesen, der wird sich schämen, wenn er sich dazu hinreißen lässt, so etwas doch zu tun. Ein weiteres Strukturmerkmal der Scham besteht darin, dass wir uns in der Regel *vor* jemandem schämen. So kann es sein, dass der Tagebuchleser erst dann von Scham ergriffen wird, wenn er dabei ertappt wird, wie er in den Papieren eines anderen herumschnüffelt. Allerdings gibt es auch Schamsituationen, in denen niemand anwesend ist und man sich offenbar nur vor sich selbst schämt.

Der Ausdruck »Schamgefühl« wird im alltäglichen Sprachgebrauch nicht nur auf das Phänomen der akuten, episodischen Scham angewandt als einem Gefühl, welches einen Beginn, einen Verlauf und ein Ende hat sowie mit einer charakteristischen Weise des leiblichen Erlebens einhergeht, sondern er wird auch verwendet, um sich auf die Scham als Disposition zu beziehen. Wenn im Folgenden nicht ausdrücklich auf eine Disposition zu Scham oder auf eine zur Haltung gewordene Schüchternheit Bezug genommen wird, so ist immer das episodische Gefühl der Scham gemeint.

Der erste Abschnitt dieses Kapitels thematisiert Gehalt und Erleben der Scham, wobei auch auf Gefühle wie Zorn und Schuldgefühl eingegangen wird, die häufig mit der Scham zusammenhängen (1). Philosophiegeschichtliche Erörterungen stehen im Zentrum des zweiten Abschnitts (2), bevor der Begriff der Norm diskutiert wird, der für eine Analyse der Scham und verwandter Gefühle, wie etwa der Peinlichkeit, relevant ist (3). Ein weiterer Abschnitt beschäftigt sich mit dem Verhältnis von Scham und Peinlichkeit (4), anschließend wird die Frage diskutiert, in welchem Sinn das Schamgefühl neben Schuld und Empörung als ein moralisches Gefühl anzusehen ist (5). Ein kurzer abschließender Abschnitt geht auf das allgemeine soziale Phänomen der Schamvermeidung, aber auch auf Schüchternheit und Scheu als individuelle Dispositionen ein (6).

1. Gehalt und Erleben der Scham und verwandter Gefühle

Scham kann in moralischen wie auch in nicht-moralischen Kontexten entstehen. Man kann sich so unterschiedlicher Dinge wie unpassender Kleidung, ungeschickten Verhaltens, einer Zahnlücke oder einer moralischen Verfehlung schämen. Dass

---

* Für dieses Kapitel haben wir einzelne Abschnitte aus Hilge Landweer, *Scham und Macht. Phänomenologische Untersuchungen zur Sozialität eines Gefühls*, Tübingen 1999 verwendet und stark überarbeitet.

gegen eine Norm verstoßen wird, die man eigentlich anerkennt, ist nicht die einzige notwendige Bedingung für Scham. Eine weitere Bedingung, die alle Schamsituationen kennzeichnet, ist ein bestimmtes leibliches Erleben, das sich als Bewegungsimpuls äußert, verschwinden zu wollen, ohne dass dies möglich ist (im Boden versinken wollen). Scham wird leiblich als Engung erfahren, man hat den Eindruck, im Zentrum missbilligender oder höhnischer Blicke zu stehen und fühlt sich durch diese Blicke an seinen Ort in der Situation wie fest gebannt. Man fühlt sich wie gelähmt, und selbst wenn man sich aus der Situation entfernt, kann diese Blockade bestehen bleiben. Scham überkommt einen nicht allmählich, sondern plötzlich und zumeist ohne irgendeine Vorankündigung; sie kann als Katastrophe erlebt werden, die eigene Handlungsmöglichkeiten jäh unterbricht.

Wer sich schämt, kann ...anders als jemand, der beispielsweise stolz ist ...die Blicke der anderen nicht ertragen, sie schon gar nicht erwidern und senkt den Blick. Damit sind für Scham nicht nur fremde, sondern auch eigene Blicke charakteristisch. Die fremden Blicke und das Senken des eigenen Blicks unterstützen das Engungsgefühl. In der Scham empfindet man sich als ausgestellt; sie ist ein Gefühl, das einen, vermittelt über die tatsächlichen oder bloß vorgestellten Blicke der anderen, auf das Missverhältnis stößt, in dem das tatsächliche Verhalten zu dem steht, was andere von einem erwarten und dazu, wie man ihnen erscheinen möchte. Die Blicke der anderen fungieren im subjektiven Erleben wie aggressive Vektoren, mit denen das Schamgefühl den Beschämten durchbohrt . Wenn es gelingt, den Blick zu heben, so nur unter dem Eindruck, einen beinahe physischen Widerstand überwunden zu haben. Mit dem Heben des Blicks hat man sich bereits aus der Schamsituation distanziert, zumindest so weit, dass das Gefühl in das sehr viel schwächere Gefühl der Peinlichkeit übergehen kann.

Jedes Gefühl hat eine bestimmte Verlaufsgestalt, die es in charakteristischer Weise von anderen Affekten unterscheidet. Scham überkommt einen überfallartig, ohne dass man es unmittelbar verhindern könnte. Allenfalls kann man einzelne Anlässe für die eigene Beschämbarkeit in der Gefühlsdisposition langfristig verändern. Zwar ist es bei allen Gefühlen so, dass man sich ihnen im Moment der Betroffenheit nicht entziehen kann, aber Scham, zumindest im Vollsinn, ist gekennzeichnet durch Plötzlichkeit, Heftigkeit und eine ..im Vergleich etwa zu Trauer ...verhältnismäßig kurze Dauer.[1] Zwar kann Scham durch Erinnerung an die beschämende Situation durchaus wieder aktualisiert werden, aber auch dann hat das Gefühl (und nicht etwa die Auseinandersetzung mit ihm) eine kurze Verlaufsgestalt. Anders als Schuldgefühle kann Scham offenbar nicht auf Dauer gestellt werden.[2] Eine Häufung von Schamsituationen hat eher die Tendenz, Scham in ein anderes Gefühl wie etwa Angst vor möglicher Beschämung oder in Gefühls- und Verhaltensdispositionen wie Minderwertigkeitsgefühle, Scheu oder Schüchternheit umzuwandeln.

---

1 Die Plötzlichkeit der Scham betont auch Kant in seiner *Anthropologie in pragmatischer Hinsicht* (EA 1798), §73; vgl. Immanuel Kant, *Schriften zur Anthropologie, Geschichtsphilosophie, Politik und Pädagogik 2*. Werkausgabe Band XII, hg. von Wilhelm Weischedel, 585.
2 Vgl. Hermann Schmitz, »Kann man Scham auf Dauer stellen?«, in: Hilge Landweer/Hartwig Schmidt (Hg.), *Scham und Macht. Berliner Debatte Initial* 17 (2006), 100..104.

Andere Gefühle wie Trauer, Furcht oder Freude tragen mehr Modulations- und Abstufungsmöglichkeiten in sich als die akute Scham. Auch die Übergänge von der Scham zu anderen Gefühlen vollziehen sich plötzlicher und stufenloser als Übergänge zwischen anderen Gefühlen, beispielsweise von Scham zu Angst oder ...das impliziert eine Umkehr der leiblichen Richtungen ...zu Ärger, Empörung oder Zorn.

Im Zorn richtet sich nicht nur wie beim Stolz der Bewegungsimpuls nach oben und in die Weite, sondern er wirkt eher zentrifugal; er sprüht nach allen Seiten, wie die Metaphern des Platzens und Aus-der-Haut-Fahrens nahe legen. Die leiblichen Richtungen der Scham haben eine exakt entgegengesetzte Struktur, sie wirken zentripetal. So spricht man davon, sich tief im Inneren zu schämen. Eine Wendung aus dem 17. Jahrhundert zur Beschreibung des Schamgefühls lautet bezeichnenderweise: »sich in sein Lungen und Ingeweid hinein schämen«[3]. Ebenso ist der Wunsch, im Boden versinken zu wollen, leiblich zentripetal und nach unten gerichtet; Scham führt zu massiver Engung.

Polarität gibt es zwischen Zorn und Scham aber auch in anderen Hinsichten, die für die Sozialität dieser Gefühle höchst aufschlussreich sind: Zorn aktiviert, mehr noch als Stolz, und zwar mit Durchsetzungs- und Dominanzanspruch; Scham passiviert leiblich spürbar mit Hinfälligkeit, Beugungs- und Unterwerfungsneigung. Die Entgegensetzung von Scham und Zorn wird insbesondere da deutlich, wo sie als moralische Gefühle fungieren: Ob man mit Zorn oder mit Scham reagiert, hängt in moralisch relevanten Situationen vor allem davon ab, ob man sich oder den anderen durch zurechenbares Verhalten (wenn auch im Fall der Scham meistens unbeabsichtigt) im Unrecht glaubt.

Selten sind polare Gefühle im Interaktionsbereich so verhältnismäßig eng benachbart und ineinander zu überführen wie Zorn und Scham.[4] Den Zorn eines anderen, der sich gegen einen richtet, kann man beispielsweise in seinem explosiven Ablauf blockieren, indem man sich schämt. Er wird dann sozusagen in die Bahnen der Scham des potentiellen Aggressionsopfers abgeleitet wie durch einen Blitzableiter und kann darin abfließen. Dieser Zusammenhang wird im Gefüge sozialer Konventionen durchaus genutzt: Das Ritual der Entschuldigung weist auf diese Möglichkeit hin. Die Zusammengehörigkeit beider Gefühle zeigt sich affektdynamisch nicht nur, wenn Zorn durch Scham abgefangen wird, sondern auch in der umgekehrten Situation. Mit aufloderndem Zorn kann man oft einen sonst unvermeidlichen Ausbruch von eigener Scham abwenden. Ein Beispiel hierfür sind die im Europa des 18. und 19. Jahrhunderts kulturell geforderten Zornesreaktionen auf Kränkungen der Ehre, nämlich die Herausforderungen zum Duell, die, wenn sie unterblieben, eine offenkundige Beschämung des Ehrverletzten bis hin zu öffentlicher Schande nach sich zogen. Auch die gelegentlich aggressiven Reaktionen von jemandem, der in einer prinzipiell beschämenden Situation auf frischer Tat ertappt wird, bezeugen, dass Zorn eingesetzt werden kann, um Scham abzuwenden oder einzudämmen. Erinnert sei an den zu Beginn angeführten Tagebuchleser. Es ist denkbar, dass dieser eine Person,

---

3 Karl Sigismund Kramer, *Volksleben im Hochstift Bamberg und im Fürstentum Coburg (1500–1800)*, Würzburg 1967, 195, zitiert nach Hermann Schmitz, »Kann man Scham auf Dauer stellen?«, a.a.O., 102.
4 Vgl. Hermann Schmitz, »Kann man Scham auf Dauer stellen?«, a.a.O.

die ihn bei seinem Tun überrascht, mit Vorwürfen konfrontiert: Was machst du hier? Hättest du nicht anklopfen können? Warum hast du dich hereingeschlichen? Ein derartiges Verhalten kann als Versuch, Scham abzuwenden, interpretiert werden.

Scham ist außerdem oft eng mit Schuldgefühlen verbunden. Anders als das Schuldgefühl, das zumeist auf den Schaden und auf den Geschädigten bezogen ist, ist Scham auf denjenigen fokussiert, der sich schämt. Scham kann dabei ganz unabhängig von geschädigten Personen und auch von möglichen oder tatsächlichen Beobachtern auftreten. Dass das Schuldgefühl dagegen intentional weniger auf das Schuld-Subjekt, sondern vor allem auf die geschädigte Person gerichtet ist, lässt sich genauer durch die für es charakteristischen Wiedergutmachungsimpulse bestimmen. Dabei unterscheidet es sich auch in den leiblichen Richtungen von Scham: Das Schuldgefühl blockiert nicht durch fixierende zentripetale Richtungen wie Scham, sondern ist durch eine bohrende Spannung charakterisiert, die durch das Oszillieren zwischen der Aktivierung, die auf Wiedergutmachung zielt, und der Passivierung durch das Erschrecken über die eigene Schuldhaftigkeit entsteht. Dieser letzte Aspekt ist der Scham verwandt, während der auf einen anderen gerichtete Wiedergutmachungsimpuls im akuten Gefühl der Scham ganz fehlt, wenn er auch in manchen Fällen sekundär hinzukommen mag. Allerdings ist sicherlich für Scham und Schuldgefühl charakteristisch, dass man sich wünscht, der Normverstoß sei gar nicht erst passiert ... ein undurchführbarer Impuls also, das Geschehen rückgängig zu machen. Anders als die Scham drängt Schuldgefühl von sich aus zur Sühne und enthält damit typischerweise Handlungsimpulse, auch wenn sie oft nicht ausgeführt werden können.

Die Evidenz, dass es sich bei Scham und Schuldgefühl um zwei verschiedene Gefühle handelt, scheint auf den ersten Blick vor allem leiblich fundiert sein, da es so aussieht, als wäre der Gegenstandbezug in manchen Fällen von Scham und Schuld derselbe. Auch Schuldgefühle beziehen sich auf Verhaltensweisen, die als Verstoß gegen Normen interpretiert werden können. So kann man sich beispielsweise wegen einer unlauteren Vorteilnahme oder einer Lüge sowohl schämen als auch schuldig fühlen.

Leiblich wird das Schuldgefühl vor allem als bohrend, also auch als eine Form von Engung erlebt, während Scham durch eine andere Form von Engung, nämlich durch die zentripetale Richtung des Angeblickt-werdens gekennzeichnet ist, die, anders als bei Schuldgefühlen, oft eine unmittelbar lähmende und blockierende Wirkung auf denjenigen haben, der sich schämt: Nur für Scham ist der Impuls charakteristisch, im Boden versinken zu wollen und den Blick senken zu müssen. Im Gegensatz zu dieser Plötzlichkeit baut sich das Schuldgefühl leiblich vergleichsweise langsam auf. Schuldgefühle nagen, bis irgendeine Art von Sühne eingetreten ist, während Scham wie mit einem Schlag den Leib überflutet und verhältnismäßig schnell wieder abebbt.

Bei näherem Hinsehen zeigt sich jedoch, dass das leibliche Erleben nicht das einzige Unterscheidungskriterium zwischen Scham und Schuldgefühl ist. Das wird aber erst dann deutlich, wenn man bei der Rekonstruktion des intentionalen Gehalts dieser Gefühle zwischen dem Verankerungspunkt und dem Verdichtungsbereich unterscheidet. Denn dann lässt sich feststellen, dass der Verankerungspunkt bei Scham und Schuld identisch sein kann, während sich der Verdichtungsbereich unterscheidet. Als Verankerungspunkt lässt sich im Fall der Scham wie auch der

Schuld der Normverstoß auffassen, Verdichtungsbereich ist aber im Fall der Scham die eigene Person, im Fall der Schuld der Geschädigte oder der Schaden, der entstanden ist. Trotz ihrer engen Nachbarschaft lassen sich damit Scham und Schuldgefühl unterscheiden. Werfen wir nach dieser systematischen Analyse des Schamgefühls einen Blick in die Geschichte der Philosophie.

2. Scham in der Philosophiegeschichte

Alle Schamtheorien seit der Antike betonen die zentrale Rolle des (möglichen oder tatsächlichen) Angeblickt-werdens für die Scham und damit auch ihren genuin sozialen Charakter. Bei Platon ist *aidōs* (Scham) die wichtigste Tugend , um ein gelungenes Zusammenleben möglich zu machen. Einschlägig hierfür ist der Mythos des Protagoras, wonach Prometheus der Athene und dem Hephaistos Weisheit und Feuer stiehlt, um sie den Menschen zu bringen. Aber allein damit ist es den Menschen noch nicht möglich, in Städten zu wohnen, da so noch keine soziale Ordnung hergestellt werden kann. Deswegen schickt Zeus Hermes, um den Menschen Scham und Recht (*aidōs* und *dikē*) zu bringen. Das Entscheidende für die zentrale These des Protagoras-Dialoges, wonach ethische und politische Tugend gelehrt werden kann, ist nun, dass Zeus darauf besteht, dass alle Menschen gleichermaßen an Scham und Recht teilhaben sollen, während die Gaben bei allen anderen Künsten und Eigenschaften höchst ungleich verteilt sind:»Denn es können keine Staaten bestehen, wenn auch hieran nur Wenige Anteil hätten, wie an anderen Künsten. Und gib auch ein Gesetz von meinetwegen, daß man den, der Scham und Recht sich anzueignen unfähig ist, töte wie einen bösen Schaden des Staates« ...so Zeus im *Protagoras*.[5] Im nachfolgenden Text wird auf die Scham nicht mehr Bezug genommen, statt dessen ist mehr von Gerechtigkeit (*dikaiosynē*) und Besonnenheit (*sōphrosynē*) im Zusammenhang mit den politischen Tugenden die Rede. Die Nennung von »Scham und Recht« in einem Atemzug weist aber darauf hin, dass Scham ein Gefühl ist, das in engem Zusammenhang mit dem Recht steht, und zudem eines, das für die Lehrbarkeit der Tugend von zentraler Bedeutung ist: ohne Scham, so könnte man über Platon hinausgehend sagen, gibt es kein Unrechtsgefühl und Unrechtsbewusstsein, und ohne Unrechtsbewusstsein bleibt das Recht hilflos.

Auch in der Perspektive von Aristoteles übernimmt die Scham wichtige Funktionen im Zusammenleben. In der *Nikomachischen Ethik* wird die Scham als Furcht vor Schande definiert, in der *Rhetorik* wird dieses Gefühl etwas allgemeiner auf alles bezogen, von dem man meint, dass es einen in Misskredit bringen könnte.[6] Aristoteles betont einen für die Struktur der Scham zentralen Punkt, wenn er darauf hin-

---

5 Platon, *Protagoras.* Sämtliche Werke I, nach der Übersetzung Friedrich Schleiermachers, ergänzt durch Übersetzungen von Frank Susemihl und anderen, hg. von Karlheinz Hülser, Frankfurt a. M. 1991, 322 cf. (99).

6 Vgl. Aristoteles, *Nikomachische Ethik*, übersetzt von Ursula Wolf, Reinbek bei Hamburg 2006, 1128 b (157 f.); *Rhetorik*, übersetzt mit einer Bibliographie, Erläuterungen und einem Nachwort von Franz G. Sievecke, München 1980, 1383 b (102 f.).

weist, dass man in höherem Maß Scham empfindet über das, was für andere sichtbar ist oder gar in der Öffentlichkeit stattfindet; er nennt in diesem Zusammenhang das Sprichwort »In den Augen ist der Sitz der Scham.«[7] Nach Aristoteles können gerade Dinge, die selbstverschuldet erscheinen, Anlass für Scham werden. Er erkennt auch bereits, dass es nicht gleichgültig ist, vor wem man sich schämt, sondern dass dies vor allem Personen sind, die man achtet, oder solche mit gutem Urteil .. eben all jene, so könnte man seine differenzierten Analysen zusammenfassen, deren Meinung einem nicht gleichgültig ist.

Scham hat die Funktion, vor schlechten Handlungen zurückzuhalten; sie ist deshalb, verglichen mit der Furcht vor Strafe, ein höher stehendes Motiv.[8] Aristoteles betont ausdrücklich, dass die Scham nicht als eine Haltung anzusehen ist, sondern als ein lobenswerter Affekt, der sich in der Mitte zwischen den zwei negativen Extremen der Schamlosigkeit (*anaischyntia*) und der Schüchternheit (*kataplēxis*) befindet. Allerdings ist mit dieser Mitte doch eine Art Disposition gemeint, welche darauf zielt, Handlungen zu vermeiden, die das akute Gefühl der Scham auslösen würden. Denn wenn man sich für schlechte Handlungen schämt, die man freiwillig begangen hat, so ist es natürlich besser, solche Handlungen von vornherein zu unterlassen: »Wenn die Schamlosigkeit etwas Schlechtes ist, das heißt, wenn es schlecht ist, sich beim Tun des Schlechten nicht zu schämen, dann wird es dadurch immer noch nicht anständig, solche Dinge zu tun und sich dabei zu schämen.«[9]

Deshalb hält Aristoteles die Scham vor allem für junge Menschen für angemessen, da sie, wie er sagt, nach dem Affekt leben und daher viele Fehler machen, von der Scham aber zurückgehalten werden. Von älteren Menschen dagegen erwartet man, dass sie gar nicht erst etwas tun sollten, wofür sie sich schämen müssten. Es ist nur folgerichtig, wenn Aristoteles die Scham (hier: *aischynē*) nicht als ein Merkmal des guten Menschen ansieht, da sie nur bei schlechten Handlungen eintritt, ihr aber als Schamhaftigkeit (*aidōs*) dennoch einen zentralen Platz unter den Tugenden (*aretai*) zuweist.

Während Aristoteles die Bezeichnungen *aidōs* und *aischynē* weitgehend synonym verwendet, werden sie in der Stoa, zum Beispiel bei Chrysippos, begrifflich unterschieden.[10] *Aischynē* wird als eine Art der Furcht angesehen und stellt als Leidenschaft eine Krankheit dar. Der Begriff *aidōs* wird indessen der sittlichen Scheu vor dem gerechten Tadel vorbehalten und insofern positiv bewertet. Es ist genau dieser Aspekt, der Aristoteles veranlasst hatte, die Scham als Tugend zu klassifizieren, nämlich in der Form einer Haltung der Schamhaftigkeit, welche schlechte Taten von vornherein verhindert. Thomas von Aquin knüpft an Aristoteles und die Stoa an. Auch bei ihm hat, wie schon bei Platon und Aristoteles, die Scham eine Beziehung zur Besonnenheit (*sōphrosynē*), insofern sie vor falschen Handlungen zurückhält. Hier wird die Scham als ein Gefühl der Furcht vor Schändlichem zum Thema, das sich anlässlich tatsächlicher oder eingebildeter Laster einstellen kann.[11]

---

7 Vgl. *Rhetorik*, 1384 a (105).
8 Vgl. *Nikomachische Ethik* 1179 b (336).
9 Ebd., 1128 b (158).
10 Vgl. Jürgen Ruhnau, »Scham, Scheu«, in: *Historisches Wörterbuch der Philosophie*, Band 8, hg. von Joachim Ritter und Karlfried Gründer, Basel 1992, 1208..1215.
11 Vgl. Thomas von Aquin, *Summa Theologica*, II..II, quaestio 144.

Descartes versteht die Scham als eine Art Traurigkeit, welche auf Selbstliebe gegründet ist und von der Meinung herrührt, beschämt worden zu sein.[12] In einem Kontext, in dem er über das Erröten spricht, bezeichnet Descartes die Scham auch als zusammengesetzt aus der Selbstliebe und dem starken Bedürfnis, eine gegenwärtige Schlechtigkeit zu vermeiden.[13] Mit dieser Bestimmung spricht er wiederum nicht das akute Gefühl der Scham an, sondern eher die Haltung der Schamhaftigkeit, also das, was bei Chrysippos als *aidōs* bezeichnet wird. Ebenso zielt Descartes der Sache nach auf eine Disposition ab, wenn er die Scham eine Art Bescheidenheit oder Demut gegen sich selbst nennt. Man kann Scham aber auch als ein Misstrauen gegen sich selbst ansehen, wie aus dem entgegengesetzten Selbstverhältnis indirekt erschlossen werden kann: »Denn wenn man sich so sehr schätzt, daß man sich nicht vorstellen kann, von irgend jemand verachtet zu werden, kann man nicht leicht beschämt werden.«[14] Hier wird bereits sehr stark der Zusammenhang von Scham zu charakterlichen Dispositionen und vor allem zum Selbstwertgefühl hergestellt, eine Verbindung, welche die heutige philosophische Debatte über Scham stark bestimmt. Ähnlich gelagerte Überlegungen wie bei Descartes findet man bei Spinoza, demzufolge die Scham mit der Überzeugung verbunden ist, getadelt worden zu sein und mit einer Angst vor Schande einhergeht.[15] Auch Kant betrachtet die Scham vorrangig in dieser Hinsicht. Er spricht von der Scham als einem überzarten Ehrgefühl, welches er als eine »Angst aus der besorgten Verachtung einer gegenwärtigen Person« auffasst.[16]

Eingehende Analysen zur Scham stammen im 20. Jahrhundert vor allem von Autoren, die der Phänomenologie nahe stehen. Max Scheler betrachtet im Rahmen einer umfangreichen Untersuchung die Scham als eine genuin menschliche Emotion, die aus der Natur des Menschen als körperlichem und geistigem Wesen resultiere.[17] Das Gefühl der Scham wird als Ergebnis einer Spannung rekonstruiert, die zwischen der in ihrer Tendenz idealen Sphäre des Geistigen und deren Gebundenheit an den Leib bzw. Körper des Menschen besteht. So gesehen schämt sich der Mensch, weil er einen Körper hat. Auf diesem Hintergrund kann es nicht überraschen, dass für Scheler die Körperscham, insbesondere auch die geschlechtliche Scham, einen zentralen Stellenwert einnimmt. Von der Körperscham (bei Scheler »Leibesscham«) unterscheidet er die geistige Scham, die als Schamphänomen eigenen Rechts aufgefasst wird und nicht einfach auf die Körperscham zurückgeführt werden kann. Beide Arten der Scham sind im Grunde eigenständige Phänomene. Die körperliche Scham im Allgemeinen zielt auf die Verdeckung und Verhüllung des Individuums, während die geschlechtliche Scham im Besonderen der Zügelung des Geschlechtstriebes dient und die Funktion

---

12 Vgl. René Descartes, *Die Leidenschaften der Seele*, frz.-dt. Ausgabe hg. von Klaus Hammacher, Hamburg 1984 (EA 1649), III, Art. 205 (313).
13 Vgl. ebd., II, Art. 117 (179).
14 Vgl. ebd., Art. 205 (313).
15 Vgl. Baruch de Spinoza, *Ethik*, hg. von Konrad Blumenstock, Darmstadt 1989 (EA 1677), III, def. 31 (369).
16 Vgl. Immanuel Kant, *Anthropologie in pragmatischer Hinsicht*, a. a. O., §§ 75 (592), § 73 (585).
17 Max Scheler, »Über Scham und Schamgefühl«, in: ders., *Schriften aus dem Nachlaß. Band 1: Zur Ethik und Erkenntnislehre*, Bern 1957, 65..154, 67.

hat, »die Möglichkeit einer Vermischung mit Leben, das dem Individuum und seinem Werte nicht entspricht, auszuschließen.«[18] Auch die geistige Scham hat Scheler zufolge die Funktion, den Wert eines Individuums zu schützen.[19]

Schelers Überlegungen enthalten eine Vielzahl von Differenzierungen, welche nicht nur die verschiedenen Arten der Scham betreffen, sondern ebenso die verschiedenen Funktionen der Scham und verwandter Gefühle. Außerdem formulieren sie eine Reihe von Gedanken zur Entstehung der Scham sowie deren unterschiedlichen Anlässen und den Beziehungen zu anderen Gefühlen. Das Verdienst der Überlegungen von Scheler besteht vor allem darin, eine reichhaltige Beschreibung verschiedener Schamphänomene geliefert zu haben. Viele der Überlegungen Schelers bedürften einer gründlichen und kritischen Auseinandersetzung. Dazu gehört vor allem seine Entgegensetzung und Hierarchisierung von Körper und Geist. Seine Thesen zur unterschiedlichen Verbreitung der Scham bei unterschiedlichen Völkern oder zur Verbreitung unterschiedlicher Arten der Scham bei Mann und Frau muten aus heutiger Sicht mitunter eigentümlich an. Größere Aufmerksamkeit als die Überlegungen Schelers hat die Schamanalyse Sartres erlangt.

In Sartres Theorie der Subjektivität kommt der Scham eine besondere Bedeutung zu, da sie die Beziehung zum Anderen herstellt.[20] Seine Analysen zur Scham sind eingebettet in eine Phänomenologie des Bewusstseins und der Subjektivität. Sartre macht deutlich, dass die Grundstruktur des Bewusstseins in der Scham darin besteht, sich als ein Objekt zu erfahren. Denn die Scham enthält all jene für Sartre wichtigen Elemente, welche die Subjektivität und die Freiheit des Subjekts einschränken. In Sartres Analysen der Scham spielt der Blick eine zentrale Rolle. Danach raubt der Blick des Anderen durch die Gewissheit des Gesehenwerdens dem Subjekt die zentrale Stellung in seinem Universum; in der Scham erstarrt es zum Objekt für den Anderen und wird Teil der objektiven Welt. Durch diesen Blick des Anderen weiß sich das Subjekt als eine gegenständliche Größe und bezieht sich deshalb auf sich, ohne eine Einheit herstellen zu können zwischen dem objektivierten und dem freien Selbst. Dabei kommt es nicht auf den faktischen Blick an, weil der Andere für ein Subjekt überall anwesend ist als das, wodurch es Objekt wird, so dass das Für-Andere-sein eine Gegebenheit und ständige Gewissheit ist. Wie Sartres Beschreibung der Schamstruktur zu verstehen ist, erschließt sich aber erst aus dem Kontext seiner Analyse des Für-Sich-seins und des Für-Andere-seins.

Welche Rolle kommt in dieser Ontologie dem konkreten Anderen zu? Sartre zeigt, dass es bloß wahrscheinlich ist, vom Anderen erblickt zu werden. Wenn man sich über das faktische Erblickt-werden täuschen kann, wenn es sich um eine »Scham vor niemandem« handelt, ist sie dann, so fragt Sartre suggestiv, falsche Scham?[21] Auf diese Frage wird man nicht mit »ja« antworten wollen. Sartre löst das von ihm aufgeworfene Problem damit auf, dass er »zwei verschiedene Erkenntnisordnungen«

---

18 Ebd., 70.
19 Vgl. ebd., 90.
20 Wir folgen hier der Konvention, die Ausdrücke »der Andere« bzw. »die Anderen« im Zusammenhang mit der Philosophie Sartres groß zu schreiben.
21 Vgl., Jean-Paul Sartre, *Das Sein und das Nichts. Versuch einer phänomenologischen Ontologie*, hg. und übersetzt von Hans Schöneberg und Traugott König, Reinbek bei Hamburg 1993 (EA 1943), 495.

und »zwei unvergleichbare Seinstypen« unterscheidet. Diese Differenzierung wird sich in Sartres Sozialontologie als zentral für die Rolle derjenigen erweisen, die als Schamzeugen ...so die von uns verwendete Terminologie ...in der Situation, in der sich jemand schämt, anwesend sind. Denn auf der Ebene des Anderen als Objekt ist es bloß wahrscheinlich, dass der Andere ein Mensch ist, aber der Andere als Subjekt ist »transzendente Anwesenheit bei der Welt und reale Bedingung meines Objektseins« ...und darüber kann man sich nicht täuschen. Erkenntnistheoretisch vollzieht Sartre hier einen Bruch; die Evidenz des Anderen als Subjekt kann nicht auf den Anderen als Objekt übertragen werden, und umgekehrt kann die »konstitutionelle Wahrscheinlichkeit des Objekt-Anderen« auch nicht die Evidenz der Erscheinung des Subjekt-Anderen abschwächen. So kommt Sartre zu der zunächst kontraintuitiven Formulierung: »Das Erblickt-werden kann also nicht von dem Objekt *abhängen*, das den Blick manifestiert.«[22]

Das Angeblickt-werden ist damit auch dann nicht eine reine Möglichkeit, wenn das Subjekt der Scham es sich bloß vorstellt und sich dabei entweder darüber täuscht oder es sich um ein Gedankenexperiment handelt. Es geht in der Scham um mein Objekt-sein für Andere, und das ist immer gegeben und wird gerade in dem Fall besonders deutlich, wo ich selbst entdecke, dass ich mich über mein faktisches Angeblickt-werden getäuscht habe. Dies zeigt Sartre anhand der berühmten Szene, in der jemand etwas durch ein Schlüsselloch beobachtet und jemand anderen kommen zu hören glaubt:

> »Die Existenz des Andern ist so weit davon entfernt, in Zweifel gezogen zu werden, daß dieser blinde Alarm sehr wohl zur Folge haben kann, mich auf mein Vorhaben verzichten zu lassen. Wenn ich dagegen weitermache, werde ich doch mein Herz klopfen hören und nach dem geringsten Geräusch, dem leisesten Knacken der Treppenstufen lauschen. Statt daß der Andere nach meiner ersten Alarmierung verschwunden wäre, ist er jetzt überall [ ] es kann sogar sein, daß meine Scham nicht verschwindet: mit geröteter Stirn beuge ich mich jetzt zum Schlüsselloch, ich höre nicht mehr auf, mein Für-Andere-sein zu *empfinden*.«[23]

Sartre beschreibt hier sehr anschaulich die Vorstellung, man werde entdeckt. Aber sind nicht auch Schamsituationen vorstellbar, in denen sich jemand ausschließlich vor sich selbst schämt und noch nicht einmal daran denkt, dass er von einem Anderen entdeckt werden könnte? Es geht Sartre nicht um die Bestimmung der einzelnen Bedingungen für Scham, nicht darum, verschiedene Schamsituationen voneinander zu unterscheiden, sondern um die Evidenz des Anderen für das Bewusstsein und noch spezifischer: im Schambewusstsein. Für ihn ist das Bewusstsein die transphänomenale Seinsdimension des Subjekts, und seine Bezugnahmen auf empirische Schamsituationen sind so zu verstehen, dass sie bloß den Anlass dafür bieten, das immer schon gegebene Erblickt-werden zu realisieren.[24]

Dafür spricht auch seine Analyse von An- und Abwesenheit. Abwesend kann man nur in Bezug auf andere Menschen sein. Sartre verallgemeinert diese Überle-

---

22 Ebd., 496.
23 Ebd., 497.
24 Ebd.

gung dahingehend, dass alle, die dazu beitragen, mich zu situieren, in Bezug auf mich an- oder abwesend sind. Dies ist letztlich die ganze Menschheit.[25] Die ursprüngliche Anwesenheit wird von Sartre als Erblickt-sein oder Erblickend-sein gedeutet, so dass er jede Denkbewegung und jede physische Bewegung als empirische Variation des fundamentalen Themas des Für-Andere-seins auffassen kann: »Der Andere ist für mich überall anwesend als das, wodurch ich Objekt werde.«[26] Damit wird die Frage, ob und wenn ja, in welcher Weise der Andere dem Bewusstsein im empirischen Fall der Scham vor sich selbst präsent ist, hinfällig: Er ist sozusagen immer schon transphänomenal gegeben; es gibt keinen Klärungsbedarf, solange man die Unterstellung der zwei »Erkenntnisordnungen« teilt.

Kommen wir zum Abschluss dieser historischen Orientierung über Begriff und Phänomen der Scham kurz auf das Schuldgefühl zu sprechen. Systematische Gemeinsamkeiten und Differenzen zwischen dem Gefühl der Scham und demjenigen der Schuld wurden bereits erörtert. Der Begriff der Schuld kann ebenfalls auf eine sehr lange Tradition zurückblicken, Schuldgefühle allerdings werden als solche erst vergleichsweise spät in der Tradition des abendländischen Denkens diskutiert. So ist in der antiken Philosophie von »Schuld« häufig dort die Rede, wenn jemand das mit einer Handlung verbundene Ziel nicht erreicht oder wenn er ein Ziel anstrebt, welches er nicht anstreben sollte, weil es ihm oder anderen schadet. Im frühen Christentum wird vor allem der zuletzt genannte Aspekt aufgegriffen und Schuld als Verantwortung für eine moralische Verfehlung begriffen, die allerdings vergeben werden kann. Ein im weitesten Sinne psychologisches Thema wird Schuld erst bei Augustinus. Wer sich einer Verfehlung schuldig macht, wer vom Guten und von Gott abfällt, der .. so bemerkt Augustinus .. muss sich selbst zu Pein und Strafe werden.[27] Sich selbst zu einer Strafe zu werden setzt der Sache nach voraus, dass die eigene Verfehlung von einem in irgendeiner Hinsicht peinigenden Gefühl begleitet wird.

Die systematischen Überlegungen zu den Begriffen Scham und Schuld, aber auch die historische Orientierung haben deutlich gemacht, dass Normverstöße sowie der Umstand, dass diese von Zeugen beobachtet werden können, im Zusammenhang mit den diskutierten Gefühlen eine zentrale Rolle spielen.

3. Normverstöße und Schamzeugen

Scham entsteht, wenn gegen eine Norm verstoßen wird, so lautet die wesentliche Formulierung zur Kennzeichnung des intentionalen Gehalts der Scham. Selbstverständlich sind im Zusammenhang mit der Scham nicht beliebige Normverletzungen

---

25 Vgl. ebd., 501.
26 Ebd., 502.
27 Vgl. Aurelius Augustinus, *Bekenntnisse*, eingeleitet und übertragen von W. Thimme, München 1982, I, 12,19 (45); vgl. auch Peter Schäfer, *Das Schuldbewußtsein in den Confessiones des heiligen Augustinus. Eine religionspsychologische Studie*, Würzburg 1930.

relevant, obgleich die Palette der Normverstöße, für die man sich schämen kann, recht breit ist. Man kann sich schämen, wenn man unabsichtlich gegen eine Bekleidungskonvention verstößt (man fühlt sich zum Beispiel zu gut oder zu schlecht angezogen), wenn man gegen ein bestimmtes ästhetisches Ideal verstößt (man fühlt sich zu dick) oder wenn man sich einer moralischen Verfehlung schuldig gemacht hat, um nur einige typische Fälle von möglicher Scham zu nennen. Die Normen, gegen welche hier jeweils verstoßen wird, sind im Einzelnen ganz unterschiedlicher Art, gleichwohl teilen sie sich bestimmte Merkmale. Worin bestehen die relevanten und insbesondere die für die Scham relevanten Merkmale von Normen?

Bereits der Blick auf die typischen Beispiele für Schamsituationen ergibt den Befund, dass als Auslöser der Scham in erster Linie Verstöße gegen Standards (Kleiderordnung), gegen Ideale (Idealfigur) und gegen Normen im engeren Sinne in Frage kommen. Letztere legen fest, wann eine Handlung als erlaubt, geboten oder verboten gilt.

Eine wichtige Voraussetzung für das Empfinden von Scham liegt nun darin, dass man sich die betreffenden Standards, Ideale oder Normen zu eigen gemacht hat und sich durch sie gebunden fühlt. Verstöße gegen Ideale, Konventionen oder Normen, die man selber nicht teilt, rufen in der Regel keine Scham hervor. Wem Kleiderordnungen oder Körperideale egal sind, der wird sich bei den entsprechenden Verstößen auch nicht schämen. Eine weitere Voraussetzung, die erfüllt sein muss, damit jemand sich schämt, besteht darin, dass die relevanten Normen als Imperative angesehen werden müssen, die eine überindividuelle Geltung besitzen. Die Norm muss also die Eigenschaft besitzen, auch für andere Personen relevant zu sein.

Selbstverständlich kann man sich Normen unterwerfen, von denen man zunächst einmal annimmt, dass sie lediglich für einen selbst Geltung besitzen. So könnte jemand sich darauf festlegen, einmal in der Woche etwas für seine körperliche Gesundheit zu tun, beispielsweise Schwimmen zu gehen. Er könnte sich selbst die Vorschrift erteilen, einmal in der Woche Sport zu treiben, ohne dies für eine für andere relevante Norm zu halten. In diesem Fall orientiert sich jemand an einer subjektiven Handlungsmaxime, die von schamrelevanten Normen zu unterscheiden ist. Wenn man gegen solche subjektive Maximen verstößt, wird man sich zwar möglicherweise ärgern, seine mangelnde Disziplin oder seinen mangelnden Ehrgeiz verfluchen, man wird sich jedoch nicht schämen. Dies ist nur dann der Fall, wenn man gegen eine Norm verstößt, die man sich zu eigen gemacht hat und die man auch als eine für andere Personen relevante Norm ansieht. Und zwar in einem doppelten Sinne: Andere sollten der Norm folgen, zumindest, wenn sie in einer vergleichbaren Situation sind wie man selbst, und von anderen wird angenommen, sie seien ebenfalls der Auffassung, dass man der betreffenden Norm im Allgemeinen folgen sollte.

Weil in der Scham die Normverstöße immer Normen betreffen, die einen selbst binden und die man in einem überindividuellen Sinne für verbindlich hält, deshalb spielen »Schamzeugen«[28] eine für die Scham maßgebliche Rolle. Für denjenigen, der

---

28 Den Ausdruck »Schamzeugen« verwendet Hilge Landweer, *Scham und Macht*, a. a. O., 92... 125 für diejenigen, welche den Normverstoß bemerken.

wegen eines bestimmten Normverstoßes Schamgefühle hegt, ist es nicht unwichtig, dass es Zeugen der beschämenden Situation gibt oder doch zumindest geben könnte, und im Einzelfall ist es ebenfalls nicht unerheblich, wer jeweils Zeuge einer beschämenden Situation ist oder als Zeuge einer beschämenden Situation vorgestellt wird. Ein- und derselbe Normverstoß kann in Gegenwart bestimmter Personen starke Schamgefühle auslösen, während er in anderen sozialen Kontexten fast unbemerkt geschieht oder allenfalls als leicht peinlich gegenüber einem Publikum erlebt wird, das der Person, die das Gefühl hat, weitgehend gleichgültig ist. Man schämt sich insbesondere vor Personen, auf deren Urteil man besonderen Wert legt und deren Meinungen einem wichtig sind.[29] Dabei handelt es sich um Meinungen bezogen auf die Norm, gegen welche verstoßen wurde, aber auch um Meinungen in Bezug auf die Person, die gegen eine Norm verstößt.

Dass Zeugen eine konstitutive Rolle für Schamgefühle spielen, schließt nicht aus, sich im Einzelfall auch vor sich selbst schämen zu können. Ob und auf welche Weise der Zeuge in der Scham vor sich selbst eine Rolle spielt, wie er in die Scham vor sich selbst eingeht, lässt sich auf unterschiedliche Weise rekonstruieren.[30] Scham vor sich selbst, Scham ohne die faktische Anwesenheit von Zeugen, kann man zum Beispiel im Rückgriff auf den Umstand verständlich machen, dass die Perspektive anderer vom Subjekt der Scham internalisiert wird.

Im Fall einer typischen Situation von Scham lassen sich verschiedene Perspektiven voneinander unterscheiden. Man findet zunächst einmal die Perspektive desjenigen vor, der den Normverstoß begeht. Man kann diese Perspektive als mehr oder weniger naiv bezeichnen. Jemand ist in eine Handlung verstrickt, ohne sich Gedanken darüber zu machen. Er liest zum Beispiel das Tagebuch eines anderen heimlich und ohne dessen Einwilligung. Hinzu tritt .. sonst würde eine derartige Situation nicht unmittelbar schamrelevant werden ...die Perspektive eines Schamzeugen. Plötzlich betritt der Schreiber des Tagebuchs unerwartet und unangekündigt das Zimmer. Oder der heimliche Leser des Tagebuchs stellt sich nur vor, der Schreiber würde hereinkommen. Der Zeuge, ob nur vorgestellt oder real, gehört zur Schamsituation, wie der Beschämte besitzt er die Perspektive eines Teilnehmers.

Schließlich lässt sich die gesamte Situation auch aus einer neutraleren Perspektive vergegenwärtigen.[31] Ein Beobachter der Szenerie könnte den Normverstoß sowie das Verhältnis von Zeugen und Normverstoß einer kritischen Bewertung unterziehen. Das Scham-Subjekt macht sich genau diese Perspektive zu eigen: Die Scham besteht darin, sich selbst gegenüber der naiven Perspektive des in sein Handeln Verstrickten in einem neuen Licht zu sehen. Die Perspektive des Beobachters von außen ist neutral, weil keine eigenen Interessen oder Absichten verfolgt werden wie von den unmittelbar involvierten Scham-Zeugen und von dem naiv handelnden Normübertreter. Diese Perspektive wird in der Scham eingenommen, und

---

29 So schon die Aristotelische Formulierung: »[D]a niemand sich um die Meinung, die man von ihm hat, sorgt außer um derer willen, die diese Meinung haben, so folgt daraus mit Notwendigkeit, daß die Personen, denen gegenüber man Scham empfindet, solche sind, die man achtet.« Aristoteles, *Rhetorik*, 1384 a (104).
30 Vgl. dazu die Überlegungen bei Hilge Landweer, *Scham und Macht*, a. a. O., 92..125.
31 Dies betont Gabriele Taylor, *Pride, Shame and Guilt: Emotions of Self-Assessment*, Oxford 1985, vgl. vor allem 53..84.

deshalb wirken sich besonders intensive Schamsituationen auf das Selbstbild dessen aus, der sich schämt. Denn er erscheint sich selbst unvermittelt in einem anderen Licht als in dem Moment vorher, als er noch undistanziert in sein Tun involviert war, das er anschließend als beschämend erlebt.

Dieser Perspektivenwechsel findet ebenfalls in der Scham vor sich selbst statt, auch wenn hierbei die als zweite genannte Perspektive, die des tatsächlichen Zeugen der Situation, übersprungen wird. Variieren wir das vorangehende Beispiel und nehmen an, der Tagebuchleser werde bei seinem Tun nicht überrascht, und es handele sich um das Tagebuch seiner verstorbenen Mutter, das er gemäß Testament ungelesen verbrennen sollte. Beim Lesen überkommt ihn plötzlich heftige Scham, ohne dass er auch nur entfernt daran denkt, irgendjemand könne von seiner Lektüre erfahren. Er braucht sich keine Entdeckung durch seine Mutter vorzustellen; er weiß auch ohne eine solche Veranschaulichung, dass es sich um einen Vertrauensbruch handelt. Und er möchte sich nicht als jemanden sehen, der das Vertrauen von anderen bricht, sobald sich eine günstige Gelegenheit dafür findet, von der niemand erfahren wird.

Die Scham vor sich selbst stellt die intensivste Schamerfahrung dar; Situationen, in denen man sich vor sich selbst geschämt hat, bleiben lange im Gedächtnis haften. Allerdings lässt sich die Scham vor sich selbst nur analytisch, nicht faktisch von anderen Schamsituationen unterscheiden, denn auch dann, wenn es Zeugen für die Schamsituation gibt, hängt die Intensität der Scham nicht von deren bloßer Anwesenheit ab, sondern, wie oben erwähnt, von der Bedeutung, welche das Publikum für denjenigen hat, der sich schämt. Selbst wenn ihm diejenigen wichtig sind, die den Normverstoß bemerken, so schließt das selbstverständlich nicht aus, dass er sich außer vor ihnen auch vor sich selbst schämt. Gerade die Scham vor sich selbst ist ein zentrales Element des Gewissens; sie weist darauf hin, von welchen Normen sich derjenige, der gegen sie verstoßen hat, nicht distanzieren kann.

Wir werden auf diese Gewissensqualität der Scham vor sich selbst zurückkommen. An dieser Stelle sei lediglich unterstrichen, dass auch die Gewissensscham nicht ausschließlich im einsamen Subjekt stattfindet, sondern durch den Perspektivenwechsel hin zu einer neutral bewertenden Sicht immer schon eine Rollenübernahme und damit eine internalisierte Bezugnahme auf andere voraussetzt.[32] In der Scham vor sich selbst geht es nicht um konkrete, sondern um verallgemeinerte andere, die dem eigenen Leib im Selbstverhältnis mit dem Gefühl der Scham eingeschrieben sind.[33] Kommen wir nach diesen Überlegungen zur Frage nach den Unterschieden zwischen dem Gefühl der Scham und den Erfahrungen von Peinlichkeit.

---

32 Vgl. George Herbert Mead, »Die Genesis der Identität und die soziale Kontrolle«, in: ders.: *Gesammelte Aufsätze* Bd. 1, hg. von Hans Joas, Frankfurt 1980 (engl. zuerst 1925), 299.328.

33 Mit den Worten von Bernard Williams: »Der verinnerlichte andere ist tatsächlich eine abstrakte, verallgemeinerte und idealisierte Größe, aber er ist potentiell ein Jemand und nicht ein Niemand, und zwar ein Jemand, der anders ist als ich. Er kann als Fokus realer sozialer Erwartungen dienen, also etwa als Fokus der Frage, wie es mir ergehen wird, wenn ich so oder so handle und wie meine Aktionen und Reaktionen meine Beziehungen zur Welt um mich herum verändern werden.« Bernard Williams, *Scham, Schuld und Notwendigkeit. Eine Wiederbelebung antiker Begriffe von der Moral*, Berlin 2000.

4. Scham, Peinlichkeit, Ehre

Peinlichkeit wird oft als Komplementärreaktion auf Scham aufgefasst, wie etwa von Norbert Elias. Danach empfinden diejenigen Peinlichkeit, die Zeugen einer beschämenden Situation werden, während derjenige, der in irgendeiner Weise gegen Normen verstoßen hat, sich schämt. Hermann Schmitz dagegen versteht Peinlichkeit als eine abgeschwächte Form von Scham, während Gabriele Taylor Peinlichkeit als ein relativ eigenständiges Phänomen behandelt, wobei sie einräumt, dass es eine Reihe von Übergängen zur Scham und Vermischungen mit diesem Gefühl gibt.[34] Ebenso werden in den allermeisten aktuellen und philosophiegeschichtlichen Schamanalysen diese Gefühle nicht als vollständig distinkte Phänomene aufgefasst.

Die Frage, ob Scham und Peinlichkeit unterschiedliche Gefühle sind oder ob es sich lediglich um verschiedene Intensitätsgrade ein- und desselben Gefühls handelt, ist auch von systematischer Relevanz für allgemeine Überlegungen zur Gefühlstheorie. An Detailfragen wie derjenigen nach den Unterschieden zwischen Scham und Peinlichkeit zeigt sich letztlich, wie tragfähig die üblicherweise zur Einteilung in unterschiedliche Emotionen verwendeten Individuationskriterien sind. Leibliches Erleben, Verdichtungsbereich und Verankerungspunkt sind die wichtigsten Kandidaten für die gesuchten Kriterien, welche die verschiedenen Gefühle voneinander zu unterscheiden erlauben.

Laut Gabriele Taylor besteht der zentrale Unterschied zwischen Scham und Peinlichkeit in der Rolle des Publikums; dass einen jemand sieht, wird in der Peinlichkeit als »Forderung nach irgendeiner Reaktion« erlebt, in der Scham dagegen als Selbstenthüllung bzw. -entblößung.[35] Damit erfordere Peinlichkeit mindestens die Vorstellung eines Publikums, welches körperlich anwesend ist, während bei der Scham die Vorstellung anschaulichen Gesehen- oder Entdeckt-werdens verzichtbar sein kann, wie dies im Fall der Scham vor sich selbst der Fall ist. Taylor geht davon aus, dass Scham zwar schwerwiegender und erschütternder als Peinlichkeit sei, aber letztere könne auf eine Weise »ansteckend« sein, wie es bei der Scham nicht der Fall sei: Unbeteiligte könnten sich dem weniger oder gar nicht entziehen. Die Degradierung werde in der Scham als absolut erlebt, in der Peinlichkeit dagegen relativ zu einem Publikum. Der Gehalt der Peinlichkeit ist nach Taylor nicht wie bei der Scham etwas, das von einem enthüllt wird, sondern Peinlichkeit wird durch die Unfähigkeit, auf Situationserfordernisse zu reagieren, ausgelöst. Es sei das Publikum, das den Druck und die Anforderung auslöse, dass irgendwie reagiert werden muss, und daraus entstehe die für Peinlichkeit typische Spannung und Verwirrung.

Taylor geht davon aus, dass man den Eindruck, den ein anderer auf ein Publikum macht, nur dann peinlich finden kann, wenn man unterstellt, dass dieser Eindruck in irgendeiner Weise ein schlechtes Licht auf einen wirft oder auf einen

---

34 Vgl. Norbert Elias, *Über den Prozeß der Zivilisation. Soziogenetische und psychogenetische Untersuchungen*, 2 Bände, Frankfurt a. M. 1976, Band 2, 397 ff., 403; Hermann Schmitz, »Kann man Scham auf Dauer stellen«, a. a. O., 103; Gabriele Taylor, *Pride, Shame and Guilt*, a. a. O., 69 ff.
35 Gabriele Taylor, *Pride, Shame and Guilt*, a. a. O., 69 [übersetzt von C. D./H. L.].

abfärbt. Darin sieht sie einen Grund für die räumlichen Metaphern der Ausbreitung und Ansteckung, mit denen Peinlichkeit beschrieben wird, wie auch darin, dass Peinlichkeit einen sozialen Kontext erfordere.[36] Taylors Beschreibungen von peinlichen Situationen weisen eine Nähe zu jenem Phänomen auf, das Max Scheler als »Gefühlsansteckung« im Kontext von verschiedenen Typen von Gefühlsübertragungen und Mitgefühl untersucht hat.[37] Taylor lässt sich an dieser Stelle aber nicht auf die philosophische Tradition der Thematisierung von Sympathiegefühlen ein, sondern sie zieht mit der Bestimmung von Peinlichkeit als »Forderung nach irgendeiner Reaktion« eine eher soziologische, genauer: mikrosoziologische, interaktionistische Erklärung für Peinlichkeit und insbesondere auch für deren räumliches Übergreifen vor.[38]

An ihrer Beispielwahl wird deutlich, dass sie bei Peinlichkeit an Phänomene denkt, in denen das Gefühl eine Reaktion auf die Normüberschreitungen anderer ist. Für die Erklärung dieses Gefühls bemüht sie ganz wie die klassischen Theorien über Sympathiegefühle den Identifikationsbegriff. Es sei jemandem nur dann peinlich, dass jemand anderes bei einer Party betet (so ihr Beispiel), wenn er sich in irgendeiner Weise mit dem Betenden identifiziere. Mit dem Wort »Identifikation« wird in diesem Kontext das Problem zugedeckt, das gelöst werden soll, nämlich die Frage, wie es möglich ist, emotional für jemanden zu reagieren, der sich offensichtlich an ganz anderen Normen orientiert als man selbst, denn anderenfalls würde er sich entweder selbst schämen, mindestens aber peinlich berührt sein oder, wenn es ihm möglich ist, den Normverstoß aus Schamangst gar nicht erst begehen.[39]

In manchen peinlichen Situationen mag eine psychologische Identifikation mit demjenigen, durch den das peinliche Gefühl ausgelöst wird, vorliegen, das muss jedoch nicht notwendigerweise der Fall sein. In anderen Fällen scheint es auszureichen, dass man mit der Person, die den Anlass der Peinlichkeit bietet, in objektiver Weise identifizierbar ist, etwa weil man ihr Sohn oder Freund ist. Aber da auch Situationen von Peinlichkeit vorstellbar sind, in denen weder subjektiv noch objektiv eine Identifikation gegeben ist, kann dies kein definierendes Merkmal für dieses Gefühl sein. Stattdessen ist für alle peinlichen Situationen charakteristisch, dass jemandem ein Normverstoß unterläuft, der in der Situation nicht ohne weiteres ignoriert oder übergangen werden kann. Dabei muss die übertretene Norm von keinem der Anwesenden für besonders wichtig gehalten werden. Man denke etwa daran, dass jemand in einer öffentlichen Situation ausrutscht und hinfällt. Trotz ihrer Ge-

---

36 Auch die Scham erfordert, zumindest wenn man Sartres Analyse folgt, einen »sozialen Kontext« in dem Sinne, dass jedes Gefühl der Scham, auch die Scham vor sich selbst, andere voraussetzt. Taylor bezieht sich mit dem Begriff des »sozialen Kontextes« bei der Peinlichkeit auf die Notwendigkeit, dass andere unmittelbar anwesend sind, damit Peinlichkeit als Gefühl überhaupt entstehen kann.
37 Vgl. Max Scheler, *Wesen und Formen der Sympathie*, Bonn 1985 (EA 1913/1923), 23; vgl. auch das Kapitel über »Mitgefühle« in diesem Buch.
38 Damit befindet sie sich in großer sachlicher Nähe zu der Beschreibung, die Goffman für die Entstehung von Peinlichkeit gibt. Vgl. das Kapitel »Verlegenheit und soziale Organisation« in: Erving Goffman, *Interaktionsrituale. Über Verhalten in direkter Kommunikation*, Frankfurt a. M. [4]1996, 106..123.
39 Zur Schamangst vgl. Leon Wurmser, *Die Maske der Scham. Die Psychoanalyse von Schamaffekten und Schamkonflikten*, Heidelberg [2]1993, vor allem 72..85, 145..150, 275..278.

ringfügigkeit stören solche Missgeschicke den Ablauf der Interaktion und können so Peinlichkeit erzeugen.

Die Einwände gegen Taylor laufen darauf hinaus, dass sie letztlich die Bedeutung der Anerkennung von Normen, die auch im Zusammenhang mit dem Gefühl der Peinlichkeit eine Rolle spielen, verkennt. Jemand kann sich durchaus in einer Weise verhalten, die andere als peinlich empfinden, ohne dass es ihm selbst peinlich ist, weil ihm die Norm ebenso wie das Publikum ganz gleichgültig sind, weil er die betreffende Norm nicht anerkennt. In der Betonung der zentralen Rolle des Publikums und dessen mindestens vorgestelltem Blick ist Taylor hingegen zuzustimmen.

Im Anschluss an einige der von Taylor genannten Merkmale lässt sich allerdings die Frage aufwerfen, ob nicht auch das leibliche Erleben herangezogen werden muss, um Differenzen zwischen Scham und Peinlichkeit zu erläutern. Die leibliche Dimension der Gefühle spielt für Taylors Überlegungen allerdings explizit keine Rolle. Aber sie macht darauf aufmerksam, dass Peinlichkeit einen Handlungsdruck erzeugt, eine »Forderung nach irgendeiner Reaktion«, der bzw. die eine Anspannung (»tension«) nach sich zieht. Außerdem verweist sie darauf, dass ein peinliches Gefühl schneller wieder aufgelöst werden kann als Scham, etwa dadurch, dass sich die betreffende Situation verändert.

Anders als in der Scham ist im Fall der Peinlichkeit nicht die gesamte Person betroffen, sondern zumeist ist relativ zur Situation ein klar lokalisierbarer Fehler im Spiel. Wer stolpert oder eine Tasse Tee verschüttet, dem kann dies zwar peinlich sein und auch andere können es als peinlich empfinden, aber er ist nicht als Person diskreditiert und er fühlt sich zumeist auch nicht entsprechend. Im Verdichtungsbereich der Peinlichkeit steht nicht, jedenfalls nicht unbedingt, die Person, die einen Fehler begangen hat. Im Unterschied zur Scham benötigt die Peinlichkeit nicht einmal einen Verdichtungsbereich. Man kann peinlich von einer Angelegenheit berührt sein, ohne dass sich das Gefühl verdichtet.[40]

Peinlichkeit ist im Vergleich zur Scham das weniger erschütternde und insgesamt schwächere Gefühl. Der für Peinlichkeit typische aus einer Situation resultierende Druck und die Anspannung sind leibliche Phänomene. Gleiches gilt für das Erleben einer Lähmung und Erstarrung, wie sie für die Scham charakteristisch ist. Das Erleben von Peinlichkeit unterscheidet sich vom Erleben von Scham, wobei durchaus der Fall denkbar ist, dass ein- und derselbe Normverstoß in einem Fall zu Peinlichkeit, im anderen Fall zu Scham führen kann.

Ein wichtiger Unterschied zwischen Scham und Peinlichkeit besteht zudem darin, dass man bei letzterer den Blick nicht senken muss, die Situation besser wahrnehmen kann und auch in einem höheren Maß zu eigenem Verhalten in der Lage ist als bei akuter Scham: Man fühlt sich eben nicht von den Blicken der anderen vollständig eingekreist, sondern hat mehr Reaktionsmöglichkeiten, weil man sich zwar auch beengt fühlt, aber nicht in dem für Scham charakteristischen Maße. Wenn einem etwas bloß peinlich ist, kann man noch nach Auswegen suchen, während Scham mit einem Lähmungsgefühl verbunden ist, oft begleitet von der Vorstellung, der Boden möge sich auftun, weil man aus der Situation nicht entkommen

---

40 Vgl. dazu auch Hermann Schmitz, »Kann man Scham auf Dauer stellen?«, a. a. O., 104.

kann. So gesehen spricht vieles dafür, Peinlichkeit als ein weniger intensives und im Vergleich zur Scham eher harmloses Gefühl anzusehen.

Im Vergleich zur Scham noch harmloser als die Peinlichkeit ist das Gefühl der Verlegenheit, obgleich manchmal auch Verlegenheit als ein sehr unangenehmes Gefühl erlebt werden kann. Verlegen kann man werden, wenn man die Aufmerksamkeit anderer Menschen über Gebühr auf sich gezogen hat. Häufig sind es gerade positive Urteile und Verhaltensweisen, welche andere uns gegenüber an den Tag legen, die den Anlass zur Verlegenheit bieten. Dass sich das negative Gefühl der Verlegenheit einstellt, hängt damit zusammen, dass man die betreffenden positiven Urteile und Verhaltensweisen für unangemessen hält. Man erachtet sie entweder als unzutreffend, hält sie für unerheblich oder für gänzlich fehl am Platz. Mädchen und junge Frauen werden gelegentlich verlegen, wenn sie Komplimente für ihre Schönheit erhalten; man kann verlegen werden, wenn man Geschenke oder Offerten erhält, die als zu groß bemessen oder nicht gerechtfertigt erscheinen. Wie die Scham geht auch die Verlegenheit oft mit einem Erröten einher und wie derjenige, der sich schämt, möchte auch derjenige, der verlegen ist, am liebsten die Situation verlassen, aus der er aber nicht einfach heraus kann. Ihm wird abverlangt, sich zu einer Situation zu verhalten, zu der er sich im Grunde nicht richtig verhalten kann. Anders als in der Scham hält man der Sache aber noch irgendwie stand und versucht, seine Souveränität zu bewahren.

Gefühle der Scham stehen .. auch dies unterscheidet sie von Gefühlen der Peinlichkeit .. außerdem in einem engen Zusammenhang mit Verletzungen der Ehre, zumindest mit der Befürchtung, man werde seine Ehre verlieren; in manchen historischen und zeitgenössischen kulturellen Kontexten zieht dies »Schande« nach sich. Wurde beispielsweise im Mittelalter jemand an den Pranger gestellt, so hatte diese öffentliche Beschämung seinen sozialen Tod zur Folge. Er konnte von jedem Beliebigen bespuckt und beschimpft und seine Entehrung dadurch noch einmal gesteigert werden. Mit der Ehre wurde auch der vertraute Lebensraum verloren, man war gezwungen, die Stadt zu verlassen und sich so den Blicken der anderen zu entziehen. Zu den feudalen und ständischen Gesellschaften und ihrer Art der öffentlichen Zurschaustellung des (tatsächlichen oder vermeintlichen) Verbrechers gehört das Phänomen der Schande: die von allen begaffte Bestrafung, die öffentliche Beschämung, die soziale Ausgrenzung, die unter solchen Bedingungen wirksam ist unabhängig davon, ob der Betreffende sich tatsächlich schämt oder nicht. Worum es in solchen Fällen geht, ist die Inszenierung der Macht .. und nicht die Besserung des Straftäters.

Ehre ist in ständischen und in sehr kleinen Gesellschaften, die auf vergleichbare Weise hierarchisch strukturiert sind, zumeist etwas, das im Zweifel mit dem eigenen Leben verteidigt wird, sobald sie verletzt ist. Wenn eine gewaltige Demütigung nicht mit einem Vergeltungsakt beantwortet wird, so versinkt der Beschämte nicht nur in bodenloser Scham, sondern auch in gesellschaftlicher Schande. Erst die Vergeltung oder Bestrafung des Ehrverletzers kann die beschädigte Ehre wieder herstellen. Bei der Ehre handelt es sich um eine soziale Institution, welche die bohrende Macht der Scham durch die sozial geforderte Umkehr der leiblichen Richtungen, nämlich durch den für den Vergeltungsakt nötigen Zorn auf den Ehrverletzer, abwehrt.

Ehre zu besitzen bedeutet heute soviel wie geachtet und anerkannt zu sein. So kann jemand als Sportler oder Wissenschaftler wegen seiner Leistungen auf diesen Gebieten besondere Anerkennung finden. Er wird geehrt und verehrt wegen seiner sportlichen oder wissenschaftlichen Leistungen. Eine Schande, etwas, wofür man sich schämt, macht die Ehre zunichte. Dies könnte der Fall sein, wenn dem Sportler wegen Doping ein Wettkampftitel aberkannt wird oder der Wissenschaftler einen Betrugsversuch zugeben muss, wenn er beispielsweise die im Zusammenhang mit einer wissenschaftlichen Untersuchung relevanten Daten gefälscht hat. Bezeichnenderweise gehen Fälle wie die genannten häufig auch mit öffentlichen Schamerklärungen (»Ich schäme mich für alles, was ich getan habe«) etwa im Rahmen einer Pressekonferenz einher.

Auch wenn die Rede vom Gefühl der Ehre, welches verletzt ist oder wiederhergestellt werden kann, durchaus verbreitet ist, so ist Ehre nicht als ein Gefühl im engeren Sinne aufzufassen. Ehre ist kein akutes Gefühl mit einer bestimmten Verlaufsgestalt. Sie hängt zwar mit Gefühlen und der Verletzung von Gefühlen zusammen, ist aber darum nicht selbst ein Gefühl. Allenfalls kann man das so genannte »Ehrgefühl« als eine Disposition ansehen, als eine eingeübte Gewohnheit, auf eine Verweigerung der Achtung, die man sich von anderen erwartet, mit Zorn zu reagieren. Da sich derjenige, dem man Achtung und Anerkennung entgegenbringt, zumeist stolz fühlt, lässt sich auch der Stolz als ein Gefühl ansehen, welches neben der Scham und dem Zorn im Zusammenhang mit der Ehre relevant ist. Verletzte Ehre ist häufig genug verletzter Stolz. Dass die Ehre stark mit bestimmten Gefühlen zusammenhängt, mag der Grund dafür sein, warum diese selbst häufig als Gefühl bezeichnet wird.

Inwiefern Scham und verwandte Gefühle auf Normen bzw. deren Verletzung bezogen sind, haben die Überlegungen dieses Kapitels deutlich gemacht. Eine weitergehende Diskussion betrifft die Frage, ob nicht bestimmte Arten der Scham auf besondere Weise mit moralischen Normen verflochten sind?

5. Scham, Schuldgefühl und Empörung in der Moral

Scham, Schuldgefühl und Empörung können als Anzeichen dafür fungieren, dass mindestens aus der Perspektive derjenigen, die diese Gefühle haben, ein Verstoß gegen moralische Normen begangen wurde. Die Missachtung dieser Normen löst (moralische) Scham, Schuldgefühl und Empörung aus. Um in solchen Situationen diese Gefühle überhaupt haben zu können, muss man die Normen, gegen die verstoßen wurde, als moralische Normen anerkennen. Ebenfalls ist zu beachten: Wenn jemand auf eigene oder fremde Normverletzungen nicht mit Scham oder Empörung reagiert, besitzt die entsprechende Norm in einem praktisch relevanten Sinn für diese Person offensichtlich keine Geltung, sie nimmt sie nicht ernst.[41] Denn wenn

---

41 Zu diesem Begriff der Normengeltung vgl. Hermann Schmitz, *Der unerschöpfliche Gegenstand*, a. a. O., Abschnitt 7.2 sowie Hilge Landweer, *Scham und Macht*, a. a. O., 53..84.

eine Norm für jemanden gilt, er die Orientierung an dieser Norm ernst nimmt, so wird er oder sie auf eine Übertretung dieser Norm mit Gefühlen reagieren ...mit Scham oder Schuldgefühl, wenn der Betreffende selbst die Norm verletzt hat, mit Zorn oder Empörung, wenn ein anderer dies getan hat. Gefühlsreaktionen haben in diesem Zusammenhang häufig den Charakter von Sanktionen; so können insbesondere Scham- und Schuldgefühle als innere Sanktionen begriffen werden.

Im Anschluss an Ernst Tugendhat lässt sich die Korrelation von Scham und Empörung als Möglichkeit in Betracht ziehen, genuin moralische Normverstöße von solchen anderer Art zu unterscheiden. Diesen Zusammenhang werden wir ausführlich im Kapitel über den Zorn und andere Aggressionsaffekte diskutieren.[42] Als moralisch wird die Scham von Tugendhat aufgefasst, sofern sie mit der Empörung eines potentiellen Beobachters korreliert.[43] Löst der Verstoß gegen eine Norm bei einer ersten Person das Gefühl der Scham aus, ist er genau dann als moralisch einzustufen, wenn er bei zweiten und dritten Personen Empörung auslöst. Es erscheint uns sinnvoll, Tugendhats Kriterium etwas zu modifizieren und den Begriff der moralischen Norm von der faktischen oder potentiellen Anerkennung durch andere abzulösen. Man müsste dann sagen, dass für jemanden eine Norm in einem moralisch relevanten Sinne gilt, wenn er sich bei eigenen Verstößen dagegen schämen und sich schuldig fühlen würde und sich außerdem bei denselben Normüberschreitungen durch andere über diese empören würde.

Der Scham desjenigen, der einen moralischen Normverstoß begangen hat, entspricht Empörung auf der Seite derjenigen, die diesen Normverstoß missbilligen. In diesem Sinne lassen sich moralische Scham und Empörung als komplementäre Gefühle auffassen. Man empört sich, wenn jemand gegen eine moralische Norm verstößt, die eigentlich befolgt werden sollte. Man denke an die Korruptionsaffäre eines Politikers, an einen Vertrauensbruch in einem Freundschaftsverhältnis. Es handelt sich um Verhaltensweisen und Ereignisse, die typischerweise Empörung oder Zorn auslösen. Dieser Zusammenhang wirft die Frage auf, ob die Empörung ebenso wie die Scham als moralisches und als nicht-moralisches Gefühl angesehen werden kann. Erinnern wir uns an die Überlegungen zum Verhältnis von Scham und Zorn im ersten Abschnitt dieses Kapitels. Als moralische Gefühle hatten wir Zorn und Scham so voneinander unterschieden, dass man mit Scham reagiert, wenn man sich den Verstoß gegen eine moralische Norm selbst zurechnet, mit Zorn hingegen, wenn man den Verstoß gegen die Norm jemand anderem zurechnet.

Unzweifelhaft gibt es nicht-moralische Varianten des Zorns, während der moralische Zorn ein Stück weit der Empörung entspricht. Beide Gefühle tauchen häufig auch als Mischphänomene auf, so dass in manchen Fällen unklar bleibt, ob am Ende besser von Zorn oder von Empörung gesprochen werden sollte. Ein Unterschied zwischen den beiden Gefühlen, sofern man sie als moralische Gefühle versteht, könnte darin bestehen, dass man Zorn eher dann empfindet, wenn jemand einen Normverstoß begangen hat, von dem man selbst negativ betroffen ist, während sich Empörung eher angesichts von Normverstößen einstellt, von denen man

---

42 Vgl. zu dieser Frage auch die Überlegungen in Abschnitt 6 des Kapitels über »Zorn und andere Aggressionsaffekte«.
43 Vgl. Ernst Tugendhat, *Vorlesungen über Ethik*, Frankfurt a. M. 1993, 59.

selbst nicht, jedenfalls nicht unmittelbar betroffen ist. Die Bevölkerung empört sich über die Korruptionsaffäre eines Politikers, während ein Parteifreund, der in der Folge gezwungen wird, seine Ämter ebenfalls niederzulegen, wohl eher (und vielleicht sogar ausschließlich) Zorn verspürt. Den Phänomenen am meisten gerecht wird es, die betreffenden Gefühle in beiden Fällen als Mischphänomene zu rekonstruieren, wobei im ersten Fall die Empörung, im zweiten Fall der Zorn die Oberhand besitzt.

Noch einmal zurück zu der Frage, ob Empörung ein Gefühl ist, welches auch in nicht-moralischen Zusammenhängen verspürt werden kann. Kann man mit Empörung auch auf Normverstöße nicht-moralischer Art reagieren, beispielsweise auf die schlechten Leistungen eines Handwerkers? »Mit Empörung können wir insbesondere auf Pfusch, Geschmacklosigkeiten und elementaren Mangel an Alltagskultur reagieren«, bemerkt Andreas Wildt, der Empörung und Zorn nicht als moralspezifische Affekte ansieht. »Moralspezifisch« in seinem Sinne wären diese Gefühle dann, wenn sie als hinreichende Bedingungen dafür angesehen werden könnten, dass moralische Regelverstöße vorliegen.[44] In Bezug auf Zorn stimmen wir ihm zu; für Empörung müsste die Frage genauer geklärt werden. Reagiert jemand mit Empörung auf handwerklichen Pfusch, kann dies auch so interpretiert werden, dass diese Verstöße nur aus der Außenperspektive als Verstöße gegen nicht-moralische Normen erscheinen, während derjenige, der sich empört, diese Sachverhalte durchaus im Lichte der Moral betrachten kann ...und es im Gefühl der Empörung auch muss. Andernfalls handelt es sich um Zorn.

Wildt weist zwar zu Recht darauf hin, dass Empörung nicht Moral definieren kann, wenn sie immer moralisch ist, weil eine solche Bestimmung zirkulär wäre. Dies spricht aber nicht dagegen, auf der Basis des alltäglichen Sprachgebrauchs den Begriff der Empörung ausschließlich auf moralische Sachverhalte zu beziehen und das Gefühl als Indikator für moralische Scham anzusehen, nämlich so, dass derjenige, der sich aus moralischen Gründen schämt, sich empören würde, falls jemand anderes denselben Normverstoß beginge.

Innerhalb der Gruppe der moralischen Gefühle ist neben Scham, Zorn und Empörung auch das Schuldgefühl von fundamentaler Bedeutung.[45] Schuldgefühle hat man wegen etwas gegenüber jemandem. Man fühlt sich anderen Personen gegenüber schuldig, und zwar wegen eines Normverstoßes. In der Struktur dieses Verankerungspunktes sind sich Schuld- und Schamgefühle sehr ähnlich. Anders als bei der Scham scheint jedoch weniger der Normverstoß als solcher, sondern vielmehr der Umstand eine Rolle zu spielen, dass jemandem durch den Normverstoß ein Unrecht widerfahren ist und er so einen Schaden erlitten hat. Schuldgefühle sind auf die geschädigte Person gerichtet. Man kann dies auch daran erkennen, dass sie zumeist mit Impulsen der Wiedergutmachung einhergehen und mit dem Wunsch ver-

---

44 Andreas Wildt, »Die Moralspezifizität von Affekten und der Moralbegriff«, in: Hinrich Fink-Eitel/Georg Lohmann (Hg.), *Zur Philosophie der Gefühle*, Frankfurt a. M. 1993, 188... 217, 188.
45 Vgl. zum Folgenden auch Hilge Landweer, *Scham und Macht*, a.a.O., 46..50; Andreas Wildt, »Die Moralspezifizität von Affekten und der Moralbegriff«, a. a. O., zur Schuld 204... 214.

bunden sind, den entstandenen Schaden wieder rückgängig zu machen.[46] Dass im Zusammenhang mit der Schuld ein Schadensaspekt relevant ist, zeigt sich im Selbstverständnis derjenigen, die das Gefühl haben, häufig auch daran, dass sie ihr Vergehen im Vergleich mit Normverletzungen, die ausschließlich Scham erzeugen, als schwerwiegender ansehen.

Man kann sich zwar auch schuldig fühlen, wenn keine Geschädigten auszumachen sind. Dies spricht jedoch nicht gegen die vorstehende Analyse. So kann man sich beispielsweise schuldig fühlen, weil man seine eigenen Fähigkeiten nicht nützt oder seine Zeit vertändelt. Immerhin kann man in derartigen Fällen noch einen Schaden oder Geschädigten ausmachen: Man schadet sich selbst, wenn man seine Fähigkeiten nicht nutzt und seine Zeit verschwendet, möglicherweise schädigt man auch andere, denen die eigenen Talente gut getan hätten oder denen man mehr Zeit hätte schenken sollen. Auch in einem derartigen Fall kann man die Schäden wieder gutmachen wollen, sowohl gegenüber sich selbst, als auch gegenüber anderen.

Ein anderer Fall, der ein Problem für unsere Analyse darstellt, ist der Fall, in dem jemand Schuldgefühle hegt, weil er gegen Normen verstößt, die sich überhaupt nicht mit den Orientierungen, welche er im Zusammenhang mit seiner Erziehung erworben hat, vereinbaren lassen. So kann man sich beispielsweise seiner Homosexualität wegen nicht nur schämen, sondern sich ihretwegen auch schuldig fühlen. Ein Schaden oder ein Geschädigter ist in diesem Fall nicht ohne weiteres auszumachen, und so scheint einer der maßgeblichen Unterschiede zwischen Schuld und Scham gänzlich zu verschwinden. Im Prinzip bestehen nun zwei Möglichkeiten: Entweder bestreitet man, dass es sinnvoll ist, im Fall des Homosexuellen von »Schuldgefühlen« zu sprechen[47], oder aber man taucht den Fall in ein Licht, in dem an einer bestimmten Stelle ein Schaden erscheint. So kann bei manchen das Schuldgefühl als Ausdruck einer im weitesten Sinne religiösen Überzeugung verstanden werden, etwa als Verletzung einer göttlichen Ordnung oder als Verletzung einer Natur , die als heterosexuell verstanden wird und der mit der Homosexualität eine Art Schaden zugefügt wird. Solche Überlegungen zeigen, dass sich der Schadensaspekt in der Tat als eine notwendige Bedingung für Schuldgefühle auffassen lässt. Im Übrigen gilt es festzuhalten: Ob man Schuld hat oder sich schuldig fühlt, sind zwei gänzlich verschiedene Fragen. Man kann in einem moralischen oder auch rechtlichen Sinn schuldig sein, ohne sich schuldig zu fühlen; und man kann sich schuldig fühlen, ohne in einem rechtlichen, moralischen oder sonstigen Sinn schuldig zu sein.

Die Unterscheidung von »Schuldig sein« und »Sich schuldig fühlen« ist auch für das Verständnis von Fällen von so genannter Überlebensschuld unverzichtbar. Dieser Begriff wurde zunächst geprägt, um die Gefühle der Überlebenden gegenüber den toten Opfern aus den Konzentrationslagern der nationalsozialistischen Ver-

---

46 Vgl. Andreas Wildt, ebd., 204 ff.
47 So zum Beispiel John Rawls, *Eine Theorie der Gerechtigkeit*, Frankfurt a. M. 1975, 523, der das Beispiel eines Menschen diskutiert, der von einer Sekte erzogen wurde und darum Schuld empfindet, wenn er einen Theaterbesuch macht. Rawls meint, hier seien »keine Schuldgefühle im eigentlichen Sinne« im Spiel.

nichtungsmaschinerie zu kennzeichnen. Er wird aber auch allgemein zur Kennzeichnung der Gefühle verwendet, welche die Überlebenden einer Katastrophe gegenüber den getöteten Opfern haben. Hier kann in keinem Sinne von »Schuldig sein« gesprochen werden, doch das Wissen, als einer der wenigen überlebt zu haben, kann zu dem Gefühl führen, unverdient, ja, fast auf Kosten der Toten am Leben geblieben zu sein, auch wenn es keinerlei Anhaltspunkte dafür gibt. Man wird kaum bezweifeln können, dass Schuldgefühle in solchen Fällen im weitesten Sinne moralisch motiviert sind, dass sie Ausdruck eines besonders feinen Gewissens sind. Dennoch würde man hier keine Komplementarität von Empörung und Schuldgefühl oder Scham angesichts des eigenen Überlebens annehmen, da die Betreffenden sich selbstverständlich nicht über das Überleben anderer empören würden. Deshalb handelt es sich hier nicht um ein im strengen Sinne moralisches Schuldgefühl. Ähnlich strukturiert wie die Überlebensschuld ist die Privilegienschuld, die man verspüren kann, wenn man meint, zu Unrecht in irgendeiner Hinsicht gegenüber anderen im Vorteil zu sein.

Vergleicht man Scham und Schuldgefühl hinsichtlich ihrer moralischen Funktion, so lässt sich konstatieren, dass Scham zwar sehr häufig in Verbindung mit konventionellen Normverstößen auftritt, die mit Moral nichts zu tun haben, während die Bindung des Schuldgefühls an die Moral enger zu sein scheint. Andererseits kann sicherlich auch das Schuldgefühl nicht als einziger Indikator für Moral gelten, da es daran gebunden ist, dass jemand geschädigt worden ist. Dies würde aber auf eine Engführung des Moralbegriffs hinauslaufen, da bei vielen moralischen Normverstößen oder Verfehlungen nicht unbedingt andere Personen betroffen sein müssen. So kann beispielsweise eine Lüge manchmal dem Lügner nützen, ohne anderen zu schaden. Dabei ist es nicht einzig der leichte Vorteil gegenüber anderen, welcher die Lüge zu etwas Unmoralischem macht, sondern jenseits von der Frage nach der Verteilung von Nutzen und Schaden kann es jemandem einfach moralisch wichtig sein, dass die Wahrheit gesagt wird, ohne von Nutzen- oder Schadenserwägungen abhängig gemacht zu werden, nicht zuletzt für das Selbstverhältnis. Denn eine moralische Person ist man nicht nur anderen, sondern auch sich selbst gegenüber; sonst könnte man nicht die Selbstachtung verlieren, wenn man die eigenen Werte und Normen verrät. Wenn jemand ständig begründeten Anlass zu Scham hat, weil er .. beispielsweise durch Erpressung .. immer wieder gegen Normen verstößt, die für ihn wichtig sind, so ist seine Selbstachtung bedroht.

Da die Moralität sich immer auch im Selbstverhältnis zeigt, hat die Scham, und zwar insbesondere die Scham vor sich selbst, eine zentrale Bedeutung für das Gewissen. Nur diejenige Scham kann als Indikator für Moral dienen, der die eigene Empörung bei entsprechenden Normverstößen anderer korreliert, da Scham sehr oft durch geringfügige Normverstöße ausgelöst wird, die man anderen nicht übel nehmen, geschweige denn, dass man sich darüber empören würde. Entsprechend kann auch nur jene Empörung als handlungswirksames moralisches Gefühl betrachtet werden, welche über die jeweils aktuelle Situation hinaus als Disposition so in der Person verankert ist, dass diese sich bei entsprechenden moralischen Verstößen schämen würde. Denn das Gefühl der Empörung kann wie alle Gefühle höchst flüchtig sein, verstärkt etwa durch eine momentane Verfassung, die, sobald sie verschwindet, auch den ersten Eindruck eines geschehenen Unrechts und damit das

Gefühl der Empörung relativiert. So kann man die Reziprozität von Scham und Empörung in der Moral auch als eine Art Test für eine stabile Gefühlsdisposition betrachten.

Ist aber die Komplementarität gegeben, so handelt es sich bei dem entsprechenden Phänomen der Scham jedenfalls auch um Scham vor sich selbst. Denn die moralische Haltung kann weder begrifflich noch faktisch davon abhängen, ob es zufällig Zeugen für den Normverstoß gibt oder nicht. Wie oben im zweiten Abschnitt dieses Kapitels am Beispiel von Sartres Philosophie erläutert, wird mit »Scham vor sich selbst« ein Gefühl bezeichnet, das unabhängig von möglichen oder tatsächlichen Schamzeugen auftritt, auch wenn es durch Anwesende modifiziert werden kann. Die genuin moralische Scham müsste aber jedenfalls auch ohne solche Zeugen entstehen. Es ist nur diese Art der Scham, die wirklich Gewissensqualität hat; nur sie weist uns darauf hin, welche Normen für uns ernsthaft gelten.

Auch Schuldgefühle gehören zweifellos zu dem, was man »Gewissen« nennt, eine Instanz, die bei moralischen Verfehlungen warnt oder droht und positiv zu einem bestimmten Verhalten nötigt. Nur sind Schuldgefühle davon abhängig, dass ein irgendwie gearteter Schaden festzustellen ist, weil sonst der für sie charakteristische Verdichtungsbereich fehlt. Deshalb können sie nicht in derselben Weise wie komplementär aufeinander bezogene Scham und Empörung darüber Auskunft geben, ob ein Normverstoß für die Person, welche die entsprechenden Gefühle verspürt, moralische Qualität hat. Allerdings wird moralische Scham, die stets auch Scham vor sich selbst ist, in den meisten Fällen ...nämlich dann, wenn es einen oder mehrere Geschädigte gibt ...mit Schuldgefühlen verbunden sein.

Weitergehend noch als die These, dass aufeinander bezogene Scham und Empörung auf moralische Normverstöße hinweisen, ist die Behauptung, dass die entsprechende Norm nur dann in einem praktisch relevanten Sinne von einem Handelnden ernst genommen wird, wenn er auf ihre Übertretung mit diesen Gefühlen reagiert. Diese bereits am Anfang dieses Abschnitts formulierte These ist deshalb weitergehend, weil sie ausschließt, dass Moralität sich ebenso zuverlässig in anderen Reaktionen wie in denen durch Gefühle zeigen könnte. Aber auch diese weitergehende These ist noch nicht gleichbedeutend damit, Moral letztlich auf Gefühle zurückzuführen und sie in irgendeinem Sinne als darin begründet oder dadurch gerechtfertigt anzusehen, denn Gefühlsreaktionen könnten, auch wenn sie das einzig sichere Anzeichen von moralischer Geltung der Norm wären, dennoch auch sekundär auf ein moralisches Urteil folgen. Wenn sie Folge eines Urteils sind, können sich nicht dessen Grund sein.

Die Frage nach dem Verhältnis zwischen moralischen Urteilen und moralischen Gefühlen betrifft den Begriff der Rationalität; sie ist letztlich nur innerhalb einer Theorie des Geistes und der Sprache auf einer breiten anthropologischen Basis zu beantworten. Man kann die Frage nach dem Verhältnis von Urteil und Gefühl als die eigentliche Kernfrage einer emotionstheoretisch aufgeklärten Moralphilosophie bezeichnen. Ihre Beantwortung wird stark davon abhängen, wie man das Verhältnis zwischen Gefühlen und Rationalität begrifflich bestimmt. Wenn »Rationalität« als das Vermögen, Begriffe zu verwenden, als eine Fähigkeit angesehen wird, die prinzipiell unabhängig von Emotionen und Stimmungen ist, so wird man Moral nicht als in Gefühlen begründet ansehen können. Diese Tendenz ist in der im Großen und Ganzen an Kant anschließenden Tradition des Nachdenkens über praktische Vernunft verbreitet. Gefühle könnten moralische Entscheidungen dann allenfalls sekundär begleiten, etwa als »durch Vernunft gewirkte« Gefühle, wie Kant das in Bezug auf die Achtung behauptet. Dann muss aber auch die Frage beantwortet werden können, wie vernünftige oder rationale Überzeugungen überhaupt Einfluss auf Gefühle nehmen können.

Unterstellt man aber statt dessen, dass Gefühle in derselben Weise strukturiert sind wie Rationalität, da sie ebenso wie moralische Urteile einen intentionalen Gehalt haben und in diesem Sinne bereits genau wie Begriffe aufgebaut, ja vielleicht sogar von ihnen durchsetzt sind, dass Gefühle und Rationalität also gewissermaßen im selben Boot sitzen, so wirft dies sofort die Frage danach auf, worin die Spezifizität der Emotionen im Unterschied zu (bloßen) Urteilen besteht. Nimmt man eine Position ein, welche das Vermögen zum Gebrauch von Begriffen in einem Kontinuum mit den sinnlichen Vermögen und den Gefühlen ansiedelt, so haben die Gefühle jedenfalls eine stärker veranlassende, motivationale (aber nicht notwendigerweise begründende) Rolle für die Moral, als dies im Rahmen der an Kant anschließenden Tradition der Fall ist.

6. Schamhaftigkeit und Schüchternheit als Dispositionen

Scham spielt nicht nur als Gefühl im engeren Sinn eine Rolle. Insbesondere der Schamhaftigkeit kommt im sozialen und psychischen Leben eine ganz wesentliche Funktion als Disposition zur Schamvermeidung zu. Eine Disposition zur Schamvermeidung liegt dann vor, wenn eine Person Verhaltensweisen, Einstellungen und Haltungen an den Tag legt, die darauf zielen, Scham und damit vor allem auch Situationen, die im Prinzip Scham erzeugen könnten, zu vermeiden. Eine derartige Verhaltensdisposition wird in der Alltagssprache zumeist als »Schüchternheit« oder »Scheu« bezeichnet. Diese Verhaltensdispositionen lassen eine Person häufig davon Abstand nehmen, aktiv in eine Situation einzugreifen. Man vermeidet es, andere Personen und vor allem Fremde anzusprechen, man meidet den Kontakt insbesondere mit Autoritäten oder Respektspersonen, wie es einem überhaupt äußerst unangenehm ist, sich in irgendeiner Weise zu exponieren; man möchte um keinen Preis auffallen. Dies kann sich in unauffälliger Kleidung ausdrücken, in einer insgesamt starken Zurückhaltung und auch darin, ungefragt niemals das Wort zu ergreifen. Personen, die eine ausgeprägte Disposition zur Schamvermeidung besitzen, wie sie sich in der Schüchternheit oder der Scheu ausspricht, haben eine starke Affinität zum Gefühl der Scham und sind auf besonders leichte Weise beschämbar, indem sie dazu neigen, häufig und auch anlässlich von Kleinigkeiten Scham zu empfinden.

Auf individueller Ebene kann eine solche Disposition bis hin zu neurotischen oder gar pathologischen Formen von »Schamangst«[48] führen, einer Angst davor,

---

48 Zu diesem Begriff vgl. Leon Wurmser, *Die Maske der Scham*, a. a. O., zum Beispiel 72..85.

einer beschämenden Situation ausgesetzt zu sein. Solche Ängste wiederum können akut erlebt werden oder ebenfalls zu einer Verhaltensdisposition werden. Die Haltung, die als »Ängstlichkeit« bezeichnet wird, ist einer generellen Scheu oder auch der Schüchternheit nahe verwandt. Es wäre aber verfehlt, Schamangst für eine Disposition zu halten, die nur im Ausnahmefall und nur von bestimmten Personen ausgebildet wird. Vielmehr gibt es gute Gründe für die Annahme, dass alle Mitglieder einer Gemeinschaft oder auch einer Gesellschaft bemüht sind, Schamsituationen gar nicht erst entstehen zu lassen, da niemand gern der katastrophalen Erfahrung von Scham ausgesetzt ist. Dabei muss dieses Vermeidungsverhalten keineswegs bewusst gewählt werden, und es braucht auch nicht als das episodische Gefühl der Angst erlebt zu werden. Es ist vielmehr im alltäglichen sozialen Verkehr eingeschliffen als eine genuin körperliche Disposition, eine habitualisierte Praxis, über die nicht nachgedacht zu werden braucht und die gerade durch ihre unbemerkte Wirksamkeit dafür sorgt, dass viele kleine (und große, bedeutendere) Konventionen des sozialen Umgangs, der Rede, der äußerlichen Erscheinung etc. eingehalten werden.

Deshalb kann man sagen, dass Scham insbesondere durch die allgemeine Verhaltensdisposition der Schamvermeidung eine unverzichtbare soziale Funktion für jedes soziale Gebilde hat. Die Disposition, Scham möglichst zu vermeiden, erzwingt auf leise Art und völlig gewaltlos einen verlässlichen Sockel geteilter Konformität in den Verhaltensweisen, und zwar auch in jenen Gesellschaften, die dem eigenen Selbstverständnis nach so modern und aufgeklärt sind, dass annähernd jede Norm oder Konvention öffentlich in Frage gestellt werden kann. Diese Funktion, kleine Gruppen, größere Gemeinschaften oder gar Gesellschaften durch die Angst vor Beschämung auf einen Satz geteilter Normen unbemerkt einzuschwören, hat die Scham neben und zusätzlich zu ihrer herausragenden Bedeutung für die Moral.

Diese Diagnose wirft die Frage auf, in welchem Sinne Schamphänomene von ihrem jeweiligen kulturellen Kontext abhängig sind. Denn auch wenn zugestanden wird, dass die allermeisten Personen in der Lage sind, Scham zu empfinden, und dass dieses Gefühl in allen sozialen Gebilden insbesondere als Ursache für Vermeidungshaltungen eine kaum zu unterschätzende Bedeutung hat, so lässt sich doch auch nicht bezweifeln, dass Schamphänomene sozial höchst unterschiedlich verteilt sind: Sie sind bei Deklassierten und bei Frauen in patriarchalen Gesellschaften häufiger anzutreffen als bei anderen sozialen Gruppen.[49] Sie scheinen in manchen Epochen historisch mehr Gewicht zu haben und auf andere Sachverhalte bezogen zu sein als in anderen, und sie sind in bestimmten kulturellen Kontexten ausgeprägter als in anderen, wie die Debatten um die Begriffe »Schamkultur« und »Schuldkultur« zeigen, aber auch die Auseinandersetzung mit der These von Norbert Elias, wonach die Schambereitschaft im Prozess der Zivilisation gestiegen sei und die Menschen sich heute eher schämen als im Mittelalter.

In all diesen wissenschaftlichen Diskursen herrscht eine starke begriffliche Verwirrung, da nicht hinreichend zwischen bestimmten, statistisch oft schwer nach-

---

49 Vgl. zur statusabhängigen Verteilung der Scham die Studie von Sighard Neckel, *Status und Scham. Zur symbolischen Reproduktion sozialer Ungleichheit*, Frankfurt a. M. 1991; zur geschlechtsspezifischen Verteilung vgl. Ullaliina Lethinen, *Underdog Shame. Philosophical Essays on Womens Internalization of Inferiority*. Doctoral Dissertation, Göteborg 1998.

weisbaren Tendenzen einerseits und individuellem Verhalten andererseits sowie nicht zwischen akuter Scham und Schamdispositionen unterschieden wird. In einer Gesellschaft wie der japanischen, in der ...folgt man Ruth Benedict[50] ...aufgrund einer starken konventionellen Orientierung in fast allen Situationen eine mögliche Beschämung liegt, muss nicht unbedingt besonders häufig das akute Gefühl der Scham verspürt werden, und trotzdem kann Scham hier eine andere und wahrscheinlich eine größere Bedeutung als in der amerikanischen Gesellschaft haben. Vor allem aber, und das sollten unsere Ausführungen zu Normverstößen und Normengeltung nahe legen, müssen nicht überall die gleichen Normverstöße einen Anlass für Scham bieten. Kultureller Wandel zeigt sich gerade im Wandel der selbstverständlich und weitgehend unbemerkt befolgten Normen. So sind die Thesen von Norbert Elias über die Zunahme der Scham im Zivilisationsprozess dahingehend zu differenzieren, dass die Körperscham in Bezug auf Körperflüssigkeiten und Gerüche im Westeuropa der letzten fünfhundert Jahre offenbar zugenommen hat, während es sicherlich aufgrund der allgemeinen Säkularisierung im gleichen Zeitraum immer weniger religiös begründete Scham und auch offenbar im Zuge der sicherer gewordenen Empfängnisverhütung weniger Sexualscham gibt.

Dass sich abhängig von kulturellen Entwicklungen die Normen ändern, die jeweils im Zentrum von Schamerfahrungen anzusiedeln sind, impliziert nicht, dass in der einen Kultur mehr, in der anderen weniger Scham empfunden wird.[51] Tendenzen wie der Wandel der Sexualscham belegen keinesfalls, dass eine Gesellschaft gänzlich »schamlos« geworden ist, und auch nicht das Gegenteil beispielsweise im Fall des alten Japans, nämlich dass die Bewohner dieses Landes von der Angst vor möglicher Beschämung beherrscht worden seien. In der Debatte um Scham- und Schuldkulturen wurde die zeitdiagnostische These vertreten, ganze Kulturen seien tendenziell eher »außengeleitet« ..die so genannten »Schamkulturen« ..„ andere eher »innengeleitet« ...die so genannten »Schuldkulturen«.[52] In den Schamkulturen ist einer gängigen Interpretation zufolge der Blick der anderen und eine konventionelle Außensicht für das Verhalten bestimmend, während in den so genannten Schuldkulturen das Verhalten von innen und das heißt, durch das Gewissen des Einzelnen, geleitet wird. Wenn man die Orientierung am individuellen Gewissen gegenüber derjenigen am Blick der anderen als moralisch überlegen auffasst, kann die Entgegensetzung von Scham- und Schuldkulturen zu einer problematischen Bewertung der moralischen Reife einer Kultur führen. Die ja nicht nur moralisch, sondern auch rechtlich relevanten Gefühle von Scham, Schuld und Empörung werden zwar in unterschiedlichen kulturellen Kontexten entsprechend verschieden gewichtet, was aber nicht heißt, dass sie einen kulturellen Kontext vollständig dominieren, während sie in einem anderen gar nicht mehr vorkommen.

---

50 Vgl. dazu die Studie von Ruth Benedict, *Chrysantheme und Schwert. Formen der japanischen Kultur*, Frankfurt a. M. 2006 (EA im Englischen 1946).
51 Zu dieser Thematik vgl. die gegen die These von Elias gerichteten Überlegungen von Hans Peter Duerr, *Der Mythos vom Zivilisationsprozeß*. 5 Bände, Frankfurt a. M. 1988.2002.
52 Vgl. dazu Ruth Benedict, *Chrysantheme und Schwert*, a. a. O.; Sighard Neckel, *Status und Scham*, a. a. O., 47 ff.

Stolz

Stolz ist ein positives Gefühl für den eigenen Wert. Viele Haltungen, deren affektiver Charakter nur selten in Betracht gezogen wird, wie ein ausgeprägter Sinn für die eigene Ehre, Vertrauen in die eigenen Kräfte und Fähigkeiten, aber auch Eitelkeit, Dünkelhaftigkeit, Arroganz oder Hochmut, sind mit Stolz verbunden. Angesichts dieses weiten Spektrums von Dispositionen kann es nicht überraschen, dass der Stolz Gegenstand ganz unterschiedlicher Bewertungen ist. Einerseits ist er Gefühlen wie Minderwertigkeit, Kleinmut und Verzagtheit entgegengesetzt und in diesem Sinne für denjenigen, der den Stolz verspürt, sicherlich ein gutes Gefühl.[1] Andererseits weist Stolz eine Nähe zu Selbstgefälligkeit und Selbstherrlichkeit auf, Eigenschaften, die wohl insbesondere in der christlichen Tradition dazu geführt haben, den Stolz ...wie ein weiteres Gefühl, welches in mancherlei Hinsicht eine Verwandtschaft mit dem Stolz aufweist, nämlich den Neid ...als Todsünde zu betrachten.

Aber auch unabhängig von religiösen Orientierungen wird der Stolze keinesfalls ausschließlich bewundert und das ihm eigene Selbstwertgefühl muss sich nicht mit der Einschätzung anderer Personen decken. Der Stolze erregt auch Verdacht, gelegentlich wird er in moralischer und sozialer Perspektive verurteilt. Sofern er sich gegenüber anderen in einer bestimmten Hinsicht überlegen fühlt und mit dem Stolz eine mangelnde Offenheit für die Belange anderer Menschen einhergeht, sind die negativen Urteile über den Stolz nachvollziehbar. Formen von Stolz, die sich auf die einer Person zurechenbaren Verdienste und Taten beziehen, werden in einer Leistungskultur allerdings zumeist hingenommen, wenn auch nicht deutlich positiv gewertet. Dagegen werden jene Formen zumeist abgelehnt, die sich auf angeborene Eigenschaften wie Schönheit sowie auf ererbten Reichtum oder auf das beziehen, was beispielsweise im Rahmen einer protestantisch-preußischen Arbeitsethik zumeist als bloße Äußerlichkeit vordergründig entwertet wird.

Ganz allgemein lässt sich der Stolz als ein Gefühl bestimmen, das den Wert der eigenen Person in einer bestimmten Situation erhöht. Man kann sich als »zu stolz« bezeichnen, etwas Bestimmtes zu tun, wenn die betreffende Tätigkeit oder Handlung einen Verlust des Werts der eigenen Person nach sich zu ziehen droht. Diese Redeweise betrifft dann kein akutes Gefühl, sondern drückt eher eine verächtliche Haltung gegenüber dem aus, wofür man sich zu gut ist.

Die möglichen Anlässe des Stolzes können ganz unterschiedlicher Art sein: Stolz kann sich direkt auf Eigenschaften der eigenen Person beziehen, auf die eigene Intelligenz, auf bestimmte Leistungen, darauf, dass man in der Lage dazu ist, sich

---

1 Zur Verteidigung des Stolzes im Sinne einer Tugend vgl. Tara Smith, »The Practice of Pride«, in: *Social Philosophy and Policy*, 15/1 (1998), 71..90; vom Wert des Stolzes handelt auch Kristjan Kristjansson, *Justifying Emotions: Pride and Jealousy*, New York 2002, der zwischen *pride* und *pridefulness* unterscheidet. Letztere begreift er als Voraussetzung der Selbstachtung.

selbst zu überwinden, auf das eigene Aussehen, aber er kann sich auch anlässlich der Intelligenz naher Freunde oder der eigenen Kinder einstellen. Stolz kann man wegen des eigenen Einkommens, wegen seiner Besitztümer sein, aber auch auf die moralische Integrität oder den religiösen Glauben, stolz kann man insgesamt auf den Ruf sein, den man genießt oder zu genießen glaubt. Vergegenwärtigt man sich die möglichen Objekte des Stolzes, dann wird auch deutlich, wie es zu der Einschätzung kommen konnte, dass Stolz und Neid miteinander verwandt sind. Auf den ersten Blick sieht es so aus, als sei man dann stolz, wenn man genau dasjenige besitzt, weswegen man andere beneiden würde.

Eine einschlägige Analyse zum Stolz, auf die auch wir uns in diesem Kapitel beziehen werden, stammt von David Hume. Der erste Abschnitt vergegenwärtigt den Gehalt und die leibliche Dimension von Stolz und Minderwertigkeitsgefühl (1), während der zweite Abschnitt wirkungsmächtige Analysen aus der Geschichte der Philosophie thematisiert (2). Schließlich werden zum Abschluss dieses Kapitels Beziehungen zwischen dem Stolz und anderen Gefühlen thematisiert, zu Gefühlen, die sich in ihrer Tendenz als Gefühle der Sorge um sich verstehen lassen (3).

1. Stolz und Minderwertigkeitsgefühle

Wer den Versuch unternimmt, die Urteile zu explizieren, die in der Regel mit dem Stolz einhergehen, entdeckt, dass diese immer mit der eigenen Person und gelegentlich auch mit deren im Vergleich zu anderen Personen besonderem Wert zusammenhängen. So bemerkt bereits Hume, dass dort, wo »das Selbst außer Betracht« bleibt, »kein Raum [ ] für Stolz« ist.[2] Hume betrachtet den Stolz (*pride*) in einem engen Zusammenhang mit einem Gefühl, für welches heute auch der Begriff des Minderwertigkeitsgefühls zur Verfügung steht. Humes Ausdruck lautet *humility*, der in geläufigen Übersetzungen ins Deutsche mit dem Begriff »Niedergedrücktheit« wiedergegeben wird. Da Hume *humility* dem Stolz konträr gegenüberstellt, scheint hiermit eine spezifischere Bedeutung verbunden zu sein als diejenige, die mit dem Ausdruck *humility* üblicherweise einhergeht. Denn der Ausdruck wird auch für Gemütslagen verwendet, auf die man sich im Deutschen mit Wörtern wie »Demut« und »Bescheidenheit« bezieht. Überdies würde auch im Deutschen die Formulierung, man sei niedergeschlagen oder fühle sich niedergedrückt, nicht genau dasjenige Gefühl erfassen, welches Hume beschreibt. Niedergedrückt fühlt man sich nicht nur dann, wenn man sich als minderwertig im Vergleich zu anderen erfährt, sondern auch aufgrund anderer Anlässe. Die spezifische Form von »Niedergedrücktheit«, die Hume beschreibt, hat jedoch stets mit der Erfahrung der Minderwertigkeit der eigenen Person zu tun.

Während man die eigene Person im Stolz aufwertet, erfährt man den Wert der eigenen Person in der Niedergedrücktheit im Sinne Humes oder im Minderwertig-

---

2 David Hume, *Traktat über die menschliche Natur, Buch II: Über die Affekte*, übersetzt von Theodor Lipps und hg. von Reinhard Brandt, Hamburg 1978 (EA 1739/1740), 6.

keitsgefühl als gering. Beide Gefühle implizieren nicht notwendig einen Vergleich mit konkreten anderen. Sie verdichten sich um die eigene Person, die aber mit dem positiven Gefühl des Stolzes oder dem negativen der Minderwertigkeit auf diffuse Weise als von anderen Personen abgehoben wahrgenommen wird.

Was die Frage nach dem Wert der eigenen Person im Stolz betrifft, so ist zwischen dem Stolz, sofern dieser als Gefühl akut verspürt wird, und dem Stolz als einer Disposition zu unterscheiden. Ein Gefühl für den eigenen Wert oder aber der Mangel eines solchen Gefühls stellt sich nicht so sehr akut ein, sondern ist etwas, das primär auf der Ebene einer Disposition anzusiedeln ist. Da die eigene Person oder das Selbst im Zentrum der Gefühle des Stolzes oder der Minderwertigkeit stehen, können diese Gefühle das ganze Leben eines Menschen durchtönen, oder doch zumindest umfassendere Abschnitte desselben. Im Folgenden wird diese Disposition zu Stolz als positives Selbstwertgefühl bezeichnet. Das entsprechende negative Gefühl wäre ein Minderwertigkeitsgefühl, das, wenn es sich zu einer negativen Disposition verfestigt, als negatives oder schlechtes Selbstwertgefühl bezeichnet wird.[3]

Als akutes Gefühl tritt Stolz beispielsweise anlässlich besonderer Ereignisse auf, die in einem Zusammenhang mit der eigenen Person stehen. So mag man stolz sein, wenn man einen sportlichen Wettkampf gewonnen hat. Hat man den Sieg, auf welchen man gehofft oder gar hingearbeitet hatte, verpatzt, kann sich auch Niedergedrücktheit oder ein Gefühl der Minderwertigkeit akut einstellen. Diese akuten Gefühle verfliegen, sobald die Ereignisse, welche sie ausgelöst haben, nicht mehr im Fokus der Aufmerksamkeit stehen. Die durch wiederholten akuten Stolz oder Minderwertigkeitsgefühle entstehende Disposition des (positiven oder negativen) Selbstwertgefühls hingegen hat längerfristig und ein Stück weit unabhängig von auslösenden und bestärkenden Faktoren Bestand.

Lassen sich weitere Unterscheidungen treffen? Hume differenziert zwischen dem Objekt der Gefühle, welches im Fall von Stolz und Minderwertigkeitsgefühl stets die eigene Person ist, und der Ursache, anlässlich derer sich diese Gefühle einstellen. In der Terminologie von Hermann Schmitz ist die Person im Verdichtungsbereich des Stolzes, während alle von der Person positiv bewerteten Eigenschaften und Gegenstände, über welche die Person verfügt, oder eigene Leistungen zum Verankerungspunkt dieses Gefühls werden können. Hume macht überdies darauf aufmerksam, dass bezogen auf die möglichen Ursachen des Stolzes und der Niederge-

---

3 Bezogen auf die Selbstwertgefühle ...ganz gleich, ob positiver oder negativer Art ...lassen sich eine Vielzahl weiterer Differenzierungen treffen. So unterscheidet beispielsweise Gabriele Taylor zwischen »self-esteem« (Selbstwertgefühl) und »self-respect« (Selbstachtung); vgl. Gabriele Taylor, *Pride, Shame and Guilt: Emotions of Self-Assessment*, Oxford 1985, 77 ff.: »Eine Person, die Selbstwertgefühl besitzt, betrachtet sich positiv, während jemand, dem das Selbstwertgefühl fehlt, sich negativ sieht: er ist nicht viel wert [ ] Selbstachtung zu besitzen heißt hingegen nicht unbedingt eine positive Einstellung gegenüber sich selbst zu haben oder überhaupt irgendeine Einstellung gegenüber sich zu haben [ ] sich selbst zu achten heißt zwar, einen Sinn für den eigenen Wert zu haben. Dies erfordert ein gewisses Ausmaß an Selbstvertrauen, es erfordert die Überzeugung, dass man die eigenen Erwartungen erfüllen wird [ ] Aber eine Person, welche dieses Vertrauen in sich hat, [ ] muss sich deshalb nicht unbedingt positiv betrachten« [übersetzt von C. D./H. L.].

drücktheit …denen er in ausführlichen Überlegungen beispielsweise zu Laster und Tugend, Besitz und Reichtum nachgeht …zwischen der auf das Gefühl hinwirkenden Eigenschaft und der Sache oder dem Gegenstand, dem diese Eigenschaft anhaftet, zu unterscheiden sei.[4] Wenn jemand beispielsweise stolz auf seinen Garten ist, dann ist der Garten der Gegenstand, auf welchen sich der Stolz richtet. Stolz auf den Garten kann man jedoch nur dann sein, wenn der Garten eine bestimmte Eigenschaft hat, wegen derer man stolz ist, so zum Beispiel seine Schönheit. Hume ist der Auffassung, dass beide dieser Aspekte …Gegenstand und Eigenschaft …für den Stolz wesentlich sind, und dieser nicht durch einen dieser Aspekte allein ausgelöst werden kann. Ein Garten als solcher macht noch nicht stolz.

Bleiben wir bei der Unterscheidung zwischen »Objekt« und »Ursache« des Gefühls und fragen, ob alles zum Anlass für Stolz, zum Verankerungspunkt für dieses Gefühl werden kann, oder ob es einschränkende Bedingungen gibt. Auf den ersten Blick scheint es so auszusehen, als könne man Stolz nur angesichts von Dingen empfinden, welchen im Allgemeinen …ob zu Recht oder nicht, mag erst einmal dahingestellt bleiben …eine bestimmte Art von Wert zuerkannt wird, anlässlich derer man auch, wie Hume bemerkt, Lust oder Freude verspürt[5]: das kann das eigene Aussehen sein, ein schönes Haus, dessen Eigentümer man ist, die Anwesenheit bei einem gelungenen Fest (so ein Beispiel Humes). Der Gegenstand, welcher zum Anlass für das Gefühl des Stolzes werden kann, muss keine allgemeine Wertschätzung erfahren. Geschätzt werden muss er lediglich von der Person, für die er Anlass zum Stolz ist.

So mag der Rocker Stolz wegen seines Motorrads verspüren und sich freuen, wenn er mit diesem auf einer Urlaubstour die Serpentinen im Gebirge herauf- und herabfahren und sich so präsentieren kann. Der Wanderfreund hingegen vermag den Stolz auf das Motorrad gar nicht nachzuvollziehen, und wenn er es könnte, würde er aus diesem Anlass jedenfalls nicht selbst stolz sein. Er dagegen ist stolz, wenn er am Abend nach mühseligem Auf- und Abstieg einen Dreitausender bezwungen hat und müde in die Berghütte zurückkehrt. Es ist sogar möglich, Stolz anlässlich von Eigenschaften, Merkmalen oder Gegenständen zu empfinden, die von anderen Menschen, vielleicht sogar von einer Mehrheit anderer Menschen, verabscheut werden. Der Terrorist kann stolz sein auf die Zahl der Opfer, die sein Attentat gekostet hat; der Stolz des Folterknechts kann sich auf die Perfektion richten, mit welcher er sein Handwerk beherrscht.

Diese Überlegungen zeigen, dass …wie bei anderen Gefühlen auch …die Urteile und Einstellungen, welche mit dem Stolz einhergehen, subjektiv sind, jedenfalls hängen sie nicht von einer intersubjektiven Rechtfertigung oder Überprüfung ab. Dies gilt auch hinsichtlich der Frage, ob bzw. inwieweit der Stolz einer Person berechtigt ist …selbst wenn man unterstellt, dass der betreffende Stolz von einem Merkmal oder einer Eigenschaft ausgeht, anlässlich derer es im Allgemeinen für angemessen gehalten wird, stolz zu sein. Ob jemand stolz ist, hängt nicht so sehr davon ab, was in der Welt tatsächlich der Fall ist, sondern davon, was die betreffende Person glaubt, wovon sie überzeugt ist. Wenn jemand davon überzeugt ist,

---

4 David Hume, *Traktat über die menschliche Natur*, a.a.O., 9.
5 Ebd., 14.

aus seiner Verbindung mit einer bestimmten Art von Sache einen Wert zu beziehen, dann stellt sich der Stolz ein. Dies gilt auch dann, wenn die betreffende Verbindung in der Perspektive anderer sehr schwach ist oder die betreffende Sache aus externer Perspektive betrachtet in keiner Beziehung zum Stolzen steht. Die Bedingungen dafür, dass jemand Stolz erfährt, sind in erster Linie nicht in objektiven Sachverhalten, sondern in subjektiven Einstellungen zu suchen. Wenn Peter stolz darauf ist, die Aufnahmeprüfung in die Kunsthochschule bestanden zu haben, dann glaubt Peter bezüglich der Aufnahmeprüfung, (1) dass er für das Bestehen der Prüfung verantwortlich ist und sich folglich diesen Umstand mit Fug und Recht zuschreiben kann, (2) dass das Bestehen der Prüfung bzw. der Besuch der Kunsthochschule wertvoll ist und schließlich (3), dass sich auf der Grundlage bzw. wegen (1) und (2) der Wert der eigenen Person bestätigt oder erhöht.[6]

Im Zusammenhang mit den Problemen, welche durch die Subjektivität der mit dem Stolz verbundenen Urteile und Einstellungen aufgeworfen werden, stellt sich die Frage, unter welchen Voraussetzungen der Stolz ein berechtigtes Gefühl sein kann. Von solchen normativen Fragen unabhängig scheint zunächst die Strukturbedingung zu sein, dass es einer Beziehung zwischen der Person und der Sache, wegen derer bzw. auf die sie stolz ist, bedarf. Diese Beziehung mag zwar in manchen Fällen nur sehr schwach ausgeprägt sein, aber es muss wenigstens irgendeine, sei es auch eine phantasierte Verbindung geben, damit man überhaupt stolz sein kann. So ist es ausgeschlossen, dass jemand das Gefühl des Stolzes empfindet, weil heute sehr schönes Wetter ist, es sei denn, er würde in dem Wahn leben, für das Wetter verantwortlich zu sein, oder glauben, das Wetter sei nur deshalb schön, um ihm und seiner Macht zu gefallen.

Damit der Stolz nicht nur in der Perspektive desjenigen gerechtfertigt ist, der den Stolz hegt, bedarf es einer Beziehung, die nicht nur vermöge der Überzeugungen des Stolzen besteht, sondern externen Kriterien standhält. So kann jemand beispielsweise durchaus stolz darauf sein, Nachbar eines berühmten und erfolgreichen Menschen zu sein. In diesem Fall liegt die Beziehung der räumlichen Nähe vor und wegen dieser Beziehung ist es überhaupt möglich, Stolz zu empfinden, ganz unabhängig davon, wie man das aus einer externen Perspektive beurteilt. Jemand anderes würde den Stolz darauf für verfehlt halten, weil er der Meinung ist, dass Berühmtheit nicht auf andere abfärben kann oder dass zum Stolz nur der berechtigt sei, der eine bestimmte Leistung erbracht hat, und in der Nähe von jemandem zu wohnen, sei keine Leistung. Dies zeigt aber nur, dass dort, wo es darum geht, die Frage zu beantworten, inwieweit ein Gefühl wie der Stolz berechtigt oder angemessen ist, kulturelle Normen eine wichtige Rolle spielen.

Das gilt auch für die folgenden typischen und alltäglichen Fälle: man denke an den Stolz, der sich beim Zuschauer von sportlichen Ereignissen einstellen kann, wenn die eigene Nation bei einer Sportveranstaltung den Sieg erringt. Man denke in diesem Zusammenhang generell an Phänomene wie den National- oder den Heimatstolz, der sich in Bemerkungen wie »Ich bin stolz darauf, ein Schwabe zu sein« ausdrücken kann. Zwischen dem Zuschauer und den Vertretern der eigenen Nation

---

6 Vgl. dazu auch die Charakterisierung bei Gabriele Taylor, »Pride«, in: Amélie Oksenberg Rorty (Hg.), *Explaining Emotions*, Berkeley 1980, 385.402, 392.

bei einer Sportveranstaltung besteht eine Beziehung, zwischen dem mit seiner Heimat verbundenen Schwaben und seiner Heimat ebenfalls. Genau deshalb kann sich in Anbetracht der fraglichen Sachverhalte Stolz einstellen, auch wenn manche auf der Grundlage anderer kultureller Emotionsnormen diese Art von Stolz für unangemessen halten würden. Ein weiteres Beispiel stellt der Stolz auf Gaben und Eigenschaften dar, die sich im Großen und Ganzen der Lotterie der Natur verdanken. Man denke an das eigene Aussehen oder die eigene Gesundheit. Es handelt sich um Eigenschaften, die erfreulich sind, mit denen man näher verbunden ist, wegen derer man Wertschätzung bezieht, und so vermag sich auch Stolz anlässlich ihrer einzustellen, das Gefühl der Minderwertigkeit dann, wenn man die entsprechenden Eigenschaften nicht besitzt.

Damit soll nicht behauptet werden, dass sich das Gefühl des Stolzes auf der einen Seite, das Gefühl der Minderwertigkeit auf der anderen Seite immer symmetrisch verhalten. Stolz auf die eigene Gesundheit scheint nicht so sehr verbreitet zu sein und sich eher besonderen Umständen zu verdanken, anders als die Niedergedrücktheit anlässlich einer Krankheit. Derartige Asymmetrien mögen damit zusammenhängen, dass das Negative in diesem Fall intensiver erfahren wird als das Positive. Im Fall der Niedergedrücktheit wegen einer Krankheit kommen Empfindungen wie Schmerzen und betrübliche Zukunftsaussichten hinzu. Alle diese Beispiele zeigen, dass für den Stolz Verbindungen und Beziehungen zwischen dem Stolzen und der Sache, wegen derer er stolz ist, maßgeblich sind.

Die Frage, ob und wann Gefühle wie Stolz und Niedergedrücktheit berechtigt sind, ob und wann sie unangemessen sind, ist keine Frage, die unmittelbar mit der Struktur dieser Gefühle verbunden ist. Im Fall von Stolz verdanken sich die Normen für Angemessenheit und Unangemessenheit ausschließlich kulturellen Prägungen. Und die können in einem mehr oder weniger starken Ausmaß voneinander abweichen. Die starke Beziehung dieses Gefühls zu kulturellen Normen, welche die Grundlage für positive und negative Bewertungen dieses Gefühls bilden, ist wohl … im Übrigen ganz ähnlich wie beim Neid .. auch dafür verantwortlich, dass dort, wo der Stolz eingehender charakterisiert wird, häufig von mindestens zwei verschiedenen Formen des Stolzes ausgegangen und, sei es explizit oder implizit, zwischen gutem und schlechtem Stolz unterschieden wird.

So kennt die deutsche Sprache beispielsweise die deutlich unterschiedlich konnotierten Begriffe des Edelmuts und des Hochmuts. Der im Deutschen aus der Mode gekommene Begriff des Edelmuts bezeichnet eine Groß- und Hochherzigkeit, Formen der Freigebigkeit und auch Nachgiebigkeit, gepaart mit einer Haltung des Anstands, wie ihn Personen an den Tag legen, die sich ihres eigenen Werts durchaus bewusst sind, ohne in ihrer Großzügigkeit gefallsüchtig oder herablassend zu wirken. In diesem Sinne kann man die Rede vom Edelmut als Hinweis auf eine positiv (erneut sei daran erinnert: auf dem Boden von kulturellen Prägungen) gewertete Form von Stolz verstehen. Der Begriff des Hochmuts hingegen bezeichnet übertriebene oder unberechtigte Formen von Stolz und dient zur Kennzeichnung überheblicher Personen, die sich besser und klüger dünken als die anderen.

Der Umstand, dass der Stolz auf der Grundlage kultureller Emotionsnormen häufig verurteilt wird, ist auch ein Grund dafür, warum Stolz .. auch hier lassen sich deutliche Ähnlichkeiten mit dem Neid erkennen .. ein Gefühl bzw. eine Haltung ist, die gelegentlich in ganz anderem Gewand auftritt. Der Stolze gesteht sich sein Gefühl häufig nicht ein, weil er den Stolz in einem negativen Licht betrachtet und dieses Gefühl nicht haben möchte. Wie Neid ist Stolz ein für Selbsttäuschungen außerordentlich anfälliges Gefühl. Stolz und verwandte Haltungen wie zum Beispiel Eitelkeit können sogar so maskiert werden, dass sie als ihr Gegenteil in Erscheinung treten. Jemand mag sich beispielsweise für außerordentlich bescheiden halten, während andere in seiner ...etwa durch nachlässige Kleidung dokumentierten ...Bescheidenheit ein Anzeichen besonderer Eitelkeit sehen. Sie interpretieren sein Verhalten als eine Hochnäsigkeit gegenüber bestimmten Anlässen, die als Bescheidenheit getarnt wird (»Ich mache mir nichts aus Äußerlichkeiten«), welches aber von der Überzeugung getragen wird, man habe es nicht nötig, sich wie die anderen an bestimmten Konventionen zu orientieren.

Ein anderer Fall ...der aber ebenfalls mit einer negativen Einstellung dem Stolz gegenüber zu tun hat ...liegt vor, wenn jemand versucht, dieses Gefühl bzw. diese Haltung gänzlich vor anderen und auch vor sich selbst zu verbergen. Nicht auf den Stolz, aber auf die ihm verwandte Eitelkeit bezogen, hat der Schriftsteller David Foster Wallace die Formel von der »Eitelkeit zweiten Grades« für dieses Verhalten gefunden:

> »[D]er eitle Mensch zweiten Grades ist zwar auch eitel, legt aber großen Wert darauf, auf keinen Fall für eitel gehalten zu werden. Er hat ungeheure Angst davor, dass andere Leute seine Eitelkeit entdecken könnten. Der Eitle zweiten Grades lernt Witze auswendig, um sie im passenden Moment anzubringen und dadurch als witzig zu erscheinen, aber er würde es nie zugeben. Er würde sogar versuchen, den Eindruck zu erwecken, er selber halte sich gar nicht für witzig.«[7]

Dass man sich über den eigenen Stolz bzw. im Fall der Beispiele über die Eitelkeit so gut täuschen kann, fällt auch deshalb leicht, weil Stolz und Eitelkeit als Haltungen nicht akut verspürt werden müssen.

Kommen wir nach der Analyse der propositionalen Elemente des Stolzes und verwandter Einstellungen zur Diskussion der Frage nach seinen leiblichen Grundlagen. Muss der Stolz, obschon er ein in einem hohen Ausmaß mit Urteilen verbundenes und durch Überzeugungen hervorgerufenes Gefühl ist, leiblich gespürt werden? Oder kann er sich auf eine Art und Weise einstellen, der kein fühlbarer Eindruck zugrunde liegt? Hume scheint diese Sicht der Dinge manchmal nahe zu legen. Dies hängt damit zusammen, dass er keinen Unterschied zwischen dem Stolz als einem Gefühl, sofern es akut verspürt wird, und einem Gefühl im Sinne einer Disposition macht. Es ist evident, dass der Stolz als akutes Gefühl leiblich gespürt wird. Er ist in erster Linie als Weitung und als Schwellung zu verspüren. Plötzlich erhält Peter nach langem Warten und banger Erwartung die Nachricht, er habe die Aufnahmeprüfung zur Kunsthochschule bestanden. Ihm geht das Herz auf und ihm schwillt die Brust. Der Stolze spürt eine Weite am eigenen Leib, er scheint zu schweben. Zudem nimmt der Stolze in der Regel eine aufrechte Körperhaltung ein und er legt zumeist ein expansives Bewegungsmuster an den Tag. Stolz treibt eine Person zu

---

7 David Foster Wallace, *Der Besen im System*, Köln 2004, 36.

aktiven Verhaltensweisen, während Minderwertigkeitsgefühle passiv machen und lähmen.

Der Stolze nimmt Raum in Anspruch. Die deutsche Sprache kennt das Verb »stolzieren«, um die für den Stolzen charakteristischen Haltungs- und Bewegungsmuster (häufig bereits in Form einer Karikatur) zu kennzeichnen. Der Stolze macht sich groß . Dazu passt auch die Redensart, dass sich jemand im eigenen Erfolg sonnt , die darauf anspielt, dass jemand sich genüsslich streckt und möglichst viel Platz einzunehmen versucht. Niedergedrücktheit und Minderwertigkeitsgefühl dagegen werden leiblich in entgegengesetzter Form gespürt, als Engung und als Spannung. Bereits im Begriff der Niedergedrücktheit liegt das Bedeutungselement eines Drucks, der nach unten geht. Der Niedergedrückte fühlt sich klein, so …und dies legt der Begriff ebenfalls nahe…als wäre er mit einer schweren Last beladen, die er kaum zu halten bzw. zu tragen imstande ist. Ein von Minderwertigkeitsgefühlen Gepeinigter schleppt sich schweren Schrittes mit hängenden Schultern und gesenktem Blick durch das Leben. Die phänomenalen Qualitäten von Stolz und Minderwertigkeit können selbstverständlich in unterschiedlich starken Formen ausgeprägt sein. Auch dort, wo Stolz und Minderwertigkeitsgefühl sich als Dispositionen verstetigt haben, können sich Spuren des skizzierten akuten leiblichen Empfindens in der Körperhaltung zeigen.

2. Stolz in der Geschichte der Philosophie

Sieht man von wenigen Ausnahmen ab, dann ist die Auseinandersetzung mit dem Stolz in der philosophischen Tradition nicht sehr ausführlich geraten. Zwar kommt der Stolz in den meisten philosophischen Affekttheorien vor, allerdings nicht unbedingt als ein Gefühl, dem besonders ausführliche Analysen gewidmet wären. Über die Gründe dafür lässt sich allenfalls spekulieren. Es gibt eine ganz Reihe von Haltungen, die mit dem Stolz als Gefühlsdisposition verwandt und ihm teilweise so ähnlich sind, dass es nicht immer leicht ist, sie voneinander abzugrenzen und die Fülle der Differenzierungen, die in der Tradition vorgenommen worden sind, nachzuvollziehen. In vielen Sprachen steht eine ganze Palette von Ausdrücken zur Verfügung, um die verschiedenen Haltungen, die eng mit dem Stolz zusammenhängen, zu bezeichnen. Um dies nur am Beispiel des Deutschen deutlich zu machen: »Aufgeblasenheit«, »Edelmut«, »Eitelkeit«, »Großmut«, »Hochmut«, »Hochsinn«, »Hochnäsigkeit« und »Hoffart« …dies alles sind Ausdrücke zur Bezeichnung von Einstellungen und Haltungen, die aus externer Perspektive jemandem zugeschrieben werden, der das akute Gefühl des Stolzes hat oder dem es unterstellt wird.

Die betreffenden Ausdrücke bezeichnen ihrerseits keine akuten Gefühle. Wenn man von jemandem sagt, er sei aufgeblasen, geht man nicht davon aus, dass er ein spezifisches Gefühl der Aufgeblasenheit erlebt. Wer als edelmütig gilt, kann stolz sein auf seine Großherzigkeit, erlebt also Stolz. Entsprechendes gilt für Großmut und Hochsinn. Die Ausdrücke »Hochmut« und »Hoffart« werden bzw. wurden im Deutschen meistens zur Bezeichnung übertriebener Formen von Stolz gebraucht.

Mit Begriffen wie »Edelmut«, »Großmut« und »Hochsinn« hingegen wurden und werden Haltungen von Personen bezeichnet, die ein Bewusstsein ihres eigenen Wertes besitzen, die großzügig sind, gerne geben, keine Gegenleistungen erwarten und verzeihen, ohne ihre Größe zur Schau zu stellen. Es handelt sich um Einstellungen, die mit einem durch und durch positiven Selbstwertgefühl verbunden sind und somit ebenfalls einen Bezug zum Stolz aufweisen. Es wäre in diesem Zusammenhang eine interessante Frage, warum Haltungen wie Großmut und Hochsinn ein positives Selbstverhältnis voraussetzen.

Im Gegensatz dazu sind Begriffe wie »Aufgeblasenheit«, »Eitelkeit« und »Hochnäsigkeit« negativ konnotiert. Sie bezeichnen vornehmlich hohle Formen der Inszenierung seiner selbst, der eigenen vorgeblichen Vorzüge, und damit eine Haltung, die sich oberflächlich betrachtet mit dem Stolz verwechseln lässt. Eine genaue Sichtung des Bestandes traditioneller Analysen hätte alle diese Begriffe und ihre fremdsprachigen Äquivalente mit einzubeziehen. Die Vielfalt der verwendeten Begriffe, das Spektrum der mit Stolz verbundenen und verwandten Haltungen könnte die systematische Auseinandersetzung mit diesem Phänomen erschwert haben. In diesem Abschnitt soll es nach einem kurzen Blick auf Aristoteles zunächst um den Begriff der *superbia* (Stolz, Hochmut ... so geläufige deutsche Übersetzungen) bei Augustinus gehen, da sich in diesem eine für die abendländisch-christliche Kultur maßgebliche Weichenstellung dokumentiert.

Anders als in der nicht-christlichen Antike, die dem Stolz und seinen Verwandten immer auch etwas Gutes abgewinnen konnte, wird der Begriff des Stolzes in der Folge von Augustinus ganz und gar negativ konnotiert. Aristoteles kannte noch die Großmut, gelegentlich werden auch die Begriffe der Großgesinntheit, Hochsinnigkeit oder Seelengröße verwendet; der griechische Ausdruck lautet *megalopsychia* als eine zwar nicht mit dem Stolz identische, aber doch mit ihm verwandte Tugend. Großmut bezeichnet in der *Nikomachischen Ethik* die Tugend, die auf die Ehre bezogen ist. Im Rahmen der Aristotelischen Mesotes-Lehre wird sie als eine »Mitte« (*mesotēs*) zwischen der Aufgeblasenheit bzw. Prahlerei und dem Kleinmut oder der Ängstlichkeit bestimmt. Als Großmut gilt im Rahmen der Aristotelischen Konzeption die Einstellung oder Haltung eines Menschen, der großer Güter und auch großer Ehre würdig ist, aber auch um seine Würdigkeit weiß.

Augustinus hingegen hat keinen Sinn mehr für die Großgesinntheit und die im Großen und Ganzen positive Bewertung dieser Haltung, der ja in der Antike immerhin der Rang einer Tugend gebührte. Er kennt den Stolz nur als ein schlechtes Gefühl und als eine durch und durch falsche Einstellung. Er fasst den Stolz bzw. die *superbia* als ein falsches Streben nach etwas Hohem auf: Hochmut ist ein »Streben nach verkehrter Hoheit«.[8] Als Sünde gilt der Stolz, da derjenige, der ihn verspürt oder ihn sich als Haltung zu eigen gemacht hat, letztlich nach einer Verkehrung der weltlichen und göttlichen Ordnung strebt. Die Ur- bzw. Erbsünde wird unmittelbar mit dem Hochmut in einen Zusammenhang gebracht: ohne Hochmut hätte Eva »das Reden der Schlange nicht für Wahrheit gehalten, Adam hätte nicht den Willen des Weibes über das Gebot Gottes gestellt«.[9] Augustinus thematisiert den Stolz bzw. die

---

8 Zentral für diese Thematik ist: Augustinus, *Der Gottesstaat – De Civitate Dei*. Erster Band, Buch I.XIV, hg. und übersetzt von Carl Johann Perl, Paderborn 1979, XIV 13, 951.
9 Ebd., XIV 13, 953.

superbia in erster Linie als eine unzulässige Selbstliebe, der die Demut (*humilitas*, auch der englische Begriff der *humility* stammt etymologisch von *humilitas* ab) als im genuinen Sinne christliche Tugend entgegengesetzt ist. Im Hochmut widersetzt sich der Mensch einer vorgegebenen und von Gott gewollten Ordnung. Stolz und Hochmut stehen schon bei Augustinus in einem sehr engen Zusammenhang mit dem Neid, denn derjenige, der sich unzulässigerweise selbst zu erhöhen versucht, verspürt immer Schmerz, wenn andere etwas haben, was ihm selbst nicht eignet.

Eine Spur der Augustinus verpflichteten christlichen, extrem negativen Sicht zeigt sich noch bei Spinoza, der Stolz bzw. Hochmut wie folgt charakterisiert: »Hochmut ist, aus Liebe zu sich von sich mehr halten als recht ist.«[10] Spinozas Bemerkung zeigt einmal mehr, dass ein Gefühl und eine Haltung wie der Stolz aus unterschiedlichen Perspektiven ganz verschiedene Urteile, Bewertungen und Zuschreibungen auslösen kann. Wie das Maß des Rechten bestimmt werden soll, wer es bestimmt, dies ist allerdings eine offene und auch strittige Frage.

Auch wenn insbesondere die Gefühlsbegriffe in ihrer Bedeutung starken Wandlungen unterworfen sind, kehren die neuzeitlichen Autoren, was ihre Einsicht in die Doppelgesichtigkeit des Stolzes betrifft, tendenziell zu antiken Einsichten zurück. Denn in der Philosophie der Neuzeit kommt es erneut zu einer ambivalenten Sicht auf den Stolz und auf die mit ihm verwandten Haltungen. Dies zeigt sich auch daran, dass nunmehr häufig ganz explizit zwischen Großmut, auch Edelmut im Sinne eines positiv zu bewertenden Stolzes und Hochmut im Sinne einer negativ zu bewertenden Form von Stolz unterschieden wird. In der französischen Philosophie findet sich die Differenzierung zwischen *générosité* und *orgueil*, so etwa bei Descartes, in der englischsprachigen Philosophie wird entsprechend zwischen *magnanimity* und *vain-glory* unterschieden, so die Begriffe, die Hobbes gebraucht.

Descartes verwendet *générosité* (Edelmut) für eine Haltung, die man heute am Besten mit Hilfe der Begriffe »Selbstachtung« und »Bescheidenheit« beschreiben würde. Sie verbindet sich mit einem gewissen Maß an Demut. Der »wahre Edelmut«, so schreibt Descartes, »bewirkt, daß ein Mensch sich in dem höchsten Maße achtet, indem er sich legitimerweise schätzen darf« und er bestehe darin zu erkennen, dass man nichts habe, was einem angehöre, »außer allein der freien Verfügung über sein Wollen«. Edelmütig zu sein bedeute deshalb, »vollkommen der Tugend zu folgen«.[11] Hochmut (*orgueil*) hingegen sei »immer äußerst lasterhaft [ ] und zwar um so mehr, als der Grund, warum man sich so einschätzt, ungerechtfertigt ist«.[12]

Hobbes versteht unter »Großmut« ...so die deutsche Übersetzung von *magnanimity* ...die »Verachtung unrechtmäßiger oder entehrender Hilfsmittel«.[13] Diesen Sinn der Rede von Großmut kennt auch die deutsche Sprache; er schwingt in Wendungen mit wie derjenigen, dass sich jemand zu stolz dafür ist, dieses oder jenes zu tun , sich etwa durch unablässige Bitten und Kriecherei einen Vorteil zu verschaf-

---

10 Baruch de Spinoza, *Ethik*, hg. von Konrad Blumenstock, Darmstadt 1967 (EA 1677), III, def. 28 (365).
11 René Descartes, *Les passions de l'âme/Die Leidenschaften der Seele*, frz.-dt. Ausgabe, hg. von Klaus Hammacher, Hamburg 1984 (EA 1649), III, Art. 153 (241).
12 Ebd., Art. 157 (245).
13 Thomas Hobbes, *Leviathan oder Stoff, Form und Gewalt eines kirchlichen und bürgerlichen Staates*, hg. und eingeleitet von Iring Fetscher, Frankfurt a. M. 1989 (EA 1651), 55.

fen. Auffällig ist, dass die negative Entsprechungsform des Großmuts, der Hochmut *(vain-glory)*, von Hobbes in die Nähe des Wahnsinns gerückt wird: »Die Leidenschaft, deren Heftigkeit oder Fortdauer zu Wahnsinn führt, ist [ ] große *Prahlerei*, die man gewöhnlich *Hochmut* und *Überheblichkeit* nennt.«[14]

Ausführliche und nuancierte Analysen zum Stolz, die zum Teil bis heute Maßstäbe gesetzt haben, stammen von Hume. Er unterscheidet zwar nicht mehr explizit zwischen Großmut und Hochmut, macht aber im Großen und Ganzen wie die gesamte philosophische Tradition der Sache nach ebenfalls diesen Unterschied.

»Stolz oder übermäßig gesteigertes Selbstgefühl [ist] eine Untugend [ ]; dasselbe erzeugt bei jedermann Unlust [ ]. Da wir alle mehr oder weniger stolz sind, so wird der Stolz allgemein getadelt und von der Welt verdammt [ ] So gewiß aber eine übertriebene Meinung von unserem eigenen Wert schlecht und unangenehm ist, so gewiß ist nichts lobenswerter als ein Selbstgefühl, das sich auf wertvolle Eigenschaften gründet, die wir wirklich besitzen [ ] es steht aber fest, daß nichts für unsere Lebensführung nützlicher ist, als ein angemessenes Maß von Stolz.«[15]

Bereits diese wenigen Zitate von Hume machen deutlich, dass seine normativen Urteile über den Stolz in erster Linie sozialen und funktionalen Gesichtspunkten geschuldet sind. Weil der übermäßige Stolz in der Perspektive anderer, die zudem ihrerseits ein gewisses Maß an Stolz besitzen (»die Stolzen können die Stolzen nicht ertragen«), Unlust erregt, deshalb wird er getadelt, gelobt dagegen wird er, sofern er nützlich ist. Bemerkenswert ist außerdem, dass Hume der Niedergedrücktheit *(humility)* keine positiven Aspekte mehr abgewinnen kann, während das Christentum mit der Demut noch eine positiv bewertete Variante der Niedergedrücktheit kannte: die Demut im Sinne eines versöhnlichen Umgangs mit den eigenen Grenzen und der eigenen Ohnmacht.

In der deutschsprachigen Philosophie ist es vor allem Schopenhauer gewesen, der sich etwas eingehender mit dem Stolz auseinandergesetzt hat. Klingen seine Ausführungen vorderhand so, als würden sie ganz in den Bahnen eines Gedankens verlaufen, den Hobbes mit seinem Hinweis auf die Nähe von Stolz und Wahnsinn ausgesprochen hatte, zeigt sich bei näherem Hinsehen, dass auch Schopenhauer zu einem differenzierten Bild vom Stolz und seinen Verwandten gelangt. Ist zunächst von Ehrgeiz, Eitelkeit und Stolz als drei Sprösslingen einer »Thorheit unserer Natur« die Rede, so unterscheidet Schopenhauer dann doch zwischen dem tadelnswerten Stolz derjenigen, »die nichts haben, darauf sie stolz seyn könnten« und dem Stolz, »den durch Verdienst du erwarbst«, wie es im Anschluss an Horaz heißt, der »nicht zu verwerfen« sei.[16] Zum Unterschied von Stolz und Eitelkeit bemerkt Schopenhauer: »Demnach ist Stolz von *innen* ausgehende, folglich direkte Hochschätzung seiner selbst; hingegen Eitelkeit das Streben, solche von *außen* her, also indirekt zu erlangen. Dem entsprechend macht die Eitelkeit gesprächig, der Stolz schweigsam.«[17]

14 Ebd., 56.
15 David Hume, *Traktat über die menschliche Natur*, a.a.O., alle Zitate 350 f.
16 Arthur Schopenhauer, *Aphorismen zur Lebensweisheit. Parerga und Paralipomena I/II*. Werke Band VIII, Zürich 1977 (EA 1851), 392 f.
17 Ebd.

3. Stolz und seine Beziehungen zu Eitelkeit, Scham und Neid

Wie lässt sich der Stolz von anderen Selbstwertgefühlen abgrenzen und wie stellt er sich im Verhältnis zu ihnen dar? Zu welchen weiteren Arten von Gefühlen steht der Stolz in einer engen Beziehung? Zunächst und ganz allgemein lassen sich die positiven Selbstwertgefühle ...wie Stolz ...von den negativen Selbstwertgefühlen, man denke an die »Niedergedrücktheit« im Sinne Humes, man denke aber beispielsweise auch an die Scham[18], unterscheiden. Als positives Selbstwertgefühl ist Stolz allen negativen Selbstwertgefühlen entgegengesetzt. Wie aber verhält er sich zu anderen Gefühlen oder Haltungen, die sich ebenfalls auf den Wert der jeweils eigenen Person in einem positiven Sinne beziehen? Lassen sich überhaupt deutliche, allgemein nachvollziehbare Unterscheidungen treffen? Oder sind die Sprachgebräuche zu uneinheitlich? Schon die knappe Bestandsaufnahme traditioneller Beschreibungen des Stolzes hat deutlich gemacht, dass sich negativ konnotierte Formen von Stolz wie Hochmut und positiv konnotierte Formen wie Großmut unterscheiden lassen. Eine weitere in diesem Zusammenhang relevante Kategorie ist diejenige der Eitelkeit. Wie läßt sich das Verhältnis zwischen Stolz und Eitelkeit charakterisieren? Ist die Eitelkeit überhaupt eine Haltung, mit welcher man sich positiv auf den Wert der eigenen Person bezieht?

Folgt man Schopenhauer bzw. den Implikationen seiner Behauptung, dass die Eitelkeit ein Streben nach Anerkennung durch andere (»von außen«) ist, dann scheint mit ihr gerade kein Gefühl für den besonderen Wert der eigenen Person einherzugehen, sondern ein Streben danach, dass der eigenen Person in einer oder mehreren Hinsichten ein besonderer Wert von anderen zugesprochen werden möge. Der in Schopenhauers Sinne Eitle möchte anderen gefallen, und er gefällt sich vor allem dann, wenn er anderen gefällt. In diesem Sinne scheint es so zu sein, als sei das Selbstwertgefühl des Eitlen sehr stark davon abhängig, wie er in der Perspektive anderer beurteilt wird. Wäre dem so, würde dies die Eitelkeit vom Stolz unterscheiden, der als Gefühl und Haltung weniger von der Perspektive anderer abhängig und von einem sichereren Selbstwertgefühl begleitet ist.

Aber ...so kann man gegen diese Analyse geltend machen ...der Eitle gefällt sich in jedem Fall, ganz unabhängig davon, dass er anderen gefallen möchte oder anderen tatsächlich gefällt. Jemand, der von der eigenen Eitelkeit ganz in Besitz genommen wurde, muss gar nicht bemerken, wie wenig er anderen gefällt, wie lächerlich er in den Augen der anderen möglicherweise ist. So mag jemand, der sich etwas auf seine Schlagfertigkeit und seinen Witz einbildet, die Überzeugung haben, in einer Unterhaltung sehr geistreiche Dinge von sich zu geben, während alle anderen gelangweilt und peinlich berührt von den Plattheiten sind, die er kundtut. Der Überzeugung des Eitlen, besonders geistreich zu sein, sowie seinem positiven Selbstwertgefühl muss dies keinen Abbruch tun. In diesem Sinne ist die Eitelkeit ebenso wie der Stolz Ausdruck eines positiven Selbstwertgefühls. Mehr

---

[18] Scham wird im Zusammenhang mit Stolz beispielsweise bei Aaron Ben Ze'ev, *The Subtlety of Emotions*, Cambridge 2000, 509 ff. diskutiert.

noch: Das positive Selbstwertgefühl des Eitlen scheint auf eine besondere Weise stabil zu sein, da es sich häufig als schwer irritierbar erweist. Der wahrhaft Eitle kommt oft gar nicht auf den Gedanken, dass seine ausnehmend gute Meinung von sich in mancherlei Hinsicht übertrieben sein könnte. Der gut gebaute, sonnengebräunte und blonde Schwimmer, der selbstherrlich am Beckenrand auf und ab stolziert, um sich und seinen Körper den Blicken der anderen zu präsentieren, möchte Bewunderung auf sich ziehen und glaubt auch, dass dies durch seinen Anblick und sein Verhalten gelingt. Dass seine Attitüde in den Augen der anderen auch peinlich, ja geradezu abstoßend wirken kann, ist ihm nicht unbedingt präsent.

Indessen ist die Gier nach Anerkennung als der Wunsch, anderen um jeden Preis zu gefallen, eine Haltung, die sich zwar sehr leicht mit der Eitelkeit verwechseln lässt und ihr auch in mancherlei Hinsicht sehr nahe kommt, sie ist aber von der Eitelkeit im engeren Sinne klar zu unterscheiden, da sie anders als diese mit einem außerordentlich fragilen Selbstverhältnis einhergeht. Begriffe wie Aufgeblasenheit und Prahlerei charakterisieren diese Verhaltensweise treffender als der Begriff der Eitelkeit. Wer ständig versucht, sich hervorzutun, indem er auf eigene Leistungen verweist, seine Vorzüge anpreist, sich zur Schau stellt, macht sich verdächtig; ihm scheint ein ausgewogenes Selbstwertgefühl zu fehlen. In den Verhaltensweisen der Aufgeblasenheit und Prahlerei bekundet sich ein Mangel an Souveränität, ein Indiz für ein fragiles Selbstwertgefühl. Das Lauern auf Anerkennung von Seiten anderer Personen, der Wunsch, Zustimmung und Beifall zu erhalten, dies alles spricht dafür, die Prahlerei als eine Bemühung anzusehen, die nicht einem im Großen und Ganzen gesicherten Selbstwertgefühl entspringt, sondern im Gegenteil einer Stabilisierung des Selbstwertgefühls erst dienen soll.

So kann es nicht überraschen, dass diejenigen, die nach Anerkennung heischen, in denjenigen Bereichen, auf die sich ihre Eitelkeit erstreckt, auch anfällig für die Gefühle der Scham oder Peinlichkeit sind, welche sich ebenfalls auf den Wert der eigenen Person beziehen. Wer hinsichtlich seines Aussehens nach Anerkennung giert, dem ist es peinlich, wenn der Sitz der Frisur nicht mehr stimmt oder die Kleidung in Unordnung geraten ist. Wer wegen seiner intellektuellen Fähigkeiten gefallen möchte, der wird Scham empfinden, wenn er in einer öffentlichen Diskussion einen Denkfehler begeht.

Wie lässt sich nach den vorstehenden Analysen und Überlegungen das Verhältnis zwischen Stolz und Eitelkeit bestimmen? Auf der Basis kultureller Emotionsnormen wird häufig behauptet, Stolz sei eine Haltung, die sich anlässlich bestimmter Dinge, Merkmale oder Eigenschaften berechtigterweise einstelle, während der Eitelkeit stets eine übertriebene Wertschätzung seiner selbst und der Fähigkeiten und Eigenschaften, mit denen man beeindrucken zu können meint, zugrunde liege. Es passt zu diesem Befund, dass Eitelkeit zumeist anderen Personen nachgesagt wird, während kaum jemand diesen Begriff auf die eigene Person anwendet; eitel sind immer die anderen. Eitelkeit wird von außen anderen zugeschrieben und zwar als eine Haltung; der Stolz hingegen kann eine Haltung sein, aber auch als akutes Gefühl verspürt werden. Anders als im Fall von Stolz wirkt das Verhalten des Eitlen immer übertrieben, selbst da, wo man durchaus bereit ist, die Vorzüge seiner Person anzuerkennen.

Wie verhalten sich Scham und Stolz zueinander? Die Scham wird manchmal in unmittelbarem Zusammenhang mit dem Stolz thematisiert.[19] Während der Stolze sich wegen bestimmter Eigenschaften seiner Person oder wegen Leistungen groß fühlt und seiner Person aufgrund dessen einen besonderen Wert zubilligt, neigt derjenige, der sich wegen bestimmter Merkmale seiner Person oder aufgrund von unabsichtlichen Normverstößen schämt, gerade dazu, ein nur geringes Selbstwertgefühl zu haben. In diesem Sinne sind Stolz und Scham einander entgegengesetzt. Für diese konträre Beziehung lassen sich zahlreiche Indizien anführen. So kann man stolz darauf sein, bestimmte Anforderungen zu erfüllen oder bestimmte Leistungen zu erbringen, während man sich im umgekehrten Fall, das heißt dort, wo man diese Anforderungen nicht erfüllt, schämt bzw. schämen kann. Dasjenige, worauf man stolz ist, dafür kann man sich nicht schämen; dasjenige, wofür man sich schämt, darauf kann man nicht stolz sein ...zumindest nicht gleichzeitig.

Ein weiteres Gefühl, welches gelegentlich im Zusammenhang mit dem Stolz erwähnt wird, ist der Neid. Neid kann zwar mit einem Gefühl eigener Minderwertigkeit einhergehen, muss dies aber nicht unbedingt, weshalb er nicht als Selbstwertgefühl im engeren Sinne gelten kann. Im Neid kann es allerdings auch um den Wert oder Unwert der eigenen Person gehen. Die Nähe zwischen Stolz und Neid lässt sich wie folgt erläutern: Was Stolz auslöst, wenn es mit der eigenen Person in Verbindung steht, kann Neid erregen, wenn es mit anderen Personen verbunden ist. Wer wegen einer bestimmten Sache stolz ist, beneidet andere möglicherweise genau dann, wenn diese über dieselbe Sache oder Eigenschaft in einem höheren Ausmaß oder auf eine besser gekonnte Art verfügen. So betrachtet scheint der Vergleich der eigenen Person mit anderen im Fall von Stolz und Neid eine wichtige Rolle zu spielen.

Während dieser Vergleich im Fall des Neides eine notwendige Bedingung ist, ohne welche sich dieses Gefühl gar nicht ausbilden kann, scheinen die Dinge im Fall vom Stolz anders zu liegen. Im Stolz kann der Vergleich mit anderen eine Rolle spielen, muss dies aber nicht notwendigerweise. Stolz kann man zum Beispiel darauf sein, eine bestimmte Sache überhaupt zu können, auch ohne sich hinsichtlich seines Könnens mit anderen zu vergleichen. Man ist stolz darauf, etwas zu können, nicht darauf, es besser zu können. Das gilt für das Kind, welches endlich eine bestimmte Fähigkeit erlernt hat, gilt aber auch für den Erwachsenen, der in einem ganz harmlosen Sinne stolz darauf sein kann, zum Beispiel Bogenschießen, Tango oder die französische Kochkunst zu beherrschen, auch wenn viele andere dies besser können. Trotz der strukturellen Unterschiede zwischen dem Stolz und dem Neid ist der Zusammenhang, in dem beide Gefühle stehen, nicht von der Hand zu weisen. So kann es nicht überraschen, dass auch in der christlichen Tradition beide Gefühle als Todsünden in einer unmittelbaren Nachbarschaft zueinander gesehen wurden.

---

19 Neben Aaron Ben-Ze'ev, *The Subtlety of Emotions*, a.a.O.; vgl. auch: Arnold Isenberg, »Natural Pride and Natural Shame«, in: Amélie Oksenberg Rorty (Hg.), *Explaining Emotions*, a.a.O., 355..383; Gabriele Taylor, *Pride, Shame and Guilt*, a.a.O.

Traurigkeit und Melancholie

Nicht nur die deutsche Sprache kennt eine Vielzahl von Ausdrücken, welche dazu dienen, die farbenreiche Palette trauriger Stimmungen und Gefühle sowie deren verschiedene Nuancen zu bezeichnen: »Bedrücktheit«, »Betrübnis«, »Depression«, »Kummer«, »Leid«, »Melancholie«, »Mutlosigkeit«, »Niedergeschlagenheit«, »Schwermut«, »Traurigkeit«, »Trübsinn«, »Überdruss«, »Verzagtheit«, »Verzweiflung«, »Wehmut«, oder auch »Weltschmerz« ... so lauten einige der in diesem Zusammenhang wesentlichen Ausdrücke. Gefühle der Traurigkeit werden durch Ereignisse ausgelöst, welche der Lebenssituation dessen, der diese Gefühle hat, abträglich sind. Trauer stellt sich im Zusammenhang mit der Erfahrung von existentiellen Verlusten ein. Traurig kann man aber auch dann werden, wenn man im eigentlichen Sinne nichts verloren, sondern nur nichts gewonnen hat, wenn man an etwas gescheitert ist, wenn man eine Aufgabe nicht gelöst bekommt, ein Ziel nicht erreicht, in einem Wettkampf den Sieg verfehlt. So können verschiedene Arten des Versagens einen Anlass für Traurigkeit bilden. Auch die Zerstörung von Hoffnungen, Erfahrungen der Desillusionierung und Enttäuschung verbinden sich mit dem Gefühl der Traurigkeit. Anlässe des Traurig-Seins können ebenfalls dort gegeben sein, wo jemand sich in seinen persönlichen und sozialen Entfaltungs- und Einflussmöglichkeiten blockiert sieht.

Schließlich gibt es Arten von Traurigkeit, welche sich abgelöst von einer Veranlassung durch bestimmte Situationen einstellen. In diesem Sinne lassen sich manche Formen von Traurigkeit als stimmungsnah auffassen, sofern man Stimmungen als Phänomene begreift, deren Weltbezug weniger spezifisch ist als derjenige von Gefühlen. Jedenfalls bezieht man sich nicht notwendigerweise auf ein intentionales Gefühl, wenn man davon spricht, dass jemand schwermütig oder melancholisch ist. In solchen Zusammenhängen zieht man mit Begriffen wie »Schwermut« oder »Melancholie« Stimmungen in Betracht, man thematisiert eine Art und Weise, die Welt und das Leben im Ganzen anzusehen.

Der Begriff der Melancholie wird überdies in der Geschichte der Philosophie und der Wissenschaften in unterschiedlichen Bedeutungen verwendet: das Spektrum des Wortgebrauchs reicht von der Bezeichnung eines göttlichen Wahns über das Verständnis der Melancholie als einer besonderen, durchaus nicht immer unangenehmen Unterart der Traurigkeit bis hin zur Benennung von pathologischen Fällen von Niedergeschlagenheit (beispielsweise bei Sigmund Freud). Zur Bezeichnung der zuletzt genannten Fälle hat sich mittlerweile der Begriff der Depression durchgesetzt.

Gefühle der Traurigkeit sind universal und in allen Kulturen verbreitet, wobei die Erscheinungsweisen der Trauer sowie der Umgang, welcher mit ihr gepflegt wird, in einem hohen Grad kulturell variieren. Bereits der Verweis auf kulturell ganz unterschiedliche Weisen des Ausdrucksverhaltens von Traurigen und Trauernden macht das deutlich. Man denke etwa an Beerdigungsrituale, die im westeuropäischen Kulturraum in der Regel von getragenem Ernst und gemessener Ruhe geprägt sind und als klassische Ausdrucksformen der Trauer gelten, während sie in der afrikanischen Kultur durchaus mit lautstarkem Schreien und Tänzen verbunden sein können.[1]

Das vorliegende Kapitel gliedert sich in vier Teile: Zu Beginn wird die Gruppe der Traurigkeitsgefühle systematisch charakterisiert und geordnet (1), bevor das Verhältnis von Traurigkeit und Depression beleuchtet wird (2). Dann erfolgt eine Auseinandersetzung mit verschiedenen in der Geschichte der Philosophie entwickelten Auffassungen. Neben der Traurigkeit und Trauer im engeren Sinn stehen in diesem Zusammenhang auch verwandte Phänomene wie die Melancholie und die mittelalterliche Acedia zur Diskussion (3). Der letzte Abschnitt des Kapitels widmet sich einer Analyse der Beziehungen, die Trauer und Traurigkeit mit anderen Gefühlen eingehen bzw. eingehen können (4).

1. Gehalt und Erleben von Traurigkeit und Trauer

Traurigkeit ist auf eigenes Unglück bezogen. Sie kann sich jedoch auch anlässlich von Begebenheiten einstellen, die nichts mit der spezifischen Situation des Traurigen als Individuum zu tun haben. So kann durchaus die Weltlage im Allgemeinen traurig stimmen. Die meisten Arten von Traurigkeit implizieren eine negative Bewertung der Situation, in welcher man sich befindet, manchmal unabhängig davon, wie nah oder fern die Ereignisse oder Gegenstände, die den Anlass oder Auslöser der Traurigkeit bilden, dem traurigen Individuum sind. Nicht Nähe oder Ferne von Ereignissen sind Bedingungen für die Trauer, sondern der Umstand, dass das Individuum betroffen sein muss. So bemerkt Thomas von Aquin: »Der eigentliche Gegenstand der Trauer ist nämlich das eigene Übel.«[2] Man kann die Rede vom eigenen Unglück oder Übel noch spezifizieren: Es wird in der Regel im Zusammenhang mit einem Verlust erfahren, den man erleidet.[3] Man denke an den Verlust eines Menschen durch dessen Tod, den Verlust des Lebenspartners durch Trennung oder Scheidung, den Verlust des Arbeitsplatzes, von Achtung und Wertschätzung, den Verlust der Gesundheit, eines Körperteils, der Jugend, der Verlust geliebter Gegenstände. Auch im Fall von Traurigkeit ist es wichtig, deren Verdichtungsbereich und Verankerungspunkt zu unterscheiden. So kann der Besuch des elterlichen Hauses und der Stadt der Kindheit traurig stimmen, nicht weil Elternhaus oder Stadt der Kindheit im engeren Sinne Gegenstand der Traurigkeit sind, sondern weil sie an die verstorbenen Eltern und die unwiederbringlich verlorene Zeit erin-

---

1 Auf welche Weise derartige Differenzen zu politischen Konflikten Anlass geben können, skizziert Harald Wohlrapp, »Konstruktive Anthropologie als Basis eines Konzepts von Kulturpluralismus?«, in: Eva Jelden (Hg.), *Prototheorien – Praxis und Erkenntnis?*, 149..163, anlässlich der Durchführung eines afrikanischen Beerdigungsrituals auf einem Friedhof in Aachen.
2 Thomas von Aquin, *Summa Theologica*, I..II, quaestio 35, art. 8.
3 Eingehende Analysen zur Genese, zur Gestaltung und Verarbeitung von Erfahrungen eines Verlusts im Zusammenhang mit der Trauer finden sich im Rahmen der Bindungstheorie; vgl. John Bowlby, *Verlust, Trauer und Depression*, Frankfurt a. M. 1983.

nern. Elternhaus und Stadt sind der Verdichtungsbereich dieses Gefühls, Verankerungspunkt sind der Tod der Eltern und die Unwiederbringlichkeit der Zeit.

Vom Begriff der Traurigkeit im allgemeinen Sinne wird häufig die Trauer im engeren Sinne unterschieden. Dieser Begriff ist in vielen Sprachen jener besonders schweren Art von Traurigkeit vorbehalten, die durch existentielle Verluste ausgelöst wird. Insbesondere der Tod nahe stehender Menschen gilt als »Trauerfall«. Die kulturellen Muster des Trauerns lassen sich unschwer identifizieren; die allermeisten Kulturen stellen klare Konventionen und Rituale dafür bereit, welche Formen die Trauer annehmen soll, wie die Trauernden sich zu verhalten, zu kleiden und zu äußern haben.

In Anlehnung an den verbreiteten Sprachgebrauch behalten auch wir den Ausdruck »Trauer« diesem spezifischen Phänomen vor, während wir uns mit »Traurigkeit« zum einen auf das gesamte Spektrum der eingangs genannten Gefühle beziehen: »Traurigkeit« wird in diesem Sinn als weiterer Begriff verwendet, der Ausdruck »Trauer« hingegen wird für eine spezifische Form von Traurigkeit gebraucht. Zum anderen benutzen wir aber den Begriff der Traurigkeit auch in einem engeren Sinne, um uns damit auf Phänomene aus der Gruppe der Traurigkeitsgefühle im weiteren Sinne zu beziehen, die nicht als Trauer klassifiziert werden können, wie etwa die Traurigkeit darüber, dass ein geplantes und ersehntes Treffen mit einem guten Freund nicht zustande kommt. Dieses Beispiel scheint die verbreitete Ansicht zu stützen, dass Traurigkeit ein weniger intensives Gefühl als Trauer ist, mit anderen Worten: dass beide sich nur graduell unterscheiden. Zwar trifft es zu, dass Trauer immer ein intensives Gefühl ist, während die Traurigkeit in vielen verschiedenen Schattierungen auftreten kann, sie kann mehr oder weniger intensiv sein. Aber auch Traurigkeit kann durchaus ein starkes, die ganze Person beanspruchendes Gefühl sein, welches der Trauer in nichts nachsteht, so dass die Intensität als Unterscheidungskriterium von Trauer und Traurigkeit zu kurz greift.

Die phänomenale Qualität von Traurigkeit im weiten Sinne lässt sich in einer ersten Annäherung mit Hilfe von Begriffen wie »Bedrückung« und »Belastung« vergegenwärtigen. Diese Ausdrücke verweisen bereits auf die für den Traurigen charakteristische Weise des Empfindens. Das Gefühl der Traurigkeit ist durch Schwere und einen Druck nach unten bestimmt, sie verengt und verschließt.[4] Der Traurige fühlt sich von einem Gewicht niedergedrückt, er fühlt sich schwer und belastet, was sich in seiner körperlichen Haltung dokumentiert. Er lässt Kopf und Schultern hängen, senkt den Blick und geht gebeugt. Trauer und Traurigkeit lassen denjenigen erschlaffen, der diese Gefühle verspürt, und sie hemmen seine vitalen Impulse. Man sieht alles in einem düsteren Licht, fühlt sich wie eingehüllt von einer dunklen Wolke. Der Traurige verschließt sich, er schottet sich von der Welt ab, versinkt in der Trauer. Starke Formen von Traurigkeit führen zu Lähmung und Antriebsverlust. Der Traurige fühlt sich nicht nur unfähig, etwas zu tun, sich auf etwas zu konzentrieren oder sich zu bewegen, er ist oft tatsächlich unfähig, sich zu bewegen oder etwas zu tun. In diesem Sinne sind Traurigkeit und Trauer ...anders zum Beispiel als Aggressionsgefühle, die sich durchaus mit Trauer verbinden können ...Gefühle, die denjenigen, der sie hat, passiv werden und erstarren lassen. Der Traurige

---

4 Vgl. dazu auch Hermann Schmitz, *Der Gefühlsraum*, Bonn ²1981 zum Beispiel 120, 210.

sieht sich oft außerstande, seine Situation zu verändern und sein Schicksal selbst in die Hand zu nehmen.

Traurigkeit kann auf sanfte, aber auch auf dumpfe Weise verspürt werden. Zur Traurigkeit im engeren Sinne kann sich ...anders als bei Trauer ...in manchen Fällen ein minderes Selbstwertgefühl gesellen, sie kann sich mit einem Eindruck eigener Wert- und Nutzlosigkeit paaren. Dann steht im Verdichtungsbereich dieser Traurigkeit der Verlust des bisherigen Selbstbildes, der Traurige kommt sich zum Beispiel weniger agil vor, weniger leistungsstark als vorher, bedürftig oder bemitleidenswert aufgrund eines unverdienten Unglücks.

Trauer ist in der Regel ein Gefühl von großer Intensität und sie geht auf eine besondere Weise nahe. Ihre Nuancen reichen von stiller bis zu verzweifelter Trauer. Trauer scheint eine Art Autorität über andere Gefühle zu besitzen: der Trauernde kann sich nicht ohne weiteres anderen Gefühlen überlassen, da die Trauer sein Befinden, seine gesamte personale Existenz, dominiert. Auch Personen, die keinen unmittelbaren Anlass zu Trauer haben, aber mit Menschen in »tiefer« Trauer konfrontiert sind, können sich dem Ernst dieses Gefühls nur schwer entziehen.

Der Trauernde fühlt sich verloren, orientierungslos und gleichsam aus der Welt geworfen, indem er seine Aufmerksamkeit auf das Verlorene konzentriert, das nicht mehr zu seiner Welt gehört. In der Trauer spielt die Erinnerung an das Verlorene eine wesentliche Rolle. Die Verbindung von Gefühlen der Trauer mit Prozessen der Erinnerung zeigt sich besonders eindringlich anlässlich der verschiedenen Formen öffentlichen Gedenkens. In der Trauer ist man auf das Verlorene fixiert, so dass ausschließlich das Verlorene als Verdichtungsbereich der Trauer angesehen werden kann. Was kennzeichnet die Trauer im starken Sinne, das heißt die Trauer, sofern sie einen Schmerz über einen starken Verlust darstellt? Der Lastcharakter der Trauer, die leiblichen Erfahrungen der Verengung, des Drucks wurden bereits für das gesamte Spektrum der Traurigkeitsgefühle angeführt. Spezifisch für die Trauer ist ein starker Schmerz, der als Druck und Umklammerung in der Gegend des Herzens erfahren werden kann. Auch wenn die Trauer sich auf Grund der Gewissheit gewordenen Überzeugung einstellt, dass jemand oder etwas unwiederbringlich verloren ist, wünschen Trauernde, sie würden nur träumen und bald aus dem Schlaf aufwachen. Trauernde wollen das, was geschehen ist, oft zunächst nicht wahrhaben. Wird eine Todesnachricht überbracht, ist die erste Reaktion der Betroffenen manchmal die fassungslose Feststellung: »Das ist nicht wahr«.

Eine im Zusammenhang mit der Auseinandersetzung mit dem Phänomen der Trauer immer wieder angeführte Bemerkung stammt aus den *Bekenntnissen* von Augustinus. Augustinus beschreibt in diesem Text, wie er den Verlust eines zu Tode gekommenen Freundes erlebt hat. Seine Beschreibung enthält viele der für die Trauer charakteristischen Elemente:

> »Wie wurde damals mein Herz von Gram verdüstert! Wohin ich auch blickte, überall begegnete mir der Tod. Die Vaterstadt ward mir zur Pein, das Elternhaus zu unsagbarem Elend. Woran ich einst mit ihm gemeinsam mich gefreut, ohne ihn verkehrte es sich zur Folterqual. Überall suchten ihn meine Augen und fanden ihn nicht. Alles war mir verhaßt, weil er fehlte und nichts mir sagen konnte: Da kommt er! wie früher, wenn er fort gewesen war und zurück erwartet wurde.

Ich ward mir selbst zu einem großen Rätsel und fragte meine Seele, warum sie sich betrübe und so unruhig sei in mir , aber sie konnte keine Antwort geben.«[5]

Verdüsterung des Herzens, ein Tod, der überall begegnet, alles wird zur Qual, die ständige Suche nach dem Verlorenen und schließlich der Eindruck, sich selbst nicht mehr zu verstehen …alle diese Aspekte dürften auch heute noch für die Erfahrung starker Trauer anlässlich eines Todesfalls charakteristisch sein. Für den Trauernden werden nicht nur bestimmte Aspekte der Welt in ein Dunkel getaucht, sondern alles erscheint düster, und in diesem Sinne verändert die Trauer die gesamte Welt des Trauernden. Deshalb kann Augustinus davon sprechen, dass der Tod überall begegnet und dass alles zur Qual wird, nicht nur jene Vorkommnisse und Begebenheiten, die mit dem Betrauerten unmittelbar zusammenhängen. Auch der Umstand, dass der Trauernde die veränderte Lage zunächst nicht wahrhaben will (»Das ist nicht wahr«), wird in der Bemerkung angesprochen und verdichtet sich im Bild der erfolglosen Suche nach dem Verstorbenen. Der Verweis auf die eigene Rätselhaftigkeit, die als Selbstentfremdung verstanden werden kann, deutet darauf hin, dass der Verlust des Betrauerten den Trauernden auf eine tief greifende Weise verändert. Jemand, der zum Trauernden gehörte, ist nicht mehr da. Ein Teil des Trauernden bzw. seines Lebens hat sich dadurch verändert, und der Trauernde ist sich fremd geworden. Er durchläuft einen Verwandlungsprozess, dessen Ziel oder Ergebnis nicht abzusehen ist. In gewisser Weise verändern alle Gefühle die Welt für diejenigen Personen, die von ihnen betroffen sind. Auf besondere Weise deutlich werden die mit Gefühlen verbundenen Transformationsprozesse allerdings am Beispiel der Trauer. Der Trauernde wird gezwungen, sich in einer für ihn auf dramatische Weise veränderten Welt auf eine neue Weise zu positionieren. In einem nahezu buchstäblichen Sinne fällt der Trauernde aus seiner bisherigen Welt.

Diese Tendenz ist vielleicht am auffälligsten bei jener oben erwähnten Form von Traurigkeit, bei welcher der Verlust des eigenen Selbstbildes im Zentrum steht, ein Phänomen, das oft als »Selbstmitleid« bezeichnet und mit Hilfe dieses negativ konnotierten Begriffs abgewehrt wird. Aber ein solches Gefühl der Traurigkeit, in dem sich der Traurige selbst in einem irgendwie armen Zustand erscheint, kann durchaus einen realistischen Einblick in die eigene Situation vermitteln, auch wenn es als Gefühl zunächst äußerst unangenehm ist. Wenn das alte Selbstbild tatsächlich falsch war und ersetzt werden muss, wenn etwa das Selbstbild eines jungen, attraktiven Mannes in dasjenige eines von Krankheit Gezeichneten zu transformieren ist, so handelt es sich um einen schmerzhaften Verlust, der in ein neues Selbstbild erst einmal integriert werden muss. Für diesen Prozess kann das so genannte Selbstmitleid , die auf das eigene Selbst bezogene Trauer oder Traurigkeit, eine durchaus angemessene Reaktion darstellen, die nötig sein kann, um den Verlust als solchen erst einmal anzuerkennen und hinzunehmen. Verwandlungen dieser Art sind für alle tieferen Formen von Traurigkeit charakteristisch.

Die Trauer anlässlich des Todes ist ein episodisches Gefühl, sie hat einen Anfang, nimmt einen bestimmten Verlauf und hat ein Ende. Trauerepisoden und ihre Phasen sind im Vergleich zu denjenigen anderer Gefühle vergleichsweise lang. Sie sind in der Psychologie umfassend untersucht worden, wobei es für die Dauer von

---

5 Aurelius Augustinus, *Bekenntnisse*, eingeleitet und übertragen von W. Thimme, München 1981, 94.

Trauerepisoden und von deren unterschiedlichen Phasen keine Normalwerte gibt; sie können Tage, Wochen, Monate und auch Jahre dauern. Der Einsatz des Trauergefühls, der Beginn der Trauer als unmittelbarer Reaktion auf eine Todesnachricht sowie deren konkrete Gestalt variieren von Person zu Person. Es besteht jedoch eine gewisse Übereinstimmung darin, dass die Trauer in ihrem ersten Stadium in der Regel mit einem Zustand der Betäubung verbunden ist, der von denjenigen, die von ihm betroffen sind, auch als ein Zustand der Gefühls- und Empfindungslosigkeit (!) charakterisiert wird.[6] Der Trauernde selbst fühlt sich seinerseits »wie tot«, erstarrt, gelähmt und unfähig, klar zu denken oder zweckmäßige Handlungen auszuführen. So kommt es, dass ihn die Todesnachricht bzw. deren Tragweite oft gar nicht erreicht. Der Trauernde ignoriert die Nachricht und verdrängt deren Gehalt.

Dieses Charakteristikum der Trauer wirft eine allgemeine Frage auf, welche für die philosophische Auseinandersetzung mit Gefühlen von Interesse ist: Der Trauernde weiß, dass jemand, der ihm nahe stand, verstorben ist; er hat also eine Überzeugung, die den Tatsachen entspricht. Mit diesem Wissen geht aber nun offensichtlich die Weigerung einher, diese Tatsache auch emotional anzuerkennen. Der Trauernde weiß, dass jemand verstorben ist, der ihm nahesteht, gleichzeitig will er es nicht wissen und weiß es in einem bestimmten Sinne auch nicht: Die verstorbene Person ist ihm möglicherweise gegenwärtiger als während ihres Lebens. Manchmal zeigen sich Verhaltensweisen, die sich nicht in einen kohärenten Zusammenhang mit der Überzeugung bringen lassen, dass die Person nicht mehr lebt. So kommt es zum Beispiel vor, dass Angehörige Dinge bereit halten, die sie dem Verstorbenen bei nächster Gelegenheit geben möchten. Hat man es in diesem Kontext mit einem besonderen Fall von Selbsttäuschung zu tun? Das ist nicht der Fall, da das Nicht-Wahrhaben-Wollen mit einer Kenntnis des Todes einhergeht, so dass von einer Täuschung im eigentlichen Sinne nicht gesprochen werden kann. Das emotionale Nicht-Wissen-Wollen, welches gleichwohl mit einem Wissen um den Tod einhergeht, muss eher als eine Revolte, als ein letztes Aufbegehren gegen die Wirklichkeit interpretiert werden. Im Nicht-Wissen-Wollen zeigt sich auch, dass Trauer ein transzendentes Gefühl ist: Der Trauernde begehrt auf gegen die Welt, er sehnt sich nach einer Welt, die anders ist als jene, mit welcher er nun konfrontiert ist. Er lehnt die neue Wirklichkeit ab.

In einer zweiten Phase des Trauerns wird die für die erste Phase charakteristische Starre durch Gefühlsreaktionen unterbrochen bzw. abgelöst, die allerdings ganz anderer Art sind als die eigentliche Trauer. Verschiedene Autoren berichten davon, dass die Erstarrung in der Trauer von Gefühlen des Zornes, der Wut oder des Hasses, gelegentlich auch der Schuld unterbrochen bzw. abgelöst wird. Zudem scheinen sich die genannten Gefühle in der Phase einer Lösung des Erstarrungsprozesses bereits mit einer ziellosen Rastlosigkeit und Unruhe zu paaren, mit Verhaltensweisen, die erst später eine zentrale Rolle spielen.

---

6 Vgl. dazu John Bowlby, »Trennung und Verlust innerhalb der Familie«, in: ders., *Das Glück und die Trauer. Herstellung und Lösung affektiver Bindungen*, Stuttgart ²2001, 105..129, 107 f.; Verena Kast, *Trauern. Phasen und Chancen des psychischen Prozesses*, Stuttgart 1999, 71 f. ...Die Phasen des Trauerns lassen sich offensichtlich auch auf jene Prozesse beziehen, welche Sterbende im Lauf ihrer Auseinandersetzung mit dem eigenen Tod durchlaufen. Vgl. Elisabeth Kübler-Ross, *Interviews mit Sterbenden*, München 2001, die fünf Phasen (Nicht-Wahrhaben-Wollen, Zorn, Verhandeln, Depression, Zustimmung) unterscheidet.

Warum entstehen gerade Wut und Hass in dieser Phase des Trauerns?[7] In gewisser Weise antworten diese Gefühle auf den Schmerz, der einem durch den Todesfall zugefügt wurde. Wut und Hass richten sich dabei häufig auf die vermeintlichen Verursacher dieses Verlustes. Als Ursache für den Verlust kann man das Schicksal ansehen, welches einem auf eine so üble Weise mitgespielt hat, indem es den Partner, das eigene Kind oder andere für einen wichtige Menschen nimmt; es können Ärzte oder andere Personen sein, die in der Perspektive des Trauernden für den Tod verantwortlich gemacht werden, oder es können auch die Verstorbenen selbst sein, auf die sich Wut und Hass des Trauernden richten. Schließlich kann der Trauernde am Ende die Ursachen sogar bei sich selbst suchen. Im zuletzt genannten Fall sind es dann Schuldgefühle, die sich mit der Trauer verbinden.

Auch wenn die genannten Gefühlsreaktionen aus einer externen Perspektive betrachtet auf den ersten Blick unsinnig zu sein scheinen und nicht im vordergründigen Sinne rational sind, übernehmen sie laut psychologischer Trauerforschung wichtige Funktionen und haben, so betrachtet, durchaus einen Sinn. Die Aggressionsgefühle lassen sich als Reaktion auf die Ohnmacht interpretieren, die angesichts des Todes eines nahe stehenden Menschen empfunden wird. Außerdem erinnert der Tod anderer unwillkürlich an den eigenen Tod, eine Vorstellung, die ebenfalls die eigene Ohnmacht vor Augen führt. Aggressionsgefühle können als Strategien aufgefasst werden, sich die eigene Ohnmacht angesichts des Todes nicht einzugestehen und so zumindest den Anschein zu erwecken, handlungsfähig zu sein, etwa indem man Schuldige sucht. Den Aggressionsgefühlen lässt sich die Funktion zuschreiben, den Glauben an die eigene Handlungsfähigkeit aufrecht zu erhalten und Kraft zum Weiterleben zu finden.[8] Welche Gefühle es im Einzelnen sind, die in dieser Phase des Trauerns aufbrechen, hängt von dem Verhältnis zwischen Trauerndem und Betrauertem ab, das Beziehungsgefüge des Zusammenlebens setzt sich zumeist über den Tod hinaus fort.

Schließlich beginnt der Trauernde nach der verlorenen Person zu suchen.[9] Seine Gedanken kreisen um den Toten, und er vergegenwärtigt sich Plätze, Begebenheiten und Aktivitäten, die im Leben des Verstorbenen eine Rolle gespielt haben. Typisch ist beispielsweise bei einem vertrauten Geräusch (die Haustür wird geöffnet) die Vorstellung, der Tote werde nach Hause zurückkehren. In dieser Phase sind es vor allem Gefühle der Sehnsucht, welche in dem Wunsch kondensieren, der Verstorbene möge wieder da sein.

In einer weiteren Phase vollzieht sich die Ablösung vom Verstorbenen und die Zustimmung zur Veränderung der eigenen Lage, die einen neuen Bezug zu sich selbst und zur Welt ermöglicht. Häufig werden in diesem Zusammenhang Eigenschaften des Verstorbenen inkorporiert, sie werden in einem bestimmten Sinne zu einem Teil der Person des Trauernden. Auch wenn diese Skizze zu den verschiedenen Phasen der Trauer sehr schematisch ist und in der Forschung zu Trauer, Tod und Sterben auch andere Bezeichnungen und Einteilungen der Phasen diskutiert werden, so macht sie doch immerhin eines deutlich: Trauern um einen Toten ist ein

---

7 Verena Kast, *Trauern*, a. a. O., spricht von der »Phase der aufbrechenden Emotionen«, 73.
8 Vgl. ebd., 74 f.
9 Vgl. dazu John Bowlby, *Verlust, Trauer und Depression*, a. a. O., 115 ff; Verena Kast, *Trauern*, a. a. O., 78 ff.

überaus komplexer und langwieriger Prozess, an welchem eine Vielzahl von verschiedenen Gefühlen und Gedanken beteiligt ist.

Die schematisch vergegenwärtigten Phasen der Trauer, die jemand beim Tod einer ihm nahe stehenden Person erlebt, lassen sich auf andere Verlusterfahrungen übertragen. Auch Trennungen oder Scheidungen sind zunächst häufig von einem Nicht-Wahrhaben-Wollen geprägt, auch hier spielen neben der Traurigkeit andere Gefühle wie beispielsweise Wut oder Hass auf den Partner eine Rolle. Oft verkleidet sich die Trauer in derartigen Fällen gänzlich hinter der Maske der Aggression, welche die Trauer dann verdeckt. Selbst für die Phasen der Ruhe- und der Rastlosigkeit, der Suche nach dem oder der Verlorenen lassen sich Äquivalente auffinden: man stürzt sich in Überaktivitäten aller möglichen Art, um den Verlust zu kompensieren. Und in den günstigsten Fällen steht am Ende der Verarbeitung eines durch Scheidung oder Trennung bedingten Verlustes ebenfalls eine Verwandlung: man hat gelernt, mit dem Verlust zu leben und sich und seinem Leben eine neue Gestalt zu geben. ...Der Nachweis der für die »Trauerarbeit« signifikanten Prozesse der wechselseitigen Überlagerung, Verdeckung und Verleugnung von Gefühlen ist mitnichten nur von therapeutischer oder alltagspraktischer Relevanz, sondern stellt für jede systematische Reflexion auf Gefühle eine Herausforderung dar, gilt es doch zu klären, ob Gefühle, die nicht erlebt werden in dem Sinne, dass sie im Fokus des je eigenen Bewusstseins stehen, dennoch wirklich vorhanden sind. Diese Frage wird im letzten Abschnitt dieses Kapitels wieder aufgenommen. Zunächst soll es jedoch um die Funktion trauriger Gefühle gehen.

2. Traurigkeit, Depression und Erkenntnis

Sind Traurigkeit und Trauer normale Gefühle? Anders gefragt: In welchem Ausmaß ist es normal, traurig zu sein oder Trauer zu verspüren? Die verschiedenen Antworten, welche sich auf diese Fragen geben lassen, sind außerordentlich umstritten. Sicher würde man die Trauer als eine im weitesten Sinne normale Reaktion auf einen Todesfall ansehen, und auch Traurigkeit kann durchaus als normales Gefühl betrachtet werden. Im Alltag, aber auch in der Philosophie sowie in verschiedenen Wissenschaften wird häufig zwischen normalen und auffälligen, behandlungsbedürftigen Formen der Traurigkeit unterschieden, die zumeist als »Depression« bezeichnet werden. Mit diesem Begriff ist eine Gruppe von Phänomenen angesprochen, die besonderes Interesse verdient, da sie sich bezüglich ihres Gehalts und ihrer Qualität kaum von Trauer und Traurigkeit unterscheidet, aber als psychische Störung gilt. Derartige Gefühls- und Stimmungslagen mögen zwar einen durchaus nachvollziehbaren Anlass haben, aber sie verselbständigen sich und beginnen ein situationsunabhängiges Eigenleben zu führen. Deshalb gelten sie ...im Unterschied zu nicht-klinischen Varianten von Traurigkeit und Trauer ...als psychische Krankheit.[10]

---

10 Die Grenzen zwischen einer als normal angesehen Trauer und pathologischen Phänomenen sind allerdings alles andere als deutlich. Kriterien für eine klare Unterscheidung lassen

Bereits Freud hatte die Trauer als eine normale Reaktion auf bestimmte Umstände von ihrem krankhaften Pendant, der Melancholie, unterschieden.

»Trauer ist regelmäßig die Reaktion auf den Verlust einer geliebten Person oder einer an ihre Stelle gerückten Abstraktion wie Vaterland, Freiheit, ein Ideal usw. Unter den nämlichen Einwirkungen zeigt sich bei manchen Personen, die wir darum unter den Verdacht einer krankhaften Disposition setzen, an Stelle der Trauer eine Melancholie.«[11]

Freud gebraucht den Ausdruck »Melancholie« für eine psychische Verfassung, für die heute zumeist der Begriff der Depression verwendet wird. Die depressive Verfassung verändert einen Menschen auf starke Weise: seine Gefühle, sein Denken, Handeln und Verhalten. Depressive erleben sich als emotional völlig gleichgültig, sie scheinen keine Gefühle mehr zu haben, insbesondere ist es die Fähigkeit zum Erleben von Freude, welche erlischt. Das Denken Depressiver kreist häufig um dieselben Sachverhalte. An die Stelle der Traurigkeit tritt innere Leere und Gefühllosigkeit; sie erleben wie Trauernde eine lähmende innere Blockade. Der Versuch, sich dagegen aufzulehnen, führt häufig zu Unruhe und Schlaflosigkeit. Unter Umständen und in starken Fällen treten Wahngedanken oder Sinnestäuschungen hinzu.

Manche Formen der Trauer scheinen von ihrer Symptomatik her ganz auf der Linie von im klinischen Sinne relevanten Depressionen zu liegen: sie bereiten Schmerzen, sie stehen den eigenen Lebensvollzügen entgegen, stellen eine starke Einschränkung der eigenen Handlungsmöglichkeiten und der eigenen Freiheit dar.

In Psychiatrie, Psychologie und Medizin ist die Grenzziehung zwischen den »normalen« und den »pathologischen« Fällen von Beginn an umstritten. Möglicherweise besitzen depressive Störungen in der Situation, in der sie entstehen, für das Individuum eine psychische Funktion in dem Sinne, dass sie es vor anderen, noch unerträglicheren Gefühlszuständen schützen. Die Individuen selbst leiden allerdings unter der Depression, und vor allem ist das Leiden in einem sozialen Sinne störend, es verhindert ein normales Arbeits- und Familienleben. Ob nun der Leidende sich selbst oder Angehörige ihn als behandlungsbedürftig ansehen, jedenfalls ist die Klassifikation als »psychisch krank« nicht ausschließlich von eindeutigen Symptomen, sondern auch von sozialen Prozessen, von der Interaktion zwischen dem Leidenden und seinem Umfeld, abhängig, beispielsweise davon, wie viel und was über die Biographie des Depressiven bekannt ist. So mögen manche der klinischen Depressionen für Außenstehende unmittelbar verständlich sein, während andere Fälle selbst für die behandelnden Ärzte unzugänglich bleiben.[12]

Jenseits der Sinnperspektive, die sich für den- oder diejenigen, die Gefühle haben, mit den betreffenden Gefühlen verbindet, haben wir bei den Analysen ein-

---

sich offensichtlich nur schwerlich formulieren. Vgl. dazu Stephen Wilkinson, »Is Normal Grief a Mental Disorder?«, in: *The Philosophical Quarterly* Vol. 50 (2000), 289..304.
11 Sigmund Freud, »Trauer und Melancholie (1917)«, in: ders., *Psychologie des Unbewußten*. Studienausgabe III, Frankfurt a. M. 1975, 197..212, 197.
12 Die Frage, ob und in welchem Sinne Depressionen gerechtfertigt sein können, müssen wir hier offen lassen. Vgl. dazu George Graham, »Melancholic Epistemology«, in: *Synthese* 82 (1990), 399..422.

zelner Gefühle immer auch anthropologische Funktionen auffinden können, wodurch die jeweiligen Gefühle für den menschlichen Weltbezug unersetzbar sind. Die Angst kann als ein Warnsystem rekonstruiert werden; sie hindert daran, sich ohne Not in Gefahr zu begeben. Der Ekel hindert unter anderem daran, sich verdorbene Nahrung einzuverleiben. Welche Funktion haben Traurigkeit und Trauer? Wäre die Welt nicht besser ohne die Leiden, die damit verbunden sind? Traurigkeit und Trauer machen deutlich, was einem wirklich wichtig ist. Dies gilt besonders dann, wenn man von diesen Gefühlen überrascht wird. Etwas, was eigenen Überzeugungen zufolge gar nicht weiter von Bedeutung zu sein schien, stellt sich in dem Augenblick, in welchem es verloren wurde, als bedeutend heraus. Die Gefühle der Traurigkeit und der Trauer weisen in eindringlicher Weise auf Dinge und Personen hin, die für einen selbst einen besonderen Wert besitzen oder besessen haben.

Traurigkeit erlaubt es nicht nur, Kenntnis von demjenigen zu erhalten, was wirklich wichtig ist, sondern gelegentlich wird ihr darüber hinaus die Rolle eines besonderen Erkenntnisvermögens zuerkannt. Denn Traurigkeit und Melancholie gelten manchmal als Gemütslagen, die einen besonderen Bezug zum Erkennen und mithin zur Wahrheit aufweisen. In der Geistesgeschichte ist die Melancholie des Genies spätestens seit der Renaissance zu einem Topos geworden, wobei die Spekulationen über Beziehungen zwischen dem melancholischen Temperament und gut ausgebildeten kognitiven Fähigkeiten bis in die Antike zurückreichen.

Auch neueren empirischen Studien zufolge gilt der Traurige als jemand, der die Welt realistisch einschätzt, zumindest realistischer als jene, die nicht zu Schwermut und Traurigkeit neigen. In der Psychologie hat sich in diesem Zusammenhang die Rede von einem depressiven Realismus (*depressive realism*) etabliert. Dieser Terminus enthält die Vermutung, dass Depressive zumeist ein genaueres Bild der Welt haben und sich und ihre Lage objektiver einschätzen als normale Menschen. So genannte Normale neigen häufiger zu Selbstüberschätzungen und betrachten die Wirklichkeit zu optimistisch. Sind traurige oder depressive Menschen unter epistemischen Gesichtspunkten betrachtet also rationaler als normale Menschen? Empirische Studien verdeutlichen, dass deprimierte im Vergleich zu nicht-deprimierten Versuchspersonen in einer experimentellen Situation ihre Kontrollmöglichkeiten realistischer einschätzten.[13] In anderen Studien wurde deutlich, dass optimistisch eingestellte Personen eher bereit waren, sich die Verantwortung für positive Ereignisse selbst zuzuschreiben, die Ursachen für negative Ereignisse aber woanders zu suchen. Depressive hingegen schreiben sich gute wie auch schlechte Ereignisse in gleicher Weise zu. Sie sind bezüglich solcher Einschätzungen treffsicherer.[14] Diese Befunde weisen darauf hin, dass die pauschale Annahme, ein Gefühl wie die Traurigkeit verzerre die Realitätswahrnehmung, jedenfalls zu differenzieren ist.

---

13 Lauren B. Alloy/Lyn Yvonne Abramson, »Judgement of Contingency in Depressed and Nondepressed Students: Sadder but Wiser?«, in: *Journal of Experimental Psychology* (1979) General 108, 441..485; vgl. auch Keith Dobson/Renée Louise Franche, »A conceptual and empirical Review of the Depressive Realism Hypothesis«, in: *Canadian Journal of Behavioural Science* 21 (1989), 419..433.

14 Vgl. dazu auch Thomas Metzinger, » omnes ingeniosos melancholicos esse. Intellektualität und Melancholie: Die Transparenz der Trauer«, in: ZDF-Nachtstudio (Hg.), *Große Gefühle. Bausteine menschlichen Verhaltens*, Frankfurt a. M. 2000, 139..155.

Kondensiert Traurigkeit zu einer charakterlichen Einstellung oder Haltung, so wird der Traurige in der Regel eher demütig und bescheiden als arrogant und eitel sein. Denn der Blick auf die Welt wird in dieser Perspektive weniger durch Selbstüberschätzung oder Geltungsbedürfnis verstellt, sondern kann letztlich als sachorientierter gelten. In diesem Sinne ist die Traurigkeit dem Erkennen förderlich.[15]

3. Traurigkeit, Melancholie und Acedia in der Geschichte des Denkens

Es ist im Grunde ein aussichtsloses Unterfangen, die Gestalten, welche Traurigkeit und Trauer in der Geschichte der Philosophie angenommen und durchlaufen haben ..und sei es auch nur schlaglichtartig.. zu skizzieren. Zu unterschiedlich ist der Gehalt, der sich zu unterschiedlichen Zeiten und in jeweils verschiedenen historischen Konstellationen mit den genannten und verwandten Begriffen verbindet, zu different sind die Erfahrungsgehalte, die sich in diesen Begriffen jeweils aussprechen. Nimmt man überdies weitere Gemütslagen in den Blick, die aus heutiger Sicht einen Bezug zum Phänomen der Traurigkeit aufweisen, wie die Melancholie oder die Acedia, wird die Lage noch komplizierter.[16]

Die einzelnen Gefühlsanalysen in diesem Buch haben gezeigt, dass zu Emotionen Normen gehören, die reglementieren, wann und unter welchen Umständen es für angemessen oder aber unangemessen gehalten wird, diese oder jene Emotion in diesem oder jenem Ausmaß zu haben. Der historische Wandel kultureller Bewertungen von Gefühlen ist im Fall von Trauer und Traurigkeit besonders drastisch. Denn nicht immer wurde die Trauer als ein Gefühl aufgefasst, welches überhaupt angemessen sein kann, sie wurde vielmehr in der Antike zumeist als negativ und sogar als verurteilenswert dargestellt. Bereits bei Platon wird dies im Zusammenhang mit der Schilderung des Todes von Sokrates deutlich.[17] Nicht Heulen, Schreien oder Weinen sind angemessene Reaktionen auf den Verlust eines nahe stehenden Menschen, sondern verlangt wird eine nüchterne Gefasstheit angesichts dessen, was unvermeidlich ist. In der *Rhetorik* des Aristoteles, die immerhin die wichtigsten Leidenschaften darzustellen beansprucht, fehlt jegliches Gefühl, das mit Trau-

---

15 Vgl. auch Robert C. Roberts/W. Jay Wood, »Humility and Epistemic Goods«, in: Michael De Paul/Linda Zagzebski (Hg.), *Intellectual Virtues: Perpectives from Ethics and Epistemology*, Oxford 2003, 257.279.

16 Vgl. dazu Michael Theunissen, *Vorentwürfe von Moderne. Antike Melancholie und die Acedia des Mittelalters*, Berlin 1996.

17 Vgl. Platon, *Phaidon*. Sämtliche Werke IV, nach der Übersetzung Friedrich Schleiermachers, ergänzt durch Übersetzungen von Frank Susemihl und anderen, hg. v. Karlheinz Hülser, Frankfurt a. M. 1991, wo 117 d (347) Sokrates mit folgenden Worten auf die Tränen seiner Anhänger reagiert: »Was macht ihr doch, ihr wunderbaren Leute! ich habe vorzüglich deswegen die Weiber weggeschickt, daß sie dergleichen nicht begehen möchten; denn ich habe immer gehört, man müsse stille sein, wenn einer stirbt. Also haltet euch ruhig und wacker.«

rigkeit in Verbindung gebracht werden könnte. Lediglich indirekt ist in dem Abschnitt über Mitleid von verwandten Phänomenen die Rede, und auch in der *Nikomachischen Ethik* des Aristoteles, in der viele Gefühle in ihrem Bezug zu einzelnen Tugenden (*aretai*) untersucht werden, kommt Traurigkeit nicht vor. In der stoischen Tradition wird die durch und durch negative Beurteilung der Trauer durch Platon weitergeführt. Die Trauer gilt als etwas, was den Menschen schadet und diejenigen zerstört, von denen sie Besitz ergreift.[18]

Allerdings kennt das antike Denken mit der Melancholie eine Gemütslage, die vor allem im modernen Denken ...man denke an Kierkegaard und Nietzsche ...in eine Nähe zu Traurigkeit und Trauer gerückt wird. Und anders als die Trauer ist die vormoderne Melancholie nicht nur Gegenstand negativer Beurteilungen. Sie sollte allerdings nicht vorschnell mit Trauer oder Traurigkeit identifiziert werden, denn ihre vormodernen Varianten weisen allenfalls einen lockeren Bezug zu den Phänomenen der Traurigkeit und der Trauer auf, wenn sie auch in manchen Zügen an das erinnern, was in der heutigen Psychologie als »manisch-depressiv« bezeichnet wird. Die Melancholie wird vormodern gelegentlich als Wahn, als Raserei aufgefasst, die von depressiven Perioden durchwachsen sein kann. Die Melancholie galt ..und dies wurde vor allem im Zusammenhang mit ihrer Wiederentdeckung im Florentiner Neuplatonismus der Renaissance akzentuiert ..als eine Stimmung, von der vorrangig Menschen befallen wurden, die in irgendeiner Hinsicht begnadet waren. Die Renaissance stützt sich in erster Linie auf einen Text, der als die erste systematische Deutung des Phänomens der Melancholie gilt, auf die wahrscheinlich im dritten vorchristlichen Jahrhundert entstandenen ..häufig Aristoteles zugeschriebenen ..*Problemata Physica*.[19]

»Warum erweisen sich alle außergewöhnlichen Männer in Philosophie, oder Politik oder Dichtung oder in den Künsten als Melancholiker«[20]? Mit dieser Bemerkung wird eine bis ins 21. Jahrhundert reichende Wirkungsgeschichte in Gang gesetzt. Zum ersten Mal in der Geschichte des Abendlandes wird hier eine Gemütslage, die bis dahin in erster Linie als Problem oder gar Krankheit angesehen wurde, nobilitiert und damit vollständig umgewertet, indem sie als ein Charakteristikum bedeutender, ja außergewöhnlicher Männer angesehen wird.

Was ist unter »Melancholie« zu verstehen? In den antiken Schriften zur Medizin vor der Aristoteles zugeschriebenen Abhandlung, aber auch in der an diese anschließenden Tradition steht die Melancholie in einem engen Zusammenhang mit der Humoralpathologie, der Lehre von den vier Säften: Blut, gelbe Galle, schwarze

---

18 Einen kurzen Überblick gibt der Artikel von Helmut Hühn, »Trauer, Trauerarbeit«, in: *Historisches Wörterbuch der Philosophie* Band 10, hg. von Joachim Ritter und Karlfried Gründer, Basel 1998, 1455..1460.
19 Auch dieser Text kann bereits auf eine längere Vorgeschichte zurückblicken. Zur Geschichte der Melancholie und ihrer Deutungen und Umdeutungen, die hier nicht einmal im Ansatz präsentiert werden können, vgl. Raymond Klibansky/Erwin Panofsky/Fritz Saxl, *Saturn und Melancholie. Studien zur Geschichte der Naturphilosophie und Medizin, der Religion und der Kunst*, Frankfurt a. M. 1990; ferner: László F. Földényi, *Melancholie*, Berlin [2]2004; Michael Theunissen, *Vorentwürfe von Moderne*, a. a. O.
20 Aristoteles, *Problemata Physica*. Werke in deutscher Übersetzung, hg. von Ernst Grumach, übersetzt von Hellmut Flashar, Band 19, Berlin 1962, 953 a (250).

Galle und Phlegma. Der Ausdruck *melancholia* wurde häufig mit dem Hinweis auf die schwarze Galle erklärt, die der Melancholiker im Übermaß besitze, und die eine bestimmte Art von Gemütslage nach sich ziehe. Beschrieben wird die Melancholie gelegentlich mit Begriffen, die uns heute als Charakterisierung manisch-depressiver Zustände erscheinen würden:

»Auch die schwarze Galle [ ] kann [ ] Schlagflüsse, Erstarrungen, Depressionen oder Angstzustände hervorrufen. Wird sie aber übermäßig erwärmt, ruft sie übersteigerte Hochgefühle mit Gesang, Ekstasen, Aufbrechen von Wunden und anderes Derartiges hervor.«[21]

Die antike Melancholie-Vorstellung wirkt bis in die Neuzeit in der Verschwisterung von Melancholie und Genialität fort, die übrigens in der angeführten Schrift lediglich in dem bereits zitierten Satz angesprochen, aber nicht weiter diskutiert wird; erst in der Renaissance wird sie breit entfaltet. Diese erstaunliche Verbindung erfindet die Melancholie neu und verleiht dem Bild vom genialen Melancholiker jene Konturen, die dann auch die neuzeitliche Rezeption des antiken Melancholiekonzepts bestimmen sollten und unser Bild von der Melancholie bis heute prägen.[22] An die Seite der antiken Melancholie-Tradition tritt in der theologischen Lehre von den sieben Todsünden damit eine weitere Traditionslinie, die ebenfalls auf die modernen Traurigkeitsvorstellungen einwirkt. In beiden Traditionslinien spielt der Rekurs auf Traurigkeit und Trauer eine Rolle, obgleich die dort betrachteten Phänomene nicht mit Traurigkeit und Trauer im heutigen Sinne identifiziert werden dürfen. Erst Autoren im 19. und 20. Jahrhundert gleichen Melancholie und Traurigkeit aneinander an und machen keine deutlichen Unterscheidungen mehr, zu denken ist in erster Linie an Kierkegaard und Benjamin.

Im Rahmen der monastischen Theologie der Spätantike galt die Trauer bzw. Traurigkeit als eines der acht Hauptlaster.[23] Völlerei, Wollust, Geiz, Zorn, Traurigkeit, Trägheit, Ruhmsucht und Stolz wurden als Hauptsünden aufgefasst, aus denen schließlich im Lauf der Jahrhunderte die sieben Todsünden Stolz (*superbia*), Neid (*invidia*), Geiz (*avaritia*), Zorn (*ira*), Wollust (*luxuria*), Völlerei (*gula*) und Trägheit (*acedia*) wurden. Der Ausdruck »Todsünden« ist irreführend, da es sich nicht um Sünden im eigentlichen Sinne handelt, vielmehr geht es um Charakterzüge, die immer wieder zur Ursache von Sünden werden und werden können, eben um Laster im Unterschied zu Tugenden.

Vergleicht man den Katalog der acht Laster mit den sieben Todsünden, so fällt auf, dass der Neid hinzugefügt wurde, während Ruhmsucht und Stolz sowie Trägheit und Traurigkeit jeweils zu einem einzigen Laster zusammengefasst wurden. Auf

---

21 Aristoteles, *Problemata Physica*, a. a. O., 954 a 20 ff (253).
22 Dabei ist die Rezeption von Marsilio Ficino, insbesondere von dessen Schrift *De vita triplici* (ED 1489), besonders wichtig. Vgl. hierzu wie auch insgesamt zur Wirkungsgeschichte des neuen Melancholie-Konzepts Raymond Klibansky/Erwin Panofsky/Fritz Saxl, *Saturn und Melancholie*, a. a. O., 367.394; László F. Földényi, *Melancholie*, a. a. O., 114... 168.
23 Vgl. Franz Josef Illhardt, *Trauer. Eine moraltheologische und anthropologische Untersuchung*, Düsseldorf 1982, v. a. 22 ff., dem unsere Überlegungen zum Teil folgen.

dem Hintergrund gnostischer und neuplatonischer Einflüsse formulierte der Anachoret Euagrius Pontikos (345..399) den fraglichen Katalog von acht Lastern.[24] Ihm zufolge waren die Laster schlechte Gedanken, welche insbesondere die Ziele mönchischen und einsiedlerischen Lebens vereitelten.[25] Papst Gregor I (um 540..604) gestaltete die Lehre von den Lastern in einer Weise um, die zu der bis heute populären Form von sieben Lastern bzw. Todsünden führte. Im Lauf der Jahrhunderte, vor allem im 12. Jahrhundert wurden die verschiedenen immer wieder variierten und diskutierten Modelle vereinheitlicht, und eine leicht korrigierte Fassung des Gregorianischen Lasterkatalogs mit sieben Lastern setzte sich durch. Seither wurden die Laster in einer großen Zahl von theologischen Abhandlungen, pastoralen Schriften (Predigthandbücher, Bußbücher etc.) und literarischen Werken beschrieben. Wenn heute an die sieben Hauptlaster erinnert wird, dann ist damit in erster Linie eine mittelalterliche Doktrin gemeint, die vor allem im 12...15. Jahrhundert nicht nur die gelehrten Debatten prägte, sondern ihren Einfluss auch im Alltagsleben geltend machte.[26]

Für den vorliegenden Zusammenhang ist die Frage interessant, warum die Traurigkeit zumindest in einem expliziten Sinne in manchen Katalogen unter den sieben Lastern nicht mehr vorkommt, während sie noch zu den acht Lastern gehört. Ist dies bereits Zeichen einer Transformation der die Trauer betreffenden kulturellen Emotionsnormen? Wurde das Gefühl positiv umgedeutet oder zumindest neutralisiert? Eine andere Frage, welche sich aufdrängt, lautet: Worin könnte seine Nähe zur Trägheit bestehen, so dass schließlich in späteren Lasterkatalogen nur noch die Acedia, zunächst eine typische Krankheit der Mönche, übrig blieb? Gibt es überhaupt Beziehungen zwischen Trauer, Traurigkeit und Acedia?

Bevor asketische und meditationswillige Mönche die Acedia als Laster entdeckten, bezeichnete dieser Begriff im antiken Denken zunächst beliebige Arten der Sorglosigkeit, so dass der Begriff durchaus positiv konnotiert war, indem er sich auf eine Haltung souveräner Indifferenz gegenüber den Dingen und Begebenheiten in der Welt bezog. Der Sorglose kann geradewegs als das Gegenteil des Trauernden oder Traurigen angesehen werden, da ihn Verluste nicht kümmern. Es ist allerdings leicht zu sehen, dass die positive Wertung der Haltung der Sorglosigkeit umschlagen und sich in ihr Gegenteil verkehren kann. Wer den Dingen und Begebenheiten in der Welt mit Indifferenz begegnet, der ist ihnen gegenüber gleichgültig und sieht keinen Anlass, handelnd in den Lauf der Dinge einzugreifen. Der Schritt von der Sorglosigkeit über Gleichgültigkeit hin zu Schlaffheit und Trägheit kann ein sehr kleiner Schritt sein. In der monastischen Tradition wird Acedia mit »Schlaffheit« und »Trägheit«, gelegentlich auch mit »Überdruss« übersetzt, heute nicht mehr gebräuchlich ist der äußerst treffende Ausdruck »Wirkscheu«.

---

24 Zu den Lasterkatalogen und ihrer Entstehungsgeschichte vgl. Morton W. Bloomfield, *The seven deadly Sins. An Introduction to the History of a religious Concept, with special Reference to medieval English Literature*, Michigan 1952.
25 Der Katalog wurde von Johannes Cassian (360..435) der damaligen lateinischsprachigen Welt überliefert.
26 Vgl. zur Orientierung Richard Newhauser, *The Treatise on Vices and Virtues in Latin and the Vernacular*, Turnhout 1993; Carla Casagrande/Silvio Vecchio, *I sette vizi capitali. Storia dei peccati nel Medioevo*, Turin 2000.

Folgt man den Beschreibungen dieses Lasters bei Euagrios oder Cassian, ergibt sich etwa folgendes Bild[27]: Der Mönch wird seiner Form des Lebens überdrüssig, die Einsamkeit auf Wanderschaft oder auch in der Zelle setzt ihm zu. In ihm bildet sich ein Widerwille gegen religiöse Übungen aus, gegen Arbeit und Anstrengung, sowie eine Abneigung gegen klösterliche oder einsiedlerische Lebensformen. Er strebt ziellos nach Veränderungen, wird von einer Schlaffheit ergriffen, die sich mit ungebündelter Rastlosigkeit verbinden kann; ihn ergreift damit eine Gemütslage, die den Mönch zur Abwendung von seinem Gelübde und zurück in die Welt treiben kann.

In den alten Lasterkatalogen wird die Trägheit unmittelbar nach der Traurigkeit genannt und gelegentlich aus ihr abgeleitet. Auch wenn es auf den ersten Blick überraschen mag, die Traurigkeit und die Trägheit in einem Atemzug zu nennen, so werden die Beziehungen zwischen den beiden Gemütszuständen bei näherem Hinsehen klar. Traurigkeit und Trauer, so wurde bereits deutlich, sind Gefühle, die zu Lähmung und Erstarrung führen, sie schränken die Handlungsfähigkeit ein und verurteilen zu Trägheit. Die Beziehung von Traurigkeit und Trägheit lässt sich durch den Kontrast zu Freude verdeutlichen, welche leiblich und vom intentionalen Gehalt her der Trauer entgegengesetzt ist und umgekehrt zu besonderer Aktivität antreiben kann: Im Überschwang geht die Arbeit leicht von der Hand. Acedia kann als eine Art von Traurigkeit aufgefasst werden, als eine Traurigkeit, welche die Lust zu jeglicher Tätigkeit raubt und diejenigen, die von ihr erfasst werden, in einen Zustand völliger Ohnmacht treiben kann.

Im ersten Abschnitt dieses Kapitels wurden Traurigkeit und Trauer als Gefühle beschrieben, die eintreten, wenn ein Verlust hingenommen werden muss. Im Zusammenhang mit der Acedia kann man nun fragen, ob nicht auch der Mönch, der anlässlich seiner klösterlichen oder einsiedlerischen Lebensform in eine Krise gerät, einen Verlust hinzunehmen hat. So bemerkt beispielsweise Franz Josef Illhardt in seiner Studie über die Trauer:

> »Die ακηδία nimmt ihren Ausgangspunkt im Erleben eines Verlusts, der nicht verarbeitet worden ist. Der Auszug aus der Welt ist Verlust, auch wenn er frei gewählt worden ist, und der religiös-asketische Neubeginn bleibt überschattet von diesem Verlust. In den verschiedenen Formen der ακηδία scheint die Erinnerung an das Aufgegebene bzw. Verlorene durch, etwa an den Familienverband, die frühere Lebenstradition und Position, wie Euagrios feststellt. Der Verlust ist noch nicht aufgehoben (!) in die neue Lebensform des Mönchtums, und das verleiht der ακηδία den Charakter der Trauer.«[28]

Vor diesem Hintergrund wird verständlich, warum das mittelalterliche Laster der Trägheit in einen Zusammenhang mit den Gefühlen der Traurigkeit und Trauer gehört, auch wenn eine Reihe von Bezügen außerdem zu anderen Stimmungen und Gefühlen besteht, wie beispielsweise zum Phänomen des in der existenzphilosophischen Literatur häufig als »Ekel« bezeichneten Überdrusses und zu Langeweile. Die Haltung, welche verschiedene Vertreter der Existenzphilosophie als Ekel zur Sprache bringen, kann im Grunde als eine durch und durch säkularisierte Variante der

---

27 Vgl. dazu Franz Josef Illhardt, *Trauer*, a.a.O., 24 ff.
28 Franz Josef Illhardt, *Trauer*, a.a.O., 28.

Acedia gelten, die ja zunächst als ein Laster in Erscheinung getreten war, von dem vorrangig Mönche befallen wurden.[29] Auch wenn Kierkegaards Schwermut, in der Elemente der Acedia, der Trauer und auch der Melancholie zusammenfließen, noch im Kontext religiöser Orientierungen steht, so ist der Überdruss-Ekel in der späteren Existenzphilosophie eine Haltung, die ebenfalls von der Acedia abstammt, nun aber im Prinzip jeden Menschen überkommen kann.

In der mönchischen Tradition wird jedoch auch über andere Formen der Traurigkeit und der Trauer nachgedacht als über jene, die mit der Acedia zusammenhängen. Eine wichtige Quelle ist in diesem Zusammenhang die stoische Ethik, wo die Trauer im Sinne des Schmerzes (der griechische Ausdruck ist *lypē*) ...gemeint ist hier nicht nur ein physischer Schmerz, sondern ein Leiden an Körper und Seele zugleich ...neben der Lust, der Furcht und der Begierde zu den Grundaffekten gehört. Auch diese Art der Trauer wird abgelehnt. Von ihrem Gehalt her weist sie eine Nähe zur Acedia auf. Diese Art von Traurigkeit stellt sich ein, wenn der Mensch Dinge missen muss, die Freude und Lust erregen. Dies löst häufig zunächst Zorn aus, der dann von Traurigkeit abgelöst wird.[30]

In den moraltheologischen Diskussionen dieser Zeit gibt es außerdem noch eine Form der Trauer, welche gutgeheißen wurde. Die Rede ist von der *tristitia secundum Deum* (*penthos* lautet der griechische Ausdruck), die als eine Traurigkeit über die eigenen und fremden Sünden beschrieben wird, als eine Traurigkeit über die Welt, sofern diese von Gott abgefallen ist. Diese Art der Traurigkeit bringt den Traurigen stets aufs Neue vor Gott und weist eine Nähe zum Phänomen der Reue und zu Schuldgefühlen auf.

Neue Akzente in der Bewertung der Traurigkeit setzt Augustinus. Sein Gedanke, dass die Trauer nicht schlecht sein kann, da sie eine angemessene Reaktion auf die Lage darstellt, in welcher sich der Mensch auf Erden befindet, knüpft noch an die *tristitia secundum Deum* an. Augustinus fasst die Trauer aber auch als eine Funktion der Liebe auf. Ohne den Liebesbegriff von Augustinus in seiner Komplexität erläutern zu können, lässt sich sagen, dass Trauer sich anlässlich verschiedener Formen der Liebe (vor allem der Liebe zu Gott und der Liebe unter den Menschen), sofern ein großer Verlust erlitten wird, einstellen kann. Und was aus der Liebe entsteht und mit ihr zusammenhängt, was die Liebe zu einer Voraussetzung hat, kann nicht lediglich etwas Schlechtes sein.[31]

---

29 Zum Ekel in der Existenzphilosophie vgl. den 3. Abschnitt des Kapitels über »Ekel«.
30 Vgl. dazu Franz Josef Illhardt, *Trauer*, a. a. O., 29 ff.
31 Vgl. ebd., 39.45; Augustinus betrachtet die von den Stoikern analysierten Grundaffekte im Zusammenhang mit dem menschlichen Willen, so dass er sie im Rückgriff auf diesen Begriff definieren kann: Begierde und Lust werden als Wille in der Bejahung dessen, was gewollt wird, aufgefasst; Furcht und Traurigkeit als Wille in der Verneinung dessen, was nicht gewollt wird. »Begierde« nennt er die Bejahung durch das Streben nach demjenigen, was man will. »Lust« nennt er das Genießen dessen, was man will. Die Ablehnung von Dingen, die man nicht will, nennt er »Furcht« und die Ablehnung von Dingen, die man nicht will und die bereits eingetreten sind, nennt er »Traurigkeit«. In der Trauer verneinen wir etwas, was uns gegen unseren Willen widerfahren ist. Da die Trauer als Funktion der Liebe aufgefasst wird, kann er auch sagen, dass Trauer Liebe ist, der Abträgliches zugestoßen ist. Geadelt wird die Trauer also letztlich durch Liebe, zu der immer auch Hoffnung ...und dies gilt in einem theologischen wie auch psychologischen Sinn... gehört, dass

Einige Jahrhunderte später hat Thomas von Aquin die Gefühle der Traurigkeit und der Trauer eingehend diskutiert. Er fragt nach ihren Ursachen und Wirkungen, nach ihren verschiedenen Arten, nach Möglichkeiten, mit ihnen umzugehen, sie zu lindern oder gar zu therapieren und er untersucht, wie sie in theologischer bzw. moralischer Perspektive zu bewerten sind. Trauer lässt sich laut Thomas als eine bestimmte Form des Schmerzes begreifen, sie lässt sich allerdings auch als Gegenteil des Schmerzes auffassen, wenn man Schmerz als eine Empfindung begreift, die körperlicher Natur ist. Der Gattung nach freilich ist Trauer ein Schmerz, und zwar einer, »der seinen Ursprung in der inneren Wahrnehmung hat«.[32] Als mögliche Ursachen der Trauer werden verlorene Güter, unerfüllte Begehrlichkeiten, Verlangen nach Liebe und Einwirkungen von Gewalt diskutiert. Was die Wirkungen der Trauer betrifft, so hat Thomas vor allem ihre hemmenden Impulse vor Augen. Er betrachtet die Trauer als ein Gefühl, welches die Seele verzehrt und zuweilen sogar körperliche Bewegungen unmöglich macht, indem sie lähmt. Das »Beschwertsein«, so Thomas, wird »der Trauer zugeschrieben. Man sagt nämlich deshalb von einem Menschen, er sei belastet, weil er durch ein Gewicht an der eigenen Bewegung gehindert wird.«[33]

Als Heilmittel gegen die Trauer empfiehlt Thomas ganz unterschiedliche Strategien: so mildere die Lust im Allgemeinen die Trauer, das Weinen, das Mitleid von Freunden, die Kontemplation der Wahrheit, da sie große Lust bereitet, und schließlich können auch Entspannungszustände des Körpers, die durch Schlaf und Bäder hervorgerufen werden, die Trauer abschwächen. Was die Bewertung der Trauer angeht, so formuliert Thomas überaus differenzierte Einschätzungen. Wenn jemand wegen eines Übels trauert, so ist dies gut, insofern Schmerz zu empfinden einem Übel angemessen ist. Andernfalls würde man Lust am Üblen und Bösen empfinden, was Thomas zufolge nicht gut sein kann. Die Trauer selbst aber ist ein Übel, da sie den Menschen verzehrt und ängstigt und ihn so daran hindert, nach dem Guten zu streben.

Trotz gravierender Verschiebungen bleiben auch die Affekttheorien der Neuzeit vom spätantiken Gedankengut bestimmt. Außerdem kommt es zu einem späteren Zeitpunkt in der Geschichte der Philosophie zu einer Zusammenführung von Trauer und Melancholie, die sich bereits in der Renaissance anzudeuten beginnt.[34] Bleiben wir zunächst bei der Trauer. Ganz im Sinne der Tradition formuliert Descartes, die Betrachtung eines gegenwärtigen Übels errege Trauer bzw. Traurigkeit, die er neben Verwunderung, Liebe, Hass, Begehren und Freude zu den sechs Grundaffekten zählt.[35] Definiert wird die Trauer als »eine unangenehme Mattigkeit«, die »in dem Unbequemen [besteht], das der Seele durch ein Übel oder einen Fehler zu-

---

das Verlorene sich wieder einstellen möge und Rettung des einstweilen Zerstörten nicht auszuschließen ist. Vgl. Aurelius Augustinus, *Der Gottesstaat – De Civitate Dei*, hg. und übersetzt von Carl Johann Perl, Paderborn 1979, XIV, 6.
32 Thomas von Aquin, *Summa Theologica*, I. II, quaestio 35, art. 2.
33 Ebd., 37, art. 2.
34 Michael Theunissen, *Vorentwürfe von Moderne*, a. a. O., 39 sieht diesen Prozess als eine Entwicklung an, die sich erst nach Hegel vollzieht.
35 René Descartes, *Les passions de l'âme/Die Leidenschaften der Seele*, frz.-dt. Ausgabe, hg. von Klaus Hammacher, Hamburg 1984 (EA 1649), III Art. 61, 69 (101, 109).

stößt«.[36] Über derartige Charakterisierungen hinaus versucht Descartes auch bereits, mit der Trauer verbundene körperliche Prozesse sowie das phänomenale Erleben von Traurigkeit zu charakterisieren: »Bei der Traurigkeit ist der Puls schwach und langsam, und man empfindet gleichsam Bande um das Herz, die es pressen, wie Eisschollen, die es zum Frieren bringen und ihre Kälte dem übrigen Körper mitteilen.«[37] Descartes ist vergleichsweise nüchtern in seinen Beschreibungen und hält sich mit Urteilen über den Wert der Trauer zurück. Ganz anders Spinoza. Trauer lähmt den Körper, schränkt dessen Vollzüge ein, so dass indirekt auch das Denkvermögen betroffen und der Geist weniger reizbar ist. Deshalb ist die Trauer als solche schlecht und kann durch die Erkenntnis ihres Unwerts abgestellt werden. Durch Unlust, Schmerz oder Trübsinn bzw. Trauer geht der Geist in einen Zustand »geringerer Vollkommenheit« über.[38] Die Einschätzung dieses Affekts scheint genau dort wieder angelangt zu sein, wo die Auseinandersetzung in der Antike begonnen hatte. Aber wie bereits angedeutet wurde, artikuliert sich in der Neuzeit auch eine andere Art, über die Trauer nachzudenken. Sie wird als eine genuin menschliche Haltung angesehen, daran erinnern Philosophen wie Blaise Pascal. Trauer und Traurigkeit befallen den Menschen auf Grund seiner Situation als eines endlichen und mit merkbaren Grenzen ausgestatteten Wesens.

> »Nichts ist dem Menschen unerträglicher als völlige Untätigkeit, als ohne Leidenschaften, ohne Geschäfte, ohne Zerstreuungen, ohne Aufgabe zu sein. Dann spürt er seine Nichtigkeit, seine Verlassenheit, sein Ungenügen, seine Abhängigkeit, seine Unmacht, seine Leere. Allsogleich wird dem Grunde seiner Seele die Langeweile entsteigen, die Trauer, der Kummer, der Verdruß, die Verzweiflung.«[39]

Bemerkungen wie diese weisen bereits in die Richtung, welche das existenzphilosophische Denken später nehmen wird, da das Gefühl der Trauer auf die Grundsituation des Menschen als Wesen, das sein Leben unter den Bedingungen der Endlichkeit fristen muss, bezogen wird.

Das Gefühl der Trauer mit der Grundsituation des Menschen zu verbinden, dies ist ein Motiv, welches in der Neuzeit, insbesondere in der Moderne leitend wird und von vielen Philosophen und philosophierenden Schriftstellern im 19. und im 20. Jahrhundert aufgegriffen wird: Schopenhauer, Nietzsche, Hölderlin, Kierkegaard, Heidegger, Benjamin, Adorno, Derrida, um nur einige Autoren zu nennen, deren Überlegungen im Einzelnen darzustellen hier zu weit führen würde. Trauer und Melancholie, die nun zu einer Verwandten der Trauer wird, werden auf die Endlichkeit des menschlichen Lebens und die Zeitlichkeit menschlicher Existenz bezogen.[40] Mit Überlegungen zur Trauer sind in der Folge mehr und mehr Überlegungen zur Melancholie verschmolzen.

---

36 Ebd. Art. 92 (143).
37 Ebd. Art. 100 (155).
38 Baruch de Spinoza, *Ethik*, hg. v. Konrad Blumenstock, Darmstadt 1967 (EA1677), III, propositio 11 scholium (277); vgl. auch IV, propositio 41 (445).
39 Blaise Pascal, *Pensées. Über die Religion und über einige andere Gegenstände*, Heidelberg 1978 (EA 1669), Fragment 131 (75).
40 Zum Zusammenhang von Traurigkeit bzw. Melancholie und Zeiterleben vgl. Michael Theunissen, »Können wir in der Zeit glücklich sein?«, in: ders., *Negative Theologie der Zeit*, Frankfurt a. M. 1991, 37..86; ferner: Toshiaki Kobayashi, *Melancholie und Zeit*, Basel/Frankfurt a. M. 1998.

In der Renaissance griff man zwar auf die antike Konzeption der Melancholie zurück, konnte sich allerdings auch von der moraltheologischen Diskussion zur Acedia nicht ganz frei machen. Wenn man diese beiden Konzepte überhaupt miteinander vergleichen will, kann man sagen, dass die Acedia durch den Rückgriff auf den besonderen Erkenntniswert der Melancholie ihren schlechten Charakter verliert.[41] Und statt der Mönche, die von der Acedia heimgesucht wurden, werden von der Melancholie ...will man es einmal ganz einfach ausdrücken ...die Genies befallen. Laut Ficino ist der Melancholiker eine zwiespältige Person, er ist wahnsinnig, aber gleichzeitig im Besitz großer intellektueller Kräfte, er ist euphorisch, aber auch niedergeschlagen und depressiv. Trauer und tiefe Nachdenklichkeit gehören seither bis heute zu den typischen Eigenschaften des Melancholikers. Der Melancholiker der Renaissance aber ist vor allem eines: Er ist ein Individuum, welches seiner selbst bewusst ist und aus dem Bannkreis Gottes herausgetreten ist, welches aber die eigene Melancholie als eine göttliche Gabe begreift, die wie die schwarze Galle das Denken nötigt, »forschend ins Zentrum seiner Gegenstände einzudringen, weil die schwarze Galle selbst dem Zentrum der Erde verwandt ist. Ebenso erhebt sie das Denken zum Verständnis des Höchsten, weil sie dem Höchsten unter den Planeten [dem Saturn, C. D./H. L.] entspricht.«[42] In dieser Bemerkung wird die Eigenschaft, melancholisch zu sein, direkt an Eigenschaften wie Tiefgründigkeit und gute Denkfähigkeit gekoppelt. Es ist sogar so, dass Ficino sich vorstellt, alle Menschen, die geistigen Tätigkeiten nachgehen, seien zur Melancholie prädestiniert:

> »Bedenke immer, daß wir schon durch die Neigungen und Bestrebungen unseres Geistes [ ] leicht und schnell unter den Einfluß der Gestirne geraten können, die diese Neigungen, Bestrebungen und Beschaffenheiten bezeichnen; daher geraten wir durch Absonderung von menschlichen Dingen, durch Muße, Einsamkeit, Festigkeit, esoterische Theologie und Philosophie, durch Aberglauben, Magie, Landbau und Trauer unter den Einfluß des Saturn.«[43]

Vom Gefühl der Trauer im engeren Sinne sind Melancholie und Acedia ein gutes Stück weit entfernt, auch wenn einzelne Elemente von Traurigkeit und Trauer in diese Stimmungslagen eingehen. Bei den Denkern der Moderne ..stellvertretend sei ein weiteres Mal auf Schopenhauer, Nietzsche, Kierkegaard und Benjamin verwiesen[44] ...begegnet dort, wo von der Traurigkeit oder Schwermut geredet wird, häu-

---

41 Kritisch zum Vergleich von antiker Melancholie und mittelalterlicher Acedia Michael Theunissen, *Vorentwürfe von Moderne*, a. a. O., 25 ff.
42 Marsilio Ficino, *De vita triplici*, zitiert nach Raymond Klibansky/Erwin Panofsky/Fritz Saxl, *Saturn und Melancholie*, a. a. O., 374.
43 Marsilio Ficino, *De vita triplici*, zitiert nach Raymond Klibansky/Erwin Panofsky/Fritz Saxl, *Saturn und Melancholie*, a. a. O., 377.
44 Zur »Trauer« bei Schopenhauer, Kierkegaard und Benjamin vgl. Franz Josef Illhardt, *Trauer*, a. a. O., 130..170, 192..210; zu Nietzsche, Kierkegaard und Benjamin vgl. Michael Theunissen, *Vorentwürfe von Moderne*, a. a. O., 39..53, der mit Blick auf die genannten Autoren ausdrücklich von »modernen Metamorphosen« von antiken und mittelalterlichen Konzeptionen spricht und das Wesen des modernen Denkens gerade in der »Konstruktion des Zusammenhangs« von Melancholie und Acedia erblickt. In Ergänzung zu den Überlegungen von Theunissen lässt sich sagen, dass zur Konstruktion des Zusammenhangs von Melancholie und Acedia in der Moderne wohl auch die Trauer gehört.

fig ein Gemisch aus Melancholie, Acedia und Traurigkeit. Die Ströme aus Antike und Renaissance sowie das mittelalterliche Denken fließen zusammen. Dies sei exemplarisch am Beispiel Kierkegaards vergegenwärtigt.

Zentral im Denken Kierkegaards ist der Begriff der Schwermut, obwohl im Verlauf von Kierkegaards Entwicklung mehr und mehr auch die Begriffe »Angst« und »Verzweiflung« eine Rolle zu spielen beginnen, die allerdings in einem engen Zusammenhang mit dem Thema der Schwermut betrachtet werden müssen. Im Unterschied zu verbreiteten Formen der Traurigkeit oder der Trauer (»Leid« und »Kummer«, so die Ausdrücke im Text, lassen sich als Formen von Traurigkeit und Trauer auffassen) charakterisiert Kierkegaard die Schwermut als grundlos: »Wer Leid oder Kummer hat, weiß, weshalb er traurig oder bekümmert ist. Fragt man einen Schwermütigen, was der Grund seiner Schwermut sei, was als Last auf ihn drücke, so wird er antworten: ich weiß es nicht, ich kann es nicht erklären.«[45]

Aus der Perspektive des Schwermütigen betrachtet, hält Kierkegaard diese Antwort für angemessen. Der Schwermütige kennt die Gründe seiner Schwermut nicht und kann sie folglich auch nicht näher spezifizieren. Kierkegaard hat also explizit ein anderes Phänomen vor Augen als Traurigkeit oder Trauer, denn letztere sind Gefühle, die sich anlässlich eines Verlustes einstellen, sie haben Gründe, die zumeist auch dem Traurigen zugänglich sind, und insofern handelt es sich um intentionale Gefühle. Die Schwermut dagegen weist keinen spezifischen Weltbezug auf, der als intentionaler Gehalt identifizierbar wäre, und ist deshalb als Stimmung anzusehen. Aber auch Stimmungen haben Anlässe und eine Vorgeschichte. Aus einer externen Perspektive lassen sich durchaus Erklärungen der Schwermut geben. Kierkegaard zufolge stellt sich die Schwermut ein, wenn der Mensch den Augenblick verpasst, in welchem er mit einer Verwandlung konfrontiert wird, die er nicht wahrnehmen will oder kann. So gesehen ist die Schwermut eine Stimmung, mit welcher Menschen auf mehr oder weniger gravierende Selbstverfehlungen reagieren. Schwermut, so schreibt Kierkegaard, sei nichts anderes als

> »des Geistes Hysterie. Es kommt da im Leben des Menschen ein Augenblick, da die Unmittelbarkeit gleichsam reif geworden ist, und da der Geist eine höhere Form heischt [ ]. Als unmittelbarer Geist hängt der Mensch mit dem gesamten irdischen Leben zusammen, und jetzt will der Geist sich gleichsam sammeln aus dieser Zerstreutheit heraus.«[46]

Die Selbstverfehlung ist ein zentrales Thema Kierkegaards, sie spielt insbesondere im Rahmen seiner verschiedene Variationen durchlaufenden Überlegungen zu ästhetischen, ethischen und religiösen Formen (bei Kierkegaard: Stadien) des Lebens eine Rolle. Kierkegaard stellt einen Bezug von Selbstverfehlung zu Leid und Kummer her, was man wohl so verstehen kann, dass der phänomenale Gehalt der Schwermut demjenigen von Kummer und Leid nicht unähnlich ist. Es ist nun von

---

45 Unsere Rekonstruktion beschränkt sich auf Sören Kierkegaard, »Das Gleichgewicht des Aesthetischen und des Ethischen in der Herausarbeitung der Persönlichkeit«, in: ders., *Entweder-Oder. Zweiter Teil.* Band 2. Gesammelte Werke, hg. und übersetzt von Emanuel Hirsch, Gütersloh ²1987 (EA 1843), 165..356, 201.
46 Ebd., 201.

besonderem Interesse, dass Kierkegaard im Zusammenhang mit den Bemerkungen zur Schwermut Überlegungen anstellt, die an den mittelalterlichen Begriff der Acedia, aber auch an die Melancholie erinnern. An die theologischen Reflexionen zur Acedia schließen seine Überlegungen an, insofern die Schwermut als Sünde aufgefasst wird. Kierkegaard schreibt: »Wohl kann ein Mensch in Leid und Kummer dahingehen [ ], schwermütig aber wird ein Mensch allein durch eignen Fehl.«[47] Mit dem Begriff der Schuld wird dem Menschen die Verantwortung für seine Schwermut zugeschrieben. Und Kierkegaard überbietet die Analysen der Tradition, indem er die Schwermut nicht nur als Sünde, sondern gewissermaßen als Ursünde begreift, die alle anderen Sünden enthält: »Indes Schwermut ist Sünde, ist eigentlich eine Sünde instar omnium, denn es ist die Sünde, nicht tief und innerlich zu wollen, und dies ist eine Mutter aller Sünden.«[48] Wie die Acedia geht die Schwermut mit einer Lähmung des Willens einher, anders als die Acedia ...und deshalb lässt sich von einer Überbietung sprechen ...gilt sie als eine Sünde *instar omnium*.

Aber im Begriff der Schwermut schwingt ebenfalls die Erinnerung an die Tradition der Auseinandersetzung mit der Melancholie mit, sofern Kierkegaard feststellt: »denn im Allgemeinen befällt Schwermut allein die meistbegabten Naturen«.[49] So lässt sich bereits an Hand eines kleinen Textausschnitts zeigen, inwiefern Kierkegaard ...und darin ist er ein typischer Vertreter des modernen Denkens ...Melancholie, Acedia und Trauer in den Rahmen eines einzigen Begriffs zusammenführt. Diese Tendenz ...insbesondere bezüglich der Verschmelzung von Trauer und Melancholie ...findet sich bei vielen modernen Autoren. Sie hat sich ebenso in der vortheoretischen Verwendung der betreffenden Begriffe durchgesetzt. Wie sich die diskutierten Gefühle aus der Perspektive des 20. Jahrhunderts darstellen, lässt sich aus einer Bemerkung von Otto F. Bollnow ersehen, der Traurigkeit und Melancholie eng miteinander verbindet und an die Melancholietradition anknüpft. Er spricht von der Stimmung der

> »Traurigkeit, die sich wie ein leichter Hauch über den Menschen legen kann und von deren Gründen er sich oft gar keine Rechenschaft zu geben weiß. Sie hat in ihren leisen Abwandlungen enge Beziehungen zum dichterischen Schaffen und Empfinden. Sie wandelt sich weiter zu den Formen der Melancholie und Wehmut, die in sich dann wieder schon oft einen geheimen Unterton der Süße enthalten können.«[50]

Eine Ausnahme unter den modernen Philosophen scheint einzig Heidegger darzustellen. Frei von Bezügen zu Trauer und Melancholie beschwören seine Überlegungen zur Befindlichkeit die mittelalterliche Acedia geradezu herauf, insbesondere dort, wo er eine »oft anhaltende, ebenmäßige und fahle Ungestimmtheit« charakterisiert, die er nicht nur als eine Stimmung unter anderen begreifen möchte, sondern die im Rahmen seiner Befindlichkeitsanalysen einen ganz besonderen Stellenwert einnimmt und gerade darin an die Acedia erinnert: »Die [ ] fahle Ungestimmtheit

---

47 Ebd., 198.
48 Ebd., 201.
49 Ebd., 201 f.
50 Otto Friedrich Bollnow, *Das Wesen der Stimmungen*, Frankfurt a. M. [7]1988 (EA 1956), 46 f.

[ ] ist so wenig nichts, daß gerade in ihr das Dasein ihm selbst überdrüssig wird. Das Sein des Da ist in solcher Verstimmung als Last offenbar geworden.« In der Indifferenz und Ungestimmtheit offenbare sich der »Lastcharakter des Daseins«.[51] Diese Worte lesen sich beinahe wie eine Charakterisierung der Mönchskrankheit. So überrascht es nicht, dass nicht Trauer, sondern Angst und Langeweile im Rahmen der Überlegungen Heideggers zu zentralen Stimmungen werden.

Alle Überlegungen, die bislang zur Sprache gebracht wurden, haben die Trauer und verwandte Phänomene in erster Linie in der Perspektive der von ihnen betroffenen Personen thematisiert; medizinische, biologische und auch psychologische Überlegungen wurden weitgehend ausgeklammert. Zum Abschluss dieses Abschnitts sei daher kurz auf solche Überlegungen eingegangen. Wie alle anderen Gefühle ist auch Trauer mit körperlichen Erregungsprozessen verbunden. Diese Prozesse sind ebenso wie die in der Neurobiologie studierten Stoffwechselprozesse im Gehirn, die beispielsweise mit der Entstehung von Depressionen in einen Zusammenhang gebracht werden, allenfalls als notwendige Bedingungen für die entsprechenden Gefühle und Stimmungslagen anzusehen, so dass der Rückgriff darauf keine vollständige Erklärung für die entsprechenden Phänomene abgeben kann. Letztlich können Gefühle nur dann verstanden werden ...und dies gilt für die Verstehensprozesse in allen Wissenschaften ..., wenn die Perspektive des Erlebens der Gefühle einbezogen wird. Allerdings ist in manchen Kontexten die Untersuchung der organischen Prozesse ebenso unabdingbar, etwa wenn es um die Frage der Therapie von Depressionen geht. Inzwischen geht man davon aus, dass es Zusammenhänge gibt zwischen verschiedenen biogenen Aminen, vor allem den Neurotransmittern Noradrenalin und Serotonin und Zuständen der Depression. Auch wenn auf diesem Gebiet viele der einschlägigen Hypothesen umstritten sind, so kann die Symptomatik der Depression jedenfalls durch Psychopharmaka, die eine Erhöhung des Serotoninspiegels bewirken, gemildert werden.

Neben körperlichen und neurobiologischen Prozessen, welche die Gefühle der Trauer und auch depressive Zustände auf physischer Ebene begleiten, gibt es eine Vielzahl von physischen Reaktionen, die als durch Trauer (und Depression) ausgelöst betrachtet werden können. Wie Angst oder Ekel ist auch Trauer zumindest in ihren starken Formen ein körpernahes Gefühl: Appetitlosigkeit, Atem-, Herz- und Verdauungsstörungen, Beeinträchtigungen der Immunfunktion, Schlafstörungen ...dies sind nur einige Beispiele dafür, wie sich Trauer auf vegetativer Ebene artikulieren kann.

Im Anschluss an Überlegungen Freuds zu somatischen Parallelvorgängen des Affekts der Angst hat sich Karl Landauer auf die Suche nach Äquivalenten der Trauer begeben.[52] Mit der Rede von »Äquivalenten« akzentuiert Landauer den Um-

---

51 Martin Heidegger, *Sein und Zeit*, Tübingen [15]1979 (EA 1927), 134 f.; zu Heideggers Stimmungsanalysen und deren Bezügen zur Acedia vgl. insbesondere Romano Pocai, *Heideggers Theorie der Befindlichkeit. Sein Denken zwischen 1927 und 1933*, Freiburg/München 1996, 40, 103, 105.
52 Vgl. Karl Landauer, »Äquivalente der Trauer« (1925), in: ders., *Theorie der Affekte und andere Schriften zur Ich-Organisation*, Frankfurt a. M. 1991, 74..85; Landauer bezieht sich auf Sigmund Freud, »Über die Berechtigung, von der Neurasthenie einen bestimmten Symptomenkomplex als Angstneurose abzutrennen« (1895), in: ders., *Hysterie und Angst*. Studienausgabe Band VI, Frankfurt a. M. 1971, 27..49.

stand, dass körperliche Vorgänge einen Affekt indizieren können, der im bewussten seelischen Erleben der betreffenden Person nicht vorkommt, durch die Art und Weise, wie er sich körperlich ausdrückt, aber trotzdem dingfest gemacht werden kann. Hinter den körperlichen Reaktionen kann sich eine von den betroffenen Subjekten nicht als solche identifizierte Trauer verbergen. Von Belang ist der Bezug, welcher zwischen dem Gefühl und seinen somatischen Manifestationen hergestellt wird. Neben den physischen Symptomen, die mit dem Weinen zusammenhängen wie Rötung der Augen, Lidschwellungen und dünnflüssiger Schleim in der Nase, werden unter anderem Speichelfluss, Luftschlucken, Aufstoßen, Achylie (wörtlich »Saftmangel«, hier: fehlende Absonderung des Magensaftes), spastische Obstipation, Pseudo-Parkinson und Schmerzen (insbesondere Gefühle des Drückens und Brennens in der Gegend des Herzens) genannt.[53]

Innerhalb der Psychoanalyse ist es zur Unterscheidung zwischen normalen Formen der Trauer und ihren pathologischen Varianten gekommen.[54] Die Trauer begreift Freud als normale Reaktion auf einen Verlust. Damit die Trauer gelingt, das heißt eine Ablösung von dem verlorenen Objekt erfolgen kann, ist es allerdings erforderlich, sich auf das Gefühl der Trauer einzulassen. So spricht Freud zum ersten Mal explizit von »Trauerarbeit«. Als normal sieht Freud einen Verlauf der Trauer an, der dazu führt, dass der Trauernde nach »Vollendung der Trauerarbeit wieder frei und ungehemmt«[55] ist, die Realität als solche anerkennt und neue Bindungen eingehen kann bzw. ...um es in der Sprache der frühen Psychoanalyse zu sagen... wenn der Trauernde erneut in der Lage dazu ist, libidinöse Objektbeziehungen aufzunehmen. Trauerarbeit besteht darin, alte Bindungen abzubauen, um neue aufbauen zu können. Dies ist nichts, was gewissermaßen automatisch, zum Beispiel durch das bloße Vergehen von Zeit, möglich wird, sondern etwas, wozu es einer aktiven Auseinandersetzung des Trauernden mit dem eingetretenen Verlust und der mit diesem einhergehenden Trauer bedarf. Das Gefühl der Trauer ermöglicht dem Trauernden diese Arbeit.

Die Melancholie hingegen als pathologische Form der Trauer charakterisiert Freud als »schmerzliche Verstimmung«, »Aufhebung des Interesses für die Außenwelt«, »Hemmung jeder Leistung und die Herabsetzung des Selbstgefühls«.[56] Im Unterschied zur Trauer ist für den Melancholiker im Sinne Freuds die Herabsetzung des Selbstgefühls die entscheidende Komponente. »Bei der Trauer ist die Welt arm und leer geworden, bei der Melancholie ist es das Ich selbst. Der Kranke schildert uns sein Ich als nichtswürdig, leistungsunfähig und moralisch verwerflich.«[57]

Freud spricht von einem Ambivalenzkonflikt des Melancholikers bezogen auf das geliebte (und verlorene) Objekt, der mit einer narzisstischen und regressiven Tendenz zusammenhänge. Sein Gebrauch des Begriffs der Melancholie ist mit Blick auf die Tradition eigentümlich. Festzuhalten bleibt, dass durch die psychoanalytischen und psychologischen Überlegungen zur Trauer deren Ansehen verändert wird,

---

53 Ebd., 76 ff.
54 Sigmund Freud, »Trauer und Melancholie«, a. a. O.
55 Ebd., 199.
56 Ebd., 198.
57 Ebd. 200.

wenn man sich noch einmal die philosophische und theologische Tradition vergegenwärtigt.[58] In der psychoanalytischen Theoriebildung ist das Gefühl der Trauer nichts, was in irgendeinem Sinne moralisch zu verurteilen wäre, sondern Trauern wird geradezu als eine Fähigkeit begriffen, die man besitzen muss, um ein zufrieden stellendes Verhältnis zu sich und zur Welt ausbilden zu können. Anders als bei Platon oder in der Philosophie der Stoa ist Trauer in Psychoanalyse und Psychologie insgesamt ein Zeichen der Reife, sie ist keine Verfehlung oder Schwäche.

4. Gefühlsüberlagerungen – Trauer, Traurigkeit, Aggressionsgefühle und Schuld

Im Zusammenhang mit Traurigkeit und Trauer sind bereits eine ganze Reihe weiterer Gefühle zur Sprache gekommen. Auf der einen Seite handelte es sich bei diesen Gefühlen um Variationen von Traurigkeit und Trauer, auf der anderen Seite standen auch Gefühle anderer Art zur Diskussion, solche, die in einer Beziehung zu ihr stehen. Im Kontext der Überlegungen zu den verschiedenen Phasen des Trauerprozesses wurde bereits darauf hingewiesen, dass die Trauer sich mit aggressiven Gefühlen vermischen kann. Der Verlust macht den Trauernden wütend, er begehrt gegen ihn auf, sucht gegebenenfalls auch Schuldige, auf die sich dann der Zorn richtet. Zum einen kann sich Trauer mit Wut oder Zorn vermischen, indem sie sich mit Aggression paart. Man empfindet Trauer über den Verlust eines Menschen und gleichzeitig verspürt man Wut auf jene, die man meint für den Verlust verantwortlich machen zu können. Was das Verhältnis von Trauer und Wut oder Zorn betrifft, so ist allerdings auch der Fall denkbar, dass nicht beide Gefühle gleichzeitig empfunden werden, sondern sich die Aggressionsgefühle ganz vor bzw. über die Trauer schieben. In einem derartigen Fall überlagert der Zorn die Trauer, er tritt an deren Stelle.

So sind es häufig Gefühle aus der Gruppe der Aggressionsaffekte, die an die Stelle anderer Gefühle treten. Wut und Zorn können auch an die Stelle von Eifersucht treten, moralische Empörung kann sich über den Neid schieben. Das Phänomen der Gefühlsüberlagerung lässt sich mit dem Hinweis erklären, dass vor allem diejenigen Gefühle von anderen verdeckt werden, die man selbst in einem bestimmten Sinne negativ bewertet und sich aus diesem Grund nicht eingesteht. Wer beispielsweise die Eifersucht oder den Neid für Gefühle hält, die man nicht haben sollte, wird sich eine Geschichte zu ihnen erzählen, die deren Gehalt so verformt, dass man Ärger, Zorn oder Empörung verspürt.

Lässt sich diese Erklärung auch für die Trauer verwenden? Es kann viele Gründe geben, sich die Trauer nicht eingestehen zu wollen. In der Tradition, erinnert sei noch

---

58 Eine andere Geschichte der Trauer schreibt Burkhard Liebsch, *Revisionen der Trauer. In philosophischen, geschichtlichen, psychoanalytischen und ästhetischen Perspektiven*, Weilerswist 2006. Mit Blick auf die Analyse des Phänomens der Trauer darf der Gewinn seines Beitrags jedoch als begrenzt gelten, da er an vergleichsweise stilisierten Diskursen über die Trauer etwa bei Roland Barthes oder Karl Heinz Bohrer orientiert ist.

einmal an die Stelle aus Platons Dialog *Phaidon*, galt die Trauer als unmännlich und als Zeichen der Schwäche. Von dieser Einstellung künden auch noch im heutigen Alltag Sätze wie »Jungen weinen nicht«, die als gut gemeinte Ratschläge die Einübung von Rollenmustern auf den Weg zu bringen hoffen. In diesem Kontext wird die Trauer als ein Gefühl aufgefasst, welches sich allenfalls Frauen erlauben dürfen. Manchen kulturellen Emotionsnormen zufolge haben Männer und generell: alle rationalen, selbstkontrollierten Wesen die Trauer und ihren Ausdruck zu unterdrücken. Geschlechtsspezifische Verhaltenserwartungen können ein Grund sein, sich die Trauer nicht eingestehen zu wollen. Das schließt nicht aus, dass auch Mädchen und Frauen lieber hart im Nehmen , sachorientiert und rational sein wollen, anstatt dem Klischee weiblicher Emotionalität insbesondere bei den oft als Schwäche empfundenen negativen Gefühlen wie der Trauer zu entsprechen. Ein weiterer Grund zur Verleugnung der Trauer kann darin liegen, dass man zum Beispiel in einem konkreten Todesfall die Trauer als unangemessenen empfindet, weil man der Überzeugung ist, zu der verstorbenen Person kein Verhältnis gehabt zu haben, das die Trauer rechtfertigen würde, und da man insofern auch gar nicht mit einer Trauerreaktion gerechnet hat.

Abgesehen von der konkreten Frage nach den Prozessen der Überlagerung und Verdeckung verschiedener Gefühle in der Trauer stellt sich anlässlich derartiger Phänomene die für die philosophische Auseinandersetzung mit Gefühlen überaus relevante Frage, wie sich verdeckte und überlagerte Gefühle im Rahmen eines Ansatzes erläutern lassen, demzufolge zu Gefühlen in der Regel ein intentionaler Gehalt und eine phänomenale Qualität gehören, die in einem bestimmten Sinne bewusst sein müssen bzw. erlebt werden müssen, damit man davon sprechen kann, dass eine Person ein Gefühl hat. Kann es unter dieser Voraussetzung überhaupt unbewusste Gefühle geben? Das Phänomen der Gefühlsverdeckung und -überlagerung deutet darauf hin, dass es Gefühle geben kann, die nicht im Zentrum des eigenen Bewusstseins und Erlebens stehen. Vielfach werden verdeckte Gefühle, also beispielsweise die Trauer, die sich hinter der Maske der Aggression versteckt, als »unbewusst« bezeichnet. Das ist allerdings eine irreführende Bezeichnung, da suggeriert wird, dass derartige Gefühle prinzipiell unzugänglich sind bzw. zunächst unzugänglich bleiben.

Dass sie nicht gänzlich unzugänglich bleiben müssen, davon gehen auch diejenigen Ansätze aus, welche mit der Kategorie des Unbewussten operieren, wie zum Beispiel die Vertreter der Psychoanalyse. Therapeutische Prozesse zielen gerade darauf, das, was nicht im Zentrum des Bewusstseins steht, hervorzuholen. Anders als es die Rede von unbewussten Gefühlen nahe legt, vertreten wir die These, dass verdeckte Gefühle oder von anderen Gefühlen überlagerte Gefühle nicht ganz unzugänglich sind oder zunächst unzugänglich bleiben. Sie bilden vielmehr von vornherein eine Tönung, Ablagerung oder Schicht im vorherrschenden Gefühl, die mehr ist als ein bloßes Symptom. Das überlagerte Gefühl ist im überlagernden Gefühl wie eine Stimme in einem mehrstimmigen Chor vorhanden. Es manifestiert sich im qualitativen leiblichen Erleben des Gefühls.

Ein Beispiel mag dies verdeutlichen: Die aggressiven Gefühle, welche die Trauer überlagern oder gar verdecken, unterscheiden sich von Aggressionsgefühlen, die nicht in einem direkten Zusammenhang mit Trauer oder einem anderen Gefühl stehen. Wer vor Wut kocht, weil der Nachbar trotz mehrmaliger Bitten seine laute Musik nicht leiser stellt, erfährt eine andere Art von Aggression als derjenige, der wütend auf den Arzt ist, unter dessen Händen eine nahe stehende Person verstorben ist. Hier zeigen sich die Spuren der Trauer. Sie zeigen sich nicht nur für diejenigen, welche die Situation des Trauernden mit aggressiven Impulsen von außen betrachten und ihm die Trauer zuschreiben, sondern die entsprechende Tönung verspürt auch der Trauernde. Das leibliche Erleben von Zorn und Wut im Fall des Nachbarn, der mit seiner Musik stört, ist ein anderes als das leibliche Erleben von Zorn oder Wut im Zusammenhang mit einem Trauerfall.

Und auch dann, wenn man die entsprechenden Gefühle von ihrem intentionalen Gehalt her beschreibt, ergeben sich wichtige Unterschiede. In der Aggression, welche die Trauer überlagert oder verdeckt, sind Elemente der Trauer enthalten. Im Fall der Wut auf den Arzt spielt der Todesfall eine Rolle. Welches Gefühl man auch immer betrachtet: die Rede von unbewussten Gefühlen lässt sich unproblematisch in der Weise verstehen, dass man Gefühle haben kann, ohne dass diese im Mittelpunkt der bewussten Aufmerksamkeit stehen. Aber die Annahme unbewusster Gefühle, die sich der Perspektive desjenigen, der diese Gefühle hat, zur Gänze entziehen, ist eine eigenartige Annahme, die voraussetzen müsste, dass man ein Gefühl haben kann, ohne es in irgendeinem Sinne zu erleben.

Die bezogen auf Trauer und Aggressionsgefühle diskutierten Verhältnisse zwischen zwei verschiedenen Gefühlen …ihr Nebeneinander wie auch ihr Übereinander.. sind ebenfalls in der Beziehung von Trauer und Schuld möglich. Der Trauernde kann sich die Verantwortung für einen Verlust zuschreiben und sich in diesem Sinne schuldig fühlen, ganz gleich, ob es sich um den Verlust eines Menschen oder Verluste anderer Art handelt. Trauer und Schuld werden in diesem Fall nebeneinander verspürt. Es kann allerdings auch der Fall sein, dass das Gefühl der Schuld jenes der Trauer überlagert und an dessen Stelle tritt. Die Forschungen zum Verlauf der Trauer in ihren unterschiedlichen Phasen, die davon ausgehen, dass in einer bestimmten Phase Zorn oder Schuld ausbrechen können, bestätigen diese Überlegung.

Wir haben gezeigt, dass die Trauer mit einer Vielzahl anderer Gefühle verwoben sein kann. Einmal mehr bestätigt sich die Annahme von der außerordentlichen Komplexität dieses Gefühls, welches wie kaum ein anderes den Holismus des geistigen bzw. des personalen Lebens belegt. Trauer verbindet sich mit einer Vielzahl anderer Gefühle und Einstellungen, sie tritt nicht isoliert auf und kann auch mit Neid oder Angst einhergehen. Wer einen Verlust zu beklagen hat, der kann anderen gegenüber, die einen derartigen Verlust nicht hinnehmen mussten, Neid empfinden. Angst kann sich mit der Trauer verbinden, da der Trauernde einer schmerzhaften Veränderung mit ungewissem Ausgang ausgesetzt ist. Er weiß nicht, welchen weiteren Verlauf sein Leben nehmen und ob eine glückliche Verwandlung zustande kommen wird. Im Fall des Todes besonders nahe stehender Menschen, vorrangig ist hier an den Lebenspartner zu denken, hat die Angst auch damit zu tun, dass man sich nicht mehr sicher ist, ob überhaupt die unmittelbare Lebensbewältigung gelingt.

Trauer kann sich allerdings auch mit Hoffnung verbinden, zumal ebenfalls vielfältige Beziehungen zwischen Angst und Hoffnung bestehen. Diese beiden Gefühle gehen zumeist mit komplementären Arten von Urteilen einher und sind beide in erster Linie auf die Zukunft bezogen; sie sind in diesem Sinne komplementäre Phänomene. Wer im Zusammenhang mit der Trauer Hoffnung hegt, der vertraut darauf, dass das Leben auch nach der schmerzhaften Verwandlung gemeistert werden kann. In einer Bestärkung dieser praktischen Form von Hoffnung angesichts von Verlusten scheint auch der Kern jener Art von Hoffnung zu liegen, die sich in der christlichen Religion mit dem Gedanken von der Wiederauferstehung verbindet.

Schließlich sind die ebenfalls außerordentlich komplexen Beziehungen zwischen Trauer und Liebe zu nennen, auf die bereits Augustinus hingewiesen hatte und die, wenngleich in einer anderen Gestalt, noch in der Bindungstheorie leitend sind. Wenn man den Begriff der Liebe im weiten Sinn versteht, demzufolge sich sagen lässt, dass man auf dasjenige, was man liebt, positiv bezogen ist, dass es ein bevorzugter Gegenstand eigener Sorge ist, dann scheint Liebe in diesem weiten Sinn so etwas wie eine notwendige Bedingung dafür zu sein, Trauer empfinden zu können. Wem nichts wichtig ist, der wird das Abhandenkommen von etwas nicht einmal als Verlust erfahren.

Zorn und Schuld sowie Scham können auch im Zusammenhang mit der Traurigkeit relevant sein; sie gehen der Traurigkeit gelegentlich vorher. Es lassen sich viele Situationen denken, in denen Traurigkeit auf den Zorn folgt, in denen sie dasjenige Gefühl ist, welches sich einstellt, wenn der Zorn verraucht ist. Man hat sich bemüht, eine Aufgabe zu lösen oder ein Ziel zu erreichen, und ist erzürnt über das Nicht-Gelingen. Sobald die Hitze des Zorns verflogen ist, stellt sich Traurigkeit ein, da man einsehen muss, das Ziel nicht mehr erreichen, die Aufgabe nicht mehr lösen zu können. Auch Schuldgefühle können zur Traurigkeit führen oder mit ihr verbunden sein. Das Bewusstsein eigener Schuld kann Traurigkeit zur unmittelbaren Folge haben, was sich beispielsweise in der Redensart »seines Lebens nicht mehr froh werden« ausspricht, die darauf abzielt, dass man sich eines schweren Vergehens schuldig gemacht hat, welches einen möglicherweise bis an das Ende des Lebens betrüben und traurig stimmen wird. Die Beziehungen zwischen Traurigkeit und Schuldgefühl weisen auch auf die Nähe zwischen der Traurigkeit und den Phänomenen der Reue und des Bedauerns hin.

Zorn und andere Aggressionsaffekte

Im Zusammenhang mit Aggressionsaffekten wie Zorn, Ärger, Wut, Hass, Neid und Empörung sind drei Fragen besonders zu berücksichtigen: 1. Ist der Aggressionsbegriff zur Beurteilung dieser Gruppe von Gefühlen unverzichtbar und wie eng oder weit soll er gefasst werden? 2. Wie bauen die einzelnen Affekte aufeinander auf? Wenn eine Entwicklung vom einfachen Affekt zum differenzierten Gefühl unterstellt wird, welcher Evolutionsbegriff liegt dem zugrunde und muss dabei ein spezieller Zweck, ein Ziel oder eine Funktion der Entwicklung unterstellt werden? 3. Welche Gefühle in der Reihe der Aggressionsaffekte sind diskrete Phänomene? Welche Gefühle markieren bloße Intensitätsunterschiede, ohne eine qualitative Veränderung auf der Ebene des leiblichen Erlebens zu implizieren und ohne einen anders gelagerten Gegenstandsbezug aufzuweisen?

Der erste Abschnitt dieses Kapitels vergegenwärtigt einige Unterschiede innerhalb der Gruppe der Aggressionsaffekte, wobei zunächst nicht Zorn, sondern Ärger im Mittelpunkt steht (1). Der zweite Abschnitt widmet sich dem Begriff der Aggression (2), bevor ein weiterer Abschnitt der Differenz zwischen Stimmungen und Gefühlen nachgeht, soweit dies für die Aggressionsaffekte relevant ist (3). Auf Überlegungen zur Funktion des Hasses (4) folgt eine Diskussion der Frage, inwieweit und aus welchen Gründen gerade die Aggressionsaffekte häufig ideologisch oder moralisch verkleidet werden (5). Zorn und Empörung spielen in der Reihe der Aggressionsaffekte eine besondere Rolle. Hier handelt es sich manchmal um Aggressionen, die hinter der Maske der Moral lediglich Hass oder Ressentiment verbergen, in vielen Fällen aber lassen sich beide Gefühle auch als moralische Gefühle in einem echten Sinn verstehen (6). Am Ende dieses Kapitels steht eine Auseinandersetzung mit dem Problem, wie sich die verschiedenen Gefühle aus der Gruppe der Aggressionsaffekte zueinander verhalten (7).

1. Zorn und Ärger

Aus der Gruppe der Aggressionsaffekte wird in der langen Tradition der Affektenlehren neben dem Neid vor allem der Zorn und allenfalls die Empörung philosophisch gewürdigt. Nach einer Diskussion und Analyse des Ärgers sucht man vergebens. Die vulgärpsychologische Deutung, es handele sich bei dieser Vernachlässigung um eine Verdrängung tabuisierter Aggressionen, liegt nahe. Dass im Unterschied zum Ärger der Zorn ein anerkannter philosophischer Gegenstand ist, hat wenig mit dessen aggressiven Seiten und viel mit seiner moralischen und dadurch geadelten Funktion zu tun. Man denke an die ausführliche Diskussion des Zorns bei Thomas von Aquin und auch an Descartes' Überlegungen zu diesem Gefühl.[1]

Was den Ärger betrifft, so greift die Vulgärpsychologie zu kurz. Der Grund für die Vernachlässigung des Ärgers in der Philosophie scheint vor allem darin zu liegen, dass Ärger als zu trivial für die Affektenlehren und für die moderne Gefühlstheorie angesehen wird, ähnlich wie die Freude, die als Gefühl ebenfalls philosophisch kaum thematisiert wird. Die Trivialitätsannahme enthält ein Körnchen Wahrheit. Ärger ist in seinem leiblichen Erleben weniger eindrucksvoll als Zorn und in seinem intentionalen Gehalt weniger differenziert, und er weist .. anders als Zorn und Empörung ...auch keinen Bezug zur Moral auf. Dennoch ist dieser im Alltagsleben so verbreitete Affekt philosophisch durchaus aufschlussreich. Der Affekt des Ärgers lässt sich einerseits auf vergleichbare Erregungszustände von Tieren beziehen und andererseits mit Gefühlen verbinden, die als spezifisch menschliche unseren Handlungen einen Sinn verleihen. Ärger lässt sich, so die These, phylo- und ontogenetisch als ein wichtiges Zwischenglied zwischen vergleichsweise primitiven und sehr differenzierten und komplexen Affekten begreifen.

Außerdem lässt sich der Ärger in einer ersten Annäherung recht gut in Abgrenzung von der Angst charakterisieren, die spätestens seit Kierkegaard und Heidegger einen privilegierten Ort im philosophischen Diskurs über die Gefühle besitzt und auch in den älteren Affektenlehren einen zentralen Platz einnimmt. Angst zu haben bedeutet, sich bedroht zu fühlen; sie hängt sehr deutlich mit dem Umstand zusammen, dass Menschen unkontrollierbaren Bedingungen ausgesetzt sind. Während der Verängstigte manchmal Opfer ist, kann derjenige, der sich ärgert, in seiner Aggression Täter und damit moralisch anstößig werden. Ärger stellt eine Reaktion auf Behinderungen des Agierens dar, eine Reaktion auf Anlässe, die im Verfolgen von Plänen aufhalten, ohne wirklich gefährlich zu sein. Auf Gefahr reagiert man mit Furcht oder Angst, Ärger dagegen ist harmloseren Störungen vorbehalten. Man könnte auch sagen: Im Ärger bezieht man sich noch aktiv auf eine Situation, der man sich unproblematisch anpassen kann. Angst und Furcht hingegen signalisieren, dass nur noch die Flucht aus der Situation Rettung verspricht. Diese Gefühle isolieren die Subjekte, werfen sie auf sich selbst zurück, während der Ärger Personen durchaus im Kontakt zur Situation und zu anderen in ihr halten kann. Dabei kann Ärger zum Anlass für die Zuschreibung von eigener und fremder Verantwortung für das Handeln werden, wenn es darum geht, die Auslöser des Ärgers zu verändern und diese deshalb erst einmal erkannt werden müssen.

Die Bezogenheit auf andere Personen ist bei den anderen Aggressionsaffekten stärker ausdifferenziert als beim Ärger: Hass bezieht sich anders als Ärger und Wut nicht auf eine einzelne Situation oder einzelne Inhalte, sondern auf eine andere Person oder Gruppe; er ist Ausdruck einer höchst negativen Beziehung oder stellt sie erst her. Neid setzt eine bewusste Sozialität in dem Sinne voraus, dass er

---

[1] Thomas von Aquin, *Summa Theologica*, I..II, quaestio 46 ff.; II..II, quaestio 158; René Descartes, *Les passions de l'âme/Die Leidenschaften der Seele*, frz.-dt. Ausgabe, hg. von Klaus Hammacher, Hamburg 1984 (EA 1649), III Art. 199 ff (303..311).

1. Zorn und Ärger   289

auf einem Vergleich zwischen mir und einem (oder mehreren) anderen beruht, den (die) ich um eine Sache oder Eigenschaft beneide. Eine Eigenschaft wird vor allem dann beneidet, wenn sie zu bestimmten Vorteilen und Bevorzugungen innerhalb einer Gruppe führen kann. Damit ist bereits der Übergang zur Eifersucht angedeutet. In der Eifersucht wird die Beziehung, die jemand zu einem anderen hat, diesem missgönnt oder er wird darum beneidet, weil sie dem Eifersüchtigen Zuwendung, Anerkennung oder Aufmerksamkeit nimmt oder wenigstens zu nehmen scheint. Eine wiederum andere Struktur haben Zorn und Empörung. Hier handelt es sich um Affekte, die sich in der Sprache der Moral artikulieren, indem sie unterstellen, dass Unrecht geschieht.

Alle diese Affekte ähneln sich darin, dass derjenige, der sie spürt, lieber auf die Anlässe für sie verzichten würde und dass sie stark nach außen auf die veranlassende Situation oder Person gerichtet sind, nicht aber auf denjenigen, der sie hat. Im Zentrum des Ärgers steht das, worüber man sich ärgert, im Zentrum der Wut dasjenige, was einen wütend macht, beim Hass die gehasste Person, beim Neid die geneidete Eigenschaft oder Sache und beim Zorn und bei der Empörung das Unrecht. Selbst beim Neid, der als Gefühl den unmittelbaren Vergleich mit anderen beinhaltet, liegt der Fokus in der Sache oder Eigenschaft, die man haben möchte, oder er ist auf die andere Person gerichtet, weniger auf die eigene Person oder darauf, dass einem selbst das Beneidete fehlt. Die leiblichen Richtungen gehen …wenn auch in unterschiedlicher Weise …bei all diesen Affekten nach außen, auch wenn vielleicht nur Wut, Zorn und Empörung gänzlich ungehemmt nach allen Seiten sprühen ; gemeinsam mit dem Ärger ist ihnen der Impuls, aus der leiblichen Enge auszubrechen. Ist es gerechtfertigt, die genannten Affekte trotz ihrer Unterschiede gemeinsam zu untersuchen? Dafür sprechen eine Reihe von Gründen:

1. Alle diese Gefühle sind aggressiv oder haben zumindest stark aggressive Seiten; Ärger, Wut, Zorn und Empörung scheinen sogar in einem klaren Steigerungsverhältnis zu stehen. Der Hass fällt aus dieser Gruppe heraus, da er zumeist im Kontrast zu Liebe und Wohlwollen begriffen wird, gleichwohl kann seine Analyse möglicherweise ein Licht auf die Bewertung destruktiver Affekte insgesamt werfen.

2. Aggressionen können je nach Kontext höchst verschiedene Funktionen haben und werden entsprechend unterschiedlich bewertet. Einige der genannten Gefühle werden in unserem Kulturzusammenhang allerdings eindeutig und in allgemeiner Form verurteilt: Hass und Neid gelten fast immer als schlecht, Wut als unbeherrscht, Zorn dagegen kann gerecht sein. Können bestimmte Gefühle normativ gefordert oder vollständig abgewehrt werden? Wie sind solche Forderungen mit dem Widerfahrnischarakter der akuten Gefühle begrifflich und phänomenal verträglich? Möglicherweise lassen sich in einer gemeinsamen Untersuchung dieser Affektgruppe Hinweise darauf finden, welche Arten von Aggression kulturell erlaubt , welche verboten sind.

3. Schließlich ist davon auszugehen, dass aufgrund der genannten Aspekte auch die philosophische Bedeutung der einzelnen Affekte innerhalb dieser Gruppe selbst dann einen systematischen Zusammenhang aufweisen könnte, wenn sich die Phänomene eindeutig voneinander trennen lassen.

2. Der Aggressionsbegriff

Der Aggressionsbegriff hat Konjunktur, seit psychoanalytische Grundannahmen in den Alltagssprachgebrauch eingegangen sind. »Aggression« bezeichnet in der Psychoanalyse eine Tendenz, die in realen oder phantasierten Verhaltensweisen aktualisiert wird und darauf zielt, den anderen in irgendeiner Form zu schädigen .. sei es ihn zu etwas zu zwingen oder ihn zu demütigen, sei es, ihn im Extremfall vernichten zu wollen. Der Begriff »Aggression« umfasst nicht nur die heftige und zerstörerische Handlung oder die entsprechenden bewussten Motive, sondern auch andere Modalitäten: Es gibt keine Verhaltensweise, weder eine negative wie die Verweigerung einer Hilfeleistung noch eine positive wie ein initiatives Handeln noch eine symbolische wie die Ironie, die nicht als Aggression gedeutet werden kann.[2] Alltägliche Bewertungen von Gefühlsäußerungen benutzen den psychoanalytischen Aggressionsbegriff selbstverständlich; das drückt sich in Fragen des Typs »Warum bist Du so aggressiv?« oder gar in Aufforderungen wie »Sei nicht so aggressiv!« aus. Für eine Erörterung der normativen Implikationen, die in solchen Wendungen mitgeführt werden, muss zwischen einem engen und einem weiten Begriff der Aggression unterschieden werden.

In enger Bedeutung lässt sich Aggression als ein Streben auffassen, welches mit Gewalt gegen andere oder zumindest dem Wunsch danach verbunden ist. Aggression in diesem Sinne gilt als eine radikal und bedrohlich desorganisierende Kraft, die unkontrollierbare Destruktivität freisetzen kann. Mit der Verwendung des engeren Aggressionsbegriffs ist von seinem Ursprung her meist die implizite Unterstellung verbunden, es sei möglich und nötig, Menschen, die aggressive Gefühle zeigen, von diesem Leiden therapeutisch zu befreien.[3]

In seiner weiten Bedeutung lässt sich der Aggressionsbegriff abschwächen und in die Nachbarschaft zu Begriffen wie »Energie« oder ganz allgemein »Aktivität« rücken. Es geht um eine Art von Bemächtigungswillen in einem relativ neutralen, jedenfalls nicht oder zumindest nicht ausschließlich zerstörerischen, sondern eher in einem kreativen Sinn. Sofern man in der Aggression fast neutral nach außen gerichtet ist, lässt sie sich als etwas verstehen, das in einem gewissen Maß für jegliche Aktivität erforderlich ist: als ein Impuls, der für jede Art von Initiative nötig ist. Aggression in diesem Sinne ist mit Selbsterhaltung in einem eher harmlosen Sinn verbunden, nämlich mit demjenigen, was uns überhaupt zu einem aktiven, nach außen gerichteten Leben und zu Handeln in der Welt motiviert.

Die Beziehung zwischen Aggression und Selbsterhaltung bzw. Selbstschutz kann unterschiedlich interpretiert werden. Geht man davon aus, dass Aggression notwendigerweise durch Selbsterhaltung motiviert ist, so geht sie prinzipiell nie über den dafür nötigen Selbstschutz hinaus. Insofern ist diese Auffassung der Motivationslage eher mit dem zweiten, dem weiten Aggressionsbegriff verbunden, wel-

---

2 Zur Formulierung vgl. Jean Laplanche/Jean-Bertrand Pontalis, *Das Vokabular der Psychoanalyse*, Frankfurt a. M. 1998, 40.
3 Vgl. zum Beispiel Josef Rattner, »Ärger, Zorn und Wut«, in: Irmgard Fuchs (Hg.), *Eros und Gefühl. Über den emotionalen Wesenskern des Menschen*, Würzburg 1998, 81..96.

cher der Aggression den destruktiven Charakter nimmt. Andererseits muss jegliche Theorie der Aggression den Alltagsbefund integrieren können, dass bezeichnenderweise faktische Aggressionen äußerst selten einem objektiven oder intersubjektiv vertretbaren Maß der Angemessenheit an die damit beantwortete Bedrohung entsprechen. Mit Hilfe des weiten Aggressionsbegriffs kann dieses Problem gelöst werden, wenn man eine zeitliche Perspektive einnimmt. Genetisch ist Aggressivität durch Selbstschutz motiviert und reagiert immer auf eine vorgängige Bedrohung, aber diese Bedrohung kann auch in ferner Vergangenheit, etwa in Kindheitstraumata liegen. Es lassen sich zwei entgegengesetzte Thesen zu den Ursachen von Aggressionen und aggressiven Affekten annehmen. Die erste These lautet: Aggression ist immer durch die Selbsterhaltung motiviert und dient dem Selbstschutz, und sie ist prinzipiell reaktiv, das heißt sie reagiert auf eine äußere oder auf eine internalisierte Bedrohung. Nach der zweiten These dagegen gehört zur menschlichen Grundausstattung eine intrinsische, nicht weiter auf Erfahrung gegründete Aggression, etwas zunächst bloß intern motiviertes Destruktives oder gar Böses. Kultur ist dazu da, dieses Böse und das ihm entsprechende Gewaltpotential in sozial akzeptable Bahnen zu lenken, um es kontrollieren und möglichst sogar nutzen zu können, etwa durch Sublimation .. so lautet beispielsweise Freuds These in seiner Schrift *Das Unbehagen in der Kultur*.

Diese These macht deutlich, dass das, was mit Hilfe des modernen Begriffs der Aggression diskutiert wird, in einem engen Zusammenhang mit der philosophisch-theologischen Frage nach dem Ursprung des Bösen steht, eine Frage, welche die philosophische Anthropologie seit ihren Anfängen bis hin zur heutigen Neurowissenschaft bewegt. Im Zusammenhang mit der Frage nach dem Ursprung des Bösen werden häufig zwei Grundpositionen einander entgegengesetzt und mit den Namen von Hobbes und Rousseau identifiziert. Hobbes wird in stark vereinfachter Form als derjenige dargestellt, der den Menschen als von Grund auf böse und deshalb auf Kultur angewiesen ansah (*homo homini lupus*). Nach Hobbes wird der Gesellschaftsvertrag geschlossen, um sich vor seinesgleichen zu schützen. Rousseau dagegen, so die entsprechende Simplifizierung, sehe in der Kultur den Sündenfall: Von Natur aus sei der Mensch gut, und erst die Kultur verbiege ihn. Unterschlagen wird mit solchen Entgegensetzungen zumeist, dass der Naturzustand als ein theoretisches Konstrukt angesehen werden muss, das einer moralischen Bewertung prinzipiell nicht zugänglich ist. Insofern sind die Positionen von Hobbes und Rousseau nicht unbedingt unvereinbar.

Aber unabhängig von der Frage nach der angemessenen Hobbes- und Rousseau-Interpretation ist die Frage nach dem Ursprung des Bösen eine, die auch heute an Aktualität nichts verloren hat. So wird etwa in den Neurowissenschaften danach gefragt, ob Aggressivität oder gar das Böse eine neuronale Grundlage hat.[4] Manche Interpretationen der neurowissenschaftlichen Aggressionsforschung unterstellen zudem Auswirkungen ihrer Ergebnisse auf das Freiheitsproblem.[5] Strittig ist, ob die

---

4 Einen Überblick über den derzeitigen Forschungsstand geben Monika Lück/Daniel Strübe/Gerhard Roth (Hg.), *Psychobiologische Grundlagen aggressiven und gewalttätigen Verhaltens*, Oldenburg 2005.
5 Vgl. zum Beispiel Gerhardt Roth, *Aus Sicht des Gehirns*, Frankfurt a. M. 2003, 166 ff.

übliche Zurechnung der Verantwortung für das eigene Handeln und damit unser gesamtes Rechtssystem dann nicht fragwürdig wird. Da das Böse nichts ist, was empirisch einfach vorgefunden werden könnte, scheint es wenig gangbare Wege zu geben, die zu einer Klärung der Frage nach seinem Ursprung führen.

Dennoch lässt sich möglicherweise eine Brücke zu naturwissenschaftlichen Perspektiven auf das Thema »Aggression« schlagen. Ohne tierisches Verhalten mit menschlichem Handeln identifizieren zu wollen, sei an die Funktion der Aggression im Tierreich erinnert. Biologen unterscheiden zwischen »offensiver« und »defensiver« Aggression.[6] Offensiv aggressiv sind zum Beispiel Rangkämpfe. Sie reagieren nicht auf Bedrohungen, sondern zielen auf eine Verbesserung des sozialen Status' des Angreifers. Als »defensiv« werden Aggressionen bezeichnet, die durch Angst motiviert sind und der eigenen Verteidigung dienen. Selbstverständlich kann tierisches Verhalten nicht moralisch beurteilt werden, und Rückschlüsse auf den Menschen, der als *animal symbolicum* Kultur hat, sind methodologisch problematisch. Aber hätte man nicht einen starken Anhaltspunkt dafür, eine natürliche Aggressionsfreiheit anzunehmen, wenn sich zeigen ließe, dass im Tierreich nur defensive Aggression vorkäme? Vielleicht ist dies der Fall, aber die Bedingung gilt eben in empirischer Hinsicht nicht eindeutig. Befürworter eines derart weichen Aggressionsbegriffs müssen sich fragen lassen, woher die Fähigkeit zu defensiver Verteidigung kommen sollte, wenn es nicht auch die Fähigkeit zum Angriff gäbe? Im Begriff der Fähigkeit liegt bereits, dass sie prinzipiell für beliebige Zwecke eingesetzt werden kann.

Die anthropologische Gretchenfrage, ob der Mensch von Natur aus gut oder schlecht sei, ist falsch gestellt: Unterstellt man einen Naturzustand, so befindet er sich *per definitionem* jenseits der Moral, so wie Adam und Eva vor dem Sündenfall. Der Eintritt in die Moralität aber kann nichts mehr über ein primäres Gut- oder Bösesein des Menschen aussagen, da die hier unterstellte Fähigkeit zu moralischer Beurteilung eine Wahlmöglichkeit voraussetzen muss und damit auch die Möglichkeit, sich für das Schlechte entscheiden zu können. Von dem Problem des Bösen zurück zur Frage nach der Aggression: Wie lässt sie sich näher charakterisieren? Muss nicht möglicherweise vom Phänomen der aggressiven Stimmung ausgegangen werden, um grundlegende Strukturelemente der Aggressionsaffekte freizulegen?

3. Die aggressive, gereizte Stimmung

Gefühle sind von Stimmungen dadurch unterschieden, dass sie einen Gegenstandsbezug haben, während Stimmungen vielen philosophischen Positionen zufolge ein intentionaler Gehalt fehlt. Stimmungen können allenfalls eine Geschichte haben in dem Sinne, dass nachträglich Bedingungen für ihr Entstehen rekonstruierbar sind. Die Stimmung hat häufig keinen deutlich bestimmbaren Inhalt. Sie ist zwar auf die

---

6 Verschiedene Funktionen von Aggression unterscheidet der Sache nach bereits Konrad Lorenz, *Das sogenannte Böse. Zur Naturgeschichte der Aggression*, Wien 1963.

Welt bezogen, aber in einer ganz unspezifischen Weise. Allerdings gibt es viele Übergangsphänomene zwischen Stimmung und Gefühl. Wenn sich angeben lässt, dass die gereizte Stimmung, die dem Betroffenen bei der ersten Begegnung am Morgen bemerkbar wird, sich auf den Ärger über eine private oder berufliche schlechte Nachricht vom Vortag zurückführen lässt, so ist aus der gereizten Stimmung bereits das gerichtete Gefühl des Ärgers über die gestrige Enttäuschung geworden.

Gefühle und Stimmungen scheinen in einer besonderen Weise Welt zu erschließen .. in einer Weise, die nur durch sie und durch nichts anderes möglich ist. Dieser Befund hat in der Debatte um die Philosophie der Gefühle dazu geführt, dass Gefühlen entweder ein besonderer Beitrag zur Erkenntnis oder aber eine besondere Art der Wahrnehmung zugeschrieben wird. Gefühle auf Erkenntnis oder Wahrnehmung zu reduzieren ist allerdings verfehlt, auch wenn sich Verbindungen herstellen lassen. Eine Erkenntnisfunktion kann Gefühlen und Stimmungen dann nicht zugesprochen werden, wenn damit eine explizite, artikulierte Erkenntnis gemeint ist. Nicht alle Gefühle können für jeden jederzeit auf den Begriff oder auch nur in eine zutreffende Beschreibung gebracht werden; diese Schwierigkeit macht einen nicht unwesentlichen Aspekt der Spezifizität von Emotionen aus. Auf Wahrnehmung können Gefühle ebenfalls nicht reduziert werden, weil sie weniger neutral als die Sinnesorgane (die ihrerseits die Sinneseindrücke bereits gestalten) Auskunft über die Außenwelt geben und diese in einem qualitativ weitaus stärkeren Ausmaß als die Wahrnehmung für das Subjekt interpretieren.[7]

Statt Gefühle vorschnell mit Erkenntnissen oder Wahrnehmungen zu identifizieren bzw. sie darauf zu reduzieren, sei in diesem Zusammenhang an Heideggers These erinnert, dass die von ihm so genannte Befindlichkeit das In-der-Welt-sein des Daseins erschließt.[8] Lässt sich mit Hilfe des Begriffs der Befindlichkeit etwas über die Art und Weise sagen, in der Gefühle uns die Welt sehen lassen? Heidegger zufolge gründet die Befindlichkeit in der »Geworfenheit«: in der Art und Weise, wie wir uns in der Situation vorfinden, in die wir als diese Bestimmten gestellt sind. Geworfensein heißt, sich so oder so befinden. Wenn Heidegger sagt, dass Stimmung die Weise sei, in der das geworfene Seiende primär ist, so ist damit gemeint, dass wir faktisch nicht ohne Stimmung sein können und diese Befindlichkeit alle unsere sonstigen Handlungs- und Äußerungsformen begleitet. Letztere kommen also nie ohne die Fundierung durch Stimmungen in der Welt vor, wohl aber kennen wir Zustände bloßen Gestimmtseins, wie etwa Langeweile, Zufriedenheit oder reine Verzweiflung.

---

7 Vgl. zum Beispiel Martha Nussbaum, *Upheavals of Thought. The Intelligence of Emotions*, Cambridge 2001, 28; der Gedanke, dass Gefühle Objekte und Sachverhalte anders als Wahrnehmungen nicht einfach sehen lassen, sondern in einer Perspektive präsentieren, die einen besonderen Bezug zur Subjektivität und ihren Belangen hat, findet sich bei vielen Autoren, die an der neueren philosophischen Diskussion über Gefühle beteiligt sind. Vgl. zum Beispiel Robert Solomon, *Gefühle und der Sinn des Lebens*, Frankfurt a. M. 2000, 24 ff., 183 ff.
8 Vgl. Martin Heidegger, *Sein und Zeit*, Tübingen [15]1979 (EA 1927), § 29, 134..140; eine einschlägige Rekonstruktion des Begriffs der Befindlichkeit findet sich bei Romano Pocai, *Heideggers Theorie der Befindlichkeit. Sein Denken zwischen 1927 und 1933*, Freiburg/München 1996.

Nach Heidegger erschließen Stimmungen das Dasein in der Weise der »Hinkehr« und »Abkehr« vom eigenen Dasein ...sie lassen es entweder klarer sehen, können die Bedingungen und den Zusammenhang zu erkennen geben, unter denen und in dem das eigene Dasein steht, oder aber sie führen geradezu davon weg, »entheben« einen dieser Bedingtheit, etwa in der »gehobenen« Stimmung. Dabei steht für Heidegger die Erschließungsfunktion in engem Zusammenhang mit dem »Lastcharakter« des Daseins, damit, dass wir in die Welt geworfen und gezwungen sind, uns zu ihr so, wie sie sich uns zeigt, zu verhalten.

Folgt man dieser These, so stellt sich die Frage, was von welchen Stimmungen genau erschlossen wird. Die gereizte, aggressive Stimmung erschließt das Andrängen von Welt. Sie zeigt, dass wir uns ständig zur Welt verhalten müssen und uns den Zumutungen dieses Andrängens oft nicht entziehen können. Insofern liegt gerade in der gereizten Stimmung, mehr noch vielleicht als in der niedergeschlagenen, depressiven Stimmung, ein direkter Verweis auf dasjenige, was Heidegger »Verfallenheit« nennt, nämlich eine Verstrickung in eine alltägliche Geschäftigkeit, ohne sich darüber Rechenschaft abzulegen, ob es das ist, was man »eigentlich« will. Der Gereizte weiß möglicherweise sogar bereits, dass die alltäglichen Anforderungen »uneigentliche« Möglichkeiten für ihn sind, aber kann sich dem trotzdem nicht entziehen ...sei es, dass er sich einem Konformitäts- oder Erwartungsdruck ausgesetzt sieht und fügt, sei es, dass er seine eigentlichen Möglichkeiten (noch) nicht erkennen kann. Die gereizte Stimmung zeigt fast unmittelbar, dass etwas nicht stimmt, dass einem alles zuviel ist, dass man sich fremdbestimmt fühlt.

Aufschlussreich für das Verständnis von Befindlichkeit ist ein Vergleich verschiedener Stimmungen untereinander. Anders als in der Stimmung der Angst (hier verstanden im Sinne von Heideggers Wortgebrauch, der die Angst als ungerichtete Stimmung von der Furcht als gerichtetem Gefühl unterscheidet), die keinen oder jedenfalls keinen klaren Gegenstandsbezug und etwa als bange Vorerwartung einen eher passivierenden Charakter hat, erschließt sich in der gereizten Stimmung vielleicht eine aktive Abwehr von Welt. Dagegen ist in der Angst, deren Wovor definitionsgemäß noch ganz vage ist, eine initiative Auseinandersetzung mit Welt schwieriger. Die melancholische oder gar depressive Stimmung geht über die Angst und über die aggressive Stimmung noch hinaus: Sie zeigt an, dass die Abwehr von Welt bereits vollzogen ist; die aggressiven Regungen, mit denen die Welt in der Gereiztheit noch angegangen wird, sind nunmehr ganz nach innen gerichtet. Die gereizte Stimmung disponiert mehr als andere zu den gerichteten aggressiven Gefühlen wie Ärger, Wut und Hass, die ebenso wie Befindlichkeit generell das Ausgesetztsein in jeweils bestimmten, auch überindividuellen Situationen beantworten und deren Bedingungen erschließen.

Der Anschluss an Heideggers Überlegungen zur Geworfenheit erlaubt es ebenfalls, die besondere Verbindung von Feindschaft und Hass zu erhellen. Feindschaft und Hass werden oft ausschließlich als Folge von Vorurteilen angesehen und gelten als etwas, das durch Aufklärung und die Mittel der Vernunft behoben werden kann. Dass die entsprechenden Bemühungen in der Praxis oft wenig erfolgreich sind, wird manchmal darauf geschoben, dass Hass ein besonders archaisches Gefühl sei, das nur schwer ausgerottet werden könne. Nimmt man dagegen Heideggers Analyse der Geworfenheit ernst, so lässt sich auch der Komplex »Feindschaft/Hass« anders aufklären als durch den Rückgriff auf eine unterstellte Primitivität des Hasses. Wer heute beispielsweise als Nicht-Jude in Palästina geboren wird, ist in eine Situation geworfen, die kaum eine Alternative zur Feindschaft gegen die Politik Israels enthält. Aber auch derjenige, der Angehörige durch politisch motivierte Attentate verliert, wird kaum umhin können, die Attentäter als seine Feinde zu verstehen. Offen ist nur, ob und wenn ja, wie weitgehend Feindschaft und Hass die Bereitschaft zum gewaltsamen Kampf motivieren. Die Fundierung von Gefühls-Analysen in einer Theorie des Geworfenseins schützt vor Illusionen über die Fähigkeit einzelner Menschen, sich von den objektiven Quellen ihrer Stimmungen und Gefühle zu distanzieren. Muss das Vorurteil von der Primitivität des Hasses revidiert werden? Die folgenden Analysen gehen dieser Frage nach.

4. Welterschließung durch Hass

Es ist davon auszugehen, dass das gesamte Spektrum der Gefühle für den Menschen zunächst eine positive Funktion hat, und mehr noch: dass jedes einzelne Gefühl zur Grundstruktur der menschlichen Ausstattung gehört und deshalb diese menschliche Welt auf besondere Weise erschließt, eine spezielle Weise des Zugangs zu dieser Welt eröffnet. Für eine solche Ausgangsthese stellt der Hass eine starke Herausforderung dar, wird er doch oft als prinzipiell irrational angesehen, mindestens aber als dysfunktional und somit schädlich nicht nur für den Gehassten, sondern auch für den Hassenden selbst. Hass macht unfrei, er bindet den Hassenden in negativer, ihm selbst nicht zuträglicher Weise an den Gehassten. Je umfassender und intensiver der Hass, um so mehr richtet sich die Lebensenergie auf das gehasste Objekt und um so stärker werden alle anderen Aktivitäten auf die Umsetzung des mit diesem Gefühl verbundenen Handlungsimpulses, auf die spürbare Schädigung, im Extremfall auf die Vernichtung des Gehassten ausgerichtet. Wer in dieser Weise den Hass zu seinem Lebensinhalt macht, kann rational sein im Hinblick auf alles, was dieses Gefühl schürt, obwohl es insgesamt weder nützlich noch rational zu sein scheint, sich von einem solchen Hass dirigieren zu lassen. Der Zornige kann irrational handeln, sagt Aristoteles, der Hassende aber gerade nicht: Er kann durch und durch rational in der Verfolgung seiner Hassziele sein.

Hass ist ein Gefühl, welches untrennbar mit echter Feindschaft verbunden ist: es gibt kaum eine Feindschaft ohne Hass. Die Umkehrung gilt nur deshalb nicht, weil Hass auch einseitig sein kann. Er muss nicht erwidert werden, während der Begriff der Feindschaft eine wechselseitige soziale Relation voraussetzt. Hass wird zwar tatsächlich zumeist auch mit Hass beantwortet, aber das ist ein interessantes soziales Phänomen, das nicht notwendig zum Gefühl gehört und in der Struktur der entsprechenden leiblichen Interaktion fundiert ist. Dem Gehasstwerden kann man allenfalls durch Rückzug ausweichen, ignoriert werden kann es nicht. Bleibt man dagegen freiwillig oder unfreiwillig in der betreffenden Situation, so wird Hass zumeist mit Hass beantwortet werden. Denn die aus der Enge des Leibes hervorgehenden Richtungen des Hasses greifen den Gehassten sozusagen von allen Seiten an. Abgewehrt werden können sie nur, wenn sie mit Gefühlen beantwortet werden, die vom Verdichtungsbereich des Hasses, der gehassten Person, ausgehen und als leibliche Impulse auf den Hassenden gerichtet sind.

Hass hat in der Regel Gründe: der Gehasste wird als jemand angesehen, der einem irgendwie schadet oder in der Vergangenheit geschadet hat. Darin, dass man Anlässe für Hass angeben kann, ähnelt er dem ebenfalls destruktiven Gefühl der Verachtung. Es ist in einer negativen, vom Verachtenden als Schwäche interpretierten Eigenschaft oder Verhaltensweise des Verachteten verankert und auf dessen ganze Person als Verdichtungsbereich bezogen. Als Abwertung der ganzen Person ist Verachtung über die verachtete Eigenschaft vielleicht noch substantieller an das Gegenüber gebunden als der Hass an den Gehassten, der sich vor allem auf das tatsächliche oder bloß unterstellte schädigende Handeln des Gehassten bezieht. Verachtung erscheint deshalb oft als begründeter als Hass, als gerechtfertigt durch das Sosein des Verachteten.

Sowohl kollektive Hass- als auch Verachtungsdispositionen wie Misogynie, Antisemitismus, Rassismus und Homosexuellenphobie kommen ohne die entsprechenden Ideologien, wonach von dem Verachteten oder Gehassten ein gesellschaftlicher Schaden, eine Gefahr oder Bedrohung ausgehen, nicht aus. Kollektive Emotionen, die nicht auf individueller Erfahrung mit dem Gegenüber beruhen, werden oft als kulturell beliebige Konstrukte oder gar als völlig irrational angesehen. Konstrukte sind Dispositionen immer, insofern sie Situations- Interpretationen oder -Einschätzungen voraussetzen, welche das Erleben neuer Situationen gemäß einer älteren Erfahrung vorstrukturieren. Kollektive wie auch individuelle Dispositionen haben wesentlich die Funktion, die Offenheit für neue Situationen einzuschränken, und insofern sind alle Dispositionen konstruiert in dem Sinne, dass sie von historisch und sozial kontingenten Umständen abhängen und deshalb theoretisch immer auch anders sein könnten, aber beliebig sind sie deshalb nicht.[9]

Auch wenn Hass und der in mancher Hinsicht dem Hass verwandte Zustand der Verachtung im Unterschied zu Liebe und Wohlwollen sich in der Angewiesenheit auf Anlässe und in diesem Sinne in der Angewiesenheit auf Gründe ähneln, so sind sie doch darin unterschieden, dass Hass eher als heiße und Verachtung eher als kalte Emotion bezeichnet werden kann. Die Wärme-Metaphorik reflektiert in diesem Fall die unterschiedlichen sozialen Ausgangsbedingungen von Hass und Verachtung: Verachtung kann sich jemand in einer überlegenen Position erlauben, während Hass eher das Gefühl des sozial Unterlegenen ist, das auf die ..aus seiner Sicht ...Verantwortlichen für seine problematische Lage gerichtet ist.[10] Möglicherweise ist diese Zurechnung auf Machtkonstellationen nicht ganz so eindeutig möglich, zumal Hass und Verachtung oft vermischt sind, in ein und derselben Beziehung ineinander übergehen und sich abwechseln können. Doch sind eben auch Machtkonstellationen instabil, und zwar insbesondere auf der Ebene konkreter Interaktionen. Insofern widerspricht die häufige Verbindung von Hass und Verachtung nicht der These,

---

9 Vgl. zu dieser Thematik Ian Hacking, *Was heißt ›soziale Konstruktion‹? Zur Konjunktur einer Kampfvokabel in den Wissenschaften*, Frankfurt a. M. 1999.
10 Weitere Überlegungen zur Verachtung finden sich im Kapitel über »Achtung und Anerkennung«.

dass beide Gefühle jeweils entweder auf Über- oder auf Unterlegenheit antworten können. Sowohl für größere historisch-soziale Komplexe wie gewachsene politische Feindschaften als auch für individuelle Konstellationen lässt sich sagen, dass Hass oft auf die Erfahrung von Unterlegenheit zurückzuführen ist. Deswegen hassen tendenziell eher diejenigen, die sich ohnmächtig und hilflos fühlen. Denn der Hass mobilisiert Kräfte zur Überwindung der als unerträglich erlebten Situation; der Ohnmächtige erlebt sich im Hassen als handlungsfähig.

Im Hass stellt man sich häufig den Übergang zur Gewalt vor. Damit ist die Bereitschaft zu Gewalt in ihm wenigstens prinzipiell angelegt, auch wenn die Vorstellung selbstverständlich nicht zu den entsprechenden Handlungen führen muss. Anders als Zorn hat Hass aber kein Maß in sich; er zielt tendenziell auf die Vernichtung des Gehassten. Der in einer Situation sozial Überlegene dagegen kann souverän sein …oder er verachtet. Dabei scheint wenig für einen intrinsischen Zusammenhang von Hass und Verachtung zu sprechen: Weder antwortet Hass notwendigerweise auf vorhergegangene Verachtung, noch ist Verachtung eine besonders wahrscheinliche Antwort auf Hass. Auf Verachtung kann mit dem Verlust von Selbstachtung, mit Scham, Zorn und Empörung, aber auch mit Hass reagiert werden; Hass stellt nur eine Möglichkeit unter vielen dar.

Bei tatsächlichen gewaltsamen Konfrontationen und Machtkämpfen hält der Unterlegene mit seinem Hass auf seinen Peiniger seine Handlungs- und Verteidigungsbereitschaft wach, um sich gegen Übergriffe wehren zu können und darauf vorbereitet zu sein. Geht man von der These aus, dass der Hassende unterstellt, der Gehasste habe ihm geschadet, so wird deutlich, dass dieses Gefühl wenigstens prinzipiell der Abwehr von Angriffen und dem Selbstschutz dienen kann. Damit kann Hass für bestimmte kulturelle Kontexte, in denen keine friedliche Verständigungsmöglichkeit besteht, eine wichtige soziale Funktion haben. Feindschaft nach außen festigt manchmal die Gruppe.

Für fast alle Gefühle gilt, dass sie intensiviert und gesteigert werden, wenn andere das entsprechende Gefühl teilen.[11] Bei Hass und Verachtung führt die Kollektivität mit der Intensivierung des Gefühls zu einer Steigerung der Gewaltbereitschaft und zu einem Aussetzen individuell wirksamer Hemmungen. Dabei sind Übergriffe von Mächtigen auf Schwächere eher durch Verachtung als durch Hass motiviert. Sie sind oft Ausdruck davon, dass die Stärke eben nur relativ zur Situation besteht. Typisch für mit Hass verbundene Verachtungsphänomene ist, dass der Verachtende keine Gelegenheit sieht, sein Selbstbild anders als durch Unterwerfung Schwächerer aufzuwerten. Dies gilt für den einzelnen prügelnden Ehemann ähnlich wie für Jugendliche, die als Gruppe Behinderte, Ausländer oder auch einfach schwache Mitglieder der eigenen Gruppe quälen. Eine zunächst diffuse Gewaltbereitschaft, verbunden mit einer kalten Aufmerksamkeit für den oder die Verachtete sucht nach Gelegenheit und nach Opfern.

Für die kollektiven Formen des Hasses ebenso wie für die der Verachtung reicht es manchmal aus, dass jemand lediglich einer bestimmten sozialen Katego-

---

11 Eine Ausnahme von dieser Regel bildet die Scham, da sie radikal vereinzelt. Wenn mehrere Personen zugleich beschämt werden, so wirkt dies der Intensität des Gefühls des Einzelnen eher entgegen. Vgl. Hilge Landweer, *Scham und Macht. Phänomenologische Untersuchungen zur Sozialität eines Gefühls*, Tübingen 1999, 50 ff.

rie angehört, der verfeindeten Sippe, einer fremden religiösen oder ethnischen Gruppe, den Frauen, um einen akuten Ausbruch des Gefühls und damit Gewalt zu provozieren. Aber nicht jede Gewalt ist Ausdruck von Hass, und nicht jeder dispositionelle Hass muss zu einem Ausbruch des akuten Gefühls führen. Auch Hass kann wie Verachtung zu einer ganz und gar habitualisierten Grundeinstellung werden, die mehr ist als eine bloße Disposition für dieses Gefühl und eher als zu spontanen Hassausbrüchen dazu führt, sich gegenseitig aus dem Weg zu gehen und Kontakte auf das minimal Notwendigste zu beschränken.

Dass der Zusammenhang von Verachtung und Hass kein intrinsischer ist, sondern eher durch Veränderungen im sozialen Raum hergestellt werden kann, lässt sich am Entstehen mancher sozialer Bewegungen verdeutlichen. Der Plantagenbesitzer hasst seine Sklaven nicht, sondern behandelt sie nicht als Personen; er verachtet sie. Sklaven dagegen können durchaus Hass auf ihre Herren entwickeln. Erst in dem Moment, in welchem ihr Hass in Empörung und Zorn übergeht und sie sich zu einer politischen Bewegung organisieren, bedrohen sie damit die bis dahin Herrschenden und erlangen so ein Gewicht, das sie zu einem möglichen Objekt für Hass .. und nicht mehr nur für Verachtung .. macht. Entsprechendes gilt für Frauen, die als Gruppe zwar oft verachtet, aber eher selten pauschal gehasst werden. Anders in intimen Interaktionen, wo zum Beispiel die ausgeprägtere Sprachkompetenz einer Frau durchaus zu Hassausbrüchen bei einem Mann führen kann, wenn er sich in diesem Bereich unterlegen fühlt. Das wäre mit dem Machtverhältnis zwischen den Geschlechtern allerdings noch insofern verbunden, als dass Unterlegenheit gegenüber einer Frau für manche Männer schwer zu ertragen ist. Aber in diesem Fall würden nicht unbedingt Frauen als Frauen kollektiv gehasst, sondern nur einzelne Frauen, und zwar dann, wenn sie einem Mann seine Überlegenheit streitig machen. Selbstverständlich kann in solchen individuellen, dann oft gewalttätigen Auseinandersetzungen immer auch eine allgemeine Frauenverachtung eine Rolle spielen.

Aber auch für persönliche Beziehungen unabhängig von kollektiven Machtrelationen gilt die These von der Verbindung von Hass und Ohnmacht. Eifersucht beispielsweise kann im Fall einer tatsächlichen oder vermeintlichen Niederlage oder Unterlegenheit zu Hass gesteigert werden, der gelegentlich sogar zur Tötung führt. Der Übergang von einer Verachtungsdisposition zu einem akuten Gefühl von Verachtung und von da aus zu Gewalt bedarf aber zusätzlicher, steigernder Situationsbedingungen, ebenso wie der Übergang von einer Hassdisposition zu akutem Hass und der ihm entsprechenden Gewalt. Der Zusammenhang von Hass und Gewalt scheint nur deshalb enger zu sein, weil der Ohnmächtige im Hass auf Gewalt aus ist, um die Situation aufzulösen, während der Überlegene ein anderes Verhältnis zur Situation hat und deshalb nicht hassen und schon gar nicht gewalttätig werden muss; für ihn sind verschiedene andere Handlungsmöglichkeiten offen, nicht zuletzt die Verachtung des in einer Situation oder sozial Unterlegenen. In manchen Fällen kann die Verachtung sogar um so größer sein und den Verachteten um so wirkungsvoller von jedem weiteren Kontakt ausschließen, je eindeutiger sie auf direkte Gewalt verzichtet.

Verachtung scheint ein Gefühl zu sein, welches in vielen Bereichen der Öffentlichkeit gepflegt wird. Jemanden zu verachten heißt, ihn als jemanden anzusehen, der durch fragwürdige Verhaltensweisen und Eigenschaften bestimmt ist, also insgesamt als Person verachtenswert ist, im Unterschied etwa zu Empörung, die lediglich eine bestimmte Tat als einzelnes Unrecht sanktioniert, aber keineswegs zu einer Haltung der Verachtung gegenüber der Person führen muss, über die man sich empört. Die Verachtung inszeniert auf der Hinterbühne die eigene moralische Überlegenheit, der Hass ist dagegen geradliniger ...er beinhaltet die konzentrierte Aufmerksamkeit auf den anderen: Hass bindet, Verachtung dagegen drückt sich darin aus, dem Gegenüber die Anerkennung als gleichberechtigte Person zu entziehen; der Verachtete wird übergangen und ignoriert. Hass enthält einen Vernichtungsimpuls, Verachtung dagegen den Impuls zu sozialer Ächtung und Ausschluss. Sie zielt im Grunde auf den sozialen Tod und nicht auf die physische Vernichtung. Daher führt Verachtung nie zu Versöhnung. Feindschaft dagegen und der ihr entsprechende (aber für sie nicht unerlässliche) Hass enthalten immer ein Moment der Anerkennung des anderen: als Feind heute, als respektierter Kriegsgegner morgen, als geachteter Partner in Friedensverhandlungen übermorgen.

Zeitdiagnostisch ließe sich behaupten, dass wir in einer Verachtungsatmosphäre leben, in der direkter Hass und offene Missgunst tabuisiert sind. Das heißt aber nicht, dass damit die Disposition zu den offen destruktiven Gefühlen verschwunden wäre. Lediglich ihr Ausdruck ist in Grenzen und nur unter besonders günstigen Umständen kontrollierbar. Argumenten sind die akuten Gefühle nicht direkt zugänglich ...allenfalls die Dispositionen, sofern sie mit Hilfe eines gegenläufigen Gefühls oder einer anderen Stimmung modifiziert werden können.

Die Unterschiede zwischen Hass und Verachtung phänomenologisch und sozialphilosophisch weiter zu präzisieren, ist sicher keine ganz einfache Aufgabe. Der folgende Abschnitt bringt einen neuen Aspekt zur Sprache, indem er untersucht, dass bestimmte Gefühle wie zum Beispiel der Hass oft wegen ihrer Tabuisierung quasi systematisch durch andere Gefühle überlagert werden.

5. Moralisierung und Ideologisierung der Aggressionsaffekte

Dass Hass maßlos und unheilbar ist, sagt bereits Aristoteles.[12] Auch wenn Hass kein moralisches Gefühl ist, so wird er doch oft durch einen moralischen Deckaffekt überlagert, der ihn manchmal vertuscht und zugleich zu legitimieren scheint: entweder durch Zorn oder durch Empörung, die klassischen Unrechtsaffekte. Wenn jemand ein Unrecht getan hat, scheint Aggression ihm gegenüber gerechtfertigt zu sein. Ob das Gefühl, welches das Handeln bestimmt, dann wirklich Empörung ist oder doch eher Hass, das kann die Person oft selbst kaum noch unterscheiden. Wichtig ist nur, dass sie nachvollziehbare Gründe für ihr Gefühl und für ihr Handeln angeben kann.

Gefühle kommen immer schon in kulturellen Kontexten vor, die sie formen, und sind dadurch mit anderen Gefühlen in charakteristischer Weise vermischt. Dies

---

12 Aristoteles, *Rhetorik*, übersetzt mit einer Bibliographie, Erläuterungen und einem Nachwort von Franz G. Sievecke, München 1980, 1382 a (97).

wird besonders deutlich bei den Aggressionsaffekten, die von vornherein in eine Sphäre Tabu schaffender Normen eingebettet sind und in diesem Sinne nie rein vorkommen; die Tabuisierung erzwingt eine Verkleidung insbesondere von Neid und Hass durch übergeordnete Normen. Dies geschieht auf dem Feld von Religion und Religionskritik sowie von Ideologie und Ideologiekritik. Wenn beispielsweise die alten Affektenlehren noch eigene Ausdrücke für den »gerechten Unwillen« oder den »gerechten Neid« kennen, so bezeichnet diese Konstruktion den Übergang zu ideologischen Begründungen für Zorn und Empörung über den ...wie im Rahmen solcher Auffassungen unterstellt wird: zu Recht .. geneideten Sachverhalt.[13] Beispielsweise wirkt in den Diskussionen über soziale Gerechtigkeit die Rede vom »Sozialneid« als polarisierendes Etikett. Wenn Sozialkritik als letztlich durch Neid motiviert dargestellt wird, so wird sie damit auch schon diffamiert, denn Neid gilt nicht als legitimes Motiv. Will Sozialkritik erfolgreich sein, so darf sie sich heute gerade nicht mit Neid legitimieren, der als kleinlich und selbstbezogen gilt, sondern mit einer übergeordneten Gerechtigkeit, die über den verschiedenen Partialinteressen steht.

Die Philosophie kann keine Kriterien für einen rationalen oder gerechten Neid entwickeln, die unabhängig von historischen und kulturellen Kontexten sind. Die Theorien, mit denen bestimmte Formen von Neid und Hass, Zorn und Empörung gerechtfertigt werden können, sind mehr oder weniger gut begründet. Aber die Begründbarkeit lässt sich immer nur relativ zu der Tradition, in der die jeweilige Theorie steht, beurteilen.

Im kulturellen Kontext aufgeklärter und liberaler westlicher Gesellschaften sind Hass und Neid normativ geächtet, möglichst sollen sie gar nicht vorkommen oder sie sollen ...wenn sie schon nicht ganz vermeidbar sind ...doch wenigstens in ihrem Ausdruck kontrolliert und in vernünftige Bahnen gelenkt werden. Tatsächlich sind Hassausbrüche in einem Teil der Öffentlichkeit selten und heute weitgehend in den Privatbereich verschoben. Daneben stehen andererseits die kollektiven Verachtungs- und Hassausbrüche gegen Fremde und gegen schwache Mitglieder der eigenen Gruppe. Diese Gewaltausbrüche wirken unter anderem deshalb so beunruhigend und irrational, weil sie in keiner irgendwie etablierten feindseligen Beziehung fundiert sind. Diese unmotivierte Gewalt hält dem aufgeklärten Selbstverständnis liberaler Menschen aber auch in gewisser Weise einen Spiegel vor: Auch deren eigener Hass ist nicht einfach verschwunden, sondern bloß umgeleitet in kulturell akzeptierte Bahnen.

In unserer Gesellschaft und Kultur werden beispielsweise das Gefühl eigener moralischer Überlegenheit, die Verachtung und die Schadenfreude gepflegt. Zeitdiagnostisch lassen sich Freude und Häme angesichts der Demontage öffentlicher Personen wie auch von Privatpersonen beobachten. Gefördert wird zudem, man denke

---

13 Auch Haubl weist auf die Anfälligkeit des Neides für Pseudo-Rechtsgefühle und damit für ideologische Rechtfertigung hin: »Unser Neid [schert sich] meist nur wenig um die Rechtmäßigkeit einer Güterverteilung. Gebrauchen wir unseren Verstand, dann besitzt der andere das Gut, das wir begehren, zu Recht. Gerät aber unser Verstand in den Dienst unseres Neides, wird unser Neid darauf drängen, dass es zu dieser Vereinnahmung kommt, und wir finden dann Gründe genug, an der Rechtmäßigkeit zu zweifeln.« Rolf Haubl, »Über Hass, Neid und Gewaltbereitschaft«, in: ZDF-Nachtstudio (Hg.), *Große Gefühle. Bausteine menschlichen Verhaltens*, Frankfurt a. M. 2000, 47..75, 65.

an den Arbeitsmarkt, insbesondere an Führungspositionen, eine Art sportlicher, produktiver Neid, ein freudiges, geradezu begeistertes Konkurrieren, das natürlich nicht einfach missgünstig sein darf, sondern begehrte Positionen und Eigenschaften als durch Anstrengung prinzipiell erreichbar ansehen muss.[14] Wer dagegen keine eigenen Handlungsmöglichkeiten erkennen kann und verzweifelt, dessen Neid kann leicht übergehen in Missgunst: der Andere soll nicht das haben, was ich nicht haben kann. Und diese Missgunst kann sich wiederum leicht mit Hass verbünden, wenn ein Gefühl dauerhafter Unterlegenheit entsteht.

Nicht alle Gefühle, die eine aggressive Ausrichtung im weitesten Sinne besitzen, werden geächtet und tabuisiert, was im folgenden Abschnitt vor allem am Beispiel von Zorn und Empörung diskutiert werden soll.

6. Zorn, Empörung und Moral

Die Gefühle, die in diesem Kapitel unter dem Sammelbegriff der Aggressionsaffekte zusammengefasst wurden, weisen im Einzelnen erhebliche Differenzen auf. Im Zusammenhang mit den Analysen zu Hass und Neid ist deutlich geworden, dass gerade diese Emotionen von einem Netz kulturell bedingter Tabuisierungen umgeben werden. Diese Gefühle werden häufig geächtet, obwohl sie innerhalb sozialer Gemeinschaften wichtige Funktionen übernehmen. Im Selbstbild der Subjekte, welche diese Gefühle haben, aber auch in der Perspektive dritter Personen gelten sie als negative Gefühle. Die Gefühle des Zorns und der Empörung hingegen sind von einer Ächtung oder Tabuisierung weit entfernt. Zorn und Empörung werden zumeist als angemessene Reaktionen auf ein Unrecht verstanden, welches einem selbst oder aber anderen Personen widerfahren ist. Der in diesem Zusammenhang verwendete Begriff des Unrechts scheint bereits einen intrinsischen Bezug zur Moral aufzuweisen und so kann es nicht überraschen, dass Zorn und Empörung als Gefühle aus der Gruppe der Aggressionsaffekte neben den nicht in diese Gruppe gehörenden Gefühlen der Scham und Schuld oft als moralische Gefühle bestimmt werden. Der Zusammenhang zwischen diesen Gefühlen und der (oder einer) Moral kann dabei ganz unterschiedlich bestimmt und analysiert werden. Die folgenden Überlegungen gehen diesem Zusammenhang nach, wobei außer den relevanten Aggressionsaffekten auch einige Bemerkungen insbesondere zur Scham erforderlich sind.

---

14 Fast die gesamte Literatur über Neid unterscheidet verschiedene Formen des Neides. So unterscheidet beispielsweise Arnd Pollmann »Neid und Nivellierung«, in: *Berliner Debatte Initial*: »Neid und Gerechtigkeit«, 12 (2001), 38.47, zwischen Ressentiment und Rivalität. Haubl unterscheidet nach den verschiedenen Funktionen des jeweiligen Gefühls zwischen einem feindselig-schädigenden Neid, einem depressiv-lähmenden, einem ehrgeizig-stimulierenden und schließlich einem empört-rechtenden Neid. Insbesondere die letzten drei Formen sind Ausdruck der ideologischen Tabuisierung der ersten Form. Vgl. auch Günter Burkart, »Distinktionsgefühle« sowie Matthias Kettner, »Ungute Gefühle und gute Gründe«; beide Texte in: Hilge Landweer (Hg.), *Gefühle – Struktur und Funktion*, Berlin 2007; vgl. auch die Überlegungen zum Neid in diesem Buch.

Scham, Schuldgefühl, Zorn und Empörung können anzeigen, dass Verstöße gegen jeweils für ein Subjekt maßgebliche moralisch relevante Normen begangen wurden. Scham- und Schuldgefühle hegt man in der Regel dann, wenn man der Auffassung ist, selbst gegen eine moralische Norm verstoßen zu haben, die man zu befolgen eigentlich für wichtig hält. Empörung und Zorn sind Gefühle, welche sich im Normalfall einstellen, wenn man der Auffassung ist, dass andere gegen eine moralische Norm verstoßen, deren Befolgung man selbst für wichtig hält.[15] Diese Gefühle scheinen fest mit der Erfahrung von Moral verbunden zu sein. Ob und in welchem Sinne sie eine Voraussetzung dafür darstellen, etwas in einer moralischen Perspektive beurteilen zu können, ob sie in diesem Sinne die oder eine Moral konstituieren, ist freilich eine Frage, auf welche kontroverse Antworten gegeben werden können. Unstrittig allerdings dürfte sein, dass Empörung, Zorn und Scham als Indikatoren für in moralischer Hinsicht relevante Sachverhalte gelten können. Dass ein moralisches Gebot oder Verbot für ein Subjekt wichtig ist, zeigt sich in vielen Fällen daran, ob es im Zusammenhang mit Normverstößen die genannten Gefühle verspürt.

Verfehlt wäre freilich die Annahme, jedes Auftreten beispielsweise von Scham oder Empörung und Zorn würde eine Evidenz dafür darstellen, dass in moralischer Hinsicht relevante Normverstöße vorliegen. Mit Scham reagiert man zum Beispiel auch auf die Verletzung von Geschicklichkeits- oder Interaktionsnormen, ohne diese gleich als moralische zu qualifizieren. Der Fußballer, der ungeschickt einen Elfmeter vergibt, mag sich für seine misslungene Aktion schämen, ohne dass er deshalb die Vergabe eines Elfmeters als unmoralisch ansehen müsste. Je nachdem jedoch, ob man sich im Recht oder im Unrecht glaubt, reagiert man auf die Verletzung von moralischen Normen entweder mit Scham oder mit Zorn und Empörung.

Um diese Gefühle in solchen Situationen haben zu können, muss man die Norm anerkennen, gegen die verstoßen wurde. Und es gilt auch: Wenn jemand auf eigene oder fremde Normverletzungen nicht mit Scham oder Empörung reagiert, so kann nicht davon ausgegangen werden, dass die entsprechende Norm in einem praktisch relevanten Sinn für diese Person Geltung besitzt.[16] Es kommt nicht so selten vor, dass man davon überzeugt ist, bestimmte Normen anzuerkennen, und die Befolgung dieser Normen rational auch recht gut begründen kann, ohne dass sie wirklich die praktische Orientierung anleiten. Das kann am Ausbleiben von Scham und Empörung abgelesen werden. Mit diesen Gefühlen werden eigene und fremde Handlungen sanktioniert, sie geben über die moralische Orientierung und über das Gewissen eines Menschen Auskunft. An diese Überlegungen lassen sich zwei Fragen

---

15 Ausführlichere Überlegungen zu den genannten Gefühlen finden sich zum Beispiel bei Hermann Schmitz, *Der Rechtsraum*, Bonn 1973, insbesondere § 172, der von »Rechtsgefühlen« spricht; bei Peter Strawson, »Freiheit und Übelnehmen«, in: Ulrich Pothast (Hg.), *Freies Handeln und Determinismus*, Frankfurt a. M. 1978, 201..233; Ernst Tugendhat, »Zum Begriff und zur Begründung von Moral«, in: ders., *Philosophische Aufsätze*, Frankfurt a. M. 1992, 315..333; Andreas Wildt, »Die Moralspezifizität von Affekten und der Moralbegriff«, in: Hinrich Fink-Eitel/Georg Lohmann (Hg.), *Zur Philosophie der Gefühle*, Frankfurt a. M. 1993, 188..217.

16 Zu diesem Begriff der Normengeltung vgl. Hermann Schmitz, *Der unerschöpfliche Gegenstand. Grundzüge der Philosophie*, Bonn 1990 sowie Hilge Landweer, *Scham und Macht*, a. a. O., 53..84.

anschließen: 1. Sind Gefühle nicht viel zu flüchtig, um wirklich über die moralischen Orientierungen eines Menschen Auskunft geben zu können? 2. Wenn Scham ...und eventuell Empörung ...auch Reaktionen auf nicht-moralische Normübertretungen sein können, wie ist es dann möglich, dass sie Indikatoren für moralische Orientierungen sind?

Sicherlich kann kein einzelnes akutes Gefühl der Empörung anzeigen, ob der empörende Sachverhalt für denjenigen, der Empörung verspürt, ein moralischer ist. Die verletzte Norm muss auf jedem Fall situationsübergreifend für ihn gelten. Das ist genau dann der Fall, wenn er eine stabile Disposition zu Empörung bei den entsprechenden Normverstößen ausgebildet hat. Eine weitere Verallgemeinerung liegt bereits im Begriff der Norm. Etwas als moralische Norm anzuerkennen, bedeutet, dass sie entweder von allen beherzigt werden sollte oder doch mindestens von Personen eines bestimmten Typs. So wird beispielsweise an das Leben von Pastoren, die Moral predigen, ein besonders hoher moralischer Maßstab angelegt. Der Normbegriff setzt also begrifflich bereits eine Generalisierung voraus. Ohne die Möglichkeit der Verallgemeinerung hätte man es im Fall von Normen lediglich mit subjektiven Handlungsmaximen zu tun, die nur für denjenigen Geltung hätten, der sich diese Maximen zu eigen macht. Er würde ihre Einhaltung nicht von anderen erwarten und würde auf deren Verletzung mit Ärger oder Bedauern, nicht aber mit Empörung reagieren.

Normen ...ganz gleich welcher Art, seien es moralische Normen, seien es ästhetische Normen oder auch einfach nur Fragen der Etikette ...können für Subjekte eine ganz unterschiedliche Autorität besitzen und sie mit unterschiedlicher Kraft binden. Von manchen Normen kann man sich relativ leicht distanzieren, von anderen weniger und von wieder anderen möglicherweise gar nicht. Welche Arten von Normen dies für jemanden jeweils sind, wird mit seiner Biographie zusammenhängen. Auffällig ist, dass Menschen sich besonders schwer tun mit der Distanzierung von Normen, die für sie moralische Geltung haben. So gesehen liegt die Vermutung nahe, Empörung und Scham anlässlich von Verstößen gegen Normen, von denen man sich nicht oder nur schwerlich distanzieren kann, ließen sich als Indikatoren für moralische Orientierungen begreifen und moralische Empörung bzw. Scham ließen sich auf der Grundlage dieses Kriteriums von nicht-moralischer Scham unterscheiden. Das Kriterium der Nicht-Distanzierbarkeit allein reicht allerdings zur Identifikation des genuin Moralischen nicht aus. Distanzierungen können auch gegenüber solchen Normen schwer fallen, die nicht moralischer Natur sind. Der ehrgeizige Manager zum Beispiel vermag sich nicht von bestimmten Leistungsnormen zu distanzieren. Sie besitzen für ihn eine bis zur Selbstdestruktion reichende verbindliche Geltung, auch wenn er diese rational in Frage stellen kann. Gleichwohl muss Leistung auch für ihn kein Gebot der Moral sein.

Eine Norm ist für jemanden dann eine moralische Norm, wenn sie neben der Nicht-Distanzierbarkeit folgende Eigenschaften aufweist: die Person, für welche diese Norm gilt, muss deren Erfüllung auch von anderen Personen verlangen. Überdies muss ihr Verhältnis zur Norm von unbedingtem Ernst geprägt sein. Diese Überlegungen lassen sich auf ein Kriterium beziehen, welches Ernst Tugendhat zur Identifikation des genuin Moralischen vorgeschlagen hat: die Korrelation von Scham und Empörung. Bereits im Zusammenhang mit unseren Überlegungen zu Scham war dieser Gedanke zur Sprache gekommen. Für Tugendhat gehört es zum Begriff moralischer Scham, mit der Empörung eines potentiellen Beobachters übereinzustimmen.[17] In seinem Sinne lässt sich die Scham als moralisch qualifizieren, wenn der Normverstoß, der bei einer ersten Person das Gefühl der Scham auslöst, bei zweiten und dritten Personen zu Empörung führt. Nicht-moralisch hingegen ist die Scham, wenn der Normverstoß der Person, die sich schämt, bei zweiten und dritten Personen keine oder andere Gefühle als das der Empörung auslöst.

Die Korrelation von Scham und Empörung bringt den für die Moral relevanten Umstand zum Ausdruck, dass Personen die Erfüllung von für sie geltenden Normen auch von anderen erwarten. Bei Tugendhat wird dies als Indiz dafür angesehen, dass (moralische) Normen von vornherein intersubjektiver Natur sind, in dem Sinne, dass sie für mehrere Personen gelten, also von ihnen geteilt werden. Dies muss jedoch nicht unbedingt so sein. Ein in der Tendenz eher subjektivistischer Normbegriff könnte beanspruchen, dass auch der Fall möglich ist, dass jemand allein ...in einer extremen Situation auch gegen sein gesamtes soziales Umfeld ...bestimmte moralische Normen vertritt und dennoch beansprucht, dass andere diese Normen teilen sollten. Auch in diesem Fall korrelieren Scham und Empörung. Ein Normverstoß, der bei der für ihn verantwortlichen Person Scham auslösen würde, hätte bei ihr selbst Empörung zur Folge, wenn andere diese Norm überträten.

Ohne diese Frage hier im Einzelnen weiter zu verfolgen, lässt sich zumindest festhalten, dass die Berücksichtigung moralischer Gefühle sowohl mit einer universalistischen als auch mit einer relativistischen Moralauffassung vereinbar ist. Beide Positionen wären in ihrem jeweiligen Normbegriff angelegt: Wird die Norm ausschließlich darin gesehen, dass das Subjekt sich ihr unterwirft, so braucht es nur darum zu gehen, dass die Person sich über eigene Normverstöße schämen und sich über die gleichen Normverstöße bei anderen Personen empören würde. Dies wäre mit einer relativistischen Moralauffassung vereinbar. Wird dagegen der Normbegriff an intersubjektiver Geltung festgemacht, so kann ein universalistischer Moralbegriff daran anschließen.

Auf die Korrelation von Scham und Empörung sind wir im Anschluss an Tugendhat zu sprechen gekommen, um ein Kriterium zur Unterscheidung von moralischen und nicht-moralischen Normverstößen zu finden. Der Versuch einer Identifikation des genuin Moralischen mit Hilfe der korrelativen Beziehung zwischen Scham und Empörung wirft die folgende Frage auf: Kennzeichnet diese Korrelation das genuin Moralische nicht nur unter der Bedingung, dass unterstellt werden muss, dass Empörung ...im Unterschied zu Scham ...immer als moralische Sanktion aufgefasst wird? Handelt es sich dann nicht um eine *petitio principii*, da auf diese Weise bereits ein Vorbegriff von Moral unterstellt wird? Wir wollen uns nicht mit dem Hinweis begnügen, dass jedes Nachdenken über Moral einen Vorbegriff voraussetzt. Es kann Fälle geben, in denen sich eine Person über einen Sachverhalt empört, der in einer distanzierten Perspektive nicht bzw. nicht mehr als moralisch relevant angesehen wird.

---

17 Tugendhat spricht von einer begrifflichen Unterscheidung zwischen moralischer und nicht-moralischer Scham; vgl. Ernst Tugendhat, *Vorlesungen über Ethik*, Frankfurt a. M. 1993, 59.

Jemand empört sich beispielsweise darüber, dass ein anderer zu einem festlichen Abendessen in unpassender Garderobe erscheint. Später wird ihm klar, dass er sich lediglich über die Verletzung einer ihm zumeist nicht wichtigen Konvention geärgert hat. In dem Augenblick jedoch, in welchem die Empörung akut verspürt wird, erscheint der Sachverhalt im Lichte einer moralischen Bewertung, nämlich als ein Unrecht. Ob dieses situationsgebundene Unrechtsempfinden sich zu einer moralischen Disposition entwickelt und auf lange Sicht Bestand hat, ist eine andere Frage. In dem skizzierten Sinne jedenfalls ist Empörung immer ein moralisches Gefühl. Dies heißt jedoch nicht, dass der Sachverhalt, auf welchen dieses Gefühl bezogen war, immer wieder bei dieser oder bei anderen Personen Empörung auslösen müsste. Der betreffende Sachverhalt kann bei Distanzierung von der Situation auch als nicht-moralisch und so zum Beispiel bloß noch als Anlass für Ärger erscheinen.

Das Verhältnis zwischen Zorn und Empörung ist schwer eindeutig zu bestimmen, da beide Gefühle eng benachbart sind und ineinander übergehen können. Einige Kriterien zur Differenzierung dieser beiden Gefühle erscheinen dennoch sinnvoll. Das Gefühl des Zorns muss ein personales Objekt besitzen; es muss jemanden geben, dem gezürnt wird. Sodann sind es im Fall des Zorns häufig der Zürnende selbst oder zumindest ihm Nahestehende, die durch das Unrecht geschädigt wurden, um derentwillen Zorn empfunden wird. Beide Bedingungen gelten für die Empörung nicht unbedingt. Empörung kann abstrakt bleiben und ist damit stärker als der Zorn anfällig für Gerechtigkeitsvisionen, die von konkreten Konfliktlagen losgelöst sind. Zorn dagegen kann einen konkreten Gegner in einen förmlichen Zivilprozess ziehen und Gerechtigkeit als Urteil des Gerichts fordern.

Während Empörung noch vage sein kann in der Zuschreibung von Verantwortung für das wahrgenommene Unrecht, muss im Zorn der Gegner bereits identifiziert sein: Gezürnt werden kann nur jemandem. Die Identifikation desjenigen, der das Unrecht begangen hat, ist aber Voraussetzung für eine rechtsförmige Behandlung begangenen Unrechts. In diesem Sinne besitzt der Zorn eine größere Nähe zum Recht als die Empörung. Wenn beispielsweise der Anblick hungernder Kinder als Unrecht wahrgenommen wird, das zum Himmel schreit, und dieser Aufschrei der Empörung in sich bereits eine Aufforderung zum Handeln enthält, so ist dies zunächst einmal ein Hilfsappell, der etwa in Spenden umgesetzt wird. Um aber Verantwortliche für dieses Unrecht dingfest zu machen, bedarf es einer Analyse der Gründe für die Entstehung der empörenden Situation. Zwar sind sich auch diejenigen, die Empörung verspüren, auf moralischer Ebene sicher in der Wahrnehmung von Unrecht. In rechtsförmige Bahnen kann die Unrechtserfahrung jedoch nur durch denjenigen gelenkt werden, der in solchen Fällen eine Disposition zu Zorn verspürt, da nur im Zorn die Voraussetzung gemacht werden muss, Handlungen eindeutig zurechnen zu können.

Die Nähe von Zorn und Empörung wird ebenfalls durch einen Affekt belegt, der in der modernen Kultur keine Rolle mehr zu spielen scheint. Bei Aristoteles wird dieses Gefühl als »Nemesis« (»gerechter Unwille«) bezeichnet.[18] Es zeugt davon, dass bei der Ausbildung der Gehalte von Emotionen Normen eine Rolle spielen kön-

---

18 Zur Nemesis vgl. insbesondere Aristoteles, *Rhetorik*, a. a. O., 1386 b (112).

nen, die das emotionale Erleben prägen und von Kultur zu Kultur variieren. Nemesis wird von Aristoteles als ein Schmerz über das unverdiente Glück anderer bezeichnet. Er unterscheidet dieses Gefühl ausdrücklich vom Neid. Während sich der Neid als ein Schmerz über das unverdiente Glück anderer auffassen lässt, ist Nemesis ein Gefühl, welches sich Aristoteles zufolge nur einstellt, wenn derjenige, der sie verspürt, der Meinung ist, dass derjenige, der über bestimmte Güter verfügt, dieser Güter nicht würdig ist. Macht und Reichtum beispielsweise seien Dinge, derer nur die Guten würdig seien. So betrachtet gehört der gerechte Unwille in die Nähe von Gefühlen wie denjenigen, die heute als »Empörung« und »Entrüstung« bezeichnet werden, zumal Aristoteles die Nemesis mehrfach als Gerechtigkeitsgefühl charakterisiert. Nemesis ist als Gefühl vorrangig auf die falsche Verteilung von Gütern bezogen. Es gibt jedoch einen wichtigen Unterschied zwischen der Aristotelischen Nemesis und der als moralisches Gefühl verstandenen Empörung: Nemesis bezieht sich auf Personen, die man für unwürdig hält, bestimmte Güter zu besitzen.

Dieses Gefühl setzt eine Form der Vergesellschaftung voraus, im Rahmen derer Menschen nicht von vornherein als gleich gelten. Die Empörung hingegen ist nicht unbedingt auf bestimmte Personen bezogen, sie kann sich auf vergleichsweise abstrakte Sachverhalte beziehen und auch der beispielsweise für den Neid typische Vergleich mit der eigenen Lage gehört nicht zu ihr. Aber ähnlich wie Zorn ist die Nemesis auf Personen bezogen. Wenn die Überlegung richtig ist, dass die Nemesis als Gerechtigkeitsgefühl eine Nähe zum Zorn aufweist und als historischer Vorläufer von moralischen Gefühlen wie der Empörung gelten kann, muss man sich fragen, warum Aristoteles die Nemesis zwar vom Neid abgrenzt, sie aber nicht in ein Verhältnis zum Zorn setzt. Man könnte darüber nachdenken, ob dies mit der Art und Weise zusammenhängt, in der die Nemesis im Erleben leiblich gespürt wurde. Möglicherweise fühlte sich die Nemesis ähnlich wie der Neid an, weshalb die Gefahr einer Verwechslung beider Gefühle größer war als im Fall des Zorns.

7. Von Ärger, Wut und Hass über Neid und Eifersucht zu Zorn und Empörung. Die Entwicklungsthese

Lassen sich die einzelnen Aggressionsaffekte in eine Reihe stellen? Lässt sich die Abfolge der einzelnen Glieder durch eine wachsende Ausdifferenzierung des Gegenstandsbezugs, durch Zunahme der notwendigen Relationen in der Struktur des Gefühls und parallel dazu und in engem Zusammenhang damit durch einen wachsenden Grad an Sozialität bzw. Bezogenheit auf andere Lebewesen bzw. Menschen kennzeichnen? Diese Frage ist zunächst einmal als eine Reihung der betreffenden Gefühle unter einem von außen herangetragenen Vergleichsgesichtspunkt zu verstehen, nicht aber als eine These über die Phylo- oder Ontogenese von Emotionen. Diese Zurückhaltung gegen evolutionstheoretische Behauptungen ist methodisch begründet, nicht dagegen in Annahmen, welche die Sache betreffen. Denn eine evolutionstheoretische These bedürfte einer empirischen Überprüfung, die hier nicht möglich ist und mit theoretischen Mitteln nicht geliefert werden kann. Allerdings lässt sich aufgrund des sachlichen Zusammenhangs der einzelnen Aggressionsaffekte vermuten, dass die Neurologie der Emotionen über die Frage nach einer möglicherweise biologisch begründeten Abfolge in der Entwicklung dieser Gefühle in der Gattungsgeschichte wie in der Individualentwicklung vielleicht schon in naher Zukunft Aufschluss geben kann. Die Säuglingsforschung und Entwicklungspsychologie untersuchen ebenfalls solche Fragen.[19] Und schließlich vermag sicherlich auch die Verhaltensforschung an höheren Säugetieren zu zeigen, ob es begründet ist, diesen Tieren Emotionen und, wenn ja, welche, zuzuschreiben.[20]

Insbesondere domestizierten Tieren werden vielfach Emotionen zugeschrieben, wobei es nicht selten vorkommt, dass die gesamte Breite des Spektrums menschlicher Gefühle im Zusammenhang mit derartigen Zuschreibungen Anwendung findet. Die Gefahr anthropomorpher Projektionen lässt sich nicht ausschließen. Allerdings scheint zumindest für näher mit dem Menschen verwandte Tiere das Ausdrucksverhalten für bestimmte einfache Emotionen nachweisbar zu sein, etwa von Freude, Angst und Furcht, Ärger und Wut.[21] Unwahrscheinlich dagegen erscheint es, dass Tiere hassen oder gar in einem moralischen Sinne zornig sein oder sich empören können sollen, denn alle diese Emotionen implizieren in ihrem Gegenstandsbezug eine Zurechnung von Handlungen, die Tiere nicht vornehmen. Gleiches scheint für Neid und Eifersucht zu gelten. Wenn auf Tiere bezogen etwa von »Futterneid« die Rede ist, heißt dies nicht mehr, als dass die Nahrung begehrt wird, ebenso wie bei Anzeichen von tierischer Eifersucht eher der Platz in der Hierarchie der Gruppe oder Horde markiert wird, nicht aber Neid und Eifersucht in einem menschlichen Sinne unterstellt werden kann. Denn bei den tierischen Reaktionen, die aus menschlicher Sicht dem Neid oder der Eifersucht ähnlich sein mögen, werden nie Dispositionen ausgebildet, sondern Tiere scheinen immer nur funktionale Äquivalente von Neid oder Eifersucht als ein akutes Reaktionsmuster zu zeigen.

Anders ist dies bei Freude, Angst und unspezifischen Aggressionen. Hier sind eindeutige Sozialisationseffekte auch bei Tieren zu registrieren; Haustiere zum Beispiel ...gleiches gilt aber möglicherweise auch für Wildtiere ...können eine eher freundliche, eine ängstliche oder eine aggressive Charakterdisposition ausbilden, je nachdem, wie sie behandelt worden sind und welche Erfahrungen sie gemacht haben. Es ist also durchaus denkbar, dass der unterstellten Zunahme der Strukturiertheit von Gefühlen auch eine allgemeine phylo- und ontogenetische Tendenz entspricht.

Was ist nun unter der Strukturiertheit der Aggressionsaffekte im Einzelnen zu verstehen? In welchem Sinne weisen sie unterschiedliche Formen der Strukturiertheit auf? Beginnen wir mit Wut und Ärger. Wut und Ärger entstehen, wenn die Situationsbeherrschung brüchig wird oder gar die eigenen Handlungsabsichten durchkreuzt werden. Im deutschen Sprachgebrauch bezeichnet »Ärger« das weniger intensive

---

19 Zur Entstehung und Entwicklung von Aggression vgl. Martin Dornes, *Die frühe Kindheit. Entwicklungspsychologie der ersten Lebensjahre*, Frankfurt a. M. ⁵2001, 244..289.
20 Zur Aggression unter nichtmenschlichen Primaten vgl. Andreas Paul, *Von Affen und Menschen. Verhaltensbiologie der Primaten*, Darmstadt 1998, 33..69.
21 So bereits die klassische Studie zum Thema: Charles Darwin, *Der Ausdruck der Gemütsbewegungen bei dem Menschen und den Tieren*, Stuttgart 1908 (EA 1872).

Gefühl, während »Wut« in der Regel als intensiveres Gefühl angesprochen wird, welches eine ausgeprägte leibliche Komponente enthält. Wut sprüht nach allen Seiten. Ärger dagegen lässt sich in seinem Ausdruck leichter kontrollieren, weil es das schwächere Gefühl ist.

In der Alltagssprache werden die fraglichen Begriffe zwar nicht besonders trennscharf verwendet, aber für unsere Zwecke ist es sinnvoll, die Begriffe »Ärger« und »Wut« im Unterschied zu Zorn terminologisch darauf festzulegen, dass bei ersteren der Gegenstandsbezug neutral hinsichtlich der Frage ist, ob das, was mich in meinem Handeln hindert, ein personales Objekt oder einfach ein Sachverhalt ist, den ich nicht notwendigerweise jemandem zurechnen muss. Ich kann mich über die Tücke des Objekts ebenso ärgern wie über Verhaltensweisen von jemandem wie auch über mich selbst, und wenn solche Situationen für mich größeres emotionales Gewicht haben, so kann ich auf all das auch wütend sein. Wut und Ärger verlangen keine personale Zurechnung ihres Anlasses, während eine solche direkte Zuschreibung von Verantwortung ...verbunden mit anderen Aspekten ...eine der Bedingungen für Zorn ist. In diesem Sinne sind Wut und Ärger in einem geringeren Ausmaß strukturiert als Zorn.

Während die Verbindung von Ärger und Wut als eine Steigerung in der Intensität und in der Ausgeprägtheit der leiblichen Richtungen aufgefasst werden kann, enthält Hass eine neue Dimension: Hass verlangt notwendigerweise ein personales oder personalisiertes Objekt und dieses Objekt wird in einem schwachen Sinne für etwas Schädliches verantwortlich gemacht. Denn Hass ist nicht etwa eine Steigerung von bloßer Abneigung und er ist, anders als viele Alltagsannahmen unterstellen, der Liebe nicht genau entgegengesetzt. Liebe hat keinen Grund in dem Sinne, dass ohne diesen Grund die Liebe notwendigerweise aufhören und mit dem Vorliegen dieser begründenden Eigenschaft Liebe zwangsläufig entstehen müsste, auch wenn Liebe sicherlich rekonstruierbare Ursachen hat. Während Liebe in diesem Sinne unbegründet (aber nicht irrational) ist, so hat Hass doch zumeist Anlässe, die sich angeben lassen, auch wenn sie in vielen Fällen schlechte Gründe sein mögen. Abneigung dagegen kann völlig unbegründet sein.

Hass verlangt anders als Ärger und Wut aber ebenso wie Neid, Zorn und Empörung ein personales oder personalisiertes Objekt. In dieser Reihe von Affekten ist Hass aber auch zugleich dasjenige Gefühl, das die schwächste Zurechnung von Handlungen auf Personen enthält. Solche Zuschreibungen kommen zwar faktisch bei Ärger und Wut auch oft vor, doch ist dies für diese Gefühle keine notwendige Bedingung, sondern nur kontingenterweise mit ihnen verbunden. Dagegen zürnt man jemandem wegen einer bestimmten Handlung, die als Unrecht angesehen wird. Verglichen damit enthält Hass eine schwächere Zurechnung von Handlungen auf Personen, insofern man zwar sagen kann: »Ich hasse X, weil sie Y getan hat, mir Y zugefügt hat«, aber im Hass geht es um mehr als um einzelne Handlungen: Gehasst wird die gesamte Person, während im Zorn eine bestimmte Handlung mit dem Gefühl sanktioniert wird. Der Zorn erschöpft sich in dieser Sanktion, während der Hass nicht aufgrund einer bestimmten Gegenmaßnahme ...sei es Rache, sei es Bestrafung ...aufhört.

Bei Neid steht zwar nicht die Zurechnung von Handlungen im Zentrum des Gefühls, doch enthält er eine ausgeprägte soziale Dimension, insofern der Neider direkt die beneidete Sache oder Eigenschaft mit dem vergleicht, was er gern haben oder wie er sein möchte. Dieser Vergleich situiert den Neider in Bezug auf einen bestimmten Sachverhalt im sozialen Raum. Dies gilt auch für die Eifersucht. Sie hat eine noch komplexere Struktur, insofern sie Relationen zwischen drei Personen unterstellt und mehrere personale Objekte verlangt. In der Eifersucht werden Beziehungen verglichen und damit wird bereits eine Abstraktionsleistung vollzogen. Die Art, wie sich eine von dem Eifersüchtigen geliebte Person jemand Drittem zuwendet, wird im Gefühl interpretiert als ein Verhältnis, welches die Beziehung des Eifersüchtigen zum Geliebten beeinträchtigt, da es ihm Aufmerksamkeit und Zuwendung nimmt. Verglichen werden damit nicht einfach Personen mit bestimmten Eigenschaften, Möglichkeiten oder Besitztümern wie beim Neid, sondern die Tönungen unterschiedlicher sozialer Beziehungen.

Eine noch größere Abstraktionsleistung liegt beim Zorn vor: Wir zürnen jemandem wegen etwas, und zwar wegen einer zurechenbaren Handlung, die von uns für ungerecht gehalten wird. Das Unrecht muss den Zürnenden zwar nicht unmittelbar persönlich schädigen, aber von Zorn wird man nur dann sprechen, wenn man doch irgendwie selbst von der Ungerechtigkeit betroffen ist oder zumindest jemand, der einem nahe steht. Im letzteren Fall könnte man von stellvertretendem Zorn sprechen. Andererseits ist mit dem Bezug auf ein Unrecht bereits eine Perspektive impliziert, die nicht nur eigene Interessen reflektiert, sondern von der jeweiligen Besonderheit absieht und damit abstrahiert. Die Wahrnehmung von Unrecht enthält eine größere Abstraktionsleistung als der in Neid und Eifersucht implizierte unmittelbare Vergleich, denn als »Unrecht« kann nur etwas bezeichnet werden, das potentiell alle denkbaren Perspektiven aufeinander abgleicht und unterstellt, alle ...oder doch die allermeisten ...müssten das gleiche Rechtsgefühl haben. Das ist bei der Empörung ebenso gegeben, wobei die Empörung den personalen Bezug doppelt abstrahiert: Wer sich empört, ist persönlich betroffen, ohne in irgendeiner Weise selbst geschädigt worden sein zu müssen, und der Sachverhalt, über den sich jemand empört, muss zwar etwas sein, das personell zurechenbar ist, aber Empörung verlangt kein personales Objekt wie der Zorn: Ich kann mich zwar auch über jemanden empören, aber ebenso über Verhältnisse, die nicht eindeutig personell zurechenbar, wohl aber von Menschen gemacht sind.

Die Beziehungen zwischen den Aggressionsaffekten sind vielfältig. Manche dieser Gefühle liegen so nahe beieinander, dass man sich fragen kann, ob es sich überhaupt um diskrete, das heißt trennscharf voneinander unterscheidbare Phänomene handelt. Die Überlegungen zu den Unterschieden zwischen Ärger, Wut, Hass, Neid, Zorn und Empörung haben deutlich gemacht, wo wichtige Differenzen zwischen den verschiedenen Gefühlen liegen. Ärger und Wut scheinen sich nicht in ihrem intentionalen Gehalt, in ihren möglichen Verankerungs- und Verdichtungsbereichen, zu unterscheiden, wohl aber in ihren leiblichen Richtungen und in ihrer Intensität. Wut sprüht leiblich nach allen Seiten, ohne bereits in einem klaren Ziel fokussiert sein zu müssen wie der Zorn, Ärger dagegen kann diffus auf etwas zielen, ohne so eindeutig gerichtet zu sein wie Wut und Zorn, wobei die gereizte Stimmung noch ganz richtungslos ist. Hass ist leiblich starr auf den Gehassten ausgerichtet und umgreift ihn von allen Seiten. Dass sich aber alle diese Gefühle trotz ihrer großen Unterschiede auch etwas teilen, wird deutlich, wenn man sie mit der Verachtung vergleicht. Verachtung ist eben deshalb kein Aggressionsaffekt im diskutierten Sinne, da sie trotz ihres destruktiven Charakters gerade keine Konfrontation mit dem Gegenüber sucht, sondern den Impuls zur Vermeidung weiterer Kontakte mit dem Verachteten enthält, was sich beispielsweise in einer Abwendung des Blicks vom Verachteten dokumentieren kann. Zumindest gilt dies für Verachtung, sofern sie unverbunden mit anderen Aggressionsaffekten auftritt. Die Aggressionsaffekte im engeren Sinne hingegen führen meistens zu einer bestimmten Art von Initiative, sei es gegenüber Personen, sei es gegenüber Situationen.

Literatur*

Zur Philosophie und Theorie der Gefühle im Allgemeinen

Angehrn, Emil/Baertschi, Bernard (Hg.): *Emotion und Vernunft*, Bern 2000.
Bedford, Errol: »Emotionen«, in: Gerd Kahle (Hg.), *Logik des Herzens. Die soziale Dimension der Gefühle*, Frankfurt a. M. 1981, 34..57.
Ben-Ze'ev, Aaron: *The Subtlety of Emotions*, Cambridge 2000.
Bollnow, Otto Friedrich: *Das Wesen der Stimmungen*, Frankfurt a. M. [7]1988 (EA 1956).
Craemer-Ruegenberg, Ingrid (Hg.): *Pathos, Affekt, Gefühl. Philosophische Beiträge*, Freiburg 1981.
Coriando, Paola-Ludovika: *Affektenlehre und Phänomenologie der Stimmungen*, Frankfurt a. M. 2003.
Damasio, Antonio R.: *Descartes' Irrtum. Fühlen, Denken und das menschliche Gehirn*, München/Leipzig 1995.
Damasio, Antonio R.: *Ich fühle also bin ich. Die Entschlüsselung des Bewusstseins*, München 1999.
Darwin, Charles: *Der Ausdruck der Gemütsbewegungen bei dem Menschen und den Tieren*, Stuttgart 1908 (EA 1872).
Demmerling, Christoph: *Gefühle und Moral. Eine philosophische Analyse*, Bonn 2004.
Demmerling, Christoph: »Brauchen Gefühle eine Sprache? Überlegungen zur Philosophie der Psychologie«, in: Hilge Landweer (Hg.), *Gefühle – Struktur und Funktion*, Berlin 2007.
de Sousa, Ronald: *The Rationality of Emotion*, Cambridge 1987 (dtsch. *Die Rationalität des Gefühls*, Frankfurt a. M. 1997).
Döring, Sabine/Mayer, Verena (Hg.): *Die Moralität der Gefühle*, Berlin 2004.
Ekman, Paul: *Gefühle lesen. Wie Sie Emotionen erkennen und richtig interpretieren*, Darmstadt 2004.
Elster, Jon: *Alchemies of the Mind. Rationality and the Emotions*, Cambridge 1999.
Evans, Dylan: *Emotion. The Science of Sentiment*, Oxford 2001.
Fink-Eitel, Hinrich/Lohmann, Georg (Hg.): Philosophie der Gefühle, Frankfurt a. M. 1993.
Frese, Jürgen: »Gefühls-Partituren«, in: Michael Großheim (Hg.), *Leib und Gefühl. Beiträge zur Anthropologie*, Berlin 1995, 45..70.
Goldie, Peter: *The Emotions. A Philosophical Exploration*, Oxford 2000.

---

* Das Verzeichnis nennt die Literatur, die verwendet wurde, auch wenn sie nicht ausdrücklich in den Anmerkungen zum Text erwähnt wird.

Griffiths, Paul: *What Emotions really are. The Problem of Psychological Categories*, Chicago 1997.
Großheim, Michael (Hg.): *Leib und Gefühl. Beiträge zur Anthropologie*, Berlin 1995.
Hatzimoysis, Anthony (Hg.): *Philosophy and the Emotions*, Cambridge 2003.
Hartmann, Martin: *Gefühle. Wie die Wissenschaften sie erklären*, Frankfurt a. M. 2005.
Hastedt, Heiner: *Gefühle. Philosophische Bemerkungen*, Stuttgart 2005.
Heller, Agnes: *Theorie der Gefühle*, Hamburg 1981.
Helm, Bennett: *Emotional Reason, Deliberation, Motivation, and the Nature of Value*, Cambridge 2001.
Hülshoff, Thomas: *Emotionen. Eine Einführung für beratende, therapeutische, pädagogische und soziale Berufe*, München 1999.
Hobson, Peter: *Wie wir denken lernen. Gehirnentwicklung und Rolle der Gefühle*, Düsseldorf/Zürich 2003.
Kahle, Gerd (Hg.): *Logik des Herzens. Die soziale Dimension der Gefühle*, Frankfurt a. M. 1981.
Kenny, Anthony: *Action, Emotion, and Will*, London 1963.
Kettner, Matthias: »Ungute Gefühle und gute Gründe«, in: Hilge Landweer (Hg.), *Gefühle – Struktur und Funktion*, Berlin 2007.
Kiesow, Rainer Maria/Korte, Martin (Hg.): *Emotionales Gesetzbuch. Dekalog der Gefühle*, Köln/Weimar/Wien 2005.
Landweer, Hilge (Hg.): *Gefühle – Struktur und Funktion*, Berlin 2007.
Landweer, Hilge: »Phänomenologie und die Grenzen des Kognitivismus«, in: *Deutsche Zeitschrift für Philosophie*, 52. Jg. Heft 3/2004, 467..486.
Lyons, William: *Emotions*, Cambridge 1980.
LeDoux, Joseph: *Das Netz der Gefühle. Wie Emotionen entstehen*, München 2001.
Nussbaum, Martha: »Narrative Emotions: Beckett's Genealogy of Love«, in: dies., *Love's Knowledge. Essays on Philosophy and Literature*, Oxford 1990, 286..313.
Nussbaum, Martha: »Love's Knowledge«, in: dies., *Love's Knowledge. Essays on Philosophy and Literature*, Oxford 1990, 261..285.
Nussbaum, Martha: *Upheavals of Thought. The Intelligence of Emotions*, Cambridge 2001.
Perkins, Moreland: »Emotion und Gefühl«, in: Gerd Kahle (Hg.), *Logik des Herzens. Die soziale Dimension der Gefühle*, Frankfurt a. M. 1981, 58..81.
Pert, Candace P.: *Moleküle der Gefühle. Körper, Geist und Emotionen*, Reinbek bei Hamburg 2001.
Pugmire, David: *Rediscovering Emotion*, Edingburgh 1998.
Pugmire, David: »Narcissism in Emotion«, in: *Phenomenology and the Cognitive Sciences*, 1/3 (2002), 313..326.
Roberts, Robert C.: »What an Emotion is: A Sketch«, in: *The Philosophical Review* XCVII (1988), 183..209.
Roberts, Robert C.: *Emotions. An Essay in the Aid of Moral Psychology*, Cambridge 2003.
Rorty, Amélie Oksenberg (Hg.): *Explaining Emotions*, Berkely/Los Angeles/London 1980.

Rost, Wolfgang: *Emotionen. Elixiere des Lebens*, Heidelberg ²2001.
Sartre, Jean-Paul: »Skizze einer Theorie der Emotionen« (EA 1939), in: ders., *Die Transzendenz des Ego. Philosophische Essays 1931–1939*, Reinbek bei Hamburg 1982, 255..318.
Scheele, Brigitte: *Emotionen als bedürfnisrelevante Bewertungszustände. Grundriß einer epistemologischen Emotionstheorie*, Tübingen 1990.
Schmitz, Hermann: *System der Philosophie* in 5 Bänden. 10 Teilbände, Bonn 1964... 1980.
Schmitz, Hermann: *Der unerschöpfliche Gegenstand. Grundzüge der Philosophie*, Bonn 1990.
Schmitz, Hermann: *Der Leib, der Raum und die Gefühle*, Stuttgart 1998.
Schmitz Hermann: *Der Spielraum der Gegenwart*, Bonn 1999.
Schmitz, Hermann: »Leibliche Kommunikation ohne und mit Wort«, in: Manfred Bauschulte/Volkhard Krech/Hilge Landweer (Hg.), *Wege, Bilder, Spiele. Festschrift zum 60. Geburtstag von Jürgen Frese*, Bielefeld 1999, 251..259.
Shibles, Warren: *Unsere Gefühlswelt. Eine kritische Analyse für jung und alt*, Mainz 1995.
Slaby, Jan: »Nicht-reduktiver Kognitivismus als Theorie der Emotionen«, in: *Handlung, Kultur, Interpretation. Zeitschrift für Sozial- und Kulturwissenschaften* 13 (2004), 50..85.
Slaby, Jan: *Gefühl und Weltbezug. Die menschliche Affektivität im Kontext einer (provisorischen) Konzeption der personalen Existenz*. Dissertation der Universität Osnabrück 2006.
Stephan, Achim/Walter, Henrik (Hg.): *Natur und Theorie der Emotionen*, Paderborn ²2004.
Solomon, Robert C.: *The Passions. Emotions and the Meaning of Life*, Indianapolis/Cambridge 1993 (dtsch. *Gefühle und der Sinn des Lebens*, Frankfurt a. M. 2000).
Voss, Christiane: *Narrative Emotionen. Eine Untersuchung über Möglichkeiten und Grenzen philosophischer Emotionstheorien*, Berlin 2004.
Wassmann, Claudia: *Die Macht der Emotionen. Wie Gefühle unser Denken und Handeln beeinflussen*, Darmstadt 2002.
Wollheim, Richard: *Emotionen. Eine Philosophie der Gefühle*, München 2001.

Achtung und Anerkennung

Brezina, Friedrich F.: *Die Achtung: Ethik und Moral der Achtung und Anerkennung bei Immanuel Kant, Ernst Tugendhat, Ursula Wolf und Peter Singer*, Frankfurt a. M. u. a. 1999.
Honneth, Axel: *Kampf um Anerkennung. Zur moralischen Grammatik sozialer Konflikte*, Frankfurt a. M. 1992.

Honneth, Axel: »Unsichtbarkeit. Über die moralische Epistemologie von Anerkennung«, in: ders., *Unsichtbarkeit. Studien zu einer Theorie der Intersubjektivität*, Frankfurt a. M. 2003, 10..27.
Landweer, Hilge: »Achtung, Anerkennung und der Nötigungscharakter der Moral«, in: Thomas Rentsch (Hg.), *Anthropologie, Ethik, Politik. Grundfragen der praktischen Philosophie der Gegenwart* (Dresdner Hefte für Philosophie 6), Dresden 2004, 34..67.
Lauener, Henri: »Der systematische Stellenwert des Gefühls der Achtung bei Kant«, in: *Dialectica* 35 (1981), 244..264.
Margalit, Avishai: *Politik der Würde. Über Achtung und Verachtung*, Frankfurt a. M. 1999.
Taylor, Charles: »Die Politik der Anerkennung«, in: ders., *Multikulturalismus und die Politik der Anerkennung*, Frankfurt a. M. 1993.
Wildt, Andreas: »Recht und Selbstachtung im Anschluß an die Anerkennungslehren von Fichte und Hegel«, in: Michael Kahlo, Ernst A. Wolff und Rainer Zaczyk (Hg.), *Fichtes Lehre vom Rechtsverhältnis. Die Deduktion der §§ 1–4 der* Grundlage des Naturrechts *und ihre Stellung in der Rechtsphilosophie*, Frankfurt a. M. 1992.
Wildt, Andreas: *Autonomie und Anerkennung. Hegels Moralitätskritik im Lichte seiner Fichte-Rezeption*. Stuttgart 1982.

Angst

Balint, Michael: *Angstlust und Regression*, Stuttgart 1960.
Bergenholtz, Henning: *Das Wortfeld »Angst«: eine lexikographische Untersuchung mit Vorschlägen für ein großes interdisziplinäres Wörterbuch der deutschen Sprache*, Stuttgart 1980.
Biser, Eugen: »Gesichter und Wurzeln der Lebensangst. Zur Diagnose und Ätiologie einer Zeitkrankheit«, in: Hermann Lang/Hermann Faller (Hg.), *Das Phänomen Angst. Pathologie, Genese und Therapie*, Frankfurt a. M. 1996, 18..31.
Blankenburg, Wolfgang: »Angst und Hoffnung ...Grundperspektiven der Welt- und Selbstauslegung psychisch Kranker«, in: Günter Eifler (Hg.), *Angst und Hoffnung. Grundperspektiven der Weltauslegung*, Mainz 1984, 1..32.
Blankenburg, Wolfgang: »Vitale und existentielle Angst«, in: Günter Eifler (Hg.), *Angst und Hoffnung. Grundperspektiven der Weltauslegung*, Mainz 1984, 43...73.
Condrau, Gion: »Zur Phänomenologie der Angst«, in: Hermann Lang/Hermann Faller (Hg.), *Das Phänomen Angst. Pathologie, Genese und Therapie*, Frankfurt a. M. 1996, 32..42.
Fink-Eitel, Hinrich: »Angst und Freiheit. Überlegungen zur philosophischen Anthropologie«, in: Hinrich Fink-Eitel/Georg Lohmann (Hg.), *Philosophie der Gefühle*, Frankfurt a. M. 1993, 57..88.

Holsboer, Florian: »Die Biologie der Angst«, in: ZDF-Nachtstudio (Hg.), *Große Gefühle. Bausteine menschlichen Verhaltens*, Frankfurt a. M. 2000, 179..192.
Lang, Hermann/Faller, Hermann: »Einleitung: Angst ...ein paradoxes Phänomen«, in: Hermann Lang/Hermann Faller (Hg.), *Das Phänomen Angst. Pathologie, Genese und Therapie*, Frankfurt a. M. 1996.
Lang, Hermann: »Zur Pathologie der Angst und Angstverarbeitung«, in: Hermann Lang/Hermann Faller (Hg.), *Das Phänomen Angst. Pathologie, Genese und Therapie*, Frankfurt a. M. 1996, 122..145.
Richter, Horst-Eberhard: *Umgang mit Angst*, Hamburg 1992.
Schmitz, Hermann: »Die Angst: Atmosphäre und leibliches Befinden«, in: Hermann Schmitz, *Leib und Gefühl. Materialien zu einer philosophischen Therapeutik*, Paderborn 1989, 135..152.
Spira, Andreas: »Angst und Hoffnung in der Antike«, in: Günter Eifler (Hg.), *Angst und Hoffnung. Grundperspektiven der Weltauslegung*, Mainz 1984, 203..270.
Tembrock, Günter: *Angst. Naturgeschichte eines psychobiologischen Phänomens*, Darmstadt 2000.

Ekel

Angyal, Andras: »Disgust and related Aversions«, in: *Journal of Abnormal and Social Psychology* 36 (1941), 393..412.
Eggebrecht, Harald: »Ekeltöne«, in: *Ekel und Allergie*. Kursbuch 129, Berlin 1997, 145..151.
Kolnai, Aurel: »Der Ekel«, in: *Jahrbuch für Philosophie und phänomenologische Forschung* Band X (1929), 516..569 (ND Tübingen 1974, 119..173).
Liessmann, Konrad Paul: » Ekel! Ekel! Ekel! ...Wehe mir! Eine kleine Philosophie des Abscheus«, in: *Ekel und Allergie*. Kursbuch 129, Berlin 1997, 101..110.
Menninghaus, Winfried: *Ekel. Theorie und Geschichte einer starken Empfindung*, Frankfurt a. M. 1999.
Miller, Susan B.: *Disgust: The Gatekeeper Emotion*, Hillsdale 2004.
Pernlochner-Kübler, Christine: *Körperscham und Ekel – wesentlich menschliche Gefühle*, Münster 2004.
Royzman, Edward B./Sabini, John: »Something it Takes to be an Emotion: The Interesting Case of Disgust«, in: *Journal for the Theory of Social Behaviour* 31/1 (2001), 29..59.
Rozin, Paul/Millman, Linda/Nemeroff, Carol: »Operation of the Laws of sympathetic Magic in Disgust and other Domains«, in: *Journal of Personality and Social Psychology* 50 (1986), 703..712.
Rozin, Paul/Haidt, Jonathan/McCauley, Clark R.: »Disgust«, in: *Handbook of Emotions*, hg. von Michael Lewis/Jeannette M. Haviland-Jones, New York ²2004, 637..653.

Glück und Freude

Angehrn, Emil/Baertschi, Bernard (Hg.): *Die Philosophie und die Frage nach dem Glück: La philosophie et la question du bonheur*, Bern 1997.
Averill, James R./More, Thomas A.: »Happiness«, in: *Handbook of Emotions*, hg. von Michael Lewis/Jeannette M. Haviland-Jones, New York ²2004, 663..676.
Davies, Wayne: »Pleasure and Happiness«, in: *Philosophical Studies* 39 (1981), 305...317.
Duncker, Karl: »On Pleasure, Emotion, and Striving«, in: *Philosophy and Phenomenological Research* 1 (1941), 391..430.
Forschner, Maximilian: *Über das Glück des Menschen. Aristoteles, Epikur, Stoa, Thomas von Aquin, Kant*, Darmstadt 1993.
Haybron, Daniel, M.: »Happiness and Pleasure«, in: *Philosophy and Phenomenological Research* 62/3 (2001), 501..528.
Haybron, Daniel, M.: »What do we want from a Theory of Happiness?«, in: *Metaphilosophy* 34/3 (2003), 305..329.
Nozick, Robert: *Vom richtigen, guten und glücklichen Leben*, München 1993.
Kekes, John: »Happiness«, in: *Mind* 91 (1982), 358..376.
Park, Shelley, M.: »In Defense of Happiness«, *in: Florida Philosophical Review* 5 (2005), 1..13.
Seel, Martin: *Versuch über die Form des Glücks. Studien zur Ethik*, Frankfurt a. M. 1995.
Walton, Shane: »The Nature and the Pursuit of Happiness«, in: *Practical Philosophy* 5.1 (2002), 40..54.

Liebe

Badinter, Elisabeth: *Die Mutterliebe. Geschichte eines Gefühls vom 17. Jahrhundert bis heute*, München 1984.
Burkart, Günter: *Lebensphasen – Liebesphasen. Vom Paar zur Ehe, zum Single und zurück?*, Opladen 1997.
Burkart, Günter: »Auf dem Weg zu einer Soziologie der Liebe«, in: Kornelia Hahn/ Günter Burkart (Hg.), *Liebe am Ende des 20. Jahrhunderts. Studien zur Soziologie intimer Beziehungen*, Opladen 1998, 15..49.
Eichler, Klaus-Dieter (Hg.): *Philosophie der Freundschaft*, Leipzig 1999.
Fellmann, Ferdinand: *Das Paar. Eine erotische Rechtfertigung des Menschen*, München 2005.
Frankfurt, Harry G.: »Vom Sorgen oder: Woran uns liegt«, in: ders.: *Freiheit und Selbstbestimmung*, Berlin 2001, 201..231.
Frankfurt, Harry G.: *Gründe der Liebe*, Frankfurt a. M. 2005.
Fromm, Erich: *Die Kunst des Liebens*, Frankfurt/Berlin/Wien 1977 (EA 1956).

Illouz, Eva: *Der Konsum der Romantik. Liebe und die kulturellen Widersprüche des Kapitalismus*, Frankfurt a. M. 2003.
Kuhn, Helmut: »*Liebe*«. *Geschichte eines Begriffs*, München 1975.
LaFollette, Hugh: *Personal Relationships. Love, Identity, and Morality*, Oxford 1996.
Landweer, Hilge: »Philosophie der Freundschaft im Anschluss an Aristoteles«, in: Meike Sophia Baader/Helga Kelle/Elke Kleinau (Hg.), *Bildungsgeschichten. Geschlecht, Religion und Pädagogik in der Moderne*, Köln 2006, 235..254.
Lemke, Harald: *Freundschaft. Ein philosophischer Essay*, Darmstadt 2000.
Lenz, Karl: *Soziologie der Zweierbeziehung. Eine Einführung*, Opladen 1998.
Lenzen, Wolfgang: *Liebe, Leben, Tod. Eine moralphilosophische Studie*, Stuttgart 1999.
Luhmann, Niklas: *Liebe als Passion. Zur Codierung von Intimität*, Frankfurt a. M. ^{4}1984.
Mahlmann, Regina: *Was verstehst du unter Liebe? Ideale und Konflikte von der Frühromantik bis heute*, Darmstadt 2003.
Métral, Marie-Odile: *Die Ehe. Analyse einer Institution*, Frankfurt a. M. 1981.
Schmitz, Hermann: *Die Liebe*, Bonn 1993.
Schneider, Manfred: *Liebe und Betrug. Die Sprachen des Verlangens*, München/Wien 1992.
Schütze, Yvonne: *Die gute Mutter. Zur Geschichte des normativen Musters ›Mutterliebe‹*, Bielefeld ^{2}1991.
Singer, Irving: *The Nature of Love. From Plato to Luther.* Vol. 1, Chicago ^{2}1984.
Singer, Irving: *The Nature of Love. Courtly and Romantic.* Vol. II, Chicago 1984.
Singer, Irving: *The Nature of Love. The Modern World.* Vol. III, Chicago 1987.
Scruton, Roger: *Sexual Desire. A Moral Philosophy of the Erotic*, New York 1986.
Soble, Alan: *The Philosophy of Sex and Love*, St. Paul 1998.
Solomon, Robert: *About Love. Reinventing Romance for our Times*, New York 1989.
Stock, Konrad: *Gottes wahre Liebe. Theologische Phänomenologie der Liebe*, Tübingen 2000.
Taylor, Gabriele: »Liebe«, in: Dieter Thomä (Hg.), *Analytische Philosophie der Liebe*, Paderborn 2000, 135..151.
Vogt, Katja: »Freundschaft, Unparteilichkeit und Feindschaft«, in: *Deutsche Zeitschrift für Philosophie* 49 (2001) 4, 517..532.
Wilson, John: *Love between Equals. A Philosophical Study of Love and Sexual Relationship*, London 1995.

Mitgefühle

Blum, Lawrence: »Compassion« in: Amélie Oksenberg Rorty (Hg.), *Explaining Emotions*, Berkeley 1980, 507..518.
Blum, Lawrence: *Friendship, Altruism and Morality*, London 1980.
Carr, Brian: »Pity and Compassion as Social Virtues«, in: *Philosophy* 74 (1999), 411...429.
Hestevold, H. Scott: »Pity« in: *Journal of Philosophical Research* 29 (2004), 333..352.

Hamburger, Käte: *Das Mitleid*, Stuttgart ²1996.
James, Susan: »Sympathy and Comparison: Two Principles of Human Nature«, in: Marina Frasca-Spada (Hg.), *Impressions of Hume*, Oxford 2005, 107..124.
Marra, William: »On Pity and Sympathy«, in: Stephen D. Schwarz (Hg.), *Values and Human Experience*, New York, 1999, 57..65.
Nilsson, Peter: *Empathy and Emotions: On the Notion of Empathy as Emotional Sharing*, Umea 2003.
Ritter, Henning: *Nahes und fernes Unglück. Versuch über das Mitleid*, München 2004.
Samson, L.: »Mitleid«, in: *Historisches Wörterbuch der Philosophie*, Band 5, hg. von Joachim Ritter und Karlfried Gründer, Basel/Stuttgart 1980, 1410..1416.
Scheler, Max: *Wesen und Formen der Sympathie*, Bonn 1985 (EA 1913/1923).
Tudor, Steven K.: *Compassion and Remorse: Acknowledging the Suffering Other*, Leuven 2001.
Vetlesen, Arne Johan: *Perception, Empathy and Judgement. An Inquiry into the Preconditions of Moral Performance*, Pennsylvania 1994.
von der Lühe, Astrid: »Sympathie II«, in: *Historisches Wörterbuch der Philosophie*, Band 10, hg. von Joachim Ritter und Karlfried Gründer, Basel 1998, 756...762.

Neid und Eifersucht

Bacon, Francis: »Über den Neid (1612)«, in: ders., *Essays*, hg. von Levin L. Schücking, Leipzig ⁴1979, 31..37.
Farrell, Daniel M.: »Über Eifersucht und Neid«, in: Philipp Balzer/Klaus Peter Rippe (Hg.), *Philosophie und Sex*, München 2000, 113..146.
Foster, George M.: »The Anatomy of Envy: A Study in Symbolic Behavior«, in: *Current Anthropology* 13 (2) 1972, 165..186.
Haubl, Rolf: *Neidisch sind immer nur die anderen. Über die Unfähigkeit zufrieden zu sein*, München 2001.
Haubl, Rolf: »Über Hass, Neid und Gewaltbereitschaft«, in: ZDF-Nachtstudio (Hg.), *Große Gefühle. Bausteine menschlichen Verhaltens*, Frankfurt a. M. 2000, 47..75.
Kast, Verena: *Neid und Eifersucht. Die Herausforderung durch unangenehme Gefühle*, München 1998.
Klein, Melanie: »Neid und Dankbarkeit (1957)«, in: dies., *Das Seelenleben des Kleinkindes und andere Beiträge zur Psychoanalyse*, Stuttgart ³1989, 225..242.
Milobenski, Ernst: *Der Neid in der griechischen Philosophie*, Wiesbaden 1964.
Neu, Jerome: »Jealous Thoughts«, in: Amélie Oksenberg Rorty (Hg.), *Explaining Emotions*, Berkeley 1980, 425..463.
Nikolaou, Theodoros: *Der Neid bei Johannes Chrysostomus unter Berücksichtigung der griechischen Philosophie*, Bonn 1968.
Pollmann, Arnd: »Neid und Nivellierung«, in: *Berliner Debatte Initial* Heft 3: *Neid und Gerechtigkeit*, 12. Jg. 2001, 38..47.

Probst, Peter: »Ressentiment«, in: *Historisches Wörterbuch der Philosophie* 8, hg. von Joachim Ritter und Karlfried Gründer, 920..924, Basel 1992.
Schoeck, Helmut: *Der Neid. Eine Theorie der Gesellschaft*, Freiburg/München 1966.
Vendrell Ferran, Ingrid: »Über den Neid. Eine phänomenologische Untersuchung«, in: *Deutsche Zeitschrift für Philosophie* 5/1, 43..68.

Scham und Schuldgefühl

Benedict, Ruth: *Chrysantheme und Schwert. Formen der japanischen Kultur*, Frankfurt a. M. 2006.
Blume, Anna: *Scham und Selbstbewusstsein. Zur Phänomenologie konkreter Subjektivität bei Hermann Schmitz*, Freiburg/München 2003.
Burkart, Günter: »Distinktionsgefühle«, in: Hilge Landweer (Hg.), *Gefühle – Struktur und Funktion*, Berlin 2007.
Duerr, Hans Peter: *Der Mythos vom Zivilisationsprozeß*. 5 Bände, Frankfurt a. M. 1988..2002.
Elias, Norbert: *Über den Prozeß der Zivilisation. Soziogenetische und psychogenetische Untersuchungen*, 2 Bände, Frankfurt a. M. 1976.
Landweer, Hilge: *Scham und Macht. Phänomenologische Untersuchungen zur Sozialität eines Gefühls*, Tübingen 1999.
Landweer, Hilge: »Differenzierungen im Begriff Scham« in: *Ethik und Sozialwissenschaften* Jg. 12, Heft 3/2001, 285..296.
Landweer, Hilge: »Leiblichkeit, Kognition und Norm bei akuter Scham. Replik auf Kritiken«, in: *Ethik und Sozialwissenschaften* Jg. 12, Heft 3/2001, 338..348.
Lethinen, Ullaliina: *Underdog Shame. Philosophical Essays on Women's Internalization of Inferiority*. Doctoral Dissertation, Göteborg 1998.
Moldzio, Andrea: »Nach dem sexuellen Missbrauch. Über ein traumatisches Schamgefühl«, in: Hilge Landweer/Hartwig Schmidt (Hg.), *Scham und Macht. Berliner Debatte Initial* 17 (2006), 117..122.
Neckel, Sighard: *Status und Scham. Zur symbolischen Reproduktion sozialer Ungleichheit*, Frankfurt a. M. 1991.
Neckel, Sighard: »Achtungsverlust und Scham. Die soziale Gestalt eines existentiellen Gefühls«, in: Hinrich Fink-Eitel/Georg Lohmann (Hg.), *Zur Philosophie der Gefühle*, Frankfurt a. M. 1993, 244..265.
Prütting, Lenz: » Und auf Vernichtung läuft's hinaus . Über Gelächter und Scham«, in: Hilge Landweer/Hartwig Schmidt (Hg.), *Scham und Macht. Berliner Debatte Initial* 17 (2006), 123..136.
Ruhnau, Jürgen: »Scham, Scheu«, in: *Historisches Wörterbuch der Philosophie*, Band 8, hg. von Joachim Ritter und Karlfried Gründer, Basel 1992, 1208..1215.
Schäfer, Peter: *Das Schuld-Bewußtsein in den Confessiones des hl. Augustinus: eine religionspsychologische Studie*, Würzburg 1930.
Scheler, Max: »Über Scham und Schamgefühl«, in: ders., *Schriften aus dem Nachlaß. Band 1: Zur Ethik und Erkenntnislehre*, Bern 1957, 65..154.

Schmitz, Hermann: »Kann man Scham auf Dauer stellen?«, in: Hilge Landweer/ Hartwig Schmidt (Hg.), *Scham und Macht. Berliner Debatte Initial* 17 (2006), 100..104.
Williams, Bernard: *Scham, Schuld und Notwendigkeit. Eine Wiederbelebung antiker Begriffe von der Moral*, Berlin 2000.
Wurmser, Leon: *Die Maske der Scham. Die Psychoanalyse von Schamaffekten und Schamkonflikten*, Heidelberg ²1993.

Stolz

Chakrarbati, Arindam: »Individual and Collective Pride«, in: *American Philosophical Quarterly* 29/1 (1992), 35..43.
Chazan, Pauline: »Pride, Virtue and Selfhood: A Reconstruction of Hume«, in: *Canadian Journal of Philosophy* 22 (1992), 45..64.
Davidson, Donald: »Hume's Cognitive Theory of Pride«, in: *Journal of Philosophy* 73/4 (1976), 744..756.
Ewin, R. E.: »Pride, Prejudice and Shyness«, in: *Philosophy* 65 (1990), 137..154.
Isenberg, Arnold: »Natural Pride and Natural Shame«, in: Amélie Oksenberg Rorty (Hg.), *Explaining Emotions*, Berkeley 1980, 355..383.
Kristjansson, Kristjan: *Justifying Emotions: Pride and Jealousy*, New York 2002.
Kristjansson, Kristjan: »Pridefulness«, in: *Journal of Value Inquiry* 35/2 (2001), 165...178.
Smith, Tara: »The Practice of Pride«, in: *Social Philosophy and Policy*, 15/1 (1998), 71..90.
Statman, Daniel: »Modesty, Pride and Realistic Self-Assessment«, in: *Philosophical Quarterly* 42 (1992), 420..438.
Taylor, Gabriele: »Pride«, in: Amélie Oksenberg Rorty (Hg.), *Explaining Emotions*, Berkeley 1980, 385..402.
Taylor, Gabriele: *Pride, Shame and Guilt: Emotions of Self-Assessment*, Oxford 1985.
Walsh, W. H.: »Pride, Shame and Responsibility«, in: *Philosophical Quarterly* 20 (1970), 1..13.

Traurigkeit und Melancholie

Alloy, Lauren B./Abramson, Lyn Yvonne: »Judgement of Contingency in Depressed and Nondepressed Students: Sadder but Wiser?«, in: *Journal of Experimental Psychology* (1979) General 108, 441..485.
Bowlby, John: *Verlust, Trauer und Depression*, Frankfurt a. M. 1983.
Bowlby, John: »Trennung und Verlust innerhalb der Familie«, in: ders., *Das Glück und die Trauer. Herstellung und Lösung affektiver Bindungen*, Stuttgart ²2001, 105..129.

Dobson, Keith/Franche, Renée Louise: »A conceptual and empirical Review of the Depressive Realism Hypothesis«, in: *Canadian Journal of Behavioural Science* 21 (1989), 419..433.
Földényi, László F.: *Melancholie*, Berlin ²2004.
Graham, George: »Melancholic Epistemology«, in: *Synthese* 82 (1990), 399..422.
Hühn, Helmut: »Trauer, Trauerarbeit«, in: *Historisches Wörterbuch der Philosophie* Band 10, hg. von Joachim Ritter und Karlfried Gründer, Basel 1998, 1455..1460.
Kast, Verena: *Trauern. Phasen und Chancen des psychischen Prozesses*, Stuttgart 1999.
Illhardt, Franz Josef: *Trauer. Eine moraltheologische und anthropologische Untersuchung*, Düsseldorf 1982.
Klibansky, Raymond/Panofsky, Erwin/Saxl, Fritz: *Saturn und Melancholie. Studien zur Geschichte der Naturphilosophie und Medizin, der Religion und der Kunst*, Frankfurt a. M. 1990.
Kobayashi, Toshiaki: *Melancholie und Zeit*, Basel/Frankfurt a. M. 1998.
Kübler-Ross, Elisabeth: *Interviews mit Sterbenden*, München 2001.
Landauer, Karl: »Äquivalente der Trauer (1925)«, in: ders., *Theorie der Affekte und andere Schriften zur Ich-Organisation*, Frankfurt a. M. 1991, 74..85.
Liebsch, Burkhard: *Revisionen der Trauer. In philosophischen, geschichtlichen, psychoanalytischen und ästhetischen Perspektiven*, Weilerswist 2006.
Metzinger, Thomas: » omnes ingeniosos melancholicos esse. Intellektualität und Melancholie: Die Transparenz der Trauer«, in: ZDF-Nachtstudio (Hg.), *Große Gefühle. Bausteine menschlichen Verhaltens*, Frankfurt a. M. 2000, 139..155.
Roberts, Robert C./Wood, W. Jay: »Humility and Epistemic Goods«, in: Michael De Paul/Linda Zagzebski (Hg.), *Intellectual Virtues: Perpectives from Ethics and Epistemology*, Oxford 2003, 257..279.
Theunissen, Michael: »Können wir in der Zeit glücklich sein?«, in: ders., *Negative Theologie der Zeit*, Frankfurt a. M. 1991, 37..86.
Theunissen, Michael: *Vorentwürfe von Moderne. Antike Melancholie und die Acedia des Mittelalters*, Berlin 1996.
Wilkinson, Stephen: »Is Normal Grief a Mental Disorder?«, in: *The Philosophical Quarterly* Vol. 50 (2000), 289..304.

Zorn und andere Aggressionsaffekte

Alland, Alexander Jr.: »Anger and Aggression«, in: *Humanitas* 12 (1976), 221..237.
Barden, Garrett: »On Hate«, in: *Yearbook of the Irish Philosophical Society* (2001), 1..9.
Ben-Ze'ev, Aaron: »Anger and Hate«, in: *Journal of Social Philosophy* 23/2 (1992), 85..110.
Ben-Ze'ev, Aaron: »Are Envy, Anger and Resentment Moral Emotions?«, in: *Philosophical Explorations* 5/2 (2002), 148..154.
Gini, A. R.: »Aggressivity: A Critical Overview«, in: *International Philosophical Quarterly*, 18 (1978), 201..214.
Lorenz, Konrad: *Das sogenannte Böse. Zur Naturgeschichte der Aggression*, Wien 1963.

Lück, Monika/Strübe, Daniel/Roth, Gerhard (Hg.): *Psychobiologische Grundlagen aggressiven und gewalttätigen Verhaltens*, Oldenburg 2005.
Olschanski, Reinhard: *Phänomenologie der Mißachtung. Studien zum Intersubjektivitätsdenken Jean-Paul Sartres*, Bodenheim 1997.
Rattner, Josef. »Ärger, Zorn und Wut«, in: Irmgard Fuchs (Hg.), *Eros und Gefühl. Über den emotionalen Wesenskern des Menschen*, Würzburg 1998, 81..96.
Yeager, D. M.: »Anger, Justice and Detachment«, in: *Annual of the Society of Christian Ethics* 17 (1997), 167..188.

Klassiker

Aristoteles: *Nikomachische Ethik*, übersetzt von Ursula Wolf, Reinbek bei Hamburg 2006.
Aristoteles: *Problemata Physica*. Werke in deutscher Übersetzung, Band 19, hg. von Ernst Grumach, übersetzt von Hellmut Flashar, Berlin 1962.
Aristoteles: *Rhetorik*, übersetzt mit einer Bibliographie, Erläuterungen und einem Nachwort von Franz G. Sievecke, München 1980.
Augustinus: *Bekenntnisse*, eingeleitet und übertragen von W. Thimme, München 1981.
Augustinus: *Der Gottesstaat – De Civitate Dei*, hg. und übersetzt von Carl Johann Perl, Paderborn 1979.
Böhme, Jakob: *Von der Menschwerdung Christi*. Sämtliche Schriften, hg. von Will-Erich Peuckert, vierter Band, Stuttgart 1957 (ND der Ausgabe 1730).
de La Rochefoucauld, François: »Reflexionen oder moralische Sentenzen und Maximen« (EA 1678), in: *Die französischen Moralisten. Band 1: La Rochefoucauld, Vauvenargues, Montesquieu, Chamfort*, hg. und übersetzt von Fritz Schalk, München 1973.
Descartes, René: *Les passions de l'âme/Die Leidenschaften der Seele*, frz.-dt. Ausgabe, hg. von Klaus Hammacher, Hamburg 1984 (EA 1649).
Freud, Sigmund: *Psychologie des Unbewußten*. Studienausgabe Band III, Frankfurt a. M. 1975.
Freud, Sigmund: *Hysterie und Angst*. Studienausgabe Band VI, Frankfurt a. M. 1971.
Freud, Sigmund: *Zwang, Paranoia und Perversion*. Studienausgabe Band VII, Frankfurt a. M. 1973.
Freud, Sigmund: *Vorlesungen zur Einführung in die Psychoanalyse*. Studienausgabe Band I, Frankfurt a. M.1969 (EA 1917).
Freud, Sigmund: *Fragen der Gesellschaft – Ursprünge der Religion*. Studienausgabe Band IX, Frankfurt a. M. 1974.
Sigmund Freud: *Briefe an Wilhelm Fließ 1887–1904*, Frankfurt a. M. 1986.
Heidegger, Martin: *Sein und Zeit*, Tübingen ^{15}1979 (EA 1927).
Hobbes, Thomas: *Leviathan oder Stoff, Form und Gewalt eines kirchlichen und bürgerlichen Staates*, hg. und eingeleitet von Iring Fetscher, Frankfurt a. M. 1989 (EA 1651).

Hobbes, Thomas: *Vom Menschen – Vom Bürger*, eingeleitet und hg. von Günther Gawlick, Hamburg ²1966 (EA 1658/1642).
Hume, David: *Ein Traktat über die menschliche Natur*, übersetzt von Theodor Lipps und hg. von Reinhard Brandt, Hamburg 1978 (EA 1739/1740).
Husserl, Edmund: *Logische Untersuchungen*. Gesammelte Schriften 3, hg. von Elisabeth Ströker, Hamburg 1992 (EA 1900/1901).
Kant, Immanuel: *Anthropologie in pragmatischer Hinsicht. Schriften zur Anthropologie, Geschichtsphilosophie, Politik und Pädagogik 2*. Werkausgabe Band XII, hg. von Wilhelm Weischedel, Frankfurt a. M. 1968 (EA 1798).
Kant, Immanuel: *Die Metaphysik der Sitten*. Werkausgabe Band VIII, hg. von Wilhelm Weischedel, Frankfurt a. M. 1968 (EA 1797).
Kant, Immanuel: *Grundlegung zur Metaphysik der Sitten*. Werkausgabe Band VII, hg. von Wilhelm Weischedel, Frankfurt a. M. 1968 (EA 1785/1786).
Kant, Immanuel: *Kritik der praktischen Vernunft*. Werkausgabe Band VII, hg. von Wilhelm Weischedel, Frankfurt a. M. 1968 (EA 1788).
Kierkegaard, Sören: *Der Begriff Angst*. Gesammelte Werke, hg. und übersetzt von Emanuel Hirsch, Gütersloh 1981 (EA 1844).
Kierkegaard, Sören: *Die Wiederholung. Drei erbauliche Reden*. Gesammelte Werke, hg. und übersetzt von Emanuel Hirsch, Gütersloh 1980 (EA 1843).
Kierkegaard, Sören: *Entweder-Oder. Teil 2, Band 2*. Gesammelte Werke, hg. und übersetzt von Emanuel Hirsch, Gütersloh ²1987 (EA 1843).
Montaigne, Michel de: »Über die Freundschaft«, in: ders.: *Essays*, Frankfurt a. M. 1998, 98..104 (EA 1580).
Nietzsche, Friedrich: *Menschliches, Allzumenschliches I und II*. Kritische Studienausgabe, Band 2, hg. von Giorgio Colli und Mazzino Montinari, München 1988 (EA 1878).
Nietzsche, Friedrich: *Jenseits von Gut und Böse/Zur Genealogie der Moral*. Kritische Studienausgabe, Band 5, hg. von Giorgio Colli und Mazzino Montinari, München 1988 (EA 1886).
Nietzsche, Friedrich: *Also sprach Zarathustra*. Kritische Studienausgabe Band 4, hg. von Giorgio Colli und Mazzino Montinari, München 1988 (EA 1883).
Nietzsche, Friedrich: *Die Geburt der Tragödie aus dem Geiste des Musik*. Kritische Studienausgabe Band 1, hg. von Giorgio Colli und Mazzino Montinari, München 1988 (EA 1872).
Nietzsche, Friedrich: *Nachgelassene Fragmente 1880–1882*. Kritische Studienausgabe Band 9, hg. von Giorgio Colli und Mazzino Montinari, München 1988.
Nietzsche, Friedrich: *Die fröhliche Wissenschaft*. Kritische Studienausgabe Band 3, hg. von Giorgio Colli und Mazzino Montinari, München 1988 (EA 1882).
Nietzsche, Friedrich: *Morgenröte*. Kritische Studienausgabe, Band 3, hg. von Giorgio Colli und Mazzino Montinari, München 1988 (EA 1881).
Pascal, Blaise: *Pensées. Über die Religion und über einige andere Gegenstände*, Heidelberg 1978 (EA 1669).
Platon: *Protagoras*. Sämtliche Werke I, nach der Übersetzung Friedrich Schleiermachers, ergänzt durch Übersetzungen von Frank Susemihl und anderen, hg. von Karlheinz Hülser, Frankfurt a. M. 1991.

Platon: *Phaidon*. Sämtliche Werke IV, nach der Übersetzung Friedrich Schleiermachers, ergänzt durch Übersetzungen von Frank Susemihl und anderen, hg. von Karlheinz Hülser, Frankfurt a. M. 1991.
Platon: *Phaidros*. Sämtliche Werke VI, nach der Übersetzung Friedrich Schleiermachers, ergänzt durch Übersetzungen von Frank Susemihl und anderen, hg. von Karlheinz Hülser, Frankfurt a. M. 1991.
Rousseau, Jean-Jacques: *Abhandlung über den Ursprung und die Grundlagen der Ungleichheit unter den Menschen* (1755), in: ders., Schriften Band 1, hg. von Henning Ritter, Frankfurt a. M. u. a. 1981, 165..302.
Sartre, Jean-Paul: *Das Sein und das Nichts. Versuch einer phänomenologischen Ontologie*, hg. und übersetzt von Hans Schöneberg und Traugott König, Reinbek bei Hamburg 1993 (EA 1943).
Schelling, F. W. J.: *Über das Wesen der menschlichen Freiheit*, Frankfurt a. M. 1984 (EA 1809).
Schiller, Friedrich: *Kallias oder über die Schönheit/Über Anmut und Würde*, hg. von Klaus L. Berghahn, Stuttgart 1994 (EA 1793).
Schopenhauer, Arthur: *Aphorismen zur Lebensweisheit. Parerga und Paralipomena I/II*. Werke Band VIII, Zürich 1977 (EA 1851).
Schopenhauer, Arthur: *Über die Grundlage der Moral* (1840), in: Werke VI, Zürich 1977.
Smith, Adam: *Theorie der ethischen Gefühle*, übersetzt und hg. von Walther Eckstein, Hamburg 1994 (EA 1759).
Spinoza: *Ethik*, hg. von Konrad Blumenstock, Darmstadt 1967 (EA 1677).
Thomas von Aquin: *Summa Theologica*. Die deutsche Thomasausgabe. Vollst. dt.-lat. Ausgabe der Summa Theologica, übersetzt von Dominikanern und Benediktinern Deutschlands und Österreichs, hg. von der Albertus-Magnus-Akademie Walberberg bei Köln, Heidelberg/Graz/Wien/Köln 1950 ff.

Sonstige Literatur

American Psychiatric Association: *Diagnostic and Statistic Manual of Mental Disorders*, Washington [4]1994.
Bauer, Joachim: *Warum ich fühle was Du fühlst. Intuitive Kommunikation und das Geheimnis der Spiegelneurone*, München 2005.
Beck, Lewis White: *Kants »Kritik der praktischen Vernunft«*, München [2]1985.
Benjamin, Walter: *Einbahnstraße*, in: ders., *Gesammelte Schriften*, Band IV..1, Frankfurt a. M. 1991.
Behnke, Cornelia/Liebold, Renate: »Zwischen Fraglosigkeit und Gleichheitsrhetorik. Familie und Partnerschaft aus der Sicht beruflich erfolgreicher Männer«, in: *Feministische Studien* Heft 2/2000: »Männlichkeiten«.
Bloch, Ernst: *Das Prinzip Hoffnung*. 3 Bände, Frankfurt a. M. [8]1982.

Bloomfield, Morton W.: *The seven deadly Sins. An Introduction to the History of a religious Concept, with special Reference to medieval English Literature*, Michigan 1952.

Böhme, Gernot: *Leibsein als Aufgabe. Leibphilosophie in pragmatischer Hinsicht*, Kusterdingen 2003.

Casagrande, Carla/Vecchio, Silvio: *I sette vizi capitali. Storia dei peccati nel Medioevo*, Turin 2000.

Churchland, Paul M.: »Folk Psychology and the Explanation of Human Behavior«, in: Scott M. Christensen/Dale R. Turner (Hg.), *Folk Psychology and the Philosophy of Mind*, New York 1991, 247..262.

Demmerling, Christoph: »Hermeneutik der Alltäglichkeit und In-der-Welt-sein«, in: Thomas Rentsch (Hg.), *Martin Heidegger. Sein und Zeit*, Berlin, 2001, 89...116.

de Waal, Frans: *Der gute Affe. Der Ursprung von Recht und Unrecht bei Menschen und anderen Tieren*, München 2000.

Dornes, Martin: *Der kompetente Säugling. Die präverbale Entwicklung des Menschen*, Frankfurt a. M. 1993.

Dornes, Martin: *Die frühe Kindheit. Entwicklungspsychologie der ersten Lebensjahre*, Frankfurt a. M. ^{5}2001.

Dornes, Martin: *Die emotionale Welt des Kindes*, Frankfurt a. M. 2000.

Dornes Martin: *Die Seele des Kindes. Entstehung und Entwicklung*, Frankfurt a. M. 2006.

Esken, Frank: »Spiegelneuronen: Die neurobiologische Antwort auf das Intersubjektivitätsproblem, die Husserl noch nicht kannte? Husserls Überlegungen zum Fremdpsychischen im Lichte der Kognitionswissenschaften«. in: Dieter Lohmar/Dirk Fonfara (Hg.), *Interdisziplinäre Perspektiven der Phänomenologie*, Dordrecht/New York, 72..107.

Fildes, Valerie: *Breasts, Bottles and Babies: A History of Infant Feeding*, Edinburgh 1987.

Fink-Eitel, Hinrich: »Das rote Fenster. Fragen nach dem Prinzip der Philosophie von Ernst Bloch«, in: *Philosophisches Jahrbuch* 95 (1988), 320..337.

Fonagy, Peter/Target, Mary: *Psychoanalyse und die Psychopathologie der Entwicklung*, Stuttgart 2006.

Fonagy, Peter/Gergely, György/Jurist, Elliot L./Target, Mary: *Affektregulierung, Mentalisierung und die Entwicklung des Selbst*, Stuttgart 2004.

Foot, Philippa: *Die Natur des Guten*, Frankfurt a. M. 2004.

Foster Wallace, David: *Der Besen im System*, Köln 2004.

Frese, Jürgen: »Philosophisch-biographisches Interview mit Jürgen Frese von Thomas Schäfer«, in: Manfred Bauschulte/Volkhard Krech/Hilge Landweer (Hg.): *Wege, Bilder, Spiele. Festschrift zum 60. Geburtstag von Jürgen Frese*, Bielefeld 1999, 15..36.

Fuchs, Thomas: *Leib – Raum – Person. Entwurf einer phänomenologischen Anthropologie*, Stuttgart 2000.

Fuhrmann, Manfred: »Nachwort« in: Aristoteles, *Poetik*, Stuttgart 1982, 144..178.

Gallese, Vittorio: »The Roots of Empathy: The shared Manifold Hypothesis and the neural Basis of Intersubjectivity«, in: *Psychopathology* 36 (2003), 171..180.

Goffman, Erving: *Interaktionsrituale. Über Verhalten in direkter Kommunikation*, Frankfurt a. M. ⁴1996.

Goldman, Alvin I.: »Empathy, Mind and Morals«, in: Martin Davies/Tony Stone (Hg.), *Folk Psychology: The Theory of Mind Debate*, Oxford 1995, 185..208.

Goldman, Alvin I.: *Simulating Minds. The Philosophy, Psychology, and Neuroscience of Mindreading*, Oxford 2006.

Gordon, Robert M.: »The Simulation Theory: Objections and Misconceptions«, in: Martin Davies/Tony Stone (Hg.), *Folk Psychology: The Theory of Mind Debate*, Oxford 1995, 100..122.

Hacking, Ian: *Was heißt ›soziale Konstruktion‹? Zur Konjunktur einer Kampfvokabel in den Wissenschaften*, Frankfurt a. M. 1999.

Heckmann, Heinz-Dieter/Walter, Sven (Hg.): *Qualia. Ausgewählte Beiträge*, Paderborn 2001.

Hennigfeld, Jochem: *F. W. J. Schellings ›Über das Wesen der menschlichen Freiheit‹*, Darmstadt 2001.

Hermann, Ulrich (Hg.): »*Das pädagogische Jahrhundert.*« *Volksaufklärung und Erziehung zur Armut im 18. Jahrhundert*, Weinheim/Basel 1981.

Klemme, Heiner F.: »Praktische Gründe und moralische Motivation. Eine deontologische Perspektive«, in: Heiner F. Klemme/Manfred Kühn/Dieter Schönecker (Hg.): *Moralische Motivation. Kant und die Alternativen*, Hamburg 2006, 113...153.

Kloke, Ines Elisabeth: *Säuglingssterblichkeit in Deutschland im 18. und 19. Jahrhundert am Beispiel von sechs ausgewählten Regionen*. Dissertation Freie Universität Berlin, Fachbereich Geschichts- und Kulturwissenschaften 1997.

Köhl, Harald: »Die Theorie des moralischen Gefühls bei Kant und Schopenhauer«, in: Hinrich Fink-Eitel/Georg Lohmann (Hg.), *Zur Philosophie der Gefühle*, Frankfurt a. M. 1993, 136..156.

Kühn, Manfred: »Einleitung«, in: Immanuel Kant, *Vorlesung zur Moralphilosophie*, hg. von Werner Stark, Berlin 2004.

Landweer, Hilge: *Das Märtyrerinnenmodell. Zur diskursiven Erzeugung weiblicher Identität*, Pfaffenweiler 1990.

Landweer, Hilge: »Selbsttäuschung«, in: *Deutsche Zeitschrift für Philosophie* 2001, 209..227.

Laplanche Jean/Pontalis, Jean-Bertrand: *Das Vokabular der Psychoanalyse*, Frankfurt a. M. 1998.

Lee, Ming-Huei: *Das Problem des moralischen Gefühls in der Entwicklung der Kantischen Ethik*, Bonn 1987.

Lenzen, Manuela: *In den Schuhen des anderen. Simulation und Theorie in der Alltagspsychologie*, Paderborn 2005.

Levinson, Jerrold: »Emotion in Response to Art. A Survey of the Terrain«, in: Mette Hjort/Sue Laver (Hg.), *Emotion and the Arts*. New York/Oxford 1997, 20..34.

Link, H.-G: »Hoffnung«, in: *Historisches Wörterbuch der Philosophie*, Band 3, hg. von Joachim Ritter, Basel 1974, 1157..1166.

Luhmann, Niklas: *Vertrauen. Ein Mechanismus der Reduktion sozialer Komplexität*, Stuttgart ⁴2000.
Luxemburg, Rosa: *Briefe aus dem Gefängnis*, Berlin ¹⁶2000.
Mead, George Herbert: »Die Genesis der Identität und die soziale Kontrolle«, in: ders.: *Gesammelte Aufsätze*. Band 1, hg. von Hans Joas, Frankfurt 1980, 299... 328.
Meyer, Thomas: »Private Lebensformen im Wandel«, in: Rainer Geißler, *Die Sozialstruktur Deutschlands. Die gesellschaftliche Entwicklung vor und nach der Vereinigung*, Wiesbaden ³2002, 401..433.
Musil, Robert: *Der Mann ohne Eigenschaften*, Reinbek bei Hamburg 1981.
Newhauser, Richard: *The Treatise on Vices and Virtues in Latin and the Vernacular*, Turnhout 1993.
Nichols, Shaun/Stich, Stephen P.: *Mindreading. An Integrated Account of Pretence, Self-Awareness, and Understanding Other Minds*, Oxford 2003.
Pauen, Michael/Stephan, Achim (Hg.): *Phänomenales Bewußtsein – Rückkehr zur Identitätstheorie?*, Paderborn 2002.
Paul, Andreas: *Von Affen und Menschen. Verhaltensbiologie der Primaten*, Darmstadt 1998.
Peuckert, Rüdiger: *Familienformen im sozialen Wandel*, Wiesbaden ⁵2004.
Pieper, Annemarie: »Zum Problem der Herkunft des Bösen I: Die Wurzel des Bösen im Selbst«, in: Otfried Höffe/dies. (Hg.), *F. W. J. Schelling: Über das Wesen der menschlichen Freiheit*, Berlin 1995, 91..110.
Pieper, Annemarie: *Sören Kierkegaard*, München 2000.
Pocai, Romano: *Heideggers Theorie der Befindlichkeit. Sein Denken zwischen 1927 und 1933*, Freiburg/München 1996.
Pocai, Romano: »Der Schwindel der Freiheit. Zum Verhältnis von Kierkegaards Angsttheorie zu Schellings Freiheitsbegriff«, in: Istvan M. Feher/Wilhelm G. Jacobs (Hg.), *Zeit und Freiheit. Schelling – Schopenhauer – Kierkegaard – Heidegger*, Budapest 1999, 95..106.
Pocai, Romano: »Philosophische Deutung literarischer Beschreibungen von Gefühlen«, in: *Studia Philosophica* 59 (2000), 155..173.
Rawls, John: *Eine Theorie der Gerechtigkeit*, Frankfurt a. M. 1975.
Roth, Gerhard: *Denken, Fühlen, Handeln. Wie das Gehirn unser Verhalten steuert*, Frankfurt a. M. 2001.
Roth, Gerhard: *Aus Sicht des Gehirns*, Frankfurt a. M. 2003.
Ryle, Gilbert: *Der Begriff des Geistes*, Stuttgart 1969 (EA 1949).
Sartre, Jean-Paul: *Der Idiot der Familie. Band 1: Die Konstitution*, Reinbek bei Hamburg 1986 (EA 1971/1972), 427..458.
Sartre, Jean-Paul: *Der Ekel*, Reinbek bei Hamburg 1963.
Scarano, Nico: »Moralisches Handeln. Zum dritten Hauptstück von Kants *Kritik der praktischen Vernunft*«, in: Otfried Höffe (Hg.), *Immanuel Kant. Kritik der praktischen Vernunft*, Berlin 2002, 135..152.
Schildknecht, Christiane: *Aspekte des Nichtpropositionalen*, Bonn 1999.
Schmid, Pia: »Väter und Forscher. Zu Selbstdarstellungen bürgerlicher Männer um 1800 im Medium empirischer Kinderbeobachtungen«, in: *Feministische Studien* Heft 2/2000: »Männlichkeiten«, 35..48.

Schramme, Thomas: *Patienten und Personen. Zum Begriff der psychischen Krankheit*, Frankfurt a. M. 2000.
Schröder, Winfried: *Moralischer Nihilismus. Radikale Moralkritik von den Sophisten bis Nietzsche*, Stuttgart 2005.
Sherman, Nancy: »The Place of Emotions in Kantian Morality«, in: Owen Flanagan/Amélie Oksenberg Rorty (Hg.), *Identity, Character and Morality. Essays in Moral Psychology*, Cambridge 1990, 149..170.
Schulz, Walter: »Freiheit und Geschichte in Schellings Philosophie«, in: F. W. J. Schelling, *Über das Wesen der menschlichen Freiheit*, Frankfurt a. M. 1984, 7..26.
Siep, Ludwig: *Anerkennung als Prinzip der praktischen Philosophie. Untersuchungen zu Hegels Jenaer Philosophie des Geistes*, Freiburg/München 1979.
Soentgen, Jens: *Die verdeckte Wirklichkeit. Einführung in die Neue Phänomenologie von Hermann Schmitz*, Bonn 1998.
Strawson, Peter: »Freiheit und Übelnehmen«, in: Ulrich Pothast (Hg.), *Freies Handeln und Determinismus*, Frankfurt a. M. 1978, 201..233.
Thomas, Philipp: *Selbst-Natur-sein. Leibphänomenologie als Naturphilosophie*, Berlin 1996.
Tugendhat, Ernst: »Zum Begriff und zur Begründung von Moral«, in: ders., *Philosophische Aufsätze*, Frankfurt a. M. 1992, 315..333.
Tugendhat, Ernst: *Selbstbewußtsein und Selbstbestimmung. Sprachanalytische Interpretationen*, Frankfurt a. M. 1979.
Tugendhat, Ernst: *Vorlesungen über Ethik*, Frankfurt a. M. 1993.
Turnbull, Colin: *Das Volk ohne Liebe. Der soziale Untergang der Ik*, Reinbek bei Hamburg 1973.
Vogel, Matthias: *Medien der Vernunft. Eine Theorie des Geistes und der Rationalität auf Grundlage einer Theorie der Medien*, Frankfurt a. M. 2001.
Waldenfels, Bernhard: *Bruchlinien der Erfahrung. Phänomenologie – Psychoanalyse – Phänomenotechnik*, Frankfurt a. M. 2002.
Wildt, Andreas: »Die Moralspezifität von Affekten und der Moralbegriff«, in: Hinrich Fink-Eitel/Georg Lohmann (Hg.), *Zur Philosophie der Gefühle*, Frankfurt a. M. 1993, 188..217.
Wohlrapp, Harald: »Konstruktive Anthropologie als Basis eines Konzepts von Kulturpluralismus?«, in: Eva Jelden (Hg.), *Prototheorien – Praxis und Erkenntnis?*, 149..163.
Wolf, Ursula: *Aristoteles' ›Nikomachische Ethik‹*, Darmstadt 2002.
Wolf, Ursula: *Das Tier in der Moral*, Frankfurt a. M. 1990.

Personenregister

Bei den Angaben werden Nennungen im Haupttext von Nennungen in den Anmerkungen unterschieden. Wird eine Person nur in den Anmerkungen genannt, folgt hinter der Seitenangabe ein »A«.

Abramson, Lyn Yvonne 268 A
Adorno, Theodor W. 276
Alloy, Lauren B. 268 A
Almodóvar, Pedro 134
Angyal, Andras 101 A
Aristoteles XII, 2, 67, 68 A, 76..78, 111, 120 f., 135, 137 A, 138 A, 142, 144 A, 146 A, 169..172, 179, 190, 204..207, 211, 223 f., 230 A, 253, 269 f., 271 A, 295, 299, 305 f.
Augustinus 63, 78, 228, 253 f., 262 f., 274, 275 A, 285

Baader, Meike Sophia 144 A
Bacon, Francis 197
Badinter, Elisabeth 158 A
Balint, Michael 75 A
Balzer, Philipp 207 A, 211 A
Barthes, Roland 282 A
Bauer, Joachim 183 A
Bauschulte, Manfred 25 A, 53 A
Beck, Lewis White 43 A, 45 A
Bedford, Errol 24 A
Behnke, Cornelia 158 A
Benedict, Ruth 244
Benjamin, Walter 103, 271, 276 f.
Ben-Ze'ev, Aaron 4, 5 A, 13 A, 32, 80 A, 107 A, 197 A, 258 A
Bergenholtz, Henning 63 A, 74 A, 84 A
Biser, Eugen 68 A
Blankenburg, Wolfgang 68 A, 71 A, 77 A
Bloch, Ernst 78 A
Bloomfield, Morton W. 272 A
Blume, Anna 31 A
Böhme, Gernot 3 A, 31 A
Böhme, Jakob 81
Bohrer, Karl Heinz 282 A
Bollnow, Otto Friedrich 5 A, 118 A, 279
Bosch, Hieronymus 199 A
Bowlby, John 128 A, 260 A, 264 A, 265 A

Burkart, Günter 142 A, 147 A, 158 A, 301 A

Casagrande, Carla 272 A
Cassian, Johannes 272 A, 273
Christensen, Scott M. 187 A
Chrysippos 224 f.
Chrysostomus, Johannes 201 A
Churchland, Paul M. 187 A
Condrau, Gion 63 A

Damasio, Antonio R. 7 f.
Darwin, Charles 307 A
Davies, Martin 187 A
Davies, Wayne 112 A
de La Rochefoucauld, François 177 A
de Montaigne, Michel 147, 207
de Paul, Michael 269
de Sousa, Ronald 7 f., 32
de Waal, Frans 183 A
Demmerling, Christoph 151 A, 174 A
Derrida, Jacques 276
Descartes, René XII, 2, 7 A, 36, 78 f., 172, 205..207, 216, 225, 254, 275 f., 288
Dilthey, Wilhelm 187 A
Dobson, Keith 268 A
Dornes, Martin 201 A, 202 A, 307 A
Duerr, Hans Peter 244 A
Duncker, Karl 111 A

Eggebrecht, Harald 98 A
Eichler, Klaus-Dieter 147 A
Eifler, Günter 71 A, 76 A, 77 A
Ekman, Paul 98 A
Elias, Norbert 232, 243 f.
Elster, Jon 4, 5 A, 6 A, 7..10, 14..17, 32, 35 A
Epikur 204
Esken, Frank 187 A

Faller, Hermann 63 A, 68 A, 69 A, 71 A
Farrell, Daniel M. 207 A, 211 A

Feher, Istvan M. 82 A
Fellmann, Ferdinand 131 A
Fichte, Johann Gottlieb 36, 47, 60
Ficino, Marsilio 271 A, 277
Fildes, Valerie 158 A
Fink-Eitel, Hinrich 1, 41 A, 43 A, 63 A, 78 A, 83 A, 84 A, 91 A, 238 A, 302 A
Flanagan, Owen 174 A
Flaubert, Gustave 200 f.
Földényi, László 270 A, 271 A
Fonagy, Peter 128 A
Fonfara, Dirk 187 A
Foot, Philippa 117 A
Forschner, Maximillian 111 A
Foster, George M. 195 A
Franche, Renée Louise 268 A
Frankfurt, Harry G. 129 A, 153 f.
Frese, Jürgen 19 A, 23 f., 53 A, 133
Freud, Anna 128 A
Freud, Sigmund 70..72, 101, 128 A, 199... 201, 259, 267, 280 f., 291
Fromm, Erich 150 f., 153
Fuchs, Irmgard 290 A
Fuchs, Thomas 31 A
Fuhrmann, Manfred 171 A

Gallese, Vittorio 183 A
Geißler, Rainer 147 A
Goethe, Johann Wolfgang 38 A
Goffman, Erving 233 A
Goldie, Peter 4, 5 A, 8, 16..18, 35 A, 211 A
Goldman, Alvin I. 187 A
Gordon, Robert M. 187 A
Graham, George 267 A
Gregor I. 272
Großheim, Michael 19 A, 23 A

Habermas, Jürgen 47
Hacking, Ian 296 A
Hahn, Kornelia 142 A
Haidt, Jonathan 94 A, 101 A
Hamburger, Käte 179 f., 192
Haubl, Rolf 195 A, 199 A, 201 A, 210, 300 A, 301 A
Haviland-Jones, Jeanette M. 94 A
Haybron, Daniel M. 113 A
Heckmann, Heinz-Dieter 65 A
Hegel, Georg Wilhelm Friedrich 36, 47, 60, 83, 84 A, 275 A
Heidegger, Martin 2, 5 A, 16, 18, 25 A, 64, 88..91, 151..154, 276, 279 f., 288, 293 f.

Hennigfeld, Jochem 82 A
Herder, Johann Gottlieb 145
Hermann, Ulrich 159 A
Hesiod 77, 208
Hjort, Mette 190 A
Hobbes, Thomas 205, 254 f., 291
Höffe, Otfried 43 A, 82 A
Hölderlin, Friedrich 276
Holsboer, Florian 64 A
Homer 2
Honneth, Axel 36 f., 47, 57 A, 60 f.
Hühn, Helmut 270 A
Hülshoff, Thomas 68 A
Hume, David 2 f., 30, 35 f., 38..42, 46, 49, 80, 168, 172 f., 188 A, 206 f., 246... 248, 251, 255 f.
Husserl, Edmund 18, 21 A, 23 f., 178, 180, 187 A
Hutcheson, Francis 172

Illhardt, Franz Josef 271 A, 273, 274 A, 277 A
Illouz, Eva 128 A
Isenberg, Arnold 258 A

Jacobs, Wilhelm G. 82 A
Jelden, Eva 260 A
Johannes von Damaskus 67

Kahle, Gerd 24 A
Kahlo, Michael 36 A
Kant, Immanuel 3, 35..37, 42..50, 52..54, 57, 59 f., 62, 173..175, 209, 220 A, 225, 242
Kast, Verena 201 A, 212 A, 264 A, 265 A
Kelle, Helga 144 A
Kenny, Anthony 1, 4 A
Kierkegaard, Sören XII, 63 f., 76, 81, 83... 88, 90, 106 f., 270 f., 274, 276..279, 288
Klein, Melanie 201..203
Kleinau, Elke 144 A
Klemme, Heiner F. 43 A
Klibansky, Raymond 270 A, 271 A, 277 A
Kloke, Elisabeth 158 A
Köhl, Harald 43 A
Kolnai, Aurel 97, 99, 101, 105
Kramer, Sigismund Karl 221 A
Krech, Volkhard 25 A, 53 A
Kristjansson, Kristjan 245 A
Kübler-Ross, Elisabeth 264 A
Kuhn, Helmut 131 A
Kühn, Manfred 43 A, 44 A

Personenregister

LaFollette, Hugh 213 A
Landauer, Karl 280
Landweer, Hilge 1 A, 3 A, 25 A, 31 A, 35 A, 53 A, 55 A, 115 A, 144 A, 158 A, 161 A, 177 A, 188 A, 190 A, 205 A, 219 A, 220 A, 229 A, 230 A, 236 A, 238 A, 297 A, 301 A, 302 A
Lang, Hermann 63 A, 68 A, 69 A, 71 A
Laplanche, Jean 290 A
Lauda, Niki 75
Laver, Sue 190 A
LeDoux, Joseph 64 A
Lee, Ming-Huei 35 A
Lenz, Karl 128 A
Lenzen, Manuela 186 A
Lenzen, Wolfgang 215 A
Lethinen, Ullaliina 243 A
Levinson, Jerrold 190 A
Lewis, Michael 94 A
Liebold, Renate 158 A
Liebsch, Burkhard 282 A
Liessmann, Paul 104 A
Link, H.-G. 77 A
Lohmann, Georg 1 A, 41 A, 43 A, 63 A, 238 A, 302 A
Lohmar, Dieter 187 A
Lorenz, Konrad 292 A
Lück, Monika 291 A
Luhmann, Niklas 128 A, 148 A
Luxemburg, Rosa 119
Lyons, William 11 A

Mahlmann, Regina 131 A, 158 A
Margalit, Avishai 35 A, 57, 60 A
McCauley, Clark R. 94 A, 101 A
Mead, George Herbert 231 A
Menninghaus, Winfried 104 A, 106 A
Merleau-Ponty, Maurice 31
Messner, Reinhold 75
Metrál, Marie-Odile 160 A
Metzinger, Thomas 268 A
Meyer, Thomas 147 A
Miller, Susan 110 A
Millman, Linda 103 A
Milobenski, Ernst 204 A
Moldzio, Andrea 190
Mozart, Wolfgang Amadeus 136 A
Musil, Robert 6, 17..20

Napoleon 38 A
Neckel, Sighard 41 A, 243 A, 244 A
Nemeroff, Carol 103 A
Neu, Jerome 212 A, 213 A

Newhauser, Richard 272 A
Nichols, Shaun 186 A
Nietzsche, Friedrich 103..107, 147, 168, 176 f., 191, 207 f., 270, 276 f.
Nikolaou, Theodoros 201 A
Nussbaum, Martha 4, 5 A, 6, 9, 10 A, 11..14, 16..18, 24, 35 A, 94 A, 101 A, 157 A, 168 A, 293 A

Panofsky, Erwin 270 A, 271 A, 277 A
Pascal, Blaise 276
Pauen, Michael 65 A
Perkins, Moreland 24 A
Pernlochner-Kübler, Christiane 101 A, 109 A, 110 A
Pfänder, Alexander 2
Pieper, Annemarie 82 A, 85 A
Pindar 77
Platon 2, 77, 83, 104 f., 139, 223 f., 269 f., 282 f.
Pocai, Romano 29 A, 82 A, 83 A, 86 A, 280 A, 293 A
Pollmann, Arnd 301 A
Pontalis, Jean-Bertrand 290 A
Pontikos, Euagrios 272
Probst, Peter 207 A
Prütting, Lenz 115 A

Rattner, Josef 290 A
Rawls, John 3, 209..211, 239 A
Reich, Wilhelm 128 A
Rentsch, Thomas 3 A, 35 A, 151 A
Richter, Horst-Eberhard 70 A, 75 A
Rippe, Klaus Peter 207 A, 211 A
Roberts, Robert C. 129 A, 269 A
Rorty, Amélie Oksenberg 1, 35 A, 174 A, 212 A, 249 A, 258 A
Roth, Gerhard 64 A, 291 A
Rousseau, Jean-Jacques 168, 173..175, 291
Royzman, Edward B. 93 A
Rozin, Paul 94 A, 101 A, 103 A
Ruhnau, Jürgen 224 A
Ryle, Gilbert 13 A, 16

Sabini, John 93 A
Samson, L. 168 A
Sartre, Jean-Paul 4, 7, 103 f., 107, 200 f., 226..228, 233 A, 241
Saxl, Fritz 270 A, 271 A, 277 A
Scarano, Nico 43 A
Schäfer, Peter 228 A
Schäfer, Thomas 53 A

Scheler, Max 2, 58, 169, 177..179, 181, 184..186, 188, 192 f., 225 f., 233
Schelling, Friedrich Wilhelm Joseph 63, 81..83, 86
Schildknecht, Christiane 32 A
Schiller, Friedrich 49 A, 50 A
Schmid, Pia 158 A
Schmidt, Hartwig 115 A, 190 A, 220 A
Schmitz, Hermann 3, 12 A, 20..23, 25 f., 27 A, 29..31, 37 f., 48 A, 49, 56 A, 57... 59, 65..67, 69, 130 A, 139 A, 141 A, 145 f., 161 A, 187..190, 193, 220 A, 221 A, 232, 234 A, 236 A, 247, 261 A, 302 A
Schneider, Manfred 163
Schoeck, Helmut 211 A
Schönecker, Dieter 44 A
Schopenhauer, Arthur 169, 173..176, 181, 255 f., 276 f.
Schramme, Thomas 70 A
Schröder, Winfried 104 A
Schulz, Walter 81
Schütze, Yvonne 158 A
Scott, Ridley 96
Seel, Martin 111 A
Shaftesbury, Anthony Ashley Cooper 172
Sherman, Nancy 174 A
Siep, Ludwig 47, 60 A
Singer, Irving 131 A
Slaby, Jan 5 A, 113 A
Smith, Adam 168., 172 f.
Smith, Tara 245 A
Soentgen, Jens 31 A
Sokrates 269
Solomon, Robert 1, 4, 5 A, 7, 35 A, 293 A
Spinoza, Baruch de XII, 2, 36, 79 f., 168, 172, 206, 225, 254, 276
Spira, Andreas 76 A, 77 A
Stein, Edith 2
Stephan, Achim 65 A
Stich, Stephen P. 186 A
Stock, Konrad 155 A
Stone, Tony 187 A

Strawson, Peter 3, 302 A
Strübe, Daniel 291 A

Target, Mary 128 A
Taylor, Charles 18, 60 A
Taylor, Gabriele 149, 230 A, 232..234, 247 A, 249 A, 258 A
Tembrock, Günter 64 A
Theunissen, Michael 269 A, 270 A, 275 A, 276 A, 277 A, 278 A
Thomä, Dieter 149 A
Thomas von Aquin XII, 67, 78, 205, 224, 260, 275, 288
Thomas, Philipp 31 A
Tugendhat, Ernst 5 A, 176 A, 237, 302 A, 303 f.
Turnbull, Colin 182 A
Turner, Dale R. 187 A

Vecchio, Silvio 272 A
Vogel, Matthias 10 A
von der Lühe, Astrid 168 A
Voss, Christiane 32 A, 157 A

Waldenfels, Bernhard 31 A
Wallace, David Foster 251
Walter, Sven 65 A
Walton, Shane 120 A
Wassmann, Claudia 64 A
Wildt, Andreas 36 A, 47, 60 A, 238, 239 A, 302 A
Wilkinson, Stephen 267 A
Williams, Bernard 231 A
Wittgenstein, Ludwig XI, XII, 4, 130
Wohlrapp, Harald 260 A
Wolf, Ursula 120, 135 A, 144 A, 176 A, 223 A
Wolff, Ernst A. 36 A
Wollheim, Richard 4, 6, 15..17, 35 A, 201 A
Wood, Jay W. 269 A
Wurmser, Leon 233 A, 242 A

Zaczyk, Rainer 36 A
Zagzebski, Linda 269 A

Sachregister

Im Sachregister ist nicht jedes Vorkommen der aufgenommenen Ausdrücke angeführt. Verzeichnet sind nur sachdienliche Vorkommen. Finden sich Ausdrücke nur in den Anmerkungen, folgt der Seitenangabe ein »A«. Werden nur Substantive angeführt, sind gelegentlich auch Stellen verzeichnet, an denen der entsprechende Ausdruck als Verb, Adjektiv oder als Bestandteil eines Kompositums vorkommt.

Acedia 123, 260, 269, 271..274, 277... 279, 280 A
Achtung XI, 3, 14, 34, 35..62, 197, 199, 236, 242, 260
... Ehrfurcht 48..51, 156
... Hochachtung 35, 48..51
... Selbstachtung 138, 210, 240, 245 A, 247 A, 254, 297
... Achtung und das Gefühl des Erhabenen 37, 44 f., 50 f., 55, 62
... Achtung und Niedergedrücktheit 38, 41 f.
... siehe auch: Anerkennung, Respekt, Verachtung
Affekt: siehe Gefühl
... Affektenlehre 2, 36, 169, 287 f., 300
... Affekttheorien 4, 39, 78 A, 80 A, 172, 203, 217, 252, 275
... zur Definition der affektiven Phänomene 5
Affektkontrolle: siehe Gefühlskontrolle
Aggression 159, 195 f., 221, 266, 282... 284, 287..292, 299, 307
... Aggressionsaffekte, -gefühle 33, 54, 108, 161, 193, 210, 237, 261, 265, 282..284, 287..310
Anerkennung 36 f., 55, 57, 60 f., 236, 256 f., 299
... siehe auch: Achtung
Angemessenheit und Unangemessenheit von Gefühlen 70, 72 f., 158 f., 190, 204, 207, 209, 211, 216 f., 224, 248 f., 250, 263, 269, 274 f., 283, 301
Angst 8, 22 f., 29 f., 63..91, 193, 288, 294, 307
... Angststörungen 70..72
... Angstlust 74..76
... Angst und Freiheit 81..88, 90
... siehe auch zum Zusammenhang mit anderen Gefühlen: Eifersucht, Ekel, Furcht, Scham

Ärger 66, 196, 221, 287..289, 293 f., 303, 305..309
ästhetische Gefühle 9..11, 14 f., 33, 190
Atmosphäre 58 f., 189 f.
Ausdruck (Gefühlsausdruck) 4, 8, 14 f., 18, 22, 24, 27 f., 66 f., 71 f., 95, 162 f., 198, 259, 299 f., 307 f.
Authentizität von Gefühlen 160..164
... siehe auch: Echtheit der Gefühle
Autorität von Gefühlen 190, 262

Bedürfnis (Bedürftigkeit) 3, 11, 13, 44, 105
... Bedürfnis und Liebe 136..139, 150, 155
Befindlichkeit (Befinden) 25, 88..90, 161 f., 279, 293 f.
Begehren, Begierde 105, 135, 138 f., 148, 200, 202, 274 f.
Beschreibung von Gefühlen XI, 6, 20... 22, 24, 26..29, 31..33, 42, 45, 47..50, 56, 64..66, 69, 112, 184, 221, 226, 293
Betroffenheit 13, 21, 23, 25, 27, 33, 47... 50, 55, 59, 161, 184, 188, 198, 220
Bewunderung 48, 51, 61 A, 136 f., 197
Biologie, biologisch 2
... der Aggression 291 f., 307
... der Angst 63..69
... des Ekels 93
... des Glücks 122
... des Mitgefühls 181..184
... der Trauer 280
Blick 23, 26
... bei Achtung 48 f.
... bei Neid 198, 199 A
... bei Scham 220, 223, 226..228, 234 f., 244
... bei Stolz 257
... bei Trauer 261

Christentum 63, 76..78, 80 f., 104 f., 155 f., 176, 203, 205, 228, 255

Dankbarkeit XI, 14, 123..125
Demut, Demütigung 42, 45, 49 f., 62, 225, 246, 254 f.
Depression 8, 259, 266..268, 270 f., 277, 280, 294
Diskurs (Verhältnis zu Gefühlen) 19 A, 24, 203, 282 A
... Diskurs über Liebe 128, 130, 136, 138, 144, 146, 150, 157..160, 163 f.
Disposition (im Unterschied zu mentalen Zuständen) 16 f.
... Gefühlsdisposition 9, 25, 34..37, 47, 51..57, 96, 129 f., 140 f., 164, 185, 220, 241, 252
... Verhaltensdisposition 129, 164, 185, 220, 242 f.
Distanz und Distanzierung (von Gefühlen) 9, 75, 93, 161, 220, 295
... Distanz bei Achtung 49, 51 f., 56..59
... Distanz bei Ekel 108
... Distanz bei Mitleid 171 f., 179, 192
... Distanz bei Verehrung 136
Drogen (und Gefühle) 121 f., 148, 160, 164

Echtheit der Gefühle 122, 134, 160..164
... siehe auch: Authentizität von Gefühlen
Edelmut 250, 252..254
Ehre 221, 235 f., 245, 253
Ehrfurcht: siehe Achtung
Eifersucht 5 A, 40, 154, 157 A, 195..217, 282, 289, 298, 307, 309
... Eifersucht und Angst 211..213
Einfühlung (Empathie) 168 f., 177, 187 A
Einsfühlung 178 f.
Einstellung 3, 34..37, 44, 46..48, 51..57, 60, 77, 103..105, 107, 120, 129, 142, 167..169, 180 f., 184 f., 193, 198, 248 f., 269, 298
Eitelkeit 245, 251..253, 255..257
Ekel 93..110, 268, 273 f., 280
... Ekel und Angst 93, 97, 103
Emotion: siehe Gefühl
Emotionsnormen 161, 196, 203 f., 205 A, 211, 250, 257, 272, 283
Empathie: siehe Einfühlung
Empfindung (Empfindungsqualität) 5, 14, 18, 23, 28 f., 45, 64 f., 67, 93 f., 106, 112, 114, 174, 186, 275
Empörung 58 f., 61, 100, 110, 119, 182, 190, 196, 207, 219, 221, 236..238, 240 f., 244, 282, 287..289, 297..306, 308 f.
Enge (Engung) 22 f., 27, 65..67, 198, 220..222, 252, 289, 295
Entsetzen 65, 68, 73 f., 89, 97, 109
Ergriffenheit: siehe Betroffenheit
Erhabenes: siehe Achtung
Erregung 4, 14 f., 71 f., 148, 213, 280, 288
Eudaimonia 13, 112, 120 f.
... siehe auch: Glückseligkeit
Evolution (evolutionär) 8, 93, 178, 181, 287, 306

Freiheit: siehe Angst
Freude 9 f., 14, 22, 34, 80, 111..125, 129, 141, 155, 164, 167, 170, 178, 183, 186..189, 191 f., 206 f., 221, 248, 267, 273..275, 288, 300, 307
Freundschaft 127, 130 f., 135, 140, 142, 144..149, 180, 191 f.
Fühlen 18, 21 A, 24, 65, 178
Funktion (der Gefühle) XI, 2, 7, 14, 38, 45, 54, 58 f., 63..65, 69, 73, 93, 110, 132, 138, 154, 161, 174, 223..226, 240, 242 f., 265..268, 274, 287..289, 292..295, 297, 301
Furcht 48, 49 A, 155, 169..171, 193, 223 f., 274
... zur Unterscheidung von Angst und Furcht 63, 68 f., 83, 88 f.
... siehe auch: Angst
Fürsorge: siehe Sorge

Gefühl (Verwendung des Ausdrucks) 5
... akutes 9, 16, 51, 72, 103, 141, 167, 185, 219, 243
... episodisches 9, 16 f., 23, 25, 36, 47, 51, 73, 103..107, 113, 117, 120, 129 f., 141 f., 148, 167, 180, 185 f., 219, 243, 263
... moralisches 35 A, 53, 100, 219, 221, 237, 240, 287, 299, 301, 305 f.
... stellvertretendes 72, 167, 173, 180, 188, 190, 309
Gefühllosigkeit (Indifferenz) 267, 272, 280
Gefühlsansteckung 178 f., 184, 187 f., 193, 233
Gefühlskontrolle 2, 8, 11 f., 14, 36, 47, 163, 283, 291, 299
Gefühlsresonanz: siehe Resonanz

Sachregister

Gefühlsüberlagerung 160, 266, 282..284, 299
Gehalt: siehe Intentionalität, intentional
Geist-Körper-Dualismus 26, 33, 84
Gerechtigkeit 196, 198..200, 203..205, 207, 209..211, 223, 300, 305 f., 309
Gesellschaft 41, 109, 128, 142, 144, 158, 209, 211 A, 235, 243 f., 296, 300, 306
Gesinnung; moralische 53, 55, 61
Gestalt XI, XIII, 29, 199
... siehe auch: Verlaufsgestalt
Gewissen 58, 62, 125, 231, 240 f., 244, 302
Glück 111..125, 129, 136..138, 170, 191, 198, 200, 204, 206, 306
Glückseligkeit 78, 112, 120
... siehe auch: Eudaimonia
Gott 78, 81 f., 124, 127, 140, 154..158, 160, 175, 205, 228, 254, 274
Grauen 65, 68, 73 f., 89
Großmut 252..256
Gruseln 73, 75, 86, 88

Haltung 5 f., 36, 44, 51, 103..107, 120, 129, 131, 167, 176, 180, 185, 219, 250 f., 269, 273 f.
Hass 9, 39, 41, 53 f., 107 f., 138, 161, 193, 202, 205, 265 f., 275, 287..309
Heimatliebe, -stolz 131..133, 164, 249
Hochachtung: siehe Achtung
Hochsinn 252 f.
Hoffnung 64, 76..80, 127, 259, 274 A, 284 f.
Humor 115

Ideal 61 f., 229
Identifikation (von Gefühlen) 4, 10, 15, 24, 27, 33, 48, 56, 95, 148, 158, 161 f., 169, 261, 281
Identifikation (mit anderen) 175, 193, 233
Individuation 4, 12, 14 f., 27 f., 232
Intensität 5 A, 56, 161, 163
... der Achtung 50
... der Aggressionsaffekte 287, 308 f.
... der Angst 72..74, 76, 84 A
... der Hoffnung 77
... des Ekels 97, 102, 108
... der Freude 111, 114, 116
... der Scham 231 f.
... der Trauer 261 f.
Intentionalität, intentional 4, 6, 9, 10... 15, 23 f., 27..30, 32 f., 67
... intentionaler Gehalt der Aggression 288
... intentionaler Gehalt der Angst 73
... intentionaler Gehalt des Ekels 93
... intentionaler Gehalt der Freude 111
... intentionaler Gehalt der Liebe 131
... intentionaler Gehalt des Mitgefühls 178
... intentionaler Gehalt der Scham 228

Katharsis, kathartisch 171
Kausalität, kausal XI, 7, 18, 30, 184
Kognition, kognitiv 6 f., 10 A, 12, 16, 20 f., 56
Kognitivismus, kognitivistisch 3 f., 20, 27, 31
Kommunikation: siehe Liebe
Kommunikation, leibliche 25 f., 31
Komponententheorie 3 f., 18, 32
Kontrast von Gefühlen 78, 141, 273, 289
Konvention 162, 189, 221, 229, 240, 243 f., 251, 261, 305
Körper (im Verhältnis zu Geist und Seele) 20 f., 23, 33, 84, 225 f., 274
Körper (und Leib) 20..22, 26, 31, 64 f., 213, 225

Langeweile 94, 123, 154, 273, 280, 293
Leib: siehe Körper (und Leib)
Leiblichkeit, leiblich 13, 15, 20 A, 21..23, 25, 27, 29, 31, 33, 37, 48, 66, 77, 161, 184
... bei Achtung 42, 47, 56, 58 f.
... bei Angst 65 f.
... bei Dankbarkeit 123
... bei Eifersucht 213
... bei Ekel 95
... bei Freude, Glück 11, 118
... bei Hass 309
... bei Hoffnung 77
... bei Liebe 135
... bei Minderwertigkeitsgefühl 252
... bei Mitgefühl 188
... bei Neid 198
... bei Nemesis 306
... bei Scham 220 f.
... bei Schuld 222
... bei Stolz 251
... bei Wut 309
... bei Zufriedenheit 123
Libido 128, 133 f., 202, 281

Liebe 11, 34, 38f., 41f., 46, 49, 61, 78, 106, 118, 125, 127..165, 167, 171, 180, 191..193, 213f., 254, 274f., 285
... als Gefühl 127..130
... als Haltung 129, 131, 140, 149, 151f.
... Liebe und Selbstliebe 225, 254
... Liebe im Verhältnis zu Hass 289, 296, 308
... Mutterliebe 136, 150..152, 157..159, 160f.
... als Kommunikation 157, 164f.
... siehe auch: Diskurs über Liebe
Lust 112..115, 120
... Lust und Unlust 14, 39, 41, 56, 113

Maxime 229, 303
Mehrkomponententheorie: siehe Komponententheorie
Melancholie 259..285
Metagefühl 119, 121, 129
Metapher, metaphorisch 19 A, 27..29, 33, 49, 65..67, 186f., 198f., 208, 221, 233, 296
Mindreading 186f.
Minderwertigkeit, Minderwertigkeitsgefühle 39..42, 220, 245..247, 249f., 252, 258
... siehe auch: Niedergedrücktheit
Missgunst 197, 199, 205, 208..210, 299, 301
Mitfreude 174, 181, 187
Mitgefühl 38..40, 141, 161 A, 157..193, 233
... siehe auch: Sympathie, Sympathiegefühle
Mitleid 40, 106, 142, 161, 157..193
... Mitleid in der Moralphilosophie 168f., 172..176, 181f., 185
... Mitleid als Handlungsmotiv 174..177, 181f., 185, 192
... Selbstmitleid 263
Moral 2f., 37f., 44, 46, 55, 57f., 100, 104, 106, 167, 172..176, 181, 196, 207..209, 238, 240..243, 287..289, 292, 301..304
Moralphilosophie 2f., 37f., 168, 172f., 185, 241
Musik, musikalisch 9..11, 98f., 115, 130f., 133, 186, 283
Mutterliebe: siehe Liebe

narrativ 11, 18, 32 A, 157 A, 211 A
Nationalstolz 132

Naturwissenschaft 26, 292
Neid 15, 25, 33, 39f., 138, 160f., 191f., 195..217, 245f., 250f., 254, 258, 271, 282, 284, 287..289, 300f., 306..309
... Penisneid 200
... Vergleich beim Neid 197..199, 206, 258, 289, 306, 309
... verschieden bewertete Formen des Neides 203..206, 210
Nemesis: siehe Unwille, gerechter
Neurobiologie, Neurologie, Neurowissenschaft, neuronal 2, 21, 64f., 182f., 280, 291, 307
Neurose, neurotisch 70..72, 242, 280 A
Niedergedrücktheit 246f., 250, 252, 255f.
... siehe auch: Achtung und Niedergedrücktheit
... siehe auch: Minderwertigkeit
Norm 55, 219f., 222, 228..234, 239, 243f., 300, 303
... moralische Normen 44, 61f., 236... 238, 240f., 302..304
... Normen für Gefühle 128, 157f., 189, 209, 216, 249f., 269, 305
... siehe auch: Emotionsnormen
Normverstoß 100, 108, 222f., 228..231, 233f., 237f., 240f., 244, 304

Objekt (des Gefühls) 9f., 12, 28, 30, 38, 50, 247
... der Achtung 37, 46, 52
... der Angst 68, 72
... des Ekels 99, 103, 108
... des Erhabenen 45
... des Hasses 298, 308
... der Liebe 131..133, 140, 155, 164
... des Stolzes 248
... des Zorns 305
Organ, organisch, Sinnesorgane 22f., 96, 99, 101, 106, 280, 293

Panik 65, 68, 71..74, 213
Passivität, passiv 26, 87, 108, 123, 200... 202, 204, 221f., 252, 261, 294
Peinlichkeit 219f., 231..235, 257
Perspektive der dritten Person 15, 22, 26f., 32
... der ersten Person 22f., 27f., 32, 65
Phänomenologie XI, 2, 21, 29, 31..33, 90, 178, 225f.
Privilegienschuld 125, 240
... siehe auch: Überlebensschuld

Sachregister

Projektion 134, 136, 307
Propositionalität, propositional, nichtpropositional 3, 6, 10, 12..14, 18, 24, 31 f., 67, 93, 189, 251
Psychiatrie 71, 267
Psychoanalyse, psychoanalytisch 15 f., 71, 75, 101, 127 f., 133, 200..203, 281... 283, 290
Psychologie 2, 16, 46, 63, 68, 71, 94, 134, 150 f., 160, 175, 183, 200 f., 209 f., 228, 264 f., 267 f., 270, 281 f., 307

Rationalität von Gefühlen 2..4, 5..10, 17, 32, 143, 216, 241 f., 265, 268, 295, 300
Raum, Räumlichkeit von Gefühlen 20, 27, 49, 66 f., 233, 252
Rausch 120..122
Recht, Rechtsgefühl 57..59, 61, 223, 305, 309
Regel 173, 175, 187, 189
Relativität 182, 205 A
Religion 124, 156, 175, 285, 300
Respekt 35 A 37, 58
Ressentiment 207 f., 287, 301 A
Resonanz 19, 184, 186..188
Reue 53, 274, 285
Richtung (des Gefühls; leibliche Richtung) 23, 29 f.
... bei Achtung 42, 48..50
... bei Scham 222

Schadenfreude 119, 170, 191, 205..207, 300
Scham 3, 41, 58, 61, 66, 74, 87 f., 109 f., 119, 140, 167, 173, 190, 193, 207, 219..244, 257 f., 285, 297, 301..304
... Plötzlichkeit der Scham 220, 222
... Scham im Verhältnis zu Zorn 221, 235..237, 302
... Schamangst 87, 233, 242 f.
Schamhaftigkeit 224 f., 242
Schamzeugen 229 f., 241
Scheu 68, 73 f., 89, 220, 224, 242 f.
Schmerz 5, 16, 22, 28..30, 66, 69, 93, 169, 172 f., 178, 183, 186, 191, 204... 207, 262, 265, 267, 274..276, 281
Schreck 22 f., 68, 73 f., 89
Schüchternheit 74, 89, 219 f., 224, 242 f.
Schuld, Schuldgefühl 3, 11, 86 f., 119, 124 f., 159 f., 167, 219..244, 264 f., 274, 279, 284 f., 301 f.

Schwellung 22, 65 f., 251
Schwermut 259, 268, 274, 277..279
Selbsttäuschung 15, 54, 161, 164, 251, 264
Selbstwertgefühl 210, 225, 245, 247, 253, 256..258, 262
Sexualität 99, 101 f., 127, 129, 146, 148, 150
Simulationstheorie 186 f.
Sinngestalt 64, 88, 90 f.
Sorge (auch Fürsorge) 89 f., 129, 139, 150..154, 159, 168, 180, 183, 246, 285
Spannung (leiblich) 22, 47, 65 f.
Spiegelneurone 183 f.
Sprache zur Beschreibung der Gefühle 24, 27..29, 31
Spüren, Verspüren 11, 13..15, 18, 22 f., 26, 28, 32
... Spüren der Achtung 42, 48, 50
... Spüren der Angst 65 f.,
... Spüren des Ekels 93
... Spüren von Mitgefühlen 167, 171, 178, 180, 186
... Spüren von Stolz 251
... Spüren der Verliebtheit 148
... Spüren der Zufriedenheit 123
Stimmung 6, 14, 18 f., 25, 33, 88 f.
... aggressive Stimmungen 292..295, 299, 309
... glückliche Stimmungen 112, 114, 118..121
... traurige Stimmungen 259, 266, 270, 273, 277..280
... zur Verwendung des Ausdrucks 5
Stoa, Stoiker 2, 12, 77, 79, 121, 204, 216, 224, 274, 282
Stolz 23, 39, 41 f., 125, 129, 196, 220 f., 236, 245..258, 271
Sympathie, Sympathiegefühle 140..144, 149, 168 f., 172 f., 185, 188, 233

Tabu, Tabuisierung 54, 159 f., 193, 199, 203, 208, 211, 299..301
Theorie-Theorie 186
Tier 13, 18, 63, 64 A, 68, 85, 94, 99, 101..103, 109, 150, 169, 171, 182 f., 195, 288, 292, 307
Todsünden 196, 203, 258, 271 f.
Trauer, Traurigkeit 10 f., 13, 24, 119, 163, 168, 178, 180, 186, 188 f., 220 f., 259... 285
... Phasen der Trauer 263..266, 282, 284
... und Aggression 261, 265 f., 282..284

... Unterschied zwischen Trauer und Traurigkeit 260..262
Trauerarbeit 266, 281
Tugend 76, 78, 120 f., 145, 168, 171, 205, 223 f., 253 f., 270

Überdruss 94, 99, 104..106, 259, 272... 274, 280
Überlebensschuld 239 f.
... siehe auch: Privilegienschuld
Überzeugungen (im Verhältnis zu Gefühlen) 3 f., 4, 14, 16 f., 37, 162, 167, 180, 184..186
... im Verhältnis zum Glück 118
... im Verhältnis zur Scham 225
... im Verhältnis zu Stolz 249, 251
... im Verhältnis zu Verliebtheit und Liebe 149
Unbewusstes, unbewusst 4, 15 f., 72, 283 f.
Unechtheit: siehe Echtheit der Gefühle
Unlust: siehe Lust und Unlust
Unwille, gerechter (Nemesis) 170, 204... 206, 210 f., 300, 305 f.
Ursache (des Gefühls) 19, 30, 38, 124 f., 184, 247 f., 275, 291, 308

Verachtung 35 A, 39, 41 f., 51..54. 56 f., 60, 107..109, 167, 191..193, 296..300, 309
Verankerungspunkt, Verdichtungsbereich 29 f., 38
... bei Achtung 50, 59
... bei Angst 69
... bei Dankbarkeit 123, 124
... bei Ekel 93
... bei Freude 116
... bei Freundschaft 145 f.
... bei Glücksgefühlen 118 f., 125
... bei Heimatliebe 132 f.
... bei Neid 199
... bei Peinlichkeit 234
... bei personaler Liebe 133, 135, 140, 146, 156
... bei Scham 222 f., 232, 234
... bei Schuld 222 f., 241
... bei Stolz 247
... bei Traurigkeit 260 f.
... bei Vergnügen 115 f.
... bei Wohlwollen 143
... bei Zuneigung 143, 146
Verdeckung 160 f., 266, 283
... siehe auch: Gefühlsüberlagerung
Verdichtungsbereich: siehe Verankerungspunkt
Verdrängung 101, 109, 160, 287
Verehrung 136 f.
Vergnügen 112 f., 115..117, 119, 125, 145
Verlaufsgestalt 20, 32, 137, 140, 146, 163 f., 220, 236
Verlegenheit 40, 235
Verleugnung 208, 266, 283
Verliebtheit 136, 140, 148 f.
Vernunft 2 f., 7, 12, 35, 42..47, 79, 81, 132, 172, 175, 185, 242, 294
Verstellung 14, 27
Vertrauen, Vertrautheit 136, 141, 143, 231, 245
Verwechslung (von Gefühlen) 98, 123, 186, 210, 306
Verzweiflung 77 f., 192, 259, 278, 293

Wahrnehmung 12, 23..26
Weite, Weitung 22 f., 27, 65..67, 77, 111, 118, 123, 125, 135, 141, 221, 251
Weltbezug 5, 28, 185, 259, 268, 278
Widerfahrnis, Widerfahrnischarakter der Gefühle 6, 9, 12, 17, 25, 31, 50, 52, 60, 121, 130, 216, 289
Wohlwollen 136 f., 140, 142..145, 149, 193, 289, 296
Wünsche 3, 16 f., 33, 44, 162
... Neid und Wünsche 200..202
Wut 67, 107 f., 161, 192 f., 264..266, 282..284, 287..289, 294, 307..309

Zorn 9, 52, 58 f., 108, 190, 192 f., 196, 221, 236..238, 264, 271, 274, 282, 284 f., 287..289, 297..302, 305..309
Zufriedenheit 122..125, 293
Zuneigung 129..131, 136 f., 140..146, 149

MIX
Papier aus verantwortungsvollen Quellen
Paper from responsible sources
FSC® C105338

If you have any concerns about our products,
you can contact us on
ProductSafety@springernature.com

In case Publisher is established outside the EU,
the EU authorized representative is:
**Springer Nature Customer Service Center GmbH
Europaplatz 3, 69115 Heidelberg, Germany**

Printed by Libri Plureos GmbH
in Hamburg, Germany